Kaiser-El-Safti — Die Idee der wissenschaftlichen Psychologie

Margret Kaiser-El-Safti

Die Idee der wissenschaftlichen Psychologie

Immanuel Kants kritische Einwände
und ihre konstruktive Widerlegung

Königshausen & Neumann

Gedruckt mit Unterstützung der Deutschen Forschungsgemeinschaft

Die Deutsche Bibliothek — CIP-Einheitsaufnahme

Ein Titeldatensatz für diese Publikation
ist bei der Deutschen Bibliothek erhältlich.

© Verlag Königshausen & Neumann GmbH, Würzburg 2001
Gedruckt auf säurefreiem, alterungsbeständigem Papier
Umschlag: Hummel / Lang, Würzburg
Bindung: Rimparer Industriebuchbinderei GmbH
Alle Rechte vorbehalten
Dieses Werk einschließlich aller seiner Teile ist urheberrechtlich geschützt.
Jede Verwertung außerhalb der engen Grenzen des Urheberrechtsgesetzes ist
ohne Zustimmung des Verlages unzulässig und strafbar. Das gilt insbesondere
für Vervielfältigungen, Übersetzungen, Mikroverfilmungen und die Einspeicherung
und Verarbeitung in elektronischen Systemen.
Printed in Germany
ISBN 3-8260-1990-3
www.koenigshausen-neumann.de

INHALT

VORWORT _____ 13

EINLEITUNG _____ 19

1. KAPITEL: GEGENSTAND _____ 68

§ 1 Der hemmende Einfluß der Philosophie Kants im Hinblick auf die Grundlagenfrage der wissenschaftlichen Psychologie am Beispiel Franz Brentanos _____ 68

§ 2 Die Gemeinschaft von Psychologie, Logik und Metaphysik in der Philosophie Franz Brentanos _____ 72

§ 3 Schwierigkeiten der psychologischen Grundlagenbestimmung im historischen Vergleich _____ 79

§ 4 Methodologischer Vergleich physischer und psychischer Gegenstände _____ 82

§ 5 Wissenschaftstheoretischer Versuch der Abgrenzung des psychologischen Gegenstandes im Modus der negativen Definition des Psychischen _____ 85

§ 6 F.A. Lange als Anreger zu einer Psychologie ohne Gegenstand und Vorläufer der Psychologie als Sozialtechnologie _____ 88

§ 7 P. Natorp und das Modell einer rekonstruktiv verfahrenden Psychologie _____ 90

§ 8 Der Versuch, die Gegenstandsfrage durch Verweis auf die Historizität des Seelischen zu erledigen _____ 93

§ 9 Eine anspruchslosere Version von „Geschichte", welche die ahistorische und antiphilosophische Einstellung ihrerseits als historisch-relativ begreift _____ 94

§ 10 Der Versuch, anstelle der ontologischen und methodologischen Gegenstandsbestimmung die Psychologie von ihrer Zielsetzung her zu begreifen _____ 98

§ 11 Gegenstand der Psychologie oder Gegenständlichkeit als philosophische Frage _____ 101

2. KAPITEL: GEGENSTÄNDLICHKEIT _____ 105

§ 1 Die Ubiquität des Psychischen in der Korrelation von auffassendem Subjekt und entgegenstehender Welt _____ 105

§ 2 Transzendentale Bestimmung von Gegenständlichkeit im Verhältnis sinnlicher Perzeption und begrifflicher Konstruktion _____ 106

§ 3 Die transzendentale Frage nach dem Sinn des Begriffs ‚Gegenstand' und der Beschaffenheit unserer Urteile _____ 109

§ 4 Zeit und Raum als erfahrungs- und gegenstandsunabhängige reine Anschauungsformen _____ 111

§ 5 Erkenntnis von Gegenständlichkeit im Modus hierarchisch gestufter Synthesen _____ 113

§ 6 Transzendentales Subjekt und reine Apperzeption _____ 114

§ 7 Figürliche und intellektuelle Synthese _____ 116

§ 8 Analyse des transzendentalen Terminus „Einbildungskraft" im Vergleich mit der Bedeutung des Terminus bei Descartes und Humes _____ 118

§ 9 Die transzendentale Einbildungskraft als Vehikel erweiternder Wissenschaft _____ 121

§ 10 Die Paradoxien in der Lehre vom inneren und
äußeren Sinn _____ 123

§ 11 Widerlegung des Idealismus mit Rekurs auf den
Primat des äußeren Sinns_____ 125

§ 12 Kants Wissenschaftsbegriff als erweiternde,
gegenstandskonstitutive Erkenntnis _____ 129

3. KAPITEL: GRENZZIEHUNG _____ 133

§ 1 Kants Zurückweisung des psychologischen Idealismus,
der moralisches Handeln im Modus psychophysischer
Kausalität begreift_____ 133

§ 2 Psychische Kausalität und unbedingte Freiheit - Moral
als Faktum in Analogie zum Faktum der Naturgesetzlichkeit ____ 136

§ 3 Schranken- und Grenzsetzung des reinen
Vernunftvermögens im Hinblick auf höchste moralische
Zwecke _____ 139

§ 4 Die Entgrenzung des Grenzbegriffs „Ding an sich", die
den Personbegriff als „intelligiblen Charakter" der
psychologischen Forschung entzieht _____ 142

§ 5 Die Lehre vom intelligiblen Charakter im Lichte der
Psychologie des unbewußten Willens; Schopenhauers
Gleichsetzung von Kausalität und Motivation _____ 144

§ 6 Äquivokationen im Begriffspaar „subjektiv-objektiv" _____ 146

§ 7 Apriorität, Unendliches und der Begriff der Realität _____ 152

§ 8 Die Kategorie der Substanz und die Zeit als reine Form
des inneren Sinns_____ 156

§ 9 Die Paralogismen im Seelenbegriff der rationalen
Psychologie_____ 159

§ 10 Die Ambivalenz in Kants Seelenbegriff und ihre
Folgen für die wissenschaftliche Psychologie _____ 162

§ 11 Transzendentale und historische Erkenntnis _____ 164

§ 12 Kants Zeitbegriff und seine agnostischen
Konsequenzen für die Psychologie des Ich _____ 166

§ 13 Gegenstand der Psychologie oder das Wesen
psychischer Phänomene _____ 168

§ 14 Das Dilemma der Antinomien _____ 171

4. KAPITEL: ANTINOMIEN _____ 175

§ 1 Die Wissenschaftssituation zur Zeit der vorkritischen
Schriften Kants; Revolutionierung des aristotelischen
Weltbildes und Ausblick auf einen unendlichen
Wissenschaftsprogress _____ 175

§ 2 Kants Einschätzung des spiritualistischen Systems der
„Monadologie" Leibniz'; physisches und reales versus
sympathetisches und ideales Ganzes _____ 178

§ 3 Physisches und psychisches Kräftesystem; innere und
äußere Kräfte im Lichte des Parallelismus _____ 180

§ 4 Mathematisch-naturwissenschaftlicher Verstand versus
„gemeiner Menschenverstand" als Subjekt der
Erkenntnispsychologie; kognitive und perzeptorische
Fundamente der Erkenntnis _____ 183

§ 5 Naturwissenschaft und Wissenschaft vom Menschen _____ 186

§ 6 Weltganzes, Erkenntnis Gottes und Subjekterkenntnis _____ 190

§ 7 Mathematischer und moralischer Gottesbeweis oder
der Widerspruch zwischen Erkenntnis und Wille im
göttlichen Wesen _____ 197

§ 8 Stoff und Form in ontologischer Perspektive; göttlicher
Weltschöpfer oder Werkmeister _____ 203

§ 9 Zwei Begriffe des Unendlichen, die ihre Schatten
vorauswerfen aus Kants tran szendentale Ästhetik und Ethik____ 207

§ 10 Die Favorisierung der geometrisch räumlichen
Perspektive und das Problem der Zeit _____ 211

§ 11 Kosmologischer und psychologischer Zeitbegriff in
moderner Perspektive_____ 215

§ 12 Welt- und Seelenganzes als Konfliktmodell; die
Seelenkräfte in realer Opposition _____ 220

§ 13 Entlarvung der leibnizschen Metaphysik und
rationalen Psychologie; Verabschiedung eines positiven
Begriffs des Geistigen und erste Ausblicke auf eine kritische
Metaphysik_____ 230

§ 14 Rehabilitierung der Metaphysik; erneute
Verteidigung des unendlichen Raumes und der unendlichen
Zeit als reine Anschauungen _____ 237

§ 15 Facetten der Sinnlichkeit mit Ausblick auf die transzendentale Ästhetik und Dialektik in Gegenposition zu
Leibniz' Konzept der rationalen Psychologie_____ 244

  a) Leibniz' Stufenmodell der Seele_____ 251

  b) Der Stellenwert der „kleinen Perceptionen" in Leibniz'
  Anthropologie _____ 254

  c) Kants Grenzziehung zwischen Lockes „Empirismus"
  und Leibniz' „Rationalismus" _____ 255

  d) Leibniz' Ästhetik und ein Gleichklang bei D. Hume im
  Hinblick auf eine erfahrungsunabhängige Struktur der
  Sinnlichkeit _____ 256

§ 16 Der Versuch der Inauguraldissertation Kants, die Antinomien im Verhältnis von Ganzem und Teil, Unendlichkeit und Endlichkeit, Sinnlichkeit und Verstand, Synthese und Analyse auf der Basis der Relationen „Koordination" und „Subordination" einer Lösung zuzuführen _____ 259

APPENDIX (J. F. Herbart) _____ 267

5. KAPITEL: GANZES UND TEIL _____ 308

§ 1 Die wissenschaftliche Persönlichkeit Stumpfs _____ 308

§ 2 Eine Auffassung von Phänomenologie, die in den akustischen „gegenstandslosen" Erscheinungen ihr genuines Paradigma erkennt _____ 318

§ 3 Die Lehre vom Ganzen und den Teilen im Lichte der Psychologie, Wissenschaftstheorie und Ontologie Stumpfs _____ 321

§ 4 Der Raum als sinnliches Ordnungsgefüge (Inhalt eines gegebenen Ganzen) in Abgrenzung gegen Kants Definition der Raumform als „subjektive" und „reine Anschauungsform" _____ 326

§ 5 Würdigung der Kritik der im 19. Jahrhundert vertretenen Theorien des Raumes _____ 331

§ 6 Die Theorie der psychologischen Teilinhalte im Hinblick auf die Analyse der Sinnlichkeit überhaupt _____ 339

1. Analyse des Empfindungsganzen nach der engeren oder loseren Verbindung („Verwandtschaft") seiner „unselbständigen" und „selbständigen" Teilinhalte _____ 340

2. Ganzes und unselbständiger Teilinhalt als Paradigma der Substanz-Akidenz-Relation _____ 341

3. Wahrnehmung der Teilinhalte _____ 344

4. Abstraktion der unselbständigen Teilinhalte _____ 346

§ 7 Der Nativismus der Raumanschauung in Abgrenzung sowohl gegen den Apriorismus als auch den Empirismus in den Raumlehren; die Raumanschauung als „Urphänomen"; das sinnliche Ganze als Grundlage des Substanzbegriffs und der Einheit des Bewußtseins _____ 349

§ 8 Bevorzugung des akustisch-tonalen Bereichs für die Analyse der psychischen Funktionen; Definition der Abstraktion; das Sinnesurteil als Basis des Experiments _____ 352

§ 9 Die Theorie der Verschmelzung; ihre Bedeutung für und Vorwegnahme der Gestaltpsychologie als das genuine Paradigma eines Ganzen, an dem Teile nicht abstrahiert, sondern unmittelbar wahrgenommen und auf das Ganze bezogen werden _____ 358

§ 10 Die Theorie der Gefühle im Kontext der Verschmelzungstheorie; Vergleich mit alternativen Gefühlstheorien _____ 361

§ 11 O. Külpes Theorie der Gefühle im Gegenzug zu Stumpfs Gefühlstheorie im Lichte der parallelistischen Hypothese und des Ökonomieprinzips _____ 366

§ 12 Exkurs über „Gestaltqualitäten"; die Verwicklung der Lehre vom Ganzen und den Teilen in die Diskussion über die Theorie der Gestalt _____ 370

§ 13 Diskurs über Ch. v. Ehrenfels' „Gestaltqualitäten" im Vorfeld der Phänomenologie _____ 373

§ 14 E. Machs Theorie der Raum-, Zeit- und Gestaltempfindung im Kontext der Hypothese des Psychophysischen Parallelismus _____ 377

§ 15 Methodologische Motive zur Weggabelung der Theorie der Gestalt _____ 379

1. Abbildfunktion des Psychischen versus produktive Gestaltbildung _____ 381

2. Polemik gegen den Elementarismus und unbemerkte Empfindungen im Kontext der Konstanzannahme _____ 381

§ 16 Der Begriff der Zeit _____ 388

SCHLUßBEMERKUNGEN _____ 394

LITERATUR _____ 399

VORWORT

Niemand versuche, empfahl Immanuel Kant 1781 in seiner berühmten „Kritik der reinen Vernunft" (B 864), eine Wissenschaft zu Stande zu bringen, ohne daß ihm eine klare Idee von ihr zu Grunde läge. Kant fügte aber sogleich hinzu, daß die Ausarbeitung derselben am Ende selten genug der Idee entspräche, wie sie ehemals konzipiert worden wäre.

Letzteres scheint nur allzusehr auf Idee und Geschichte der wissenschaftlichen Psychologie zuzutreffen, die zu Beginn des 19. Jahrhunderts, in Abgrenzung zur jahrtausendealten philosophischen Seelenlehre entstand und zwar ausdrücklich gegen die Vorbehalte (die fast schon einem Verbot gleichkamen), die der Schöpfer der Transzendentalphilosophie gegen den Gedanken an eine wissenschaftliche Psychologie nach dem Vorbild der ‚echten' Wissenschaft, nämlich Naturwissenschaft, an zahlreichen Stellen seines Werkes zum Ausdruck gebracht hatte. Merkwürdigerweise sind Kants Einwände sowie der erste kritische Ansatz von Kants Nachfolger auf dem Lehrstuhl in Königsberg, der Versuch Johann Friedrich Herbarts, diese Einwände zu widerlegen, weiterhin der gravierende Einfluß Herbarts auf die deutsche Psychologie insgesamt, niemals zum Gegenstand einer tieferschürfenden Untersuchung gemacht worden, obwohl in der Tat beide, Kant wie Herbart, in hohem Maße über das Schicksal der deutschen Psychologie bestimmten.

Es mag gute Gründe dafür geben, daß sich bislang niemand fand, der Kants antipsychologische Einstellung einerseits auf Motivation und Zielrichtung, andererseits auf ihre Wirkungen hinsichtlich der dann doch aufkommenden und sogar prosperierenden wissenschaftlichen Psychologie in Deutschland überprüfte. Nicht nur daß Kant und Herbart zu den abstraktesten Denkern zählen, die die deutsche Philosophie hervorbrachte, was auf viele Psychologen abschreckend wirken dürfte, die meinen, Psychologie habe es doch vornehmlich mit den alltäglichen Erlebnissen der Menschen zu tun und an Stelle von komplexer Theoriebildung für den Ausgang von Commonsense- Erklärungen und ‚Alltagspsychologie' votieren. Leider haben auch die Philosophen das Interesse an der Psychologie verloren, die vor noch gar nicht so langer Zeit eine bedeutende Stellung innerhalb philosophischer Forschung innehatte, Anklang fand und Respekt genoß.

Man wird also mit der hier gestellten Frage auf beiden Seiten, bei Psychologen und Philosophen, heute eher auf Reserve als auf Interesse stoßen. In der Tat wäre eine Untersuchung der Gründe für Kants Haltung, schon der *Möglichkeit* einer empirischen Psychologie nicht zuzustimmen, kaum der Mühe und des Aufwandes wert, zu welcher eine Auseinandersetzung mit dem schwierigen Philosophen zwingt, wenn nicht mutige Denker auf Auswege gesonnen hätten, die gerade in der heutigen Situation wieder Interesse beanspruchen könnten. Es war die Begegnung mit Franz Brentano und seiner Schule, die mich erstmals mit den Konsequenzen der kantschen Einstellung konfrontierte und über sie nachdenken ließ. Kants Einwände schienen die Konzeption einer psychologischen Wissenschaft im Nerv zu treffen, insofern als Kant der Psychologie schlechterdings einen *Gegenstand* bestritt.

Sich mit dieser Grundkonstellation in der kurzen Wissenschaftsgeschichte der Psychologie und ihrem Verhältnis zu kantscherr Philosophie auseinanderzusetzen, muß mehr noch auf philosophischen Widerstand stoßen, als es Abwehrreaktionen bei Psychologen hervorrufen dürfte. Kant ist eine Ikone der deutschen Philosophie und an den Grundfesten der transzendentalen Philosophie zu rütteln, dürfen sich nur amerikanische Philosophen erlauben. Das vieldeutige, aber in Deutschland schlagkräftige Wort „Psychologismus" als Ausdruck für die Verwendung psychologischer Argumentation an falscher Stelle oder gar eine falsche Auffassung von Psychologie entstand nicht zufällig im Umkreis neukantianistischen Denkens. Außerdem existieren bestimmte Spielregeln bezüglich der Gewichtung der kantschen Schriften. So ist es einerseits Usus geworden, Kants Werk mit den drei großen „Kritiken" und den zeitlich nach ihnen verfaßten Schriften zu identifizieren, während das sogenannte „vorkritische" Werk lediglich ein historisches Interesse erregen darf, aber zu keiner seriösen Auseinandersetzung mit Kant Anlaß geben sollte; andererseits scheint man stillschweigend davon auszugehen, daß bezüglich des Hauptwerkes, der „Kritik der reinen Vernunft", nicht die einleitende „transzendentale Ästhetik" von hervorragender Bedeutung ist, sondern das Schwergewicht auf Kants Analytik und Logik zu verlegen sei. Wenn es sich aber, was Wissenschaftsgeschichte und Grundlagenproblematik der wissenschaftlichen Psychologie anbelangt, gerade umgekehrt verhalten sollte? Wenn vielmehr aus dem vorkritischen Werk und aus der „transzendentalen Ästhetik" die Hauptgewinne für das Verständnis der Intentionen einer wissenschaftlichen Psychologie, die Kant abzuwenden suchte, zu erhalten wären?

Die Einsicht, sich bei der zu behandelnden Thematik in wesentlichen Punkten nicht an die allgemeine Übereinkunft halten zu können, ja das eigene Kantverständnis gründlich revidieren zu müssen, war nicht angenehm; auf systematische Vorarbeiten konnte nicht zurückgegriffen werden, und zunächst für tragfähige Stützen angesehene Vorläufer stellten sich zuletzt weniger hilfreich dar, als ich zunächst angenommen hatte. Zweifellos merkt man es meiner Arbeit an, daß sie mehr als einmal das Ruder herumwirft und sich gezwungen sieht, das Zielvorhaben von einer anderen Richtung her zu realisieren. Das Verfahren konveniert indes mit der Art und Weise, wie die Psychologie als Wissenschaft ihren Weg suchte, wie sie sich innerhalb ihrer kurzen Wissenschaftsgeschichte wiederholt in ‚Krisen' stürzte und mehrmals nahe daran war, das Projekt ‚wissenschaftliche Psychologie' überhaupt wieder fallen zu lassen.

Innerhalb der Wissenschaftsgeschichte der Psychologie muß man stets auf überraschende Umschwünge gefaßt sein; so machte beispielsweise Franz Brentano, nachdem er die wissenschaftliche Psychologie um wesentliche

Schritte vorangebracht hatte, einen meines Erachtens verhängnisvollen Rückzieher, der weniger seine wiedererwachte Liebe zur Metaphysik betraf als eben jenen Punkt, an dem auch Kant die Psychologie hatte scheitern lassen – am Problem innerer und äußerer Wahrnehmung. Während Brentano einerseits der inneren Wahrnehmung wieder das methodische Terrain zurückeroberte, das Positivismus und Phänomenalismus ihr zu zerstören suchten, glaubte er den Stellenwert äußerer Wahrnehmung in einer Weise vernachlässigen zu können, die nicht weit abstand von traditionellen idealistischen Vorbehalten gegen die menschliche sinnliche oder äußere Wahrnehmung, die von je her dem Gedanken an eine Psychologie auf empirisch-wissenschaftlicher Basis im Wege gestanden hatten. Was Brentano versäumte, wurde für seinen Schüler Carl Stumpf zur Hauptsache, indem dieser zu Unrecht vergessene große Philosoph und Psychologe im Rahmen seiner Konzeption von Phänomenologie und deskriptiver Psychologie erstmals systematisch auf die Grundstruktur der menschlichen Sinnlichkeit als Basis der Intellektualität reflektierte. Aber diese Auffassung von Phänomenologie als Grundwissenschaft für Naturwissenschaft und Psychologie wurde überholt durch jene Auffassung von „transzendentaler Phänomenologie", die sich wiederum der kantschen Philosophie annäherte, so daß der Name ‚Phänomenologie' sich fortan eng mit dem Namen Edmund Husserls verband, der für eine kurze, aber nicht unwichtige Zeit der Schüler Brentanos und Stumpfs gewesen war. Derartige Entwicklungen mögen für sie sprechende Gründe haben; aber sie wurden auch benutzt, um den Blick auf die wahren Hintergründe der Entstehung und den Erfolg der wissenschaftlichen Psychologie in Deutschland zu verstellen.

Philosophisch-erkenntnistheoretisch wird die Analyse der Wahrnehmung und das Wechselverhältnis zwischen innerer und äußerer Wahrnehmung in der Regel für die Aufhellung der Entwicklung der Persönlichkeit (der sogenannten ‚Subjektivität') vernachlässigt und vielmehr im Hinblick auf die Erkenntnis der äußeren Welt, der Erforschung der Gesetze und Struktur ihrer Gegenstände (der sogenannten ‚Objektivität') betrieben, das Wort ‚Erkenntnistheorie' für die Erkenntnis der Außenwelt, aber nicht für die wissenschaftliche Erkenntnis der sogenannten inneren Welt verwendet. Es war zweifellos Kant, der die Grundproblematik eines Zusammenbestehens von Subjektivität und Objektivität, Ich und Welt, erkannte und in seiner neuen transzendentalen Perspektive tiefschürfende Fragen aufwarf, wie diejenige nach Eigenart und Reichweite des inneren respektive äußeren Sinnes und zuletzt die nach dem Wesen von Gegenständlichkeit überhaupt. Folgenreich für die Grundlegung der Psychologie wurde, daß Kant das Wort ‚Gegenstand' (gegen die ältere Tradition) auf den äußeren (dinglichen) Gegenstand einschränkte. Wollte man Kants Vorbehalte gegen die Idee einer wissenschaftlichen Psychologie, wie sie sich bei den angelsächsischen Philosophen des 17. und 18. Jahrhunderts angebahnt hatte, auf den kürzesten Nenner bringen, so würde die Auskunft lauten: Weil die Psychologie schlechterdings keinen Gegenstand hat, die traditionelle Auffassung von der immateriellen, einfachen und unzerstörbaren Seele als ‚Gegenstand' nicht in Frage kommen kann, kein Gegenstand ist, und Psychologie demzufolge nicht Wissenschaft sein kann, falls unter ‚Wissenschaft' ‚Naturwissenschaft' verstanden wurde.

Wie Kant ‚Gegenstand' einerseits auf den äußeren Gegenstand einengte, so interessierte ihn andererseits die äußere Wahrnehmung (der äußere Sinn) lediglich mit Bezug auf die *visuelle* Wahrnehmung, und erst sein Nachfolger Johann Friedrich Herbart entdeckte diese für Erkenntnistheorie und Psychologie gleichermaßen verhängnisvolle Einseitigkeit. Herbart widerfuhr indes ein ähnliches Schicksal wie Stumpf, der Herbarts Intentionen fortsetzte. Als Pädagoge wird Herbart heute noch zur Kenntnis genommen und geehrt, aber seine Leistungen für den Beginn wissenschaftlicher Psychologie und Initiierung einer psychologischen Tonlehre werden trotz einer sich abzeichnenden Herbartrenaissance unterschätzt oder sind überhaupt nicht bekannt.

Erkenntnistheoretisch konfrontiert die akustische, insbesondere musikalische Wahrnehmung paradigmatisch mit einer anderen, von Kant offenbar übersehenen Auffassung von ‚Gegenständlichkeit', insofern als Töne, im Unterschied zu visuellen Vorstellungen, keine Gegenstände *abbilden*, symbolisieren oder stellvertreten; psychologisch ist insbesondere die musikalische Wahrnehmung dazu angetan, die Aufmerksamkeit auf die genuin menschliche ästhetische Wahrnehmungs- und Vorstellungstätigkeit zu lenken (‚ästhetisch' hier in der alten Wortverwendung, der Wahrnehmung und Wissenschaft des Schönen). Die stiefmütterliche Behandlung der akustischen Wahrnehmung könnte freilich damit in Zusammenhang stehen, daß das Gebiet musikalischer Rezeption, an der die auditive Wahrnehmung sich vorzüglich analysieren und experimentieren läßt und so universal Musik als Erscheinung ist, nicht derjenige Stellenwert in der Schätzung eingeräumt wird, die dem Bereich des Visuellen und Gegenständlichen von Natur aus beifällt und auch zu gebühren scheint.

Im großen und ganzen dürfte heute zu den Gemeinplätzen psychologischer Forschung zählen, daß die Erforschung der Wahrnehmung zu den basalen Grundlagen der wissenschaftlichen Psychologie zählt. Aber leider wird auch hier das Forschungsfeld zu eng begriffen, das breite Spektrum angrenzender erkenntnistheoretischer und ästhetischer Fragen häufig nicht berücksichtigt und neuerdings allzu viel von der neurologischen Forschung erwartet. Während Kant sich gegen eine vertiefte psychologische Analyse der Wahrnehmung versperrte, verweigert sich die moderne Psychologie weitgehend dagegen, philosophische, ästhetische und insbesondere erkenntnistheoretische Fragen zu berücksichtigen, die jedoch nicht aus der Wahrnehmungsforschung ausgeklammert werden können. Diese gegenseitige Verweigerung kann – auf Dauer gesehen – für keine der Disziplinen von Vorteil sein, ja sie dürfte der eigentliche Grund dafür sein, warum man beiderseits in wesentlichen Punkten nicht von der Stelle kommt.

Meine Arbeit unternimmt den Versuch, soweit als möglich beiden Seiten, der philosophischen und der psychologischen, Gerechtigkeit widerfahren zu lassen – mit dem Ziel, die beiden ehemals Verwandten, jedoch derzeit Entfremdeten, wieder ins Gespräch miteinander zu bringen.

Ich möchte diese Arbeit, die mit geringfügigen Änderungen auf meiner Habilitationsarbeit basiert, dem Musiksoziologen Kurt Blaukopf widmen, der am 15. Juni 1999 verstorben ist. Ich lernte Kurt Blaukopf aus seinen akribischen musiksoziologischen Untersuchungen und in einem kurzen Briefwechsel auch persönlich kennen. Was mich am meisten beeindruckte, war die immer mitanklingende, zäh durchgehaltene schwierige Frage, ob wir für die Wahrnehmung des Schönen, insbesondere des musikalisch Schönen, nicht eine philosophisch widerspruchsfreie und vor allem *empirisch* verläßliche Basis zu finden vermöchten. Durch Kurt Blaukopf wurde mir (leider erst nach Abschluß meiner Arbeit) ganz klar, daß diese Frage, die Philosophen und Psychologen als marginal empfinden dürften, wenn sie vernachlässigt wird, das ganze menschliche Wahrnehmungsproblem verstellt.

Nachdrücklich möchte ich mich bei meinem Mann, dem Philosophen und Psychoanalytiker Mohamed Said El-Safti bedanken, der jahrelang Geduld für Gespräche aufbrachte, nie seine intellektuelle und emotionale Unterstützung versagte und zum Durchhalten ermunterte.

Düsseldorf, im Dezember 1999

EINLEITUNG

> Niemand versucht es, eine Wissenschaft zu Stande zu bringen, ohne daß ihm eine Idee zum Grunde liege. Allein, in der Ausarbeitung derselben entspricht das Schema, ja sogar die Definition, die er gleich zu Anfange von seiner Wissenschaft gibt, sehr selten seiner Idee. [...] Denn da wird sich finden, daß der Urheber und oft noch seine spätesten Nachfolger um eine Idee herumirren, die sie sich selbst nicht haben deutlich machen und daher den eigentümlichen Inhalt, die Artikulation (systematische Einheit) und Grenzen der Wissenschaft nicht bestimmen können. Immanuel Kant

Der vorangestellte Text aus I. Kants „Kritik der reinen Vernunft" (B 862) könnte als Vorspann für jede Wissenschaftsbeschreibung und jede Wissenschaftsgeschichte, ja sogar für die Theorie der Wissenschaft selbst, in Anspruch genommen werden; denn woran letztendlich die hinreichenden und notwendigen Kriterien von Wissenschaftlichkeit überhaupt festzumachen sind, das wird auch heute noch, im Zeitalter der Hochkonjunktur der Wissenschaft und des wissenschaftlichen Denkens, mit einem Fragezeichen versehen (vgl. Wohlgenannt, 1969).

Der Text scheint aber in besonderem Maße die kurze Geschichte der jungen Disziplin ‚wissenschaftliche Psychologie' zu charakterisieren; als ‚jung' muß die Wissenschaftsgeschichte der Psychologie bezeichnet werden im Vergleich mit der Physik und Chemie, erst recht mit der Mathematik. Inzwischen scheint aber außer rationaler Reichweite und Kontrolle geraten zu sein, was ihre Pioniere eigentlich im Sinn hatten mit der Idee einer Disziplin, die im 19. und noch beginnenden 20. Jahrhundert in der Philosophie gut aufgehoben war, Eigenständigkeit, theoretische und praktische Unabhängigkeit verschaffen zu wollen.

Die derzeitigen zahlreichen und vielverzweigten Intentionen der wissenschaftlichen Psychologie – als pädagogische, klinische, medizinische und therapeutische, als ökologische, Entwicklungs- und Sozialpsychologie, als Medien-, Werbe- und Organisationspsychologie – lassen zunehmend Zweifel am Charakter der Eigenständigkeit aufkommen, die einen gewissen Minimalkonsens zur Voraussetzung haben würde, selbst wenn selten offen eingestanden wird, daß man heute um eine Idee herumirrt, deren Definition, Inhalte, Zielsetzungen, Methoden und Grenzen zu anderen Wissenschaften man nicht (mehr) bestimmen kann.

Wo nicht gerade Gewöhnung an diesen Zustand eingetreten ist und der Pluralismus als Normalzustand angesehen wird, insistiert man auf die Verfeinerung der Methoden und Techniken, nimmt die unerschöpfliche Kapazität moderner Datenverarbeitung in Anspruch – in der Meinung, daß die Bewältigung von Quantität die Qualität und Relevanz der Untersuchungen von sich aus garantieren und ausweisen würde; daß diese Einstellung auf einer Fehleinschätzung beruht und gerade nicht zu mehr Qualität und Relevanz der Forschung führt, sondern im Gegenteil zu einer Aushöhlung an substantiellen Inhalten tendiert, wurde bereits 1972 eindringlich von K. Holzkamp in seinen Vorarbeiten zu einer „Kritischen Psychologie" angemahnt.

Holzkamp blieb mit seiner Negativbilanz der Psychologie aber nicht allein. Eine Darstellung der Lage derzeitiger Psychologie in den USA, die das „szientistische Selbstmissverständnis" und den Objektivismus der wissenschaftlichen Psychologie brandmarkte, weil sie das eigentliche Sujet der Forschung – das menschliche Subjekt – vernichteten, ging noch weiter; sie stellte schlechterdings den Wert psychologischer Forschung in Frage. S. Koch lieferte 1973 mit seinem Beitrag „Psychologie und Geisteswissenschaften" in der „Neuen Anthropologie" eine Situationsschilderung der amerikanischen und der voraufgegangenen europäischen Psychologie, die das Menschenbild und die kulturell destruktiven Tendenzen der angeblichen Wissenschaft entlarven wollte. Das Engagement für substantiellere Geisteswissenschaften fordere eine Wissenschaft vom Menschen, die sowohl der Menschenwürde als auch dem kreativen Denken gerecht würde; beides sah Koch durch die moderne psychologische Denkweise gefährdet. Nach Meinung des Autors ist das in diesem Jahrhundert angesammelte psychologische Wissen ein „Pseudowissen", das nur als Symptom der „Krankheit [...] wütender Wissenschaftsgläubigkeit" ernst zu nehmen sei (vgl. Koch, 1973, S. 201). Koch charakterisierte das psychologische Denken als ein prinzipiell inadäquates, seiner Natur nach „asignifikantes Denken", das wesentliche Erkenntnisse auf der Basis mechanischer Prozeduren und in der Perspektive eines umgekehrten Fernrohres zu gewinnen trachte und kontrastierte es mit „signifikantem Denken", das sich dem *Wesen* und der *Besonderheit* seiner Objekte und Probleme zuzuwenden vermag. Koch befürchtete, daß durch die breite Übernahme asignifikanter Denkweisen in die Geisteswissenschaften das ohnehin seltene „signifikante Denken", die Sensibilität und das kreative Potential für relevante Inhalte für immer auf Null und Nichts reduziert werden könnten.

Was die faktischen Ergebnisse der psychologischen Forschung anbelangt, so stünde „der Wahn eines kumulativen Fortschritts" in Widerspruch zu der Instabilität der theoretischen Ansätze: Ein Theoriengebäude stürze in kürzester Zeit das vorausgegangene, so daß als Bilanz psychologischer Forschung in diesem Jahrhundert nur ein „negatives Wissen" übrigbleibe, nämlich ein Wissen darüber, wie in Zukunft *nicht* vorgegangen werden dürfte. Koch scheute sich nicht, die Psychologie als eine „Disziplin des Betrugs" zu bezeichnen (a. O., S. 222).

Der fundamentale Grundirrtum der wissenschaftlichen Psychologie wird in ihrer Anlehnung an die naturwissenschaftliche Methodologie gesehen und als Inaugurator dieser verfehlten Idee J.St. Mill genannt, der 1834 in „A System of Logic" den verhängnisvollen Gedanken äußerte: „Der Rückständigkeit der psychologischen Wissenschaft kann nur abgeholfen werden, indem man für sie die Methode der Physik in entsprechend erweiterter Form zu Hilfe nimmt." (Zit. nach Koch, S. 208) Koch konnte im Werdegang und in der Geschichte der wissenschaftlichen Psychologie nichts anderes finden als wechselnde Ansichten darüber, „was in den Naturwissenschaften und vor allem in der Physik nachzuahmen sei" (S. 210); statt daß die Psychologie am Menschen gemessen wurde, habe man sie an der Wissenschaft (Wissenschaftlichkeit) gemessen. Dies demonstriere paradigmatisch der jahrzehntelang tonangebende Behaviorismus mit seinen fragwürdigen Prämissen und noch fragwürdigeren Konsequenzen, dessen verschiedene Varianten aber stets an profunden psychologischen Themen vorbei experimentiert hätten.

Wenn Koch die Grundintentionen des Behaviorismus unmittelbar aus dem millschen Postulat ableitete, dann verkürzte er den ideengeschichtlichen Hintergrund des Behaviorismus. Das physikalische Selbstmißverständnis der Psychologie entstand unter der Ägide G.Th. Fechners in Deutschland und dominierte in der zweiten Hälfte des 19. Jahrhunderts mit dem Leitmotiv des Psychophysischen Parallelismus die Forschung. Zweifellos strahlte diese Grundhaltung in die USA aus, war aber nicht identisch mit dem militanten Feldzug der Behavioristen gegen den Bewußtseinsbegriff und die mentalistisch-introspektive europäische Tradition. (Bewußtseinsbegriff und Introspektion spielten bei Fechner durchaus noch eine Rolle.) Pragmatismus und Biologismus des Behaviorismus haben meines Erachtens andere Wurzeln als die der naturwissenschaftlich orientierten Psychophysik, wenngleich beider Primaterteilung an die Methode *vor* Fragen inhaltlicher Relevanz vergleichbar sind.

Offenbar interessierte Koch sich weniger für den ideengeschichtlichen Hintergrund des Behaviorismus als für seine halbherzigen Eingeständnisse, nämlich daß eine auf Stimulus und Response eingeengte Methodologie zwangsläufig die wesentlichen, von tierischen Verhaltensweisen nicht nur graduell, sondern spezifisch unterschiedenen Facetten der Wahrnehmung, Kognition, Motivation und Sprache nur in karikaturistischer Form erfaßte; sobald der „liberalisierte Behaviorismus" jedoch Begriffe wie Vorstellung, Gedanke, Plan, Wille, Geist (mit und ohne Anführungsstriche) wieder in sein Programm aufnahm, habe er als „subjektiver Behaviorismus" die methodologischen Grundlagen der objektiven Psychologie demontiert und sich selbst ad absurdum geführt.

Nicht weniger kritisch betrachtete Koch Modelle, die auf Computersimulation, Informations-, Spiel- und Systemtheorie setzten. Die Systemtheorie tröstete sich mit der illusionären Hoffnung, die *unendliche* Zahl von Variablen, die bei Subjekten, die in offenen Systemen agieren und interagieren, zu verrechnen sind (im Unterschied zu geschlossenen physikalischen Systemen), eines Tages mit verfeinerten mathematischen und logischen Verfahrensweisen bewältigen zu können (vgl. a. O., S. 118). Daß dies in der Tat nicht möglich ist, leuchtet ad hoc aus der Logik offener Systeme ein.

Koch vermochte bei anderen psychologischen Richtungen wie Tiefenpsychologie und Humanistische Psychologie, die vermutlich einen noch größeren Einfluß auf die Geisteswissenschaften gewannen, und die ihrerseits das soziale Umfeld und das kulturelle Klima stimulierten, keine echten Alternativen zur behavioristischen Forschung zu entdecken. Obwohl gewisse Seiten der Psychoanalyse S. Freuds zu würdigen seien, sei Freuds Bedürfnis, ein System zu schaffen, ebenso asignifikant motiviert gewesen wie vergleichbare Strategien des strengsten Behaviorismus, während C.G. Jungs Variante der Psychoanalyse diese Klippe umfahre, dafür aber, was begriffliche Bewältigung und folgerichtige Darstellung betreffe, nicht genüge (vgl. Koch, a. O., S. 227 f.).

Die schärfste Verurteilung trifft die Ideologie der „Persönlichkeitsentfaltung" in den gruppendynamischen und therapeutischen Konzepten der sogenannten Humanistischen Psychologie: „Jede Vorstellung vom Menschen, die das Leben lebenswert machen könnte, wird dadurch in Frage gestellt, und zwar in einem Ausmaß, das weit über den Behaviorismus hinausgeht." (A. O., S. 234) Die neue Bewegung vernichte einerseits den Inhalt des Ich und zerstöre seine Grenzen nach innen und im Verhältnis zu anderen Menschen, sie gefalle sich andererseits in einem Glauben, der jetzt der Antiwissenschaftlichkeit huldige (S. 205). Das Resümee der Situationsschilderung diagnostiziert nicht nur eine ernste Krise der Wissenschaft, sondern sogar eine Krise der menschlichen Intelligenz; etwas plakativ empfiehlt Koch den Psychologen, eine Weile damit aufzuhören, Wissenschaftler zu sein, statt dessen *Menschen* sein zu wollen (S. 235). Diese Aufforderung implizierte aber keineswegs ein Plädoyer für außerwissenschaftliches Agieren, sondern die Anregung, nach Methoden zu suchen, die den psychologisch zentralen Fragen der Wahrnehmung, der Kognition, der Motivation, des Lernens angemessener seien als die von anderen Wissenschaften imitativ entlehnten. Als einzig positiven und fruchtbaren Ansatz in der Geschichte der wissenschaftlichen Psychologie dieses Jahrhunderts erwähnte Koch den gestaltpsychologischen Ansatz und hielt die Entdeckungen der Gestaltpsychologie für „eine der wenigen Errungenschaften dieses Jahrhunderts". (S. 215). Die Gründe für diese Auszeichnung werden nicht explizit gemacht, resultieren aber aus der Logik des Artikels. Reduziert man das Maß an eloquenter Polemik, das einerseits einem falschen Verständnis von Objektivität und dem Methodenfetischismus galt sowie das mit persönlicher Verve vorgetragene Engagement für eine Psychologie, die menschliche Subjekte als Personen nicht zu Ratten, Tauben, Computern, Systemen verzerrt, sich andererseits nicht zu einem unwissenschaftlichen Subjektivismus und zur Egomanie verführen läßt, auf die Frage nach einem psychologisch wesentlichen Forschungsansatz, dann bleibt als Basis nur *die spezifisch menschliche Wahrnehmung*. In diesen Kontext ist Kochs Hervorhebung der gestaltpsychologischen Forschung zu situieren. Gemeint ist hier offenbar die zur Sensibilität gesteigerte menschliche Wahrnehmung – also nicht Wahrnehmung als biophysiologische Funktion und im Sinne von Reizbarkeit und Reaktionsfähigkeit, schon gar nicht Wahrnehmung als Informationsverarbeitung im Sinne mechanisch-automatischer Prozesse. Die zur Sensibilität entwickelte Wahrnehmung ist signifikante Wahrnehmung, das heißt Wahrnehmung des *We-*

sentlichen, und „signifikantes Denken", das sich auf Wesentliches in Lebenswelt, Wissenschaft und Kunst zu konzentrieren vermag, ist ohne sensibilisierte und geschärfte Wahrnehmung gar nicht möglich.

Kochs prinzipielle Kritik des Behaviorismus in diesem Kontext verwies nicht auf vergleichbare essentielle Einwände gegen die objektivistische Verfälschung des Wahrnehmungsproblems, wie sie bereits vor, im und nach dem Zweiten Weltkrieg gemacht wurden, in allen Fällen wurde die Wahrnehmung jedoch als ein fundamentales psychologisches Problem erkannt, und – teils mit Reflexion auf die Anfänge und Entwicklungen der Gestaltpsychologie, teils mit, wenngleich kritischer Anlehnung an die Phänomenologie E. Husserls und M. Schelers – neu aufgerollt. Diese Diskussion scheint von der amerikanischen Psychologie so gut wie gar nicht rezipiert worden zu sein.

Breit angelegte Untersuchungen wie die 1919/1929 von P.F. Linke publizierten „Grundlagen der Wahrnehmungslehre", E. Strauss' Arbeit „Vom Sinn der Sinne" (in 1. Auflage 1936, in 2. Auflage 1956, als Reprint nochmals 1978 erschienen), M. Merleau-Pontys „Struktur des Verhaltens" (1942 erschienen), gefolgt von der „Phänomenologie der Wahrnehmung" (1945) und K. Holzkamps erneute Untersuchung über „Sinnliche Erkenntnis – Historischer Ursprung und gesellschaftliche Funktion der Wahrnehmung" (1973/1975) sind als repräsentativ zu bezeichnen für die Anstrengungen, die in diesem Jahrhundert in Europa auf das Problem der Wahrnehmung konzentriert wurden. Die genannten Arbeiten machten aber auch deutlich, daß die Wahrnehmung einen Problemkomplex bildet, der weit über den Bereich der wissenschaftlichen Psychologie hinausweist und zwangsläufig auf erkenntnistheoretische, wissenschaftstheoretische und sogar gesellschaftsrelevante Fragen führt.

Die Wahrnehmung war freilich schon in den Dialogen Platons, also seit Beginn der griechisch-sokratischen Philosophie, ein wesentliches Thema, das sich in der gesamten Geschichte der Philosophie durchhielt – mal von vorwiegend rationalistischer Erkenntnislehre zurückgedrängt, mal als eigentliche Stütze der Philosophie des Empirismus in den Vordergrund gerückt wurde. In der Transzendentalphilosophie I. Kants erhielt die Konzentration auf das *Verhältnis* von Sinnlichkeit und Verstand eine vorwiegend kritische Funktion, wurde die Bedeutung von „Sinnlichkeit" (Wahrnehmung/Anschauung) aber auch mit Konnotationen belastet, die in ganz andere Bereiche lenkten, nämlich Affektivität und ‚niedere' Sinnlichkeit des Menschen mit ins Spiel brachten. Die Vielfalt der philosophischen Begriffspaare wie Erscheinung und Idee, Sensation und Reflexion, Eindruck und Idee, Perzeption und Apperzeption, Sinnlichkeit und Verstand deuten auf den weiten erkenntnis- und wahrnehmungstheoretischen Horizont des Problems. Unter diesen Prämissen kann der objektivistische Versuch, die Wahrnehmungstätigkeit auf ihre biophysischen, experimentierbaren und quantifizierbaren Faktoren zu beschränken, der bei den deutschen Pionieren der Sinnesphysiologie ab der Mitte des 19. Jahrhunderts zu verzeichnen ist, im Sinne einer „Reduzierung von Komplexität" verstanden und *partiell* gewürdigt werden.

Indes scheint gerade die Entwicklung verfeinerter Methoden und Techniken nach dem Zweiten Weltkrieg deutlich zu machen, daß die Verkürzung der Probleme um wesentliche Aspekte keinen der Psychologie dienlichen echten Erkenntnisgewinn zu bringen vermochte. E. Strauss resümierte 1956 in der Einleitung zur 2. Auflage „Vom Sinn der Sinne" (S. V.): „Der Kontrast zwischen den hohen Ansprüchen an technischem Wissen und der erstaunlichen Genügsamkeit in psychologischen Analysen ist noch schärfer geworden [...]", als dies schon vor dem Zweiten Weltkrieg in Erscheinung getreten sei, während auf der Seite der objektivistischen Wahrnehmungspsychologie erkenntnistheoretische und wissenschaftstheoretische Fragen weitgehend in den Hintergrund traten, öffneten Gestaltpsychologie und Phänomenologie wieder die Pforten zu Philosophie, Erkenntnistheorie und Wissenschaftstheorie – aber dies gewiß nicht allein zugunsten der schärferen Konturierung der Fragen, was Psychologie als empirisch-wissenschaftliche Disziplin zum Problem der Wahrnehmung mit ihren Mitteln, inhaltlich und methodisch, beizusteuern und zu leisten vermag. Die Kritik des reduktionistischen Objektivismus genügt keinesfalls, und die Reklamierung der menschlichen Subjektivität reicht nicht hin, um der Wahrnehmungspsychologie als Grundproblem jeglicher wissenschaftlichen Psychologie ein tragfähiges Fundament zu verschaffen.

Wenn Merleau-Ponty die Phänomenologie „eher als Bewegung denn als System und Lehre [...]"charakterisierte (vgl. a. O., S. 18), dann mag dies den philosophischen Bedürfnissen an phänomenologischer Forschung als ausreichend erscheinen. Aber wie soll die Psychologie den „Haupterwerb" der Phänomenologie für ihre Belange übersetzen, den Merleau-Ponty folgendermaßen beschrieb: „Der Haupterwerb der Phänomenologie dürfte die in ihrem Begriff von Welt und Vernunft geglückte Verbindung äußersten Subjektivismus und äußersten Objektivismus sein." (A. O., S. 17) Wo sind die Inhalte, wie ist die Methodenfrage in dieser Verbindung ‚äußerster Subjektivität und äußerster Objektivität' unterzubringen?

Das Bekenntnis zur menschlichen Subjektivität ist nach dem Zweiten Weltkrieg als Markenzeichen genuin psychologischer Wahrnehmungsforschung und vermutlich in Anlehnung an Merleau-Ponty mehrfach akzentuiert worden (vgl. Holzkamp, 1973/1975, S. 14, 15, 16; vgl. Graumann/Métraux in Schneewind, 1977, S. 35). Aber so sympathisch und wichtig die nachdrückliche Erinnerung an das menschliche Subjekt – als genuiner ‚Gegenstand' der psychologischen Forschung – zu werten ist, reicht sie nicht aus zur Gewinnung substantieller *und* methodisch abgesicherter Ergebnisse, wie aus dem eingangs dargestellten Beitrag Kochs erhellte; denn die Psychologie bedarf durchaus schärferer Trennlinien zwischen Subjektivität und Objektivität, wenn der Gefahr eines Abgleitens in egomanische Ideologie und/oder Methodenanarchismus prinzipiell begegnet werden soll.

Für Merleau-Ponty scheint sich dieses Problem nicht gestellt zu haben. Das besondere Anliegen seiner Phänomenologie ist nur aus dem speziellen philosophischen Kontext heraus zu verstehen, in dem es formuliert wurde, nämlich in der Hauptsache als Abgrenzung zu E. Husserls „transzendentaler Phänomenologie" und deren spezifischer „Reduktionsproblematik" (vgl. dazu Merleau-Ponty, a. O., S. 8 ff.). „Reduktion" meinte hier den „Rückgang auf ein transzendentales Bewußtsein", das in einem gewissen Sinne die wirkliche (Alltags-) Welt und die Existenz anderer Menschen „einklammerte" – eine für die psychologische Forschung nicht eben günstige Voraussetzung. Das Schwergewicht schien hier, im Gegensatz zum objektivistischen Reduktionismus der naturwissenschaftlichen Psychologie, auf die Seite der allerdings transzendental verstandenen Subjektivität zu fallen und einen ‚Subjektivismus' besonderer Art zu bevorzugen. Auf diesem Hintergrund nahm ‚Wahrnehmung' eine ganz andere als die psychologisch zu verwendende Bedeutung an und wurde im Sinne einer „kategorialen Anschauung" thematisiert.

Es soll hier in keine Polemik gegen das bedeutende Werk Merleau-Pontys eingetreten werden; aber sowohl seine positive Assoziation als auch seine kritische Abgrenzung zu Husserl können nicht als ein glücklicher Einstieg in das psychologische Problem der Wahrnehmung bezeichnet werden. Merkwürdigerweise übernahm die psychologische Wahrnehmungsforschung von Merleau-Ponty die Abgrenzungsstrategie gegen die transzendentale Version der husserlschen Phänomenologie (vgl. wiederum Holzkamp, a. O., S. 22 und Graumann/Métraux, a. O., S. 29) – als hätte es keine anderen, konzeptionell der psychologischen Forschung von vornherein näherstehenden phänomenologischen Ansätze gegeben. De facto gab es sie aber: der phänognostische Ansatz F. Brentanos und mehr noch die Phänomenologie seines Schülers C. Stumpf zielten unmittelbar und mit viel deutlicherer Abgrenzung gegen das transzendentale Denken auf eine psychologische Fundierung der Erkenntnis und eine substantiell wie methodisch breit abgesicherte Psychologie der inneren und äußeren Wahrnehmung. Daß man sich heute nicht mehr an sie erinnert, steht einmal in Zusammenhang mit bestimmten kulturell bedeutsamen Entwicklungen wie die intensive Rezeption der Phänomenologie Husserls und seiner Schüler M. Scheler und M. Heidegger zwischen den Weltkriegen in Frankreich, dem nachkriegsbedingten Einfluß des Existentialismus und J.-P. Sartres Verarbeitung der Phänomenologie auf breiter kultureller (belletristischer, religionsphilosophischer und auch psychologischer) Ebene, während die Arbeiten Brentanos und Stumpfs (mit wenigen Ausnahmen) dem engeren Kreis wissenschaftlicher Forschung vorbehalten blieben.

Neben diesen unterschiedlichen Entwicklungen, die dem Bereich historisch-externer Faktoren zu subsumieren sind, stand ein bestimmtes fundamentales Problem der Würdigung der Arbeiten Brentanos und Stumpfs im Wege, das den Kern des vieldeutigen Begriffs ‚Phänomenologie' tangiert. Aus guten

Gründen ist die Lösung, die hier gesucht wurde, noch nicht im Detail aufzurollen. Der Sache nach handelt es sich um den Versuch, aus der für die Psychologie verhängnisvollen, auch philosophisch mehrfach äquivoken Relation von Subjektivität-Objektivität hinauszugelangen, um an ihrer Stelle eine andere, philosophiegeschichtlich ältere und logisch fundamentalere Relation – die vom Ganzen und den Teilen – zurückzugewinnen und für die Forschung fruchtbar zu machen. Ein detailliertes Eingehen auf diesen ‚umstürzlerischen' Versuch verbietet sich hier noch – und sei es nur, um zu verhindern, daß die Lösung des Knotens wie ein Deus ex Machina erscheint oder interpretiert wird. In historischer Perspektive soll nicht nochmals die Reaktion provoziert werden, die den großen Versuch infolge eingeschliffener und petrifizierter transzendentalphilosophischer Denkweisen bereits einmal scheitern ließ. Wer mehrmals den vergeblichen Versuch unternommen hat, einer unvorbereiteten psychologischen Hörerschaft Stumpfs Lehre vom Ganzen und den Teilen durchsichtig zu machen, wird sich hüten, ‚mit der Tür ins Haus' zu fallen.

In einem gewissen Sinne sind heute, mit differenzierendem Rückblick auf die Entwicklungen nach dem Zweiten Weltkrieg, die Bedingungen für ein angemessenes Verständnis der Phänomenologie Brentanos und Stumpfs günstiger als vor und nach der Jahrhundertwende, als die Erneuerung transzendentaler Philosophie die deutsche Szene beherrschte, und der Neukantianismus wissenschaftstheoretisch und kulturell den Ton angab. Das bemerkenswerte Ausschlagen des Pendels – mal nach der Seite der Objektivität (des Objektivismus), mal nach der Seite der Subjektivität (des Subjektivismus) – deutet darauf hin, daß Denken und Forschen in diesen beiden Polen mit Dilemmata behaftet sind, die brauchbare Ergebnisse von der einen wie von der anderen Seite relativieren, die angestrebte Verbindung oder Verschmelzung der beiden Pole als illusorisch erscheinen lassen. Aber vermutlich wird man die diesbezüglichen Bemühungen nicht abbrechen, bis entweder die Vergeblichkeit im Ansatz sich wieder und wieder erhärtet hat, oder die Logik der Vergeblichkeit a priori nachgewiesen wird. Da erstere Prozedur wahrscheinlich mehr Vertrauen erweckt, und die Einsicht in die angedeutete Logik der Vergeblichkeit etwas mehr Aufwand erfordert als bislang auf sie verwendet wurde, ist nochmals ein konkretes Beispiel aus der psychologischen Forschung heranzuziehen, das seinerseits und trotz großer Anstrengungen, den Problemen wissenschaftlicher Psychologie und den zahlreichen Facetten des Wahrnehmungsproblems gerecht zu werden, wiederum an der wechselseitigen Verschränkung von Subjektivität und Objektivität scheiterte.

K. Holzkamp, dessen marxistisches Glaubensbekenntnis hier ausgeklammert wird, dafür aber die Bemühungen des Forschers um eine kritische Gesamtsicht der Psychologie zu würdigen sind, hat keines der zahlreichen Probleme, die sich um den Begriff einer wissenschaftlichen Psychologie zentrieren, verschwiegen. Allein aus diesem Grund verdient sein Konzept als erhellendes

Beispiel in der angezeigten Problematik vorgestellt zu werden. Seine Vorarbeiten zu einer „kritischen und emanzipatorischen Psychologie" und die Arbeit über die „Sinnliche Erkenntnis", etwa gleichzeitig mit dem eingangs behandelten Artikel aus den USA (1972 und 1973/1975) erschienen, erhärten zum Teil dessen Problemsicht und erweitern sie um dezidiert erkenntnistheoretische, wissenschaftstheoretische und wissenschaftsgeschichtliche Aspekte.

Offenbar war man in den siebziger Jahren hierzulande nicht so pessimistisch gestimmt, was Wert und Zukunft der wissenschaftlichen Psychologie anbelangte. Eine Verbesserung der derzeitigen Lage sollte durch eine kritisch-reflexive, der Wissenschaftsgeschichte geltenden und zugleich emanzipatorisch-progressiven Haltung erzielt werden, welche die Analyse der Gesellschaft mit einbezog. Die Intentionen beschränkten sich hier also nicht darauf, nachträglich die Wirkungen einer, in ihrer menschlichen und wissenschaftlichen Substanz unzureichenden, methodologisch mangelhaft abgesicherten Psychologie auf das kulturelle Leben (vermittels der Geisteswissenschaften) zu brandmarken, sondern setzten bei den gesellschaftlichen Bedingungen an, aus denen Objektivismus, Naturalismus und Methodenfetischismus der experimentellen Psychologie erwachsen waren und Fuß fassen konnten.

Bekanntlich wurde das Programm einer kritischen Psychologie von Holzkamp und seinen Mitarbeitern in der politisierten Atmosphäre der achtundsechziger Jahre mit Reflex auf die marxistische Gesellschaftstheorie entworfen. Die gesellschaftliche Anbindung motivierte den Forscher, wichtige ‚praktische' Aspekte, wie den der universitären Ausbildung und der Funktion des Psychologen in der Gesellschaft, zur Sprache zu bringen. Die Kritik der Methoden und der Relevanz „bürgerlicher Psychologie", die Holzkamp mit „naturwissenschaftlicher Psychologie" gleichsetzte, stimmte in der Sache mit der kulturkritischen Version aus den USA überein, und, wie zuvor schon S. Koch, plädierte auch Holzkamp dafür, die Grundprobleme der wissenschaftlichen Psychologie an der Untersuchung der menschlichen Wahrnehmung fest zu machen: „Eine adäquate Erfassung der Wahrnehmung ist hier die Voraussetzung für eine wissenschaftlich richtige Behandlung aller anderen Probleme." (Vgl. 1973/1975, S. 19) Ebenfalls in Übereinstimmung mit dem Kollegen aus den USA wurden hinsichtlich der Adäquanz der Untersuchungstechniken andere Einstellungen und alternative Methoden zu den der experimentell orientierten naturwissenschaftlichen Psychologie gefordert, die nach Meinung des Autors das kapitalistische Bewußtsein widerspiegele und seit Beginn der wissenschaftlichen Psychologie fortschreibe.

Unter diesen Prämissen formulierte Holzkamp folgende paradoxe These: Vorangetriebene Präzisierung und Formalisierung des methodischen Details und des Datenmaterials führen in der Psychologie nicht zu einem echten Zugewinn an Kenntnissen, sind vielmehr zwangsläufig an einen Substanzverlust der Ergebnisse gekoppelt. Nach Holzkamp hat sich die Hoffnung der etablierten Psychologie nicht erfüllt, die er im Gegenteil sehr skeptisch beleuchtete, nämlich

> daß die Relevanz und Integration der psychologischen Forschungsresultate sich allmählich schon von selbst einstellen werden, wenn man nur auf dem Wege der immer größeren Präzisierung der Design-Techniken und der Meß- und Prüfungsmethoden konsequent fortfährt. (Vgl. 1972, S. 13)

Statt dessen wird auf eine allgemeine Aushöhlung und Trivialisierung psychologischer Inhalte verwiesen und die inzwischen unübersehbare Anhäufung bedeutungsloser Einzelfunde an einem falschen Wissenschaftsverständnis festgemacht, das sich um so akribischer zur Schau stelle, je mehr es der Einsicht in prinzipielle Fehlentscheidungen aus dem Wege ginge:

> Schon jetzt werden jährlich weit über 10 000 psychologische Experimente mit immer verfeinerten Methoden des Design, der elektronischen Datengewinnung und -auswertung, der inferenzstatistischen Urteilsbildung durchgeführt, wobei diese Tendenz sich offensichtlich noch fortsetzen wird. (A. O., S. 75)

Holzkamp sieht in dem Bemühen der deutschen Psychologen, den internationalen Standard der experimentellen Psychologie zu halten, nichts anderes als „den internationalen Stand der psychologischen Trivialitätsproduktion zu erreichen." (Ebd.)

Die *Beschreibung* der Lage der wissenschaftlichen Psychologie, die angesichts der Objektivität der Methoden den Relevanznachweis der Inhalte und Ergebnisse glaubt schuldig bleiben zu dürfen, war überzeugend, nicht jedoch die *Erklärung* dieser Negativbilanz. Die marxistisch-ideologische Perspektive *benutzte* die diffuse Stellung der wissenschaftlichen Psychologie zwischen theoretischer und praktischer Wissenschaft, Einbindung in sozial-kulturelle Kontexte und Zentrierung auf das Individuum (das psychologische Subjekt), einschließlich der unerfüllbaren Erwartungen, welche an eine Wissenschaft gestellt werden, die dem Individuum in seinen spezifischen Lebensproblemen *unmittelbar* Hilfestellung leisten soll. Sie benutzte die tatsächlich bestehenden wissenschaftsimmanenten Defizite allzu kurzschlüssig zugunsten der eigenen Ideologie oder versuchte zu suggerieren, daß sie allein aus dem falschen Bewußtsein bürgerlicher Ideologie erwachsen und nur durch die marxistische Erkenntnis- und Gesellschaftstheorie zu kurieren wären. Holzkamps Kritik der renommierten Wissenschaftstheorien in diesem Jahrhundert, sowie der Versuch, eine der Psychologie angemessenere Position zu gewinnen (vgl. a. O., S. 75 ff.), sind wiederum anerkennenswert, leiden jedoch ihrerseits an der Verschränkung marxistischer Ideologie mit allgemeiner Wissenschaftstheorie.

Es ist wahr, daß die Psychologie in diesem Jahrhundert keine auf ihren eigenen Bereich zugeschnittene Theorie der Wissenschaft entwickelte; sie hat auch innerhalb des allgemeinen Diskurses über Wissenschaftstheorie keine Rolle gespielt; die neueren diesbezüglichen Entwicklungen, deren Interesse vornehmlich der Naturwissenschaft, insbesondere der Physik galten, sind, wie

H. Westermeyer betonte, „ohne jede Bezugnahme auf Psychologie als Gegenstand verlaufen", (vgl. in Schneewind, 1977, S. 83 ff.) und die bloße Übernahme von Begriffen und Konzepten, die für andere Wissenschaften entworfen wurden (beispielsweise das von Th.S. Kuhn vorgestellte Konzept wechselnder Paradigmen), wird mit Recht als problematisch angesehen.

In diesem Kontext ist folgendes bemerkenswert: W. Schulz' umfangreiche Arbeit über die in diesem Jahrhundert radikal veränderten Verhältnisse zwischen Wissenschaft und Philosophie einerseits, Wissenschaft (Verwissenschaftlichung) und Lebenswelt andererseits, gönnte der Soziologie breiten Raum, während die Psychologie *als Wissenschaft* überhaupt nicht vorkommt. Die von Philosophen bevorzugt wahrgenommene Bedeutung der Psychoanalyse (als gäbe es keine und hätte es keine andere Psychologie gegeben als die Tiefenpsychologie) behandelte Schulz im letzten Teil, welcher der Entwicklung der Ethik gewidmet ist. Offenbar interessierte den Philosophen nicht die Psychologie als Wissenschaft, sondern lediglich ein Teilbereich der Psychologie, und dieser in seiner *ethischen* Relevanz. Daß W. Schulz, der das problematische Verhältnis von Subjektivität und zunehmender Verwissenschaftlichung ausdrücklich zu seinem Thema machte, das Verhältnis von wissenschaftlicher Psychologie und menschlichem Subjekt überhaupt nicht berührte, ist ein Symptom dafür, in welchem Maße Philosophie und Psychologie einander fremd geworden sind.

Die Nichtanwesenheit der Psychologie auf der Bel-Etage der Wissenschaftstheorie scheint ihr einerseits unbegrenzte Freiräume in der Wahl ihrer Sujets, Methoden, Ziele zu verschaffen; andererseits macht sie dies anfällig für x-beliebige subjektivistische, objektivistische, gesellschaftsideologische Interpretationen. Die nicht nur tolerierte, sondern sogar erwünschte Vielfalt der Ansätze und ihre „pluralistische Liberalisierung" (vgl. dazu Herrmann in Schneewind, 1977, S. 62 f.) verschleiert den zunehmenden *Abstand* zwischen Theorie (Grundlagenforschung) und Praxis. Gehört es nicht zu den Minimalbedingungen einer Definition von Wissenschaft, daß sie sich, wenn schon nicht innerhalb der interdisziplinär verfahrenden Wissenschaft vom Menschen, dann aber doch gegen beliebige *außerwissenschaftliche* Aktivitäten und Agitationen abzugrenzen weiß?

Wenn das spezifische und schwierige Abgrenzungsproblem der Psychologie zur Philosophie und zu anderen Wissenschaften eliminiert wird, dann entfällt auch die Geistesarbeit, die beispielsweise schon C. Stumpf auf dieses Problem und die Definition der Phänomenologie verwandte (vgl. Stumpf, 1891, 1907a, 1907b), und die wiederum, in heutiger Perspektive in der Arbeit H. Drües über die genuinen Intentionen, Grenzen und Abgrenzungen der Phänomenologie E. Husserls im Hinblick auf die wissenschaftliche Psychologie beigebracht wurde (vgl. Drüe, 1963). Desgleichen wird der Blick auf die in Grenzen hilfreiche, wenngleich häufig allzu vereinfachende Geschichtsschreibung der Psychologie verstellt. Wenn alles gleich probabel und brauchbar ist, dann können Anfänge konstruiert und Tendenzen erfunden werden, die so nicht verliefen und Entwicklungen verschwiegen werden, die, weil zu komplex, nicht ins Konzept passen. Dies gilt beispielsweise für die bequeme Formel von der Erlangung der disziplinären Eigenständigkeit der Psychologie nach Trennung von der Philosophie, die schlicht falsch ist. Sie lautet: „Mit der Eröffnung des ersten Universitätsinstituts trennte sich die Psychologie als Erfahrungswissenschaft von der Philosophie." (Vgl. Fröhlich, 1990, S. 14) Gemeint ist die Eröffnung eines psychologischen Laboratoriums (1879) durch W. Wundt. Die fakultative Trennung der Psychologie von der Philosophie erfolgte erst nach dem Zweiten Weltkrieg und die empirisch ausgerichtete Psychologie, ja sogar noch die experimentelle Psychologie, stellten sich zunächst durchaus *in den Dienst* der Philosophie; sie verstanden sich als Gegengewicht zur rein *spekulativen*, dem naturwissenschaftlichen Denken *widersprechenden* Philosophie des Deutschen Idealismus (Schellings, Hegels) und waren um exaktere Methoden des *philosophischen* Denkens bemüht. Das galt schon für J.F. Herbart, G.Th. Fechner und W. Wundt, das galt ausdrücklich für F. Brentano und C. Stumpf (vgl. Brentanos 4. Habilitationsthese, 1866 in 1968, S. 237; auch „Über Schellings Philosophie", 1866 und 1889, a. O., S. 101 und die Wiener Antrittsvorlesung „Über die Gründe der Ermutigung auf philosophischem Gebiete", a. O., S. 83 ff.). Brentanos Schüler C. Stumpf, der 1894 auf den Lehrstuhl für experimentelle Psychologie nach Berlin berufen wurde und Berlin zu einem weltweiten Zentrum psychologischer Forschung machte, war zu *keiner* Zeit seines Lebens an einer *Trennung* der Psychologie von der Philosophie interessiert, vielmehr arbeitete er lebenslang an einer Untermauerung wahrnehmungstheoretischer *und* erkenntnistheoretischer Fundamentalfragen mittels einer exakt beschreibenden, auch das Experiment miteinbeziehenden Psychologie. Die Fronten zwischen Philosophie und Experimentalpsychologie verhärteten sich erst ab etwa 1910 (vgl. dazu Husserl, 1910-11 in 1981; auch Koffka, 1911 und Eisenmeier, 1911); daß dabei neben theoretischen Differenzen auch Machtgerangel um Lehrstühle eine Rolle spielten, muß wohl nicht verschwiegen werden. Solange genauere Auskünfte und differenziertere Perspektiven über das tatsächliche Verhältnis der Schwesternwissenschaften Philosophie und Psychologie unterschlagen werden, ist von seiten der Geschichtsschreibung auch keine Aufklärung über die Idee der wissenschaftlichen Psychologie zu erwarten.

Wiederum ist K. Holzkamps Kritik der Geschichtsschreibung bürgerlicher Psychologie als wertvoll anzusehen (vgl. 1975, S. 37 ff.), auch wenn sein über die Kritik hinausweisender Vorschlag nicht zu akzeptieren ist:

> Gesellschaftliche Erscheinungsformen der Psychologie können in ihrer Eigenart nur dann angemessen erfaßt werden, wenn man sie aus dem Realzusammenhang der gesellschaftlichen Prozesse, der Weise der Produktion und Reproduktion des gesellschaftlichen Lebens begreift. (A. O., S. 39)

Zweifellos hat die Psychologie etwas mit der Gesellschafts- und Kulturform zu schaffen, in der sie entstanden ist und betrieben wird. Sie scheint mehr als andere Wissenschaften vom Zeitgeist und durch Moden beeinflußbar zu sein und paßt sich mit ihren Theorien dem sozialen und kulturellen Wandel an. Wissenschaftsgeschichtliche Maximen, wie die Trennung externer und interner Faktoren, scheinen wenig Anklang zu finden. Externe Faktoren beziehen sich auf das sozio-kulturelle Umfeld der Wissenschaftsentstehung, interne Faktoren zentrieren sich um die logisch-methodologischen Gründe der Rechtfertigung der Theorie (vgl. dazu Dahn/Mayer in Braun/Radermacher, 1978, S. 670). Holzkamps Rekurs auf die angeblich realen (empirischen) gesellschaftlichen Zusammenhänge würde allein die externen Faktoren berücksichtigen, wenn die marxistische Gesellschaftstheorie nicht ihrerseits aus bestimmten philosophischen Grundannahmen hervorgegangen wäre, die sie vorab rechtfertigen sollten.

Die ideologische Vorgabe erstreckte sich freilich auch auf die von Holzkamp vertretene Theorie der Wahrnehmung. Mit der Arbeit über „Sinnliche Erkenntnis" überschritt die „kritische Psychologie" ihre vornehmlich als Kritik derzeitiger Psychologie verstandene Aufgabe und setzte ihrerseits „positiv" und „progressiv" zu einer „theoretischen Durchdringung und empirischen Forschung [an], die auch der bestehenden Psychologie aus ihrem Gegenstand erwuchsen" (1975, S. 15). Die Ankündigung machte auf eine gänzlich neue Sicht wissenschaftlicher Psychologie und neue Lösungsvorschläge in bezug auf das Wahrnehmungsproblem gespannt, die aber alsbald enttäuscht werden. Holzkamp bleibt in denselben Dilemmata befangen, die bereits in der „bürgerlichen Psychologie" begegneten: hier wie dort soll die Wahrnehmung als (oder im) Zentrum der Subjektivität zwischen den Polen des Ich und der Welt vermitteln.

Auf seiten der Objektivität verbuchte der Autor neben und mit den materiellen Gegenständen auch die gesellschaftlichen Komponenten der Wahrnehmung. Was den Terminus „Subjektivität" anbelangt, der offenbar mehr und anderes als die Bezeichnungen ‚Subjekt', ‚Person', ‚Ich' einschließt, scheint Holzkamp noch in Erinnerung gehabt zu haben, daß er, allein und für sich genommen, kein empirischer Begriff ist und verwendete den verdächtig überdeterminierten Ausdruck „empirische menschliche Subjektivität" (a. O., S. 16). In der Behandlung der Wahrnehmung oszillierte er zwischen erkenntnistheoretischen Aussagen über die vom Subjekt unabhängig bestehende Realität und Beschaffenheit der Außenweltdinge und psychologischen Beschreibungen hinsichtlich der Gerichtetheit, der Gespanntheit und der Aufmerksamkeit der Wahrnehmungstätigkeit. Ein Unterschied zu der als bürgerlich apostrophierten

Wahrnehmungspsychologie ist nicht zu erkennen, außer daß Holzkamp sich explizit zu epistemologischen Überlegungen bekannte, während er die Beschränktheit der bürgerlichen Wahrnehmungspsychologie an einem diesbezüglichen Mangel festmachte (a. O., S. 57).

Erwartungsgemäß wird die „marxistische Gnoseologie" ins Spiel gebracht (S. 59), die Holzkamp aber nicht im einzelnen darlegen wollte – vermutlich aus guten Gründen – sondern voraussetzte. Die marxistische Erkenntnistheorie als Theorie der Widerspiegelung oder „Theorie der Abbildung der objektiven Realität" (vgl. B. Klaus/M. Buhr, 1971, S. 33 f.) soll hier nicht, stellvertretend für den Autor, vorgetragen werden; sie ist schwammig und vieldeutig in ihren Grundprämissen, insofern einmal eine „Isomorphie" zwischen äußerem Objekt und Abbild im Subjekt betont wird, zum anderen „mechanische Kopien" der „objektiven Realität" abgelehnt werden und auf komplizierte *Übersetzungen* verwiesen wird. Freilich käme es jetzt auf eine exakte Beschreibung und Erklärung der *Art und Weise der Transformation* zwischen objektiven Weltgegebenheiten und subjektiver Wahrnehmungs- und Urteilstätigkeit an, wenn schon an der wechselseitigen Verschränktheit von Objektivität und Subjektivität festgehalten wird. Man muß aber nicht bei dem dornigen Transformationsproblem verweilen, für das bislang keine Erkenntnistheorie oder Wahrnehmungspsychologie eine überzeugende Lösung vorgeschlagen hat und vermutlich auch nicht finden wird. Was sich beispielsweise im Rahmen der Kognitionspsychologie J. Piagets dafür ausgibt, ist ein Gemisch aus pseudophilosophischer, -mathematischer und -psychologischer Begrifflichkeit, die allem Anschein nach wegen ihrer Unverständlichkeit geschätzt wird (vgl. dazu Salber, 1977).

Von größerer Relevanz ist der Punkt, daß das Basisproblem der Psychologie, statt elementare und fundamentale Direktiven für die auf ihm aufbauenden Wissenschaft an die Hand zu geben, sich in eine erkenntnistheoretisch und psychologisch fatale „Büchse der Pandora" verwandelt. Das so verstandene Basisproblem verwickelt nämlich sofort in ein Konvolut von Fragen. Diese betreffen psychologisch die Verhältnisse von Wahrnehmung und Empfindung, Wahrnehmung und Vorstellung, Wahrnehmung und Urteil, Wahrnehmung und Gefühl, Wahrnehmung und Sprache – noch ganz abgesehen von der kausal-genetischen Frage nach den angeborenen und erworbenen, neurophysiologischen und phänomenalen Komponenten der Wahrnehmung; epistemologisch konfrontiert es mit der Nachweisbarkeit einer von der Wahrnehmung unabhängigen, für sich bestehenden objektiven Außenwelt. Die marxistische Gnoseologie leistet nicht das geringste, um das Bündel von Fragen in eine der wissenschaftlichen Methode zugänglichen Weise aufzulösen, über Entwürfe und Programme hinauszugehen und positiv mit der Forschung zu beginnen. Bloße Zustandsbeschreibung der Wahrnehmungserlebnisse genügt nicht; Holzkamp bevorzugte diesbezüglich den Terminus „Phänographie" in Abgrenzung zur philosophischen Phänomenologie (vgl. a. O., S. 21-22); Zustandsbeschreibungen sind beliebig, während Systematik und Gesetzmäßigkeit der Wahrnehmung weder unmittelbar von den Außenweltverhältnissen noch von den gesellschaftlichen Normen abgeleitet werden können.

Das gilt freilich nicht allein für Holzkamps projektierte, aber nicht realisierte Wahrnehmungspsychologie; ob mit oder ohne Inanspruchnahme der Erkenntnistheorie stellt sich das Dilemma der Vermittlung oder Transformation zwischen Außen (dem auch die neurologischen Prozesse zu subordinieren sind) und Innen, Objektivität und Subjektivität, immer wieder her. Die von C.F. Graumann und A. Métraux vertretene „phänomenologisch orientierte Psychologie" ähnelt in ihren Kernpunkten verblüffend dem Ansatz Holzkamps: Sie nimmt ebenfalls eine „kritische Funktion" für sich in Anspruch (vgl. in Schneewind, 1977, S. 27 ff.), distanziert sich von der philosophischen Phänomenologie (S. 29), bekennt sich zur Subjektivität, die aber „nicht zu einer metaphysischen Entität zu hypostasieren" sei (S. 35), moniert ihrerseits den behavioristisch-naturalistischen Reduktionismus (S. 30), will zwischen „den Extremen" von Innen und Außen, Mentalem und Objektivem vermitteln und eröffnet schließlich das weite, allzuweite Feld der Person-Umwelt-Beziehungen (S. 44 f.), in dem „Leiblichkeit", „Soziabilität" und „Historizität" problemlos Platz finden. Hier wird nun freilich nicht der Versuch unternommen oder auch nur an die Hoffnung gerührt, die *unendliche* Zahl von Variablen, die sich innerhalb dieses *weiten* Beziehungsgeflechts zwangsläufig ergibt, datentechnisch zu verrechnen, um vielleicht auf diese Weise zu sparsameren Hypothesen zu gelangen, aber es wird auch nicht durchsichtig gemacht, was phänomenologische Psychologie als empirische Disziplin zum Wahrnehmungsproblem beizutragen vermag. Wiederum wird nur ein Programm oder eine programmatische und kritische Richtung angesagt, aber keine konkreten Ergebnisse vorgewiesen.

Natürlich hat man aus den Entgleisungen des objektivistischen Reduktionismus gelernt, aber das Bekenntnis zur Subjektivität ist ja ebenfalls mit erheblichen Schwierigkeiten verbunden, wenn es mit *empirischer* Forschung in Einklang gebracht werden soll. Wenn nämlich nicht eine „metaphysische Entität" ins Spiel gebracht werden soll, aber auch nicht die konkrete Person, das einmalige und unvergleichbare menschliche Subjekt als Individuum gemeint sein kann, – das Individuelle ist ja niemals Gegenstand der Wissenschaft – was bedeutet dann eigentlich, psychologisch verstanden, die „empirische menschliche Subjektivität" oder schlichter ‚Subjektivität'? Entweder hat der Terminus eine bloß *negierende* Funktion und wird zur Abgrenzung gegen Objekte, Sachen oder Tiere verwendet, oder er steht in der Tat auf gleicher Stufe mit dem transzendentalphilosophisch verstandenen „transzendentalen Subjekt", das aber per definitionem nicht mit empirischem Gehalt gefüllt werden kann und einer „metaphysischen Entität" ziemlich ähnlich sieht.

Gerade in Zusammenhang mit der Wahrnehmungsforschung läßt sich die Vermutung schwerlich abweisen, daß der Begriff der Subjektivität die alten, zwischenzeitlich psychologisch verpönten Begriffe des Bewußtseins, der Person, der Seele reklamiert. Dagegen wäre im Prinzip nichts einzuwenden; nur ist der Begriff der Subjektivität mit einer Vieldeutigkeit belastet, die ihn für einen Basisbegriff der Wahrnehmungspsychologie noch viel ungeeigneter erscheinen läßt als die zuvorgenannten Begriffe, die freilich ihrerseits nicht unmittelbar empirisch eingelöst werden können.

Der Begriffsinhalt der Subjektivität (als Substantivierung von ‚subjektiv') ist auch nicht zufällig aus einem philosophischen System erwachsen (der Transzendentalphilosophie Kants), in dem die detaillierte Analyse der Wahrnehmung die *geringste* Rolle spielte, während der Begriff der Sinnlichkeit im Kontext ethischer Reflexionen (als ‚niedere' Sinnlichkeit), aber auch in Zusammenhang mit transzendentalen, von der Erfahrung abstrahierenden, rein formaler Überlegungen, sehr wichtig genommen wurde. Die moderne Wahrnehmungspsychologie scheint sich nicht hinreichend klar gemacht zu haben, wie weit sie sich, wenn sie auf den Begriff der Subjektivität reflektierte, mit einem philosophischen System einließ, in dem die Begriffe ‚subjektiv' und ‚objektiv' bemerkenswert äquivok verwendet wurden (vgl. dazu Lalande, 1956, S. 695 f. und 1037). Sie scheint auch die Antinomien nicht einkalkuliert oder durchschaut zu haben, die Kant in diesem Kontext aus Gründen, auf die hier noch nicht einzugehen ist, in Kauf nahm. Jedoch drängt sich auch ohne philosophische Vertiefung unmittelbar auf, daß ‚Subjektivität' und ‚Objektivität' mehr und anderes meinen als das empirische Subjekt und den empirischen Gegenstand.

Aus bestimmten Gründen wurden begriffliche Explikationen vermieden; und wo hätten sie auch ansetzen sollen, wenn im Rahmen psychologischer Methodologie *alles* möglich und alles probat erscheint? Um in der komplexen Problemlage, die sich in einem Jahrhundert um die Idee einer wissenschaftlichen Psychologie angesammelt hat, überhaupt Fuß zu fassen, wurden Beispiele gewählt, die einmal Überblicke verschafften, zum anderen Signale setzen, daß etwas nicht stimmt mit der Marschroute der derzeitigen Psychologie, die daran erinnerten, der wissenschaftlichen Psychologie das menschliche Subjekt zurückzugewinnen. Indem gerade vor diesem Hintergrund nachdrücklich auf die Wahrnehmung verwiesen wurde, trat das Begriffspaar „Subjektivität-Objektivität" in Erscheinung und mit ihm die Tendenz, das psychologische Erkenntnisinteresse einmal nach der Seite der Objektivität, dann wiederum nach der Seite der Subjektivität zu wenden, ohne daß ein erkennbarer Weg der Verbindung beider sich abzeichnete. Wenn hier nicht schlicht Parteilichkeit den Ausschlag geben soll, dann läßt sich die Vermutung nicht abweisen, es könnte sich im Ansatz um eine falsche Fragestellung handeln, die auch der zukünftigen theoretischen Entwicklung der Psychologie im Wege stehen würde.

Zweifellos genügen die Beispiele nicht, um die inzwischen auch alltagssprachlich eingeschliffene Gewöhnung an die Begriffe des Subjektiven und Objektiven zu erschüttern, und Begriffsexplikationen, die tief in den philosophischen Diskurs verwickeln würden, sind kein geeignetes Mittel, sich prinzipiell auf andere als die gewohnten Denkweisen einzulassen. Deshalb ist für den hier folgenden Text der Einleitung ein Verfahren vorgesehen, das in dieser Weise noch nicht erprobt wurde. Wie angekündigt, soll das Begriffspaar „subjektiv-objektiv" durch die für funktioneller gehaltene Relation des Ganzen und der Teile ersetzt werden, aber nicht auf dem Wege der historisch-lexikalischen Rekonstruktion; das Material wäre auch kaum zu finden, da die psychologisch-methodische Bedeutung, die hier gerade interessiert, so gut wie gar nicht zur Kenntnis genommen wurde.

Die Bedeutsamkeit der Relation soll durch folgende Fragestellungen punktuell und beispielhaft erhellt werden nach den Gesichtspunkten: Wann und wo tauchten in der Philosophie Reflexionen auf, die auf eine wissenschaftliche Psychologie vorauswiesen? Welchen Stellenwert beanspruchte die Relation „Ganzes und Teil" für die Abgrenzungsproblematik und die Verifizierung eines, das Psychische genuin auszeichnenden Merkmals? (Das Abgrenzungsproblem, das bevorzugt methodische Fragestellungen behandelt, ist nicht zu verwechseln mit dem metaphysikverdächtigen Leib-Seele-Problem.) In welcher Weise wurde an die Relation „Ganzes und Teil" *anstelle* der Subjekt-Objekt-Relation, methodisch und im Kontext wahrnehmungspsychologischer Analysen, gedacht?

Der Sinn der hier gewählten ‚Didaktik' wird sich aus dem folgenden Text selbst ergeben. Er steht gewissermaßen stellvertretend für eine Aufgabe, die heute anscheinend niemand mehr zu leisten vermag, nämlich aus den zahlreichen wahrnehmungstheoretisch relevanten Publikationen dieses Jahrhunderts innerhalb der Gestaltpsychologie, der philosophischen und psychologischen Phänomenologie Essenz, Konsens und Dissens zu extrahieren, um das facettenreiche Problem der Wahrnehmung einzukreisen und seinen fundamentalen Stellenwert für eine wissenschaftliche Psychologie durchsichtiger zu machen.

Das Verhältnis von Ganzem und Teil hat eine lange philosophische Tradition, die bis auf die eleatische Schule der griechischen Philosophie zurückgeht; es tauchte erstmals auf im Kontext der Diskussion über das Eine und das Viele (Parmenides) und deutete auf die es belastende, durch Parmenides' Schüler Zenon entdeckte Antinomie der unendlichen Teilbarkeit, die sowohl den Begriff des Ganzen (Einen) wie auch den der Teile (der Vielen) fragwürdig erscheinen ließ (vgl. dazu Oeing-Hanhoff, 1974, 3. Bd. Sp. 3).

Die Relation „Ganzes und Teil" erfuhr in der Geschichte der Philosophie mannigfache Interpretationen; und daß es sich keineswegs um eine nicht mehr aktuelle, aus der philosophischen Forschung zu streichende Fragestellung handelt, beweisen die intensiven „mereologischen" Forschungen, die, in Assoziation zur Schule F. Brentanos, in den USA, der Schweiz, in Österreich,

Italien und Deutschland durchgeführt wurden und werden (vgl. Smith, Ed., 1982; den 4. Bd. der Brentanoforschung, „Teil und Ganzes", 1992-93; den 5. Jg. der Axiomathes, „Mereologies", Trento, 1994). Es wird hier nicht daran gedacht, an diese neue philosophische Forschung anzuknüpfen, die metaphysische, ontologisch-formale und methodologische Aspekte der Teil-Ganzes-Relation in moderner Fragestellung behandelt. Die folgenden Überlegungen haben keine andere Intention als in genuin psychologischer Perspektive deutlich zu machen, daß dasjenige, was in der älteren historisch-lexikalischen Behandlung als vorwiegend *positiv* bewertet wurde, nämlich daß I. Kants Philosophie im Hinblick auf das ‚scholastische' Verhältnis von Ganzem und Teil „den entscheidenden *Bruch* mit der älteren Tradition" herbeiführte (vgl. Oeing-Hanhoff, a. O., Sp. 12), für die Psychologie als Wissenschaft *negativ* ausging und schwerwiegende Folgen hatte, insbesondere für die Entflechtung des komplexen Wahrnehmungsproblems.

Eben diese Auffassung stand einem tieferen Verständnis der Psychologie F. Brentanos und mehr noch vielleicht der Phänomenologie C. Stumpfs lange im Wege, ließ die von dort ausgehenden Anregungen für die Gestalt- und Ganzheitspsychologie nicht durchsichtig werden, verschleierte die Vieldeutigkeit des Begriffs „Phänomenologie" und verhinderte letztendlich auf Jahrzehnte hinaus, daß das latent immer vorherrschende Denken in den Polen von Subjektivität und Objektivität innovativ korrigiert wurde.

Die im folgenden durchaus als ‚tour de force' zu bezeichnenden Ausführungen wollen nicht die Teil-Ganzes-Relation in der psychologischen Forschung durchsetzen, sondern allererst eine Perspektive für sie schaffen, die durch die in Deutschland tonangebende Transzendentalphilosophie verstellt wurde; daß es *vor* Kant philosophische Ansätze gab, die, mit R. Descartes beginnend, in der angelsächsischen Philosophie J. Lockes, G. Berkeleys, D. Humes weiterentwickelt, wichtige Signale für eine wissenschaftliche Psychologie setzten, die durch Kant wieder zurückgedrängt wurden, scheint angesichts der allgemeinen kulturellen Bedeutung der Philosophie Kants für die philosophische Forschung von geringem Interesse zu sein. Trotz aller Kritik, die freilich auch Kant widerfuhr, standen seine großen Leistungen immer dann außer Frage, wenn der Vergleich mit den englischen Philosophen angesprochen wurde. F. Nietzsches Invektiven gegen den ‚Ungeist' der englischen Philosophie, die sich auf Kant, Hegel, Schelling, Schopenhauer und Goethe glaubten berufen zu dürfen, sind in diesem Kontext durchaus als repräsentativ zu bezeichnen (vgl. KSA, 3. Bd., S. 195). Erst in jüngeren deutschen Publikationen sind auch Einschätzungen wie folgende zu lesen: „Kants Kritizismus wirkt in Deutschland wie ein Erdrutsch und verschüttet blühende Phänomene." (Vgl. R. Specht in seiner Monographie über J. Locke, 1989, S. 192) Die Geringschätzung der vorkantschen, insbesondere der angelsächsischen Philosophie, hatte in Deutschland eine solide Tradition, die freilich in dem berühmten Werk der „Kritik der reinen Vernunft" vorgezeichnet und vorformuliert wurde. Und wer sich wie Brentano und Stumpf im 19. Jahrhundert innerhalb der Ära des Neukantianismus für den Wert englischer Philosophie und die Rezeption der Psychologie jenseits des Kanals engagierte, hatte einen schweren Stand gegen das öffentlich sanktionierte, von nationalen Untertönen nicht freie Urteil (vgl. dazu die „Hume-Studien" II des Brentanoschülers v. Meinong, 1882 in 1971, S. 164).

Im Falle Brentanos verstärkte sich der Widerstand, insofern Brentano sich in seinen frühen Arbeiten mit einem Philosophen beschäftigt hatte, der dem neuzeitlichen Verständnis von Philosophie und Wissenschaft als obsolet galt – die Philosophie des Aristoteles (vgl. beispielsweise F.A. Langes herabsetzende Darstellung der aristotelischen Philosophie in Gesch., 1. Bd., S. 64 ff.). Brentanos 1862 und 1866, also noch vor der „Psychologie vom empirischen Standpunkt" (1874) verfaßten Arbeiten – „Von der mannigfaltigen Bedeutung des Seienden nach Aristoteles" (1862) und „Die Psychologie des Aristoteles" (1867) – hatten Ontologie, Logik und Psychologie des Aristoteles zum Thema und beanspruchten nicht weniger als die zur Zeit vorherrschende Philosophie wieder auf, wie Brentano meinte, gesündere Fundamente zu stellen.

Im Zentrum der „Psychologie des Aristoteles" stand erwartungsgemäß die erste sy-stematisch verfaßte Seelenlehre „De Anima". Es wäre verfehlt, in Brentanos Auseinandersetzung mit Aristoteles lediglich einen historischen Rekonstruktionsversuch zu sehen, vielmehr wird die Lehre von den Seelen*teilen* – dem vegetativen, dem sensitiven und dem intellektuellen – sowie die detaillierte Analyse des höchsten erkennenden Teils indirekt (ohne Namensnennung) mit der gesamten erkenntnispsychologischen Tradition verglichen. Auf diesem Hintergrund gewann die Lehre vom Ganzen und den Teilen wieder Bedeutung für ein ganzheitlich begriffenes Seelenmodell – als Korrektiv zu der dualistischen und in viele Seelenvermögen zerfallende Transzendentalpsychologie. Brentano insistierte darauf, daß Aristoteles, trotz der Verschiedenheit der Teile, die Einheit der Natur und die „Vollkommenheit in dem Ganzen" lehre, wie ihm auch die Welt, trotz Mannigfaltigkeit und Rangunterschiede der Geschöpfe, als etwas „Einiges, für ein vielgegliedertes Ganzes" gegolten habe (vgl. 1867/1960, S. 231-232). An diesem Gedanken eines einheitlich (nicht dualistisch) gefaßten Seelen- und Weltganzen hielt Brentano lebenslang fest, und sein Schüler C. Stumpf machte ihn sich, wenngleich mit wichtigen Akzentverschiebungen, ebenfalls zu eigen.

Ein Hauptinteresse Brentanos konzentrierte sich auf die aristotelische Lehre von der schöpferischen Kraft des „wirkenden Verstandes" (nus poeticus) und dessen Verhältnis zum „aufnehmenden Verstande" (nus patheticus). Aber so sehr Brentano einerseits auf eine natürliche Vereinigung beider in dem *einen* Bewußtsein drängte und weitgehend die psychologische Erfahrung mitsprechen ließ (vgl. a. O., S. 144 ff.), machte er andererseits keinen Hehl daraus, daß der „wirkende Verstand", der die substantielle Einheit der seelischen

Teilganzen besorgte, für den göttlichen Anteil und die unsterbliche Seele im Menschen anzusehen ist (vgl. a. O., S. 195 ff.). Diese Anknüpfung an die metaphysische Tradition dürfte genügt haben, um den modernen positivistischen Geist sowohl die feinen deskriptiven Analysen, als auch die ausdrückliche Unterscheidung physischer und logischer Teile (vgl. a. O., S. 55 ff.) ungeduldig überlesen zu lassen.

Die „Psychologie vom empirischen Standpunkt" (1874) ließ die Frage nach der unsterblichen substantiellen Seele in den Hintergrund treten (ohne sie ganz zu verabschieden); die Konzentration auf *die psychischen Phänomene* und die jetzt *phänomenal* (empirisch) zu verstehende *Einheit* des *Bewußtseins* führten den folgenreichen Begriff der Intentionalität ein, der die psychischen Phänomene (als Akte) von den physischen Phänomenen (als sinnliche Gegebenheiten, Sinnesinhalte) unterscheiden und positiv gegen die intentions*losen* physischen Phänomene abgrenzen sollte (vgl. Psych. v. emp. Standp. 1. Bd., S. 124, 137).

Wer unbedingt wollte, konnte in dem neuen Terminus der Intentionalität, der alle psychischen Teilakte zur Einheit des Bewußtseins verklammerte, immer noch den „nus poeticus" wiedererkennen, oder die Intentionalität des Psychischen schlechterdings als einen die psychologische Empirie überschreitenden metaphysischen Terminus abwehren. Psychologiegeschichtlich ist bemerkenswert, daß es Brentanos Schüler Ch. von Ehrenfels war, der, offenbar mit Reflexion auf den Gestaltbegriff, gegen Brentano diesen Einwand vorbrachte (vgl. dazu Ch. v. Ehrenfels in 1898, S. 67).

Man muß die fraglos durch Brentano wiedergewonnene Lehre vom Ganzen und den Teilen aber weder allein an die aristotelische Philosophie anheften, noch ist der metaphysische Kontext zwingend, der für Brentanos Denken bestimmend blieb. Brentano erörterte das Teil-Ganzes-Verhältnis vornehmlich im Kontext der Substanz-Akzidenz-Relation und suchte die aristotelische Lehre mit neuzeitlichen Erkenntnis- und Wahrnehmungslehren (Descartes', Lokkes, Leibniz') in Einklang zu bringen (vgl. Brentano, 1986, S. 117 ff. und besonders in der „Kategorienlehre", 1985, S. 32 ff.).

Das Teil-Ganzes-Verhältnis behielt seine Bedeutung aber auch noch in der Tradition, die kritisch an die cartesianische Philosophie anschloß, den Substanzbegriff verabschiedete und zu einer rein *immanenten* und phänomenalen Betrachtung des Psychischen überging. C. Stumpfs Lehre vom Ganzen und den Teilen steht dieser Tradition, anknüpfend an G. Berkeley und D. Hume, näher als der Philosophie des Aristoteles, der Brentano lebenslang, in wiederholter, auch kritischer Auseinandersetzung mit dem verehrten Philosophen, die Treue hielt (vgl. Brentano, 1977, 1980, 1986).

Stumpf berief sich ebenfalls auf den aristotelischen Satz: „Das Ganze ist (der Natur nach) früher als der Teil" (zit. nach Stumpf, 1939-40, S. 30), aber zum Verständnis seines Begriffs „Phänomenologie" ist die Spannung zwischen Berkeley, Hume und Kant, und zwar gerade das Teil-Ganzes-Verhältnis betreffend, von größerer Bedeutung. Mit den Begriffen des Ganzen und der Teile verbinden sich die Gedanken der *Synthese* von Teilen (Relationen und Elementen) zu Ganzen, der *Analyse* und *Trennbarkeit* der Teile eines Ganzen, die Vorstellung selbständiger und unselbständiger Teile oder Teilinhalte (Brentano sprach von physischen und logischen, trennbaren und unabtrennbaren Teilen) von Ganzen jeweils unterschiedlicher Natur: Offenbar unterscheiden sich physische Ganze (Körper), Aggregate, Kontinua, Maschinen, Organismen, soziale Verbände, seelische Ganze wie das Bewußtsein (Selbstbewußtsein), sinnliche und begriffliche Komplexionen im Hinblick auf ihre jeweils *anders zu interpretierenden Teile oder Teilinhalte.* Unter diesem Aspekt sind im folgenden Ansätze und Probleme der wissenschaftlichen Psychologie, die sich ausdrücklich nicht in die Poligkeit von Subjektivität und Objektivität stellten, wiederzuentdecken.

R. Descartes ist es zu verdanken, daß einerseits eine scharfe Trennlinie zwischen geistiger und körperlicher Welt gezogen und der Geist zunächst einmal frei gemacht wurde für die meditative Beschäftigung mit seinen Ideen und psychischen Akten – den Vorstellungen, Urteilen, Wünschen, Begehrungen, die er in seinem Bewußtsein vorfindet; andererseits zerfielen geistiges und körperliches Sein in zwei getrennte, substantiell unterschiedene Welten.

Bemerkenswerterweise wurde in diesem Jahrhundert nicht mehr ausnahmslos gewürdigt, daß gerade Descartes sich in subtilen Unterscheidungen des Psychischen, Physiologischen und Physikalischen geübt hatte; daß er erstmals eine Klassifikation des Psychischen ins Auge faßte (vgl. „Meditationen über die Grundlagen der Philosophie", 1641/1972, die 3. Med.), auf die Brentano sich 1889 ausdrücklich bezog (vgl. in 1969, S. 17); daß Descartes in seiner Abhandlung über „Die Leidenschaften der Seele" (1649/1984) sehr genau die körperlichen Erregungszustände von den psychischen Gemütszuständen sonderte (vgl. dazu Hammachers Einleitung in das zuletzt genannte Werk). Wenn Descartes dagegen die Urheberschaft einer „mechanistischen Psychologie" angelastet wurde (vgl. Strauss, 1956, S. 1 ff.; dagegen Kastils Würdigung der „genialen Psychologie" Descartes' 1909, S. 45), dann konnte dies nur in der Perspektive erfolgen, die zwischen subjektiver Innerlichkeit und objektiver Außenwelt glaubte vermitteln zu müssen oder zu können.

Descartes' dualistische Sicht der „res extensa" und „res cogitans" brachte in der Tat neue Probleme mit sich; aber zunächst wäre von psychologischer Seite die Konzentration auf das Seelische und die Erkenntnis, daß zu seiner wissenschaftlichen Gewinnung eine andere als die naturwissenschaftliche Methodologie notwendig wurde, zu würdigen gewesen. Die Akzentverschiebung auf die reflexive Beschäftigung mit unseren geistigen Zuständen, und die Evidenz, die der naturwissenschaftlich und mathematisch nicht weniger engagierte vielseitige Philosoph dem Seelischen zubilligte, bedeuteten einen wichtigen Meilenstein auf dem Wege zu einer methodisch-systematisch aufzubauenden wissenschaftlichen Psychologie.

Wer hier wie M. Scheler, der zugleich Descartes und Brentano herabzusetzen suchte, den Evidenzvorsprung der inneren Wahrnehmung vor der äußeren als Ausdruck des „Egozentrismus", des „maßlosen Negativismus und Kritizismus gegen alles Sein außerhalb des Ich-Gott, Natur und objektiver Kultur" glaubte diffamieren zu müssen (wie Scheler, 1911 in Bd. 3, S. 215), stellte wiederum unter Beweis, zu welch' folgenreichen Fehlinterpretationen die Subjekt-Objekt-Perspektive zu verführen vermag. Die gegensätzlichen Einschätzungen der cartesianischen Philosophie und Psychologie innerhalb der phänomenologisch orientierten Forschung bei F. Brentano, E. Husserl (vgl. Husserl, 1977), M. Heidegger (vgl. Heidegger, 1927/1953, S. 89 ff. und 1961, 2. Bd., S. 148 ff.), M. Merleau-Ponty, (vgl. 1966, S. 454 f.), M. Scheler und E. Strauss sagen insgesamt weniger über Descartes Leistungen für die Psychologie als vielmehr über die Vieldeutigkeit des Begriffs „Phänomenologie" aus.

Angreifbarer als die Evidenz innerer Wahrnehmung ist nach *psychologischen* Gesichtspunkten Descartes Ideenlehre, die mangelnde Unterscheidung zwischen „Idee" und „Perzeption" (vgl. zu letzterem Kastil, a. O., S. 37 ff.) und die Abwertung der „äußeren Wahrnehmung" zum bloßen Schein. Im Rahmen der cartesianischen Zweifellehre verfallen die sinnlichen Ideen weitgehend dem Schein; ‚Perzeption' beschränkte sich unter diesen Prämissen auf Perzeption der Ideen (cogitationes). Eine vergleichbare Tendenz ließ Brentanos frühe Lehre von der mentalen Inexistenz des Objekts erkennen, die in der Tat cartesianische Züge trug und zu Schelers Fehlurteil veranlaßt haben könnte.

Descartes ordnete die Ideen in drei Klassen: a) ‚eingeborene', intuitiv gewisse Ideen, wie die Idee Gottes und die mathematischen Ideen; b) von außen kommende sinnliche Ideen und c) selbstgemachte Ideen (Gebilde der Phantasie). Die drei Klassen wurden durch ihren je unterschiedlichen *Bedeutungsgehalt* charakterisiert: hoher Bedeutungsgehalt korrelierte mit „objektiver Realität" (vgl. die 3. Meditation, S. 30 f.); letztere galt aber gerade nicht für die von außen kommenden sinnlichen Ideen. Diese mögen den Gegenständen irgendwie ähnlich sein, aber es ist uns ja prinzipiell nicht die Möglichkeit gegeben, unsere Vorstellungen mit den (vorgestellten) Gegenständen zu vergleichen. (Wir können nicht aus unserem Bewußtsein heraustreten, und die virtuelle Ähnlichkeit der Idee mit dem Gegenstand bleibt auf eine Vermutung angewiesen.) Den höchsten ‚objektiven' Bedeutungsgehalt besitzen die ‚eingeborenen Ideen'.

Descartes' Ideenlehre steht in der Tradition des mentalen oder immanenten Objekts, die ‚Objekt' als Gegenstand der Vorstellung (des Bewußtseins) und gerade nicht als Repräsentant oder Abbild äußerer Gegenstände begriff; erst in der kritischen Philosophie I. Kants erfolgte die Restriktion des Begriffs auf den äußeren Gegenstand (vgl. dazu Kobusch, 1984, 6. Bd., Sp. 1038).

Brentano knüpfte in der „Psychologie vom empirischen Standpunkt" an die scholastisch-cartesianische Tradition der mentalen Inexistenz an, wollte den

Begriff der Sache nach aber schon bei Aristoteles gefunden haben (vgl. Brentano, 1874/1973, 1. Bd., S. 125 f. und 137 f.). Der Ausgang von der mentalen Inexistenz sollte zusammen mit der postulierten Intentionalität der psychischen Phänomene dem modernen Vorurteil zuvorkommen, welches ‚Objekt' sofort mit dem äußeren Gegenstand identifiziert und dazu tendiert, die psychischen Phänomene als bloß subjektive zu disqualifizieren.

„Intentionalität" meint die *relationale* Eigenart psychischer Phänomene, die sich stets auf etwas, nämlich das innere Objekt *als* Vorgestelltes, Beurteiltes, Bewertetes beziehen – im Unterschied zu den physischen Phänomenen (den Sinnesinhalten wie Farbe, Ton etc.), für die nichts Dergleichen in Frage kommt. Brentano ist in der Absicht, die psychischen Phänomene positiv (nicht nur negativ, nämlich als nichtausgedehnte) gegen die physischen auszuzeichnen, wohl zu weit gegangen, denn die so verstandene Evidenz- und Intentionalitätslehre hatte Konsequenzen im Hinblick auf das Problem äußerer Wahrnehmung. In der ersten Version der Lehre drohte die sinnliche Welt sich nämlich in Nichts aufzulösen, indem Brentano den physischen Phänomenen nicht nur Intentionalität, sondern auch Realität absprach (vgl. Psych. v. emp Standp., 1. Bd., S. 128 f.). Das hieß, daß die postulierte Evidenz der inneren Wahrnehmung und das Unterscheidungskriterium der Intentionalität einen Preis forderten, der die empirische Psychologie belastete. Aus vorwiegend *erkenntnistheoretischen* Erwägungen distanzierte Brentano sich später von der Lehre der mentalen Inexistenz des Objekts und zeichnete die psychische, bloß *einstellige* intentionale Beziehung als eine von allen anderen Relationen zu unterscheidende aus (vgl. Psych. v. emp. Standp., 2. Bd., S. 133 ff.). Diese Sicht der Dinge verweist auf den Stellenwert der Relation und Relationsklassen innerhalb der theoretischen Psychologie, auf den hier noch nicht eingegangen werden kann.

Gerade aus Brentanos reflektierter Behandlung der Subjekt-Objekt-Problematik erhellt deren fundamentale Bedeutung für die theoretische Grundlegung der empirisch-wissenschaftlichen Psychologie, die sich positiv und in Eigenständigkeit gegen andere Wissenschaften (insbesondere die Naturwissenschaft) abzugrenzen suchte. Daß indes auch gegen Brentanos Lösungsversuche Bedenken anzumelden sind, und die Problemlage noch etwas komplexer war, als er sie zunächst eingeschätzt haben mag, wird später zu vertiefen sein. Hier ist zunächst hervorzuheben, daß ‚sinnliche Wahrnehmung' weder mit ‚äußerer Wahrnehmung' (Wahrnehmung äußerer Objekte) gleichbedeutend verwendet, noch als bloß subjektiv (im Sinne von individuell oder amorph, ohne Gesetzmäßigkeit) abgewertet werden darf.

Die an die cartesianische Philosophie anknüpfende, sie kritisch reflektierende und psychologisch vertiefende angelsächsische empirische Philosophenschule setzte keineswegs der immanenten Betrachtung der Ideen in unserem Bewußtsein Widerstand entgegen, mit Ausnahme gewisser, allerdings schwerwiegender Inkonsequenzen bei J. Locke. Den Stein des Anstoßes bildeten einmal die ‚eingeborenen Ideen', zum anderen die mangelnde Unterscheidung zwischen Idee und Perzeption. Das Prinzip der Vergleichung und Unterscheidung der Bewußtseinsinhalte wurde ohne Abstriche akzeptiert und auch das cartesianische Methodenverständnis und seine methodologischen Leitlinien übernommen. Descartes Insistieren auf methodisches Vorgehen, nämlich stets mit dem *Einfachen* zu beginnen, das Einfache in seinen *Beziehungen* zu studieren und diese systematisch zu einem *Ganzen* zu ordnen, Intuition, Deduktion und Induktion sorgfältig zu unterscheiden (vgl. Descartes „Regeln zur Ausrichtung der Erkenntniskraft", 1628-29/1979), setzte sich in den Untersuchungen der englischen Philosophen durch.

Der Methodenkanon Descartes' und der englischen Schule wurde auch von der (engeren) Brentanoschule (Stumpf, Marty, Kraus, Kastil) übernommen; jedoch geriet die Selbstverständlichkeit, mit der Brentano das methodische Prinzip, vom Einfachen und Elementaren auszugehen, in eine rein rhetorische Frage kleidete: „Oder ist es nicht offenbar Sache der Psychologie, die ersten Elemente der psychischen Erscheinungen zu bestimmen?" (vgl. Psych. v. emp. Standp., 1. Bd., S. 10), alsbald ins Zwielicht. Methodische Streitigkeiten über den psychologischen ‚Elementarismus' und überflüssige Polemik gegen den ‚Atomismus', vor allem von seiten der Gestaltpsychologie (vgl. dazu E. Jaensch, 1927, S. 121 ff.), hätten vermieden werden können, wenn die Kritiker nicht das methodologische Prinzip mit ontologischen Überlegungen (beispielsweise Element eines Kontinuums oder Element eines Aggregats), gegenstands- und bedeutungstheoretischen Fragen (vgl. Merleau-Pontys Polemik gegen den Empfindungsbegriff, 1966, S. 21 ff.), oder gar mit der genetischkausalen Frage nach dem Aufbau komplexer Phänomene aus einfachen, verwechselt und konfundiert hätten (zur Gegenkritik vgl. O. Kraus in Psych. v. emp. Standp., 3. Bd., S. 154; Stumpf, 1907a, S. 20). So selbstverständlich davon auszugehen ist, das Seelische als ein Ganzes mit komplexer Wechselwirkung seiner Teile zu betrachten, so selbstverständlich sollte es auch sein, daß *Wissenschaft* sich stets nur analysierend diesem Ganzen zu nähern vermag; und während die Alltagspsychologie von Jedermann in der Regel zu holistischen (verallgemeinernden, stereotypen) Aussagen tendiert, wird das methodische Handwerkszeug des wissenschaftlichen Psychologen stets auf die Analyse angewiesen sein, ob er sich nun Ganzheits- oder Gestaltpsychologe nennt oder nicht.

Zweifellos sind die Begriffe des Einfachen und Elementaren nicht unzweideutig; aber methodisch besagen sie zunächst nicht mehr, als die vorwissenschaftliche Komplexität der Sujets zu reduzieren. Darüber hinaus konfrontiert das Elementare gerade in der Wahrnehmungspsychologie mit tieferliegenden fundamentalen Problemen, die erkenntnistheoretisch bedeutsam sind und auf die zurückzukommen sein wird. (Das *visuelle* Elementare – der Punkt – unterscheidet sich in bedeutsamer Weise vom *akustisch* Elementaren, wenn hier als Elementares der einfache Ton gemeint ist, insofern der visuelle Punkt mit der

Problematik unendlich kleiner Punkte konfrontiert, der einfache Ton, weil ohne Ausdehnung, hingegen nicht.)

Sowohl Descartes' Methodenverständnis als auch der Verweis auf die meditative und reflexive Beschäftigung mit den Ideen und Akten unseres Bewußtseins erfuhr durch J. Lockes „Versuch über den menschlichen Verstand" (2 Bde, 1690) Fortschreibung und Auswirkungen größten Ausmaßes (zur Wirkungsgeschichte Lockes vgl. Specht, a. O., S. 185 ff.). Man sollte indes Locke nicht studieren, ohne die „Nouveaux Essais sur l'Entendement humain" von G.W. Leibniz (1703, 1765 nach Leibniz' Tode zunächst in französischer Sprache erschienen) mitzulesen, die auf Lockes Ausführungen antworten, ihnen Kapitel für Kapitel – würdigend, kritisierend, ergänzend – folgen. Das Hauptwerk E. Berkeleys „Eine Abhandlung über die Prinzipien der menschlichen Erkenntnis" (1710) und das Hauptwerk D. Humes „Ein Traktat über die menschliche Natur" (1739-40) griffen ihrerseits zentrale Aspekte Lockes auf, vertieften die vorgezeichneten Linien und radikalisierten sie in eine Richtung, die der rein immanenten, deskriptiven und phänomenologischen Analyse des Bewußtseins den Vorzug gab. In den genannten Werken versammelte das 18. Jahrhundert die methodologischen Bausteine zu einer veritablen Wissenschaft vom Menschen („Geisteswissenschaft"), die Kant aus Gründen, die später zu behandeln sein werden, rigoros verneinte, ihre Bausteine zerstörte und durch die Transzendentalphilosophie verschüttete.

Allerdings war die Diskussionsbasis des 18. Jahrhunderts sehr breit gefächert und die Problemlage dementsprechend komplex. Die psychologischen Untersuchungen wurden in allen Fällen in Verbindung mit erkenntnistheoretischen Ausblicken vorgetragen. Nicht ausschließlich die Deskription der Bewußtseinszustände – Analyse, Klassifizierung, Systematisierung der perzeptorischen und kognitiven Akte sowie die genetische Frage nach dem Ursprung unserer Ideen wurden untersucht – auch die *Geltung* von Wissensansprüchen, zu unterscheidende Grade der Gewißheit des Wissens, die Sonderung erfahrungsunabhängiger Erkenntnisse von bloß wahrscheinlichem Wissen wurden mitbehandelt. Zu dieser Zeit dachte freilich noch niemand daran, die Behandlung psychologischer und erkenntnistheoretischer Fragen rigide zu trennen oder den erkenntnistheoretischen ein transzendentales Vorrecht einzuräumen und das Psychologische der Subjektivität zu überlassen, wie dies von Kant und wiederum durch die neukantianistische Schule gefordert wurde (vgl. dazu kritisch Stumpf, 1891, S. 501). Aber auch bestimmte naturphilosophische Präferenzen gewannen Einfluß auf die psychologischen Grundannahmen. Descartes, Locke, Leibniz, Berkeley und Hume bezogen jeweils bestimmte Positionen in der zu ihrer Zeit und im Zuge der aufblühenden Naturwissenschaft intensiv geführten Diskussion. Diese kämpfte, auf der Basis unterschiedlicher Vorannahmen und Interessen, um eine den Naturphänomenen angemessene, begrifflich und mathematisch adäquate Fassung. Begriffe wie die der Materie,

Kraft, Bewegung, der Ausdehnung, des Raumes und der Zeit wurden durchaus kontrovers behandelt, zumal theologische Standpunkte und weltanschauliche Interessen mitspielten und gehört werden wollten. Traditionsreiche Begriffe wie der aristotelische Substanzbegriff gerieten im Lichte der neuen mechanischen Physik I. Newtons in Mißkredit; für selbstverständlich gehaltene Begriffe wie der Kausalitätsbegriff erwiesen sich dem geschärften Methodenbewußtsein als durchaus fragwürdig.

In dieser, noch im Vorfeld der Trennung von Philosophie und Einzelwissenschaften (Physik) geführten Diskussion, fielen Entscheidungen, die nicht nur die psychologischen Grundannahmen des 17. und 18. Jahrhunderts beeinflußten, sondern die Methodologie der Psychologie bis heute latent beschäftigen, zum Teil auch belasten, jedenfalls unterschwellig immer noch zu ihrer theoretischen Vielstimmigkeit beitragen.

Vergleicht man die naturphilosophischen Ansichten Descartes', Leibniz', Lockes, Berkeleys und Humes, was das *Wesen* (den Begriff) von Materie, Ausdehnung, Ort, Bewegung betraf mit ihren psychologischen Grundannahmen, dann erhellt unmittelbar die enge Wechselwirkung zwischen Metaphysik, Ontologie und Psychologie zu dieser Zeit.

Wenn Descartes beispielsweise Materie und Raum (Körperausdehnung und Raum) *identifizierte* (vgl. „Die Prinzipien der Philosophie", 1633/1965, 2. Teil, S. 31 ff.) und zwischen ausgedehnter Körperwelt und nicht ausgedehnten geistigen Operationen („cogitationes") keine weitere Perspektive in Erwägung zog – beispielsweise psychische sinnliche Phänomene, die ‚ausgedehnt' sind, wie die Erscheinungen des visuellen und des Tastsinns, aber darum nicht materielle Dinge sind – dann wurde ein Dualismus zweier Welten festgeschrieben, der alle psychischen Phänomene in die Klasse der geistigen Akte unterzubringen suchte und die Analyse der sinnlichen Wahrnehmung schlechterdings unter den Tisch fallen ließ.

Daß Leibniz gegen die atomistische Theorie der Materie einen fluiden und dynamischen Materiebegriff bevorzugte (vgl. Nouv. Ess., 2. Bd., 4. Kap, S. 127 ff.; 13. Kap., S. 197), stand in Zusammenhang mit der Entdeckung der Infinitesimalrechnung, beeinflußte aber auch Leibniz' Votum für unmerkliche (unterbewußte) Perzeptionen und die ausdrücklich gegen Locke vertretene These der immer aktiven, bewußt/unbewußt tätigen Seelensubstanz (vgl. a. O., 1. Bd., 1. Kap., S. 99 ff.). Physikalische Kontinuumslehre, Infinitesimalrechnung und infinitesimal-kontinuierliche Übergänge im Seelenleben verwiesen aufeinander zurück. (Zur großen Bedeutung, die Leibniz den unterbewußten „kleinen Perzeptionen" innerhalb seines Gesamtsystems beimaß, vgl. das Vorwort der Nouv. Ess. ab S. XVII ff.) Gerade Leibniz' Dialog mit Locke machte deutlich, wie eng naturphilosophische *und* psychologische Prämissen sich wechselseitig beeinflußten.

Daß Locke gegen den cartesianischen Materiebegriff der Atomtheorie Epikurs und Gassendis zustimmte (vgl. 2. B., 13. Kap., § 21 ff., dazu Specht, a. O., S. 32), verstärkte vermutlich das Motiv zur elementaren Analyse; daß G. Berkeley den Materiebegriff, weil mit Widersprüchen belastet, in Lebenswelt und Naturforschung überhaupt für verzichtbar hielt (vgl. a. O., § 9-21; § 67-100), intensivierte den Gedanken einer rein phänomenologischen Betrachtung der sogenannten äußeren Welt; in dieser Perspektive konnte nicht das *Sein* der Dinge, sondern nur ihr *Wahrgenommenwerden* noch von Interesse sein. Berkeley brachte mit seinem „Versuch einer neuen Theorie des Sehens" (1733/1987) eine Theorie der Wahrnehmung auf den Weg, welche die visuelle Wahrnehmung aus ihrer viel zu engen Verflechtung mit der geometrischen Optik befreite und anstelle der mathematisch-physikalisch-physiologischen Beschäftigung mit dem Sehen die psychologische Analyse auf der Basis der (alltäglichen) Erfahrung in den Mittelpunkt rückte.

Wenn J. Locke wiederum mit I. Newton für die Existenz eines absoluten und leeren Raumes votierte, während Leibniz, Berkeley und Hume diesbezüglich zu den Gegnern Newtons zählten, dann lenkte dies die Aufmerksamkeit auf Divergenzen innerhalb der metaphysisch-physikalischen Raum- und Zeit*begriffe* und der psychologischen Raum- und Zeit*wahrnehmung*, die nicht nur für die Wahrnehmungspsychologie, sondern auch für die Abgrenzungsproblematik der wissenschaftlichen Psychologie einen fundamentalen Stellenwert beanspruchten und bis heute nicht bereinigt sind (vgl. dazu Revers, 1985). Brentano (ab 1914 in 1976), Marty (vgl. 1916) und Stumpf (vgl. 1939-40, S. 608 ff.) unterzogen diese Problematik in ihren späteren Arbeiten nochmals einer intensiven Untersuchung; daß die im Denkansatz verwandten Forscher ihrerseits nicht zu übereinstimmenden Aussagen gelangten, wirft ein Licht auf die mannigfaltigen Schwierigkeiten, die der wissenschaftlichen Psychologie gerade aus dieser Problematik erwuchsen.

Die Beispiele wollen kein einseitiges Abhängigkeitsverhältnis psychologischer Methodologie von ontologischen Theorien erhärten, vielmehr ist Einfluß und Gewichtung *wechselseitig* zu verstehen und zu berücksichtigen. Ein moderneres Beispiel für diese wechselseitige Beeinflussung ist W. Köhlers Entwicklung der Gestaltpsychologie zu einer allgemeinen Theorie der (auch physikalisch relevanten) ‚Gestalt' (vgl. Köhler, 1920). Während die Beschäftigung mit der Gestalt auf rein psychologischem Boden und im Hinblick auf die Gestaltwahrnehmung begonnen hatte, modifizierte Köhler sie unter dem Einfluß des Positivismus und Physikalismus in eine physikalische Frage. Die Psychologie sollte nicht bloß als Grenzgängerin betrachtet werden, die sich den jeweils herrschenden Vorschriften der Metaphysik, Physik, Logik oder Erkenntnistheorie anzubequemen hat. Im 17. und 18. Jahrhundert waren es jedoch ein- und dieselben Persönlichkeiten, die über Welt *und* Seele nachdachten. Wenn sich Philosophie und Wissenschaft heute voneinander entfernt und innerhalb der Einzelwissenschaften wiederum enge Spezialisierungen stattgefunden haben, dann scheinen gewisse Grundprobleme und Basisbereiche, insbesondere die Wahrnehmung betreffend, gegen Spezialistentum resistent zu sein. Eben diese ‚unmoderne' Grundeinsicht findet sich in den Arbeiten der Brentano-Schule, insbesondere bei C. Stumpf wieder.

Historisch ist in diesem Kontext *der* Philosoph hervorzuheben, der einerseits das psychologische Denken am weitesten vorantrieb, andererseits gerade hinsichtlich der Alternative Subjekt-Objekt-Relation oder Teil-Ganzes-Relation durch seine ambivalente Einstellung eine Schlüsselrolle spielte, nämlich J. Locke. Brentanos Schüler A. v. Meinong würdigte 1877 die Philosophie Lokkes zutreffend

> als das Ergebnis der Konzentration auf das Forschungsgebiet der Psychologie, auf die Betrachtung der psychischen Phänomene selbst.[...] Durch diese Betrachtung ist Locke der Aristoteles der neuen Psychologie geworden, und sein „Versuch" die erste umfassende Leistung auf dem Gebiet der psychologischen Analyse. (In 1969, S. 8)

Daß v. Meinong Lockes ambivalente Grundeinstellung nicht herausstrich, lag am besonderen Erkenntnisinteresse des Forschers, das den *Relations*lehren Lockes und Humes galt und diese vertiefen wollte. Die Relationslehre bildet zwar einen wichtigen Teil, aber weder das Ganze der Lehre, noch tangiert sie gravierend die in der *Methode* gegründete Ambivalenz. Zweifellos war Locke ein Meister der psychologischen Analyse; aber was meint ‚Analyse' und speziell ‚psychologische Analyse', beispielsweise im Unterschied zur physikalischen und chemischen Analyse? Lassen sich Ideen, Wahrnehmungen, Vorstellungen, Urteile wie materielle Dinge oder chemische Zusammensetzungen ‚teilen', oder erfordert die psychologische Analyse nicht noch besondere Vorüberlegungen – die Sujets, den Prozeß, die Möglichkeit und die Grenze der Trennbarkeit/Teilbarkeit betreffend? Mit diesen, für die deskriptive und analytische Psychologie fundamentalen methodischen Fragen wird Lockes Schlüsselrolle hier in Verbindung gebracht und hinsichtlich der Analyse der Wahrnehmung ausführlicher zu behandeln sein.

In Descartes' „Prinzipien der Philosophie" (1644) wird das Prinzip der Analyse folgendermaßen beschrieben: „Denn was in Gedanken geteilt werden kann, ist auch teilbar; wollten wir es für unteilbar halten, so widerspräche das unserer eigenen Erkenntnis". (1965, S. 40) In dieser generellen Bedeutung wurde das Prinzip auch von D. Hume in Anspruch genommen: „Was aus Teilen besteht, in dem sind Teile unterscheidbar, und was unterscheidbar ist, ist trennbar." (Vgl. Traktat, 2. T., 1. Abschn., S. 42) Ausdrücklich auf die Wahrnehmung bezogen hieß es noch in C. Stumpfs Monographie über den Ursprung der Raumvorstellung „Unterschieden wird nur, was getrennt wahrgenommen wird." (Vgl. 1873, S. 132) Zwar hatte Descartes von der Teilung unserer *Gedanken* gesprochen; aber das Prinzip fand Erwähnung im Zusammenhang mit Descartes' Auffassung der *unendlichen* Teilbarkeit der *Materie*, und wer der Erörterung folgt, sieht den Philosophen alsbald dazu veranlaßt, die *unendliche* Teilbarkeit der Gedanken für den menschlichen Verstand einzuschränken und dem göttlichen Verstand zu überlassen. *Grenzen* der Teilbarkeit und *unendliche* Teilung der Gedanken schienen unproblematisch, solange göttlicher und menschlicher Verstand noch in einer ungebrochenen Allianz standen.

Das änderte sich mit J. Locke; allein die Tatsache, daß Locke ‚eingeborene Ideen' im allgemeinen und die Idee Gottes als ‚eingeborene' im besonderen ablehnte, weil nicht mit der Analyse der Bewußtseinstatsachen in Einklang zu bringen (vgl. Versuch, 1. B., 1. Kap., § 1 ff.; 3. Kap., § 8-19), vergrößerte den Abstand zwischen Gott und Mensch und ebnete in einem keineswegs nebensächlichen Sinn der empirischen Psychologie den Weg, insofern Locke zurückschloß, daß, wenn die Idee Gottes nicht ‚eingeboren' sei, dies auch für keine andere Idee des Geistes in Frage komme (vgl. 1.B., 3. Kap., § 18).

Wenn der englische Philosoph einerseits mit der zunehmend an Erfahrung, Beobachtung und Experiment orientierten Naturwissenschaft sympathisierte und die Erfahrung auch und sogar in der Hauptsache bei der Analyse des Bewußtseins mitsprechen lassen wollte, dann reflektierte er andererseits, ebenso wie Descartes, auf metaphysische Prämissen, nur daß seine Voraussetzungen den cartesianischen allemal *entgegengesetzt* waren; insbesondere die Identifizierung der Materie mit Ausdehnung wurde abgelehnt und aus der cartesianischen Einteilung der Wesen in körperliche und geistige folgte für Locke nicht die Identität von Raum und Materie: „Wer sagt ihnen denn, daß es nichts anderes gebe oder geben könne *als feste Wesen, die nicht denken können, und denkende Wesen, die nicht ausgedehnt seien?*" (1. Bd., 2.B., 13. Kap., § 16) Zweifellos eine so kühne wie wichtige Behauptung, auf die später zurückzukommen sein wird.

Lockes naturphilosophische Prämissen: endlich teilbare Körper, Atome, Vakuum, unendlicher Raum und unendliche Dauer (Zeit) als unbewegliche und unteilbare Kontinua ließen sich aber nicht so fraglos mit der Analyse des Bewußtseins (Wahrnehmung und Erkenntnis) verbinden, wie Locke geglaubt zu haben schien. (Die Entdeckung, daß der menschliche Geist hier mit unlösbaren Antinomien konfrontiert ist, blieb freilich Kant vorbehalten.) Locke scheint im ganzen das Vorurteil begünstigt zu haben, als ließen sich die metaphysischen Theorien unmittelbar mit den metapsychologischen parallelisieren, die einen aus den anderen ableiten, die Teilung des Weltganzen mit der Teilung der Bewußtseinstatsachen auf relativ einfache Weise harmonisieren. Das Ganze der Welt und das Ganze der *wahrgenommenen* Welt passen aber nicht so fraglos ineinander, wie Locke noch meinte nachweisen zu können, während seine Kritiker G. Berkeley und D. Hume diesbezüglich schon schärfer hinsahen. Darauf wird später einzugehen sein; vorerst sind aber Lockes Leistungen für die Psychologie zu würdigen.

Für den auf Erfahrung vertrauenden Philosophen kamen ‚eingeborene Ideen' und ‚eingeborene Prinzipien' nicht mehr in Frage. Locke machte sich gewissermaßen den cartesianischen Zweifel zu eigen, forderte zum selbständigen Denken auf und warnte vor dem Machtmißbrauch angeblich angeborener, unkorrigierbarer dogmatischer Positionen (vgl. das 1. B., 3. Kap.). Die Seele charakterisierte er als ein „unbeschriebenes Blatt, ohne alle Schriftzeichen, frei von allen Ideen", (2. B., 1. Kap., § 2) die Erkenntnis und Wissen allein durch Erfahrung ansammele. Methodisch hatte an die Stelle ‚eingeborener Prinzipien' die vorurteilslose systematische Analyse des tatsächlichen Bewußtseinsbestandes, die Unterscheidung und Vergleichung der aktuell vorfindlichen Ideen zu treten. Das war ein wichtiger Schritt im Hinblick auf eine deskriptiv-empirische Psychologie, und Locke ergänzte ihn durch zusätzliche, indem er die deskriptiv-strukturelle Analyse durch *genetisch* orientierte Fragen erweiterte. Vor diesem Hintergrund fiel der Blick auf die kindliche Entwicklung des Geistes, das Problem geistiger Deprivation, organisch bedingter Ausfälle im Bereich der Wahrnehmung (z.B. Blindgeborener) in ihren Konsequenzen für die Erkenntnis. Auch der Vergleich tierischer und menschlicher Leistungen wurde herangezogen und das cartesianische Vorurteil, Tiere seien Maschinen, korrigiert (vgl. 2. B., 10. Kap., § 10; 11. Kap., § 11). Locke kreierte einen Grundbestand methodischer Ansätze, die heute zum Rüstzeug der empirischen Psychologie, insbesondere Entwicklungspsychologie, gehören.

Nicht weniger bedeutsam war, daß Locke, im Unterschied zu Descartes, endlich der sinnlichen Wahrnehmung für die Erkenntnis Gewicht beimaß. Zwei Quellen wurden in Anspruch genommen und in ihren Aufgaben unterschieden: sinnliche Wahrnehmung (Sensation) und Reflexion als ein bewußtes Achten auf unsere geistigen Operationen, mittels derer der Geist all sein Wissen erlangt (vgl. 2. B., 1. Kap. ff.). In beiden Bereichen unterschied Locke einfache und zusammengesetzte Ideen, einfache und zusammengesetzte sinnliche Eindrücke. Die sinnlichen Eindrücke wurden ihrer Herkunft nach in solche gesondert, die nur durch *einen* Sinn (wie Licht, Farbe, Ton) Eingang ins Bewußtsein finden und andere, die durch *mehrere* Sinne (beispielsweise Ausdehnung, Bewegung, Gestalt), nämlich durch Gesichts- und Tastsinn vermittelt werden (vgl. 2. B., 6. Kap. ff.). Für beide Quellen wurden die zwischen den Elementen stattfindenden Relationen erarbeitet (vgl. 2. B., 25. Kap. ff.).

Lockes Analysen galten einmal der vollständigen Beschreibung der Bewußtseinstatsachen – ein unter- oder unbewußtes Psychisches wurde ausgeschlossen, da die Erfahrung uns eine auch in nicht bewußten Zuständen aktiv wirkende Seelensubstanz nicht nachzuweisen vermöchte. Locke fand es, im Unterschied zu Leibniz, Kant und den zahlreich nachfolgenden Vertretern eines unbewußten Psychischen, schwer, sich vorzustellen, „daß etwas denken sollte, ohne sich dessen bewußt zu werden." (Vgl. 2. B., 1. Kap., S. 114) Das Interesse richtete sich aber auch auf Fragen, welche die Untersuchung und Unterscheidung von Wissensansprüchen und die Geltung des Wissens betrafen.

Locke sonderte intuitives, demonstratives und sensitives Wissen nach abgestuften Graden der Gewißheit: Höchste Gewißheit eignete den mathematischen Axiomen, geringere den mathematischen Ableitungen und die geringste dem sensitiven (bloß wahrscheinlichen) Wissen, die Existenz und Beschaffenheit der äußeren Gegenstände betreffend (vgl. 4. B., 1. Kap. ff.). Die weitgefächerte Ambition implizierte überdies noch eine *Kritik* der Erkenntnis, die nicht an mangelnden Ideen oder der Schwierigkeit, sie zu ordnen, sondern an unreflektiertem Gebrauch der Sprache festgemacht wurde (vgl. 3. B., 9. Kap. ff.). Äquivoke Wörter wie beispielsweise der vieldeutige Substanzbegriff, auf dessen sprachkritische Analyse Locke besondere Sorgfalt verwandte (vgl. 3. B., 6. Kap., § 1-51), und die suggestive Wirkung der Sprache hindern uns nach Locke an der vorurteilsfreien Beschäftigung mit den Ideen in unserem Geiste. Brentano nahm im 19. Jahrhundert die sprachkritischen Anregungen Lockes wieder auf (schon in den frühen Aristotelesarbeiten spielte die Bereinigung von Äquivokationen eine erhebliche Rolle) und soll in dieser Funktion die Sprachkritik L. Wittgensteins und der modernen angelsächsischen Philosophie auf den Weg gebracht haben (vgl. dazu Stegmüller, 1969, 1. Bd., S. 643).

Locke legte in der Tat einen *weiten* Blickwinkel an, der die psychologische Analyse einmal mit dem logischen Aufbau des Wissens und mit Erkenntniskritik (Sprachkritik), zum anderen mit metaphysischen (metaphysikalischen) Grundannahmen in Einklang zu bringen suchte. Die zahlreichen Anregungen, welche die empirische Psychologie methodisch und inhaltlich durch Locke erfuhr, konnten hier nur punktuell gewürdigt werden. Erstmals trat das wahrnehmende, erkennende, sprachfähige Subjekt in seiner ganzen Vielfalt in Erscheinung; aber die immense Vielseitigkeit Lockes barg auch die Gefahr in sich, daß scheinbar belanglose Detailfragen übersehen oder in eine falsche Richtung gelenkt wurden. Das Problem des Allzuvielen haftet der Psychologie ja ‚von Hause aus' an: Das menschliche Gemüt, das zugleich Spiegel seiner selbst und Spiegel der es umgebenden Welt sein soll, schließt *alles* ein, aber ‚Alles' kann nicht Gegenstand der wissenschaftlichen Untersuchung sein, weil ‚Alles' das Kennzeichen der vorwissenschaftlichen Komplexität ist, die zu reduzieren ist, *ohne jedoch einem unangemessenen Reduktionismus zu verfallen* – ein wahrlich nicht leicht zu lösendes, aber wichtiges methodisches Problem.

Der Naturwissenschaftler vermag aus der Vielfalt der Dingwelt relativ problemlos Teile herauszuschneiden und separat zu analysieren; dem Psychologen entstehen aus der Reduzierung des Ganzen auf bestimmte Teile Probleme, die der Naturwissenschaftler nicht kennt oder die ihn nicht kümmern; sie tangieren einmal die Frage, ob Psychisches sich überhaupt voneinander oder von einem es Fundierenden, es Tragenden, abtrennen läßt, insofern jeder Teilaspekt, Teilakt, jede Teilhandlung, jedes separierte Vermögen stets auf das *ganze* Subjekt zurückverweist; sie konfrontieren zum anderen mit dem Problem der *Gewichtung* der Details; das Ganze im Auge zu behalten, die Detailfragen richtig einzuschätzen, nicht kurzschlüssig zu übersehen, nicht endlos zu zergliedern und eine Struktur zu erarbeiten, die dem Verhältnis von Teil und Ganzem psychologisch gerecht wird, erfordert Weitblick, Scharfsinn und eine ganz besonderer Art von psychologischem ‚Takt'. Hier vermag eine einzige falsche Entscheidung das Gesamtergebnis in Frage zu stellen.

Um das Problem der psychologischen Detailanalyse durch ein Beispiel zu erhellen: Locke hatte als erster und mit weitreichenden Konsequenzen für alle, die ihm in der psychologischen Analyse nachfolgten, auf *zwei Quellen* der Erkenntnis – passive Sensation (Sinneswahrnehmung) und aktive Reflexion (bewußtes Achten auf die geistigen Operationen) verwiesen. Zweifellos bildete Lockes Einteilung des Erkenntnisgebiets die Basis für die spätere deskriptive und phänomenologische Psychologie: die Einteilung in psychische und physische Phänomene (Brentano) und die Einteilung in Erscheinungen und psychische Funktionen (Stumpf). Lockes Einteilungsprinzipien konnten aber nur als vorläufige betrachtet werden; Locke übersah, daß a) die Einteilungskriterien passiv/aktiv zu grob gefaßt waren; daß b) zwischen ‚Empfindung' und ‚Wahrnehmung', ‚Vorstellung' und ‚Idee' in unserem Bewußtsein Differenzen zu berücksichtigen sind. ‚Empfindung' und ‚Wahrnehmung' können als Inhalte, aber auch als Akte interpretiert werden; die Empfindung kann (als Inhalt und Akt) in der Tat unterschwellig bleiben; die Wahrnehmung (als Akt) kann ein bloßes flüchtiges Bemerken, aber auch ein bewußtes Unterscheiden des Bemerkten implizieren, das heißt Urteilsakte einschließen; die Idee kann als Vorstellung (s.z.s. als ‚Abbild' des Wahrgenommenen oder aber als Zeichen *ohne* Abbildungscharakter wie bezüglich der Töne) oder auch als Begriff (als die kategorial gefaßte Vorstellung) thematisiert werden. Diese ‚Detailfragen' liegen gewissermaßen im Zwischenraum der beiden Quellen Sensation und Reflexion, Perzeption und Apperzeption, Sinnlichkeit und Verstand; sie ziehen zahlreiche philosophisch, phänomenologisch und psychologisch relevante Fragen nach sich; sie waren der Nährboden für Streitfragen, wie sie sich später zwischen Phänomenologen wie Brentano, Stumpf und Husserl ergaben.

Für eine *empirisch* ausgerichtete Phänomenologie ist wichtig, ob zwischen Empfindung/Wahrnehmung einerseits, Vorstellung/Idee andererseits ein spezifischer *Wesensunterschied* oder bloß ein *gradueller* Unterschied angenommen wird, der sich auf den Unterschied der Lebhaftigkeit beschränkt, aber die korrelative Struktur der Teilinhalte komplexerer Wahrnehmungen und Vorstellungen unangetastet läßt. Letztere Annahme, die von Locke fort und zu D. Hume hinführt und der Phänomenologie C. Stumpfs zugrunde lag, zeigt die Weggabelung an, die von Locke zur Subjekt-Objekt-Relation verleitete, während Berkeley und Hume die Teil-Ganzes-Relation die Treue hielten. Die Annahme eines spezifischen Unterschieds separiert Wahrnehmung und Vorstellung (Idee) und transzendiert den Vorstellungsinhalt in einer Weise, die sowohl das Verhältnis von Wahrnehmungs-Vorstellungs*akt* und -*inhalt* tangiert als auch zu einem Ideenrealismus tendiert. Daß sich gerade an diesem Problem Differenzen zwischen den Ansätzen Brentanos, Stumpfs und Husserls festmachen lassen, muß späterer Bearbeitung vorbehalten bleiben.

In diesem Kontext ist auch auf die erwähnte Ambivalenz Lockes zurückzukommen und Lockes *Inkonsequenz* zum Thema zu machen. Der Philosoph hatte sich methodisch auf das Prinzip verpflichtet, allein die Ideen *in* unserem Bewußtsein zu analysieren. Diesen immanenten Ansatz überschritt er aber und zwar einmal in Richtung auf den äußeren Gegenstand, zum anderen in Richtung auf allgemeine abstrakte, das individuelle Bewußtsein transzendierende Ideen (Universalien). Locke war der erste Philosoph, der a) die Analyse der Wahrnehmung und Erkenntnis des Subjekts mit gegenstandstheoretischen Fragen konfundierte, b) das sogenannte Abstraktionsproblem in seiner *psychologischen* Bedeutung aufwarf, aber auch wieder verstellte. (Das philosophische Problem der Universalien interessiert hier nicht.) Für beide, Gegenstandserkenntnis und Abstraktion, ist das zuvor zu lösende Verhältnis von Wahrnehmung und Vorstellung psychologisch konstitutiv; hier wird hauptsächlich Lockes Inkonsequenz in Hinblick auf die Gegenstandserkenntnis zu behandeln sein.

Die Frage nach der Existenz und Beschaffenheit äußerer Gegenstände ist eine genuin *erkenntnistheoretische* Frage; psychologisch wäre sie falsch gestellt: nicht die Frage nach der *Existenz* der Gegenstände, sondern die Frage nach unserem *Glauben* an die dauerhafte Identität bewußtseins- und wahrnehmungsunabhängiger äußerer Gegenstände wäre aufzuwerfen gewesen. Man könnte die Frage auch als erkenntnis*kritische* betrachten, aber nur dann, wenn die innerhalb der wissenschaftlichen Psychologie falsch gestellte Alternative zwischen ‚naivem Bewußtsein' und ‚wissenschaftlichem (reflektiertem) Bewußtsein' mit ins Spiel gebracht wird, die E. Husserls Begriff der Phänomenologie zusammen mit Husserls Definition der Psychologie als „Tatsachenwissenschaft" statt „Gesetzeswissenschaft" von Stumpfs phänomenologischem Ansatz scheidet (vgl. Husserl, 1910-11/1981, S. 18 und 1913/1980, § 40, S. 71 ff.).

Locke war sich der Überschreitung seines methodischen Prinzips, alle Begriffe auf erfahrbare Inhalte zurückzuführen, bewußt und suchte intensiv nach einer wahrnehmungstheoretisch akzeptablen Brücke zwischen Subjektbewußtsein und äußerem Gegenstand. Relevant ist in diesem Kontext die so folgenreiche wie umstrittene Distinktion zwischen *primären* und *sekundären* Qualitäten als Beschaffenheit der *Dinge*, respektive die Unterscheidung von Ideen im Geist und Qualitäten in den Körpern, welche psychologisch die weiter oben angesprochene Unterscheidung zwischen Vorstellung (Idee) und Wahrnehmung impliziert.

Locke wollte die sogenannten primären Qualitäten wie Ausdehnung, Gestalt, Festigkeit, Bewegung, Zahl als die *realen* Eigenschaften der Dinge auszeichnen; er sprach von „Ebenbildern" der Körper und behauptete, „daß ihre Urbilder in den Körpern selbst real existieren", während die sogenannten sekundären Qualitäten wie Farbe, Ton, Geruch, Geschmack, Härte etc. „mit den Körpern überhaupt keine Ähnlichkeit aufweisen." (Vgl. 2. B., 8. Kap., § 15) Die sekundären Qualitäten sind nach Auffassung des Philosophen durch die nicht wahrnehmbaren minimalen Partikel der primären *verursacht* (2. B., 8. Kap., § 13).

Die Einteilung war in mehrfacher Weise prekär: *Erkenntnistheoretisch* kann die Existenz äußerer Gegenstände nur in Form einer, wenngleich sehr gut beglaubigten Hypothese ausgesprochen werden (vgl. dazu Stumpf, 1891, S. 548 und 1939-40, S. 578 ff.), während Locke, entgegen seiner Intention, Äquivokationen zu vermeiden, den Gegenstandsbegriff verdoppelte (Gegenstand der Wahrnehmung und wahrgenommener Gegenstand) und von „Urbildern" in den Dingen handelte, die als solche empirisch nicht verifizierbar sind. Die Annahme von Urbildern in den Dingen bewegt sich auf der gleichen, die Erfahrung transzendierenden argumentativen Ebene wie ‚eingeborene Ideen' im Geiste. *Methodisch* überschritt Locke also das Prinzip der immanenten Bewußtseinsanalyse zugunsten eines a priori angenommenen äußeren Gegenstandes. *Wahrnehmungstheoretisch* können primäre und sekundäre Qualitäten, wie beispielsweise Ausdehnung und Farbe, niemals *getrennt wahrgenommen* werden (jede wahrgenommene Farbe hat auch eine bestimmte Ausdehnung und vice versa). Vermutlich haben die sekundären Qualitäten keinerlei Ähnlichkeit mit den Eigenschaften der bewußtseinstranszendenten Dinge, obwohl auch dies nicht beweisbar ist; aber dafür weisen sie *untereinander* Ähnlichkeiten auf, wie die Nuancen einer Farb*spezies* und die wiederkehrenden Intervalle (z.B. Oktaven) der Tonleiter. *Psychophysiologisch* können die nicht wahrnehmbaren minimalen Partikel der primären Qualitäten nicht als die *Ursachen* der sekundären bezeichnet werden, weil das Gehirn alle Reizeingänge nochmals in durchaus unbekannter Weise transformiert.

Es mag Lockes naturwissenschaftlichem Interesse zugeschrieben werden, daß er sich hinsichtlich der Beschreibung der Körperwelt einen „kleinen Exkurs in das naturwissenschaftliche Gebiet", wie er entschuldigend anmerkte, erlaubte (vgl. 2. B., 8. Kap., § 22); ‚kleiner Exkurs' ist aber wahrlich eine Untertreibung, wenn man den argumentativen Aufwand im Hinblick auf die primären und sekundären Qualitäten vergleicht und in Relation stellt. Locke verwandte zahlreiche Paragraphen zur Explikation der um den Körperbegriff zentrierten Begriffe – die sogenannten primären Qualitäten – wie Ausdehnung, Ausbreitung, Ort, Gestalt, Bewegung (vgl. 2. B., 13. Kap.), die allemal zu den entsprechenden cartesianischen Erörterungen *entgegengesetzt* definiert wurden (vgl. Descartes' Prinzipien, 2. Teil, S. 31 ff.), während Locke auf die sekundären Qualitäten lediglich ein spärliches Licht fallen ließ. Noch umfangreicher als das Raum-Körper-Kapitel gestaltete er seine Ausführungen über die Idee der zeitlichen Dauer, die er vornehmlich unter dem Aspekt der Bewegung und zur Vergleichung mit der Idee der Ausdehnung heranzog (vgl. 2. Bd., 14. und 15. Kap.). Das einzig *psychologisch* Relevante ist darin zu sehen, daß Locke die Idee der Ausdehnung auf die Quelle der Sensation, die Idee der Dauer auf die der Reflexion zurückführte (vgl. a. O., 14. Kap.).

Lockes ‚kleiner Exkurs' stand mit der Bedeutung in Zusammenhang, die er den primären Qualitäten beimaß, nämlich 1) als *meßbare* und *verrechenbare* Größen bildeten sie die Basis der mathematischen und experimentellen Naturwissenschaft; 2) gab es nach Locke „wenig einfache Ideen, deren *Modi* den Menschen mehr Gelegenheit und Übung zum Nachdenken bieten", als die Ideen des Raumes, der Dauer und der Zahl (vgl. 2. B., 17. Kap., § 22), deren besondere Bedeutung er aus ihrer Verbindung mit dem *Begriff des Unendlichen* folgerte. An Lockes, wiederum recht umfangreichem Kapitel „Über die Idee der Unendlichkeit" kann nicht vorbeigegangen werden, weil es im Kern und mit weitreichenden Konsequenzen der Glaubwürdigkeit und Zuverlässigkeit der psychologischen Analyse das Fundament abzugraben drohte und vermutlich den entscheidenden Einfluß auf Kants Skepsis bezüglich einer wissenschaftlichen Psychologie hinterließ.

Das Kapitel ist charakteristisch für Lockes Geisteshaltung, die, im Unterschied zu Leibniz und das ihn auszeichnende „Unendlichkeitspathos" (vgl. dazu Heimsoeth, 1987, S. 81 f.), eher einen nüchternen und pädagogischen Ton anschlug. Wenn Locke zu verstehen gab, daß er die Ideen des Endlichen und Unendlichen im menschlichen Geist nur als „Modi der Quantität" verwendet wissen wollte, und das Unendliche im Hinblick auf das höchste Wesen, das ohne Teile sei, nur in bildlicher Verwendung zulasse (vgl. 2. B., 17. Kap., § 1), dann implizierte dies eine gewisse zeitunübliche Profanierung der Idee der Unendlichkeit, die wiederum die Auffassung des Philosophen gestärkt haben mag, daß ihr psychologischer Ursprung „leicht zu entdecken" sei und die Idee „leicht erworben" würde (vgl. a. O., § 2). Tatsächlich baute Locke seine vermeintlich psychologisch-genetischen Erklärungen auf Fehlschlüssen auf, die ihre Schatten auf die kritische und transzendentale Philosophie I. Kants voraus warfen.

Als „leicht erworben" deklarierte Locke die Idee der Unendlichkeit folgendermaßen: Durch endlose Wiederholung (Addition) eines bestimmten Maßes gelangten wir zur Idee unendlicher Ausdehnung (Ausbreitung); durch endlose Wiederholung von Zeitabschnitten, denen Zahlen zugeordnet würden, zur Idee der unendlichen Dauer oder Ewigkeit (vgl. a. O., § 2-4). Zwar drängte Locke darauf, die Idee der Unendlichkeit nicht mit einer *vorausgesetzten* (unendlichen) Idee von Quantität zu verbinden (das meinte hier die Idee des unendlichen Raumes, der unendlichen Dauer und Zahl), weil nämlich die Idee der Unendlichkeit „eine unendlich wachsende Idee" sei, während die Idee einer (beliebigen) Quantität, die der menschliche Geist sich mache, allemal begrenzt sei; tatsächlich setzte Locke aber das erst zu Erweisende immer schon voraus und rettete seine Position durch eine sprachliche Spitzfindigkeit, indem er die „Idee der Unendlichkeit des Raumes" von der „Idee des unendlichen Raumes" unterschieden wissen wollte (vgl. a. O., § 7). Schlägt man bei Leibniz zum selben Thema nach, so findet man erwartungsgemäß eine andere Definition der Unendlichkeit; nach Leibniz ist das Unendliche nicht eine Modifikation der Quantität sondern das *Absolute*, und sobald man es modifiziert oder begrenzt, bildet man ein Endliches; die Idee des Absoluten wird als eine „eingeborene Idee" begriffen (vgl. Nouv. Ess., 2. B., 17. Kap.).

In der Tat sind Lockes Prämissen sämtlich ambiguös und die Konklusionen mittels psychologischer Fehlschlüsse gewonnen. Er betonte nämlich einerseits, daß der menschliche Geist keine *positive* Idee der Unendlichkeit (des unendlichen Raumes) besitze, „die er als solche anschaut und abschließend bestimmt", (a. O., § 8) und votierte andererseits wiederum für eine quasi-positive Idee, eine Idee, die „etwas Positives an sich" habe (§ 15), und die folgendermaßen entstünde: Die Wiederholung erfordere, daß wir „einen unerschöpflichen Rest", dem alle Begrenzung abgesprochen würde und zusammen mit ihm die *Verneinung* des Abschlusses immer mitdächten; was für die Idee der unendlichen Ausdehnung und Dauer Geltung habe, treffe im Prinzip auch auf die Idee des unendlich Kleinen zu. So wenig die endliche Addition der Teile zu einem unendlich Großen gelangte, so wenig erreichte die Teilung eines Ganzen das infinitesimal Kleine, sondern nur „etwas sehr Kleines". (§ 18)

Nicht nur, daß Lockes geschmeidige Verwendung der Bezeichnungen ‚positiv', ‚negativ' – welche die der Sprache immanente Disposition, Positives negativ und Negatives positiv ausdrücken zu können, benutzte – die klärende Funktion der Sprachkritik schwächte; sie verschleierte auch, und darauf kommt es hier an, das methodologische Grundproblem der Analyse, insbesondere psychologischer Analyse.

Locke konfundierte zwei schwerwiegende Problembereiche, nämlich die philosophischen und mathematischen Dilemmata des progressiven Unendlichen, das zu keinem Abschluß kommt (unendliche Progression und Ganzes widersprechen einander) und des aktual Unendlichen (das durch infinitesimale Teilung den Teil vernichtet) mit dem *psychologischen Problem der Vorstellbarkeit eines unendlich Großen und unendlich Kleinen*. Offenbar kollidieren, diese Dilemmata betreffend, mathematisches *Denken* und psychologisches *Vorstellungsvermögen* (als Veranschaulichung des Gedachten) und konfrontieren mit der Alternative: Entweder ist der mathematisch wichtige Begriff des Infinitesimalen ein bloß *fiktiver* Begriff, oder die psychologische Analyse ist für *diese* Problematik ungeeignet, sie ist ihr nicht gewachsen, dann aber auch schlechthin defizitär, das heißt, sie kann nicht Grundlage einer Erkenntnistheorie oder – im Hinblick auf die ‚eingeborenen Ideen' – als Erkenntniskritik dienen, die uns *alle* Begriff auf ihre Inhalte aus innerer oder äußerer Wahrnehmung zurückführen soll. Nicht Locke, wohl aber Kant zog, wenngleich voreilig, den prinzipiellen Schluß, daß die menschlichen Grenzen der Vorstellbarkeit zugleich den Wert psychologischer Analyse vernichten, worauf zurückzukommen sein wird. Eine Entscheidung in diesem Dilemma ist in der Tat von prinzipieller Bedeutung, und wer die Fragestellung an sich für weit hergeholt hält, wird sich schwerlich jemals die fundamentalen Grundprobleme der Relation Ganzes und Teil sowie der analytischen (deskriptiven) Psychologie und Phänomenologie als eine im vollen Sinne *theoretische* Grundlage der Wahrnehmung *und* Erkenntnistheorie durchsichtig machen können.

Was immer an herber Kritik hier gegen Locke vorgebracht wird, so steht dennoch außer Zweifel, daß er zuerst den Anstoß dazu gab, dieses sowohl psychologische wie phänomenologische Basisproblem auf den Weg gebracht zu haben; das soll aber nicht daran hindern, mit der Kritik fortzufahren, insoweit sie der weiteren Klärung dienlich ist. Schon Lockes Terminus einer „unendlich wachsenden Idee" ist psychologisch eine abstruse Vorstellung; daß es für sie kein perzeptorisches Äquivalent (keine Veranschaulichung) gibt, räumte Locke ein; wenn er indes behauptete, daß „die Idee der Unendlichkeit dem an uns beobachteten Vermögen der unendlichen Wiederholung unserer eigenen Ideen entspringt", (a. O., § 6) unterlief ihm ein psychologischer Fehlschluß, der so offensichtlich ist, daß man ihm diesen, in der psychologischen Analyse Geübten, schwerlich zugetraut hätte: Der menschliche Geist vermag zwar die Wiederholung von Ideen, aber doch nicht die *unendliche* Wiederholung (Wiederholbarkeit) der Ideen in seinem Geist zu *beobachten*, so wenig wie aus der Wiederholbarkeit einer Idee das *unendliche Wachstum* dieser Idee gefolgert werden kann; wenn Locke suggerierte, daß Raum, Dauer und Zahl in unserem Geist die Idee einer unendlichen Erweiterungsmöglichkeit *erweckten*, dann setzte er immer schon a priori voraus, was laut eigener Aussage nicht antizipiert werden durfte und durch den genetischen Rekurs auf den Ursprung nicht erhärtet werden konnte, nämlich die Idee unendlicher Quantität *in* den Ideen des Raumes, der Dauer und der Zahl, den sogenannten primären Qualitäten.

Allem Anschein nach assoziiert sich mit der Vorstellung der Wiederholung und Wiederholbarkeit bei tieferem Nachdenken eine gewisse Rätselhaftigkeit, die auch Jahrhunderte nach Locke noch zu tiefschürfenden Überlegungen Anlaß gab (vgl. die geheimnisvolle Schrift Kierkegaards „Die Wiederholung, 1834/1980 und noch Heideggers diesbezügliche existenzial-ontologische Überlegungen in „Sein und Zeit", 1927/1953, S. 385 f.). Vermutlich nicht so sehr im Kontext dieser Idee als vielmehr von einer ganz anderen Seite her wird Lockes psychologischer Lapsus begreiflicher: Er reservierte nämlich die Anregung zu unendlicher Erweiterungsmöglichkeit nur den *meßbaren* und darum *wertvolleren* Phänomenen der „primären Qualitäten" (der um den Körperbegriff zentrierten Quantität) und leugnete diese Eigenschaft entschieden für die sogenannten „sekundären Qualitäten"; die Idee des Weißen oder Süßen evoziere im Geiste niemals die Idee unendlicher Erweiterungsmöglichkeit, *weil sie ja schlechterdings nicht aus Teilen bestünde*; die Hinzufügung eines Weißen zu einem Weißen vergrößere das Weiße nicht, und was wir als die verschiedenen Ideen des Weißen ansähen, nämlich seine *Grade* (Intensitäten) unterstünde einem anderen Modus; diese Grade „durchdringen sich gleichsam und verschmelzen zu einer einzigen Idee, ohne daß die Idee der Weiße irgendwie verstärkt würde." (Vgl. a. O., § 6)

Damit erfuhren die sogenannten „sekundären Qualitäten" jene Wertminderung, die später auf Kant Eindruck machen wird, nicht dagegen auf Leibniz, dem die Schlüssigkeit von Lockes Überlegungen nicht einleuchtete, denn nichts hinderte daran, „daß man nicht die Perzeption eines noch strahlenderen Weiß empfangen könnte als dessen, das man tatsächlich wahrnimmt." (Vgl. Nouv. Ess., 2. B., 17. Kap., § 6 f.) Auch dort könnte man zum Unendlichen fortschreiten, wo es nicht, wie bei der Ausdehnung, „partes ex partes" gäbe, „sondern auch wo es *Intensität* oder *graduelle Stufung* gibt, wie zum Beispiel bei der Geschwindigkeit." (Ebd.)

Noch aufdringlicher als bezüglich der Farbe entfällt die bestrittene Unendlichkeit hinsichtlich der Töne (als „sekundäre Qualitäten"); der Tonlinie ermangelt so wenig wie den Raumpunkten die Unendlichkeit, was Locke schlicht nicht gewußt zu haben scheint (zur Unendlichkeit des Tongebietes vgl. Stumpf, „Tonpsychologie", I, S. 178 f; II, S. 550). Lockes geringschätzige Erörterung der sogenannten sekundären Qualitäten, die sich gerade in der oberflächlichen Behandlung der akustischen Phänomene verriet – Töne modifizieren sich nach Locke vom Schrei der Tiere durch „mancherlei Noten von ungleicher Länge, welche die Idee der Melodie ausmachen" (2. B., 18. Kap., § 3; vgl. auch 2. B., 10. Kap., § 10) – folgte aus der ihnen a priori unterstellten *Bedeutungslosigkeit* für die Erkenntnis und das Handeln der Menschen: Als Mannigfaltigkeiten ohne Ordnung und Struktur, die sich infolge durchgängig angenommener Verschmelzung nicht getrennt wahrnehmen, analysieren, messen und berechnen lassen, sind sie wissenschaftlich nicht von Interesse, geben dem Geist keinen Anlaß zum Nachdenken und üben keinen Einfluß auf das Handeln der Menschen aus. Locke ging sehr schnell dazu über, Erklärungen für die antizipierte Bedeutungslosigkeit dieser Phänomene zu suchen und erinnerte unter anderem daran, daß wir für sie keine Namen hätten (vgl. a. O., § 5). Lockes evaluative Grundeinstellung verquickte wissenschaftstheoretische und pragmatische Gesichtspunkte und antizipierte im ganzen die für die nachfolgende Wahrnehmungspsychologie schädliche Reduzierung der menschlichen Wahrnehmung auf ihre berechenbaren und meßbaren Komponenten. Entgegen der kurzschlüssigen Unterscheidung in primäre und sekundäre Qualitäten konzentrierten Berkeley und Hume sich auf das Wesen der *vollen* menschlichen Wahrnehmung. Bevor dieser Gedanke, insbesondere bei Hume, zu vertiefen ist, sind Lockes Grundintentionen für den hier interessierenden Kontext zu resümieren:

1. Locke war der erste Philosoph, der wahrnehmungspsychologische und gegenstandstheoretische (erkenntnistheoretische) Fragen konfundierte; infolgedessen bereitete er diejenige Subjekt-Objekt-Perspektive vor, welche in

Kants Theorie der Erkenntnis und Erfahrung die vorherrschende Orientierung abgeben wird. Die Bedeutung, die Locke den primären Qualitäten beimaß, rührte einerseits aus der Konnexion der quantifizierbaren Körperbegriffe mit dem Gedanken unendlicher Erweiterungsmöglichkeit, andererseits konfrontierte die Idee der Unendlichkeit mit den Antinomien der Teil-Ganzes-Relation, von denen Locke noch glaubte, sie *psychologisch* auflösen zu können, während für Kant hier ein entscheidendes Motiv entstehen wird, die Teil-Ganzes-Relation als methodologisches Instrument überhaupt abzulehnen und an ihrer Stelle das Begriffspaar „subjektiv-objektiv" zu favorisieren, welches, durchaus in Analogie zu Lockes Ansatz, einen bedeutenden Teil der Wahrnehmungsphänomene als bloß subjektive von ihrer wissenschaftlichen Behandlung ausgrenzte.

2. Methodisch kollidierte Lockes Behandlung der Idee der Unendlichkeit mit seinem Prinzip immanenter Analyse und der Sprachkritik, nur solche Begriffe für die Erkenntnislehre zuzulassen, die wir empirisch zu unterfüttern vermögen. Der Begriff der Unendlichkeit ist gewiß nicht weniger vieldeutig und der bloßen Fiktion verdächtig als der Begriff der Substanz, den Locke, weil mit der Erfahrung nicht übereinstimmend, verabschiedete, während er uns glauben machen wollte, wir gelangten durch die Beobachtung der Operationen in unserem Geist zu einer klaren Vorstellung der Unendlichkeit. Entweder wird das Prinzip der Bewußtseinsanalyse und das genetische Verfahren, alles Wissen auf die beiden Quellen der Sensation und Reflexion zurückzuführen, konsequent durchgehalten, oder die deskriptive Bewußtseinsanalyse taugt nicht als ein allgemein methodisch verläßliches Instrument, springt an kritischen Punkten zu transzendenten Reflexionen über, erweist sich dann aber auch nicht als probates Mittel, beliebigen ‚eingeborenen Ideen', äquivoken und vielleicht rein fiktiven Begriffen ein entscheidendes Mitspracherecht zu verwehren. Über die *Bedeutsamkeit* von Phänomenen sollte nicht a priori entschieden werden; aber offenbar war Locke die Verteidigung des absoluten Raumes wichtiger als das methodische Prinzip. Etwas Vergleichbares gilt später für Kants Postulat reiner, erfahrungsunabhängiger Raum-Zeit-Formen, die ihre Sonderstellung innerhalb der „transzendentalen Ästhetik" ebenfalls ihrer Bedeutsamkeit für Mathematik und Naturwissenschaft (Mechanik), also ihrer Berechenbarkeit, verdanken.

3. Lockes Standpunkt bloßer Verschmelzung der sekundären Qualitäten, das heißt hier die Nichtunterscheidbarkeit von Intensitätsgraden der Farb- oder Tonempfindungen, widerspricht dem Stellenwert, den das Phänomen, der Begriff (als Größe ohne Teile) und die experimentelle Erfaßbarkeit der Intensität in der allgemeinen, insbesondere der Wahrnehmungspsychologie später beanspruchten; daß es sich bei der Intensität geradezu um einen Schlüsselbegriff der wissenschaftlichen Psychologie handelt, dokumentiert seine Einführung und Behandlung in dem Werk, das als die eigentliche Initiation der wissenschaftlichen Psychologie bezeichnet werden muß, nämlich J.F. Herbarts „Psy-

chologie als Wissenschaft, neu gegründet auf Erfahrung, Metaphysik und Mathematik" (1824-25/1850, SW, 5. Bd., 2. Abschn.; vgl. auch das „Lehrbuch der Psychologie" 1816/1850, 5. Bd.).

Zahlreiche Psychologen innerhalb der Herbartschule, der Psychophysik, der Sinnesphysiologie, aber auch noch der Brentanoschule beteiligten sich an der Diskussion über den Begriff der Intensität (vgl. zusammenfassend Reimer, 1911). Für Brentano fungierte der Begriff der Intensität als zusätzliches Abgrenzungskriterium für die ohne Intensität gedachten psychischen Phänomene von den physischen Phänomenen (vgl. Brentano, 1896 in 1979, S. 66; vgl. auch Ch. v. Ehrenfels, 1898). Im Umfeld des Intensitätsbegriffs wurden wahrnehmungstheoretisch wichtige Begriffe wie der der Wahrnehmungs*schwelle*, der Verdrängung und der Verschmelzung (letzterer aber in einer von Locke abweichenden Bedeutung) erarbeitet, die durch Herbart in die Psychologie eingeführt (vgl. 1824-25, 5. Bd., 3. Abschn., 2. Kap.), von G.Th. Fechner und wiederum durch C. Stumpf weiterentwickelt wurden (zum Begriff der Verschmelzung vgl. den 2. Bd. der „Tonpsychologie", Stumpf, 1890).

Diese Sicht der Dinge steht in Widerspruch zu der von Locke unterstellten Bedeutungslosigkeit der sogenannten sekundären Qualitäten, sie gibt aber auch Anlaß dazu, die Konsequenzen wahrnehmungspsychologischer Annahmen im Hinblick auf philosophische Systeme zu thematisieren und zu überprüfen Wer wie Leibniz infinitesimale perzeptorische Übergänge postuliert: wir hören nach Leibniz in der Meeresbrandung die besonderen Geräusche jeder einzelnen Woge unterbewußt mit (vgl. 1714/1982, § 13), der trägt der menschlichen Wahrnehmungsschwelle nicht Rechnung; ihm entsteht auch nicht jene *Antinomie* hinsichtlich des offenbar generisch begrenzten Wahrnehmungs- und Vorstellungsvermögens (falls alle Vorstellungen als auf Wahrnehmung basierend definiert werden) und der anscheinend *unbegrenzten* Möglichkeit, Begriffe zu *denken*, Begriffe zu kreieren und zu fingieren. Das Unterbewußtsein – die „kleinen Perzeptionen" – überbrückt in Leibniz' System jenen Sprung zwischen Wahrnehmung/Anschauung und Begriff, der Kant lebenslang beunruhigte (vgl. dazu Stumpfs Anmerkung zu gewissen Revisionen Kants im „Opus posthumum", 1891, S. 498) und ihn in der „Kritik der reinen Vernunft" zu exzeptionellen Konstruktionen veranlaßte, Form und Stoff (die zuvor auseinander gerissen wurden), Anschauung und Begriff wieder zu verbinden. Leibniz' in sich widerspruchsfreies System der „prästabilierten Harmonie" zwischen Wahrnehmung und Denken, Körper und Seele, Materie und Geist, menschlichem und göttlichem Wesen basiert nicht zuletzt auf der Annahme unbewußter Perzeption und erhellt die Relevanz des Unbewußten für Psychologie *und* Philosophie. Das System, das auf der Basis der mit Perzeption und Strebung begabten Seelenmonaden errichtet ist, ist seiner methodologischen Provenienz nach synthetisch und als einzigartiger Entwurf einer *rationalen* Psychologie zu betrachten.

Lockes Schritt in Richtung auf eine *empirische*, deskriptiv-analytische Psychologie wurde hier paradigmatisch für Fundamentalprobleme der wissenschaftlichen Psychologie, die Stellung der Wahrnehmung und in Vorbereitung auf die Teil-Ganzes-Relation in Anspruch genommen. Hinsichtlich der Reaktionen der Nachfolger auf Lockes Philosophie muß kürzer verfahren werden – nicht weil die Bedeutung Berkeleys und Humes hinter der Lockes zurückstünde (wenngleich der Verdienst der Pionierarbeit zweifelsohne Locke gebührt), sondern weil die Subtilität im Detail, besonders im Werk Humes, eine noch andere (detailliertere) Weise der Behandlung erfordern würde als die in diesem Rahmen gerade noch zumutbare.

Berkeley und Hume eröffneten eine Perspektive der Ganzes - und Teil-Relation, die hier vornehmlich in Reaktion auf Lockes Inkonsequenzen (das Überschreiten der Bewußtseinsanalyse) zu interpretieren ist. Hervorzuheben ist ihre wesentlich konsequentere Verpflichtung auf die *Methode*, während die metaphysischen Kontexte – Berkeleys Votum für einen radikalen Immaterialismus und Humes kritische Metaphysik – ausgespart bleiben können. Das methodische Prinzip untersagte jedwede Bezugnahme auf den äußeren Gegenstand, denn:

> Sich eine Vorstellung von einem Gegenstand machen und sich einfach eine Vorstellung machen, ist dasselbe, da die Beziehung auf den Gegenstand eine außerhalb der Vorstellung liegende Bestimmung ist, von der die Vorstellung keine Spuren oder Merkmale an sich trägt. (Vgl. Hume, Traktat, 1. B., 1. T., 7. Abschn., S. 33)

Von wesentlicher Bedeutung für die Durchführung des Prinzips war, daß mit Berkeleys schlagenden Argumenten gegen Newtons Raumauffassung zugunsten der *Relativität* des Raumes ein Dogma der Naturphilosophie, dem Locke sich noch angeschlossen hatte, ins Wanken geriet und ein Weg gebahnt wurde für „eine sorgsame Beobachtung der in unseren Gesichtskreis fallenden Erscheinungen." (Vgl. Berkeley, Prinzipien, § 107 ff.) In dieser Perspektive, die das Ganze des Universums (den unendlichen ‚absoluten' Raum) durch die Konzentration auf das, was ‚räumlich' in das menschliche Gesichtsfeld fällt, ersetzte, mag das Ganze seine erhabene unendliche Größe eingebüßt haben, aber dafür gewann die Komplexität (die Komplexion) der Wahrnehmung endlich die ihr eigene Relevanz. Berkeley und Hume ließen (wie schon Locke) den Substanzbegriff in den Hintergrund treten und an die Stelle äußerer Gegenstände trat die Analyse des Wahrnehmungsganzen als Wahrnehmungskomplex. Berkeley brachte in der ihm eigenen Prägnanz zur Sprache, daß alle sinnlichen Qualitäten gleichermaßen Sinnesempfindungen und alle gleichermaßen real sind, daß, wo Ausdehnung ist auch Farbe ist, in seinem Geist, und daß ihre Urbilder nur in einem anderen Geist existieren können; ferner, daß die sinnlich wahrnehmbaren Dinge nichts anderes als verbundene, gemischte oder zusammenzementierte Sinnesempfindungen sind, von welchen allen keiner eine unperzipierte Existenz zugeschrieben werden darf. (Vgl. Prinzipien, § 99)

Die Kritik an Locke machte sich an der Art und Weise fest, wie Locke in der Analyse der sinnlichen Eindrücke und Ideen *geteilt* und *getrennt* hatte; sie richtete sich sowohl gegen die Einteilung in primäre und sekundäre Qualitäten als auch gegen Lockes Theorie der Abstraktion. Während Locke postulierte, daß der Verstand durch Trennung und Absonderung des den konkreten Vorstellungen anhaftendem Individuellen zu allgemeinen abstrakten Ideen gelangte (vgl. Locke, Versuch, 2. B., 11. Kap., § 9), insistierten Berkeley und Hume darauf, daß Vorstellungen wie Wahrnehmungen *immer konkret* sind, und Allgemeinheit der *Begriffe* erst durch den Prozeß der Versprachlichung erreicht wird (vgl. Berkeley, a. O., Einführung, § 11 ff. und Hume, a. O., 1. B., 1. T., 7. Abschn.). Die Annahme allgemeiner abstrakter Ideen *im* menschlichen Verstand sei so absurd wie die Annahme von Urbildern *in* den äußeren Gegenständen. Beide Philosophen fokussierten ihre Kritik abstrakter Ideen auf den mathematischen Begriff des Unendlichen, der sie, als rein fiktiver Begriff, zu einer vehementen Kritik der Mathematik veranlaßte, Hume darüberhinausgehend zu einer kritischen Reflexion des mathematischen Größenbegriffs motivierte (vgl. Berkeley, a. O., § 129 ff.; Hume, a. O., 1. B., 2. T., 4. Abschn. ff.).

Nicht der Versuch, den paradigmatischen Charakter der Mathematik als evidente Wissenschaft und ihre Vorbildfunktion für alle anderen Wissenschaften zu entthronen, ist hier von Interesse, sondern vielmehr Humes Akzentverschiebung in Richtung auf die größere Bedeutsamkeit einer Wissenschaft vom menschlichen Geist oder „Geisteswissenschaften" (vgl. Hume, a. O., Einleitung, S. 4 f.), und Berkeleys Innovationen in Richtung einer vergleichenden Kulturwissenschaft und Wissenschaft von den *Zeichen* (Semiologie) anstelle der einseitig an *Quantität* und *Kausalität* orientierten Naturforschung. Dies geschah nicht aus einer geringschätzigen Haltung gegen Newtons Physik sondern in der Absicht, dieser eine gleichwertige, auf den Menschen und die Lebenswelt konzentrierte wissenschaftliche Alternative zu verschaffen. Man muß Berkeleys und Humes Kritik des Unendlichkeitsbegriffs nicht im Sinne einer Kritik der Mathematik werten, wohl aber als tiefgründige Auseinandersetzung mit Begriff und Problem *reiner* Quantität.

Wiederum in Verbindung mit den Antinomien des Unendlichen insistierte Berkeley auf die wahrnehmungstheoretisch notwendige Annahme des „minimum visibile" (vgl. „Versuch über eine neue Theorie des Sehens", § 80, 82, 86), nahm Hume der Sache nach die Wahrnehmungsschwelle vorweg; wenn Hume in diesem Zusammenhang die Notwendigkeit der Zuhilfenahme des

Experiments andeutete (vgl. a. O., 1. B., 2. T., 1. Abschn., S. 42 f.), dann erhellte dies die aufklärende Funktion des Experiments *auch in philosophischen Fundamentalfragen,* wie sie später ganz in gleichem Sinne von C. Stumpf vertreten wurde.

Berkeley wie Hume widmeten zahlreiche Paragraphen den Gründen zur Widerlegung der lockeschen Unterscheidung primärer und sekundärer Qualitäten (vgl. Berkeley, Prinzipien, § 7-10, 9, 71, 87, 102); Hume suchte zu erläutern, daß die gesamte Erscheinungswelt vernichtet würde, wenn die sekundären Qualitäten zur Bedeutungslosigkeit abgewertet werden (vgl. a. O., 1. B., 4. Abschn., S. 289). Hume führte aber auch einen Gedanken weiter, den bereits Locke andeutete (indem er die cartesianische Unterscheidung in ausgedehnte/nichtausgedehnte Dinge für nicht zwingend hielt), und der das Abgrenzungsproblem in eine andere Sichtweise modifizierte. Auf diesen Gedanken ist Wert zu legen, weil Hume innerhalb der sinnlichen Erscheinungen eine Trennlinie zog, die der von philosophischer Seite bislang vernachlässigten *akustisch-musikalischen* Wahrnehmung endlich den Weg in die Forschung bahnte. (Humes Trennlinie zwischen visueller und akustischer Wahrnehmung weist auf entscheidende Differenzen zwischen Brentano und Stumpf voraus.) Indem Hume die Trennlinie zwischen den ausgedehnten Phänomenen des Gesichts- und Tastsinns und den nicht ausgedehnten des Geruchs, Geschmacks und der Töne zog, gelangten letztere, weil *nicht teilbar,* ohne *räumliche* Verbindung mit der Materie, mit Ortsbestimmung *unverträglich* auf die gleiche Ebene mit den genuin psychischen (geistigen) Phänomenen; ein Gedanke, ein Wunsch, ein Urteil ist ja ebenfalls nicht teilbar, nicht in der rechten oder linken Gehirnhälfte lokalisierbar, ebenso nicht ein Ton (vgl. a. O., 1. Bd., 4. T., 5. Abschn.).

Dem Gedanken scheint etwas Absurdes anzuhaften, zumal der Commonsense wie der idealistische Philosoph Geschmäcker und Gerüche in der *niederen* Sphäre der Sinnlichkeit ansiedelt, während sie hier in einem Atemzug mit den geistigen Phänomenen der Gedanken und Urteile erwähnt werden. Hume verdeutlichte seine Auffassung am Beispiel einer Frucht, deren Geschmack sich nicht mit einem *bestimmten* Teil der Frucht identifizieren, nicht in einem bestimmten Teil lokalisieren läßt; der Geschmack ist ganz in der ganzen Frucht, und zugleich befindet sich das Ganze in jedem Teil, wie auch die Seele ganz im Körper und zugleich als ganze in jedem seiner Teile angenommen werden kann. Das Beispiel mag befremden, aber es demonstriert die Konsequenzen eines Forschers, der das Problem des Ganzen und seiner Teile respektive Teilbarkeit (Relationen, Elemente) vorurteilslos, ohne sich von traditionellen Bedeutsamkeiten und Wertungen leiten zu lassen, nach allen Seiten hin erwog und in einer ungewöhnlichen Weise zu Ende dachte. Das Kriterium der Teilbarkeit verschafft den Bezeichnungen ‚unausgedehnt', ‚ausgedehnt' eine andere Bedeutung, die für die Auffassung von Tönen als ausgedehnte oder nichtausgedehnte Phänomene wichtig ist.

Humes Theorie der „ortlosen Gegenstände", zu denen er ausdrücklich auch die Töne zählte, ist ein Kabinettstück innerhalb der schwierigen Gesamtkonzeption; sie polemisiert a) gegen die von Aristoteles auf den Weg gebrachte Substanz-Akzidenz-Relation, sie enthält b) eine Theorie des Elementaren und vertritt perzeptorische Punkte, sozusagen ein Mittleres zwischen mathematischen Punkten und physischen Atomen; sie ist in Zusammenhang zu sehen mit dem „minimum visibile", der Wahrnehmungsgrenze (Schwelle) und dem strukturellen Aufbau der Perzeption. Die Relevanz dieser Theorie des perzeptorisch Elementaren für die allgemeine Wahrnehmungspsychologie kann erst in Zusammenhang mit diesbezüglichen Vertiefungen durch Herbart, Stumpf und der Kontroverse zwischen Brentano und Stumpf ausführlicher behandelt werden.

Humes Bemerkung, daß Töne nicht ausgedehnt und *als Töne* (nicht als physikalische Erscheinungen) ohne örtliche Verbindung („ortlose Gegenstände") und Verursachung (dem Farbeindruck korreliert die Farbe *am* Gegenstand, aber das erzeugende Instrument ist nicht ‚getönt') rückte sie in die Nähe der genuinen geistigen Phänomene und erhellt in diesem Kontext die große allgemeinpsychologische Bedeutung, die Herbart und Stumpf mit ihren tonpsychologischen Untersuchungen verbanden. (Erkenntnistheoretisch entfällt hier schlechterdings der Bezug auf äußere Objekte, was große Bedeutung erlangte in A. Schopenhauers „Metaphysik der Musik".) Aber Hume ging noch einen Schritt weiter, indem er mit Reflexion auf den musiktheoretischen Stellenwert der musikalischen Intervalle als ausgezeichnete *Relationen* (wie Oktaven, Quinten, Quarten, Terzen) einen an die vorsokratische Philosophie des Pythagoras erinnernden Gedanken formulierte, der erst bei Herbart eine Initialzündung auslöste (ohne daß Herbart Hume je erwähnte), nämlich daß im Kontext der musikalischen Wahrnehmung „ideale Maßstäbe" und Struktureigenschaften zu entdecken sind, die den mathematischen „idealen Maßstäben" durchaus vergleichbar seien (vgl. a. O., 1. B., 2. T., S. 68).

Nicht daß Hume Musik und Mathematik in eine Verbindung brachte, ist als originell zu betrachten, sondern daß innerhalb der Philosophie und Phänomenologie der Wahrnehmung endlich auch an die akustische Wahrnehmung gedacht wurde und *gerade hier* Struktur und Ordnung in einem paradigmatischen Sinne antizipiert wurden – im Gegensatz zu der von Locke unterstellten amorphen Verschmelzung und Bedeutungslosigkeit der Töne, im Gegensatz auch zu Berkeley, dessen Verdienste sich auf die visuelle Wahrnehmung beschränkten; zur *vollen* menschlichen Wahrnehmung gehört die akustische Wahrnehmung aber nicht weniger als die visuelle.

Hume scheint das Schicksal beschieden gewesen zu sein, mit bedeutenden Hinweisen andere Forscher motiviert und ihr Denken in gänzlich neue Bahnen gelenkt zu haben, während seine Denkweise im ganzen eher Reaktionen der Beunruhigung, des Mißtrauens und Mißfallens erregte, die wiederum zu Verkleinerung und Mißverstehen des schwierigen Philosophen verleiteten. Zwei prominente Beispiele mögen dies erhärten: Es war I. Kant, der sich einerseits nicht scheute zu bekennen, daß Hume ihm „zuerst den dogmatischen Schlummer unterbrach", (vgl. Prol., 5. Bd., S. 183) andererseits verkürzte Kant das subtile und facettenreiche Werk Humes auf die Aspekte der humeschen Interpretation der Ursache-Wirkung-Relation (a. O., S. 115), und das gänzlich mißverstandene ‚subjektive' „Gesetz der Assoziation" (a. O., S. 116). Das relationale Prinzip der Assoziation muß in der Gesamtkonzeption gewürdigt werden, die das Assoziationsprinzip weder als ‚Gesetz' apostrophiert, noch mit dem Terminus ‚subjektiv' verträglich ist. Unter den Schlagworten ‚Kritiker der Kausalität' und ‚Begründer der Assoziationspsychologie' wurde und wird Hume auch heute noch häufig ad acta gelegt, in der falschen Meinung, Kant habe den humeschen ‚Sensualismus' und Empirismus überwunden; daß der Empirismus „von jeher andere Geheimnisse" hat, „welche Hume in seinem äußerst schwierigen und subtilen Werk auf den Höhepunkt treibt, die er ans Licht bringt", (vgl. Deleuze, 1974, S. 61) – diese Einschätzung gehört zu den selteneren.

Als zweites Beispiel ist E. Husserl zu nennen; Husserl soll einerseits geäußert haben, daß Descartes und Hume den größten Einfluß auf ihn geübt hätten (vgl. dazu Berger, 1939, S. 342), andererseits räumte Husserl ein, daß Kant Hume wohl nicht verstanden hätte (vgl. Husserl, „Die Krisis der europäischen Wissenschaften", 1954, S. 99). Husserl scheint Hume aber ebenso wenig verstanden zu haben, wenn er unterstellte, Hume habe *übersehen*, „daß bloße Sinnlichkeit, auf bloße Empfindungsdaten bezogen, für keine Gegenstände der Erfahrung aufkommen kann." (A. O., S. 96)

Husserl ‚übersieht', weil er seinerseits in der Subjekt-Objekt-Relation und der Zweideutigkeit des Terminus ‚Gegenstand' befangen war, daß Hume an ‚Gegenstandserkenntnis' gerade nicht gelegen war, (weil er sie in einem strikten phänomenologischen Sinne für nicht möglich hielt) dafür aber in der ‚bloßen' Sinnlichkeit ein genuines Feld der Forschung entdeckte und brisante Fragen stellte, mit denen sich Husserl in seiner Version einer „transzendentalen Phänomenologie" gar nicht befaßte.

Die Differenzen zwischen Husserls und Stumpfs Begriffen der Phänomenologie wurzeln in beider unterschiedlicher Einschätzung der Philosophie Humes und Kants; Husserls herablassendes Urteil über die „hyletische" Phänomenologie seines ehemaligen Lehrers Stumpf, sie sei „reine Hyletik" und stehe „offenbar tief unter der noetischen und funktionellen Phänomenologie", (vgl. Husserl, Ideen, 1913/1976, S. 178) rekurriert in der Sache auf Kants problematische Unterscheidung von Stoff und Form des Sinnlichen, welche, wie mehrmals betont, die Sinnlichkeit um wesentliche Aspekte verkürzte, während Hume (und Stumpf nach ihm) tiefer oder weiter geblickt hatte.

Hume zwingt zu einem Denken, das sich einerseits von alltäglichen Weisen der Wahrnehmung zu distanzieren vermochte, das die Phänomene nicht vorab bewertete und einer niederen oder höheren Sphäre zuwies, andererseits mit

Hilfe der Phantasie *abzutrennen* vermochte, was gewohnheitsmäßig zur Wahrnehmung *hinzugefügt*, geglättet und zur Vermeidung von Dissonanzerlebnissen überbrückt wird, um auf Wesentliches zu stoßen, das dann durchaus befremden kann, jedenfalls nicht unmittelbar ‚Aha-Erlebnisse' auslöst. Der Entdecker der Prinzipien der Assoziation (als Relation) konnte sie freilich nur entdecken, weil er zuvor *getrennt* hatte, was *gewohnheitsmäßig* verbunden wird, das heißt hier die Haltung einer „Reduktion" einnahm, die dem Kunstschaffenden, der die Welt seinerseits mit anderen Augen und Ohren wahrnimmt als der Alltagsmensch, (jedenfalls nicht primär an der ‚Gegenständlichkeit' des Wahrgenommenen interessiert ist) verwandter ist als der transzendentalen Einstellung. Das gleiche ‚Vermögen' der Einbildungskraft, das Eindrücke und Ideen verbindet (assoziiert), tritt auch in Aktion, wenn es gilt, das Assoziierte zu trennen und gesondert auf sein Elementares hin zu untersuchen. Diese zweifache Verwendung des einen Vermögens ist, anhaltend und konsequent durchgeführt, nicht unproblematisch, weil sie theoretisch und im Vollzug die personelle Identität in Zweifel ziehen könnte.

Humes Eigenart der psychologischen Analyse verdeutlicht, daß die Psychologie, erst recht die Wahrnehmungspsychologie, gewiß nicht bloße empiristische „Tatsachenwissenschaft" ist (wie Husserl meinte), daß sie sich vielmehr wie jede andere Wissenschaft auf Signifikantes und Wesentliches ihrer Sujets zu konzentrieren hat, welches sich aber nicht simplistisch mittels Gegenüberstellung von Sein und Schein erarbeiten läßt. Diese, den Phänomenen *zugewandte* Einstellung fordert mitunter ungewöhnliche und mit dem alltäglichen Denken und einer pauschalen Alltagspsychologie inkompatible Operationen. In *diesem* Punkt unterscheidet sich die wissenschaftliche Psychologie nicht von den Wissenschaften der Mathematik und Physik; die Differenz macht sich erst dort bemerkbar, wo einerseits das Ich des Forschers impliziert ist, andererseits darauf zu achten ist, daß die Kluft zwischen wissenschaftlicher Psychologie und lebensweltlicher ‚Alltagspsychologie' oder psychologischen Commonsense-Erklärungen nicht *allzu* groß wird.

Der vielzitierte Skeptizismus Humes rührte nicht, wie Kant Hume nachsagte, aus bloßer Zweifelsucht und Zweifellust; der Skeptizismus hatte vielmehr eine zutiefst existentielle Wurzel, die ein Licht auf die wissenschaftliche psychologische Analyse zu werfen vermag, insofern das Subjekt, das sich aus der stets vereinfachenden und selektiven Alltagswahrnehmung und -auffassung löst, in Konflikt gerät mit den menschlichen Bedürfnissen nach intellektueller Geborgenheit und allgemeiner Verständigung; das Verlangen nach einer Wahrheit, jenseits der alltäglich kommunizierten Plausibilitäten, entfremdet mitmenschlich und exponiert das Ich. Das psychologische Subjekt der Forschung, das *seine* Wahrheit sucht, gerät in ein Dilemma, das der Naturwissenschaftler schlechterdings nicht kennt, der seine Subjektivität in der Tat aus dem Spiel zu lassen vermag, weil er es *nur* mit Objekten zu tun hat.

Hume inszenierte am Schluß des ersten Buches des „Traktats" mit hohem schriftstellerischen Können einen Verzweiflungsausbruch, der die Gefahren thematisierte, die dem menschlichen Verstand begegnen, wenn er *sich selbst auf seine letzten Wurzeln hin zu ergründen sucht* (vgl. 1. B., 4. Teil, 7. Abschn.). Dieser Verzweiflungsausbruch steht in einem bemerkenswerten Kontrast zur methodischen Zweifelslehre Descartes', die mit Skepsis beginnt und bei evidenter Erkenntnis endete, während Hume die Untiefen der Selbsterkenntnis und das existentielle Problem des Ich in Erscheinung treten ließ. Diese Problematik berührt sowohl den Stellenwert der psychologischen Introspektion als Methode wie auch das Problem einer Ichpsychologie, die aber nicht allein methodisch, sondern in der Tat beide auch existentiell begriffen werden müssen.

Wenn Kant in seiner „Anthropologie vom pragmatischen Standpunkt" vor den Gefahren der inneren „Ausspähung" warnte, weil diese einerseits zu „Kopfverwirrung" und sogar zum Wahnsinn führen könnte, anderseits der Auffassung war, daß wir ohnehin in uns nur fänden, was wir selbst in uns hineingetragen hätten, also zu keiner echten Erkenntnis gelangten (vgl. Kant, Bd. 10, S. 414), können diese widersprüchlichen Anmerkungen (warum sollte zum Wahnsinn führen, was wir selbst in uns hineinprojiziert haben?) in keinen Vergleich mit dem erwähnten Verzweiflungsausbruch Humes treten. Sich von den Plausibilitäten der Alltagspsychologie loszureißen, erfordert eine besondere Art von geistiger Anstrengung, die Kant ablehnte, weil sie ihm, wie sein Interpret Satura vermutete, anscheinend unüberwindliche Ängste verursachte; Satura, der sich intensiv mit Kants Erkenntnispsychologie auseinandersetzte, thematisierte dort ausdrücklich Kants „Furcht vor den Gefahren einer vertieften Selbsterforschung." (Vgl. Satura, 1971, S. 33) Die Persönlichkeit Kants vermittelt im großen und ganzen aber nicht den Eindruck von Ängstlichkeit. Überzeugender dürfte sein (wenn das argumentum ad hominem vermieden werden soll), daß Kant mit Blick auf Kultur und Entwicklung der Humanität die *Konsequenzen* der humeschen Philosophie für gefährlich hielt und zwar in wissenschaftstheoretischer und ethischer Hinsicht; daß er sehr wohl die Brisanz der psychologischen Analysen erkannte und dieser mit seinem kritischen und transzendentalen Ansatz entgegen zu steuern suchte. Kants ausdrückliche Verneinung der Möglichkeit einer wissenschaftlichen Psychologie in seinen vorkritischen und viel mehr noch in den theoretischen und ethischen Hauptwerken zielte der Intention nach auf die psychologischen Ansätze bei Locke und deren Weiterentwicklung bis zu Hume; wohl gemerkt: *der Intention nach*, denn eine im Kern und im Detail dem eigentlichen Anliegen seiner Vorläufer gerecht werdenden, namentlich adressierten Auseinandersetzung mit ihnen hat Kant vermieden.

Bekanntlich wurde die transzendentale Philosophie von Kant im Sinne eines radikalen Neubeginns philosophischen Denkens, als eine „kopernikanische Wende" des philosophischen Blickwinkels verstanden (vgl. die Vorrede zur 2.

Aufl. der KrV). Dies bedeutete einmal einen Bruch mit der voraufgegangenen Tradition und das Abreißen eines kontinuierlichen Fadens im Hinblick auf eine wissenschaftliche Psychologie; das bedeutete aber auch, daß Kant sich niemals mehr auf seine eigenen Arbeiten aus vor-transzendentaler Zeit bezog, und wohl auch nicht an sie erinnert werden wollte.

Die geschilderten Tatbestände sind mißlich, wenn unterstellt werden darf (und hier unterstellt wird), daß der Vernichtungsaktion Wesentliches für die Konstitution der wissenschaftlichen Psychologie zum Opfer fiel. Kants Hauptwerke stellen vor die Alternative: *entweder* Transzendentalphilosophie *oder* Psychologie, und zweifellos hatte der große Philosoph keine leicht abzuwehrenden Gründe für seine Position vorzubringen. Aber diese Gründe waren, nicht zuletzt infolge der ahistorischen Denkweise, ambiguös und implizierten eine Dialektik, auf die hier noch nicht eingegangen werden kann.

Unter diesen vieldeutigen Prämissen ist es nicht verwunderlich, daß in Reaktion auf Kant im 19. Jahrhundert einerseits eine Psychologie entstand, die Kant ausdrücklich abgewiesen hatte, nämlich eine Psychologie nach naturwissenschaftlichem Vorbild, die sich aber durchaus auf kantsches Gedankengut glaubte stützen zu können, andererseits in polemischer Reaktion auf Kants transzendentale Ethik eine Psychologie, die ihr Augenmerk auf das Menschlich-Allzumenschliche, die Trieb- und Affektseite des Menschen konzentrierte (vgl. dazu Kaiser-El-Safti, 1987), an Einfluß gewann. In beiden Richtungen diffundierten Inhalte und Methoden, die *vor* Kant bereits Gestalt angenommen hatten, ja verlor die theoretische Psychologie ihre Grundprobleme mehr und mehr aus den Augen.

Dies ist die komplexe und ambivalente Situation, an der diese Arbeit ansetzen wird, in der aber nicht eine strikte historische Rekonstruktion, sondern *die Freilegung von Grundfragen* in den Mittelpunkt zu stellen sein wird. Das erste Kapitel schildert die angestrengte Suche, die vor und nach der Jahrhundertwende in Deutschland *unter der Ägide des Neukantianismus* der Suche nach dem genuinen Gegenstand der Psychologie galt, die bereits im Ansatz verkannte oder sich der Problematik nicht bewußt wurde, daß der Gegenstand immer schon mit der Subjekt-Objekt-Relation assoziiert war, die den Blick auf das Wesen des Psychischen verstellt. Das zweite Kapitel sucht deutlich zu machen, daß die *transzendentale* Reflexion über *Gegenständlichkeit* die Psychologie a priori vom Feld wies. Im dritten Kapitel wird nachgezeichnet, daß Kants Versuche der Grenzziehung einerseits zwischen den Wissenschaften, der theoretischen und praktischen Vernunft, andererseits zwischen den einzelnen Seelenvermögen zirkulär verfuhr und hinsichtlich der Geltungsansprüche der Transzendentalphilosophie nicht überzeugen. Das vierte Kapitel fragt hinter die „kopernikanische Wendung" zurück und sucht im vorkritischen Werk die Gründe auf, welche Kant die Psychologie schon im Vorfeld der Transzendentalphilosophie als Wissenschaft ausscheiden ließen. Der „Appendix" zu J.F. Herbart isoliert aus der Breite und Tiefe der Forschungsansätze dieses eigentlichen Initiators der wissenschaftlichen Psychologie eine gewisse vermittelnde Funktion für die phänomenologische Forschung. Der Raum, den in dieser Arbeit die Philosophie Kants beansprucht, ist beträchtlich, aber er steht in Korrelation zu dem Widerstand, mit dem kant*kritische* Philosophen, denen an einer *Neu*begründung der Psychologie gelegen war, nachdem diese sich auf ein falsches Gleis verirrt hatte, zu kämpfen hatten.

Wenn das fünfte Kapitel das Schwergewicht auf das Werk des Brentanoschülers C. Stumpf verlegt, so würdigt dies die einzigartigen Verdienste dieses Forschers hinsichtlich einer Konzeption, die dem Ganzen schwierigster Grundfragen der theoretischen Psychologie – philosophisch, wahrnehmungstheoretisch, deskriptiv-psychologisch und experimentell – Gerechtigkeit widerfahren ließ, während Brentanos tiefste Intentionen der Metaphysik, einer Neubegründung der Ontologie und einer rationalen Begründung des Theismus galten. Diese Einsicht, die zunächst durch ganz andere Fragen verdeckt wurde, muß sich jedem aufdrängen, der sich tiefer auf das komplexe Werk Brentanos einläßt. Zwar nehmen Grundlagenfragen der wissenschaftlichen Psychologie einen wesentlichen Platz im Schrifttum Brentanos ein, aber Brentano konzentrierte sich nach dem Erscheinen seiner „Psychologie vom empirischen Standpunkt", von der auch nur zwei der angekündigten fünf Bände erschienen, auf andere philosophische Grundfragen. Das bedeutet keine Abwertung des Begründers der deskriptiven und analytischen Psychologie in Deutschland, aber die langjährige und intensive Beschäftigung mit Brentano hat auch gezeigt, daß ein volles Verständnis seiner Persönlichkeit Recherchen erfordern würde, wie beispielsweise die Verwurzelung des Denkens in der aristotelischen und scholastischen Philosophie, die den Rahmen dieser Arbeit weit überschreiten würden.

Der Aufwand, der hier der kantschen Philosophie zufällt, soll dem Verständnis C. Stumpfs zugute kommen, der von seiner ersten Publikation an und lebenslang ausdrücklich die Auffassung vertrat, daß die durch Kant nicht bewältigten Grundlagen und Schwierigkeiten der Philosophie und Psychologie, auf die Humes Werk unerbittlich aufmerksam gemacht hatte, immer noch auf eine Lösung warteten. In Stumpfs letztem Werk, der posthum erschienenen „Erkenntnislehre" heißt es:

> Bei dem heutigen Stande der Philosophie sind es besonders die Erkenntnislehre von Hume und Kant, mit denen wir uns auseinanderzusetzen haben. Beide sind noch vorzugsweise lebendig im philosophischen Denken, beide streiten noch immer miteinander. (1939-40, S. 6)

1. KAPITEL: GEGENSTAND

> Aber heißt denn Psychologie nicht Lehre von der Seele? Wie ist denn eine Wissenschaft denkbar, welche es zweifelhaft läßt, ob sie überhaupt ein Objekt hat? (F.A. Lange, Geschichte des Materialismus, Bd. 2, S. 823)

§ 1 Der hemmende Einfluß der Philosophie Kants im Hinblick auf die Grundlagenfrage der wissenschaftlichen Psychologie am Beispiel Franz Brentanos

Wenn heute über die relativ junge Disziplin ‚Psychologie' diskutiert wird, dann stehen in der Regel ihre vielseitige Anwendbarkeit und ihr Praxisbezug, also Relevanz- und Effizienzgesichtspunkte der Psychologie als Sozialtechnologie, im Vordergrund. Dies zeugt von der Präsenz der Psychologie in beinahe allen Bereichen des sozialen Lebens und ist gewissermaßen der Endpunkt einer Entwicklung, die in der Zeit zwischen den beiden Weltkriegen begann und nach dem Zweiten Weltkrieg mit veränderter Zielsetzung fortgesetzt wurde. Die Daseinsberechtigung der Psychologie ist infolge ihrer breiten Funktion unumstritten; die Psychologie hat sich etabliert und als eigenständige Disziplin in der Hierarchie der universitären Fakultäten und Fachbereiche ihren Platz gefunden. So erfreulich diese Entwicklung einerseits ist, scheint sie andererseits dazu beigetragen zu haben, daß von dem beachtlich kreativen Geist ihrer streitbaren Pioniere, dem hohen intellektuellen Niveau der Diskussion um die Bedingungen ihrer Wissenschaftlichkeit und der kulturellen Bedeutung der Psychologie Wesentliches verloren ging.

Wenn weniger Optimistische in dem erreichten Entwicklungsstand der institutionalisierten Psychologie aber auch bereits das Ende ihrer Daseinsberechtigung als eigenständige Disziplin sehen, ja nicht einmal davon überzeugt sind, daß sie je eine *selbständige* Wissenschaft war, dann gilt diese Skepsis nicht ihrer Praxis und technologischen Effizienz, sondern ihrem Wissenschaftscharakter. Über die Frage der Wissenschaftlichkeit der Psychologie ist einmal heftig, polemisch, aber auch eminent engagiert gestritten worden; diese Diskussion dürfte mit zum kulturellen Kern der Jahrzehnte um die Jahrhundertwende gehört haben. Zu einem Abschluß ist sie freilich nicht gelangt – in ihrer damaligen Hochform aber auch nicht wieder aufgegriffen worden.

Vor diesem Hintergrund wurde die Untersuchung über die ursprünglichen Ideen der wissenschaftlichen Psychologie vornehmlich durch *einen* ihrer Pioniere angeregt, dessen Name unmittelbar Assoziationen an die deutsche Romantik weckt, dessen Verdienste um die Psychologie jedoch mehr oder weniger vergessen sind: *Franz Brentanos* Leistungen für die Theorie und Methodologie der Psychologie sind den Heutigen nicht mehr präsent, aber seine Meisterschaft auf diesem Gebiet hat darum doch mittelbar ihre Wirkungen getan. Brentanos Bedeutung für die Entwicklung der Psychologie als Wissenschaft im deutschsprachigen Raum ist aus verschiedenen Gründen auf seltsame Weise anonym geblieben, weil das Terrain zur Zeit der Konstituierung der Psychologie um die Jahrhundertwende s.z.s. ‚überbesetzt' war mit Ideen, Entwürfen und Konzeptionen, und Originäres auf diesem Gebiet kaum zu patentieren war; weil Brentanos Schüler wie Gegner, nicht selten beides in einer Person, sein Eigentum geschickter zu verwenden wußten als er, dem vornehmlich an der Erforschung, weniger an der Publikation und der unmittelbaren Verwertung des Erforschten gelegen war. Erst heute, mehr als 70 Jahre nach seinem Tode, scheint die Veröffentlichung des nachgelassenen Werks zu einem vorläufigen Abschluß gekommen zu sein, während die Publikation seines umfassenden Briefwechsels noch gar nicht begonnen hat.

Die katalytische Wirkung des Denkens und der Persönlichkeit Brentanos wird allgemein zugestanden, die Originalität und Tiefe seiner Intentionen werden dagegen unterschätzt. Vielen nur als Lehrer und Wegbereiter berühmterer Schüler bekannt, wird er in der Geschichtsschreibung der geisteswissenschaftlichen Psychologie wie der Phänomenologie häufig nur als ‚Anreger' erwähnt. Ohne seine „Psychologie vom empirischen Standpunkt" von 1874 hätte es eine deskriptive oder geisteswissenschaftliche Psychologie wahrscheinlich nie gegeben. Den großen Phänomenologen der ersten Generation, C. Stumpf, E. Husserl, M. Scheler und M. Heidegger, dürfte dieser Gedanke, wenigstens zeitweilig, nicht so fern gelegen oder fremd geklungen haben wie den vielen Nachfahren, die den Stellenwert des brentanoschen Werks beinahe unisono auf folgende Version verkürzen:

> Die geschichtliche Bedeutung Franz Brentanos beruht neben den belebenden Anregungen, die er auf eine Anzahl philosophischer Problemstellungen anderer Richtungen geübt hat, hauptsächlich darin, daß er der Lehrer Edmund Husserls war. Von allen Schülern Brentanos ist Husserl am weitesten über ihn hinausgekommen. (Brecht, 1948, S. 41)

Dem widerspricht freilich ein sachkundiger Zeuge der phänomenologischen Bewegung wie der erwähnten kreativen Epoche der Psychologie, der Experimentalpsychologe, Gegenstandsphänomenologe und Logiker P.F. Linke. Brentano „nur ein Wegbereiter, geistiger Vorfahr? [...] Nichts ist verkehrter als diese Ansicht [...]." (1953, S. 90) Nach Linkes Auffassung ist Husserls Originalität stark überschätzt worden (vgl. 1953, S. 90), während er nur Brentanos deskriptiver Psychologie die philosophische Kraft zutraute, den ausschließlich vorwaltenden Richtungen des Neopositivismus und Behaviorismus eine Alternative entgegenzusetzen (vgl. 1961, S. 52). Sollte zutreffen, was N. Hartmann 1933 über das „Problem des geistigen Seins" äußerte, dann dürfte es vorrangig Geltung für Brentanos Werk haben: „Viel Zweifelhaftes hält sich im Wandel der Zeiten mit erstaunlicher Zähigkeit, viel Großes und Herrliches ist erschütternd ephemer: Im allgemeinen ist das Gröbere das geschichtlich Stabilere." (1933, S. 172) Brentano ist mit seiner deskriptiven Psychologie zu einem Zeitpunkt an die Öffentlichkeit getreten, der für das Neue dieses psychologischen Modells wenig offen war, und die ersten Rezensionen der „Psychologie vom empirischen Standpunkt" bezeugen denn auch vornehmlich Befremden, Unverständnis, ja sogar erbitterten Zorn (vgl. Ulrici, 1875; Flint, 1876; Land, 1876; Horvicz, 1874). Lediglich J. Rehmke bescheinigte dem Werk Brentanos „eine solche geistige Kraft und Befähigung [...], daß es als würdiges Correlat sich dem bedeutenden Werke Wundt's an die Seite stellt." (1875, S. 118) Wundt scheint diese Auffassung nicht geteilt zu haben. Die häufige Bezeichnung ‚Scholastiker', die, nachdem sie einmal durch seine Autorität und mit entsprechendem Nachdruck verwendet worden war (vgl. Wundt, 1900/1904, S. 228-29), sich bei Psychologen einbürgerte und dazu diente, Brentano als einen Nichtdazugehörigen auszugrenzen, muß wohl als Symptom der Abwehr diesem Neuen gegenüber gelesen werden (vgl. Willy, 1897, S. 333; Klemm, 1911, S. 88; Rickert, 1923-24, S. 242; Piaget, 1965/1985, S. 166). Ins Schwarze treffen und von einigem historischen Belang sein dürfte die Bemerkung A. Kastils, Brentanos Philosophie würde „weil *sie statt an Kant* vielmehr an Aristoteles anknüpft, von gewissen Tagesgrößen mit beschränktem geschichtlichen Horizont als scholastisch verfemt [...]." (Einl. zu Brentano, „Kategorienlehre", 1933/1985, S. XXVIII; Herv. nicht von Kastil)

Also nicht der scholastische Gehalt der Lehre, sondern ihre Nichtübereinstimmung mit der Lehre Kants evozierte vor allem den Widerstand gegen Brentano bei dem im letzten Drittel des 19. Jahrhunderts zu philosophischer Vormachtstellung aufblühenden Neukantianismus. M. Heidegger formulierte dies folgendermaßen: „Im Rahmen des damaligen Neukantianismus mußte eine Philosophie, sollte sie als Philosophie Gehör finden, dem Anspruch genügen, kantisch, kritisch, transzendental zu sein [...]." (1969, S. 47; vgl. auch Scheler, 1922, S. 286 f.) Daten der Biographie Brentanos, vielleicht auch gewisse nationale Affekte – Brentano schätzte neben der aristotelischen die französische und englische Philosophie höher ein als den Deutschen Idealismus – mögen bei der unsachlichen Namengebung ‚Scholastiker' ebenfalls mitgespielt haben; daß sie in der Tat mehr auf Emotionen als auf sachliche Gründe zurückzuführen war, mögen zwei gegensätzliche Stellungnahmen beleuchten.

Der Theologe H. Windischer, der dem Thema eine eigene Studie widmete („Franz Brentano und die Scholastik", 1936), *vermißte* gerade Brentanos Verwurzelung in der Scholastik und behauptete dagegen, daß Brentano Kants Philosophie *nicht* „niedergerungen" hätte, daß Brentanos Linie vielmehr „noch auf Kantscher Ebene in einer Philosophie des Bewußtseins ende", (S. 34) während meines Wissens noch niemand K. Bühler in der Scholastik unterzubringen suchte, obwohl Bühler in seiner „Sprachtheorie" 1934 ausdrücklich dafür plädierte, im Hinblick auf ein zentrales Thema jeder Kognitions- und

Sprachpsychologie (das Abstraktionsproblem, das heißt Begriffsbildung und Symbolbildung betreffend) an *scholastische* Untersuchungen wieder anzuknüpfen. (1965, S. XXIX) Die Bezeichnung scheint freilich ihre Wirkung nicht verfehlt zu haben, wenn noch Husserl sich im Logosaufsatz von 1911 ausdrücklich dagegen verwahrte, „als Scholastiker gescholten und beiseite geschoben" zu werden. (S. 304) Bühler wiederum scheute sich nicht – freilich ohne abwertende Tendenz – zu bemerken, daß Husserls Lehre „in mehr als einer Hinsicht scholastische Gedanken erneuere." (A. O., S. 229) Die Zitate sollten deutlich machen, daß die mit der Bezeichnung verbundenen Motive kaum von der Natur waren, die etwas Sachliches aufzuklären unternahm, als vielmehr der Absicht dienten, das Denken eines Nichtzeitgemäßen als obsolet zu deklassieren. Zeitgemäß war die kantsche Philosophie.

Die Wiederbelebung Kants in der zweiten Hälfte des 19. Jahrhunderts und die intensive Kantpflege durch den Neukantianismus fällt zeitlich exakt mit der Konstituierungsphase der Psychologie als Wissenschaft in Deutschland zusammen. Die bemerkenswert zwiespältige Einflußnahme des Neukantianismus auf die Diskussion um die theoretischen Grundlagen der Psychologie ist keineswegs gering einzuschätzen. Wenn der Neukantianismus einerseits die schon von Kant geübte antipsychologische Haltung fortschrieb, dann brachte er andererseits und paradoxerweise durch seine ersten Vertreter gerade *die* Psychologie auf den Weg, gegen welche Kant sein ausdrückliches Veto formuliert hatte: die naturwissenschaftliche Psychologie. Dagegen wurden Ansätze, die auf ein anderes als das kantsche Wissenschaftsverständnis zurückgriffen, systematisch unterdrückt. Brentano scheint als einer der wenigen diesen paradoxen Tatbestand erkannt und entsprechende Konsequenzen gezogen zu haben. Die Fehleinschätzung seines Werkes, die sich auch heute noch auf Brentanos „negatives Verhältnis zu Kant, das ganz auf Mißverständnissen beruht [...]", (vgl. Kern, 1964, S. 8) beruft, und zwar ohne daß der Autor sich genötigt sähe, dies auch nur durch *einen* Beleg nachzuweisen, steht tatsächlich in einer schicksalhaften Verbindung mit der Philosophie Kants.

Das Verhältnis der Brentanoschule zu Kants Philosophie auf die richtigen Proportionen zu bringen, ist aus mehreren Gründen angezeigt, ja unumgänglich. Denn einmal scheint das angebliche ‚Mißverständnis' der die deutsche Kultur eminent prägenden Philosophie Kants der unvoreingenommenen Rezeption der Brentanoschule von vornherein im Wege zu stehen; zum anderen war und ist die Diskussion der theoretischen Grundlagen der wissenschaftlichen Psychologie in hohem Maße durch die kantsche Philosophie mitbestimmt worden. Dies trifft besonders auf *den* Philosophen und Psychologen zu, der traditionell als *der* Pionier der deutschen Psychologie gefeiert wurde: Wilhelm Wundt. Wundt legte sein Bekenntnis zu Kant unter anderem in dem Aufsatz mit der rein rhetorischen Fragestellung „Was soll uns Kant nicht sein?" ab. (In den Philosophischen Studien, VII, 1892, S. 1 ff.) Dagegen scheint Brentano als einer der ganz wenigen die philosophischen Hintergründe des kantschen abschlägigen Urteils über die wissenschaftliche Psychologie erkannt und ernstgenommen zu haben. Brentano hat dies bedauerlicherweise nirgends systematisch aufgearbeitet, aber sein Werk bietet eine Vielzahl deutlicher Hinweise, welche dem Punkt einiges Gewicht verleihen. Brentanos Bemühungen galten freilich einem schwierigen Gebiet, das sich überdies stets mit hohen Erwartungen konfrontiert sah. Der Streit um die Grundlagen der Psychologie zeugte einerseits von ihrer Wertschätzung, schien aber andererseits auch alle zur Verfügung stehende Geistesgegenwart zu fordern. Das hat ein so erfindungsreicher wie scharfsinniger unter den Methodologen der Psychologie, L.S. Wygotsky, treffend zum Ausdruck gebracht:

> Ob die Psychologie eine Wissenschaft sein kann, ist vor allem ein methodologisches Problem. In keiner einzigen Wissenschaft gibt es so viele Schwierigkeiten und unlösbarer Widersprüche, kommt es so oft zur Vereinigung von Unvereinbarem wie in der Psychologie. Der Gegenstand der Psychologie ist der schwierigste von allen Gegen-ständen der Welt, er ist am wenigsten der Untersuchung zugänglich. Die Erkenntnismethoden der Psychologie müssen voller raffinierter Kunstgriffe und Vorsichtsmaßregeln sein, um das zu liefern, was man von ihnen erwartet. (1927/1985, S. 248)

Wygotsky erinnert in diesem Zusammenhang an die Worte Brentanos, daß *ein* Fortschritt in der Logik einer Wissenschaft „tausend Fortschritte in der Wissenschaft selbst" nach sich zögen (Wygotski, a. O., S. 250; Brentano, 1874/1973, S. 30) Im gleichen Sinn charakterisierte J. Cohn betonte1923 die große Schwierigkeit,

> [...] die nicht etwa nur die Gegenstandsbestimmung der Psychologie, sondern die Psychologie selbst bei jedem ihrer Schritte zu überwinden hat. Die ganze Geschichte der Psychologie läßt sich betrachten· als ein Versuch, durch die verschiedensten Theorien und Methoden diese Schwierigkeit zu überwinden. (1923, S. 64-65)

Dieser Schwierigkeit soll im folgenden zunächst in bezug auf die Grundlagenproblematik der brentanoschen Psychologie nachgeforscht werden, in einem anschließenden Paragraphen sodann, wenn auch nur punktuell und paradigmatisch, durch den historischen Vergleich auf breiterer Basis erweitert werden.

§ 2 Die Gemeinschaft von Psychologie, Logik und Metaphysik in der Philosophie Franz Brentanos

Wer Brentanos frühes Werk, „Die Psychologie des Aristoteles insbesondere seine Lehre vom nous poeticus" (1866) mit der erstmals 1874 erschienen „Psychologie vom empirischen Standpunkt" vergleicht, wird auf den ersten Blick kaum Gemeinsamkeiten zwischen den beiden ‚Psychologien' entdecken können. Zwar enthält die später verfaßte noch zahlreiche Bezugnahmen auf Aristoteles, ist ihrer Intention nach jedoch auf eine Auseinadersetzung mit der *modernen* wissenschaftlichen Auffassung von Psychologie konzipiert, worüber die „Psychologie des Aristoteles" nichts verlauten ließ, wenngleich Brentano lebenslang an der Auffassung festhielt, daß Aristoteles' Erfolge auf dem Gebiet der Logik und Psychologie keineswegs obsolet geworden wären, vielmehr „so unbestritten [sind] wie manche Entdeckungen auf naturwissenschaftlichem Gebiet." (Vgl. Brentano in 1922/1968, S. 129)

In der Einleitung zur „Psychologie des Aristoteles" gibt Brentano als übergreifendes Thema Aristoteles' Lehre von den Erkenntniskräften und speziell die Beschäftigung mit dem „nous poeticus" an, die ihn einerseits im Hinblick auf die Frage nach der Unsterblichkeit der menschlichen Seele, andererseits wegen der bahnbrechenden Leistungen des antiken Philosophen für Logik und Psychologie beschäftigte. Da Logik und Psychologie nach Auffassung Brentanos in einem sehr engen Verhältnis zueinander stehen, denn: „[...] wie die Logik aus der Psychologie die Prinzipien entnimmt, so endet die Psychologie in der Logik", (a. O., S. 1) erhellt aus dieser frühen Schrift noch unzweideutig die enge Verbindung zwischen Metaphysik, Logik und Psychologie in Brentanos Denken. Das gilt *auch* noch für die „Psychologie vom empirischen Standpunkt", in der Brentano zwar Zugeständnisse an den modernen antimetaphysischen Zeitgeist glaubte machen zu müssen (vgl. Bd. 1, S. 16, wo er F.A. Langes Auffassung von einer „Psychologie ohne Seele" zuzustimmen scheint), die Unsterblichkeitsfrage aber keineswegs ad acta legte (vgl. a. O., S. 22 f.).

Brentano hatte die „Psychologie des Aristoteles" zweifellos nicht aus rein historischem Interesse an dem lebenslang verehrten Philosophen, sondern auch mit kritischem Blick auf das philosophische Treiben der Zeitgenossen verfaßt. Letzteres läßt sich unschwer aus Brentanos, etwa zur gleichen Zeit (zwischen 1866 und 1868) geschriebenen philosophischen Aufsätzen und aus seinen Habilitationsthesen (abgedruckt in 1929/1968) herauslesen. Deren bekannteste und für die damalige Zeit provokanteste lautete: „Die wahre Methode der Philosophie ist keine andere als die der Naturwissenschaft"; (vgl. a. O., S. 137) mit letzterer wollte Brentano zu verstehen geben, daß er sich von der *spekulativen* Philosophie des Deutschen Idealismus distanzierte, der „Konstruktionsphilosophie" den Kampf ansagte und mithilfe einer erneuerten Logik und Psychologie eine wissenschaftliche Philosophie im Sinne einer „auf Erfahrung gegründeten Weltanschauung" (vgl. die Anmerkungen des Herausgebers, a. O., S. 166) durchsetzen wollte.

Die Psychologie spielte in dieser frühen Konzeption Brentanos in der Tat eine bedeutende Rolle. Er betrachtete andere Wissenschaften lediglich als ihren Unterbau und zeichnete die Psychologie als den „krönenden Abschluß" der Wissenschaften aus:

Alle bereiten sie vor; von allen hängt sie ab. Aber auf alle soll sie auch wieder die kräftigste Rückwirkung üben. Das ganze Leben der Menschheit soll sie erneuern; den Fortschritt beschleunigen und sichern. (Vgl. Psych. v. emp. Standp., 1. Bd., S. 5-6)

Brentano sah sich, wenn er sein hochgestecktes Ziel erreichen wollte, gezwungen, seinen Lesern mit psychologisch ganz neuen und „unerhörten Behauptungen" gegenüberzutreten, die jedoch, wie er versicherte, nicht aus „Neuerungssucht" rührten; es habe ihm nichts daran gelegen, als „der Erfinder einer neuen, sondern als der Vertreter einer wahren und gesicherten Lehre zu erscheinen." (A. O., S. 4) Das vordringlichste Anliegen Brentanos bestand jetzt offenbar darin, an „die Stelle der *Psychologieen* [...] *eine* Psychologie zu setzen", und ausdrücklich merkte er an, daß diese *eine* Psychologie nicht als eine nationale (deutsche) Psychologie aufzufassen sei, daß sie vielmehr die hervorragenden Leistungen anderer, insbesondere der englischen Philosophen, einzusehen und einzubeziehen hätte.

Wer die „Psychologie vom empirischen Standpunkt" mit heutigen Augen und mit Wissen um die kulturelle und politische Vergangenheit liest, wird Brentano eine bemerkenswerte Distanz dem ‚Zeitgeist' gegenüber – der in der Tat dazu tendierte, die beachtlichen Errungenschaften deutscher Wissenschaftler für das Nationalgefühl zu vereinnahmen – nicht absprechen können, wenngleich Brentano in manchen Punkten nichts anderes tat, als die fünfzig Jahre früher formulierte Kritik Herbarts an der deutschen idealistischen Philosophie zu reanimieren respektive wie schon Herbart auf die Notwendigkeit hinwies, mithilfe der Psychologie Philosophie und Wissenschaft in eine strenge wissenschaftliche Denkungsart umzuwandeln (vgl. dazu „Appendix" zu Herbart in dieser Arbeit).

Und wenn schon Herbart sich im ersten Drittel des 19. Jahrhunderts mit seiner Kritik an der Philosophie des Deutschen Idealismus keine Freunde gemacht hatte, stieß Brentanos Kantkritik, die er im übrigen wesentlich polemischer formulierte als Herbart, im letzten Drittel des Jahrhunderts, in dem der Neukantianismus den Ton angab und der Ruf allseitig durchgedrungen war: „Es muß auf Kant zurückgegangen werden" (vgl. Liebmann, 1865/1912), erst recht auf Widerstand. Brentano äußerte sich wiederholt sehr negativ über den Wert der kantschen Philosophie (vgl. z.B. in „Die vier Phasen der Philosophie" wo Brentano sich mit seiner Kantkritik ausdrücklich Herbart anschloß, 1926/1968, S. 24 f.); doch ist dies allein wohl nicht ausreichend, sich die bemerkenswert negativen Reaktionen auf Brentanos „Psychologie" zu erklären; vielmehr dürften es einerseits die allzu vielen Neuerungen gewesen sein, mit denen Brentano seine Zeitgenossen überraschte und überforderte; andererseits der eigentümliche Status der Psychologie, deren *empirischer Standpunkt* nicht überzeugte. Selbst Brentano sprach in späteren Texten von „Psychognosie" und „reiner" Psychologie (vgl. die „Deskriptive Psychologie", aus dem Nachlass 1982, S. 1 ff.), um sie gegen die psychophysische Psychologie seiner Zeit abzuheben; die Bezeichnung ‚reine' Psychologie würde nach traditionellem Verständnis auf den Charakter einer rationalen, der empirischen Psychologie *vorgeordneten* deuten.

Bis heute scheint nicht geklärt, welchen Status die Psychologie Brentanos als empirische beansprucht. Handelt es sich tatsächlich, wie ab Beginn des 19. Jahrhunderts immer dringlicher gefordert wurde, um eine psychologische *Erfahrungswissenschaft*, oder haben wir es doch wieder mit einer, wenngleich äußerst subtilen Variante des Idealismus zu tun? Im folgenden sollen einige psychologisch wichtige Grundgedanken Brentanos, insofern sie der Abgrenzung gegen die Transzendentalphilosophie galten, wenngleich ohne Anspruch auf Vertiefung in Brentanos komplexes Denken, referiert werden.

Zweifellos suchte auch Brentano, wie vor ihm schon Herbart und nach ihm wieder sein Schüler Stumpf, eine Lösung für die psychologisch unfruchtbare Subjekt-Objekt-Relation, welche die psychischen Erlebnisse – Brentano sprach bevorzugt von „psychischen Phänomenen" – in den Bereich des Subjektiven, des Nichtrealen und Unwissenschaftlichen abdrängte und glaubte sie mit seiner Lehre von der Evidenz der inneren Erfahrung vor der äußeren und der Intentionalität des Psychischen – der ersten und bis heute einzigen *positiven* Bestimmung des Psychischen – gefunden zu haben.

Ausdrücklich verwahrte Brentano sich gegen Begriffe oder Inhalte *vor* aller Erfahrung, wie Kant sie postuliert hatte und die Brentano als „blinde Vorurteile" glaubte entlarven zu müssen (vgl. seine polemische Schrift „Nieder mit den Vorurteilen" in 1970, S. 8 f.). Ein derartiger Apriorismus beruhe auf leerer Konstruktion und der aus ihr abgeleitete Wissenschaftsbegriff sei logisch erschlichen, nämlich zirkulär. Anstelle des transzendentalphilosophischen Wegs sei das Fundament der Erkenntnis auf *natürliche* Weise zu gewinnen. Nach Brentano ist (im Anschluß an Descartes' Auffassung von der Evidenz der *inneren* Erfahrung) vom unmittelbar im Bewußtsein *Gegebenen* auszugehen, nicht von apriorischen oder nachträglichen *Konstruktionen*. In der unmittelbaren *inneren* Wahrnehmung unserer psychischen Erlebnisse, den Denkvorgängen, den Urteilsprozessen, den Werthaltungen, verfügen wir über ein basales und evidentes Erkenntnismittel, das einzige, über das wir überhaupt einen Zugang zur Außenwelt und zum psychischen Leben der anderen Menschen zu gewinnen vermögen. Auf der Basis der Analyse des Bewußtseins, seiner Identität und Geistigkeit, seiner intentionalen Akte, seiner evidenten Erkenntnisse, haben die bekannten wissenschaftlichen Verfahren wie Beobachtung, Induktion, Deduktion, Statistik und Experiment *aufzubauen*. Der *äußeren Wahrnehmung* billigt Brentano keineswegs Evidenz zu, nicht einmal Wirklichkeit, streng genommen handelte es sich gar nicht um *Wahrnehmung* (vgl. Psych. v. emp. Standp., 1, S. 128 ff.). Brentanos Unterscheidung zwischen *evidenter* innerer und *blinder* äußerer Wahrnehmung resultiert aus einem *erkenntnistheoretischen* Motiv und dürfte sich schwerlich mit dem Anspruch *natürlicher* Erkenntnis (den Brentano gegen den *unnatürlichen*

Apriorismus der kantschen Philosophie in die Waagschale warf) vereinbaren lassen.

Wissenschaftstheoretisch ist bemerkenswert, daß Brentano sich auf dieser idealistisch-cartesianischen Basis der Evidenz innerer Wahrnehmung aber nicht, wie Husserl (vgl. Husserls Logosaufsatz von 1911 in 1981), dazu veranlaßt sah, in Gegnerschaft zur experimentellen Psychologie zu treten, er hat aber auch nicht wie W. Dilthey (vgl. Diltey 1894 in 1921) für eine geisteswissenschaftliche *neben* der naturwissenschaftlichen Psychologie votiert. Aufgrund der *Einheit* des Bewußtseins und der Erkenntniskräfte existierten für Brentano keine unterschiedlichen Erkenntnismittel (wie hermeneutische oder verstehende *neben* kausalen, praktische *neben* theoretischen). Brentano traf später die für seine Psychologie grundlegende Unterscheidung in deskriptive und genetische Psychologie (vgl. „Deskriptive Psychologie", S. 1). Die deskriptive war seine eigentliche Domäne; die genetische, die er aufbauend auf der deskriptiven zu schreiben versprach, kam nicht mehr zustande.

Die zentralen inhaltlichen Anliegen der deskriptiven Psychologie waren:
Erstens: die Intentionalität des Bewußtseins als ein Merkmal auszuweisen, welches die psychischen Phänomene als *Akte* wesenhaft von den physischen Phänomenen als die *sinnlichen* Erscheinungen (der Farbe, des Tons etc.) zu unterscheiden ermöglichte. Damit war erstmals ein *positives* Merkmal des Psychischen entgegen seinen traditionellen *negativen* Bezeichnungen wie das Unausgedehnte, das Nichtmaterielle gefunden. Das Konzept der Intentionalität implizierte drei, psychologisch wie erkenntnistheoretisch gleichwichtige Gedanken:

Der Ausdruck „Bewußtsein" verweist auf ein *mentales* Objekt, *von* welchem das Bewußtsein Bewußtsein ist. Offenbar verwendete Brentano das Wort „Objekt" in seiner älteren, „scholastischen" Bedeutung: Objekt der Vorstellung, *mentales* oder *immanentes* Objekt im Unterschied zur kantschen Verwendung von ‚Objekt' als „äußeres Objekt".

> Jedes psychische Phänomen ist durch das charakterisiert, was die Scholastiker des Mittelalters die intentionale (wohl auch mentale) Inexistenz eines Gegenstandes genannt haben, und was wir [...] die Beziehung auf einen Inhalt, die Richtung auf ein Objekt (worunter hier nicht eine Realität zu verstehen ist) oder die immanente Gegenständlichkeit nennen würden. Jedes enthält etwas als Objekt in sich, obwohl nicht jedes in gleicher Weise. (Psych. v. emp. Standp., I, S. 124-25)

Die Weise des Gegebensein der psychischen Phänomene ist also nicht immer nur die eines vorgestellten mentalen Objektes; die Weise des Gerichtetseins (des Akts) ist nicht nur die vorstellende. Das vorgestellte Objekt wird auch (und häufig zugleich) beurteilt, begehrt oder emotional abgelehnt. „Intentionalität" meint also *drei* in sich zusammenhängende Weisen der *einen* fundamentalen relationalen Eigenschaft des Psychischen respektive des Bewußtseins; diese drei Weisen sind als *Teile eines* seelischen Ganzen zu verstehen. Das Bewußtsein, welches Bewußtsein von einem Objekt ist, ist zugleich auch Bewußtsein seiner eigenen Tätigkeit (Selbstbewußtsein); mentales Objekt oder psychisches Phänomen und psychischer Akt sind zugleich und gleichermaßen bewußt.

Zweitens: Die deskriptive Psychologie will die Einheit und Identität des Bewußtseins bei aller Mannigfaltigkeit seiner intentionalen Akte als eine conditio sine qua non des psychischen Lebens und der psychologischen Erkenntnis empirisch stützen, nicht bloß transzendental voraussetzen oder „konstituieren". Die klassische Beschreibung lautet:

> Die Einheit des Bewusßseins, so wie sie mit Evidenz aus dem, was wir innerlich wahrnehmen, zu erkennen ist, besteht darin, daß alle psychischen Phänomene, welche sich gleichzeitig in uns finden, mögen sie noch so verschieden sein, wie Sehen und Hören, Vorstellen und Urteilen [...] Lieben und Hassen [...] wenn sie nur als zusammenstehend innerlich wahrgenommen werden, sämtlich zu einer einheitlichen Realität gehören;" (A. O., S. 232)

Drittens: Wollte Brentano die auch von Kant verwendete traditionelle Klassifikation der psychischen Phänomene in Denken, Fühlen und Wollen durch eine *andere*, dem Psychischen besser angepaßte, ersetzen. Im Rahmen der Intentionalitätslehre unterschied er Vorstellen, Urteilen und Interessensphänomene respektive Werthaltungen. Die ehemals unter „Denken" zusammengefaßten Phänomene *trennte* Brentano in die Klasse der Vorstellungen *und* die Klasse der Urteile, die ehemals in Fühlen und Wollen getrennte Phänomene *faßte* er in *eine* Klasse, die Interessensphänomene, *zusammen*.

Daß Brentanos größte Aufmerksamkeit sowohl unter logischen und erkenntnistheoretischen als auch unter psychologischen Gesichtspuntenden den *Urteils*phänomenen galt, erinnert an die Bedeutung, welche den Urteilen respektive Urteilsklassen in der Transzendentalphilosophie Kants beifiel. Brentanos Urteilstheorie erregte auch das größte Aufsehen und den größten Widerstand bei den Zeitgenossen. Von Psychologen wurde der Verdacht geäußert, daß Brentano die *psychologische* Wesensart des Urteilens verkannt, nämlich mit logischen und metaphysischen Aspekten vermengt habe (vgl. Enoch, 1893; Jerusalem, 1894, 1895, 1897; Willy, 1897, S. 337 f.; Schneider 1915), von seiten der Philosophen wurde der Vorwurf des Psychologismus, das heißt die Vermengung rein logischer mit psychologischen Aspekten, gegen Brentano erhoben (vgl. Heidegger, 1913/1978, S. 117 f.).

Unter methodologischen Aspekten kämpfte Brentano gegen zwei, zu seinen Fundamentalprämissen in Kontrast stehenden psychologischen Positionen seiner Zeit, nämlich einmal gegen die physiologische Psychologie, die an der genuinen Eigenart des Psychischen und an der Eigenständigkeit der Psychologie als Wissenschaft vorbeigehe, letztere nur als Zuträgerin und Hilfswissenschaft für die Gehirn- und Nervenphysiologie mißbrauchte (vgl. Psych. v. emp. Standp., I, S. 68 f.); zum anderen kämpfte Brentano gegen die zu seiner Zeit nicht weniger populäre Psychologie des Unbewußten, welche die wissenschaftliche Psychologie durch mystische und logisch-erkenntnistheoretisch undurchsichtige Prämissen in Verruf zu bringen drohte (vgl. A. O., S. 143 ff.).

Von heute her gesehen ist nicht unmittelbar nachvollziehbar, welches Maß an Befremden und Ablehnung die „Psychologie vom empirischen Standpunkt" bei ihren ersten Rezensenten, von wenigen Ausnahmen abgesehen, erfuhr. Horovicz (1874), Ulrici (1875) Flint und Land (1876) unterschieden sich zwar in der Tonart, die sich zwischen Unverständnis, Spott und Beleidigung hielt; was Ablehnung und Missverstehen anbelangte, redeten Brentanos erste Kritiker jedoch mit *einer* Stimme. Die Reaktionen der ersten Kritiker deuten in der Tat auf den Überraschungs-, wenn nicht gar Überrumpelungseffekt, den Brentano mit seiner neuen Psychologie ausgelöst zu haben scheint.

Eine weitere, für Brentano charakteristische Erscheinung erschwert eine Gesamtwürdigung seiner Leistungen für die Psychologie: Brentano hat im Laufe seines Lebens wesentliche, zuvor vertretene Positionen wieder umgestoßen und mehrfach überarbeitet. Die zahlreichen Schriften aus dem Nachlaß und die bis zur Überinterpretation getriebenen zahlreichen ergänzenden und erläuternden Anmerkungen der Herausgeber verstärken noch den unabgeschlossenen Charakter der Lehre, die sich zuletzt von dem Ideal der *einen* Psychologie selbst weit entfernt haben dürfte. Und so ist es nicht verwunderlich, daß Brentano zuletzt das Interesse an der Psychologie verloren zu haben scheint, um sich wiederum metaphysischen Fragestellungen zuzuwenden.

Nach Auffassung von Brentanos Schüler C. Stumpf bildete eigentlich niemals Psychologie, sondern stets Metaphysik den Mittelpunkt von Brentanos Denken; nach Stumpf, der sich auf Briefe Brentanos stützte, wäre es schlechterdings falsch,

Psychologie als den Mittelpunkt seines systematischen Denkens anzusehen. *Metaphysik* war Anfang und Ende seines Denkens. Dies würde allerdings nicht hindern, daß die Psychologie zeitweilig in den Vordergrund der Arbeit getreten wäre, und tatsächlich war es auch so. Aber im Innersten seiner Seele überwog doch das metaphysische Interesse alles andere. (Vgl. Stumpf in Kraus, 1918, S. 98)

Dieses metaphysische Interesse hinderte Brentano freilich nicht – wie vor ihm schon Herbart nicht – der Psychologie, gegen das Verdikt Kants, eine bedeutende Rolle zuzubilligen. Und doch scheint Brentano sich in einigen sehr wichtigen Punkten nicht genügend von Kants Vorgaben entfernt zu haben:

(1) Wie Kant schenkte er den Urteilsakten die größte Bedeutung ohne daß es ihm gelungen wäre, die psychologische Seite des Urteils von seinen logischen hinreichend zu unterscheiden.

2) Brentano hat sich zeitlebens am Problem der Zeiterfahrung und Zeitwahrnehmung abgearbeitet und diesbezüglich mehrmals seine Auffassungen geändert. Wie Kant (worauf später zurückzukommen sein wird) vermochte Brentano den Unterschied des Zeitlichen und des Räumlichen, des Zeitlichen und des *Gleich*zeitigen nicht wirklich – und das heißt hier vorurteilsfrei – zu klä-

ren. Das beginnt in der „Psychologie vom empirischen Standpunkt" (I, S. 228) im Kontext mit den Ausführungen zur „Einheit des Bewußtseins" und zieht sich durch die nachgelassenen Schriften hindurch (vgl. Brentano, „Philosophische Untersuchungen zu Raum, Zeit und Kontinuum", 1976) Eine Lösung, vielleicht auch nur eine Annäherung an dieses, für die Psychologie so fundamentalen Probleme, hat meines Erachtens erst Brentanos Schülers C. Stumpf angezeigt (vgl. dazu den letzten Paragraphen dieser Arbeit).

3) Die von Brentano exponierte, für die psychologische Methodologie in der Tat wichtige Betonung der *inneren* Erfahrung oder Wahrnehmung hat ihn aus *erkenntnistheoretischen* Gründen dazu verführt, die sogenannte äußere Wahrnehmung in einem Maße zu unterschätzen, welches das Maß an Geringschätzung, das Kant der „Sinnlichkeit" gezollt hatte, noch überbot. Die Unterschätzung der sogenannten äußeren Wahrnehmung haben auch Brentano nahestehende Phänomenologen moniert (vgl. Husserl, 1900/1922, 2. Bd., 2. T., S. 237; Scheler, 1911/1972, S. 213 ff.).

Wer Brentano jedoch allein auf diese Lehre (die Lehre von der Evidenz und dem Primat der inneren Wahrnehmung) *festlegen* und einschwören will (vgl. dazu Kastils diesbezügliche Polemik gegen Stumpf in Kastil, 1948), und alle, die ihm hier nicht folgten, zu Feinden verteufelt, verkennt dem im ganzen viel weiter gestreuten innovativen Wert und die Wirkung der Lehre Brentanos. Daß es ausnahmslos *Schüler* Brentanos waren (v. Meinong, Husserl, Stumpf), die „sich in diesen Fragen von ihrem Lehrer abgesetzt und wesentliche Neuerungen eingeführt haben", (vgl. Schuwey, 1983, S. 35) spricht nicht gegen Brentano und belegt nicht einmal die These vom „bloßen Anreger". Wie immer Brentano in Einzelfragen entschieden und geirrt haben mag – er war es, der das schwierige Problem, Begriffsklärung und Anwendung einer *genuin* „psychischen Realität" (vgl. dazu Kaiser-El-Safti, 1992, 8. Bd., Sp. 200-206) zur Sprache gebracht und die psychologische Diskussion eingetragen hat.

Das Werk Brentanos stellt – wie schon die vorangegangenen Bemühungen Herbarts – unter Beweis, welch' immens intellektueller Aufwand erforderlich war, in die über zweitausend Jahre alte Seelenlehre überhaupt erst einmal ein schmales, empirisch gangbares Wegstück zu schlagen – einen Pfad, der, nachdem schon im 16. und 17. Jahrhundert Anfänge gemacht worden waren, im 18. Jahrhundert von Kant wieder zugeschüttet wurde, indem Kant vertrat, daß schon der Gedanke an eine wissenschaftliche Psychologie zu verwerfen sei, weil ihr schlechterdings ein *Gegenstand* ermangele.

§ 3 Schwierigkeiten der psychologischen Grundlagenbestimmung im historischen Vergleich

Blickt man auf die hundertjährige Geschichte der Bemühungen um die Methodologie der Psychologie, dann erscheinen die Bemerkungen über die

Schwierigkeit der Selbstfindung dieser Disziplin und ihres Gegenstandes nicht wie Schwarzmalerei oder gar Wichtigtuerei einer Wissenschaft, die möglicherweise ihre Bedeutung wie ihre Notwendigkeit überschätzt. Denn – so könnte ein Skeptiker einwenden – wenn bereits die Bestimmung des Gegenstandes derartige Schwierigkeiten bereitet und Kunstgriffe anstelle solider, unmittelbar zum Ziel führender Maßnahmen empfohlen werden, dann *ist* die Psychologie vielleicht tatsächlich keine Wissenschaft. Die Antwort hätte meines Erachtens zu lauten: *Ist* denn irgendeine Wissenschaft s.z.s. ‚von selbst' oder *existiert* nicht jede erst durch Definition und Ermächtigung der sie erzeugenden Menschen? Die Problematik scheint aber im Fall der Psychologie noch etwas tiefer zu liegen und kann vorläufig so formuliert werden: Warum *soll* Psychologie als Wissenschaft sein, und warum brechen trotz der Schwierigkeiten und Fehlschläge die Bemühungen, ihre Grundlagen zu klären und zu festigen, nicht ab? Eine undogmatische Antwort auf diese Frage kann freilich erst am Ende der Untersuchung versucht werden, die sich vorerst mit der Klärung der *Bedingungen der Möglichkeit* der Psychologie als wissenschaftliche Disziplin, das heißt mit ihrer methodologischen Grundlage, zu beschäftigen hat.

Eine halbe (nicht halbherzige) Antwort impliziert bereits die Frage nach der Möglichkeit, insofern die nach der *Wirklichkeit* der psychologischen Gegenstände weder gleichgestellt noch ausgespielt werden darf gegen das vorherrschende Monopol naturwissenschaftlicher Methodologie und der Wirklichkeit *ihrer* Gegenstände. Ein Vergleich mit der naturwissenschaftlichen Methodologie wäre nur nach Kriterien der Effizienz durchzuführen, von denen hier, wie bereits angedeutet, abzusehen ist.

Bei der Aufklärung des komplexen Bündels von Fragen – soweit das überhaupt möglich ist – hat die Geschichte einen wichtigen, wenn auch nicht den einzigen Part zu spielen; nicht den wichtigsten, weil sie schlechterdings nichts zu entscheiden, sondern eben nur zu klären vermag. Auf den ersten Blick bietet die Wissenschaftsgeschichte der Psychologie kein günstiges Bild, die uns doch allemal Aufklärung im Sinne irgendeines Erkenntnisfortschritts erbringen soll.

Vergleicht man Cohns und Wygotskis Bemerkungen zur wissenschaftstheoretischen Lage der Psychologie der zwanziger Jahre, die mit der Einschätzung L. Binswangers (1922), K. Bühlers (1927) und G. Politzers (1927, 1928) im großen und ganzen übereinstimmen, sowohl mit derjenigen *vor* der Jahrhundertwende als auch mit ihrer derzeitigen aktuellen Einschätzung, dann ist das Ergebnis so verblüffend wie entmutigend: Der Erkenntnisstand und das Bewußtsein einer permanenten *Krisenlage* der wissenschaftlichen Psychologie scheint unverändert zu sein, das heißt daß er schlechterdings auf der Stelle getreten wäre. In einer der historisch bedeutsamsten Arbeiten zur Konstituierungsproblematik der Psychologie als Wissenschaft, der „Einleitung in die Psychologie nach kritischer Methode" des Neukantianers P. Natorp hieß es:

> Es mag wohl in jeder Wissenschaft vorkommen, daß nicht bloß die befriedigende Lösung gewisser Probleme, sondern die Probleme selbst lange Zeit verborgen bleiben, wenigstens nicht deutlich erkannt und bestimmt formuliert werden. Doch scheint dabei immer feststehen zu müssen, welches das fundamentale Problem sei, das durch die Gesamtarbeit der Wissenschaft gelöst werden soll, denn sonst würde dieselbe überhaupt ziellos sein, und entweder gar nichts oder wenigstens nicht das, was man sucht, dabei gefunden werden. Hingegen scheint Psychologie bisher nicht einmal ihres Grundproblems sich fest versichert zu haben; daher es nicht verwundern darf, wenn man auch über Sinn und Werth ihrer Ergebnisse sich nicht vereinigen kann. (Natorp, 1888, S. 1)

Ungeachtet der Tatsache, daß Natorp doch eine Antwort glaubte gegeben zu haben, konstatierte M. Scheler zehn Jahre später:

> Nichts ist bezeichnender für die methodologische Lage der heutigen Psychologie als der Umstand, daß sie ihr Objekt als eine Einzelwissenschaft nicht zu bestimmen vermag [...] ein gemeinsames Gattungsmerkmal für die Einzelobjekte der Psychologie existiert nicht. (1899/1971, Bd. 1, S. 316)

Der Vergleich derartiger Auskünfte mit einer Untersuchung über die methodologische Lage der Psychologie der siebziger Jahre des vorigen Jahrhunderts, die den provozierenden Titel trägt: „Psychologie – Wissenschaft ohne Gegenstand?" (hg. von Eberlein/Pieper, 1976) macht deutlich, daß immer noch die gleichen Fragen gestellt und die Antworten offen gehalten werden. Von unverbrauchter Aktualität zeigen sich die Fragen nach der speziellen Natur des psychologischen Gegenstandes, seiner methodologischen Bestimmbarkeit und Erforschbarkeit. Immer noch werden die gleichen Klagen geführt über Mangel an klarer Abgrenzung gegen andere Disziplinen, die Verwechslung der theoretischen mit der Effizienzebene, das Nichtauseinanderhalten der objektsprachlichen und der metasprachlichen Ebene (das sich unter anderem an der permanenten Verwechslung der Kennzeichnungen ‚psychisch' und ‚psychologisch' festmachen läßt). Es wird mit einiger Erschütterung konstatiert, daß man des Kontrahenten „Sprache und Argumentation kaum zu verstehen vermag", ja „daß der Konsens sogleich zerbricht, wenn man zu diskutieren beginnt [...]." (So Herrmann an Kirchhoff gerichtet, in Eberlein, S. 75 und 76)

An diesem Punkt allgemeiner Ratlosigkeit und Sprachlosigkeit angelangt nimmt es nicht Wunder, daß zehn Jahre später die Frage nach dem möglichen „Ende der fachlichen Einheit" Psychologie auftauchte (vgl. Weinert, der 1987 Ergebnisse und Stimmungslage der Psychologiekongresse von 1959 und 1986 verglich, in Weinert, 1987). Der Zustand der wissenschaftlichen Psychologie – ihr ins Uferlose ausartender empiristischer Betätigungsdrang, ihre Zersplitterung in unversöhnlich und endlos streitende Schulen, ihre diffuse Position zu Nachbardisziplinen, die Unklarheit ihrer Aussagen bezüglich gesellschaftlichkultureller Relevanz – zehre an ihrer Glaubwürdigkeit und Notwendigkeit als eigenständige Disziplin, so daß das Resultat nur lauten könnte: „Keine wissenschaftliche Disziplin hat eine Bestandsgarantie und sollte auch nicht danach rufen." (Koch, zitiert in Weinert, 1987, S. 8) Damit dürfte die Skepsis bezüglich der Eigenständigkeit der Psychologie als wissenschaftliche Disziplin einen vorläufigen Höhepunkt erreicht haben.

Die logische Stringenz dieser Einsicht ist freilich *nicht* erwiesen, da die tatsächliche permanente Vermengung und Verwechslung des Effizienzgedankens mit der Theorie von vornherein das Urteil fälscht. Dies gilt insbesondere für den nie ausgelassenen, aber unfruchtbaren Vergleich mit der Naturwissenschaft und deren Effizienz. In der relativ jungen Geschichte der Psychologie ist dieser Vergleich von Anfang an wegweisend und maßgebend gewesen; daß gerade er die Perspektive auf die genuinen Möglichkeiten der Psychologie verstellt, ist häufig genug angemerkt worden: „Nichts hat der Psychologie so geschadet wie die These, sie müsse nach Analogie mit der Naturwissenschaft betrieben werden." (Scheler, 1911/1972, Bd. 3, S. 255) Der Vergleich verkennt, daß nicht das Feststellen von etwaigen Gemeinsamkeiten, sondern vielmehr das der Unterschiede zu einer Klärung zugunsten der Psychologie führen könnte.

§ 4 Methodologischer Vergleich physischer und psychischer Gegenstände

Nicht in einigen Dezennien, sondern in Jahrhunderten hat die Naturwissenschaft die Läuterung ihrer Begrifflichkeit und Verfahrensweisen von vorwissenschaftlich-anthropomorphen Mitbedeutungen auf reine funktionale Erfaßbarkeit und mathematisch berechenbare Effizienz zu Wege gebracht. Der Erfolg der Naturwissenschaft hängt freilich eng mit dem methodischen Reduktionismus der phänomenal-qualitativ reichhaltigen Lebenswelt auf einige basale, berechenbare und damit notwendige, nämlich zuverlässig-voraussagbare Strukturen und Funktionen zusammen. Der Vergleich der beiden Wissenschaften – Physik und Psychologie – ist also nicht nur den Zeitraum der Konstituierung betreffend unrealistisch, er ist auch aus anderen, wesentlicheren Gründen deplaziert und führt in die falsche Richtung. Unglücklicherweise wurde jedoch gerade der naturwissenschaftliche Weg, wie allbekannt ist, von den Gründungsvätern der deutschen Psychologie eingeschlagen (einer ihrer prominentesten Vertreter, G.Th. Fechner, war ‚von Haus aus' Physiker), allem Anschein nach verführt von der zu ihrer Zeit mächtig aufblühenden naturwissenschaftlichen Physik, Chemie, Biologie und Physiologie.

Richtig war freilich, daß, wenn die Psychologie ihre Daseinsberechtigung von unmittelbar realwissenschaftlicher Effizienz abhängig machen wollte, nur die Naturwissenschaft als Maßstab und Vergleich in Frage kommen konnte, denn eine andere Realwissenschaft war ja nicht vorhanden. Die Naturwissenschaft *ernsthaft*, also nicht nur im Gestus der Nachahmung, zum Vorbild zu nehmen, würde aber auch bedeutet haben, konsequent die Grundbedingungen zu akzeptieren, die ihr zum Erfolg verholfen hatten. Die Psychologie hätte sich also auf die gleichen oder doch vergleichbare, von allen qualitativ-anthropomorphen Mitbedeutungen gereinigte, auf reine Funktionalität reduzierte Gegenstände konzentrieren müssen – eine Auffassung, die ihr nicht nur die Eigenständigkeit genommen hätte, sondern die auch, in der Perspektive der Zielsetzung, einigermaßen absurd erscheint. Wer kann eine Psychologie „entmenschlichter" Gegenstände wollen?

Die Problemstellung, einschließlich der geforderten Konsequenzen einer von aller Menschlichkeit gereinigten Gegenständlichkeit, mag überspitzt klingen, da die naturwissenschaftlich orientierten Psychologen häufig betonten, nur die Methode sei gleichartig, der Gegenstand der Wissenschaft aber jeweils ein anderer. Diese Halbherzigkeit bessert die mißliche Grundsituation nicht, da eine methodische Entscheidung, wenn nicht vom Gegenstand, dann vom Ziel her gerechtfertigt werden muß. ‚Methodos' heißt ‚Weg' und einen Weg ohne Angabe des Zieles gehen zu wollen, kann sicher nicht für wissenschaftlich gelten. Aus der Zielperspektive stellen sich die scheinbar erledigten Probleme aber wieder her (vgl. hierzu Cohn, 1913, S. 208).

Das Ziel naturwissenschaftlicher Methodologie und naturwissenschaftlicher Effizienz ist: größtmögliche Reduzierung der (vorwissenschaftlichen) Gegenstände auf einige wenige verläßlich manipulierbare und damit verrechenbare und gezielt verwendbare Merkmale. Diese Zielsetzung ist freilich in die physikalische Begriffsbildung eingegangen, die ja zum Teil unreflektiert in die psychologische Begriffssprache übernommen wurde, – nur freilich nicht dem Klärungsprozeß hat folgen können, dem die physikalische Begrifflichkeit in hunderten von Jahren unterworfen wurde. Dies soll am Begriff der Kraft exemplarisch erläutert werden, der seit der Antike nicht nur eine wichtige Rolle in der Wissenschaft von der Natur, sondern auch in der psychologischen Terminologie gespielt hat. Auf ein Ziel zuzusteuern, bedeutet einen Prozeß in Gang zu bringen; dieser Prozeß ist in der naturwissenschaftlichen Diskussion wahrscheinlich noch nicht an sein Ende gekommen. Gerade *als* Prozeß dokumentiert er die Eigenart naturwissenschaftlichen Denkens und die Unmöglichkeit der Analogisierung oder gar Identifizierung naturwissenschaftlicher und psychologischer Forschung und Forschungsziele.

Die geläufige Auffassung, die Natur sei in mathematischen Lettern geschrieben worden, war nicht immer so selbstverständlich wie heute, und bis sie verwirklicht war, unterlag die physikalische Begrifflichkeit einem permanenten Wandel. Als J. Kepler im 17. Jahrhundert einen für die Astronomie brauchbaren Kraftbegriff zu gewinnen suchte, standen als Rohmaterial sprachliche Ausdrücke und Wendungen antiker und scholastischer Philosophie sowie die Heilige Schrift zur Verfügung, die in die physikalische Denkweise umgewandelt werden mußten; die aristotelischen Bezeichnungen „Dynamis" und „Energeia" z.B. waren unzweckmäßig, „da sie keine physikalischen Realitäten, sondern metaphysische Seinsweisen bezeichneten." (Vgl. dazu Heller, 1970, S. 10 f.) Kepler verwendete zur Bezeichnung der Anziehungskraft sowohl die Begriffe „anima motrix" im Sinne neuplatonischer Vorstellungen als auch den neutraler klingenden Terminus „vis", der aber immer noch die Vorstellung geistiger Potenz erweckte, so daß sich an diesem Terminus die Kontroverse zwischen Leibnizanhängern und Cartesianern über die Bedeutung lebendiger und toter Kräfte entwickelte. Zwar klärte und versachlichte Newton den physikalischen Kraftbegriff, als er die Kraft als Ursache von Bewegungs*änderung* definierte, aber auch er verwendete noch die traditionelle Redeweise von der Kraft eines Körpers, die man später als Trägheitskraft bezeichnete. Hieraus ergab sich das Problem, ob derartige Kräfte, z.B. Fliehkräfte, in demselben Sinne „physikalische Realitäten" sind wie eine Stoß- und Druckkraft. Entscheidende Vorarbeit hatte Galilei geleistet auf dem Wege zum Trägheitsprinzip. Er gab das scholastische Trägheitsprinzip, das von der Voraussetzung ausging, daß *in* den Körpern ein Streben nach Ruhe liegt, auf, und ersetzte es durch die funktionelle Auffassung, daß eine Bewegung erhalten bleibt, wenn keine äußeren Kräfte hemmend auf sie einwirken (vgl. Heller, a. O., S. 153). Unklarheiten bezüglich des Kraftbegriffs finden sich noch im 19. Jahrhundert. Die begrifflichen Schwierigkeiten erledigten sich erst, als H. Hertz eine Physik ohne den Kraftbegriff aufzubauen unternahm.

Physikalische Begriffe haben sich nicht nach dem Modus der Abbildung einer so-seienden Naturrealität, sondern erst allmählich und zum Teil auf sonderbaren Umwegen gebildet. Je mehr die Physik der Ausdrucksweise eines rein mathematischen Formalismus zustrebte, um so weiter entfernte sie sich von einer lebensweltlichen Realität für Menschen. Wenn sie schließlich ‚Realitäten' wie z.B. „Entropie" entdeckte und verrechnete, „die nirgendwo sonst als in physikalischer Ausdrucksweise behandelt werden können, für die es also kein Synonym in der Sprache der Laien gibt", (vgl. Heller a. O., S. 14, auch Heisenberg, 1960, S. 32 ff.) dann wird vollends auf dieser vorläufig letzten Stufe der Geschichte naturwissenschaftlicher Begrifflichkeit und naturwissenschaftlichen Denkens die Absurdität einer die Physik nachahmenden Psychologie deutlich. Der derzeitige Stand der Dinge beleuchtet aber nur grell den Sachverhalt, der bereits Ausgangspunkt der naturwissenschaftlichen Zielsetzung war. Auf diesem Hintergrund entfällt die Ausrede, man würde ja nicht wirklich, sondern nur im Prinzip – nämlich messend und rechnend – nach dem Vorbild der Naturwissenschaft verfahren. Nicht *daß* gerechnet und gemessen wird, ist von Bedeutung, sondern *was*, welche *Realität* auf diesem Weg *wissenschaftlich* erfaßt werden soll.

In diesem argumentativen Kontext deklariert sich sofort die Unbrauchbarkeit des Kraftbegriffs in der Psychologie, die es ja per definitionem nicht mit irgendeiner physikalischen Realität zu tun hat. Der Kraftbegriff ist hoffnungslos vieldeutig und darum leer, weil mit ihm stets auf etwas abgehoben wird, das *hinter* den psychischen Phänomenen wirkt oder sie bewirken soll. *Was* da wirkt, kann aber ganz beliebig mit Namen wie beispielsweise Energie, Trieb, Instinkt, Geist, Einstellung, Charakter, Motivation ausgestattet, es kann aber auch gleich als Seele, Bewußtsein oder Unbewußtes bezeichnet werden, – je nach dem, unter welchen weltanschaulich-anthropologischen Perspektiven und Prämissen der Forscher antritt und welchem ‚Seelenvermögen' er den Primat erteilt.

Der Kraftbegriff wurde schon von den ersten Kritikern Kants, den Phänomenologen K.L. Reinhold und G.E. Schulze in Frage gestellt: Man habe von der Ursache, der Kraft oder dem *Vermögen* des Vorstellens, Empfindens, Denkens gesprochen, ohne noch klargestellt zu haben, was man unter Vorstellen, Empfinden, Denken *selbst* zu verstehen habe (vgl. dazu Cassirer, 1920/1974, Bd. 3, S. 36 und 59). Die Psychologie hat es mit einer Phänomenologie der Bewußtseinsrealität zu tun, die als solche gegeben und nicht mehr hinterfragbar ist – nicht mit einer wie immer gearteten Seinsrealität, die im Fortschreiten ihrer Explorationen stets auf neue Einblicke dessen gefaßt sein muß, was ihr ‚bloß' phänomenal vorliegt; infolgedessen ist der Kraftbegriff in der Psychologie ein sinnloses Surrogat für eine auf einem Selbstmißverständnis beruhende, vermeintlich vorauszusetzende „qualitas occultas". Dies gilt für Seelenmodelle, die den Kraftbegriff unspezifisch für das eine oder andere Vermögen oder für die Seele selbst verwenden, wie für solche, die mit dem physikalischen Erhaltungsmodell (Erhaltung der Energie), dem Entropiemodell oder dem chemischen Sublimierungsbegriff operieren, wie dies im 19. Jahrhundert gang und gäbe war. Im Prinzip treffen die gleichen Einwände für eine an der Biologie orientierten Psychologie zu; auch sie hätte die Grenze zwischen der spezifisch menschlichen, tierischen, pflanzlichen oder sonstigen Realität respektive Lebenswelt zu ziehen.

§ 5 Wissenschaftstheoretischer Versuch der Abgrenzung des psychologischen Gegenstandes im Modus der negativen Definition des Psychischen

Die Entwicklung der theoretischen Physik mit allen Konsequenzen für die moderne Wissenschaftsauffassung dürfte im 19. Jahrhundert kaum vorauszusehen gewesen sein. Wenn der Neukantianer H. Rickert, der 1896 den Stellenwert naturwissenschaftlicher Begrifflichkeit durchaus von ihrer Funktionalität her beurteilte, dennoch dazu tendierte, die Psychologie als „Wirklichkeitswissenschaft" der Naturwissenschaft an die Seite zu stellen, dann geschah dies, um beide von einer „Wertewissenschaft" *abzugrenzen*. Als Wissenschaft habe die Psychologie *generalisierende* Beschreibungen ganz nach Art der

Naturwissenschaft zu verwenden, selbst wenn Unterschiede in der Begriffsbildung der Wissenschaften, die für Rickert aber weniger ins Gewicht fielen, nicht zu leugnen wären (vgl. 1896/1929, S. 150). Die Gleichstellung der Psychologie mit der Naturwissenschaft nach *rein formalen* Gesichtspunkten, die O. Külpe mit Recht als nicht ausreichend kritisierte, um den Typus psychologische Wissenschaft zu erfassen (vgl. Külpe, 1920, Bd. 2, S. 149), erfolgte letztlich aus reiner Verlegenheit; denn nach Rickerts Auffassung gibt es „keine von allen anerkannte Begriffsbestimmung des Psychischen, die wir einer Untersuchung über die Begriffsbildung der Psychologie zu Grunde legen könnten." (A. O., S. 125)

Wo sich kein *positives* Merkmal des Psychischen eruieren ließ, mußte stets die *negative* Definition als Hilfsmittel einspringen, um wenigstens eine klare Aussage darüber machen zu können, was die Psychologie *nicht* sei – in diesem Fall keine mit Wert- und Geltungsfragen befaßte Disziplin. Daß diese Bestimmung nicht ausreiche, um ihr als Wissenschaft Selbständigkeit zu verschaffen, liegt freilich auf der Hand.

Der erste Anstoß, die Psychologie ernsthaft bei der Naturwissenschaft unterbringen zu wollen, mag in der Tat ein positiv zu nennender gewesen sein, nachdem J.F. Herbarts lange Zeit tonangebende Darstellung der „Psychologie als Wissenschaft, neu gegründet auf Erfahrung, Metaphysik und Mathematik" (1824-25) bei den positivistischen Philosophen an Kredit verlor. Demgegenüber schien G.Th. Fechners Entdeckung einer „Fundamentalformel" im Rahmen seiner „Elemente der Psychophysik" (1860), die das Verhältnis zwischen physischem Reiz und psychischer Empfindung für alle Gebiete der Sinnesempfindung festzustellen behauptete, den Anfang und die solide Basis einer nicht nur rechnenden (Herbart), sondern auch exakt messenden Psychologie bereitzustellen. Fechners *Einfall* ist zweifellos als genial zu bezeichnen, aber das vermeintliche Gesetz hielt bei genauerer Prüfung seiner Prämissen nicht, was es versprochen hatte; 1) weil der dort verwendete Intensitätsbegriff als Größenbegriff nicht mit dem Größenbegriff der mathematischen Naturwissenschaft konkurrieren konnte, und 2) weil bereits in die begriffliche Formulierung des Gesetzes ein gravierender logischer Fehler eingegangen war (vgl. dazu Brentano, 1973, S. 11 und S. 97 f. und Brentano, 1896 in 1907/1979, S. 66 ff.). Aber Fechner hatte einen Weg gezeigt, wie auf der Basis des Experiments und einfallsreicher Versuchsanordnungen mit Akribie und Geduld die Überprüfung einer interessanten Vermutung in Angriff genommen werden mußte. Diese *Hoffnung*, nicht jedoch die Solidität des angeblichen Gesetzes, mag dazu beigetragen haben, daß in der Geschichte der Psychologie über Jahrzehnte hinweg immer wieder die Auffassung vertreten wurde, die Psychologie erfordere kein anderes ‚Objekt' und keine anderen Methoden als die der klassischen Vertreterin der Naturwissenschaft, der Physik.

„Nicht der Stoff, sondern die *Untersuchungsrichtung* ist in beiden Gebieten verschieden", betonte E. Mach in seiner 1886 erschienenen „Analyse der

Empfindungen" (vgl. 1985, S. 14). An der Grundposition dieser Naturbetrachtung festhaltend, wenn auch differenzierter und vorsichtiger, äußerte sich zehn Jahre später R. Avenarius über den psychologischen Gegenstand. Seine wissenschaftstheoretische Abgrenzung erfolgte wiederum vornehmlich in der Form der Negation, diesmal nicht gegen den Aspekt des Werthaltigen, sondern jetzt gegen *metaphysische* Bestimmungen allgemeiner Provenienz: Das empirisch „Vorgefundene" sei von allen metaphysischen Bestimmungen reinzuhalten und dürfe auch keinesfalls als ein „Innen-Seiendes" aufgefaßt werden. Daß Avenarius Goethe bemühte, um seine Naturbetrachtung des Seelischen zu rechtfertigen, sollte wohl anzeigen, daß er nicht als Materialist mißverstanden und in diese weltanschauliche Ecke abgedrängt werden wollte:

> Müsset im Naturbetrachten
> Immer eins wie alles achten
> Nichts ist innen, nichts ist außen.
> So ergreifet ohne Säumnis
> Heilig öffentlich Geheimnis.

Was die Durchführbarkeit seines empiriokritizistischen Programms anbelangte, war Avenarius redlich genug, Skepsis einzuräumen. Ob es nämlich bei der von ihm geforderten Gleichstellung der Gegenstände wirklich „gelingen kann, haltbare oder doch haltbarere Bestimmungen zu finden, kann nur die Zukunft lehren." (1894, S. 401) So vorsichtig äußerte sich ein Positivist nach unzähligen psychophysischen und psychophysiologischen Veröffentlichungen im letzten Drittel des 19. Jahrhunderts in Sachen ‚naturwissenschaftliche Psychologie'!

In dem Maße, wie der Behaviorismus dahin tendierte, sich ebenfalls in Abgrenzung zu einer metaphysischen Bewußtseinsphilosophie und -psychologie als Naturwissenschaft zu deklarieren und sich, wesentlich verkürzter als Avenarius, denn der erreichte Reflexionsstand war bereits wieder in Vergessenheit geraten, zu einer Reiz-Reaktions-Mechanik des Seelenlebens bekannte, wurde auch sogleich wieder deutlich, daß er die Psychologie in eine Selbstauflösung trieb: „The real problem is, if reality is electrons and protons, why should there be an individualsocial aspect", fragte O.R. Reiser 1924 an die Adresse von J.B. Watson gerichtet, und J.E. Snethlage ergänzte, daß, wenn der individuelle und soziale Gesichtspunkt ebenso illusorisch sei wie die Kausalität einst dem Denken D. Humes erschien – der deshalb die Physik der Psychologie unterordnen wollte – warum dann noch von einer Psychologie als Wissenschaft reden? (1929, S. 171)

§ 6 F.A. Lange als Anreger zu einer Psychologie ohne Gegenstand und Vorläufer der Psychologie als Sozialtechnologie

Als den Gründungsvater des hier zur Diskussion gestellten Typus von objektiver oder positivistischer Psychologie hat L. Pongratz den zu seiner Zeit wohlbekannten Neukantianer F.A. Lange ausgemacht. Lange habe „rund vierzig Jahre vor Pawlow und Watson das Programm einer objektiven Psychologie entworfen."(1984, S. 172 f.) Man kann Langes historische Bedeutung durchaus so auffassen, denn Langes Schlagwort von der „Psychologie ohne Seele" scheint ihn deutlich als Vertreter dieser Richtung auszuzeichnen. Langes inhaltsreiche Kapitel über die mit dem Menschen befaßte Naturwissenschaft des 19. Jahrhunderts in seiner „Geschichte des Materialismus" zeugen von umfassendem Wissen und bedeutender Detailkenntnis. Aber in der Frage des Stellenwertes der wissenschaftlichen Psychologie ist sein Standpunkt pauschal, diffus und rein pragmatisch orientiert. Über die Versuche seines Jahrhunderts, eine naturwissenschaftlich-mathematische Psychologie zu initiieren, bemerkte er:

> Haben wir doch in unserem Jahrhundert nicht nur eine *naturwissenschaftliche* sondern sogar auch eine *mathematische* Psychologie erhalten, und es gibt eine Reihe ganz verständiger und verdienstvoller Leute, welche allen Ernstes glauben, Herbart habe mit seinen Differentialgleichungen die Welt der Vorstellungen so gründlich erkannt wie Kopernikus und Kepler die Welt der Himmelskörper. Das ist nun freilich eine so gründliche Selbsttäuschung wie die Phrenologie, und was die Psychologie als Naturwissenschaft betrifft, so ist mit dieser schönen Bezeichnung ein solcher Unfug getrieben worden, daß man leicht in Gefahr kommen könnte, das Kind mit dem Bade auszuschütten. (Gesch., 2. Bd., S. 818)

Lange scheint der eigentliche Vorläufer des Effizienzgedankens und einer Sozialtechnologie nach den Prämissen des „anything goes" gewesen zu sein, während seine neukantianistische erkenntnistheoretische und wissenschaftstheoretische Position wie diejenige fast aller ihm nachfolgenden Neukantianer der Psychologie mehr Probleme als Klarheit schuf. Avenarius bezeichnete Langes Standpunkt als „naiv", insofern seine Grundbegriffe in naivempirischem Boden wurzelten (a. O., S. 140). Lange, der bemüht war, das Zutreffende des erkenntnistheoretischen und weltanschaulichen Materialismus von seinen schlecht begründeten Positionen zu sondern, wollte vielleicht nicht unbedingt (je nach dem, wo man bei Lange aufschlägt!) die Seele „naturalisieren". Vermutlich rührte sein Schlagwort von der „Psychologie ohne Seele" eher aus der Verlegenheit, nach I. Kants vernichtendem Urteil über die rationale Psychologie und deren zentralen Begriff einer substantiellen Seele, den „Resterscheinungen" ehemaliger Seelenkunde ein wissenschaftlich vertretbares Plätzchen zu bestimmen: „Also nur ruhig eine Psychologie ohne Seele angenommen! es ist doch der Name noch brauchbar, solange es hier irgend etwas zu tun gibt, was nicht von einer anderen Wissenschaft vollständig mit besorgt wird". (A. O., S. 823)

Daneben äußerte Lange freilich Zweifel über die *Eigenständigkeit* der Psychologie als wissenschaftliche Disziplin (S. 840) und vertröstete auf den Erfolg: „In welchem Umfang nun die naturwissenschaftliche Methode auf die Psychologie anwendbar ist, muß sich durch den Erfolg zeigen", (S. 829) in jedem Fall sei zunächst immer die somatische Methode heranzuziehen, insofern der Beachtung der *körperlichen* Erscheinungen der Primat zukäme. Als Gegenstände psychologischer Forschung käme *vielerlei* in Frage; der Sinnespsychophysiologie werden die gleichen Chancen eingeräumt wie einer vergleichenden Völkerpsychologie und der „pragmatischen Anthropologie", wenn man der nach Langes Auffassung verfehlten kantschen transzendentalen Freiheitslehre den Abschied gäbe. Lange appellierte an die ausbaufähigen Verfahrensweisen der Moralstatistik seiner Zeit – unter Streichung moralischer Vorurteile – und sah in ihnen die Bedingung der Möglichkeit einer wissenschaftlichen, *statistisch*-verfahrenden Psychologie gegeben:

> Denn die Moralstatistik richtet den Blick nach außen auf die wirklich meßbaren Fakten des Lebens, während die deutsche Philosophie, trotz ihrer Klarheit über die Nichtigkeit der alten Freiheitslehre, ihren Blick noch immer gern nach innen, auf die Tatsachen des Bewußtseins richtet. Nur mit dem ersteren Verfahren jedoch darf die Wissenschaft hoffen, allmählich Errungenschaften von dauerndem Werte zu bekommen. (S. 847)

Auch dem unbewußten Psychischen soll nach Lange im Hinblick auf Pädagogik, Medizin und Kriminalistik gebührend Rechnung getragen werden, selbst wenn die theoretischen Grundlagen dieses unbewußten Psychischen nicht ausgewiesen werden können, weil mit erheblichen Widersprüchen belastet seien (S. 867 und 888). Die historische Bedeutung der Arbeit Langes ist gewiß nicht gering einzuschätzen; sie wurde viel gelesen, denn sie verschaffte mit ihrem zweiten Band einen einmaligen Überblick über die Wissenschaftssituation und Diskussion des 19. Jahrhunderts. Wenn der wissenschafts*theoretische* Ertrag, der aus ihr zu gewinnen ist, dennoch gering erscheint, so folgt das nicht zuletzt aus der von Lange s.z.s. methodisch eingesetzten Zweideutigkeit, die zu erörternden Phänomene stets sowohl aus der Perspektive des Materialismus wie auch des Idealismus zu rechtfertigen. Auf diese Weise werden aber weder der Idealismus und Materialismus, noch der kantsche Dualismus einer sinnlichen und intelligiblen Welt überwunden.

§ 7 P. Natorp und das Modell einer rekonstruktiv verfahrenden „subjektiven" Psychologie

Als einer der einflußreichsten Neukantianer muß Paul Natorp Erwähnung finden, in dessen Verpflichtung der Bezugnahme auf die Philosophie Kants nun ein unüberhörbar dogmatischer Ton angeschlagen wurde. In der „Einleitung in die Psychologie nach kritischer Methode" gab Natorp zu verstehen, daß er hier nicht etwa Psychologie betreiben, sondern nur einen Weg eröffnen wollte, „auf welchem zur Psychologie überhaupt erst zu gelangen sei." (Vgl. 1888, S. 1). An derselben Stelle ist auch zu lesen, daß er mit dem Beiwort „kritisch" im Titel seiner Schrift seiner Überzeugung Ausdruck verleihen wolle, „dass es einen anderen Weg, über Recht und Unrecht einer ganzen versuchten Wissenschaft [hier der Psychologie] zu entscheiden, nicht gibt, als den von *Kant* gewiesenen." (Ebd.) Und wie soll dieser Weg, den Kant der Psychologie angeblich vorgezeichnet hat, gangbar gemacht werden? Ohne jemals den Namen Brentanos oder Stumpfs zu erwähnen, erging Natorp sich seitenweise in Polemik gegen eine Psychologie, die von psychischen *Akten*, von einer Bewußseins*tätigkeit* und von diversen intentionalen Beziehungen ihren methodologischen Ausgang nehmen wollte. Zu „bodenloser Metaphysik" und „Mythologie" verleite die Annahme von Bewußtseinstätigkeiten, sei also für eine empirische Psychologie nicht tragbar. Nicht mit beziehenden Bewußseins*akten*, (die Natorp als „Bewußt*heit*" bezeichnete) habe die Psychologie es zu tun, sondern einzig und allein in den bewußten *Inhalten* (die Natorp mit „Bewußt*sein*" bezeichnete) liege ihr „Gegenstand" (vgl. a. O., S.19).

Man kann die mit zahlreichen Widersprüchen durchsetzte erkenntnistheoretische Position Natorps, welche die Psychologie mit keinem neuen Gedanken bereicherte, getrost auf sich beruhen lassen. Natorps Kernaussage lief darauf hinaus, die Naturwissenschaft habe es mit „objektiven" wissenschaftlichen und „konstruktiven" Gegenständen, die Psychologie dagegen mit „subjektiven", nichtwissenschaftlichen und „rekonstruktiv" zu erlangenden „Gegenständen" zu tun. Folgendes Zitat dürfte für sich sprechen:

> Mit der Anerkenntnis des eigenthümlichen Rechtes der Subjectivität beginnt die Psychologie. [...] Für die eigentliche Wissenschaft gilt schlechterdings nur das Objectivirbare; für Psychologie hat im Gegenteil nur das Subjective Bedeutung; auch der Anspruch der objectiven Geltung kommt für sie allein in Frage als subjectiver Anspruch, nicht hinsichtlich seines Rechtes oder Unrechtes. (A. O., S.96)

Wenn der Anspruch auf Geltung in der von Natorp verwendeten Bedeutung nur als ein „subjektiver" einzuschätzen ist, in welcher Hinsicht, in welchem Sinne könnte die Psychologie sich dann überhaupt noch als *Wissenschaft* erklären? In einer späteren Schrift läßt Natorp durchblicken, daß er als „eigentliche" Wissenschaft auch nur die *physiologische* Psychologie anerkennen will. Hier erteilte Natorp auf die Frage, wohin es mit der Psychologie kommen könnte und kommen würde, wenn man sie konsequent nach Grundsätzen der kantschen Philosophie bearbeiten würde, die Auskunft:

> Zu sorglicher, methodisch fortschreitender, durch kein metaphysisches Vorurteil beirrter *physiologischer Untersuchung*. Denn darüber hatte ich keinen Zweifel gelassen, dass ich dies für die Hauptaufgabe halte. Was ich im Unterschied davon – da es doch am Ende das Rathsamste ist, Physiologie auch Physiologie zu nennen – mit dem Namen Psychologie bezeichne, ist etwas vergleichsweise nebensächliches". (Vgl. 1893, S. 611)

Also neben der Physiologie und „vergleichsweise nebensächlich" wird jene „rekonstruktive" Psychologie sozusagen als Marginalpsychologie zugelassen, welche sich den „subjektiven" Erscheinungen wie Illusionen, Sinnestäuschungen, Träumen, Wahnsinn und anderem Nichtobjektiven anzunehmen habe (vgl. Natorp, 1888, S. 24, S. 88, S. 96). Eine prompte Antwort auf Natorps Defizitmodell erfolgte durch J. Volkelt, der ihm eine strikte Absage erteilte und zu bedenken gab, „dass es sich in dieser Psychologie um ein unhaltbares Zwitterding handeln werde [...]." (Vgl. Volkelt, 1893, S. 66) Volkelt machte geltend: „Natorp steht gänzlich unter der Herrschaft des Kantschen Vorurteils – ja er treibt es auf die Spitze. [...]

Es ist so, als ob ihm die Vorgänge des Vorstellens, Fühlens, Strebens usw. als eine Art minderwertiger Wirklichkeit wäre [...]". (A O., S.57) Volkelt wies auch darauf hin, daß hinsichtlich dieser Einstellung Natorps zunächst einmal Verwunderung am Platze sei:

> Wenn ein Anhänger des Materialismus oder etwa jener parallelistischen Theorie, die nur maskierter Materialismus ist, derart spräche, so läge kein Grund zur Verwunderung vor. Natorp dagegen ist Kantianer, er weiß und hebt nachdrücklich hervor, dass aus der Voraussetzung des Mechanismus die Bewusstheit, „das seltsame Phänomen, dass überhaupt etwas erscheint", nicht zu erklären ist. [...] Wenn er trotzdem die Aufzeigung der entsprechenden Nerven- und Gehirnvorgänge für eine Erklärung der Bewusstseinserscheinungen hält, so lässt sich das nur daraus verstehen, dass er [...] die Bewusstheit von ihren Inhalten abtrennt und diese so den Anschein gewinnen lässt, als ob sie unter die Naturvorgänge fielen [...].(A. O., S.63)

Mehr noch als Lange huldigte also Natorp, indem er Psychologie auf Physiologie reduzierte, dem von Kant vorgegebenen naturwissenschaftlichen Ideal und trug seinerseits dazu bei, daß eben diese Auffassung in der deutschen Psychologie Fuß fassen konnte. Natorp hätte nicht so ausführlich zu Worte kommen müssen, wenn er nicht einerseits im letzten Jahrzehnt vor der Jahrhundertwende einen starken Einfluß auf Husserl gewonnen und vermutlich zu dessen antipsychologischer Einstellung wesentlich mit beitrug, andererseits in seinen ausführlichen Rezensionen der „Tonpsychologie" Stumpfs, die ihn zwar als einen mit der musikalischen Materie gut Vertrauten auswiesen – Natorp hatte Musik studiert und zeitweilig mit dem Gedanken an eine musikalische Karriere gespielt (vgl. dazu Ollig, 1979, S. 38) – jedoch wiederum die Gelegenheit nutzte, seine Gegnerschaft zum deskriptiv-psychologischen Ansatz der Brentanoschule zur Schau zu stellen, das hieß in diesem Fall, den psychologischen Ansatz Stumpfs an Prämissen der Kantschen Philosophie, insbesondere der „transzendentalen Ästhetik" zu messen (wie die Postulate reiner Raum- und Zeitabschauung), die mit *keiner* empirischen Psychologie und schon gar nicht mit dem phänomenologischen Grundannahmen Stumpfs verträglich waren (vgl. Natorp1886, S. 154 und Natorp 1891, S. 781 ff.).

Natorp soll im Alter die Grundlagen seiner Philosophie völlig revidiert haben; in dieser Spätphilosophie trat an die Stelle des formalen und kitischen Denkens ein positiver, mit stark spekulaliven und religiösen Elementen durchsetzter mystischer Stil. Einer seiner Interpreten deutete diese Wende so, daß „die einst im Neukantianismus gefrorene Seele eines geborenen Musikers [sich] löste und im Erlebnis des Lebens schmolz." (Vgl. Glockner, zit. nach Ollig, 1979, S. 42) Vom Leben hatte die kantsche und neukantianische Philosophie sich allerdings weit genug entfernt, Leben und Erlebnis vielmehr in das Prokrustesbett mathematisch-formaler und physikalischer Begrifflichkeit – dem psychologischen Gegenstand und der Zielsetzung unangemessen, demnach auch ohne Aussicht auf einen echten und bleibenden Erfolg – pressen wollen. Denn wenn das Fortschreiten physikalischen Denkens und der Wissenszuwachs der Physik an der, wenn auch nicht gradlinig verlaufenden Geschichte ihres eigentümlichen Begriffswandels abzulesen ist, so steht nichts dem Vergleichbares für die Wissenschaftsgeschichte der Psychologie zur Verfügung. Der Wandel in der Auffassung von Psychologie als Seelenkunde zur „Psychologie ohne Seele", bietet schlechterdings keine Anhaltspunkte. Woran sollen wir uns halten, wenn allgemeingültige, das heißt allgemeinverpflichtende Gesichtspunkte, Basisbegriffe und Ziele nicht existieren und Jedermann der Psychologie einen anderen Gegenstand, eine andere Forschungsrichtung, eine andere Methode, ein anderes Ziel verschreiben und vorschreiben kann ?

Die geschichtliche Betrachtung der zugegebenermaßen jungen Disziplin sollte vielleicht zunächst in der Tat regressiv oder „rekonstruktiv" in dem Sinne verfahren, daß sie einen *Fixpunkt* erkundet, an dem der Faden zu finden ist, welcher durch das Labyrinth der Auffassungen und Meinungen darüber zu führen vermag, was Psychologie ist und was sie nicht ist, was sie als Wissenschaft zu leisten, was sie nicht zu leisten vermag. Daß dieser Fixpunkt mit der Inthronisierung der transzendentalen Philosophie Kants, in der erstmals unter prinzipiellen Gesichtspunkten über die Daseinsberechtigung der Psychologie als Wissenschaft befunden wurde, identisch sein könnte, dürfte zwanglos aus der Bedeutung rühren, die kantscher Philosophie unter wissenschaftstheoretischen Erwägungen insgesamt für die deutsche Wissenschaftsgeschichte des 19. Jahrhunderts einzuräumen ist.

§ 8 Der Versuch, die Gegenstandsfrage durch Verweis auf die Historizität des Seelischen zu erledigen

Wissenschaftsgeschichte basiert aber nicht allein auf logisch-methodologischen Entwürfen, sondern setzt sich zusammen aus derartigen Vorschlägen und den Reaktionen (Bedürfnissen, Motiven, Interessen) der Adressaten; das bedeutet, daß Geschichte, Wissenschaftsgeschichte wie Kulturgeschichte oder politische Geschichte, ein komplexer Gegenstand mit vielen Facetten ist, die nicht alle berücksichtigt werden können. Dies als ‚Bewußtsein von der Komplexität historischer Forschung' einmal vorausgesetzt, und obschon der Geschichte in diesem Fall keine geringe Aufgabe zugemutet wird, bedarf es meines Erachtens keiner besonderen diesbezüglichen Rechtfertigung, die, wie G. Jüttemann und Mitarbeiter postulieren, in der „Geschichtlichkeit des Seelischen" selbst gegründet und zu suchen wäre. In ausdrücklicher Absetzung gegen den Typus biologischer Erklärung betont G. Jüttemann:

> Indem Seelisches immer nur dem Menschen zukommt und immer einen Formungsvorgang voraussetzt, ‚besitzt' es nicht nur eine historische Dimension, sondern tritt diese Dimension zugleich als die eigentlich humane und die eigentlich konstituierende hervor [...]. Hätte die menschliche Psyche keine historische Dimension, dann könnte für sie nicht der Anspruch erhoben werden, menschliche Psyche zu sein. (1986, S. 1 und 20; vgl. im selben Sinne Jüttemann und Mitarbeiter, 1989)

So tiefsinnig und vielversprechend dieser Ansatz sich gibt, so reizvoll die Ausblicke auf ein selbständiges Gebiet ‚Psychologie' sich darstellen, muß sich die Tragfähigkeit dieser Bestimmung des Psychischen zur Wissenschaft meines Erachtens noch ausweisen. War es nicht die *rein zeitliche* Dimension der psychischen Erscheinungen, die Kant veranlaßte, der Psychologie den Status einer Wissenschaft überhaupt *abzusprechen*? Aber selbst wenn Kants Auffassung vom Zeitlichen als einer eindimensional verlaufenden subjektiven Ordnungsform allzu formalistisch erscheint, verglichen mit der nicht verräumlichten, in der Tiefe der menschlichen Subjektivität wurzelnden Zeitauffassung H. Bergsons (1889/1911) oder gar der „existenzialen" Auffassung der Zeit bei M. Heidegger (1927/1953), ist die wissenschaftliche Verwendbarkeit dieser Ansätze nicht ohne weiteres gegeben. Gewiß ist es sinnvoll und sogar notwendig, wie E. Cassirer überzeugend nachgewiesen hat, die *historische* Zeit von der *objektiven* Zeit, wie sie die mathematische Naturwissenschaft denkt, zu unterscheiden:

> Denn ihr Sinn baut sich für uns nicht lediglich aus dem Rückblick in die Vergangenheit, sondern nicht minder aus dem Vorblick in die Zukunft auf. Er ist gleich sehr auf das Streben und auf die Tat, auf die Tendenz zum Künftigen, wie auf die Betrachtung und Vergegenwärtigung des Vergangenen gestellt. Nur ein wollendes und handelndes, ein in die Zukunft hinausgreifendes und ein die Zukunft kraft seines Willens bestimmendes Wesen kann eine ‚Geschichte' haben, kann von Geschichte *wissen*, weil und insofern es sie ständig erzeugt. (1929/1958, Bd. 3, S. 211)

Die besondere Eigenart des menschlichen Psychischen als ein Geschichte habendes, Geschichte reflektierendes, Geschichte erzeugendes Wesen ist in dieser Auffassung sicher gut getroffen; aber bietet sie auch die Grundlage zu einem wissenschaftlichen Aufbau und Ausbau, oder dient sie wiederum nur als Negativ- und Kontrastbildung zur räumlich-dinglichen Welt, die in *diesem* Sinne freilich keine Geschichte (eigentlich „Historizität"), nämlich *Bewußtsein* ihres Gewordenseins wie ihrer Veränderbarkeit hat? Ist der Einwand Kants schon gegen die *Möglichkeit* einer Psychologie als Wissenschaft beseitigt, der sich ja gerade auf die *bloß* historische Dimension des Psychischen stützte? Die Psychologie könne nie Wissenschaft werden, meinte Kant,

> [...] weil Mathematik auf die Phänomene des inneren Sinnes und ihre Gesetze nicht anwendbar ist [...] die reine innere Anschauung, in welcher die Seelenerscheinungen konstruiert werden sollen, ist die Zeit, die nur eine Dimension hat.[...] Sie [die Psychologie] kann daher niemals etwas mehr als eine historische, und, als solche, so viel als möglich systematische Naturlehre des inneren Sinnes, d. i. eine Naturbeschreibung der Seele, aber nicht Seelenwissenschaft, ja nicht einmal psychologische Experimentallehre werden; [...]. („Metaphysische Anfangsgründe der Naturwissenschaft", 8. Bd., S. 15-16)

Ein tieferes Eingehen auf diesen vermeintlichen oder tatsächlichen Dreh- und Angelpunkt in der Diskussion um die Eigenart und Eigenständigkeit des Psychischen ist vorerst zurückzustellen. Die hier vertretene Auffassung vom Sinn historischer Durchleuchtung der Psychologie ist anspruchsloser und hat sich lediglich das Ziel gesetzt, das ins Stocken geratene Gespräch über Psychologie mit neuen Impulsen zu versehen.

§ 9 Eine anspruchslosere Version von „Geschichte", welche die ahistorische und antiphilosophische Einstellung ihrerseits als historisch-relativ begreift

K.R. Popper erwähnt in seiner „Logik der Forschung", daß zur Klärung und kritischen Prüfung eines Problems nicht nur *eine,* sondern mehrere Methoden zur Verfügung stehen und empfiehlt als eine Variante – die historische Methode:

> Sie besteht einfach darin, daß man versucht herauszufinden, was andere über das vorliegende Problem gedacht und gesagt haben. Das scheint mir ein wesentlicher Schritt in der allgemeinen Methode der rationalen Diskussion zu sein. Denn wenn

wir ignorieren, was andere Leute denken oder gedacht haben, dann muß die rationale Diskussion aufhören, mag auch jeder von uns vergnügt mit sich selbst diskutieren. (Vorwort zur engl. Ausgabe 1971, S. XV-XVI)

Popper empfiehlt diese Methode *Philosophen*, die zu Selbstgesprächen neigen. Aber das Phänomen des drohenden Verständigungskollaps unter den Vertretern verschiedener psychologischer Richtungen und Ansätze dürfte die historische Besinnung auch hier nützlich erscheinen lassen. Freilich ist die historische Betrachtung kein Zauber- oder Wundermittel; und selbst wenn sie der unvoreingenommenen Zuwendung zum Material vorteilhaftere Ausblicke zu bieten vermag als irgendwelche Effizienzvergleiche mit anderen Wissenschaften, hat auch sie ihre Gefahren und Untiefen. Geschichte schreibt sich nicht von selbst, davon zeugen ihre *Lücken*. Eine derartige Lücke ist besonders spürbar zwischen der hochkonjunkturellen Phase psychologischer Diskussion und Reflexion zwischen den Weltkriegen und ihrem in-Vergessenheit-Geraten nach dem Zweiten Weltkrieg. Als in der Kontroverse „Verstehen versus Erklären" die Auseinandersetzung um die logisch-methodologischen Grundlagen der Sozialwissenschaften aufflammte (vgl. Wright, 1974; Stegmüller, 1975; Apel, 1978, Hörmann, 1978), erfolgte meines Wissens nirgendwo der Hinweis, daß die Diskussion bereits in den Jahrzehnten zwischen den Weltkriegen engagiert, kritisch und zum Teil. auf sehr hohem Niveau durchgeführt worden (vgl. Roffenstein und Linke, 1936) und in der Sache auch zu dem Abschluß gelangt war, der sich mit W. Stegmüller auf die kurze Formel bringen ließe:

> Solange man nämlich noch gar nicht weiß, wie die genaue Explikation des naturwissenschaftlichen Erklärungsbegriffs aussehen wird oder ob man diesen Begriff überhaupt preisgeben muß, steht auch nichts zur Verfügung, wogegen man eine Erklärung ‚von anderem Typ' abgrenzen sollte. (1975, S. 106)

Wenn letztere Bemerkungen den inhaltlichen Gesichtspunkt im Auge hatten, dann fällt ein Vergleich englischsprachiger Publikationen zum Thema „Geschichte der Psychologie" mit entsprechenden deutschen Arbeiten der Nachkriegszeit unter rein quantitativen Gesichtspunkten sehr zu ungunsten der deutschen aus. Sich mit der Geschichte der Psychologie zu befassen, wurde lange als minderwertige Forschung eingeschätzt. Allerdings wird Geschichte der Psychologie in Deutschland seit den achtziger Jahren wieder intensiver betrieben und es ist zu hoffen, daß mit Aufhebung *dieser* Sperre auch eine *andere* beseitigt werden wird, nämlich die unsinnigen bis feindseligen Vorbehalte in der Frage der Zusammenarbeit von Psychologie und Philosophie in Deutschland. Was M. Scheler 1922 im Konjunktiv an die Adresse seiner Kollegen wie die der Psychologen äußerte, ist nach dem Krieg leider nicht Wirklichkeit geworden:

> Viel zu wenig beachtet ist innerhalb des engeren Philosophenkreises die ungeheure Befruchtung, die für alle Gebiete der Philosophie von der gegenwärtigen Psycholo-

gie mit Einschluß der Experimentalpsychologie auszugehen vermöchte, wenn ein tieferes Verständnis und eine größere gegenseitige Beachtung ihrer Arbeiten zwischen Philosophen und Psychologen stattfände. (Bd. 7, S. 302)

Scheler hält eine völlige Ablösung der Psychologie von der Philosophie für unmöglich: „Auch die Meinung, es ließe sich eine empirische Psychologie errichten ohne bestimmte erkenntnistheoretische oder metaphysische Überzeugungen [...] hat sich [...] als ganz falsch erwiesen." (Ebd.) Über den theorielosen kruden Empirismus in der Psychologie ist soviel Bedeutsames wie Überflüssiges geschrieben worden wie über die inhaltsleere und unverbindliche Arbeit der Philosophen. Aber wenn die immer noch anstehende, kaum von der Stelle gerückte Grundlagenproblematik in der Frage nach dem Gegenstand der Psychologie einen Schritt voran tun soll, sind Reserven und Verweigerungen, wenn sie nicht bloßen Modetrends folgen, schlechterdings unbegreiflich. W. Traxel mochte Gründe gehabt haben, wenn er 1976 betonte, die Philosophie sei es *nicht*, „auch nicht Erkenntnistheorie und schon gar nicht Metaphysik", die zu Rate zu ziehen seien, „die Psychologie wird gut daran tun, diese Frage in ihre eigene Hand zu nehmen." (In Eberlein, 1976, S. 11)

Sicher wird sie gut daran tun; aber bis heute ist nicht erkennbar, *wie* sie das von ihrem rein wissenschaftsimmanenten Standpunkt leisten kann. Irgendwann einmal müßte das gewiß auch zu begrüßende Stadium kreativer Offenheit nach allen Seiten und „pluralistischer Liberalisierung" (vgl. Herrmann in Schneewind, 1977, S. 55 ff.) doch in eine Phase der Konzentration auf das Wesentliche übergehen. Wenn W. Herzog bemerkt:„Der psychologische Gegenstand ist *bekannt*, aber noch nicht erkannt und muß deshalb per metaphorischer Modelle erst konstruiert werden", (1984, S. 90) dann bleibt immer noch zu fragen, wie sich bei der Konkurrenz so vieler Theorien und Modelle über einen bloßen Konventionalismus hinaus irgendeine Übereinstimmung über *relevante* Modelle erzielen ließe. Ob nun funktionalistisch, strukturalistisch, konstruktivistisch, hermeneutisch oder tiefenhermeneutisch argumentiert wird – die Nichtbestimmung des Gegenstandes wird stets den Eindruck einer Vorläufigkeit hinterlassen und die Rechtmäßigkeit der Disziplin unter wissenschaftstheoretischen Erwägungen mit einem Fragezeichen versehen.

Gegen welches Verbot würde der Versuch, sich der Thematik aus zeitlicher Distanz und mit historischem Zugewinn – vielleicht unter veränderten Zeitzeichen – *und* unter Einbeziehung *auch* philosophischer Überlegungen denn verstoßen? Es ist ja auch keineswegs so, daß „die Philosophie" das Gegenstandsproblem der Psychologie gelöst hätte oder schon per se besser ausgerüstet wäre, dem Dilemma abzuhelfen. *Die* Philosophie als Instanz *der* Wahrheit gibt es nicht; dafür sorgen im philosophischen wie im politischen Diskurs Parteien, Flügelkämpfe, das heißt, ganz unphilosophische Machtansprüche und -positionen.

Die Versuche zur Einkreisung eines Gebiets genuin psychologischer Fragestellung wurden zunächst unter folgenden Gesichtspunkten thematisiert: Die

Idee einer exakt wissenschaftlich verfahrenden Psychologie mit Absage an traditionell der Psyche verbundene Bereiche wie Philosophie, Metaphysik, Religion und Poesie entstand in der 1. Hälfte des 19. Jahrhunderts unter ausdrücklicher Orientierung an den aufblühenden Naturwissenschaften, insbesondere der Physik. Einerseits fungierte die Physik zwar als Vorbild, andererseits rückte das Abgrenzungsproblem einer auf *Eigenständigkeit* zielenden Disziplin in den Vordergrund. Die ‚Realität' des Psychischen mußte definiert werden, sowohl gegen die Philosophie und an sie angrenzende normative Disziplinen als auch gegen das Vorbild Physik und ihr nahestehende Wissenschaften. Abgrenzung schien zunächst nur durch verneinende Aussagen möglich, nämlich durch Vereinbarung darüber, als was die Psychologie (das Psychische) *nicht* oder nicht mehr anzusehen sei. In diesem Sinn schien F.A. Langes Losung von der „Psychologie ohne Seele" zunächst so befreiend gewirkt zu haben, wie G.Th. Fechners Entdeckung einer psychophysischen Fundamentalformel Hoffnung auf die endgültige Befreiung von der Philosophie weckte.

Aber die Verabschiedung des traditionellen Gegenstandes der Psychologie, die jahrtausendelang so bezeichnete Seele, hinterließ in der Diskussion um die wissenschaftliche Fundierung der neuen Disziplin jene eigenartige Verlegenheit, die P. Natorp als die schiere Unfähigkeit charakterisierte, *sich seines eigentlichen Grundproblems überhaupt versichern zu können* – mit der Folge, über Sinn und Wert der bereits reichhaltig vorhandenen *Einzel*ergebnisse keinen *Konsens* herstellen zu können. Über die Effizienz der neuen Wissenschaft konnte also keine Klage geführt werden, und Langes gedämpft-optimistische Prognose, daß immer *irgend etwas* zu tun übrig bliebe, was nicht von einer anderen Wissenschaft mitbesorgt werden könnte, erwies sich als zutreffend.

Die Effizienz stand aber in einem unübersehbaren Kontrast zu Wunsch und Verlegenheit zugleich, die leer gewordene Stelle des einstigen Gegenstandes mit deutlicher Grenzziehung zu anderen Disziplinen wieder zu besetzen und verbindlich zu machen. So problemlos man sich zunächst von den philosophischen, religiösen und mythologischen Inhalten der Seelenlehre getrennt hatte, so kompliziert und kontrovers gestalteten sich jetzt die Bemühungen um die Benennung, Beschreibung und Erfassung allgemein verbindlicher neuer Inhalte. Nur in *einem* Punkt schien weitgehend, wenn auch nicht ausnahmslos Einstimmigkeit zu herrschen: eine Seele im Sinne eines einfachen, unstofflichen, unausgedehnten, immateriellen Wesens, eine geistige *Substanz*, erschien nicht mehr diskutabel.

Unter Verzicht auf die Frage nach Wesen und Sein des Seelischen, also auf die *ontologische* Fragestellung bot sich als Alternative die Akzentverlegung auf den *methodologischen* Forschungsaspekt an, unter den freilich wiederum recht Heterogenes subsumiert werden konnte, zum anderen schien sich die Gegenstandsfrage auf diese Weise nicht erledigen zu lassen, weil, wie inzwischen deutlich geworden ist, alle Methoden ubiquitär sind; die gleichen oder verschiedene Methoden tauchen unter verschiedenen oder gleichen Namen in allen Wissenschaften auf, und der Methodengebrauch richtet sich nur nach dem Reife- und Konsolidierungsstand, den jeweiligen Forschungsstrategien und natürlich nach dem Gegenstandsgebiet der betreffenden Wissenschaft. (Vgl. Geldsetzer, 1979, S. 148)

§ 10 Der Versuch, anstelle der ontologischen und methodologischen Gegen-standsbestimmung die Psychologie von ihrer Zielsetzung her zu begreifen

Auf einem hohen Reflexionsniveau wurde das *Ausweichen* auf die Methode auch nicht akzeptiert. Jonas Cohn, ein Neukantianer der südwestdeutschen Richtung, hat in zwei sachkundigen Beiträgen zum Dilemma „Ontologen versus Methodologen" einen „dritten Weg" zu gehen versucht. Cohns Beiträge sollen die Problematik ein letztes Mal beleuchten, bevor zu ihrer systematischen Inangriffnahme übergegangen wird.

Auch in Cohns erster Abhandlung „Grundfragen der Psychologie" von 1913, die einen exemplarischen Überblick über die Hauptakzente in der Diskussion über den Standort der psychologischen Theoriebildung seiner Zeit gibt, wird die Frage nach dem eigentlichen Gegenstand der Psychologie für zentral angesehen (S. 202). Cohn kritisiert einerseits den ontologischen (seinstheoretischen) Standpunkt, vornehmlich denjenigen J. Rehmkes, und will ihn von epistemologischen (wissenschaftstheoretischen) Gesichtspunkten sondern; andererseits wird nicht klar, was Cohn eigentlich unter ‚wissenschaftstheoretisch' versteht, insofern er die Methode offenbar *nicht* dem wissenschaftstheoretischen Sektor unterstellt sehen will. C. Stumpfs Bemerkung von 1907a:

> Von Methode reden mit besonderer Vorliebe solche, die selbst nicht eine einzige sachliche Untersuchung durchgeführt haben. Durchgreifende Unterschiede in der Methode wurzeln doch zuletzt immer in Unterschieden der Gegenstände[...], (S.4)

stimmte Cohn bedingt zu, schränkt aber dahingehend ein, daß erst (oder zuletzt?) der *Zweck* einer Wissenschaft darüber entscheide, was Gegenstand einer Wissenschaft sei: „ Methodos' kommt von ‚Weg' und ob ein ‚Weg' richtig ist, bestimmt sich aus dem Ziel." (A. O., S. 208) Cohn will den „methodologischen" Gesichtspunkt durch den „teleologischen" ersetzen – wenigstens in der Disziplin Psychologie, denn die Physik ist nach Auffassung des Autors in der glücklichen Lage einer Wissenschaft, welche die Zwecke der Wissenschaft „in sich enthält", während „eben weil die Psychologie sich ihren Weg erst sucht, ist auch ihr Ziel so viel schwieriger zu bestimmen, als das der Physik." (S. 208-209) Die Zielbestimmung, welche die Psychologie sucht, soll ihr von der Philosophie gefunden werden; der „dritte Weg", das Gegenstandsproblem vom Ziel her zu lösen, ist der Philosophie *aufgegeben,* aber noch nicht bestimmt. Eine bloß negative Bestimmung gegen die Physik, wie W. Wundt und die Befürworter des „methodologischen Materialismus" sie vertraten, wird von Cohn abgelehnt, weil diese ja nur erhelle, daß eine positive Zielbestimmung fehle (S. 211).

Cohns Arbeit von 1913 ist ein Beispiel dafür, wie bei subtiler Kenntnis und Analyse der komplexen Situation ein Durchblick kaum zu gewinnen ist, wenn ein eigener Standpunkt fehlt, nur anvisiert ist, aber (noch) nicht deutlich gemacht werden kann. Cohn stellt sich dem ontologischen Problem nicht wirklich, er weicht ihm aus, denn spätestens bei der Behandlung des Ichproblems, das Cohn für ein entscheidendes jedweder Psychologie ausgibt (S. 201), hätte er Farbe bekennen müssen.

Zehn Jahre später geht Cohn die zunächst nur in Aussicht gestellte Lösung nochmals und diesmal energischer an. In seinem Logosaufsatz von 1923 „Über einige Grundfragen der Psychologie" betont er, daß *jede* Wissenschaft durch ihre Grundprobleme mit der Philosophie zusammenhänge:

> Sie lassen sich fruchtbar nur behandeln, wenn man beides, die lebendige Arbeit der Einzelwissenschaft und den philosophischen Zusammenhang im Auge behält. Die beiden hier möglichen Richtungen von der Philosophie zur Einzelwissenschaft und umgekehrt von der Einzelwissenschaft zur Philosophie unterscheiden sich so, daß die erste allein einen begründeten Zusammenhang gewährleistet, die zweite dagegen die Sicherheit bietet, von wirklichen Problemen der Wissenschaft zu reden. Eine vollendete Betrachtung bedarf beider Betrachtungsweisen. (S. 50)

Ausgegangen wird diesmal nicht von der Divergenz ontologischer und methodologischer respektive teleologischer Betrachtungsweisen, sondern der größten Not der Psychologie in ihrem gegenwärtigen Zustande, der Kluft zwischen der experimentell-exakten Forschung und der verstehenden und einfühlenden Seelenkunde. Zwei Erkenntnisarten scheinen sich nun nebeneinander und gegeneinander behaupten zu wollen. Cohn kommt im Vorfeld der komplexen Problematik der vermeintlichen Verstehens-Erklärens-Dichotomie zu dem „dialektischen" Ergebnis, daß „erfassendes Erklären" und „verstehendes Erkennen" in der Psychologie zusammenarbeiten müßten; wie dies zu geschehen habe, könne nur aus dem *Ziel* der Psychologie deutlich werden.

Vorausgesetzt wird, daß eine Wissenschaft sich durch eine ihr adäquate *Aufgabe* von anderen abgrenzen läßt; das geschehe durch den *Vergleich* mit anderen Wissenschaften – hier einmal mit den Körperwissenschaften, zum anderen mit den Kulturwissenschaften. Was ist der realen Festigkeit der Körperwelt einerseits, den idealen Bestimmtheiten der Kulturwissenschaft (z.B. der Geschichte) andererseits entgegenzusetzen? Was kann als „das Zentralgebiet, das sich als Stück oder als Moment der Wirklichkeit aufweisen läßt, und um das sich von dieser Wissenschaft her gesehen, alles gruppieren lässt", (S. 64) angesehen werden? Sind es die Erlebnisse, oder sind die Erlebnisse wie die Quellen in der Geschichtsforschung, nur der *Ausgangspunkt*, nicht jedoch der *Gegenstand* der wissenschaftlichen Psychologie? Cohn verwahrt sich gegen die „naive Verdinglichung" des Psychischen zu „Vermögen" oder zu einem „realen unbewußten Psychischen". Wenn die Erlebnisse als solche zu flüchtig sind, um als Gegenstände gelten zu können, die „verdinglichten" aber zu „objektivistisch", dann muß der Weg zu einem Ziel psychologischer Forschung über die *Negation* und über das zur Methode erhobene dialektische Denken beschritten werden. „Negation", die nach Cohn als ein Mittel *positiver* Erkenntnis verstanden werden soll, treibt dann z.B. das Problem des Selbstbewußtseins als „das Grundproblem aller Psychologie" nach Meinung des Autors zwangsläufig „zu der paradoxen Formulierung: Das Ich ist Gegenstand, indem es sich von allem, was ihm Gegenstand werden kann, unterscheidet."

Also das eigentliche Problem der Psychologie, zu ihrem Gegenstand zu gelangen, wird so gelöst, daß erst *im Denken des Gegenteils* der Gegenstand *als* Gegenstand erkannt wird! Cohn demonstriert dies anhand umstrittener Begriffe wie „Akt", „Objekt". Im Grunde geschieht freilich nichts anderes, als daß die Doppeldeutigkeit psychologischer Termini ausgenutzt wird! „Akt" und „Erlebnis" meinen ja sowohl das psychische Geschehen eines Sehens, Hoffens, Urteilens als auch, sobald die Termini substantiiert werden, den visuellen Gegenstand, die Hoffnung, das Urteil. Wer sich dieser Zweideutigkeit verweigert, kann einmal bestreiten, daß es Akte gibt, ein andermal, daß es sinnvoll ist, von psychischen Inhalten zu sprechen. Den jeweils möglichen Verweigerungen will Cohn mit seiner dialektischen Methode den Weg verlegen. Auf analoge Weise verfährt er mit dem Gegensatzpaar „Individuelles-Allgemeines":

Erleben ist im doppelten Sinne „individuell". Erstlich ist jedes Erleben ein einzelnes; auch wenn ich jetzt einen allgemeinen Satz denke, ist zwar der Sinn des Satzes allgemein, mein Denken aber als Erlebnis einmalig, besonders. Dieses Erlebnis des Denkens kann mit anderen Denkerlebnissen dasselbe meinen, es kann auch mit anderen Ähnlichkeit haben, unter denselben Begriff zu bringen sein – aber es kann nicht mit einem anderen Erlebnis identisch sein. Zweitens aber steht jedes Erlebnis in einem Erlebniszusammenhang, der als solcher individuell ist. Kein Erlebnis ist als Erlebnis aus diesem Zusammenhang in einen anderen überzugehen fähig. Aufgabe der Psychologie ist es, das in diesem doppelten Sinne individuelle Erleben durch allgemeine Be-griffe zu erkennen. (S. 69)

Cohns Behauptung, die Überwindung des Gegensatzes individualisierender und generalisierender Wissenschaften sei ein Gegensatz der *Ziele*, nicht der *Mittel*, ist kühn und dürfte nicht gerade die Antwort sein, die man als Schlichtungsversuch der mannigfaltig heterogenen Schwierigkeiten psychologischer Theoriebildung und psychologischer Methode erwartet hätte. Cohn rekurriert letztlich auf den methodologisch evidenten Unterschied naturwissenschaftlicher Verfahren und einfühlender Verstehensprozesse: Bei ersteren hält sich das Subjekt weitgehend mit seinen persönlichen Eigenarten aus dem Erkenntnisprozeß heraus, betrachtet die Erkenntnisobjekte von außen und gelangt auf diesem Weg zu ihrer gesetzmäßig formalisierbaren Erfassung und technologischen Beherrschung, während jede Art von Verstehen einmal das Subjekt, seine für es charakteristischen Erfahrungs- und Erlebnisbereitschaft respektive -fähigkeiten involviert, zum anderen im Erfassen des Bedeutungsvollen andere Weisen des Begreifens vonnöten sind. Da der Gegenstand der Psychologie aber immer in beiden Betrachtungsweisen, von außen und von innen, gegeben ist, sind beide Prozesse des Erkennens gefordert, erhellt die Besonderheit des einen aber erst aus dem ihm dialektisch gegenüberstehenden Prozeß. Cohn erläutert dies am Stellenwert der Statistik im Kontext psychologischer Forschung:"Wo die Statistik beginnt, tritt verstehendes Erkennen an erfassendes die Führung ab.[...].Aber die Ausdeutung der Statistiken geschieht in der Psychologie durch verstehendes Deuten." (S. 74) In dieses weite Schema lassen sich sodann spezifische Problempunkte der Psychologie – wie die Thematik der Zeitlichkeit des Psychischen, ein unbewußtes Psychisches – einarbeiten, indem der Autor ihnen jeweils einen passenden und reizvollen Gesichtspunkt abzugewinnen vermag. Das unbewußte Psychische wird z.B. in diesem dialektischen Kontext als das den bewußten Akten und Objekten zugrundeliegende „stromhafte Unbewußte" interpretiert:

> Nur in Abhebung gegen Akte und Objekte vermögen wir uns die allgemeine Natur des „Stromes", nur durch Beziehung auf sie die Unterschiede innerhalb des Stromes deutlich zu machen. Ob der Strom jemals ganz für sich existiert, ohne neben sich getrennte Akte zu haben, wissen wir nicht. (S. 83)

Das Resümee des Versuchs einer Zielbestimmung, durch Aufeinanderbeziehung heterogener inhaltlicher und methodischer Aspekte den psychologischen Gegenstand einer ihm a priori unangemessenen Behandlung zu entziehen, lautet:

> Das mitlebende Verstehen ist die der Psychologie zentrale Erkenntnisart, wie die Ungeschiedenheit und was ihr benachbart ist das Zentralgebiet der Psychologie ausmacht. Aber wie miterlebendes Verstehen, um wissenschaftliches Verfahren zu werden, der Stütze am Erfassen und zum Teil auch am sinngeleiteten Verstehen bedarf, so wird ins Zentralgebiet des Seelischen von den Objekten und den Aktzusammenhängen her vorgedrungen. (S. 87)

§ 11 Gegenstand der Psychologie oder Gegenständlichkeit als philosophische Frage

Wenn der Autor mit der Ankündigung, die Vielfalt psychologischer Grundproblematik von der *Ziel*frage her lösen zu wollen, am Ende enttäuscht, indem er als das „Zentralgebiet" psychologischer Forschung die „Ungeschiedenheit" angibt, respektive ihre methodologische „Unselbständigkeit" dadurch glaubt rechtfertigen zu können, daß er auf die *Gegenseitigkeit*, nämlich *prinzipielle* methodologische Abhängigkeit *aller* Wissenschaften voneinander abhebt, so ist das Motive dieser in der Sache etwas dürftigen Auskunft zu respektieren: die Vorsicht bezüglich der Gefahr der Verdinglichung des Psychischen. Ausdrücklich warnt der Autor davor, „die Psychologie unzentral als Wissenschaft von psychischen Objekten aufzufassen", (S. 87) und betont seine Skepsis, allein auf der Ebene der Methodendiskussion eine die Problemlage klärende Antwort finden zu können.

Was die *Sachhaltigkeit* seines Vorschlags anbelangt, kann von einer Lösung wohl keine Rede sein, allenfalls von einem geistreichen Einfall, der sich an Gedanken Kants, Fichtes und Hegels anlehnt. An Kant erinnert die kritische Haltung, die wissenschaftliche Erforschung des Gegenstandes auf das einzuschränken, was wir tatsächlich von ihm wissen können, an Fichte die Setzung des jeweils Nichterlebbaren in dem Korrelationsverhältnis von Ich und Welt, an Hegel die dialektische Methode und die Überschätzung der Negation als methodologisches Werkzeug.

Aber Cohn ist letztlich zu zögerlich, sowohl nach der Seite der Gegenstandsbestimmung durch die Einzelwissenschaft Psychologie als auch nach der Seite der philosophischen Bestimmung von Gegenständlichkeit überhaupt. Weil Cohn unter allen Umständen eine ontologische oder gar substantielle Bestimmung des psychologischen Gegenstandes vermeiden will, gerät ihm der Abstand zwischen den beiden Fragenkomplexen, die zweifellos in einem Zusammenhang stehen, *aber nicht auf derselben Ebene abgehandelt werden können*, zu eng. Schienen die einleitenden Bemerkungen auf eine prinzipielle Aufklärung über das Verhältnis ‚Gegenstand der Psychologie' und ‚Gegenständlichkeit' als philosophische Frage zu deuten, so ermangelt das Resultat gerade einer Klärung *dieses* Verhältnisses. Was Cohn mit seinen, an sich wertvollen Reflexionen schuldig geblieben ist, soll an folgendem Fragenkomplex durchsichtiger gemacht werden und zugleich zu prinzipiellen, wenn auch keineswegs erschöpfenden Überlegungen, die in der Tat weite Bedeutung der Gegenstandsproblematik betreffend, überleiten:

a) Ist die Verschiedenheit der Gegenstände, welche die jeweiligen Wissenschaften charakterisieren, eine ursprüngliche, ihnen immanent erfahrbare, oder

b) rührt sie aus den Erkenntnisinteressen, den Zielsetzungen und umarbeitenden Gesichtspunkten (Betrachtungsweisen) der Wissenschaftler? Oder

c) ist die Bestimmung des Gegenstandes einer jeweiligen Wissenschaft Aufgabe einer höherstufigen Metatheorie („Metapsychologie") und wer legt in diesem Fall die Kriterien der Geltung dieser Metatheorie fest? Oder

d) wird nicht zuletzt die Philosophie als Meta-Metatheorie, als „erste Wissenschaft", als Metaphysik, unabdingbar in der Aufgabe einer „obersten Richterin" benötigt?

Mit der letzten Frage soll keineswegs auch eine Antwort gegeben worden sein; sie weist lediglich auf den Philosophen voraus, der nicht nur den ganzen Kanon betreffend die entscheidenden Fragen gestellt, sondern auch eine Antwort – freilich, den Status der Psychologie als Wissenschaft betreffend, eine abschlägige – erteilt hatte.

Ausnahmslos jede der bislang zur Diskussion gestellten Fragen, Probleme und Schwierigkeiten psychologischer Theoriebildung ist von I. Kant in seinem vorkritischen und kritisch-transzendentalen Werk in der einen oder anderen Weise erörtert worden. Dies zu erwähnen wäre von keiner erheblichen Bedeutung, denn die eminente Einflußnahme kantschen Denkens auf Philosophie und Kultur der vergangenen zweihundert Jahre – in affirmativer wie in kritisch-verwerfender Form – dürfte heute zu den philosophischen Selbstverständlichkeiten zählen.

Aber Kant hatte auch eine Antwort, und zwar eine dezidiert abschlägige bezüglich der Bedingungen der Möglichkeit einer wissenschaftlichen Psychologie, erteilt. Wenn die Frage nach dem Gegenstand der Psychologie nach langen, ergebnislos verlaufenden Bemühungen, diesen Gegenstand positiv zu bestimmen, letztendlich zu der transzendentalen Frage nach den Bedingungen der Möglichkeit von *Gegenständlichkeit überhaupt* erweitert wurde, dann hatte Kant nicht nur eine neue, schulemachende Perspektive philosophischen Denkens eröffnet, sondern auch mit einer Tradition gebrochen, welche von Aristoteles bis D. Hume der Seelenlehre ein zentrales Mitspracherecht bezüglich der Erkundung des Seins, der Erkenntnis, der ethischen Zielsetzung menschlichen Daseins eingeräumt hatte.

Kant hat das Problem des geistigen Seins in eine neue Weise, *es zu denken*, eingebunden; dieser bestimmten transzendentalen Konstellation, also schon der *Formgebung des Problems*, wurde die Möglichkeit einer wissenschaftlichen Psychologie geopfert. Kants abschlägiges Urteil über die wissenschaftliche Psychologie war also nicht die *Folge* transzendentalen Denkens, wie sein Hauptwerk nahelegen könnte, sondern seine Voraussetzung. Die Trennung von Philosophie/Metaphysik einerseits und Philosophie/Psychologie andererseits war keine Forderung, welche erst durch die Pioniere der experimentell-naturwissenschaftlich orientierten Psychologie des 19. Jahrhunderts erhoben wurde, sondern schon von Kant vorformuliert worden. Mit der Verneinung einer wissenschaftlichen Psychologie hatte Kant sich auch nicht nur an die *rationale* Psychologie metaphysisch-ontologischer Provenienz adressiert, sondern Kant verwahrte sich gegen *jede*, expressis verbis gegen eine *naturwissenschaftliche* Psychologie.

Kants transzendentaler und kritischer Weg zu objektiver Forschung, die im 19. Jahrhundert ja auf breiter Ebene akzeptiert wurde, hätte die Psychologie eigentlich, und zwar in jeglicher Form „ruinieren" müssen (vgl. dazu Politzer, 1928/1978, S. 31); statt dessen entstand jedoch paradoxerweise und durchaus im Rahmen des kantschen Wissenschaftsverständnisses eine Psychologie, die sich ihren Gegenstand s.z.s. „mit Kant an Kant vorbei" zu bestimmen suchte. Dieses Paradox, welches einerseits die gesamte theoretische Diskussion über die psychologische Gegenstandsbestimmung verdunkelte und belastete, andererseits Denkweisen, die sich ausdrücklich nicht dem Wissenschaftsverständnis Kants unterwarfen, den Weg verstellte, soll im folgenden durchsichtiger gemacht werden.

Zunächst wird versucht, der Struktur der Begründung transzendentaler Philosophie soweit, und *nur* soweit, zu rekonstruieren, als in ihre Konstituenten psychologische Bestimmungen miteingingen. Der Akzent liegt aber nicht auf der traditionellen Gewichtung des tatsächlich vorhandenen psychologischen Gedankenguts in der transzendentalen Philosophie, weil dies voraussetzen würde, daß Psychologie als Wissenschaft bereits etabliert gewesen wäre und damit hinter Kants Frage nach der Bedingung der Möglichkeit von Wissenschaft überhaupt zurückgegangen würde. Nicht Psychologie als Wissenschaft war etabliert, wohl aber – und zwar seit der Philosophie Descartes – die Frage nach dem Stellenwert psychologischer Reflexion und psychologischer Wissensgewinnung erhoben worden; daß sie nach kantschen Prämissen wieder zurückgedrängt werden sollte, folgt aus Kants spezifischer transzendentaler Fragestellung.

Es liegt in der Eigenart transzendentaler Philosophie, daß sie die Rechtmäßigkeit ihres Anspruchs nicht durch Auseinandersetzung mit dem Vorgefundenen und durch Adressieren an namentlich genannte Kontrahenten – hier die Philosophie Descartes, ihre Schulbildung wie Kritik in der französischen, englischen und deutschen Philosophie des 18. Jahrhunderts – verteidigte, sondern dies durch eine radikale Neuformulierung der Frage nach dem *Notwendigkeitscharakter der Gegenstandserkenntnis* mit allen Implikationen für das Nichtwissbare oder vom Wissen Auszuschließende leisten will. Schon in der Konzentration auf diese Frage lag die Eliminierung einer Psychologie als Wissenschaft, weil sie sich von vornherein in *dieser* Frage *als* Psychologie für nicht zuständig und nicht kompetent deklarieren mußte, *insofern Kant ihr einen Gegenstand schlechterdings absprach.*

Freilich hatte die Frage nach dem Rechtsanspruch der Gegenstandserkenntnis eine Vorgeschichte; wenn Kant auf diese Geschichte nur Streiflichter fallen ließ, dürfte das einmal aus seiner Auffassung rühren, daß aus der Geschichte nichts zu lernen ist, zum anderen mit seinem konstruktivistischen Wissenschaftsverständnis, in dem Psychologie keinen Platz haben sollte, in Zusammenhang stehen. Dies soll im folgenden erläutert werden.

Die Intention kann freilich keine vollständige „rationale Rekonstruktion" transzendentaler Philosophie sein; es wird auf einige Kernpunkte hinzuarbeiten sein, die im Rahmen der von Kant konzipierten „Selbstverständigung der Vernunft" (vgl. Cassirer, 1920/1974, S. 1) zunächst für die Auffassung der Gegenstandsbestimmung, sodann für die Leistungsfähigkeit einer wissenschaftlichen Psychologie von einschneidender und prinzipieller Bedeutung waren.

2. KAPITEL: GEGENSTÄNDLICHKEIT

Die Bedingungen a priori einer möglichen Erfahrung überhaupt sind zugleich Bedingungen der Möglichkeit der Gegenstände der Erfahrung. (Kant, Kritik der reinen Vernunft, A 111)

§ 1 Die Ubiquität des Psychischen in der Korrelation von auffassendem Subjekt und entgegenstehender Welt

Aristoteles umschreibt in der ersten großen Monographie über die Seele den Standort der Seele als einen fundamentalen: „Denn die Seele ist gewissermaßen der Grund der Lebewesen." (De Anima, 402 a 6-7) Aristoteles erwähnt aber auch sogleich die Schwierigkeiten, die infolge der Ubiquität des Seelischen mit einer Wissenschaft von der Seele verbunden sein müssen: „Ganz im allgemeinen gehört es zum Schwierigsten, eine feste Meinung über sie [die Seele] zu gewinnen." (402 a 11-12) Denn die Seele ist der Fokus für Selbst- und Welterkenntnis, für die Auffassung der Affektionen, die aus ihr selbst rühren und für die Reize, welche ihr von anderen Lebewesen und von der Welt zukommen. Dies könnte so ausgelegt werden, als gäbe es, an diesem Zentralpunkt *beginnend*, auch nur *ein* Verfahren für die gesamte Seinserkenntnis und nur *einen* Nachweis für die sie begleitenden Eigentümlichkeiten. Sollte es dieses einheitliche Verfahren in der Erforschung des Seienden aber nicht geben, dann würde die Untersuchung sich schwieriger gestalten, weil nämlich für jedes Gebiet ein besonderes Verfahren festgelegt werden müßte. Da nun unser Geist über verschiedene Prinzipien für unterschiedliche Dinge verfügt, sind sofort auch Zweifelsfragen und Bedenken aufgegeben, von welchem Punkt aus die Untersuchung zu führen sei. Ohne tiefer in die unerschöpfliche Lehre des Aristoteles eindringen zu wollen, machen seine einleitenden Worte deutlich, daß die Frage nach dem Gegenstand, dem *Wesen* des Seienden, der Seele und ihrer Erkenntnisvermögen, so alt ist wie die Philosophie selbst.

Die Frage nach dem Gegenstand ist also nicht erst von der zu einer neuen empirischen Disziplin sich sammelnden Psychologie erörtert und zu einem vordringlichen Erkenntnisproblem gemacht worden; sie wurde vielmehr in einem viel umfassenderen Rahmen als *die* Grundfrage der Philosophie überhaupt ausgewiesen (vgl. dazu Hönigswald, 1931/1982, S. 355 ff.). Diesen zentralen Stellenwert, den die Gegenstandsfrage, wenngleich in einem weiteren Sinne als dem von Kant verwendeten, in der Philosophie immer schon hatte – spätestens seit der aristotelischen Grundfrage nach dem Wesen des Seins – hat sie bis heute behalten. Wenn sie schließlich durch die transzendentallogische Version Kants abgelöst und dahingehend akzentuiert wurde, daß jetzt vornehmlich das *Konstitutions*verhältnis, die Korrelation zwischen auffassendem Subjekt und erfaßtem Gegenstand zur Diskussion gestellt wurde, dann hat sie sich in einer derzeitigen Variante von Philosophie noch immer nicht erledigt. In dieser philosophischen Richtung, die sich als Gegenentwurf sowohl zu aristotelisch-ontologischen wie auch zu tranzendentalphilosophischen Positionen begreift, indem sie die Frage nach dem Sein wie die nach den fundamentalen, fundierenden, apriorischen Bedingungen der Seins- und Gegenstandserkenntnis auf die Frage nach dem Verstehen von Sätzen, in denen sich das jeweilige Verständnis zur Sprache bringt, überleiten will, hat die Theorie der Gegenständlichkeit wie die Frage nach der Möglichkeit der Erkennbarkeit und Identifizierung von Einzeldingen, noch immer nicht an Brisanz verloren (vgl. hierzu Tugendhat, 1976, 1983). Bei allen Umwendungen der philosophischen Blickrichtung und Betrachtungsweise kehrte die Frage nach Sein und Erkenntnis der Gegenstände wie die Frage nach dem Wesen von Gegenständlichkeit überhaupt stets wieder.

§ 2 Transzendentale Bestimmung von Gegenständlichkeit im Verhältnis sinnlicher Perzeption und begrifflicher Konstruktion

In die diesbezüglichen ontologischen, metaphysischen und transzendentalphilosophischen Erörterungen wurden psychologische Überlegungen stets miteinbezogen. Im Hinblick auf die Konstituierungsphase der wissenschaftlichen Psychologie in der 2. Hälfte des 19. Jahrhunderts beanspruchte die Philosophie Kants einen herausragenden Stellenwert. Dies folgte nicht allein aus historischen Erwägungen, das heißt der generellen Wiederbelebung kantscher Philosophie in der 2. Hälfte des 19. Jahrhunderts; daß der sich zu dieser Zeit formierende Neukantianismus, der es sich zur Aufgabe gemacht hatte, das nach dem Tode Kants nahezu in Vergessenheit geratene Werk zu rehabilitieren und seine Aktualität ins rechte Licht zu rücken, in beträchtlichem Ausmaß an der Diskussion über die theoretischen Grundlagen der Psychologie beteiligt war, ist kein Zufall. Gerade Kants Philosophie, insbesondere sein auf dem Hintergrund einer kritischen Metaphysik erarbeitetes Wissenschaftsverständnis, hat über das Schicksal der Psychologie mitentschieden und bis in die heutige Zeit fortgewirkt, wenn auch auf eine zum Teil paradoxe Weise.

Gemessen an der Tiefe und Weite der Philosophie Kants mag sein abschlägiges Urteil über die Möglichkeit einer wissenschaftlichen Psychologie von untergeordneter Bedeutung erscheinen. Daß ihm in diesem Kontext eine zentrale Bedeutung beizumessen ist, läßt sich unmittelbar an folgender Paradoxie festmachen: Kant hatte nämlich nicht nur eine wissenschaftliche, expressis verbis *naturwissenschaftliche* Psychologie kategorisch aus dem Kanon der Wissenschaften ausgeschlossen, *bevor überhaupt jemand an eine derartige Psychologie dachte,* sondern die Psychologie, und zwar dezidiert als naturwissenschaftliche und objektive Psychologie, konstituierte sich um 1860 gerade auf dem Boden kantscher Methodologie und unter ausdrücklicher Berufung auf Kant. Hierbei dürften auch Mißverständnisse und Verkürzungen der Intentionen Kants eine Rolle gespielt haben wie die Reduzierung der transzendentalen und kritischen Philosophie auf Wissenschaftstheorie, Erkenntnistheorie oder gar Erkenntnispsychologie – häufig unter Vernachlässigung der ethischen Relevanz des kantschen Werks. Aber die angedeutete Entwicklung hatte auch einen soliden Kern in genuin kantschem Gedankengut, wie später auszuführen ist. Daß es sich auch nicht um eine vorübergehende Mode handelte, erhellt aus dem Stellenwert, der heute den Arbeiten J. Piagets beigemessen wird, der Kant noch hundert Jahre später „als den Vater von uns allen" (vgl. Piaget, 1965/1985, S. 271) bezeichnete.

Kants Einflußnahme auf die Diskussion und Etablierung einer wissenschaftlichen Psychologie war aus ganz fundamentalen Erwägungen heraus so bedeutungsvoll wie zwiespältig. Denn einmal sah Kant in der Gegenstandsproblematik überhaupt „den Schlüssel zu dem Geheimnisse der bis dahin sich selbst noch mißverstehenden Metaphysik", wie er in einem Brief an M. Herz von Juni 1771 bemerkte (zit. bei Cassirer, 1977, S. 131), offenbar in der Absicht, dieses Geheimnis aus einer radikal neuen erkenntnistheoretischen Perspektive heraus einer Aufklärung zuzuführen; zum anderen wollte Kant aus Gründen, die später darzustellen sind, eine genetisch-psychologisch verfahrende Mitsprache in dieser philosophischen Zentralfrage ein für allemal eliminieren. Dies wird an einer Stelle des Hauptwerkes, in der „Kritik der reinen Vernunft", zehn Jahre nach dem Datum der erwähnten Briefstelle recht schroff zum Ausdruck gebracht:

> [...] die *empirische Psychologie*, welche von jeher ihren Platz in der Metaphysik behauptet hat, und von welcher man in unseren Zeiten so große Dinge zur Aufklärung derselben erwartet hat [...] muß [...] aus der Metaphysik gänzlich verbannet sein, und ist schon durch die Idee derselben davon gänzlich ausgeschlossen. (KrV, B 877, 4, S. 707)

Wenn Kant im Brief an Herz die ihn vor allen bewegende Frage so formulierte: „Ich frug mich nämlich selbst: auf welchem Grunde beruht die Beziehung desjenigen, was man in uns Vorstellung nennt, auf den Gegenstand [...]", (zit. nach Cassirer, a. O., S. 136) so wird im selben Brief auch das Problem der *Erzeugung* der *Vorstellung* und die Frage nach den Bedingungen der Möglichkeit der *Übereinstimmung* unserer (subjektiven) Vorstellungen mit den äußeren Wahrnehmungsdingen angesprochen; ebenso die Gründe in Erwägung gezogen, warum dieses Problem nicht durch die empirische Psychologie gelöst werden kann.

Die Einsicht, daß die Erklärung unserer Erkenntnisbedingungen letztendlich nicht über die Analyse unserer Bewußtseinserlebnisse hinauszureichen vermag, weil jede äußere Gegenstandserkenntnis durch das auffassende Bewußtsein hindurchgehen und also durch es vermittelt werden muß, war zu dieser

Zeit als selbstverständlich akzeptiert. Aber sind wir darum ausschließlich auf die Analyse unseres Bewußtseins angewiesen und auf es eingeschränkt, wie sowohl die rationalistische Philosophie Leibniz' als auch die empirisch-psychologische Richtung der englischen Philosophen in der Nachfolge Descartes, wenn auch mit unterschiedlichen Konsequenzen für Wissenschaftsauffassung und Weltanschauung, zu fordern scheinen? Deren Standpunkte konnten Kant aber nicht genügen, der zutiefst von der großartigen naturwissenschaftlichen Leistung Newtons beeindruckt und nicht weniger überzeugt von der Wahrheit und Geltung physikalischen Wissens war. Wie immer dieses Wissen mit einer der Welt immanenten Ordnung und Gesetzmäßigkeit zusammenhängen mochte oder durch eine von Gott gegebene „prästabilierte Harmonie" erklärt werden sollte, war es für Kant einerseits stets von großer Wichtigkeit, den Primat naturwissenschaftlichen Wissens zu sichern; andererseits hatten jedoch Humes scharfsinnige skeptische Einwände bezüglich der *logischen* Stringenz der newtonschen Theorie der Mechanik, die zentrale methodologische Bedeutung des Kausalitätsbegriffs betreffend, ebenfalls einen nachhaltigen Eindruck hinterlassen, dem Kant in den „Prolegomena" folgendermaßen Ausdruck verlieh:

> Seit *Lockes* und *Leibnizens* Versuchen, oder vielmehr seit dem Entstehen der Metaphysik, so weit die Geschichte derselben reicht, hat sich keine Begebenheit zugetragen, die in Ansehung des Schicksals dieser Wissenschaft hätte entscheidender werden können, als der Angriff, den *David Hume* auf dieselbe machte.[...] Ich gestehe es frei: die Erinnerung des *David Hume* war eben dasjenige, was mir vor vielen Jahren den dogmatischen Schlummer unterbrach, und meinen Untersuchungen im Felde der spekulativen Philosophie eine ganz andre Richtung gab. (Bd. 5, S. 115 und S. 118)

Kant sah das menschliche Erkenntnisvermögen in der problematischen Zwischenstellung zwischen sinnlicher Perzeption und logisch-begrifflicher Konstruktion der Gegenstände und überspitzte diese Zwischenstellung zur Dichotomie eines rein empfangenden, passiv abbildenden „intellectus ectypus" und eines schöpferisch-göttlichen „intellectus ectypus" (vgl. dazu Cassirer, a. O. S. 127). In dieser Dramatisierung der sinnlichen und begrifflichen Anteile der Erkenntnis wird der psychologisch-genetische Standpunkt Lockes und Humes, der das Begrifflich-Logisch-Ideale weitgehend aus sinnlichen Eindrücken der inneren Erlebnisse abstrahieren will, fragwürdig gemacht: Reine Verstandesbegriffe, wie die mathematische Wissenschaft sie durch Setzung idealer Gegenstände verwendet, können nicht aus sinnlichen Eindrücken abgeleitet worden sein.

§ 3 Die transzendentale Frage nach dem Sinn des Begriffs ‚Gegenstand' und der Beschaffenheit unserer Urteile

Im Kontext derartiger Überlegungen kündigte Kant die epochale transzendentale Wende an, die seine Idee von Metaphysik verwirklichen sollte, nämlich zukünftig überhaupt nicht mehr von der Erforschung der *Dinge* auszugehen, sondern zuerst nach Sinn und Bedeutungsinhalt der *Begriffe* ‚Gegenstand', ‚Erkenntnis', ‚Erfahrung' zu fragen; nicht das So-sein des Gegenstandes, sondern die Beschaffenheit des Gegenstands*urteils* zum Thema zu machen; nicht ein Ganzes von Dingen sondern von Erkenntnis*arten* zu erkunden, die den gesamten Horizont menschlicher Erkenntnis – das logische wie das ethische und ästhetische Erkennen – nach ihren für die jeweilige Erkenntnis*art* konstitutiven, apriorischen Elementen ausleuchten sollten. Dieses gigantische Programm einer transzendentalen und kritischen Philosophie setzte sich also das Ziel, sowohl die obersten fundierenden, apriorischen Konstituenten aller Erkenntnisarten und deren allgemeine *Geltung* nachzuweisen, wie auch die *Grenzen* der jeweiligen Erkenntnisarten gegeneinander festzuschreiben „Ich nenne alle Erkenntnis *transzendental*, die sich nicht sowohl mit Gegenständen, sondern mit *unserer Erkenntnisart* von Gegenständen, *so fern* diese apriori *möglich sein soll*, überhaupt beschäftigt." (Einl., KrV, B 26)

Die Aufforderung, transzendental zu denken, implizierte einerseits von den Dingen abzusehen, andererseits Erkenntnisarten zu sondern, jedoch ihren Bezug zu Gegenständen nicht aus den Augen zu verlieren und zugleich über die Möglichkeit der Sicherstellung eines vor aller Erfahrung gewissen Wissens zu reflektieren. Ein solches Wissen mußte sich zusammensetzen

a) aus logisch-notwendigen Komponenten,

b) aus erfahrungskonstitutiven, zugleich erfahrungsunabhängigen Bestandteilen.

In kantscher Sprache ausgedrückt: Neben der logisch-mathematischen Erkenntnis, die wahr ist, aber bloß formale Notwendigkeit garantiert und der Erkenntnis der Sachen, die uns Aufschlüsse über die Wirklichkeit vermittelt, aber nicht notwendig-wahr ist, ist eine *dritte* Klasse von Urteilen zu gewinnen, welche die Notwendigkeit logisch-evidenter mit der Möglichkeit apriorischer Aussagen über die Wirkungsweisen und Beschaffenheiten der Gegenstände zu vermitteln vermag. Daß es die fraglichen „synthetischen Urteile a priori" im Bereich menschlicher Erkenntnis wirklich gibt, war nach Kant „leicht zu zeigen" (KrV, B 5): Alle Grundsätze (Axiome) der Mathematik, aber auch die für die Naturwissenschaft zentralen Grundsätze der Kausalrelation und des Erhaltungssatzes, daß alle Veränderung eine Ursache habe, und daß die Substanz bei allen Veränderungen beharre, gehörten in diese Rubrik. Wenn Kant diesen „reinen Gebrauch unseres Erkenntnisvermögens als Tatsache". (B 6) hinstellt und den prominentesten Kritiker des Apriontäts- und Notwendigkeitsstandpunktes in der Frage der Kausalität, Hume, an derselben Stelle in einem Nebensatz abtat, ist dies ein Beispiel dafür, wie transzendentales Philosophieren mit den Ergebnissen der Wissenschaftsgeschichte verfuhr.

Das Dilemma des Kausalitätsbegriffs, und zwar genau unter dem Vorzeichen, mit dem Hume es versehen hatte, ist bis heute unerledigt, und Kant hat, was diesen Schachzug gegen den Kontrahenten anbelangt, offenbar die Partie verloren: „Es war das bedeutsamste Verdienste von D. Hume, den Begriff der Notwendigkeit aus dem Kausalbegriff eliminiert zu haben [...]", bemerkte W. Stegmüller (1974, S. 13) und fuhr fort:

> Es nutzt natürlich auch gar nichts, wenn man so wie Kant den Begriff der Ursache (oder das Verhältnis Ursache-Wirkung) für eine apriorische Kategorie erklärt; denn auch Kant hat niemals gesagt, was er unter einer Ursache versteht, so daß man die Frage, ob es sich dabei um etwas Apriorisches handelt oder nicht, vorerst gar nicht diskutieren kann. (A. O., S. 5)

Die „leichte" Entdeckung elf weiterer „reiner Stammbegriffe des Verstandes", die Kant zusammen mit dem Kausalitätsbegriff aus der aristotelischen Logik entwickelte, sie sodann mit den sinnlichen Konstituenten der Erfahrungswirklichkeit in Beziehung setzte, kontrastierte mit der Schwierigkeit ihrer Begründung (Deduktion) und ihrem Relevanznachweis im philosophischen Gebrauch. Als „das Schwerste, das jemals zum Behufe der Metaphysik unternommen werden konnte", wird die Deduktion der Kategorien in den zwei Jahre nach der „Kritik der reinen Vernunft" verfaßten „Prolegomena zu einer jeden künftigen Metaphysik" charakterisiert (Bd. 5, S. 119): War das eigentliche Geheimnis metaphysischer Erkenntnis 1871 an dem Problem der Beziehung von Vorstellung und Gegenstand festgemacht worden, hatte es sich zehn Jahre später in dem fertiggestellten Hauptwerk in die „Hauptfrage" verwandelt: „[...] was und wie viel kann Verstand und Vernunft, frei von aller Erfahrung, erkennen," (A, XVII) oder in der klassischen Ausdrucksweise: *"Wie sind synthetische Urteile a priori möglich?"* (B 20)

Dem neugewonnenen Standpunkt folgte dann die dezidierte Absage an die Psychologie, hier namentlich die Psychologie J. Lockes. Deren „Hauptfrage" im Rahmen einer „Physiologie des Verstandes": „wie ist *das Vermögen* zu denken selbst möglich?", wird abgewiesen, weil ihr Standpunkt „aus dem Pöbel der gemeinen Erfahrung abgeleitet wurde", (A X) und also keine *Notwendigkeit* für ihre Ergebnisse vorweisen kann. Mit diesem einerseits verkürzenden, andererseits die Ambivalenz des lockeschen Standpunktes nicht berücksichtigenden Urteil über Lockes Psychologie hatte Kant den Grundstein gelegt für jegliche nach ihm auftretende Psychologismuskritik: Die Frage nach dem Wesen der Urteile und die Frage nach dem (alltäglichen) Denkvermögen sind zukünftig auf unterschiedlichen Ebenen anzusiedeln.

Zwischen den beiden zentralen Polen – der Frage nach der Beziehung von Vorstellung (in uns) und Gegenstand (außer uns) und der Hauptfrage nach der Bedingung der Möglichkeit reiner, erfahrungsunabhängiger Urteile (Begriffe,

Erkenntnisse) – liegt die Entdeckung der Heterogenität der beiden Erkenntnisquellen, die für transzendentales Denken zentrale Sonderung des Sinnlichen als ‚niederes' Erkenntnisvermögen von der begrifflich-intellektuellen Erkenntnis als ‚höheres' Vermögen, die ihrerseits unter den Leitgedanken gestellt wird, die erfahrungskonstitutiven und apriorischen Bestandteile der sinnlichen Auffassung aus dem *gewöhnlichen* Material des Wahrnehmungsprozesses zu eliminieren. (Erstmals in der Dissertation von 1770 „Von der Form der Sinnen- und Verstandeswelt und ihren Gründen" öffentlich gemacht)

Was *diese* Sonderung betrifft, hätte eigentlich der psychologischen Analyse die größere Bedeutung beifallen müssen, da auch die Denkresultate des „gemeinen Mannes" auf der Basis der *sinnlichen* Erfahrungen oder Erfassung gewonnen werden. Aber nicht die Psychologie, sondern die Mathematik stellte für Kant das Fundament bereit, das Erfahrungsunabhängige der sinnlichen Wahrnehmung, nämlich die raum-zeitlichen Grundlagen der Größenverhältnisse, zum apriorischen Bestand der sinnlichen Erkenntnis zu nominieren. Demnach sind die eigentlichen Paten, die Kant bei der Geburt der transzendentalen Philosophie zur Seite standen, Logik und Mathematik. In diesem Kontext wird der Psychologie die Aufgabe überlassen, sich mit den *Zuständen* zu befassen, die dem eigentlichen Denken und Erkennen *hinderlich* sind wie beispielsweise mangelnde Aufmerksamkeit und andere Ursachen von Irrtümern, Skepsis, Skrupeln (B 97); hier wird Psychologie erstmals als *Defizienz-* und *Marginaldisziplin* artikuliert, als die sie der Neukantianer P. Natorp wiederum durchzusetzen suchte (vgl. dazu Natorp, 1888).

§ 4 Zeit und Raum als erfahrungs- und gegenstandsunabhängige reine Anschauungsformen

Der neue transzendentale Standpunkt in der Gegenstandsproblematik bedeutete freilich nicht weniger als eine Revolution und Umkehr der zweitausend Jahre durchgehaltenen traditionellen Erkenntnisbasis, die Kant schließlich in der Vorrede zur 2. Auflage der „Kritik der reinen Vernunft" mit der kopernikanischen Wende des geozentrischen zum heliozentrischen Weltbild verglich. War man bis zu Kant davon ausgegangen, daß unsere Erkenntnis sich doch irgendwie nach der Beschaffenheit der Gegenstände zu richten habe, so schlug Kant vor, fortan die Gegenstände sich nach der Beschaffenheit unseres Anschauungs- und Auffassungsvermögens richten zu lassen (vgl. KrV, B XVI), allerdings mit dem immer wiederholten nachdrücklichen Hinweis darauf, daß unsere Erkenntnis es prinzipiell nicht mit „Dingen an sich", wie sie abgesehen von unseren Perzeptionen in einer außerhalb von uns und wie immer gestalteten Welt beschaffen sein mögen, sondern daß sie es ‚nur' mit quasi-räumlichen Erscheinungen in unserem Gemüt zu tun hätte.

Dies hatte wiederum zur Folge, daß Kant in dem traditionellen Streit über das Wesen des Raumes (Leibniz versus Newton) mit Leibniz das an-sich-Sein des Raumes verneinte und den Raum für eine apriorische Struktur des menschlichen Auffassungsvermögens erklärte. Analoges sollte für die Zeit gelten.

Kant bestritt also einerseits, daß Raum und Zeit „wirkliche Wesen" seien, auch daß sie Verhältnisse zum Ausdruck brächten, die den *Dingen* anhafteten; nur als Anschauungs*formen* sollten sie „wirklich" sein; andererseits sollte das Wirkliche dieser Formen *in unserem Gemüt* ausreichen, um den Erscheinungen den abfälligen Terminus des bloßen *Scheins* zu benehmen. Kant verneinte fernerhin, daß Raum und Zeit (als Formen) empirisch abgeleitet und mit *Begriffen* auf eine Stufe gestellt werden könnten. Da Raum- und Zeitform aller Auffassung der Erscheinungen *voraufgehen* müßten, wenn Erfahrung überhaupt zustande kommen soll, könnten sie nicht begrifflich aus der Erfahrung *abstrahiert* worden sein (vgl. KrV, B 33 ff.). Kant nannte Raum und Zeit „apriorische Formen" und unterschied sie wiederum von dem *Materialen*, dem Stoff, der Empfindung oder „Affektion" in der sinnlichen Auffassung (wie Farbe, Ton, Geruch etc.). Für alle Empfindungen als Sinneserlebnisse sei die raum-zeitliche Auffassung konstitutiv und mache sie auf diese Weise zu wirklichen Erscheinungen (Wahrnehmungen). Soll die sinnliche Anschauung aber zur *Erkenntnis* werden, dann muß die andere Quelle der Gegenstandserfassung, der Verstand als das nicht-sinnliche Vermögen, zugleich mit in Funktion treten. Kant definierte den Verstand „überhaupt als ein *Vermögen zu urteilen*.[...] Denn er ist [...] ein Vermögen zu denken. Denken ist das Erkenntnis durch Begriffe." (B 94)

Im Bereich des Denkens, der Urteilssynthesen mittels Begriffe, sind die *reinen*, apriorisch-notwendigen Begriffe und Urteile ausfindig zu machen und für eine Theorie der Gegenständlichkeit als konstitutiv nachzuweisen. Soll echte Erfahrung zustande kommen, dann müssen beide Vermögen, sinnliche und begriffliche Erfassung, stets zusammenwirken. „Gedanken ohne Inhalt sind leer, Anschauungen ohne Begriffe sind blind." (B 76) Wenn Kant in der *Analyse* der Erkenntnis von Gegenständlichkeit stets das Diverse der beiden „Stämme" oder „Quellen", nämlich Sinnlichkeit und Verstand, betonte, die im *faktischen Vollzug* freilich unabdingbar *zusammen*wirken müßten, dann verwahrte er sich einmal gegen den rationalistischen Standpunkt von Descartes, welcher nur einen *graduellen*, keinen prinzipiellen Unterschied des sinnlichen und noetischen Bewußtseins, also dunkler und klarer Vorstellungen postulierte; zum anderen kämpfte Kant gegen die empiristische Position Lockes und Humes, die das Begriffliche aus den sinnlichen Eindrücken *herleiten* wollte. Kants zwischen beiden Positionen *vermittelnde* Stellung läßt sich auf folgende klassifizierende Formel bringen: Die Vorstellungen im Gemüt können unter Berücksichtigung ihrer formalen und materialen, apriorischen und aposteriorischen Anteile differenziert und klassifiziert werden einerseits in solche des *in-*

neren und des *äußeren* Sinnes, andererseits in solche, die einer das individuell-subjektive Vorstellungsleben transzendierender *Regelmäßigkeit* unterstehen und in solche, für die das *keine* Geltung haben soll, die aber darum nicht *nichts* oder bloßer Schein sind; von Wichtigkeit ist, daß wir sie von den zuvorgenannten *unterscheiden* können.

Kants Lösungsvorschlag, der das *Wesen* der Dinge unbefragt lassen (wir erkennen keine „Dinge an sich"), an der *Realität* ihres Daseins aber nicht gerüttelt sehen wollte (die Erscheinungen sind nicht bloßer Schein), ist, wie Kant häufig betont, *formaler* Art; er verbleibt auf der Ebene des urteilenden Verstandes, insoweit der *Notwendigkeits*charakter (die Wahrheit) der Erfahrungs*erkenntnis* selbst zur Diskussion steht und bewiesen werden soll; die Realität (Sachhaltigkeit) des Erfahrungs*gegenstandes* soll sodann in den Nachweis der Notwendigkeit mit eingeschlossen sein.

Wie auf einer unteren Ebene der Analyse das Zusammenwirken von Sinnlichkeit und Verstand gefordert ist, so sieht Kant auf einer höheren Analyseebene die Bedingungen einer möglichen Erfahrung (ihre apriorischen Konstituenten) in engstem Zusammenhang mit den Gegenständen der Erfahrung und bringt das unauflösbare Verhältnis als gegenseitiges Bedingungsverhältnis von Gegenständlichkeit und Gegenstand in transzendentaler Denkweise auf den kürzesten Nenner: „Die Bedingungen a priori einer möglichen Erfahrung überhaupt sind zugleich Bedingungen der Möglichkeit der Gegenstände der Erfahrung." (KrV, A 111)

§ 5 Erkenntnis von Gegenständlichkeit im Modus hierarchisch gestufter Synthesen

Was die *Wahrheitsfrage* anbelangt, scheint Kant sich an der durch Aristoteles vorgegebenen Definition einer wahren Erkenntnis als Übereinstimmung zwischen Sache und (zutreffendem) Urteil („veritas est adaequatio rei et intellectus") orientiert zu haben. Lediglich der Versuch, von der einen oder anderen Seite her das Korrelationsverhältnis verrücken und einseitig bestimmen zu wollen, wird abgewiesen. Weder von der Dingseite noch von der begrifflichen Durchleuchtung unseres Verstandes her ist ein wissenschaftlich haltbares Urteil zu gewinnen; vielmehr gilt es in allen Bereichen und auf allen Stufen der komplexen und hierarchisch angeordneten Erkenntnistätigkeit – auf der sinnlichen Ebene wie auf der Ebene des Urteils, zuletzt auf der obersten, beide Bereiche verbindenden transzendentallogischen Verstandestätigkeit – die *Verbindung* und *Synthese*, die jeweilige *Regel* des jeweils zu Verknüpfenden ausfindig zu machen. Also nicht Auffassungsvermögen und Gegenstand werden in Gegenüberstellung gebracht, sondern die einer *Regel* gehorchende *Erkenntnis* und der *durch sie* allererst *bestimmbare* Gegenstand.

Die Natur dieser Regel, deren Unverzichtbarkeit für den Erkenntnisprozeß Kant unablässig betont, wird je nach Stufe und Komplexitätsgrad der Erkenntnis*art* an verschiedenen Stellen der „Kritik der reinen Vernunft" abgehandelt:

a) *auf der empirischen Ebene*
1. als synthetische Verbindung der sinnlichen Eindrücke (Apprehension),
2. als wiederholende Synthese der Eindrücke im Gedächtnis (Reproduktion),
3. als Synthese des Sinnlichen mit dem Begrifflichen (Rekognition) (KrV, A 99 f.).

b) *Auf der transzendentalen Ebene*
1. als synthetisches Verfahren einer reinen Apperzeption, welche alle zuvorgenannten Synthesen auf das erkennende Ich bezieht (B 132 f.),
2. als das alle Erkenntnisbereiche *ermöglichende* oberste Verfahren eines transzendentalen Subjekts in den Ausführungen des berühmten Schematismuskapitels (B 176 ff.).

In der Idee, das Geistige nicht als ein ausgezeichnetes Sein (Substanz) oder Wesen aufzufassen, sondern als das *spontane Vermögen einer stets aktiven Syntheseleistung* zu deklarieren, die Eigenart der jeweiligen synthetischen Tätigkeiten gegeneinander abzugrenzen respektive hierarchisch im Prozeß der Erkenntnis anzuordnen, dürfte das *Neue* und die *Quintessenz* der transzendentalen Philosophie liegen.

§ 6 Transzendentales Subjekt und reine Apperzeption

In dieser „funktionellen" Auffassung des Geistigen ist auch der Anknüpfungspunkt einer jeden Psychologie nach Kant, die den Faktor des Aktiven, Tätigen, Apperzeptiven und Konstruktiven des Seelischen betont, zu suchen – freilich eklektisch auf spezielle psychologische Probleme zurechtgeschnitten und zum Teil auch in einer das Problem des Geistigen auf bloße Funktionalität eines Organismus, Systems oder gar „Apparats" reduzierenden Verflachung. Diesen psychologischen Auffassungen des Geistigen fehlt, *muß* ihrem naturalistischen Selbstverständnis entsprechend, freilich jener *Bezugspunkt* fehlen, den die alte Metaphysik in der Intentionalität, des Gerichtetseins des menschlich-geistigen Seins (Subjekts) auf den Schöpfergott sah, und den Kant zu einem „transzendentalen Subjekt" säkularisierte. Der ausgezeichneten Stellung dieser Instanz jenseits des empirischen Subjekts und ihrer synthese*ermöglichenden* Leistung ist in folgendem nachzugehen.

Kant ließ dem Paragraphen, der „Von der Möglichkeit einer Verbindung überhaupt" handelt (B 126 f.), eine kurze, aber schneidende Kritik der empiristisch-sensualistischen Standpunkte Lockes und Humes vorangehen (B 126), um dann auszuführen, daß die Synthese als notwendiges Ingredienz des Geistigen nicht von der Erfahrung selbst, aus den Erscheinungen des inneren und äußeren Sinns, abgeleitet werden kann, sondern ihnen, seinem apriorischen Standpunkt gemäß, *voraus*gehen muß. Kant bringt die spontane geistige Tätigkeit des Verstandes ausdrücklich in einen Gegensatz zu Humes Auffassung der bloß *assoziativen* Verbindung der Eindrücke und Vorstellungen in unserem Gemüt. Er charakterisiert die *empirische* Regel der Assoziation als „ein Gesetz der Natur" und fragt, auf welchem Grund denn dieses Gesetz (der Assoziation) beruhe (KrV, A 113). Kant unterstellt mit dieser Frage freilich, was Humes erkenntnistheoretische Position gerade in Zweifel gezogen, ja energisch ausgeschlossen hatte, nämlich *daß* diesen Assoziationen irgendwelche ‚objektiven' Ursachen entsprechen können, respektive daß, wenn es so wäre, wir uns ihrer zu versichern vermöchten.

In Kants erkenntnistheoretischer Problemstellung meint Sinnlichkeit – und auch der *innere* Sinn fällt bei Kant unter die „Sinnlichkeit" – die Art, wie das Subjekt in vielfältiger Weise durch äußere und innere Erlebnisse „affiziert" wird. Aber die *Verbindung* dieses Mannigfaltigen äußerer und innerer Affektionen kann nicht selbst durch die Sinne kommen oder in ihnen erhalten sein. Sie ist nach Kants Auffassung ein „Actus der Spontaneität der Vorstellungskraft" und muß zum *Verstand* gerechnet werden. Die Synthese und Verbindung des Mannigfaltigen sei die einzige, „die nicht durch Objekte gegeben, sondern nur vom Subjekte selbst verrichtet werden kann, weil sie ein Actus seiner Selbsttätigkeit ist." (B 130 f.)

Mit der prinzipiellen Trennung der Erkenntnisquellen oder Erkenntnisstämme, insofern der Verstand über jenes *Plus* seiner Fähigkeit zur Synthese verfügt, welche der Sinnlichkeit *nicht* zu Gebote steht, glaubte Kant einmal, die empiristische und sensualistische Position Lockes und Humes überholt zu haben, zum anderen die Eigenart des Geistigen dem Sinnlichen gegenüber auch ohne Rückgriff auf die von Locke und Hume (nach Kants Auffassung zu Recht) kritisierte ontologische Bestimmung des Geistigen (als Substanz) sichergestellt zu haben. Kant verwendet in dem wichtigen Paragraphen 15 der transzendentalen Analytik drei Argumente, welche auf einem je unterschiedlichen, hierarchisch angeordneten Analyseniveau letzteres verdeutlichen:

1. Das Moment der *Verbindung* eines Mannigfaltigen von sinnlichen Eindrücken kann nicht in diesen Eindrücken selbst liegen, sondern muß einem *anderen* Vermögen, dem Verstand, überantwortet werden.

2. Die *analytische* Tätigkeit *jeglicher* Geistesarbeit (Erkenntnis) setzt voraus, daß der Verstand zuvor synthetisch tätig war, nämlich bewußt oder unbewußt selbst verbunden hat, was er nachträglich zu analysieren unternimmt, „daß wir uns nichts, als zum Objekt verbunden, vorstellen können, ohne es vorher selbst verbunden zu haben[...]." (B 130)

3. Kant behauptet – und dies ist vielleicht das am schwersten wiegende, aber auch das dunkelste Argument – der Begriff der Verbindung führe, außer dem Begriff des Mannigfaltigen *und* der Synthese

noch den der Einheit desselben bei sich. Verbindung ist Vorstellung der *synthetischen* Einheit des Mannigfaltigen. Die Vorstellung dieser Einheit kann also nicht aus der Verbindung entstehen, sie macht vielmehr dadurch, daß sie zur Vorstellung des Mannigfaltigen hinzukommt, den Begriff der Verbindung allererst möglich. (B 130, 131)

Was wir uns unter dieser *Einheit* vorzustellen haben, die *nicht* aus der verbindenden Verstandestätigkeit selbst rühren soll, die weder dem empirischen Subjekt eignen kann, noch auf einen „intellectus archetypus" verweisen darf, wohl auch kein Reich des Geistigen an sich nach dem Modell des platonischen Ideenrealismus postulieren will, darüber läßt uns Kant in der „Kritik der reinen Vernunft" letztlich im Dunkeln. Von Wichtigkeit ist, daß nicht schon die Spontaneität und Aktivität des Verstandes hinreichen, um das Geistige als Geistiges zu charakterisieren; die synthetisierende Verstandestätigkeit verlangt ihrerseits nach einem höchsten Punkt – jener Einheit – welche ihr vorgeordnet ist.

Die Einheit, welche im Paragraphen 16 als „reine" und „ursprüngliche" Apperzeption, als Tätigkeitszentrum eines *transzendentalen Subjekts*, beschrieben wird, darf weder als eine Instanz im empirischen Subjekt noch als ein substantielles Sein oder Wesen mißverstanden werden. Kant betont den rein *formalen* Charakter dieses transempirischen Subjekts, welches als Bedingung der Ermöglichung eines jeden einzelnen empirischen Selbstbewußtseins oder Ich aufzufassen ist. Das empirische Subjekt hat genug damit zu tun, das Mannigfaltige an Eindrücken eines jeweiligen aktuellen Zeitpunktes zu synthetisieren, darüberhinaus ist es „an sich zerstreut und ohne Beziehung auf die Identität des Subjekts." (KrV, B 134)

Das heißt soviel wie, daß das empirische Subjekt, wenn es über den aktuellen Zeitpunkt hinausstrebt, um seiner personellen Identität im Wechsel der Zeiten gewärtig zu werden, ins Leere griffe, wenn nicht jene *formale* Einheit des transzendentalen Subjekts zu denken wäre, welches die Dauer im Wechsel – wenigstens in Gedanken, wenn auch nicht als Anschauung – gewährleistete. In Kants Worten: „Die *analytische* Einheit ist nur unter Voraussetzung irgend einer *synthetischen* möglich." (B 134)

§ 7 Figürliche und intellektuelle Synthese

Die synthetische Leistung des transzendentalen Subjekts ermöglicht aber nicht nur das Selbstbewußtsein (die personelle Identität), sondern sie soll zugleich auch die Erkenntnis der Objekte, das heißt deren Identität im Wechsel unserer Perzeptionen garantieren. Durch die Kategorien, als bloße Gedanken*formen*, wird ja noch kein *bestimmter* Gegenstand erkannt. Die Einheit als höchste Leistung des Geistigen überhaupt erfordert unter dem Gesichtspunkt der Gegenstandserkenntnis nochmals eine Differenzierung. Kant scheidet in einem nächsten Schritt (§ 24) die oberste synthetisierende Tätigkeit in eine „figürliche" und in eine „intellektuale" Synthese, bezeichnete die figürliche Synthese als die „transzendentale Synthesis der Einbildungskraft" und charakterisiert sie als das Vermögen, nicht anwesende Gegenstände in der Anschauung vorstellig zu machen:

> Allein die figürliche Synthesis.[...].muß, zum Unterschied von der bloß intellektuellen Verbindung, die *transzendentale Synthesis* der *Einbildungskraft* heißen. *Einbildungskraft* ist das Vermögen, einen Gegenstand auch *ohne dessen Gegenwart* in der Anschauung vorzustellen. (B 151)

In dieser grundlegenden Eigenschaft gehört sie einmal zur Sinnlichkeit als das Vermögen, das Nichtanwesende *anschaulich* präsent zu machen; da ihr aber zum anderen Spontaneität eignet, nämlich in dem Vermögen, das Nichtanwesende *hervorzubringen*, wird sie zum obersten Vermögen gekürt, die sinnlichen Formen a priori und zwar stets gemäß den Kategorien zu bestimmen. Dagegen soll die „intellektuale" Synthese nur die Verbindung des Mannigfaltigen zu seinem begrifflich-kategoriellen Bedeutungsgehalt leisten.

Die transzendentale „figürliche Synthese" rangiert also einmal noch *über* den apriorischen Formen und Begriffen, andererseits vermag sie ihre verbindende und konstitutive Aufgabe *nur vermittels* der apriorischen Formen und Kategorien zu erfüllen. Sie steht als das „Schemate" produzierende Vermögen („Schemate" im Sinne von konstitutiver Ermöglichung der Bilder) nicht nur *über* dem Vermögen, Bilder und Begriffe (Gestalten und Bedeutungen) in Einklang zu bringen, sondern sie synthetisiert auch noch die Gegenstandserkenntnis mit dem Selbstbewußtsein.

Die transzendentale Einbildungskraft als „figürliche" oder „progrediente" oberste Synthese beansprucht einen eminenten Stellenwert in der „Kritik der reinen Vernunft", deren Aufgabe, die „beiden äußersten Enden" der Erkenntnistätigkeit von einem höchsten Gesichtspunkt aus zu verbinden und miteinander in Einklang zu bringen, Kant in dem berühmten Schematismuskapitel im einzelnen zu verdeutlichen suchte (B 176 f.).

Wenn Kant dort die „reinen Schemata" der transzendentalen Einbildungskraft für nichts als *Zeitbestimmungen* a priori nach Regeln ausgibt und den begrifflich ohnehin nur schwer zu fassenden Terminus „Zeit" in vier semantische Elemente oder Teilaspekte zerlegt, nämlich in „Zeitreihe", „Zeitinhalt", „Zeitordnung" und „Zeitbegriff", welche den Hauptkategorien „Quantität", „Qualität", „Relation" und „Modalität" zuzuordnen sind, dann hat sich die Konstruktion der Bedingungen der Möglichkeit von Gegenständlichkeit überhaupt zu höchster Abstraktion verflüchtigt, die sich als Konstruktion zwar noch nachvollziehen (nachdenken) läßt, deren Verbindung mit und funktionelle Anwendung auf Erfahrung aber kaum mehr überprüfbar sein dürfte.

Ebenso dürfte sich die Verwendung des Terminus „Einbildungskraft" an oberster Stelle einer *Kritik* der reinen Vernunft kaum von selbst verstehen.

Das Wort ‚Einbildungskraft' ist nicht nur per se mit Vieldeutigkeit belastet, es verweist auch eher, jedenfalls nach üblichem Sprachgebrauch, auf den Bereich des Irrationalen, des Mythos, der Fabel, des Erdichteten, dem Kant gewiß keine Konzessionen machen wollte. Daß er dennoch dahingehend interpretiert werden konnte (vgl. Langes Kritik der „mystischen" Synthese in Gesch., 2. Bd., S. 574, 858 f.; vgl. auch M. Heideggers Auseinandersetzung mit Kant, denselben Punkt betreffend, 1929/1951, S. 146 ff.), dürfte auf Kants mehrmaligen Hinweis bezüglich der „unbewußten" und „blinden" Tätigkeit dieser obersten transzendentalen Funktion zurückzuführen sein.

> Die Synthesis überhaupt ist [...] die bloße Wirkung der Einbildungskraft, einer blinden, obgleich unentbehrlichen Funktion der Seele, ohne die wir überall gar keine Erkenntnis haben würden, der wir uns aber selten nur einmal bewußt sind. (B 104)

Im Schematismuskapitel wird sie charakterisiert als „eine verborgene Kunst in den Tiefen der menschlichen Seele, deren wahre Handgriffe wir der Natur schwerlich jemals abraten, und sie unverdeckt vor Augen legen werden." (B 181)

Wenn im folgenden durchsichtiger zu machen versucht wird, welchen zentralen Gedanken Kant mit der Inthronisierung dieses sowohl hochkomplexen, allmächtigen als auch „blinden" transzendentalen Vermögens an oberster Stelle seiner Analyse des Geistigen verband, und welche Absicht ihn im Hinblick auf die anstehende Thematik leitete, dann ist zugleich ein „Kernpunkt" erreicht, von dem am Ende des 1. Kapitels die Rede war. Kants Verwendung des Terminus erfordert eine genauere Analyse, die unter Einbeziehung und im Vergleich mit der Verwendung des Terminus bei seinen Vorgängern Descartes und Hume durchgeführt wird. Folgende These soll verifiziert werden: Allem Anschein nach hat Kant zunächst die Vieldeutigkeit des Terminus ‚Einbildungskraft' in seine semantischen Bestandteile zerlegt, ihn sodann zu einem *neuen* transzendentalen Sinnkomplex verdichtet, um zuletzt aus der neu gewonnenen Perspektive die idealistische und „psychologistische" Position seiner philosophischen Gegner zu widerlegen.

§ 8 Analyse des transzendentalen Terminus „Einbildungskraft" im Vergleich mit der Bedeutung des Terminus bei Descartes und Humes

Wenn die philosophische Tradition (insbesondere Descartes und Hume) den Terminus zwar in unterschiedlicher Bedeutung und Akzentuierung verwendete, zuletzt aber durchaus in der Absicht, die Stringenz der äußeren Erkenntnis als zweifelhaft erscheinen zu lassen, dann kehrte Kant auch hier den Blickwinkel um und hob gerade auf den *Realitätsgehalt* im Bedeutungsfeld des Wortes ab. Daß Kant in der Tat eine bislang unbekannte Variante des Terminus entdeckte und durchzusetzen beabsichtigte, brachte er folgendermaßen zum Ausdruck: „Daß die Einbildungskraft ein notwendiges Ingredienz der *Wahrnehmung selbst* sei, daran hat wohl noch kein Psychologe gedacht." (KrV, Fußnote A 121, Herv. an dieser Stelle nicht von Kant) Freilich nicht, jedenfalls nicht in der von Kant beabsichtigten Akzentuierung, insofern ‚Wahrnehmung' und ‚Einbildung' vor und nach Kant doch *eher* als konträre Vermögen oder Verhaltensweisen dem Außenseienden gegenüber interpretiert wurden, allerdings ohne ganz scharfe Grenzziehung nach der einen oder anderen Seite.

In Descartes wie in Humes Philosophie spielt der Terminus keine unwesentliche, aber auch keine unzweideutige Rolle bezüglich der Erkenntnis der äußeren Gegenstände und der Außenwelt. Nach Descartes meint „ ‚sich etwas einbilden' nichts anders, als die Gestalt oder das Bild eines körperlichen Dinges betrachten." (2. Meditation, S. 24) Die Einbildungskraft ist gewissermaßen identisch mit dem „äußeren Sinn", der als Auffassungsorgan der körperlichen Dinge aber prinzipiell mit dem Makel der Täuschbarkeit behaftet ist, als Instrument der *Erkenntnis* weit zurücksteht hinter dem Vermögen des reinen Denkens und der genuinen Erkenntnistätigkeit, das heißt der Beschäftigung mit den Zuständen und Leistungen unseres Geistes. Die Einbildungskraft als *Gemeinsinn*, als oberstes Prinzip der Sinnestätigkeit, ist, weil selbst körperlicher Natur, zwar geeignet, die außer uns befindlichen Körper zu erkennen, doch kann es sich prinzipiell nur um *wahrscheinliche* Erkenntnis handeln. Das Verhältnis des menschlichen Organismus zu den ihn umgebenden und auf ihn einwirkenden Körpern ist einmal von Kontingenz geprägt: Zwar stimmt der menschliche Körper mit allen Körpern im Merkmal der Ausgedehntheit überein, ist aber als menschlicher Körper, „sofern er sich von den übrigen Körpern unterscheidet, nur aus einer bestimmten Gestaltung seiner Glieder und anderen zufälligen Bestimmungen zusammengewürfelt." (Med., Übersicht, S. 12) Zum anderen vermittelt uns die Einbildungskraft auch nur mit Wahrscheinlichkeit, daß der (eigene) Körper existiert; denn aus der deutlichen Vorstellung der Natur des Körperlichen, die sich in ihr zweifellos auffinden läßt, folgt noch lange nicht das *Dasein* irgend eines Körpers mit Notwendigkeit (vgl. die 6. Med.). Descartes sondert die „Denkweise", die uns die Einbildungskraft vermittelt, entschieden von jener anderen Denkweise, dem *reinen Verstehen*, in dem der Geist sich auf sich selbst richtet und nur mit sich beschäftigt ist (vgl. 6. Med., S. 66).

Während Descartes den Terminus ‚Einbildungskraft' offenbar wörtlich verwendet (sich ein Sinnenerlebnis einbilden, inkorporieren und dadurch vorstellig machen), sodann aber die Differenz zwischen den wirklichen Dingen und unseren Abbildern von ihnen mit der prinzipiellen Täuschbarkeit und Unzuverlässigkeit der äußeren Erkenntnis verrechnet, experimentell durchgeführt am Beispiel des Wachses in der 2. Meditation, akzentuiert Hume am Vermögen der Einbildungskraft vorwiegend jene „dichtende" Fähigkeit, welche uns einmal erlaubt, unsere Vorstellungen auf jede beliebige Art und Weise zu *ver*-

binden: „Die Einbildungskraft hat alle ihre Vorstellungen in ihrer Gewalt, sie kann sie auf jede mögliche Weise verbinden, umstellen und umändern." (Traktat, S. 133). Hume hebt das die erlebten *Zeitmomente* überbrückende, sie zu *vermeintlicher* Identität und Kontinuität verschmelzende Charakteristikum der Einbildungskraft hervor. Zwar konzidiert auch Hume noch einen *gewissen Zusammenhang* zwischen unseren wiederholt auftretenden, aber doch zeitlich stets getrennten Perzeptionen und den ihnen korrelierenden Gegenständen; aber nichts garantiert uns mit Sicherheit oder gar Notwendigkeit die *tatsächliche Existenz* und *Realität* dieser Gegenstände, wenn wir sie gerade nicht wahrnehmen. Stets verbleiben wir unter dem Eindruck der Einbildungskraft, die von Natur aus dazu tendiert, uns die Identität unserer Perzeptionen mit den Gegenständen vorzugaukeln und zu suggerieren. Denn: die Einbildungskraft, einmal in Tätigkeit gesetzt, neigt dazu, „in der bestimmten Tätigkeitsrichtung zu verharren, auch wenn der Gegenstand sie im Stiche läßt." (A. O., S. 264)

Zweifel und Skepsis bezüglich der Möglichkeit, Gewißheit über die Existenz der Erkenntnis der Außenwelt zu erlangen, führten bekanntlich beide Philosophen zu einer Beschäftigung mit den geistigen und psychischen Tätigkeiten des Subjekts hin – freilich mit ganz entgegengesetzten Schlußfolgerungen bezüglich der letztendlichen Erkennbarkeit *dieses Subjekts* selbst. Das Vermögen der Einbildungskraft diente in Descartes Philosophie als vermittelnde Brücke zwischen der Erforschung des mit sich selbst beschäftigten Geistes respektive seiner Möglichkeit *evidenter* Erkenntnis und einem bloß *probablen* Wissen von den äußeren Gegenständen. Hume dagegen steigerte den cartesianischen methodischen Zweifel, der letztendlich der Sicherung eines unbezweifelbaren Wissens diente, zu einer manifest skeptischen Einstellung, die *alles* Wissen in bloße Wahrscheinlichkeit umschlagen ließ – die Erkenntnis der Außenwelt so gut wie die Vernunfterkenntnis und die Erkenntnis des Selbst, des Subjekts. Das Problem der Erkenntnis der Realität der Außenwelt wandelte sich bei Hume in die psychologische Frage nach den Gründen unseres *Glaubens* an diese vermeintlich unabhängig von uns bestehende Realität. Dieser Glaube, der freilich ein *Faktum unseres Selbstbewußtseins* ist, bedarf einer Erklärung, die jedoch nicht von äußeren Gründen hergenommen werden darf, sondern aus der Struktur und Genese menschlicher Erfahrung entwickelt werden muß.

Erfahrung setzt sich nach Hume zusammen einmal aus der *Wiederholung* unserer Erlebnisse und der *Gewöhnung* daran, daß gewisse Geschehnisse stets in der Folge und im Kontext gewisser anderer auftreten, und ist zum anderen das Produkt der Einbildungskraft, die nicht bei dem verweilt, was ihr Perzeption und Gedächtnis im einzelnen und aktuell präsentieren, sondern überall Lücken schließt, Brücken bildet, Zusammenhänge *herstellt* und auf diese Weise das im Selbstbewußtsein vereinzelt Gegebene zusammenfaßt und transzendiert. Was die Einbildungskraft vom *Glauben* an die Realität unserer Vorstellungen und Erinnerungen scheidet, ist lediglich ein bestimmtes *Gefühl*, nämlich die größere Energie und Lebhaftigkeit der geglaubten Vorstellung (im Gegensatz zur Phantasievorstellung), welches, jedem bekannt, sich nicht weiter aufklären läßt. Hume definiert diesen Glauben als einen „Akt des Geistes [...] der Wirklichkeiten, oder was dafür gehalten wird, uns gegenwärtiger macht als Erdichtungen." (Untersuchung, S. 62) Der Unterschied zwischen der eingebildeten und geglaubten Vorstellung liegt

> nicht einfach in einer besonderen Vorstellung, die solch einem Vorstellungsbild anhängt, das unsere Zustimmung erzwingt und jeder uns bisher bekannten Erdichtung fehlt. Denn da der Geist Gewalt über all seine Vorstellungen hat, so könnte er nach Willen diese bestimmte Vorstellung jeder Erdichtung anfügen und folglich imstande sein, alles zu glauben, was ihm beliebt, während die tätige Erfahrung das Gegenteil zeigt. (A. O., S. 60)

Da die Einbildungskraft also aus sich heraus dem Glauben nicht gleichkommen kann, „so besteht der Glaube ersichtlich nicht in der besonderen Natur der Ordnung der Vorstellungen, sondern in der *Art*, wie sie vorgestellt werden und wie der Geist sie *empfindet*." (A. O., S. 62) Auch unsere auf das Kausalprinzip als Basisprinzip der Naturwissenschaft rekurrierende Erkenntnis ist nach Humes Auffassung eine Angelegenheit des Glaubens. Die Wirkung ist von der Ursache prinzipiell *verschieden*, und lediglich Erfahrung und Induktion, aber kein logisch stringentes Band verknüpft die beiden Geschehnisse. Erfahrung wiederum setzt sich zusammen aus Wiederholung, Gewöhnung und der den Kontext stiftenden Einbildungskraft.

Während Humes frühes Werk, „Ein Traktat über die menschliche Natur" (1739-40), betreffs der Kausalrelation vornehmlich auf die Rolle der Einbildungskraft verwies (vgl. S. 119-123), hebt die später verfaßte Arbeit „Eine Untersuchung über den menschlichen Verstand" (1777) verstärkt auf den Glauben ab, wie überhaupt das frühere Werk dem späteren gegenüber in viel größerem Umfang den Einfluß der Einbildungskraft berücksichtigte und untersuchte. In beiden Arbeiten betonte Hume freilich die Kant so erschütternde Auffassung, daß die hochgeschätzte kausal-naturwissenschaftliche Erkenntnis nicht der Vernunft entspringe, daß die Ursache-Wirkung-Relation „in keinem Falle durch Denkakte a priori gewonnen wird", (Untersuchung, S. 37) sondern lediglich das Produkt der Erfahrung sei, die, ihrerseits durch die Einbildung inspiriert, den Glauben zu festigen suche, daß die Zukunft der Vergangenheit ähnlich und mithilfe jener Reaktion dann auch prognostizierbar sei.

§ 9 Die transzendentale Einbildungskraft als Vehikel erweiternder Wissenschaft

Wenn Kant an zuvor genannter Stelle so nachdrücklich betonte und für seine Entdeckung reklamierte, daß „die Einbildungskraft ein notwendiges Ingredienz der Wahrnehmung selbst sei", (A 112) dann scheint er einerseits der

Auffassung Humes, was die ubiquitäre Stellung dieses Vermögens anbelangt, nicht fern zu stehen; andererseits verwischte Kant die Differenz bezüglich der Termini ‚Wahrnehmung' und ‚Vorstellung', insofern *beide* der Einbildungskraft unterstellt wurden: „*Einbildungskraft* ist das Vermögen, einen Gegenstand auch *ohne dessen Gegenwart* in der Anschauung vorzustellen." (B 151)

Was Kant, der die *Bedeutung* der Einbildungskraft für die Analyse des Geistigen gewiß nicht unterschätzte, von Hume *trennte* – denn freilich konnte Kant die humesche Auffassung, daß die Unterscheidung des Wirklichen vom bloß Eingebildeten ihren Halt lediglich in einem Gefühl, dem Glauben, hätte, nicht teilen – handelte er in der Analyse der Termini „innerer" und „äußerer" Sinn ab; das heißt daß Kant *zunächst* das Kriterium der Unterscheidung von „bloßem" Vorstellungsleben und „wirklicher" Welt durch eine *Neubestimmung* dieser *Termini* zu gewinnen unternahm, freilich auf dem Hintergrund der zuvor von ihm getroffenen Direktiven in der transzendentalen Ästhetik, welche den „inneren Sinn" mit der Zeitform, den „äußeren Sinn" mit der Raumform identifizierte.

Bevor hierauf eingegangen wird, ist Kants Deklarierung des Geistigen als *Aktivität*, als *Handlung*, als *spontane* Konstitution von Gegenständlichkeit unter dem sie allemal leitenden und zusammenfassenden *weiten* Aspckt der Einbildungskraft in folgende Gesichtspunkte zusammenzufassen:

1. Kant *erweiterte* das Moment der Verbildlichung und Gestaltgebung an der Vorstellungs-/Wahrnehmungstätigkeit, welches auch Descartes gesehen, aber auf die *äußere* Erkenntnis eingeschränkt hatte, zum transzendentalen Ausweis („figürliche Synthese") und zur conditio sine qua non *jeglicher* Erkenntnis. Wo sich keine *Gestalt* zu bilden vermag, da ist auch kein *Objekt* gegeben und zu erkennen.

2. Kant berücksichtigte, daß erst das Moment der Gestaltgebung den zeitlichen Fluß des Vorstellungs-/Wahrnehmungs*prozesses* (des inneren Sinnes) s.z.s. *anhält* und in dieser Eigenschaft das Vorstellen/Wahrnehmen zur Erfassung eines Vorgestellten/Wahrgenommenen transzendiert. Die komplexe Verschränkung von Anschauung (Gestaltgebung) und begrifflicher Erfassung (Abstraktion) wird stets als „Handlung" angesprochen. Kant bezeichnet die Synthese ausdrücklich als „Einheit der Handlung" (B 154). Die Kluft zwischen dem *vereinzelten* Erfahrungsgegenstand und dem *Begriff* vom Gegenstand wird überbrückt durch das transzendentale

> Schema der Einbildungskraft, als eine Regel der Bestimmung unserer Anschauung, gemäß einem gewissen allgemeinen Begriffe. Der Begriff vom Hunde bedeutet eine Regel, nach welcher meine Einbildungskraft die Gestalt eines vierfüßigen Tieres allgemein verzeichnen kann, ohne auf irgend eine einzige besondere Gestalt, die uns die Erfahrung darbietet, oder auch ein jedes mögliche Bild, was ihn in concreto darstellen kann, eingeschränkt zu sein. (B 181)

3. Kant hat in wiederholten Ansätzen zu einer „Widerlegung des Idealismus" angesetzt, die jedesmal beweisen wollten, daß „selbst unsre *innere*, dem

Cartesius unbezweifelte, Erfahrung nur unter Voraussetzung *äußerer* Erfahrung möglich sei", (B 274) und die Prämisse verifizieren wollen, daß das *Vermögen* der Einbildung letztlich unerklärlich bliebe, wenn nicht tatsächlich ausgedehnte und beharrliche Gestalten *existierten*, die ihre „Einbildung" in den menschlichen Geist *verursachten*. Die *Prämisse* widerspricht freilich der cartesianischen Auffassung von der Funktion der Einbildungskraft nicht, sondern erst die *Konklusion*, die Kant aus ihr ableiten wollte (*Primat* der Erkenntnis *äußerer* Dinge). Auf diesen Punkt, der aus dem psychischen Vermögen der Verbildlichung und Gestaltung die *Notwendigkeit der Veräußerlichung* unserer inneren Erfahrungen ableiten will, ist bei Gelegenheit der Analyse der Funktionen des „inneren" bzw. „äußeren" Sinnes zurückzukommen.

§ 10 Die Paradoxien in der Lehre vom inneren und äußeren Sinn

Kant scheint den Terminus „innerer Sinn" von J. Locke entlehnt zu haben, verlieh ihm aber eine gänzlich andere Bedeutung. Während Locke in der Nachfolge Descartes mit der Bezeichnung die reflexive Tätigkeit als Beschäftigung mit den eigenen Ideen und geistigen Operationen zum Thema machte (vgl. Locke, Versuch, 2. B., 1. Kap., S. 109), identifizierte Kant mit dem „inneren Sinn" die „sinnliche" Form der Zeitauffassung. Während der „äußere Sinn" in transzendentaler Betrachtungsweise die Gestalt, das Figürliche an Vorstellung und Wahrnehmung räumlich abgegrenzter Gegenstände leisten soll – immer unter der Voraussetzung der transzendentalen figürlichen Synthese, welche gleichermaßen das Bild wie seine kategoriale Erfassung *ermöglicht* – blieb für die Zeit als Form des inneren Sinnes wenig übrig, was sich noch mit dem Terminus „Sinn" in Verbindung bringen ließe. In der den kantschen Stil prägenden Eigenart, einen Terminus vornehmlich durch dasjenige zu bestimmen, was er *nicht* sei, argumentiert Kant in dem diesbezüglichen Abschnitt der „transzendentalen Ästhetik", die Zeit sei *nichts* für sich, gebe uns *keine* Gestalt, sei *nicht* aus der Erfahrung ableitbar, dürfe *nicht* mit dem Begrifflichen konfundiert werden (B 46 ff.). Wenn Kant dort bemerkt: „Die Zeit ist nichts anders, als die Form des innern Sinnes, d. i. des Anschauens unserer selbst und unsres innern Zustandes", (B 49) dann relativiert sich dieses „Anschauen" unserer selbst an späteren Stellen zu einer „Erkenntnis", die nach kantschen Prämissen gerade *keine* Erkenntnis ist und die die *Unmöglichkeit* unmittelbarer und evidenter Selbsterkenntnis demonstrieren sollte.

Zur Erkenntnis gehört *Anschauung*, der Zeitform mangelt aber gerade die *Gestalt*. Wollen wir Zeitliches anschauen, dann müssen wir nach Kant stets in Gedanken eine Linie ziehen, das heißt wir müssen die Zeit *verräumlichen*. Die Zeitform als „Sinn" vermittelt uns nicht nur keine ihr genuine Anschauung – diese „borgen" wir vom Raum – sie verhilft uns auch nicht einmal zu dem elementaren Bewußtsein der Sukzession. Zeit impliziert Wechsel, Veränderung. Kant definiert „Veränderung" als „Verbindung kontradiktorisch einander entgegengesetzter Bestimmungen im Dasein eines und desselben Dinges". (B 291) Veränderung sei die dem Begriff der Kausalität korrespondierende Anschauung. Wollen wir Veränderung *darstellen* (anschaulich machen), dann müßten wir Bewegung, das heißt Veränderung *im Raum* zum Beispiel nehmen, „ja sogar dadurch allein können wir uns Veränderung, deren Möglichkeit kein reiner Verstand begreifen kann, anschaulicher machen." (Ebd.) Wollen wir uns *innere Veränderung* denkbar machen, dann

> müssen wir die Zeit, als die Form des inneren Sinnes, figürlich durch eine Linie, und die innere Veränderung durch das Ziehen einer Linie (Bewegung), mithin die sukzessive Existenz unserer selbst in verschiedenem Zustande durch äußere Anschauung uns faßlich machen. (B 293)

Der Grund für diese angeblich notwendige Veräußerlichung innerer Wahrnehmung sei, daß alle Veränderung (Bewegung) etwas Beharrliches in der Anschauung voraussetze, „im innern Sinn aber gar keine beharrliche Anschauung angetroffen wird." (Ebd.) Die Zeitform als *Sinn* ist selbst *ohne Verbindung*, denn alle Synthese rührt definitionsgemäß aus der Verstandestätigkeit. Erst die auf den inneren Wechsel übergreifende figürliche Synthese *gestaltet* das innere Geschehen zu einer Art von Selbstbewußtsein. Kant leitet den Abschnitt, der uns das Zusammenspiel von transzendentaler figürlicher Synthese und innerem Sinn verdeutlichen soll, mit dem ausdrücklichen Hinweis auf ein Paradox ein, welches uns vor Augen führen soll, daß wir es auch im Bereich der Selbstwahrnehmung *nur* mit *Erscheinungen* zu tun haben:

> Hier ist nun der Ort, das Paradoxe, was jedermann bei der Exposition der Form des inneren Sinnes (§ 6) auffallen müßte, verständlich zu machen: nämlich wie dieser auch so gar uns selbst, nur wie wir uns erscheinen, nicht wie wir an uns selbst sind, dem Bewußtsein darstelle, weil wir nämlich uns nur anschauen, wie wir innerlich affiziert werden, welches widersprechend zu sein scheint, indem wir uns gegen uns selbst leidend verhalten müßten. (B 152)

Das „Paradoxe" und „scheinbar Widersprechende" dieser „Affektion durch uns selbst" kommt aber doch nur dadurch zustande, daß Kant zur Sicherung *seiner* Auffassung von Erfahrung, Erkenntnis und Gegenständlichkeit die Erfahrungs- und Erkenntnis*bedingungen* vorab in apriorische (erfahrungsermöglichende) und aposteriorische (erfahrungssichernde) *gesondert*, den apriorischen Bestand einem transzendentalen Subjekt überantwortete, den aposteriorischen dem empirischen Subjekt überließ und über das *Verhältnis* von transzendentalem und empirischem Subjekt im Dunkeln ließ. In irgendeiner Weise muß das empirische Subjekt doch am transzendentalen teilhaben, partizipieren. Da Kant jedoch über die Natur des transzendentalen Subjekts keine Auskunft gibt, ist auch über den Modus der Partizipation nichts *Positives* zu erfahren. In der vorab konstruierten Konstellation „erkennen" wir uns nur *in* den und *durch* die Bestimmungen der transzendentalen Synthesen, während die oberste Stellung der transzendentalen figürlichen Synthese die Konsequenz impliziert, daß Erkenntnis unserer selbst irgendwie nur über den Weg der Verräumlichung, also unter Zuhilfenahme des „äußeren Sinnes" möglich ist. Bloßes Denken oder bloße Reflexion unserer selbst wird als Erkenntnis nicht zugelassen. „Das Bewußtsein seiner selbst ist also noch lange nicht Erkenntnis seiner selbst, ungeachtet aller Kategorien, welche das Denken eines *Objekts überhaupt* durch Verbindung des Mannigfaltigen in einer Apperzeption ausmachen." (B 159)

§ 11 Widerlegung des Idealismus mit Rekurs auf den Primat des äußeren Sinns

Dem inneren Sinn als freilich ungeeignetes Auffassungsorgan der Erlebnisse (insofern ihm a priori das Moment des Apperzeptiven, Reflexiven abgesprochen wurde) steht nicht, wie Descartes postulierte, die Einbildungskraft als Organ der Erfassung äußerer Dinge, sondern der „äußere Sinn" gegenüber. Es mag dahingestellt bleiben, inwieweit schon der Terminus „äußerer Sinn" anstelle der „Einbildungskraft" *Realitätsgehalt* zu suggerieren vermag: Wo ein äußerer Sinn angenommen wird, muß auch Äußeres aufzufassen sein. Jedenfalls hatte Kant der Einbildungskraft jene höhere, aus Verstandestätigkeit *und* Sinnlichkeit zusammengesetzte komplexere transzendentale Funktion zugedacht. Wenn Hume bezüglich des Unterschieds zwischen bloß erdichteten Vorstellungen und Perzeptionen aufgrund von Erfahrung auf das Gefühl des Glaubens rekurrierte, behauptete Kant, wir könnten doch sehr wohl „die bloße Rezeptivität einer äußeren Anschauung von der Spontaneität, die jede Einbildung charakterisiert, unmittelbar unterscheiden." (B 277)

Kant bedient sich an dieser Stelle eines Commonsense-Arguments und muß auch sogleich einräumen, daß dies nicht für jede Situation Geltung habe, da keineswegs jede anschauliche Vorstellung äußerer Dinge zugleich auch ihre *Existenz* einschließe. In Träumen wie im Wahnsinn kann die anschauliche Vorstellung (Wahrnehmung) „gar wohl die bloße Wirkung der Einbildungskraft [...] sein." (B 279) Die Kriterien „bloße Rezeptivität einer äußeren Anschauung" und „Spontaneität durch die Einbildungskraft" greifen also nicht prinzipiell, und Kant setzt bezüglich der Träume bereits *voraus*, was erst zu erweisen wäre, nämlich daß die Traumbilder, „welche nur durch die Wirklichkeit äußerer Gegenstände möglich sind", (B 279) zustande kämen. Könnte es sich nicht auch umgekehrt verhalten, daß wir uns lediglich infolge unserer Träume einbilden, außerhalb unserer Vorstellungswelt existiere noch eine wirkliche Welt?

Kants „Beweis" zur „Widerlegung des Idealismus" sieht folgendermaßen aus: Er lehnt sich an die Analyse des inneren Sinnes an und setzt die zuvor erörterten Erläuterungen zur transzendentalen Einbildungskraft, zur figürlichen Synthese, *voraus*: Unser Selbstbewußtsein ist durch die Zeit bestimmt; Zeitbestimmungen erfordern aber stets etwas Beharrliches (Bewegung ist nur in bezug auf feste Punkte, Veränderung in bezug auf Unverändertes wahrzunehmen); das Beharrliche kann nicht *im* Selbstbewußtsein liegen, sondern muß durch ein äußeres Ding, nicht durch die bloße *Vorstellung* eines Dinges gewährleistet werden. Das Bewußtsein von Zeit sei notwendig verbunden mit dem (transzendentalen) Bewußtsein der Möglichkeit dieser Zeitbestimmung (Beharrliches als Fixpunkt von Bewegung und Veränderung). „Das Bewußtsein meines eigenen Daseins ist zugleich ein unmittelbares Bewußtsein anderer Dinge außer mir." (B 276) Kant ist sich der Paradoxie auch dieses „Beweises" wohl bewußt. Er stellt nicht in Frage, daß auch die Vorstellungen äußerer Gegenstände *nur* das Resultat unseres Bewußtseins sind:

> Man muß diesen paradoxen, aber richtigen Satz wohl merken: daß im Raume nichts sei, als was in ihm vorgestellt wird. Denn der Raum ist selbst nichts anders, als Vorstellung, folglich, was in ihm ist, muß in der Vorstellung enthalten sein, und im Raume ist gar nichts, außer, so fern es in ihm wirklich vorgestellt wird. Ein Satz, der allerdings befremdlich klingen muß: daß eine Sache nur in der Vorstellung von ihr existieren könne, der aber hier das Anstößige verliert, weil Sachen, mit denen wir es zu tun haben, nicht Dinge an sich, sondern nur Erscheinungen, d. i. Vorstellungen sind. (KrV, Anm. A 375)

Das Paradoxe dieses Beweises dürfte durch die Art und Weise zustande kommen, in der Kant einmal schon der räumlichen *Vorstellung* die empirische Wirklichkeit des räumlichen *Dinges* beilegte und aus der *Tatsache des Selbstbewußtseins*, daß wir räumliche Vorstellungen *haben*, glaubt ableiten zu können, daß räumliche Dinge *existieren*.

> Denn ich bin mir doch meiner Vorstellungen bewußt; also existieren diese und ich selbst, der ich diese Vorstellungen habe. Nun sind aber äußere Gegenstände (die Körper) bloß Erscheinungen, mithin auch nichts anders, als eine Art meiner Vorstellungen, deren Gegenstände nur durch diese Vorstellungen etwas sind, von ihnen abgesondert aber nichts sind. Also existieren eben sowohl äußere Dinge, als ich selbst existiere, und zwar beide auf das unmittelbare Zeugnis meines Selbstbewußtseins, nur mit dem Unterschiede: daß die Vorstellung meiner selbst, als des denkenden Subjekts, bloß auf den innern, die Vorstellungen aber, welche ausgedehnte Wesen bezeichnen, auch auf den äußern Sinn bezogen werden.

Der „Beweis" basiert zum anderen darauf, daß Kant *empirische* (äußere) Gegenstände von Gegenständen im transzendentalen Sinn sondert, indem er auf die transzendentale Unterscheidung von „Erscheinung" und „Ding an sich" verweist, wie Kant auch an anderen Stellen hervorhebt, daß „das Objekt in zweierlei Bedeutung zu nehmen sei". (Vgl. u.a. B XXVII)

> Weil indessen der Ausdruck: *außer uns*, eine nicht zu vermeidende Zweideutigkeit bei sich führt, indem er bald etwas bedeutet, was als *Ding an sich selbst* von uns unterschieden existiert, bald, was bloß zur äußern *Erscheinung* gehört, so wollen

wir, um diesen Begriff in der letzteren Bedeutung, als in welcher eigentlich die psychologische Frage, wegen der Realität unserer äußerer Anschauung, genommen wird, außer Unsicherheit zu setzen, *empirisch äußerliche* Gegenstände dadurch von denen, die so im transzendentalen Sinne heißen möchten, unterscheiden, daß wir sie geradezu Dinge nennen, *die im Raume anzutreffen sind.*

Der Ausdruck ‚außer uns' ist aber keineswegs zweideutig, wenn nicht schon die Worte ‚Objekt' und ‚empirisch' in doppelter Bedeutung vorausgesetzt und verwendet würden. Zunächst sind die Worte ‚Gegenstand', ‚Objekt' ‚von Hause aus' doppeldeutig; sie können sowohl (autosemantisch) ‚Ding', ‚Reales', ‚Etwas' bedeuten; sie können aber auch (synsemantisch) ‚etwas in der Vorstellung gegenwärtig haben', ‚zum Gegenstand des Vorstellens machen' oder einfach ‚etwas vorstellen' meinen. Werden *beide* Bedeutungen mal in der einen, mal in der anderen Weise und also beliebig, wie es gerade paßt, verwendet, dann versperrt dies „das Verständnis des Bewußtseinsprozesses vollständig und stürzt die Philosophie in ein ‚Meer des Wahns'." (Vgl. dazu Kraus, Einleitung zu Brentano, 1974, S. XX)

Kant verwendet aber auch die Bezeichnung ‚empirisch' in unterschiedlicher Weise, indem er einmal von der „empirischen Wirklichkeit" der *räumlichen* Vorstellung (also des äußeren Sinnes) handelte, zum anderen die empirisch wirkliche Erscheinung vom „Ding an sich" sonderte. Von diesen Äquivokationen zehrt der transzendentale Idealismus, insoweit er das Problem der Gegenständlichkeit zur Diskussion stellt. Denn weder über die *Vorstellung* des Räumlichen, noch durch die *begriffliche* Abgrenzung des Erlebten (Erscheinenden) von einem ihm Zugrundeliegenden (Ding an sich) gelangen wir zur *Wirklichkeit* des außer uns Seienden. Anders gesagt: als *Vorstellung* ist die Erscheinung des äußeren Sinnes *real*, als *räumliche* ist sie es nicht; als gedachtes Ding (als „Grenzbegriff") mag das „Ding an sich" (in unserem Geist, in der Einbildung) „existieren", als *Ursache* („Reiz") unserer Empfindungen kann es alsdann nicht fungieren.

Wenn Kant auf die „berüchtigte Frage" – die Gemeinschaft und Wechselwirkung des Denkenden mit dem Ausgedehnten betreffend – nämlich *„wie in einem denkenden Subjekt überhaupt, äußere Anschauung*, nämlich die des Raumes (eine Erfüllung desselben, Gestalt und Bewegung) *möglich sei"*, die Antwort erteilt:

> Auf diese Frage aber ist es keinem Menschen möglich, eine Antwort zu finden, und man kann diese Lücke unseres Wissens niemals ausfüllen, sondern nur dadurch bezeichnen, daß man die äußere Erscheinung einem transzendentalen Gegenstande zuschreibt, welcher die Ursache dieser Art Vorstellungen ist, den wir aber gar nicht kennen, noch jemals einigen Begriff von ihm bekommen werden.[...] (A 393),

dann setzt er sich in Widerspruch zu seinem Erkenntnisbegriff: Auf etwas, das wir gar nicht kennen, und von welchem wir prinzipiell keinen Begriff haben können, darf auch der Begriff der Ursache (die Kausalrelation) nicht angewendet werden. Wenn Kant erstens *beweisen* will, daß äußere Wahrnehmungen „nur durch die Wirklichkeit äußerer Gegenstände möglich sind" (B 279), und zweitens, daß äußere Erfahrung „eigentlich unmittelbar" sei (B 272), um auf diese Weise den cartesianischen Idealismus, der annahm, daß die einzige *unmittelbare* Erfahrung die innere sei, auf äußere Dinge aber nur *geschlossen* werden könnte, „das Spiel umgekehrt zu vergelten" (B 276), dann blieb es tatsächlich nur bei einem *Spiel mit Worten*, denn *bewiesen* wurde gar nichts.

An drei Stellen seines Hauptwerkes setzte Kant zu dem „Beweis"
a) der Wirklichkeit äußerer Gegenstände,
b) des Primats der äußeren vor der inneren Wahrnehmung an (vgl. Vorrede zur 2. Aufl. der KrV, Anm. B XL, B 275 f., A 368 f; Vgl. auch Prol., § 49).

Die aufschlußreichste Stelle dürfte folgende sein, insofern sie unzweideutig belegt, daß wir mit unseren Vorstellungen *nicht* auf *Dinge*, sondern lediglich auf den, von Kant so bezeichneten „äußeren Sinn" (also auf die *Erscheinungen*) *bezogen* sind:

> [...] ich bin mir doch meiner Vorstellungen bewußt; also existieren diese und ich selbst, der ich diese Vorstellungen habe [...] die Vorstellungen aber, welche ausgedehnte Wesen bezeichnen, auch auf *den äußeren Sinn bezogen* werden. (A 371; Herv. an dieser Stelle nicht von Kant.)

Was hier „bewiesen" wird, ist die *Intentionalität, die Bezogenheit des Vorstellens auf Etwas*, aber nicht die Realität oder *Existenz* der *Dinge*. Über die Intentionalität des Vorstellens bekommen wir keinen Aufschluß aus der Dingwelt, sondern lediglich über die Analyse unseres Bewußtseins. Wie immer die Worte für das Vehikel der Dingauffassung gewählt werden „Glaube", „Einbildungskraft", „äußerer Sinn", und was immer an erkenntnistheoretischen, wissenschaftstheoretischen und sogar ethischen *Konsequenzen* aus der jeweiligen Wahl fließen mag, – der Hiatus zwischen vorgestelltem Sein und Sein ist weder durch Sinnerweiterung der Termini noch durch eine kühne „kopernikanische" Umkehrung der natürlichen Verhältnisse und zuletzt auch nicht durch eine Verlegung nach Innen, eine Internalisierung der Problematik in das Subjekt zu überwinden.

Kant verlegte den Dualismus, der im Streit zwischen den beiden Weltanschauungen des Idealismus (Pneumatismus) und des Materialismus ausgetragen wurde, *in das Seelenleben selbst* (vgl. B 379), ohne freilich auf diese Weise das Problem der Korrelation von „vorgestelltem Ding" und „Ding" respektive „Ding an sich" lösen zu können. Kant verblieb auf der Ebene der vergleichenden Weltanschauung, wenn er seiner erweiterten Form des sogenannten transzendentalen Idealismus (und Dualismus!) drei andere weltanschauliche Versionen entgegenstellte: 1) den gewöhnlichen (unreflektierten) Dualismus einer zwei-Welten-Theorie, 2) den „Pneumatismus", der nur den Erscheinungen des inneren Sinnes Wirklichkeit beimißt und nur sie als evidente Erkenntnis gelten läßt, 3) den Materialismus, der wiederum nur den äußeren Dingen

Existenz einräumt und konsequenterweise nur ihnen Erkennbarkeit zubilligen kann. Infolge der Doppelbedeutung des Gegenstandsbegriffs traf Kant aber das punctum saliens der Gegenstandsbestimmung gar nicht, wenn er den kritisierten Positionen unterstellte, sie hielten die „Verschiedenheit der Vorstellungsart von Gegenständen [...] vor eine Verschiedenheit dieser Dinge selbst." (A 379)

Nur durch die eigenartige Verschränkung von Gegenstandstheorie, „Topik" der Erkenntnisbereiche und Analyse der Erkenntnistätigkeit kann es so aussehen, als hielten die Kritisierten die Verschiedenheit von Vorstellungs*arten* für eine Verschiedenheit von *Dingen*. Die *prinzipielle* Verschiedenheit der Vorstellungs*arten* ist kantsches Gedankengut und Resultat seiner spezifischen Analysen von innerem und äußerem Sinn, respektive die Entgegensetzung beider zu einer apriorischen transzendentalen Verstandes- und Vernunfttätigkeit.

Kants Herauslösung der Verstandestätigkeit aus der inneren Wahrnehmung (Reflexion) und die transzendentale Bestimmung der Verstandestätigkeit zur erfahrungsermöglichenden und erfahrungsanleitenden Funktion eines transzendentalen Subjekts muß den Vergleich mit den kritisierten Positionen schon deshalb in ein schiefes Licht rücken, weil sich aus seiner Perspektive jeglicher Streit über eine Verschiedenheit der Dinge und der sie denkenden Subjekte von selbst erledigt. Kant hat, was diese Verschiedenheit anbelangt, eine agnostische Position bezogen und lediglich gesagt, was sie *nicht* sei.

> Das *transzendentale Objekt*, welches der äußeren Erscheinungen, imgleichen das, was der innern Anschauung zum Grunde liegt, ist weder Materie, noch ein denkend Wesen an sich selbst, sondern ein uns unbekannter Grund der Erscheinungen, die den empirischen Begriff von der ersten sowohl als zweiten an die Hand geben. (A 380)

Aus dieser agnostischen Haltung ergibt sich wiederum die vieldeutige und zwiespältige Haltung den idealistischen Positionen seiner Vorläufer, dem „psychologischen Idealismus" Humes und dem „problematischen Idealismus" Descartes gegenüber.

§ 12 Kants Wissenschaftsbegriff als erweiternde, gegenstandskonstitutive Erkenntnis

Wenn Kant häufig in seinem Werk von „Grenze", „Grenzziehung" und „Grenzbestimmung" sprach, lag gerade in der Unbestimmtheit des transzendentalen Objekts die Unmöglichkeit einer klaren Grenzziehung. Mit der Hypothese des transzendentalen Objekts war zwar ein Standort außerhalb der philosophischen Tradition gefunden, enthob aber nicht von der Auseinandersetzung mit ihr, die Kant allerdings nur in einem uneigentlichen Sinne führte.

Wenn aus der Analyse der Vermögen der Erkenntnistätigkeit einmal die Grenze des Wissenschaftlichen gegen das bloße Meinen und Glauben des „gemeinen Verstandes" wie gegen das leere Räsonieren des „vernünftelnden Verstandes", zum anderen die *Bereiche* ermittelt werden sollten, in denen Verstand respektive Vernunft tonangebend waren, mußte in der Analyse selbst die (freilich transzendentale) Geltung ihres Anspruchs liegen.

Mit der neuen Idee von Metaphysik, aus welcher die Psychologie schon ihrem Begriff nach ausgeschlossen werden sollte, verband sich der Gedanke der Wissenschaftlichkeit als *erweiternde*, insofern über den *Notwendigkeitscharakter* des Wissbaren zu verhandeln war, während Psychologie bestenfalls das Tatsächliche, das *Faktische* des Gewußten, aber nicht seine Notwendigkeit oder *Wahrheit* zu eruieren vermag.

Kants Begriff von Wissenschaft favorisierte aber von vornherein den äußeren Gegenstand, welcher als fixierbare Stelle im Regelwerk der komplexen Erkenntnistätigkeit ausgemacht wird und gegen den inneren Gegenstand, welcher nur als verräumlichter in Erscheinung zu treten vermag, ausgespielt wird. Der Notwendigkeitscharakter der äußeren Erkenntnis ist zu rechtfertigen teils aus wissenschaftstheoretischen Erwägungen – die induktive Erfahrungserkenntnis führt zu keiner notwendigen Erkenntnis –teils aus der transzendentalpsychologischen Analyse der Erkenntnistätigkeit, mit dem Nachweis ihrer Geltung.

Die Elemente dieser Geltung sind unterschiedlich zu werten und wurden nach unterschiedlichen Gesichtspunkten und Gegenstandsbereichen zusammengetragen: Die Eruierung der Mathematik und Logik (den mathematischen Verhältnissen von Teil und Ganzem und den logischen Subjekt-Prädikat-Relationen); die oberste Bestimmung des Geistigen als reine synthetisierende (apperzeptive) Tätigkeit, bezogen auf eine nicht näher deklarierte Einheit, wurde *vorausgesetzt* und einem transzendentalen Subjekt überantwortet, dessen Bezug auf das empirische Subjekt dunkel blieb; das begriffliche Konstrukt der unbewußten Einbildungskraft als die verbindende Brücke zwischen (transzendentalem) Subjekt und Welt setzte sich zusammen aus den semantischen Elementen der Einbildung (Inkorporation), der Gestalterfassung, der Repräsentation im Gedächtnis und der Transzendierung des im zeitlichen Fluß Erlebten. Eingespannt zwischen transzendentales Subjekt und transzendentales Objekt, die beide anonym bleiben, entleerten sich die Termini „Einbildungskraft", „innerer Sinn", „äußerer Sinn" zwangsläufig ihres psychologischen Gehalts und wurden zu Instrumenten des transzendentalen Philosophierens.

Auf dieser Basis erfolgte auf einer höher anzusetzenden Ebene die Analyse von Verstand und Vernunft, die, wenngleich sie ‚Vermögen' genannt werden, wiederum, was im nachfolgenden Kapitel zu verdeutlichen ist, weit über das Psychologische hinausgreifen. Die Abgrenzung dieser Vermögen wird im Hinblick auf die *Bereiche*, in denen sie tätig werden, zu leisten versucht. Als „Statthalter" der Bereiche „physische Welt" und „Welt der handelnden Menschen" (Lebenswelt) haben sie den Notwendigkeits- und Gesetzescharakter *beider* zu eruieren, aber auch gegeneinander zu *begrenzen* und freizuhalten.

Auf dieser Ebene wird die Psychologie als Wissenschaft ausgeschlossen, weil sie einerseits nicht den Bedingungen der Möglichkeit von wissenschaftlicher Erkenntnis (im Sinne Kants) entspricht, andererseits nicht den nach kantscher Auffassung unbedingten Begriff der Freiheit als Basis moralischen Handelns einzulösen vermag, ihn vielmehr bedroht oder gar zunichte macht. Die Perspektive einer Lebenswelt, welcher die (absolute) Freiheit der Subjekte ermangelt, reduziert das menschliche Individuum nach Kants Auffassung auf die Physiologie seiner körperlichen Organe und macht den Namen „Psychologie" zu einem überflüssigen Epitheton biologischer Wissenschaft.

Daß beide Gesichtspunkte in Kants Philosophie, der erkenntnistheoretische oder wissenschaftstheoretische *und* der ethische Aspekt, in einer engen Beziehung zueinander stehen, rührt aus Kants indirekter Auseinandersetzung mit dem Philosophen, der *vor* Kant das Problem des Zusammenbestehens von Notwendigkeit und Freiheit im Hinblick auf die Erkenntnis des Subjekts (die Erkenntnis durch das Subjekt und die Erkenntnis des Subjekts) gesehen und seinerseits eine, die gesamte philosophische Tradition in Frage stellende Antwort erteilt hatte - David Hume. Daß Kant sich durch Hume bestimmen ließ, den Stellenwert des Kausalitätsbegriffs für die Wissenschaft neu zu bestimmen, ist bekannt; die zentrale Bedeutung des Kausalitätsbegriffs in der transzendentalen Philosophie verdeckt aber, daß ein anderer Begriff, der *Substanz*begriff, nicht allein die gleiche Gewichtung verdient, sondern, für die Bestimmung des psychologischen Gegenstandes von nicht minder großer Bedeutung, von Kant in jene Stellung gedrängt wurde, die ihn im 19. Jahrhundert und am Beginn der Konstitutionsphase der Psychologie zu einem tabuisierten und verpönten Begriff par excellence machte. Mit dieser Tabuisierung wurde jedoch auch der historische Weg abgeschnitten, der in der Behandlung dieses Begriffs bei Aristoteles, seiner Neubestimmung durch Descartes und seiner Kritik durch Locke und Hume zur Besinnung über eine „Geisteswissenschaft" und eine empirische Psychologie hingeführt hatte.

Kant hat dieser Entwicklung nur beiläufig Rechnung getragen und durch die transzendentale Bestimmung des Substanzbegriffs zur Kategorie der Beharrlichkeit letztlich der verengten umgangssprachlichen Verwendung vorgearbeitet, die mit „Substanz" den Stoff der Dingeigenschaften verbindet. Damit war aber nicht nur der Begriff für die psychologische Diskussion verloren, sondern auch die *Geschichte* der Diskussion dieses Begriffs verdrängt, und die Psychologie auf eine Wissenschaftskonzeption verpflichtet worden, die ihr nicht angemessen sein konnte.

Das 19. Jahrhundert, welches gemessen an der Überklarheit des 18. die „Ambivalenz" nicht nur entdeckte, sondern auch reichlich praktizierte, hat freilich auch in dieser Frage nicht eindeutig und endgültige Stellung bezogen, das heißt in diesem historischen Kontext den durch Kant verdeckten Anteil humescher Philosophie weder ganz aus den Augen verloren und negiert, noch ihren tatsächlichen Stellenwert zu würdigen gewußt. Bezeichnenderweise war es gerade F.A. Lange, der einerseits das kurzschlüssige, aber nachhaltig wirkende Machtwort in der Substanzfrage für die Psychologie sprach und den „transzendentalen Physiologismus" auf den Weg brachte, andererseits auch wieder, wenngleich durch eine mehr spöttische als tiefschürfende Bemerkung, die transzendentale kopernikanische Wende in Frage stellte, indem er auf den Einfluß *Humes* auf die deutsche Philosophie hinwies:

> Nicht ein völlig verschiedener Ausgangspunkt des Denkens und eine entgegengesetzte Methode verbürgen der philosophischen Kritik ihre Erfolge, sondern einzig die größere Genauigkeit und Schärfe in der Handhabung der allgemeinen Denkgesetze.[...] im wesentlichen aber hat sie, wie alle Kritik, mit den Werkzeugen der gesamten Logik, bald der induktiven, bald der deduktiven, zu arbeiten, und der Erfahrung zu geben, was der Erfahrung gebührt, den Begriffen, was den Begriffen gebührt. (Gesch., 2. Bd., S. 492)

Aber schon Lange interessierte sich nicht mehr für die Motive Kants, das Verhältnis induktiver und deduktiver Verfahren zugunsten eines transzendentallogischen Apriorismus zu verschieben und „Erfahrung" einzig im Sinne einer „Physiologie der äußeren Gegenstände" zu definieren, der Psychologie hingegen den Modus der (evidenten) inneren Erfahrung zu bestreiten. Unter dem Aspekt der „Grenzziehung" soll diesen Motiven im folgenden Kapitel nachgegangen werden.

3. KAPITEL: GRENZZIEHUNG

Es ist nicht Vermehrung, sondern Verunstaltung der Wissenschaften, wenn man ihre Grenzen in einander laufen läßt. (Kant, KrV, B VII)

§ 1 Kants Zurückweisung des psychologischen Idealismus, der moralisches Handeln im Modus psychophysischer Kausalität begreift

In der Auseinandersetzung mit seinen Vorläufern kritisierte Kant in der Vorrede zur 2. Auflage der „Kritik der reinen Vernunft" den „psychologischen Idealismus" als einen „Skandal der Philosophie und allgemeinen Menschenvernunft", weil er uns auferlege, „das Dasein der Dinge außer uns (von denen wir doch den ganzen Stoff zu Erkenntnissen selbst für unsern innern Sinn haben) bloß auf *Glauben* annehmen zu müssen." (Anm. B XL) An anderer Stelle zeichnete Kant den „skeptischen Idealist" (im Gegensatz zum „dogmatischen Idealismus" G. Berkeleys) als einen „Wohltäter der menschlichen Vernunft" aus, weil er uns durch seine kritische Grundhaltung dazu bewege, die Augen für erschlichenes Scheinwissen offen zu halten (A 378). Wenn als Hypothese unterstellt werden darf, daß Kant einerseits mit der Kennzeichnung „psychologischer Idealismus" die Position Humes, also den Philosophen meinte, dem er andererseits die einschneidenste Erkenntnis bezüglich einer Revision des gesamten metaphysischen Denkens zugesprochen hatte; daß Kants Bezeichnung „skeptischer Idealismus" wiederum auf Descartes zutreffen dürfte (B 274), und Kant, was das Urteil über Descartes anbelangt, fast wörtlich dem Urteil Humes folgte (vgl. Untersuchung, S. 175 ff.), dem er aber ausdrücklich den Primat der inneren Wahrnehmung abgesprochen hatte, dann bedeutet dies nichts anderes, als daß Kant das Problem, wie das geistige Sein zu denken sei, jeglichem erkenntnistheoretischen wie methodologischen Zugang aus *psychologischer* Sicht versperren wollte.

Kants abschlägiges Urteil über die Möglichkeit einer wissenschaftlichen Psychologie ist das komplexe Ergebnis seiner Auseinandersetzung mit den Philosophen, die neuzeitlicher Philosophie die entscheidenden Akzente verliehen hatten: Descartes, indem er das *Subjekt* ins Zentrum rückte; Hume, indem er das Subjekt in all seinen Bezügen zu Welt und Mitmenschen *rein immanent* zu erforschen unternahm. Daß Kant Hume für den bedeutenderen, aber auch gefährlicheren Gegner ansah, ist mit der Kennzeichnung „psychologischer Idealismus" freilich nicht erfaßt und nicht abgetan. Humes psychologische Theorie der Erfahrungserkenntnis implizierte ethische Probleme, welche Kants abschlägiges Urteil über die Psychologie wahrscheinlich noch viel mehr bestimmten als Humes erkenntnistheoretischer und wissenschaftstheoretischer Skeptizismus. Wenn Humes probalilistischer Kausalitätsbegriff wie eine Bankrotterklärung an die Naturwissenschaft aussah, implizierte seine Auffassung der Begründung ethischer Handlungen einen partiellen Determinismus; beides folgte schlüssig aus seiner immanent-empirischen Wissenschafts- und Ethikauffassung.

Während Descartes überhaupt als erster Philosoph den forschenden Blick auf das Subjekt und seine geistig-seelischen Zustände richtete, war Hume der erste idealistische Philosoph, der sich der Untersuchung der Tatsachen des Bewußtseins gänzlich unvoreingenommen zuwandte, nämlich ohne sich im mindesten an metaphysisch-religiöse Vorentscheidungen gebunden zu fühlen, und der sich in der Nachfolge Bacons und Lockes allein der Beobachtung des empirisch Gegebenen verpflichtete. Das Neue der Position Humes (Descartes und Locke gegenüber) war neben der viel weitergehenden Skepsis bezüglich des logischen Modus kausaler Erkenntnis seine schneidende Kritik der christlichen Religion (vgl. insbesondere den 10. Abschnitt „Über Wunder", Untersuchung, S. 128 ff.). Hume mißt die auf Wunder rekurrierenden Inhalte der christlichen Religion an der *Wahrscheinlichkeit*, das heißt Häufigkeit und Regelmäßigkeit der gewöhnlichen Erfahrung, die, wenngleich nicht unfehlbar, doch als *einzige* Führerin in der rationalen Erkenntnis in Frage kommen kann. Wie sollen wir den Zeugnissen der Apostel *Glauben* schenken können, wenn ihre Berichte über Wunder aller Erfahrung und damit aller Wahrscheinlichkeit auf das ärgste widerstreiten? Jedes Wunder ist per definitionem eine Verletzung der Naturgesetze, ein Verstoß gegen die gleichförmige Erfahrung, die nach Hume ja die einzige, wenngleich unvollkommene Quelle unseres Wissens von der Welt darstellt. Hume führte das Ansehen, welches die christliche Religion genießt, bei den Perzipienten auf Sensationslust, stumpfen Geist, erhitzte Einbildungskraft und Urteilsschwäche, bei den Produzenten der Wundergeschichten auf Betrug, mangelnde Erziehung, mangelnde Bildung und Eitelkeit zurück. Religion kann nach Hume nicht allein *nicht* mithilfe der *Vernunft* überzeugen; sie *pervertiere* im Gegenteil alle Verstandes- und Vernunfttätigkeit. Wer sich hingegen durch den *Glauben* bewegen ließe, ihr zuzustimmen,

> der ist sich eines fortgesetzten Wunders in seiner eigenen Person bewußt, das alle seine Prinzipien des Verstandes umkehrt und ihn bestimmt, das zu glauben, was der Gewohnheit und der Erfahrung am meisten widerstreitet. (A. O., S. 155)

Zwei Aspekte der humeschen Religionskritik und Pathographie des religiösen Glaubens sind bemerkenswert: der Ton der Härte und Schärfe, der von Humes sonstiger loyalen und ausgewogen-überlegenen Schreibweise absticht, und die *Aufwertung* der Erfahrungserkenntnis nach dem Kausalprinzip, das sich in *diesem* Kontext beinahe wie ein evidentes Prinzip darstellt: „Nur die Erfahrung allein gibt menschlichem Zeugnis verbindende Kraft und dieselbe Erfahrung ist es, welche uns der Naturgesetze versichert." (A. O., S. 151) Eben dieselbe Erfahrung hat nach Hume aber auch als Grundlage „der moralisch-gewissen Denkakte, welche den größten Teil des menschlichen Wissens bilden und die Quelle alles menschlichen Handelns und Verhaltens sind [...]" ‚(a. O., S. 192) zu dienen! Menschliches Handeln ist unter derselben „Notwendigkeit" zu begreifen, die wir aus den Naturerscheinungen gewinnen. Die *Vorstellung* der Notwendigkeit stammt aus den Erlebnissen der Gleichförmigkeit der Naturgeschehnisse; untereinander gleichförmige Gegenstände stehen im Zusammenhang mit ihrerseits untereinander gleichartigen – das sagt die Erfahrung, und in Übereinstimmung mit der Erfahrung definiert Hume den Begriff der Ursache als „einen Gegenstand, dem ein anderer folgt, wobei allen Gegenständen, die den ersten gleichartig sind, Gegenstände folgen, die den zweiten gleichartig sind." (S. 92)

Aus der *Gleichheit* menschlicher Handlungen in gleichen oder ähnlichen Situationen, bei gleichen oder ähnlichen Charakteranlagen, Zielsetzungen und auf dem Hintergrund gleicher normativer Systeme, erwächst auch allererst unser *Verstehen* anderer. Die Kausalrelation (im Sinne Humes) muß also ebenso auf die notwendige Herleitung der Willenshandlungen aus bestimmten Beweggründen Anwendung finden; sie „freie" Handlungen zu nennen, würde sie dem Zufall anheimgeben, der aber nur ein Wort der Verneinung und ein Wort für unsere Unwissenheit ist. *Die Erkenntnis der physischen wie der psychischen Kausalität beruht auf dem gleichen Prinzip* – ungeachtet gewisser philosophischer Einwände, welche in der Negation der sogenannten Willensfreiheit „gefährliche Folgen für Religion und Sittlichkeit vorschützen." (A. O., S. 114)

Hume verwahrt sich entschieden gegen Einwände, welche nicht auf die Stichhaltigkeit der Argumente selbst eingehen, sondern zuerst und vor allem auf die aus ihnen entstehenden *Konsequenzen* Bezug nehmen wollen. „Führt eine Ansicht zu Widersinnigkeiten, so ist sie gewiß falsch; aber es ist nicht gewiß, daß eine Ansicht falsch ist, weil sie gefährliche Folgen hat." (Ebd.) Der Begriff der Willensfreiheit, insbesondere in theologischer Verwendung unter Einbeziehung der Prädestinations- und Theodizee-Problematik, enthält nach Hume ein ganzes Bündel von Widersinnigkeiten, das aufzulösen die Schwäche unseres Verstandes weit überfordern würde. „Unsere Senkleine ist nicht lang genug, so ungeheure Abgründe zu loten." (A. O., S. 87) Daß Kant sich gerade durch die *Konsequenzen* einer Lehre, welche die Willensfreiheit auf die bloß psychologische Freiheit, nämlich „die Macht zu handeln oder nicht zu handeln, je nach den Entschließungen des Willens" (a. O., S. 113) einschränkte, welche jedoch die *Beweggründe* des Willens gerade nicht für frei erklärte, zu seiner transzendentalen Wende bestimmen ließ, dürfte in der Kantinterpretation wenig populär sein, wie ja auch Kants Kritik des Empirismus das moderne Kantbild weniger prägt als Kants Kritik der spekulativen Metaphysik und ‚alten' Ontologie.

Es ist aber einerseits nicht davon auszugehen, daß Kant durch Humes probabilistischen Kausalitätsbegriff die Naturwissenschaft als *Faktum* gefährdet sah (Kant setzte das Naturgesetz als Faktum voraus), was im übrigen auch Hume nicht unterstellt werden darf, wenn er schrieb:

> Es ist allgemein anerkannt, daß die Materie in allen ihren Vorgängen durch eine notwendige Kraft getrieben wird, und daß jede Wirkung in der Natur so genau durch die Energie ihrer Ursache bestimmt ist, daß unter diesen besonderen Umständen das Eintreten keiner anderen Wirkung möglich wäre. (S. 98)

Weder das *Faktum* des Naturgesetzes noch die *Effizienz* der Naturwissenschaft wurde von Hume verneint, sondern der *Wert* naturwissenschaftlicher Erkenntnis wird an der „größeren Bedeutung der Wissenschaft vom Menschen" gemessen und *relativiert* (vgl. Traktat, Einleitung, S. 5). Es ist andererseits auffallend, daß Kant den humeschen Empirismus insbesondere in den späteren Arbeiten als einen Skeptizismus darstellte, der aus purer Zweifelsucht und Zweifellust der Vernunft prinzipiell das Mißlingen ihrer eigenen Behauptungen nachweisen will (vgl. Bd. 5, S. 343). Das stärkste Motiv der Abwehr des Empirismus als Skeptizismus dürfte aber zuletzt darauf zurückzuführen sein, daß nach Kant der „seichte Empirismus" die Kraft der Religion und Moral aushöhlte, so daß die moralischen Grundsätze zuletzt ihre Gültigkeit verlören.

§ 2 Psychische Kausalität und unbedingte Freiheit - Moral als Faktum in Analogie zum Faktum der Naturgesetzlichkeit

Worum es Kant in seiner Kritik des Empirismus vor allem zu tun war, machte er nicht in der „Kritik der reinen Vernunft", sondern in der „Kritik der praktischen Vernunft" deutlich, nämlich jene „bedingte" „psychologische Freiheit", von welcher der „seichte Empirismus" handele, durch das in leuchtenden Farben entworfene Kontrastbild einer *absoluten* „intelligiblen" Freiheit des Willens auszulöschen oder doch suspekt zu machen. Der Akzent muß hier auf die Kritik des psychologischen Freiheitsbegriffs gelegt werden.

> Weil es indessen noch viele gibt, welche diese Freiheit noch immer glauben nach empirischen Prinzipien, wie jedes andere Naturvermögen, erklären zu können, und sie als *psychologische* Eigenschaft, deren Erklärung lediglich auf einer genaueren Untersuchung der *Natur der Seele* und der Triebfeder des Willens ankäme, [...] so wird es nötig sein, hier noch etwas wider dieses Blendwerk, und der Darstellung des *Empirismus* in der ganzen Blöße seiner Seichtigkeit anzuführen. (K.d.p.V., Bd. 6, S. 218-19)

Einige Seiten weiter heißt es betreffs einer psychologisch fundierten Freiheit, sie würde „im Grunde nichts besser, als die Freiheit eines Bratenwenders sein, der auch, wenn er einmal aufgezogen worden, von selbst seine Bewegungen verrichtet". (A. O., S. 222) Kant schloß also aus, daß es eine *Alternative* zu einer transzendental definierten absoluten und einem absolut definierten Determinismus menschlicher Handlungen geben könnte, und zwar ganz gleich, ob das die Handlungen ausführende „Maschinenwesen" „automatisch-materialistisch" oder psychologisch, das heißt hier als ein „durch Vorstellungen betriebenes" Wesen aufgefaßt würde.

Wenn nach humescher Auffassung die Kausalrelation die *einzige* Tatsachenverknüpfung ist, die wir zu begreifen vermögen, der freie Wille hingegen etwas sein soll, welches zwar Ursache unserer Handlungen ist, insofern er sie *hervorbringt*, aber ohne *notwendig mit ihrer Wirkung verknüpft zu sein*, dann muß man nach Hume schon „unverständliche Ausdrücke" gebrauchen, wenn man eine Ursache definieren will, „ohne als einen Teil der Definition *eine notwendige Verknüpfung* mit ihrer Wirkung einzubegreifen", (a. O., S. 113) oder wenn ‚Ursache' als „causa sui", „prima causa" definiert wird, nämlich als ‚Ursache', welche sich selbst hervorbringt, das heißt ihrerseits keiner Bedingung (vorausgehender Ursache) bedarf. Der Begriff der Ursache ist nach Hume aber nur dann verständlich, wenn er aufgefaßt wird als dasjenige, wodurch irgendetwas *beständig* existiert. „Diese Beständigkeit bildet das wahre Wesen der Notwendigkeit, und eine andere Vorstellung haben wir nicht davon." (A. O., S. 114)

Kant begriff ‚Freiheit' aber ausdrücklich als das Vermögen, Ursachen „*von selbst* (sponte) anzufangen, d. i. ohne daß die Kausalität der Ursache anfangen dürfte." (Prol. § 53, S. 217) Eine sprachkritische Untersuchung, ob Kant tatsächlich „unverständliche Ausdrücke" gebrauchen mußte, um seine Lehre von einer „Kausalität ohne Ursache", welche „von selbst" anfangen kann, zu rechtfertigen, steht gewiß nicht an, noch weniger eine Kritik der kantschen transzendentalen Freiheitslehre, deren weitreichende, verzweigte und tiefgründige Intentionen den Rahmen der anstehenden Thematik überschreiten. Jedoch ist das Problem eines Zusammenbestehens respektive Sich-ausschließens von Notwendigkeit und Freiheit, Ursächlichkeit und Motivation, physischer und psychischer Kausalität als die „umstrittenste Frage der umstrittensten Wissenschaft, der Metaphysik" (nach Hume, Untersuchung, S. 112) bei Kant so eng mit dem Ausschluß der Psychologie als Wissenschaft verbunden, daß an diesem Problem transzendentaler Philosophie natürlich nicht vorbeigegangen werden kann – zumal auch in diesem Fall Kants abschlägiger Bescheid wiederum psychologische Lösungen (namentlich bei Schopenhauer) evozierte, die das Problem, weniger bescheiden als Hume, s.z.s. „mit Kant an Kant vorbei" erledigen wollten. Daß jene „umstrittenste Frage der Metaphysik" – die Kausalitätsfrage – zugleich auch ein zentrales Thema der theoretischen Psychologie, wenn nicht gar (neben der Ichproblematik) *die* Grundproblematik psychologischer Methodologie ausmacht, wurde auch von neukantianistisch orientierten Methodologen so eingesschätzt. „So bleibt im allgemeinen die Frage, ob es eine psychische Kausalität gibt und wie sie sich zur physischen verhält, die Grundfrage der psychologischen Erklärung." (Vgl. Cohn, 1913, S. 228)

Wie diese „Grundfrage der psychologischen Erklärung" in Angriff genommen wurde, wird an späterer Stelle zur Diskussion gestellt; hier ist lediglich zu verdeutlichen, daß Kant schon die *Mitsprache der Psychologie* in der Kausalitätsfrage zurückwies. Stellte sich der Empirismus auf den Standpunkt eines seelischen Automatismus (vgl. Kants sarkastische Metapher vom „Bratenwender", die freilich auf Humes Vorstellung psychischer Kausalität nicht zutreffen kann), dann degradierte er das menschliche Wesen zum Ding ohne Vernunft und Wert; stellte er sich auf den Standpunkt einer bedingten Freiheit, so war dies nur – jedenfalls nach Kants Auffassung – aus der Bankrotterklärung an die wissenschaftliche Vernunft zu folgern.

Die von Kant verteidigte absolute (unbedingte) Freiheit in dem spontanen Vermögen, Handlungen von sich aus (ohne Ursache) anfangen zu können, ist freilich nicht Gegenstand einer Erfahrungswissenschaft; dieses Freiheitsvermögen muß, wie das spontane Verstandesvermögen selbst (als das Vehikel der transzendentalen Synthesen) entweder irgendwie vorausgesetzt oder in einem anderen als dem Erfahrungsbereich, dem Bereich des Intelligiblen und Noumenalen, angesiedelt werden. *Beide* Möglichkeiten wurden von Kant herangezogen und zur Verteidigung der absoluten Freiheit geltend gemacht. Zur Durchführung seines Programms trennte Kant das Vernunftvermögen a priori in einen *formalen* (transzendentalen) Teil, der sich nur mit den Formen des Verstandes und der Vernunft beschäftigt, und in einen *materialen* (wissenschaftstheoretischen) Teil, welcher sich mit bestimmten Gegenständen und Gesetzen zu befassen hat (vgl. dazu die Vorrede zur Grundl.z.M.d.S.). Der *materiale* Teil wird wiederum gesondert in die Untersuchung der allgemeinen Naturgesetzlichkeit und die Untersuchung der Gesetze einer allgemeinen (universalen) Sittenlehre – mit dem nachdrücklichen Hinweis darauf, daß dieser Teil nicht mit der *angewandten* Wissenschaft vermengt werden dürfe (naturwissenschaftliche Technik und Effizienzlehre des Handelns). Was letztere Sonderung (Naturlehre und Sittenlehre) anbelangt, ging Kant für beide Bereiche analog davon aus, daß das allgemeine Gesetz nicht nachträglich aus den erfahrbaren Geschehnissen und Handlungen abgeleitet werden darf, sondern selbst als *Faktum* vorausgesetzt werden muß. Bezüglich einer Begründung der Moralität der Handlungen ist also nicht von der „Natur des Menschen" oder den „Umständen der Welt" auszugehen, sondern die *reine* Moralphilosophie muß prinzipiell von der *praktischen* Anthropologie getrennt werden.

Wie Kant einmal das „Faktum" der Naturwissenschaft (die Gesetzmäßigkeit innerhalb newtonscher Physik) *voraussetzte* (vgl. Kant, KrV, B 126; dazu Stegmüller, 1970, S. 12 und Kaulbach, 1982, S. 61), so setzte er auch das „Faktum" der Moralität, das moralische Gesetz, voraus (vgl. K.d.p.V., S. 142), um sodann die Bedingungen der Möglichkeit ihrer Notwendigkeit, das heißt, hier sowohl ausnahmslose Geltung und Verpflichtung als auch freiwillige, weil selbst auferlegte (autonome) Akzeptanz des Gesetzes, im Rahmen transzendentaler Philosophie nachzuweisen.

Kant räumt ein, daß hier eine „Art von Zirkel" bestehen könnte, aus dem aber nicht herauszukommen und der also nicht zu vermeiden sei (vgl. Grundl.z.M.d.S., S. 85); es wird nämlich einmal die Freiheit (als die ratio essendi) vorausgesetzt, um aus ihr das Gesetz (autonome Gesetzgebung) abzuleiten; dann wiederum wird das Gesetz (als die ratio cognoscendi) vorausgesetzt, um von ihm die Freiheit abzuleiten (vgl. Vorrede zur K.d.p.V., S. 108). Gemeint ist, daß das Gesetz als die Bedingung fungiere, unter der wir uns allein der Freiheit *bewußt* werden könnten.

Dem spontanen Vermögen des Verstandes, Vorstellungen und Gesetze allererst *möglich* zu machen, und sie nicht etwa erst im nachhinein *deutlich* zu machen (vgl. KrV, B 245), korreliert das spontane Vermögen der Vernunft, den Willen durch Setzung, nämlich Setzung moralischer Ideen und Prinzipien, zu bestimmen: „Das moralische Sollen ist also eigenes notwendiges Wollen." (Grundlz.M.d.S., S. 91) Kant löst auf diese Weise das Problem der Willensfreiheit aus der traditionellen Verknüpfung mit seinen religiösen Inhalten; die Gottesidee und die Idee der unsterblichen Seele werden nicht mehr als *Bedingungen* des moralischen Gesetzes selbst begriffen und vorausgesetzt, müssen also auch nicht mehr als *existent nachgewiesen* werden, sondern erst als Bedingungen der *Anwendung* des moralisch bestimmten Willens „kann und muß ihre Möglichkeit in dieser praktischen Beziehung *angenommen* werden, ohne sie doch theoretisch zu erkennen und einzusehen." (Ebd.)

Die Betrachtung beider Kausalitäten zugleich – der Naturgesetzlichkeit und der Notwendigkeit moralisch verpflichtender Gesetze – nach dem Modus der *Analogie* ist nach Kant legitim, weil nicht die unvollkommene Ähnlichkeit zweier Dinge (Naturkraft und moralische Kraft), sondern die vollkommene Ähnlichkeit zweier *Verhältnisse* gegeben sei und untersucht werden könnte (vgl. Prol., § 58). Einerseits entfallen also jene ‚Widersinnigkeiten', welche Hume in der Verknüpfung des Problems der menschlichen Willensfreiheit mit religiösen und theologischen Inhalten und Fragen gesehen und kritisiert hatte; andererseits will Kant das Moral- und Gottesproblem der Restriktion durch die „seichte" empirische Verstandeserkenntnis *entziehen*.

§ 3 Schranken- und Grenzsetzung des reinen Vernunftvermögens im Hinblick auf höchste moralische Zwecke

Kant setzte den „Probierstein der Wahrheit" in Gegensatz zum „Interesse der Vernunft" (KrV, B 490 ff.). Angesichts der höchsten moralischen Zwecke und Ziele des menschlichen Lebens (Gott, Freiheit und unsterbliche Seele) wird der Vernunft
   1) eine Vorrangigkeit vor der Verstandeserkenntnis eingeräumt (gegen den Empirismus),

2) wird die Vernunfterkenntnis zugleich selbst begrenzt (gegen den Rationalismus),

3) wird sie als das oberste spontane Vermögen der geistigen Tätigkeit überhaupt (das oberste Vermögen apriorischer Erkenntnis) gekürt.

Die Vernunft als rein bestimmendes, durch nichts Sinnliches bestimm*bares* Vermögen, setzt sowohl dem im Bereich des Sinnlichen schrankenlos forschenden Verstand Grenzen, indem sie auf das Übersinnliche (Intelligible) *verweist*, als sie auch sich selbst zu beschränken vermag, indem sie ihr Streben nach dem Übersinnlichen und Unbedingten zwar für ein *Streben nach*, aber nicht für eine *Erkenntnis* des *Absoluten* auszumachen und von ihm zu unterscheiden weiß. Kant hatte im dritten „dialektischen" Teil der „Kritik der reinen Vernunft" mit Nachdruck auf den dialektischen Trug der reinen Vernunft verwiesen, der infolge einer natürlichen Anlage dieses obersten Vermögens unvermeidlich sei, insofern reine Vernunft, die es nur mit Ideen und Prinzipien, nicht aber mit empirischen Gesetzen und Gegenständen zu tun habe, den Ideen ein *reales Dasein* und „objektive Realität" zu verschaffen suche (vgl. B 35O ff.).

Die Kritik dieses (unerlaubten) Verfahrens reiner Vernunft betraf dort die Behandlung des Seelenbegriffs (als immaterielle denkende Substanz), des Begriffs der Einheit und Totalität (Ganzheit) aller Erscheinungen und den Urgrund allen Seins, die Auffassung der Gottesidee (causa prima, causa sui) und den Umgang mit den Gottesbeweisen. Inwieweit dieses oberste transzendentale Vermögen sich aber sowohl zu sich selbst kritisch zu verhalten (den Ideen keine objektive Realität verschaffen zu wollen) als auch jenem anderen transzendentalen Vermögen, dem Verstand, seine Schranken nachzuweisen vermag, und noch in der Diskussion über „Schranken" und „Grenzen" sowohl der Verstandeserkenntnis als auch der Vernunfterkenntnis die oberste Gerichtsbarkeit übernehmen kann – ist aus den transzendentalen Prämissen selbst nicht mehr einsichtig.

Kant benutzte an verschiedenen Stellen seines Werkes *Bilder*, um uns das problematische Verhältnis einer Verschränkung, Begrenzung und Entgrenzung der Verstandesätigkeit mit den Obliegenheiten der reinen Vernunft anschaulicher und durchsichtiger zu machen; aber er verwandte die Metaphern für „Schranke" und „Grenze" einmal sowohl in positiver wie in negativer Wortbedeutung, zum anderen nicht konsistent. Die metaphorische Gegenüberstellung von „Schranke" und „Grenze" meint im Hauptwerk die Schranken einer prinzipienlos forschenden (eigentlich schrankenlosen) induktiven empirischen Wissenschaft im Unterschied zur transzendentalen Wissenschaft, welche zugleich auch den begrenzenden Horizont des Wissbaren überblickt (B 786 ff.); in den „Prolegomena" haben Mathematik und Naturwissenschaft zwar „Schranken", aber keine „Grenzen" (ihr Forschen erstreckt sich ins Unendliche), während der metaphysischen Erkenntnis eine „Grenze" immanent sei, die aber „positiv" zu bestimmen ist, weil sie sowohl den Raum des Gegenständlichen zu überblicken als auch über den Horizont (des Gegenständlichen) hinauszublicken vermöchte (§ 57).

Geben die Bilder keinen Aufschluß, so ist doch die Absicht unverkennbar, nämlich das Unzureichende und Fehlgehende in den Analysen und „Geographien" der menschlichen Verstandestätigkeit sowohl in der Version des Idealismus (Leibniz) als auch des Empirismus (Locke) nachzuweisen, insofern *beide* nicht die „Dinge an sich" von den Erscheinungen im Gemüt zu unterscheiden gewußt hätten.

Leibniz intellektuierte die Erscheinungen, so wie Locke die Verstandesbegriffe nach seinem System [...] insgesamt *sensifiziert*, d. i. für nichts, als empirische, oder abgesonderte Reflexionsbegriffe ausgegeben hatte. Anstatt im Verstande und der Sinnlichkeit zwei ganz verschiedene Quellen von Vorstellungen zu suchen, die aber *nur in Verknüpfung* objektiv-gültig von Dingen urteilen könnten, hielt sich ein jeder dieser großen Männer nur an eine von beiden, die sich ihrer Meinung nach unmittelbar auf Dinge an sich selbst bezögen, indessen daß die andere nichts tat, als die Vorstellungen der ersteren zu verwirren oder zu ordnen. (KrV, B 327)

Also anstelle einer scharfen Unterscheidung der eigentlichen Obliegenheiten von Verstandes- und Vernunfttätigkeit in transzendentalimmanenter Betrachtung verweist Kant auf die gegnerischen Positionen und beanstandet den Kontrahenten eben dasjenige, was bezüglich der eigenen Prämissen fragwürdig war, nämlich jene *Trennung*, aber auch wieder *Vermischung* der anschaulichen und begrifflichen Erkenntnis. Wenn Schopenhauer wiederum der Lehre Kant eben dasjenige vorwarf, was Kant bei seinen Kontrahenten kritisiert hatte, „nämlich nirgends die anschauliche und abstrakte Erkenntniß deutlich unterschieden, und eben dadurch [...] sich in unauflösliche Widersprüche mit sich selbst verwickelt zu haben" (vgl. W.a.W. u.V., I, 2, S. 530), betrifft dies die transzendentalpsychologischen Prämissen, aber noch nicht den transzendental*kritischen* Aspekt. Freilich stehen die beiden Paare ‚Sinnlichkeit-Verstand' und ‚reiner Verstand-reine Vernunft' ihrerseits in einer Wechselbeziehung. Fragwürdig ist diese, insoweit sie die jeweilige *Realität* der Gegenstände (Objekte und Ideen) von einander sondern und gegeneinander sicherstellen soll. Wenn der Verstand Objekte erzeugt, die Vernunft Ideen erzeugt, kann der unterschiedlichen *Seins*art dieser Gegenstände aber weder durch eine Restriktion des Verstandes durch die Vernunft, noch der Vernunft durch den Verstand genüge getan werden. Legte der Titel des Hauptwerkes nahe, vornehmlich auf die *Überschreitungen* der reinen Vernunft (mit dem Ziel einer Erkenntnis des Unbedingten) achtzuhaben, so wird ihr mit der Unterscheidung von „Ding an sich" und Erscheinung letztlich wieder eine Kompetenz übertragen, sich über einen (dritten?) Bereich zu äußern, welcher weder vom Bedingten noch vom Absoluten handelt.

§ 4 Die Entgrenzung des Grenzbegriffs „Ding an sich", die den Personbegriff als „intelligiblen Charakter" der psychologischen Forschung entzieht

Die Durchsetzung einer transzendental fundierten absoluten und unbedingten Freiheit gegen die psychologisch-empirisch bedingte konnte freilich nur gelingen, insofern Kant das „Ding an sich", jenen „Grenzbegriff", von dem wir nichts wissen und nichts zu erkennen vermögen, der eigentlich nur für einen „problematischen Begriff" genommen werden darf, „dessen objektive Realität auf keine Weise erkannt werden kann" (B 310), *dann doch*, insbesondere in der Analyse und Gegenüberstellung des „intelligiblen" und des „empirischen" Charakters, *positiv* bestimmte. Dem „Ding an sich" wird das Vermögen beigelegt, „eine Reihe von Begebenheiten von selbst anzufangen." (KrV, B 502)

Kant nennt in der Form der Negation „dasjenige an einem Gegenstand der Sinne, was selbst nicht Erscheinung ist, intelligibel." (B 566) Einerseits will Kant die Freiheit aber nicht bloß *negativ*, nämlich als Unabhängigkeit von empirischen Bedingungen, charakterisieren, weil sonst das Vernunftvermögen aufhören würde, Ursache von Erscheinungen zu sein (KrV B 582), andererseits muß er in der Beschreibung des Intelligiblen und Noumenalen argumentativ vorwiegend im Modus der Negation verfahren: Es widerspreche nicht, dem transzendentalen Gegenstand (dem „Ding an sich") außer seiner Eigenschaft zu erscheinen, *nicht* auch eine Kausalität beizulegen, die *nicht* Erscheinung sei, obwohl ihre Wirkungen dennoch in der Erscheinung anzutreffen wären. Die noumenale Freiheit wird im „intelligiblen Charakter" des Subjekts verankert, der *nicht* mit dem sinnlich erfahrbaren „empirischen Charakter" verwechselt werden dürfe. Der „intelligible Charakter" stehe *nicht* unter den Bedingungen der Sinnlichkeit, mithin auch *nicht* unter den Bestimmungen der Zeit und den Gesetzen der Veränderung.

> Nach dem intelligibelen Charakter [...] würde das Subjekt dennoch von allem Einflusse der Sinnlichkeit und Bestimmungen durch Erscheinungen freigesprochen werden müssen, und, da in ihm, so fern es Noumenon ist, nichts *geschieht*, keine Veränderung, welche dynamische Zeitbestimmung erheischt, mithin keine Verknüpfung mit Erscheinungen als Ursachen angetroffen wird, so würde dieses tätige Wesen, so fern es seinen Handlungen von aller Naturnotwendigkeit, als die lediglich in der Sinnenwelt angetroffen wird, unabhängig und frei sein. Man würde von ihm ganz richtig sagen, daß es seine Wirkungen in der Sinnenwelt *von selbst* anfange, ohne daß die Handlung *in ihm* selbst anfängt; [...]. (KrV, B 569)

Die für die psychologische Kantrezeption bedeutungsvolle, insbesondere von Schopenhauer gewürdigte Aufteilung des menschlichen Charakters in den „intelligiblen" und den „empirischen" Charakter ist Kants tiefgründigste Antwort auf die von Hume bezweifelte Möglichkeit, „eine Ursache zu *definieren*, ohne als einen Teil der Definition eine *notwendige Verknüpfung* mit ihrer Wirkung einzubegreifen." (Untersuchung, S. 113)

Offenbar nutzte Kant die Spanne zwischen „Ding an sich" und Erscheinung, um den erkenntnistheoretisch prinzipiell unüberbrückbaren Hiatus zwischen Ursache und Wirkung in der Erfahrungswelt durch jene Trennung intelligibler/empirischer Charakter für die *praktische* Erkenntnis begreiflich zu machen. Das ist soweit nachvollziehbar, als Kant sich darauf beschränkt, dem Empirismus überhaupt die *Mitsprache* in den Fragen der „Freiheit des Willens", „Moralität des menschlichen Subjekts", des „Wertes der Person" zu verbieten respektive dem Empirismus, der von einer bedingten psychologischen Freiheit handeln will, die eigentliche *Unbegreiflichkeit* des Mysteriums ‚Freiheit' und dem mit ihm in Zusammenhang stehenden Mysterium der personellen Identität *begreiflich* zu machen (zur „Unbegreiflichkeit" vgl. Grundl.z.M.d.S., S. 101).

Wenn Kant nicht mehr sagen will, als „daß Natur der Kausalität aus Freiheit wenigstens nicht widerstreite", (KrV B 587) daß Freiheit „denkbar" und „möglich", aber nicht „beweisbar" und „wirklich" sei, fällt die Zustimmung nicht schwer. Weniger nachvollziehbar sind hingegen jene doch irgendwie auch *positiv* zu deutenden Erläuterungen über den intelligiblen Charakter. Wie sollen wir uns ein *tätiges* Wesen von *dieser* Welt denken, in dem *nichts geschieht*, weil es *außerhalb aller Zeit tätig* wird? Aufgrund von *was* unterscheidet sich das tätige Wesen in *diesem* menschlichen Individuum von einem *anderen*, wenn charakterliche Unterschiede auf der phänomenalen Ebene nicht nur unbezweifelbar bestehen, sondern auch eine Erklärung verlangen? Wie kann Kant dieses zugleich tätige *und* beharrliche Wesen mit der Vernunft identifizieren: „Die Vernunft ist also die beharrliche Bedingung aller willkürlichen Handlungen, unter denen der Mensch erscheint", (B 581) und uns zugleich mit der Frage stehen lassen, worin im Fall eines unvernünftigen und nichtswürdigen empirischen Charakters die Vernunft nicht *sich* anders zu bestimmen wußte, sondern lediglich die *Erscheinungen* durch ihre Kausalität beeinflußt hat? Kant sagt lediglich:„Darauf aber ist keine Antwort möglich." (KrV, B 584)

Die Verlegung der menschlichen Freiheit, zugleich der mit ihr in Zusammenhang stehenden bedeutsamsten menschlichen Wesenszüge in das transzendentale Objekt als „Ding an sich", zog dann freilich die gänzliche *Unerkennbarkeit* der eigentlich menschlichen Substanz als eine mit Verantwortung, Würde, Schuld und Verdienst ausgezeichnete Person nach sich. Diesen Schluß zieht Kant auch:

> Die eigentliche Moralität der Handlungen (Verdienst und Schuld) bleibt uns daher, selbst die unseres eigenen Verhaltens, gänzlich verborgen. Unsere Zurechnungen können nur auf den empirischen Charakter bezogen werden. Wie viel aber davon

reine Wirkung der Freiheit, wie viel der bloßen Natur und dem unverschuldeten Temperament, oder dessen glücklicher Beschaffenheit (merito fortunae) zuzuschreiben sei, kann niemand ergründen, und daher auch nicht nach völliger Gerechtigkeit richten. (KrV, B 580)

In diesem Kontext wird moralische Selbsterkenntnis (nicht jedoch Erkenntnis des Moralischen) ausgeschlossen, analog der in der theoretischen Philosophie vermeintlichen Erkenntnis des denkenden Ich. Wenn ‚Person', ‚Subjekt', ‚Ich' als jeweils sprachliche Wendungen für die personelle Identität keine Gegenstände wissenschaftlich-psychologischer Erkenntnis sind, und es in Ansehung des empirischen Charakters keine Freiheit gibt, bleibt für die psychologische Erkenntnis allerdings allein die Perspektive des „Bratenwenders", das heißt die menschliche Handlungen ermöglichenden Ursachen *physiologisch* zu erforschen. Diese Vorwegnahme des behavioristischen Reiz-Reaktionsmodells mit Ausschluß aller *mentalen* Ursachenforschung wurde offenbar zu früh formuliert, um Gehör zu finden. Das mag einmal daran gelegen haben, daß Kants „Anthropologie" das Beiwort „pragmatisch" mitführt und implizit auf die Freiheit verweist, insofern zu fragen und zu forschen sei, nach dem „Prinzip des Gebrauchs oder Mißbrauchs, den Menschen von ihrer Person und Freiheit unter einander machen, da ein Mensch den andern bloß zum Mittel seiner Zwecke macht, [...]". (Anthropologie, Bd. 10, S. 605) Zum anderen darf sich diese „Anthropologie" nicht „Wissenschaft", sondern lediglich „angewandte Philosophie" nennen.

Kants Lehre vom intelligiblen Charakter inspirierte hingegen zu einer ganz anderen Psychologie, in der das Ich als Subjekt und Person nicht nur *nicht Thema* war, sondern als Prinzip des Scheins, als eine zu entlarvende Täuschung auftritt; dagegen der unbewußte Wille als der allen Subjekten zugrundeliegende metaphysische Lebensdrang und Lebenstrieb zum eigentlichen Gegenstand psychologischer Forschung avancierte.

§ 5 Die Lehre vom intelligiblen Charakter im Lichte der Psychologie des unbewußten Willens; Schopenhauers Gleichsetzung von Kausalität und Motivation

A. Schopenhauer hat Kants Lehre vom „intelligiblen Charaker" als die Lehre vom Zusammenbestehen der Freiheit mit der Notwendigkeit für „die größte aller Leistungen des menschlichen Tiefsinns" erklärt. „Sie nebst der transzendentalen Aesthetik, sind die zwei großen Diamanten in der Krone des Kantschen Ruhms, der nie verhallen wird". (Vgl. Kl. Schr. II, S. 216)

Der kantschen Ethik zollte Schopenhauer dagegen wenig Achtung. Als Werk der „Altersschwäche" und „bloße Verkleidung theologischer Moral" sei sie „wegzuräumen". Kant habe Prinzip und Fundament seiner Moral „auf eine sehr künstliche Weise" verknüpft, und wo Kant das moralische Gesetz als ein

„Faktum" bezeichne, widerspreche „dieser seltsame Ausdruck" per se dem aus *reiner* Vernunft Erkennbaren. Für die „Würde des Individuums" hatte Schopenhauer im ganzen nur Spott übrig (vgl. a. O., S. 155, 159, 225, 184, 206 ff.).

Schopenhauers Grundlegung der Moral (in ihren beiden Ausarbeitungen zur „Freiheit des Willens" und zur „Grundlage der Moral") sind beachtenswert, weil gerade in diesen Schriften deutlich wird, wie die von Kant *zurückgewiesene Psychologie*, sowohl das erkennende wie das moralische Subjekt betreffend, in eine Psychologie des *Es*, des unbewußten blinden Willens, des alle Subjekte gleichermaßen bewegenden, aber auch alle Subjektivität vernichtenden Lebenstriebs umgemünzt werden konnte. Die Bedeutung dieser Wende vom Ich zum Es, vom „Cogito" zum „Volo" ist für die Weichenstellung der Tiefenpsychologie, der Charakterologie, der Motivationsforschung nicht hoch genug zu veranschlagen. Schopenhauer dürfte der erste gewesen sein, der die Bezeichnung „Motivation" in die Psychologie eintrug. ‚Motivation' ist nach Schopenhauer

> nicht im Wesentlichen von der Kausalität verschieden, sondern nur eine Art derselben, nämlich die durch das Medium der Erkenntnis hindurchgehende Kausalität.[...] Auch hier also ruft die Ursache nur die Äußerung einer nicht weiter zu erklärenden Kraft hervor, welche Kraft, die hier Wille heißt, uns aber nicht bloß von außen, wie die andern Naturkräfte, sondern vermöge des Selbstbewußtseyns, auch von innen und unmittelbar bekannt ist. (A. O., S. 86)

Schopenhauer hat mit der ihn auszeichnenden Begabung zur Vereinfachung das komplexe humesche-kantsche Problem des Zusammenbestehens von Notwendigkeit und Freiheit, respektive einer *analogen* Erklärung von handlungsorientierter Lebenswelt und kausalverknüpfter Naturwelt auf das psychologische Gleis geschoben und der psychologischen Erforschung überantwortet. Die Kraft *als* Wille soll dem Selbstbewußtsein unmittelbar zugänglich sein; *wozu* jedoch der Wille das Subjekt im einzelnen bestimmt, freilich nicht, denn der Wille selbst ist „unbewußt", „blind", das heißt *ohne Wissen um seine Ziele*. Das Handeln eines jeweiligen Subjekts sei „von außen durch die Motive, von innen durch seinen (intelligiblen) Charakter nothwendig bestimmt: daher Alles, was es thut, notwendig eintritt". (Grundl. d. Moral, S. 217) Die Freiheit liegt nach Schopenhauer nicht im *Handeln* (operari), sondern im *Sein* (Esse). Wie Kant verlegte Schopenhauer den Indeterminismus in das „Ding an sich" (den „intelligiblen Charakter"), während der „empirische Charakter" in der Erscheinungswelt von der Notwendigkeit beherrscht wird. Die Triebfeder moralischer Handlungen wird hingegen *nicht* (wie bei Kant) an der sich selbst das moralische Gesetz gebenden Vernunft festgemacht (Vernunft ist bei Schopenhauer ein rein *passives*, kein „erzeugendes" Vermögen), sondern entspringt aus dem „Urphänomen" des jedem Menschen angeborenen natürlichen Mitleids (a. O., S. 305). In der Fähigkeit zur Identifikation mit anderen Menschen liegen Voraussetzung und Ziel menschlicher Moralität; die moralische

Bedeutsamkeit einer Handlung ist in ihrer Beziehung auf andere zu sehen (246).

Hatte Kant die Natur des „Dinges an sich" offengelassen und über sein Wesen keine Auskunft gegeben, bestimmte Schopenhauer es zum Willen, der freilich nicht den Prinzipien der Vernunft untersteht; hatte Kant Naturkraft und moralische Kraft einer *analogen* Betrachtung unterzogen, so bedeuteten Naturkraft und Wille bei Schopenhauer *ein und dasselbe*, nämlich die jeweils in der Welt „Bewegung" initiierende „qualitas occultas"; einmal von außen, zum anderen von innen gesehen, sind Kausalität und Motivation infolgedessen nur zwei Aspekte, zwei Ausdrucksweisen für denselben amoralischen Grund. Die letztlich unerklärliche Kraft, als Naturkraft und als unbewußter Wille, ist identisch mit dem „Ding an sich", während ihre Erscheinungen im Selbstbewußtsein sich nach Schopenhauers Auffassung allemal als Phänomene des *Begehrens* und der *Affektivität zeitigen*. Dem Selbstbewußtsein *zugänglich* sind sie freilich nur in *nachträglicher* Reflexion und ausdrücklich nicht mit der Macht und dem Einfluß ausgestattet, den Willen selbst zu moralischen Handlungen zu bestimmen. In letzterer Variante des humeschen-kantschen Problems dürfte die eigentliche Bedeutung für die Praxis der Tiefenpsychologie zu suchen sein; was die Theorie betrifft, hat Schopenhauer gerade *die* Psychologie auf den Weg gebracht, welche Kant mit seiner Kritik des humeschen Empirismus hatte verhindern wollen.

§ 6 Äquivokationen im Begriffspaar „subjektiv-objektiv"

Daß Kant den Empirismus vornehmlich und vor allem dort zu kritisieren suchte, wo dieser die Freiheit des Willens als eigentlich moralische Kraft in Frage stellte – freilich nicht aus Zweifelsucht und Zweifellust, sondern weil uns die letzten Gründe unserer Handlungen so wenig bekannt sind wie die Naturkräfte, welche dasjenige bewirken, was wir mit der sprachlichen Wendung der Ursache-Wirkungsrelation zu erfassen suchen, folgt eher aus Kants Kritik der *theoretischen* Prämissen des humeschen Empirismus als aus einer Beschäftigung mit Humes eigener ethischer Grundlegung respektive deren Infragestellung.

Es ist bemerkenswert, daß Kant sich niemals auf Humes Affektenlehre und Ausarbeitung einer Grundlage der Moral (vgl. das II. und III. Buch des Traktats) bezogen hat. Kants Abwehr des Empirismus setzte dort an, wo dieser die Aussagekraft apriorischer und synthetischer Vernunfterkenntnisse überhaupt – sei es bezüglich der Mathematik und Naturwissenschaft, sei es bezüglich moralischer Fragen anzweifelte – und die von Kant getroffene Unterscheidung von „Ding an sich" und Erscheinung „übersah". Es ist weiterhin bemerkenswert, daß Kant erstens in seiner Darstellung des humeschen Empirismus feine Verschiebungen vornahm, indem er Hume Formulierungen unterstellte, die jener nicht verwendete, und zweitens den humeschen Ansatz gerade an dem zu messen suchte, was jener wohlbegründet ausgeschlossen hatte. Dagegen machte Kant nur beiläufig deutlich, wo seine zentralen Intentionen tatsächlich ansetzten: Es waren ja vornehmlich *zwei* Begriffe a priori, deren radikale Infragestellung durch Hume die transzendentale Philosophie auf den Weg gebracht haben dürfte, der Begriff der *Kausalität* und der Begriff der *Substanz*, beide von eminenter Bedeutung für die Methodologie der Psychologie, hingegen Kant sich durchgehend nur auf die skeptische Infragestellung des Kausalitätsbegriffs bezog und Humes Kritik des Substanzbegriffs niemals erwähnte.

In der „Kritik der reinen Vernunft" charakterisierte Kant die aus dem humeschen Erfahrungsbegriff entspringenden Regeln als „zufällige Regeln", (B 794) in der „Kritik der praktischen Vernunft" behauptete er, der „Bastard der Einbildungskraft" unterschiebe „subjektive Notwendigkeit für objektive", (S. 117) während Hume den „Zufall" als Erklärungsprinzip ausschloß und „subjektive Notwendigkeit" noch weniger akzeptiert hätte, natürlich auch nicht verwendete. Nach Hume stammt die *Vorstellung* der Notwendigkeit, die, *weil sie Vorstellung ist, darum nicht subjektiv* ist, aus der Wahrnehmung der Gleichförmigkeit der Naturereignisse, und *Beständigkeit* bildet das wahre Wesen der Notwendigkeit. Nicht die *Vorstellung* der Notwendigkeit, sondern ihre *Existenz* als synthetischer Begriff a priori ist in Frage zu stellen.

Erst Kant scheint das Gegensatzpaar „subjektiv-objektiv" geprägt zu haben (vgl. Lalande, 1956, S. 696). Die Bedeutung des Wortpaares als Gegensatz im Sinne des bloß Wahrgenommenen und im Sinne des Sachhaltigen als reales Objekt und Objektivität ist heute so tief in den allgemeinen Sprachgebrauch eingedrungen, daß seine Bedenklichkeit gar nicht mehr ins Bewußtsein tritt (vgl. das Historische Wörterbuch der Philosophie, 1984, Bd. 5, welches die Begriffe „objektiv" und „Objektivität" gar nicht führt, sondern erst den von ihnen abgeleiteten Begriff „Objektivierbarkeit"). Schopenhauer war das Fragwürdige dieses Gegensatzpaares noch gewärtig; er machte auf das Unzulässige der Unterscheidung von „Vorstellung" und „Objekt der Vorstellung" *in Kants System* aufmerksam (vgl. W. a. W. u. V. I. B., § 1 ff.) und bevorzugte seinerseits den weniger suggestiven Terminus „Objektität" anstelle von „Objektiviät" (in II. B., § 18). Die Bedenklichkeit und bedenkliche Bedeutsamkeit für die nachfolgende Diskussion der theoretischen Grundlagen der Psychologie rührte zunächst einmal aus der *Vieldeutigkeit*, mit der das Begriffspaar in transzendentaler Philosophie Anwendung fand.

„Subjektiv" meint bei Kant

1) die allgemeinen Anschauungsformen des Räumlich-Zeitlichen (als die *im* Subjekt verankerten sinnlichen Formen);

2) als „subjektiv" bezeichnet wird aber auch dasjenige, was prinzipiell durch die gesetzlichen Funktionen des *transzendentalen* Subjekts bedingt ist; in diesem Kontext ist die subjektive Erkenntnis zugleich aber auch „objektiv";

3) meint „subjektiv" dasjenige, welches in der Wahrnehmung (Empfindung) des Materialen nur der besonderen Beschaffenheit eines *jeweiligen* Subjekts (nicht dagegen der „Subjektivität", dem „transzendentalen Subjekt") zuzurechnen ist (ein bestimmtes Geschmacks-, Gefühlserlebnis) (vgl. KrV, A 29);

4) „nur subjektiv" heißt zuletzt auch das „bloße Wahrnehmungsurteil", „welches nur der logischen Verknüpfung der Wahrheit in einem denkenden Subjekt bedarf, während objektive Erfahrungsurteile noch besondere, im Verstande erzeugte Begriffe" erfordern (vgl. Prol., § 18). Subjektive Urteile bestehen in der Beziehung der Wahrnehmung auf das Subjekt, objektive müssen dagegen eine Beschaffenheit des Gegenstandes ausdrücken; die Allgemeinheit des Führwahrhaltens beweist *nicht* die objektive Gültigkeit eines Urteils, „weil dieses noch nicht einen Beweis der Übereinstimmung mit dem Objekt abgeben könne; [...]". (Vgl. K. d. p. V., S. 118)

„Subjektiv" bedeutet also einmal das im transzendentalen Subjekt (der „Subjektivität") verankerte Allgemeine der Erkenntnistätigkeit, zum anderen das im einzelnen Subjekt empfundene, auf das Objekt verweisende Subjektiv-Materiale und zuletzt die im singulären Urteil erfaßte subjektive Zuständlichkeit.

„Objektiv" erkannt wird der Gegenstand

1) wenn in der transzendentalen Einheit der Apperzeption das in der Anschauung Gegebene zum Begriff vom Objekt *vereinigt* wird (Zusammenwirken von transzendentaler intellektualer und figürlicher Synthese).

2) Die *formalen* Bedingungen der Objektivität und Wahrheit der Gegenstandserkenntnis liegen in der *Verbindung* der Vorstellungen, die mithilfe der Einbeziehung einer „gewissen Ordnung in den Zeitverhältnissen" die Verbindung zu einer notwendigen macht; gemeint ist die durch das Kausalitätsprinzip festgelegte zeitliche Verknüpfung der äußeren Gegenstände respektive die durch die kausale Folge festgelegte Wahrnehmung der Geschehnisse im Unterschied zu willkürlich (subjektiv) gewählten Perspektiven in der Betrachtung von Gegenständen (vgl. KrV, B 243 f.).

3) Nur in der *äußeren* Anschauung wird den Kategorien die Grundlage zu *objektiver Realität* verschafft; ohne Beziehung auf äußere Anschauungen haben die Kategorien (Kausalität, Substanz) keine Gültigkeit.

4) „Objektiv" wird ein *Urteil* durch die allgemeingültige und notwendige Verknüpfung der Wahrnehmungen (vgl. Prol., § 19).

Wenn Kant in der Zweiten Analogie der Erfahrung noch einmal ausdrücklich die Frage stellt, „was denn die *Beziehung auf einen Gegenstand* unseren Vorstellungen für eine *neue* Beschaffenheit gebe", (B 243) dann muß die Antwort, von aller Weitläufigkeit entkleidet, lauten: der Kausalbegriff – eben jener Begriff, der nach Humes Auffassung zwar dazu anleitet, das beständige Auftreten gewisser Geschehnisse mit gewissen anderen zu beobachten und festzustellen, dem selbst aber keine *vor* aller Erfahrung präjudizierbare Beständigkeit eignen kann.

Der „objektive" Gegenstand als Korrelat transempirischer Formen (Raum und Zeit) und transempirischer, vor aller Erfahrung anzunehmender Begriffe, deren wichtigster der Kausalitätsbegriff ist, soll den subjektiv wahrgenommenen an ‚Realität' überbieten, insofern er als eine exakt platzierbare Variable kausalgesetzmäßig verknüpfter Phänomene und damit als jederzeit identifizierbarer, manipulierbarer und prognostizierbarer Gegenstand dann eben „wahr" ist im Sinne „objektiver Realität". Dagegen ist der „subjektive" Gegenstand – denn auch die „bloß subjektive" Vorstellung intendiert ja einen ‚Gegenstand' – als *vereinzelte* Wahrnehmungs- und Phantasievorstellung das Produkt persönlicher Eigenart, die besondere Modifikation des Gemüts eines jeweiligen empirischen Subjekts. Freilich ist er darum nicht nichts; Kant konzediert ihm „subjektive Realität".

Dem „objektiven" Gegenstand muß aber neben der „formalen" Bestimmung noch *etwas mehr eignen* als die zeitlich unumkehrbare Folge kausalverknüpfter Ereignisse, die seine Erkenntnis zu einer notwendigen macht, denn auch das subjektive Vorstellungsleben (die Vorstellungstätigkeit) findet ja in zeitlich unumkehrbaren Aufeinanderfolgen statt, auch dann, wenn aus dem Gegenwartspunkt heraus die Zukunft vorgestellt und Vergangenes in der Erinnerung wieder präsent gemacht wird. Was den objektiven vom subjektiven Gegenstand unterscheidet, ihn mit „objektiver Realität" ausstattet und zu einem wissenschaftsfähigen macht, ist seine *räumliche* Valenz und substantielle *Beharrlichkeit*.

Um der Komplexität dieses kantschen Ansatzes genüge zu tun, ist darauf hinzuweisen, daß sich das Begriffspaar „subjektiv-objektiv" noch mit einem anderen kreuzt, dem „formaler" und „materialer" Wahrheit – und zwar wiederum, insoweit die Sicherstellung des wissenschaftlichen äußeren Gegenstandes und die Rechtfertigung äußerer Erfahrungserkenntnis (als naturwissenschaftliche) zur Diskussion standen. Die Komplexität des kantschen Wahrheitsbegriffes rührt

1) aus der transzendentalen Verschränkung der Sinnlichkeit mit der Verstandestätigkeit (formaler und materialer Anteile) und der Verstandestätigkeit mit der Vernunfttätigkeit („erzeugender" respektive bestimmender und „konstitutiver", anwendender respektive „regulativer" Tätigkeit);

2) in der Vermischung *formal*logischer, von allen Gegenständen abstrahierender und *transzendental*logischer Fragestellung, in welcher das Problem von Gegenständlichkeit ja gerade zum Zentralthema erhoben wurde. Auf dieser allerhöchsten theoretischen Ebene stellt sich freilich das Problem, inwieweit sich die Frage nach der Konstitution des Gegenstandes dann noch mit der Bestimmbarkeit (und Abgrenzbarkeit) von Gegenständlichkeit der verschiedenen Bereiche des Wissens (Naturwelt und moralische Lebenswelt) im Hinblick auf ihren *Wahrheits-* und *Realitätswert* zur Klärung bringen läßt.

Kant stellte sich, was die Wahrheitsfrage anbelangt, einerseits auf den seit Aristoteles vertretenen Standpunkt, die Wahrheit bestehe in der Übereinstimmung der Erkenntnis mit dem Gegenstand (vgl. Einl., Logik, Bd. 5, S. 476 ff.), andererseits mußte er gerade nach seinen erkenntnistheoretischen Prämissen einräumen, daß diese Übereinstimmung *nicht feststellbar* ist. „Denn da das Objekt außer uns und die Erkenntnis in mir ist: so kann ich immer doch nur beurteilen: ob meine Erkenntnis vom Objekt mit meiner Erkenntnis vom Objekt übereinstimme." Eine Auflösung dieses Zirkels in der *Definition* der Wahrheit ist nach Kant aber „schlechthin für jeden Menschen unmöglich".

Das allgemeine Kriterium der logischen Wahrheitsfindung sei das Widerspruchsprinzip, welches aber zur materialen Wahrheit nicht ausreiche; ein *allgemeines*, für alle Gegenstände gültiges Wahrheitskriterium könne es nicht geben, da nach transzendentallogischen Kriterien ja gerade von allen Gegenständen abzusehen sei. Formale Wahrheit bestehe lediglich in der Zusammenstimmung der Erkenntnis mit sich selbst bei gänzlicher Abstraktion von allen Objekten (a. O., S. 477).

Nun meint nach kantschen Prämissen das allgemeine Formale einerseits *auch* das Subjektive der apriorischen Formen und Begriffe des transzendentalen Subjekts, das Materiale *auch* das Objektive in seiner Beziehung auf den Gegenstand; andererseits bestehen „bloß subjektive Urteile" in Beziehung auf das (empirische) Subjekt, objektive Erfahrungsurteile dagegen sollen eine Beschaffenheit des äußeren Gegenstandes zum Ausdruck bringen; letzterer soll dann „real", „objektiv" und „wahr" sein, wenn er sich den Regeln, den Kategorien und Formen des transzendentalen Subjekts unterstellen läßt.

Der Zirkel in dieser Auffassung von Wahrheit ist freilich nicht aufgelöst, sondern lediglich in einer höheren Abstraktionsebene ‚aufgehoben' worden. Daß die von Kant intendierte materiale Wahrheit auch nur eine formale ist, folgt aus der technischen Anweisung zur Wahrheits*findung*: Kant führt unter den formalen logischen Prinzipien neben dem Widerspruchs-, dem Identitätsprinzip und dem Prinzip des auszuschließenden Dritten den Satz vom zureichenden Grund als *synthetischen* Satz (vgl. Prol., § 4), der zugleich etwas über die *Wirklichkeit* aussagen soll (vgl. Logik, S. 478). Diese ‚Wirklichkeit' meint aber weder den Bezug auf den Gegenstand noch auf das Gesetz, sondern impliziert den *methodologischen* Hinweis, nach welchen *logischen Schlußarten* (modus ponens, modus tollens) wir zu verfahren hätten, um unsere naturwissenschaftlichen Gesetzeshypothesen – modern gesprochen – zu „verifizieren" respektive. zu „falsifizieren".

Die von Kants Kritik an Humes Erfahrungsbegriff wegführenden Erörterungen sollten einmal auf das Vieldeutige in Kants Verwendung der Begriffspaare „subjektiv-objektiv" und „formal-material" hinweisen, welche einen *Vergleich* mit der gegnerischen Position eigentlich gar nicht zuläßt, zum anderen verdeutlichen, daß es transzendentaler Philosophie ausschließlich um die Logik und Methodologie einer Wissenschaft von *äußeren* Gegenständen zu tun war. Die Inkompatibilität der beiden Positionen besteht darin, daß Kants Wissenschaftsmodell nicht von der „objektiven Realität" und Existenz der äußeren

Gegenstände *abgeleitet*, sondern konstitutiv auf sie *zugeschnitten* wurde. Eine Kritik des Empirismus kann dann auch nur so formuliert werden: daß er dasjenige nicht zu leisten gewillt war, was zu leisten er vorab für unmöglich erkannt hatte, nämlich ein apriorisches notwendiges Wissen über Tatsachenerkenntnis beibringen zu können.

Es ist evident, daß auf diesem Hintergrund keine der Bedeutungen des Gegensatzpaares „subjektiv-objektiv" auf den humeschen Erfahrungsbegriff ‚paßt'. Nicht „Gewohnheit" korreliert bei Hume mit „Notwendigkeit", wie Kant in der Vorrede zur „Kritik der praktischen Vernunft" schrieb (S. 117), sondern *Beständigkeit* der beobachteten Zusammenhänge der Naturerscheinungen. „Notwendigkeit" ist für Kant ein reiner Verstandesbegriff, ein synthetischer Begriff a priori, der nicht aus der Erfahrung gewonnen sein kann. Derartige Begriffe bezweifelte Hume aber gerade, wie er auch bezweifelt haben würde, daß wir *neben* apriorisch-synthetischer Verstandestätigkeit noch über eine apriorische Vernunfttätigkeit verfügen.

Gerade in Kants, freilich immer nur sporadisch ansetzender, nicht systematisch durchgeführter Auseinandersetzung mit Hume wird deutlich, daß die Aufgabenverteilung in „reinen Verstand" und „reine Vernunft" in Hinblick auf die *Bereiche* (Welt der Naturgegenstände und Welt der intelligiblen Ideen) einen der problematischsten Kulminationspunkte transzendentaler Philosophie markiert. Hieß es in den „Prolegomena": der Ursprung der Begriffe a priori läge im Verstand, so wird in der „Kritik der praktischen Vernunft" die Vernunfterkenntnis als „einerlei" mit Erkenntnis a priori dargestellt. War in der „Kritik der reinen Vernunft" der Verstand für die Konstitution der wissenschaftlichen Gegenstände zuständig, so wurde in der „Kritik der praktischen Vernunft" die Vernunft als das Vermögen ausgezeichnet, über die *Erfahrung des Gegenstandes* zu urteilen. „Subjektive Notwendigkeit, d. i. Gewohnheit, statt der objektiven, die nur in Urteilen a priori stattfindet, unterschieben, heißt der Vernunft das Vermögen absprechen, über den Gegenstand zu urteilen, d. i. was ihm zukomme, zu erkennen, [...]." (S. 117)

Wenn Kant Hume beanstandete, er habe nicht den Unterschied zwischen den „dialektischen Anmaßungen der Vernunft" und den „gegründeten Ansprüchen des Verstandes" gesehen (KrV, B 796), so hat Kant selbst dieses problematische Verhältnis nicht zu klären vermocht. Soll das gegen den Empirismus durchzusetzende Apriorisch-Synthetische der Formen und Begriffe aber nicht nur *vorausgesetzt*, sondern auch durch eine „Topographie" der Erkenntniskräfte- und tätigkeit *begreiflich* gemacht werden, dann müssen die Gebiete dieser Topographie und Geographie auch durch klare Grenzen markiert werden, sonst fällt der transzendentale Ansatz aus immanenten Gründen gegen den (bescheideneren) humeschen Ansatz zurück. Als einen „nicht unbedeutenden Teil" einer Untersuchung über den menschlichen Verstand hatte Hume sein Anliegen formuliert: „Und können wir auch nicht *über* diese geistige Geographie oder Umreißung der verschiedenen Teile und Kräfte des

Geistes *hinauskommen*, so ist es wenigstens eine Genugtuum, so weit zu gelangen." (Untersuchung,. S. 12, Hervorhebung. an dieser Stelle nicht von Hume)

§ 7 Apriorität, Unendliches und der Begriff der Realität

Kants eigentliche Trumpfkarte gegen den Empirismus, wiederum ausdrücklich an Hume gerichtet, bestand in Kants Auffassung und Verteidigung des sowohl analytischen wie auch synthetischen Charakters mathematischer Erkenntnis, welche „der Zergliederung der menschlichen Vernunft bisher entgangen, ja allen ihren Vermutungen gerade entgegengesetzt" zu sein schien, aber dennoch „unwidersprechlich gewiß und in der Folge sehr wichtig" sei (KrV, B 14). Kant spielt diese Karte gegen Hume dort aus, wo man sie am wenigsten erwartet, in der „Kritik der praktischen Vernunft", und hier gegen Humes analytische Sicht der Mathematik. Nachdem Kant erneut die bekannten Einwände gegen die skeptische Philosophie als Zweifellust und Zweifelsucht bezüglich apriorischer Vernunfterkenntnis vorgetragen hatte, die Hume aber im Hinblick auf die mathematische Erkenntnis nicht trafen, da er den analytischen Charakter der Mathematik zugestand, was Kant auch vermerkte, machte Kant die aufschlußreiche Bemerkung, die zugleich einen neuralgischen Punkt in der Begründung transzendentaler Philosophie markiert, daß, wenn die mathematische Erkenntnis *nur* analytisch, aber dann freilich *auch* apodiktisch sei, „daraus kein Schluß auf ein Vermögen der Vernunft, auch in der Philosophie apodiktische Urteile, nämlich solche, die synthetisch wären (wie der Satz der Kausalität) zu fällen, gezogen werden" könnte (S. 118). Nun habe *die* Mathematik aber die unendliche Teilbarkeit des Raumes (als synthetische Erkenntnis a priori ?) unwidersprechlich bewiesen (S. 119), was den bloß empirischen Grundsätzen Humes widerstreite.

Ob die Mathematik die unendliche Teilbarkeit des Raumes als *Konstruktion* (und mathematische *Fiktion*) „bewiesen" habe, war aber nicht Streitpunkt empirischer Argumentation, sondern erst metaphysische Aussagen über die *Realität* dieser mathematischen Konstruktion. Der von Kant postulierte *Zusammenhang* synthetischer Urteile in Mathematik, reiner Naturlehre und Philosophie (Metaphysik) verweist auf einen viel komplexeren Hintergrund als der in diesem argumentativen Kontext verkürzte Hinweis auf das logische und metaphysische Dilemma der raumzeitlichen Kontinua anzeigt.

Wenn Kant glaubte, die seit der Antike bekannten Paradoxien der raumzeitlichen Kontinua (die unendliche Teilbarkeit, das Problem des letzten Unteilbaren und das Phänomen der Bewegung betreffend) durch seine transzendentale Prämisse, Raum und Zeit seien apriorische Formen mit dem Status „transzendentaler Idealität" *und* „empirischer Realität", gelöst zu haben, dann war auf diese Weise doch immer noch nicht die Kausalkategorie mit dem

Status „objektiver Realität" bewiesen worden. Nicht die Frage nach der mathematischen Beweisbarkeit des Infinitesimalen, sondern erst die Frage nach der *Realität* des alltäglicher Anschauung und Verstandeserkenntnis *widerstreitenden* Unendlichkeitsaxioms macht das metaphysische Problem im Verhältnis mathematischer und physikalischer Erkenntnis aus.

Wenn Kant sich im Streit zwischen Newton und Leibniz (bezüglich der Realität eines unendlichen und absoluten Raumes) zuletzt auch gegen Eulers mathematischen Empirismus stellte (vgl. hierzu Cassirer 1977, S. 111), dann sagte seine transzendentale Wende des Problems (insbesondere die Einteilung in „Dinge an sich" und ihre Erscheinungen im Gemüt) ja nichts über das tatsächliche Zusammenbestehen und Zusammenpassen mathematischer und naturwissenschaftlicher Erkenntnis aus, sondern fragte lediglich (erstmals in der Dissertation von 1770) in dem für Kant charakteristischen Stil, die negative Erkenntnis in eine positive Form zu bringen, wie wir uns das eigentlich *Unbegreifliche* in diesem Verhältnis begreiflicher zu machen vermögen. Das Antinomienproblem der Kontinua steht am Beginn der kantschen Dissertation von 1770 und wirft seine Schatten auf die transzendentale Wende voraus. Dort hieß es bezüglich der *Lösbarkeit*, die Kant später wieder verwerfen wird, dieses antinomischen Problems:

> Denn alles, was den Gesetzen des Verstandes und der Vernunft *widerstreitet*, ist freilich unmöglich; was aber, da es Gegenstand der reinen Vernunft ist, lediglich den Gesetzen der anschauenden Erkenntnis *nicht unterliegt*, ist es nicht ebenso. (Bd. 5, S. 17-19)

Humes Parteinahme für die bloß probabilistische Naturerkenntnis stand auch mit den im 18. Jahrhundert heftig umstrittenen Problemen der Unendlichkeitsaxiome in Zusammenhang; aber der für unsere Erkenntnis unüberbrückbare Hiatus liegt ja schon in der prinzipiellen Diversität mathematisch-quantitativer und dynamisch-qualitativer Naturerkenntnis. Wir vermögen diejenigen *Verhältnisse*, welche wir mit den Namen ‚Elastizität', ‚Schwerkraft', ‚Kohäsion', ‚Bewegung' beschreiben, quantitativ zu erfassen, aber über die letzten Ursachen und Gründe dieser Verhältnisse gibt uns weder die Mathematik, welche sie in Funktionen erfaßt, aber *nicht erklärt*, noch die Metaphysik Aufschluß. Selbst die „vollkommenste Naturwissenschaft schiebt nur unsere Unwissenheit ein wenig weiter zurück". Die Entdeckung des Naturgesetzlichen sei, wie Hume wiederholt betonte, Sache der Erfahrung und die

> Geometrie hilft uns bei der Anwendung dieses Gesetzes durch Analyse der richtigen Größenverhältnisse [...] doch die Entdeckung des Gesetzes selbst verdankt man allein der Erfahrung, und alle abstrakten Denkakte der Welt könnten uns auch keinen Schritt diesem Wissen näherbringen. (Hume, Untersuchung, S. 42)

Kant hat in seinem Gesamtwerk häufig den *Unterschied* mathematischer und metaphysischer Erkenntnis betont (KrV, B 14, B 741, Prol., § 7). Die *Evidenz* und *Notwendigkeit* mathematischer Erkenntnis beruht darauf, daß der

Mathematiker seine Axiome *synthetisch konstruiere*, das heißt zugleich anschaulich mache und ihnen einen Gegenstand verschaffe (jedenfalls in der Geometrie), während der Philosoph traditionell vorgefundene Begriffe analytisch in ihre begrifflichen Elemente zerlege und auf diese Weise verdeutliche. Hieß dies in diesem Zusammenhang nicht, daß der philosophischen Erkenntnis dasjenige gelingen könnte, nämlich durch Analyse der Begriffe auf wahrhaft *Elementares* zu stoßen, was der mathematisch-analytischen Erkenntnis prinzipiell versagt ist, insofern sie lediglich komplexere *Verhältnisse* und *Funktionen* auf weniger komplexe zurückzuführen weiß? Leibniz hatte das metaphysische Problem des Elementaren und *Individuellen* im Begriff der ausdehnungslosen Monade zu lösen versucht. Jede individuelle Monade steht in Wechselwirkung mit unzähligen anderen, während sie alle in der „Urmonade" (Gott) gründen (vgl. Monadologie, S. 43). Das Wechselverhältnis dieser elementaren, jede für sich selbständig das Weltall vorstellender Substanzen untereinander und ihre gegenseitige Beeinflussung ist dann freilich nur im Modus rein geistiger und idealer Natur zu begreifen: „Die Monaden haben keine Fenster, durch die etwas in sie hineinkommen oder aus ihnen heraustreten kann", (a. O., S. 29) ihre gegenseitige Wirksamkeit („Ursächlichkeit") wird durch die Urmonade vermittelt. Während Leibniz von dieser Grundproblematik des *Elementaren* und *Individuellen* ausgehend ein rein *geistiges* Weltsystem entwarf, dessen letzte Elemente wie die Verhältnisse dieser Elemente nur idealiter verstanden werden können, muß die mathematische und physikalische Wissenschaft an der *Realität* des Ausgedehnten und der Realität der Dauer festhalten, „weil es ihnen ohne diese Annahme nicht gelingen kann, den obersten Gesetzen einen klaren und bestimmten Sinn zu geben". (Vgl. Cassirer, a. O., S. 111).

In der Konfrontation des Individuell-Geistigen (der menschlichen Existenz) mit dem Funktionell-Realen (der Natur) liegt vermutlich die eigentliche „Not" und „Grenze" menschlicher Erkenntnis, nämlich sich unabänderlich einem bloß Funktionellen – sei es in der Form mathematischer Gleichungen, sei es in der Form der aus Subjekt-Prädikats-*Verhältnissen* zusammengesetzten Urteilssynthesen (Aussagen, Sätzen) – gegenüber zu wissen. Der Rückgang auf ein letztes (materielles oder geistiges) Elementares scheint ihr eben so verschlossen zu sein wie das Erfassen des Ganzen und Absoluten. Der Geist ist individueller Geist und als solcher „Subsistenz". Also nicht allein, daß dieser Geist als *nicht*ausgedehnte Substanz irgendwie in Wechselwirkung steht mit ausgedehnten Substanzen, widersteht einer Letztbegründung, sondern daß der individuelle Geist (als Subjekt) sich in der Konfrontation mit dem „allgemeinen Geist" zwar als Subjekt irgendwie zu orten, aber nicht zu ergründen und nicht in ein Verhältnis zu setzen vermag (falls der Bezug auf die göttliche Monade negiert wird), macht das (erkenntnistheoretische) Problem und das (mitmenschliche) Drama seiner Existenz aus – dem Kant sich nicht gestellt hat.

Kant verblieb auf der formalen Ebene der Wissenschaftsdiskussion und versuchte das Abgrenzungsproblem auf dieser Ebene zu lösen.

Daß er das Problem des Zusammenbestehens und Aufeinandergründens von mathematisch-physikalischer Erkenntnis einerseits und philosophisch-metaphysischer Erkenntnis andererseits stets als ein fundamentales und vorrangig zu lösendes angesehen hatte, bezeugen seine vorkritischen Arbeiten. Er knüpfte dort an, wo weder Newton noch Leibniz eine Lösung gefunden hatten, nämlich die Notwendigkeit sowohl der (analytisch) mathematischen als auch der (synthetisch) physikalischen Erkenntnis in Übereinstimmung zu bringen. In metaphysisch-psychologischer Perspektive stellte sich das gleiche Problem in der Gegenüberstellung eines rein anschauenden „intellectus archetypus", der das zeitlich und örtlich Getrennte s.z.s. in einem Blick auffaßt und eines nur nachbildenden „intellectus ectypus", der an das *Zusammenwirken* von Anschauung und Begriff, wie auf die Funktionsfähigkeit seiner Auffassungsorgane gebunden ist, sich in seiner endlich-beschränkten Erkenntnis aber dennoch auf das Unbeschränkte, Unendliche und Absolute zu *richten* und zu beziehen vermag.

Kant hielt über die vorkritische Phase hinaus daran fest, daß in der mathematischen Erkenntnis das Paradigma für die wissenschaftliche Realerkenntnis gegeben sei, und zwar unter der freilich unerweisbaren Voraussetzung, daß den Kategorien der Kausalität und der Substanz der gleiche Status notwendiger Erkenntnis eigne wie den mathematischen Axiomen. Das führte einmal zum Modell der physikalischen Einheitswissenschaft, welches Wissen nur dann als Wissenschaft autorisierte, wenn Mathematik seine Grundlage ausmachte, zum anderen schnitt es den auf mitmenschliches Handeln orientierten lebensweltlichen Raum durch die scharfe Sonderung physischer und intelligibler Kausalität von der psychologischen Erforschung ab.

Mit Kants Wende zum Apriorismus der Formen und Begriffe schienen die Gegensätze mathematisch-physikalischer und metaphysischer Erkenntnis prinzipiell überwindbar. Verstand und Vernunft als *Gesetzgeber* von Natur und Lebenswelt vermögen als rein synthetisierende Tätigkeitszentren *alle* Gegensätze und alle Antinomien zu überbrücken und zu lösen. *Ein* Problemkomplex war in diesem Versuch freilich von einer Lösung weiter denn je abgerückt: das Problem des Daseins und der Existenz, wie das Problem der Identität und Personalität. Da Kant die letzten Aufschlüsse über die Grundlage unserer vielfältigen Geistestätigkeit bei der Mathematik suchte, welche als reine Mathematik ja nur an der logischen *Möglichkeit* ihrer Gegenstände, aber nicht an deren Wirklichkeit interessiert ist, diese dann auch zu konstruieren vermag, da Kant des weiteren als das Subjekt der geistigen Tätigkeit nicht das empirische, sondern das transzendentale Subjekt ausmachte, mußte sich der Problemkomplex des Existentiellen und Personalen der *theoretischen* Philosophie gegenüber als resistent erweisen und einer ‚praktischen' Philosophie übergeben werden.

§ 8 Die Kategorie der Substanz und die Zeit als reine Form des inneren Sinns

Die aufstörende Beunruhigung durch die Philosophie Humes muß für Kant darin bestanden haben, daß Hume – in dieser Frage seiner Zeit voraus – schon die *Konstellation* des kantschen Grundproblems, nämlich die Frage nach dem verhältnismäßigen Zusammenbestehen von mathematisch-physikalischer und metaphysischer Erkenntnis als ein *für menschliche Existenz so irrelevantes wie unlösbares* deklarierte. Wenn die Metaphysik einmal durch „das Kauderwelsch" des „Volksaberglaubens" Religion „verunreinigt" worden war (vgl. Untersuchung, 1. Abschn.), zum anderen sich in unlösbare Fragen verlor, während sich die Bedeutung von Mathematik und Physik in der technischen Bewältigung der Lebensprobleme bewähre, aber auch *erschöpfte* – dann war sie zweimal an den wichtigen Fragen menschlicher Existenz und menschlichen Zusammenlebens vorbeigegangen. „Fröhne deiner Liebe zur Wissenschaft, [...] aber deine Wissenschaft sei menschlich und lasse sich nur in unmittelbarer Beziehung zum tätigen und geselligen Leben sehen" hieß es bei Hume (Untersuchung, S. 77). Kant hat die Botschaft wohl gehört und auch das Neue, das in ihr lag, verstanden. Selbst wenn Hume erst eine auf der Basis der Assoziation noch unzureichende Psychologie der Relationen des Denkens wie der affektiven Beziehungen der Menschen untereinander ins Leben gerufen haben sollte, war seine Absage an die alte Metaphysik, welche die Erforschung der letzten Gründe und Grundlagen der Naturerkenntnis in der Tat stets mit der Frage nach der „causa sui", dem Schöpfer und Erhalter des Naturgeschehens, verbunden hatte, eine so radikale wie das neuzeitliche Denken fortan bestimmende. Wenn zweihundert Jahre nach Hume das Existenzproblem neu gestellt wird, dann hatte der schottische Philosoph ihm durch seine schneidende Analyse des Existenzbegriffes schon lange den Boden bereitet.

Dem Problem des menschlichen Daseins und menschlichen Miteinanders, wie Hume es in der mißverstandenen Assoziationslehre gestellt hatte, war in der formalen Sicht transzendentaler Philosophie nicht beizukommen. Der kantsche Apriorismus hat den humeschen Empirismus nicht besiegt oder überwunden, er hat ihn lediglich zurückgedrängt. Die vielzitierte Gegenüberstellung von „quaestio facti" und „quaestio juris" (KrV, B 116) verkennt,

1) daß die Unterscheidung der Fakten von ihrer Geltung in der transzendentalen Philosophie zwar mit aller Dringlichkeit gefordert, aber nichtsdestoweniger geklärt worden war; mit der *Voraussetzung* der „Fakten" Naturwissenschaft und Moral war freilich auch deren „Geltung" vorausgesetzt worden. Sie verkennt,

2) daß die humesche Psychologie keineswegs auf eine Stufe gestellt werden darf mit dem Typus von empirischer Psychologie, wie sie Kant in der psychologischen Faktensammlung der „Anthropologie in pragmatischer Hinsicht" vorgestellt hatte. Das Verständnis der eigentlichen humeschen-kantschen

Kontroverse, und damit freilich der Kontroverse transzendentaler Philosophie versus empirische Psychologie, hat tiefer anzusetzen; denn Kants Abwehr des humeschen Empirismus fällt zusammen mit seinem abschlägigen Urteil über die Psychologie als Wissenschaft. Aber Kant ließ den Kontrahenten in seinem Werk keineswegs unzensiert zu Wort kommen. Das bemerkenswerteste Beispiel einer vorab zensierten Darstellung der Prämissen humescher Philosophie vermittelt Kants Verschweigen der humeschen Analyse des Substanz- und Existenzbegriffes.

Wenn Kant in der „Kritik der reinen Vernunft" beanstandete, daß Hume nicht *alle* Arten der Synthesis des Verstandes a priori *systematisch* übersehen habe, weil er sonst den Grundsatz der Beharrlichkeit (in Kants Auffassung das Schema der Substanz) *hätte finden müssen*, der neben dem Kausalbegriff (als Begriff a priori) die Erfahrung *antizipiere* (B 795), dann ist dies entweder ein Sophismus, der dem Kontrahenten unterstellen möchte, was dieser schon als falsch gestellte Frage zurückgewiesen hätte, – oder der Versuch, eine andere als die eigene Auffassung gar nicht zu Worte kommen zu lassen. Hume akzeptierte den *analytisch-apodiktischen* Charakter der Mathematik, aber keinerlei synthetischen Apriorismus bezüglich der Erfahrungserkenntnis; seine beunruhigendste Kritik betraf gerade die vermeintliche Konstanz, „Beharrlichkeit" und dauerhafte Identität und zwar sowohl bezüglich der äußeren Gegenstände als auch bezüglich der personellen Identität. Hume zu unterstellen, er hätte den Grundsatz des Beharrlichen finden müssen, steht auf der gleichen Stufe wie Kant zu unterstellen, er hätte das Fiktionale der „synthetischen Urteile a priori" erkennen müssen. Kant gibt aber indirekt zu verstehen, daß er das tiefgründigste Problem der humeschen Philosophie doch wohl *gekannt*, wenn auch nie zur Sprache gebracht hatte.

Daß er die Kritik des Substanzbegriffes in der Tat für seine Aufgabe ansah, läßt Kant im § 27 der „Prolegomena" durchblicken. Hier stimmt er Hume zu, „daß wir die Möglichkeit der Kausalität, d. i. der Beziehung des Daseins eines Dinges auf das Dasein von irgend etwas anderem, was durch jenes notwendig gesetzt wurde, durch Vernunft auf keine Weise einsehen", (S. 178) und ohne zu erwähnen, daß Hume seinerseits den Substanzbegriff einer schneidenden Kritik unterzogen hatte (vgl. Traktat, S. 287-341), fährt Kant fort und nimmt allererst für sich in Anspruch:

> Ich setze noch hinzu, daß wir eben so wenig den Begriff der Subsistenz, d. i. der Notwendigkeit dazu einsehen, daß dem Dasein der Dinge ein Subjekt zum Grunde liege, das selbst kein Prädikat von irgend einem anderen Dinge sein könne, ja sogar, daß wir uns keinen Begriff von der Möglichkeit eines solchen Dinges machen können, [...]. (Ebd.)

Kant scheint davon ausgegangen zu sein, daß die entscheidende Kritik der Substanz im Begriff der „Subsistenz", wie Descartes sie formuliert hatte: „Unter Substanz können wir nur ein Ding verstehen, das so existiert, daß es zu seiner Existenz keines anderen Dinges bedarf", (Prinzipien, S. 17) gar nicht durch Locke und Hume geleistet wurde und geleistet werden konnte, sondern erst in transzendentaler Sicht über das Problem der Substantiellen befunden werden konnte. Sorgte im transzendentalen System das Schema der Kausalität als „objektive Regel" zeitlich unumkehrbarer Geschehnisse für die notwendige Erkenntnis der Naturereignisse, so bezeichnete das Schema der Substanz die Beharrlichkeit „des Realen in der Zeit, d. i. die Vorstellung desselben als eines Substratums der empirischen Zeitbestimmung überhaupt, welches also bleibt, indem alles andre wechselt". (KrV, B 184)

Die Substanz als „Schema" der Beharrlichkeit ist der Garant für die Existenz, Identität (im Wechsel der Wahrnehmungsakte) und „objektiven Realität" der äußeren Gegenstände. An dieser Definition des Substanzbegriffes, welche die seelische Substanz (als Subsistenz) negierte, die Substanz jedoch als „Schema" für die Erkenntnis der Existenz und Identität („Beharrlichkeit") *äußerer* Gegenstände zu retten vermeinte, ließ Kant die Psychologie zweimal scheitern: Die Seele als *Idee* wird zum Gegenstand moralischer Reflexion erklärt, das Seelische als *Phänomen* des inneren Sinnes scheidet aus, weil dem inneren Sinn das „beharrliche Objekt" mangelte; dem inneren Sinn ist kein in der Zeit beharrliches Objekt verfügbar, weil er selbst mit der Zeitwahrnehmung identisch ist, sich in ihr erschöpft.

Drei kritische Einwände dürfen an dieser Stelle gegen Kants Substanzauffassung formuliert werden:

1) Wenn Kant das „Schema" der Substanz (die „Beharrlichkeit") als die „Vorstellung" des Realen in der Zeit bezeichnete, entlarvte er gewissermaßen den Schematismus als eine bloße Hypothese, ohne Anspruch auf eine reale Erfüllbarkeit dieser Hypothese. Diesen Punkt scheint C. Stumpf ins Auge gefaßt zu haben, als er 1891, allzu gedrängt in seinem Aufsatz „Psychologie und Erkenntnistheorie" darauf hinwies, Kant definiere den Substanzbegriff „von vornherein als das Beharrliche, Unwandelbare [...] was den Zeitbegriff einschließt [...] dem Wesen der Kategorien aber durchaus widerspricht". (S. 476)

2) Wenn Kant das Beharrliche für das „Substratum" der empirischen Zeitbestimmung ausgibt, und, in die Klammer gesetzt, fortfährt: „Die Zeit verläuft nicht, sondern in ihr verläuft sich das Dasein des Wandelbaren. Der Zeit also, die selbst unwandelbar und bleibend ist, korrespondiert in der Erscheinung das Unwandelbare im Dasein, d. i. die Substanz," (B 183) hebt er die Bestimmung der Zeit als subjektive Form des inneren Sinnes auf und erklärt sie für ein Ansich, welches gleichwohl nicht subjektive Anschauungsform, aber auch nicht etwas an den Dingen sein soll. Das reale Objekt, als das diesem zeitlichen Ansich korrespondierende Unwandelbare, kann nur das transzendentale Objekt meinen, welches nach der Definition sowohl die psychischen als auch die physischen Erscheinungen „verursacht". Auf diesem Hintergrund ist unerfindlich, warum Kant den seelischen Phänomenen ein Beharrliches bestritt, den physischen dagegen zugestehen wollte.

3) Wenn Kant wiederum an einer anderen Stelle darauf hinweist, daß wir einen *sinnvollen* Gebrauch vom Substanzbegriff nur in der von ihm vorgeschlagenen Version machen, daß wir nämlich „die Beharrlichkeit eines gegebenen Gegenstandes zu Grunde legen müssen, wenn wir auf ihn den empirisch brauchbaren Begriff von einer Substanz anwenden wollen", (A 301) während wir beim Begriff der Subsistenz nicht einmal wüßten, „ob dieser überall irgend etwas bedeute", (B 301) deckt dies die tautologische Definition des Empiriebegriffes auf: „Empirisch brauchbar" ist der Substanzbegriff nur als *Zeichen* (Vorstellung) für den beharrlichen Gegenstand, und der äußere Gegenstand als Substrat der Vorstellung wird wiederum nur faßlich durch den auf ihn angewendeten Substanzbegriff als „Schema der Beharrlichkeit".

§ 9 Die Paralogismen im Seelenbegriff der rationalen Psychologie

Kant hat an vielen Stellen sporadisch über den Substanzbegriff gehandelt, am ausführlichsten und für die hier anstehende Thematik relevant, in seiner Abhandlung der vier Paralogismen der rationalen Psychologie in der „transzendentalen Dialektik", dem dunkelsten Teil der kantschen „Kritik" (B 399 ff.). Zunächst drehte es sich ja um nichts weniger als um die Analyse und Kritik *des* philosophischen Begriffs, des Substanzbegriffs, der seit Aristoteles im Zentrum philosophisch-metaphysischer Reflexion gestanden hatte. Daß Kant ihn *zusammen* mit der Kritik der rationalen Psychologie abhandelte, deren Vertreter er namentlich zu nennen wiederum nicht für nötig gehalten hatte, läßt über die Absicht, nämlich die Doktrin und nicht ihre einzelnen Vertreter zu treffen, zwar keinen Zweifel aufkommen, macht den schwer lesbaren Text aber nicht zugänglicher. Bieten schon die Bedeutungsvielfalt und die Spitzfindigkeiten in der Diskussion über den Substanzbegriff der Analyse keine geringen Schwierigkeiten, so konnte auch von einer einheitlichen Position *der* rationalen Psychologie nicht ausgegangen werden. Dieser doppelte Aspekt der „Paralogismuskritik" erschwert das Verständnis und evozierte seinerseits Kritik.

Diese betraf zunächst die *Form* des der rationalen Psychologie unterstellten „Fehlschlusses". Machte J.F. Herbart geltend, daß Kants „logische" Kritik auf *keinen* der Vertreter der rationalen Psychologie zuträfe (Psych. a. Wiss., Bd. 5, S. 249), versuchte J.B. Meyer den Einwand Herbarts wiederum abzuschwächen, indem er darauf hinwies, daß Kants Kritik, wenn nicht auf ihre ontologischen Vertreter (Leibniz und Ch. Wolff), dann aber doch auf die Schüler Wolffs (Knutzen, Reimarus und Mendelssohn) passe (vgl. Meyer, 1870, S. 225 ff.), welche aus der psychologischen Einheit des Bewußtseins Aufklärung über das Wesen der Seele zu erlangen glaubten.

Herbart wie Meyer schienen aber übersehen zu haben, daß die Bezeichnung „transzendentaler Paralogismus" (vgl. B 399) freilich nicht den normalen logischen Fehlschluß (unter Absehung der inhaltlichen Bestimmung der Prämissen) meinte, daß vielmehr die *transzendentale* Logik Kants ja immer schon gegenstandstheoretische und methodologische Gesichtspunkte miteinschloß. Kant bezeichnete den transzendentalen Paralogismus als ein „Sophisma figurae dictionis" (A 403), in dem der Obersatz von der Verwendung der Kategorie einen *transzendentalen*, Untersatz und Schlußsatz hingegen einen empirisch-psychologischen Gebrauch machten. Inwieweit ein solches Verfahren überhaupt noch an einem *logischen* Kriterium gemessen werden kann, mag dahingestellt bleiben. Aber offenbar wollte Kant durch die merkwürdige Bezeichnung „transzendentaler Paralogismus" anzeigen, daß beide Versionen, der ontologische und der psychologische Versuch, für die substantielle Seele einen Beweis zu erbringen, *gemeinsam* zurückzuweisen seien. Seine „Widerlegung" verfuhr in der Hauptsache nach folgendem Schema:

1) Aus einem *gedachten* (vorgestellten) Wesen (Subjekt) darf nicht auf die *Existenz* des Wesens (Substanz) geschlossen werden (freilich auch nicht auf die Nicht-Existenz, wäre hinzuzufügen). Diesem Argument dürfte die folgenreiche Kritik des Existenzbegriffes durch Hume durchaus zugrundegelegen haben, freilich mit dem Unterschied, daß dessen Kritik der Existenz sich nicht allein auf die Vorstellung geistiger Substanzen (Seele und Gott) beschränkte, sondern ebenso die Existenz äußerer Dinge miteinschloß.

2) Da die (psychologische) Einheit des Bewußtseins -- das „Ich denke" – uns wegen mangelnder Anschauung kein Objekt im Sinne „objektiver Realität" vermittelt, kann auch durch Denken nichts über das Wesen des Denkenden bekannt werden.

Der ontologische Beweis schloß „transzendental" von der Seele (als Idee) auf das Dasein, der „psychologische" aus der – nach kantschen Prämissen – bloß logischen Funktion des Denkens auf ein dem Denken substantiell Zugrundeliegendes. In beiden Fällen wäre der Schluß nach Kant als nicht beweiskräftig für die Existenz der Seelensubstanz zurückzuweisen, aber war darum erwiesen, daß wir uns keinen Begriff von der *Möglichkeit* eines solchen „Dinges" machen können? Des weiteren wäre zu fragen, ob das im Rahmen transzendentaler Argumentation legitime Verfahren auch seinen Zweck erreichte, die Psychologie als Doktrin schlechterdings *unmöglich* zu machen? Mußte Kants Kritik des Substanzbegriffes nicht eigentlich für obsolet gelten, nachdem bereits Locke und Hume sich dieser Aufgabe sachkundig und gründlich angenommen hatten? Wenn Kant in zahllosen Paraphrasen den Beweis wiederholt, daß aus dem cartesianischen „Ich denke" nicht auf die Existenz des substantiellen geistigen Wesens der Seele geschlossen werden konnte, machte er zwar aus seiner transzendentalen Sicht der rationalen Psychologie global ihren Kardinalsatz streitig, aber war darum der Psychologie als Doktrin die Basis entzogen worden?

Dies freilich muß als Kants *eigentliche Intention angesehen werden, nämlich zugleich mit der rationalen Psychologie als Doktrin und Theorie des Psychischen auch die empirische Psychologie Lockes und Humes fraglich zu ma-*

chen. Hatten letztere den Substanzbegriff verworfen, weil für ihn keine *Erfahrungstatsache* gefunden werden konnte, so folgte für sie hieraus ja gerade nicht die Unmöglichkeit der Psychologie auf der Basis der inneren Wahrnehmung. Im Gegenteil sollte die Intensivierung der nun vorurteilslos verfahrenden *inneren Wahrnehmung* als exakte Beschreibung des Psychischen ihr allererst einen wissenschaftlichen Boden bereiten. Aber, der transzendentalen Präsumption entsprechend, war der Empirismus, so wenig er dem Problem des apriori Geltenden gerecht zu werden vermochte, auch nicht autorisiert, der substantiellen Seele *als* (moralisch benötigte) *Idee* die Existenz abzusprechen!

Daß Kant sich in der Tat auch an Locke und Hume adressierte, die er namentlich so wenig erwähnte wie die Vertreter der rationalen Psychologie, ist an seiner prinzipiellen Verwerfung der inneren Erfahrung als methodisch-wissenschaftliches Instrument der Psychologie festzumachen. Nicht allein die innere Erfahrung als modus vivendi der rationalen Psychologie (als „bloße Apperzeption") wird für ungenügend abgewiesen, sondern innere Erfahrung überhaupt:

> Denn innere Erfahrung überhaupt und deren Möglichkeit, oder Wahrnehmung überhaupt und deren Verhältnis zu anderer Wahrnehmung, ohne daß irgend ein besonderer Unterschied derselben und Bestimmung empirisch gegeben ist, kann nicht als empirische Erkenntnis, sondern muß als Erkenntnis des Empirischen überhaupt angesehen werden, und gehört zur Untersuchung der Möglichkeit einer jeden Erfahrung, welche allerdings transzendental ist. (B 401)

Immerhin spricht Kant sich an dieser Stelle einmal unzweideutig darüber aus, was als das Werkzeug *transzendentaler* Wissensgewinnung anzusehen ist: *die innere Erfahrung*!

Daß die transzendentale Kritik der rationalen Psychologie als Doktrin sämtliche zuvor getroffenen definitorischen Bestimmungen der transzendentalen Logik, Ästhetik und Analytik *voraussetzte*, ist evident. Das betrifft den Umfang analytischer Urteile, synthetischer Urteile und synthetischer Urteile a priori so gut wie die Bestimmung des inneren und äußeren Sinnes, die Vorrangigkeit der Kategorie der Kausalität als Garant für wissenschaftliche Erkenntnis, die enge terminologische Auffassung der Substanzkategorie im Schema der Beharrlichkeit. Kants sogenannte Paralogismuskritik kann nur als selbstbestätigender Text gelesen werden, sie ihrerseits unter *anderen* logisch-methodologischen Gesichtspunkten kritisieren zu wollen, wäre vergeblich. In diesem Sinne ist das folgende auch nur als Zusammenfassung der zentralen Gedankengänge Kants zu begreifen.

§ 10 Die Ambivalenz in Kants Seelenbegriff und ihre Folgen für die wissenschaftliche Psychologie

Der Substanzbegriff als „Subsistenz" und „Inhärenz", den Kant in der Kategorientafel als Relationsbegriff neben der Ursache-Wirkung-Relation und der Wechselwirkung führt, wird zunächst nivelliert, weil man von jedem Ding sagen könnte, es sei Substanz, insofern es von seinen Prädikaten und Bestimmungen unterschieden würde (A 349), der Begriff also nicht dazu tauge, die Seelensubstanz von der körperlichen zu *unterscheiden*. Wird der Begriff aber auf die Seelensubstanz als einheitliches, nichtausgedehntes und unteilbares geistiges Wesen *eingeschränkt*, dann könnte nicht ermittelt werden, ob ein derartiges Wesen auch *existiere*; denn als Nichtausgedehntes sei keine Anschauung (Wahrnehmung) von ihm möglich und Anschauung markiert für Kant das Kriterium der Realität im Sinne der Existenz. Dem cartesianischen Cogito kann also keine *Wirklichkeit*, sondern nur *Möglichkeit* eignen (B 406). Das Denken wiederum sei nicht als Substanz, sondern bloß als Akzidenz zu begreifen, und von der *Beziehung* des Denkens auf das Ich werde sodann unrechtmäßig auf die Substanz geschlossen (A 550). Das Denken für sich betrachtet sei bloße *logische* Funktion, der Einheitspunkt oder die reine Spontaneität als Synthese des Mannigfaltigen, welche, indem sie allem Denken vorauszusetzen ist, weder nach ihrem Grund (ihrer Ursache) zurückzufragen, noch sich selbst zum Gegenstand zu machen vermöchte (B 429). Die der Seele traditionell beigelegten Prädikate der Einfachheit, Immaterialität, Inkorruptibilität und Personalität seien keine Gegenstände der Erfahrung, könnten aus dem „Ich denke" aber auch nicht (logisch) abgeleitet werden. Auf die berüchtigte Frage nach dem *Zusammenwirken* von Seelischem mit körperlich Ausgedehntem sei es „keinem Menschen möglich, eine Antwort zu finden". (A 393)

Kant vertraute darauf, die Abgrenzung des Seelischen vom Körperlichen durch seine, in der „transzendentalen Ästhetik" aufgestellten Prämisse genüge getan zu haben, daß auch die Körper nur Erscheinungen, keine Dinge an sich seien, und die Sonderung des äußeren und inneren Sinnes ausreiche, um vor dem Materialismus zu bewahren. Schließlich könnten wir Bewußtsein, Gedanken und Begehrungen der Seele nicht äußerlich anschauen. Dieses „natürliche und populäre" Argument leuchte „selbst dem gemeinsten Verstand" ein (A 358) und bedürfe keiner spitzfindigen philosophischen Beweise.

Aus wissenschaftstheoretischer Sicht und soweit die Psychologie als Doktrin in Frage stand, ging die Argumentation in die entgegengesetzte Richtung; jetzt hieß es, daß die Seelenlehre als „Physiologie des inneren Sinnes" nicht mit der „Physiologie der Gegenstände äußerer Dinge" in Konkurrenz zu treten vermöchte, weil zwar aus dem Begriff eines ausgedehnten und undurchdringlichen Wesens, hingegen „aus dem Begriff eines denkenden Wesens gar nichts a priori synthetisch erkannt werden kann", (A 381) und Wissenschaft ja nur möglich sein soll, insofern sie sich durch ein apriorisches und synthetisches Wissen fundieren läßt, nämlich nur so als „erweiterndes" Wissen angesehen werden kann. Lediglich einen „negativen Nutzen" räumte Kant der rationalen Psychologie „als eine alle Kräfte des menschlichen Verstandes übersteigende Wissenschaft" (A 384) ein, und zwar unser denkendes Selbst gegen die Gefahr des Materialismus zu sichern, denn „wenn ich das denkende Selbst wegnehme, die ganze Körperwelt wegfallen muß". (A 384)

Diese, je nach Verwendungszweck und Adressat herauszustellende *rein idealistische* Sicht der Dinge konkurriert mit Kants sonstiger Betonung des Primats äußerer Erkenntnis und der nachdrücklich vertretenen Auffassung, daß mit dem Wegfall äußerer Dinge wir über *gar keine innere Erkenntnis verfügten*. War nicht der „psychologische Idealismus" als ein „Skandal der Philosophie und allgemeinen Menschenvernunft" bezeichnet worden, weil er uns zumute, das Dasein der Dinge außer uns auf bloßen Glauben anzunehmen, „von denen wir doch den ganzen Stoff zu Erkenntnissen selbst für unseren innern Sinn haben"? Und war nicht gegen Descartes verfügt worden, daß „selbst unsre *innere*, dem Cartesius unbezweifelte Erfahrung nur unter Voraussetzung *äußerer* Erfahrung möglich sei" (B 274)?

Auf *diese* Sicht der Dinge hat man zurückgegriffen. Daß Kants Seelenbegriff dem Materialismus in der Psychologie *nicht* standhielt, ist durch die breite Propagierung der „physiologischen Psychologie" gerade durch *die* Philosophen, die Kant in der zweiten Hälfte des 19. Jahrhunderts wiederentdeckten – A. Schopenhauer und F.A. Lange – belegt. Die Intention Kants, die Seelensubstanz als *Idee* dann doch noch zu retten, war ihnen freilich sogleich suspekt. Aber Kant selbst hatte den Weg gewiesen, wie das Seelische zu verräumlichen und zu veräußern sei. „Die Physiologie der Sinnesorgane ist der entwickelte oder der berichtigte Kantianismus, und Kants System kann gleichsam als ein Programm zu den neuen Entdeckungen auf diesem Gebiet betrachtet werden [...]", hieß es bei F.A. Lange (Gesch., 2. Bd., S. 850), der den zentralen Gedanken Schopenhauers fortführte, welcher wiederum die apriorischen Formen von Raum und Zeit und die Hauptkategorie der Kausalität zu angeborenen *Gehirnmechanismen* umfunktionierte (vgl. Schopenhauer, Vierfache Wurzel, § 21). Indem der *organische Leib zum Ausgangspunkt* der philosophischen Analyse gewählt und der Verstand mit dem *Gehirn* identifiziert wird (vgl. a. O., § 22), reduzierte sich der kantsche Transzendentalismus zur Physiologie des Gehirns und des Nervensystems. Daß diese „Wende" transzendentaler Philosophie weit hinter die Wegbereitung der empirischen Psychologie durch Locke und Hume *zurückfiel*, ist an anderer Stelle zu verdeutlichen. Der folgende Paragraph faßt Kants abschlägige Urteile über die Psychologie zusammen.

§ 11 Transzendentale und historische Erkenntnis

Der gesamte komplexe Aufbau des kantschen Werkes war dem Nachweis der Notwendigkeit eines apriorischen Wissens zur Konstitution von Wissenschaftlichkeit überhaupt gewidmet: Wenn Wissenschaft mehr bedeuten und beinhalten sollte als ein bloß komparativ aufgesammeltes historisches Wissen – und die newtonsche Physik doch die Möglichkeit einiger weniger, dafür aber allgemeiner Grundgesetze als Synthesen einer großen Mannigfaltigkeit von Erscheinungen unter Beweis gestellt hatte – die Erfahrung selbst aber nicht für das Kriterium der Geltung der Wissenschaftsergebnisse herangezogen werden konnte, dann mußte der Abstand zwischen den imponierenden Ergebnissen der Naturwissenschaft und den bescheidenen psychologischen Analysen auf der Basis des „gemeinen Menschenverstandes" durch eine transzendentale Reflexion über die Bedingung der Möglichkeit von Wissenschaftlichkeit respektive Gegenständlichkeit überhaupt überbrückt werden. Kant suchte die Lösung des Problems in der Rehabilitierung des apriorischen Standpunktes, der sowohl gegen die Philosophie des Rationalismus als auch gegen Kritik von seiten der Philosophie des Empirismus *neu* zu formulieren war. Mit der Entdeckung des *Zusammenwirkens* apriorischer intellektueller *und* sinnlicher Formen war nach Kant die Basis für die wissenschaftliche Erkenntnis gegeben, zum wissenschaftlichen Gegenstand allein der äußere nominiert worden.

Die Restriktion des Gegenstandsbegriffes auf den sinnlich erfahrbaren und experimentierbaren Gegenstand implizierte notwendig die Rückstufung der psychischen Phänomene in den Bereich des bloß Subjektiven, insoweit sie sich nicht auf ihre physische (physiologische) Grundlage zurückführen ließen. Kants Definitionen von „Erfahrung", „Gegenstand", „Gegenständlichkeit", „Objektivität", „Wissenschaft" waren von vornherein auf die Naturwissenschaft, ja auf die Physik zugeschnitten worden, die Psychologie wurde an den Prämissen naturwissenschaftlicher Effizienz gemessen – einer Effizienz, die sich freilich nicht von selbst versteht, auch nicht in der Sache selbst liegen kann, sondern über die vorab entschieden worden war. In den „Metaphysischen Anfangsgründen der Naturwissenschaft" hieß es:

> Noch weiter aber, als selbst Chymie, muß empirische Seelenlehre jederzeit von dem Range einer so zu nennenden Naturwissenschaft entfernt bleiben, erstlichtlich weil Mathematik auf Phänomene des inneren Sinnes und ihre Gesetze nicht anwendbar ist, man müßte denn allein das *Gesetz* der *Stetigkeit* in dem Abflusse der inneren Veränderungen desselben in Anschlag bringen wollen, welches aber eine Erweiterung der Erkenntnis sein würde, die sich zu der, welche die Mathematik der Körperlehre verschafft, ohngefähr so verhalten würde, wie die Lehre von den Eigenschaften der geraden Linie zur ganzen Geometrie. Denn die reine innere Anschauung, in welcher die Seelenerscheinungen konstruiert werden sollen, ist die *Zeit*, die nur eine Dimension hat. Aber nicht einmal als systematische Zergliederungskunst, oder Experimentallehre, kann sie der Chymie jemals nahekommen, weil sich in ihr

das Mannigfaltige der inneren Beobachtung nur durch bloße Gedankenteilung von einander absondern, nicht aber abgesondert aufbehalten und beliebig wieder verknüpfen, noch weniger aber ein anderes Subjekt sich unseren Versuchen der Absicht angemessen von uns unterwerfen läßt, uns selbst die Beobachtung an sich schon den Zustand des beobachteten Gegenstandes alteriert und verstellt. Sie kann also niemals mehr als eine historische [...] Naturbeschreibung der Seele, aber nicht Seelenwissenschaft, ja nicht einmal psychologische Experimentallehre werden; [...]. (Bd. 8, S. 15-16)

Wenn Kant an dieser Stelle konzediert, daß der Psychologie als *historisch-beschreibende* Disziplin eine gewisse Bedeutung verbliebe, dann hat er an anderer Stelle wiederum das historische Wissen im Unterschied zur *formalen* Verstandesarbeit abqualifiziert und als ein solches bezeichnet, welches lediglich „aufblähe" (vgl Bd. 5, S. 377). Historisches Wissen galt ihm für „bloß subjektiv" und relativ, weil nur aufsammelnd und nachbildend, das heißt, ohne „erweiternde" Vernunftprinzipien erworben. Der historisch Forschende

weiß und urteilt nur so viel, als ihm gegeben war. Streitet ihm eine Definition, so weiß er nicht, wo er eine andere hernehmen soll. Er bildet sich nach fremder Vernunft, aber das nachbildende Vermögen ist nicht das erzeugende.[...] Er hat gut gefaßt und behalten, d. i. gelernt, und ist ein Gipsabdruck von einem lebenden Menschen. (KrV, B 864)

Der „Anthropologie in pragmatischer Hinsicht", als deren „Hilfsmittel" Kant „Weltgeschichte, Biographien, ja Schauspiele und Romane" angibt, aus der zweifellos viel Psychologisches, aber *nichts über die Konstituenten einer Psychologie als Wissenschaft* zu erfahren ist, hat Kant selbst „den Rang einer förmlichen Wissenschaft" ausdrücklich *nicht* zubilligen wollen (vgl. a. O., S. 401).

Kant bestritt der Psychologie also einmal aus ganz prinzipiellen Erwägungen heraus die Wissenschaftlichkeit, weil sie nämlich nicht zu den das Wissen *erweiternden* Disziplinen zu zählen sei und *auch als theoretische Erkenntnis* „bloß empirisch bleibe". (Vgl. K d. U., Bd. 8, S. 590) Oder anders gesagt: weil sie von sich aus nicht in der Lage sei, sich die *formalen* Prinzipien ihrer Wissenschaft zu bestimmen, da aus ihrem Gegenstand, der Seele, als einem denkenden Ding, schlechterdings nichts Apriorisches abgeleitet werden könnte; zum anderen könnte sie nicht Naturwissenschaft sein, weil ihre Gegenstände, die flüchtigen inneren Erscheinungen, nicht in Konkurrenz zu den kausal und räumlich determinierten Gegenständen der Physik zu treten vermöchten und Anwendung rechnender und messender Verfahren entfiele. In jeder besonderen Naturlehre soll aber „nur soviel *eigentliche* Wissenschaft angetroffen werden [...] als darin Mathematik anzutreffen ist". (Metaphysische Anfangsgründe, S. 14)

Kant konzedierte der Psychologie in der „Kritik der reinen Vernunft" den Status einer *angewandten* Philosophie, „zu welcher die reine Philosophie die Prinzipien a priori enthält, die also mit jener zwar verbunden, aber nicht vermischt werden muß", (B 877) und dies auch nur widerwillig, damit die Psychologie nicht anderwärts Anschluß suche, „wo sie noch weniger Verwandtschaft als in der Metaphysik antreffen dürfte". (Ebd.) Als „angewandte Philosophie" fällt der Psychologie die Aufgabe zu, die empirischen Ursachen für die *defizitären* Erscheinungen des Denkens und der Willensbildung zu untersuchen (vgl. B 78). Das wahrscheinlich profundeste Motiv des Antipsychologismus dürfte in Kants Sorge um die Grundlegung der Ethik bestanden haben. Er scheint gewisse Paradoxa seiner Philosophie in Kauf genommen zu haben, um der ethischen Erkenntnis den Freiheitsbegriff zu sichern. Dies ließ sich an Kants Zeitauffassung deutlich machen.

§ 12 Kants Zeitbegriff und seine agnostischen Konsequenzen für die Psychologie des Ich

Analog dem Verfahren, den Substanzbegriff für die äußeren Phänomene zu reservieren, soll der Kausalitätsbegriff auf Psychisches *nicht* angewendet werden dürfen. Wenn die „gewisse Ordnung in den Zeitverhältnissen" für die Objektivität des Wahrgenommenen Rechnung tragen sollte, dann mußte Gleiches für die Phänomene des inneren Sinnes gelten. Nicht, daß der Kausalitätsbegriff auf Psychisches nicht angewendet werden *könnte*, und Gesetzmäßigkeit der Erscheinungen in diesem Bereich prinzipiell unmöglich wäre, denn die Eindimensionalität des Zeitverlaufs und die ihr von Kant zugeschriebene *determinierende* Kraft verbürgt in allen Fällen die Unumkehrbarkeit der Erlebnisse, freilich auch die Notwendigkeit, sie an ein sie erlebendes Subjekt zu binden (wie Räumliches den Objekten beigelegt wurde), ansonsten von einem „unumkehrbaren Zeitverlauf" ja gar nicht die Rede sein könnte; aber offenbar *darf* und *soll* der Kausalitätsbegriff im Seelenleben keine Anwendung finden, weil eine Psychologie als Wissenschaft, das heißt unter Anwendung des Kausalitätsbegriffes, die transzendentale Freiheitsidee zunichte machen würde.

> Es kommt nämlich bei der Frage nach derjenigen Freiheit, die allen moralischen Gesetzen und der ihnen gemäßen Zurechnung zum Grunde gelegt werden muß, darauf gar nicht an, ob die nach einem Naturgesetz bestimmte Kausalität durch Bestimmungsgründe, die im Subjekt, oder *außer* ihm liegen und im ersten Fall, ob sie durch Instinkt oder mit Vernunft gedachte Bestimmungsgründe notwendig sei; wenn diese bestimmende Vorstellungen [...] den Grund ihrer Existenz doch in der Zeit und zwar dem *vorigen Zustande* haben, dieser aber wieder in einem vorhergehenden etc., so mögen sie, diese Bestimmungen, immer innerlich sein, sie mögen psychologische und nicht mechanische Kausalität haben, d. i. durch Vorstellungen, und nichtdurch körperliche Bewegung, Handlung hervorbringen, so sind sie immer *Be-*

stimmungsgründe der Kausalität eines Wesens, so fern sein Dasein in der Zeit bestimmbar ist, mithin unter notwendigmachenden Bedingungen der vergangenen Zeit, die also, wenn das Subjekt handeln soll, *nicht mehr in seiner* Gewalt sind, [...]. (K. d. p. V., S. 221-221)

An dieser Stelle tritt noch einmal die Vieldeutigkeit des kantschen Zeitbegriffs in Erscheinung: Wurde zunächst die *nur* zeitliche Bestimmung des Psychischen als Grund für dessen Wissenschaftsuntauglichkeit angesehen (vgl. Metaphys. Anfangsgründe, S. 15-16), so wird jetzt die Determination durch die zeitliche Abfolge als dasjenige ausgemacht, durch welches die *ethische* Substanz des Menschen, nämlich Freiheit und Verantwortlichkeit, von seiten einer kausal-erklärenden wissenschaftlichen Psychologie *bedroht sein würde*. Die gewissermaßen teilbedingte Freiheit, für die in Humes probalisitischer Auffassung von Kausalität Raum blieb, nämlich den determinierenden Beweggründen des Willens die Umsetzung in die Tat *nicht* folgen zu lassen, und die ihrerseits eine Erfahrungstatsache ist (auch durch Erfahrung geübt und verbessert werden kann), mag sich gegen Kants Auffassung einer unbedingten Freiheit bescheiden ausnehmen, verbleibt darum aber in *dieser* Welt.

Dagegen verschloß Kant den noumenalen Kern menschlichen Daseins, in dem auch das rätselhafte Phänomen menschlicher Freiheit verankert sein muß, dem wissenschaftlichen Zugriff. Der Mensch als physisches Wesen, als physiologischer Organismus kann Gegenstand entsprechender Körperwissenschaften wie Medizin, Physiologie und Biologie sein, der Mensch als geistiges Wesen, als Person, die ‚Ich' zu sagen vermag, die sich ihrer personellen Identität bewußt ist, ist nicht Gegenstand der Wissenschaft, sondern Zentrum der Reflexion einer *praktischen* Vernunft.

> Daß der Mensch in seiner Vorstellung das Ich haben kann, erhebt ihn unendlich über alle andere auf Erden lebende Wesen. Dadurch ist er eine *Person* und, vermöge der Einheit des Bewußtseins, bei allen Veränderungen, die ihm zustoßen mögen, eine und dieselbe *Person*, d. i. ein von *Sachen* [...] durch Rang und Würde ganz unterschiedenes Wesen. (Anthropologie, S. 407)

Es ist kein Zufall, daß Kant uns dies in seiner „Anthropologie" wissen läßt, während er in der „Kritik der reinen Vernunft" ausdrücklich *bestritt*, daß sich die Bewußtseinseinheit und personale Identität aus dem *Begriff* eines denkenden Wesens oder der substantiellen Seele irgendwie ableiten ließe. Einmal mangelt den inneren Erscheinungen, wie Kant immer wieder betonte, das Beharrliche der äußeren Erscheinungen, welches uns gestattet, den Vorstellungsgegenstand in der Zeitabfolge als einen mit sich identischen wiederzuerkennen, während uns das Ich nur in und durch den Wechsel seiner eigenen Aktivitäten präsent ist; zum anderen ist das Ich in formal-theoretischer Betrachtung der *Ausgangspunkt* jeden Denkens und aller Erkenntnis, könnte infolgedessen nicht selbst zum Objekt der Erkenntnis gemacht werden. Das „Ich denke" in der theoretisch-philosophischen Bedeutung formaler Bewußtseinseinheit, ist selbst kein Erkenntnisgegenstand, vielmehr, da unabdingbare *Voraussetzung* aller Erkenntnis, wohl identisch mit dem *transzendentalen Subjekt*: „Durch dieses Ich, oder Er, oder Es (das Ding), welches denkt, wird nun nichts weiter, als ein transzendentales Subjekt der Gedanken vorgestellt = X, welches nur durch die Gedanken, die seine Prädikate sind, erkannt wird." (KrV, B 405 f.) Die Gedanken als Phänomene aber verraten uns nicht, wie wir wirklich (an sich) sind, sondern nur, wie wir uns *erscheinen*. Selbst wenn diese Erscheinungen nicht bloßen Schein meinen und ihnen „subjektive Realität" konzediert wird, führt nach Kant jedoch kein Weg zu einem *Wissen* über sie.

§ 13 Gegenstand der Psychologie oder das Wesen psychischer Phänomene

Auf dieser Basis verbleiben drei Möglichkeiten, auf dieses agnostische Diktat zu reagieren:
1) auf ein anonymes „Jenseits" (die „Kraft", „Energie", den „Antrieb", „Trieb", das „Es", das „Unbewußte") der Bewußtseinserscheinungen zu raten und Gründe für sie ausfindig zu machen, die ihrerseits freilich nicht mehr begreifbar oder begründbar sein können. Kant selbst hat mit dem Vermögen der „blinden Einbildungskraft" eine solche Möglichkeit vorgezeichnet (Irrationalitätshypothese).
2) Die Möglichkeit, in den Positionen (Argumenten) der Funktionalität des Psychischen zu verbleiben, sich mit den Werten eines wie immer gearteten, seinerseits nicht mehr reduzierbaren oder begründbaren Korrelationsverhältnisses zu begnügen und das Ich, die menschliche Substanz, aus der psychologischen Betrachtung zu eliminieren, das hieß (nach Politzer 1928/1978) stets in der „dritten Person" zu sprechen, wenn die erste gemeint ist. Die Funktionen können dann ihrerseits in eine Struktur oder in ein System eingearbeitet und zu einer (mechanischen, biologischen oder zivilisatorisch-kultureller) Ganzheit hypostatiert werden, deren Formalisierung nichts im Wege steht (Funktions-Struktur-Hypothese).
3) Die dritte Möglichkeit würde darin bestehen, den psychischen Erscheinungen (Phänomenen oder Akten) ihr genuines Sein zurückzugewinnen (Substanzhypothese).
In allen drei Möglichkeiten entfällt aber eigentlich die Gegenstandsfrage: Weder der „unbewußte Grund" noch „Funktion" oder „Struktur", ebenso wenig die „Substanz" können als Objekte oder Gegenstände begriffen werden, vielmehr scheint eine solche Auffassung von vornherein das Problem der psychologischen Wissensgewinnung zu verstellen. Das zeigt sich sogleich, wenn nach der *Realität* dieser möglichen Bereiche gefragt wird. Ein nicht geringer Aufwand geistiger Arbeit ist gerade auf die Frage nach der Realität des Psychischen verwendet worden: Wenn Begriffe wie „Realität", „Dasein", „Existenz", die in ihrer alltagssprachlichen Verwendung unproblematisch schei-

nen, sich in der Geschichte der Philosophie jedoch nie zu einer allgemeinverbindlichen Bedeutung verfestigten und in den verschiedenen philosophischen Systemen wie in den diversen Wissenschaftsbereichen jeweils *andere* Bedeutungen annehmen, dann muß die Realität des Psychischen solange kontrovers bleiben, wie sich kein Konsens über sein *Wesen* herstellen läßt. Oder anders gesagt: die *Abgrenzung* des Psychischen vom Physischen oder möglichen anderen Seinsbereichen ist eine unabdingbare Voraussetzung für eine psychologische Wissenschaft, der die Frage nach dem Gegenstand (wenn die Vieldeutigkeit des Terminus überhaupt Sinn macht) *unterzuordnen* wäre.

Kants Einteilung der Gegenstände in zwei Bereiche, von denen nur *einem* Bereich, dem der kausalverknüpften, funktionell-mathematisch erfaßbaren äußeren Phänomene Objektivität (im Sinne *realer* Sachhaltigkeit) zugesprochen werden durfte, mußte sich für die Methodologie der Psychologie verhängnisvoll auswirken, deren Bilanzierung folgendermaßen formuliert werden kann:

a) Kant hat die Gegenstandsfrage a priori jeglichem psychologisch-genetisch-hermeneutischen Zugang verschlossen, sie dagegen einer spontanen Verstandeskonstruktion überantwortet, deren Möglichkeit wie Geltung freilich nicht im empirisch-psychologischen Subjekt auffindbar und analysierbar sein konnte, sondern dem Modus *reiner* Synthese und reiner Apperzeption (eines transzendentalen Subjektes) überantwortet wurde.

b) Das transzendentale Subjekt (als anonymer Gesetzgeber) ist aber nur ein Name für eine hypothetische Instanz, die Kants Voraussetzung der *Fakten* (Wissenschaft und Ethik) s.z.s. stellvertritt, und die zirkuläre Aufeinanderbeziehung von „Bedingung" und „Begründung" (Geltung) zu einer unvermeidlichen deklariert. Die Bedingung der Möglichkeit einer gesetzlich geregelten Erfahrung setzte *voraus*, daß diese bereits in dem (newtonschen) Wissenschaftssystem und den (wenngleich weniger durchschaubaren und gesicherten) moralisch-normativen kulturellen Gebilden und Systemen bestand; sie wurden sodann auf ihre konstitutive Möglichkeit hin untersucht, analysiert und deduziert.

c) Wenn Kant die Frage nach der Beziehung von Vorstellung und Gegenstand zuletzt in die Frage *nach der Bedingung der Möglichkeit von Gegenständlichkeit überhaupt* transponierte und zur Sicherung des Notwendigkeitscharakters wissenschaftlichen Wissens seinen apriorischen Bestand nachwies, mußte die Frage nach dem Gegenstand der Psychologie entfallen, insofern sie wiederum auf die Frage nach der Bedingung der Möglichkeit von Gegenständlichkeit überhaupt abgebildet werden sollte. Der Notwendigkeitscharakter des Wissens (Wissbaren) kann sich nur auf das transzendentale Subjekt beziehen, welches selbst freilich kein Erfahrungsgegenstand ist. Das transzendentale Subjekt (als die formale Bedingung der Erkenntnis) ist aber so eingerichtet, daß es psychologisches Wissen gerade ausschließen soll.

d) Eine sachimmanente Gegenstandsbestimmung kann es nach Kants transzendentaler Auffassung der Gegenstands- und Geltungsfrage nicht geben, insofern die Bestimmung des Gegenstandes von den transzendentallogischen Bedingungen seiner Erkenntnis abhängt. Das Erkenntnis*interesse* eines bestimmten Wissenschaftsgebietes dürfte stets, und gewiß nicht weniger in der Psychologie, durch ganz heterogene Motive seiner Vertreter diktiert sein (wie z.B. durch pädagogisch-lerntheoretische, klinisch-therapeutische, ökologisch-zivilisatorisch-kulturelle etc.), die, soweit die wissenschaftstheoretische Frage ansteht, über den Effizienzstandpunkt hinaus, ihre jeweiligen Ziele und Methoden zu formulieren hätten. Ein Konsens in diesen Fragen – und sei es nur zur Gewinnung einer gemeinsamen Sprachbasis – ließe sich nur von einer überparteilichen, das jeweilige Klientel übergreifenden, auch weltanschaulich (religiös, ideologisch) gereinigten Anthropologie herstellen. Dieser Weg würde (falls er gangbar ist) die Frage nach der *Adäquanz* der *Ziele* und *Methoden*, gewiß nicht die Frage nach der Adäquanz an einen (noch dazu von jeglichem Anthropomorphismus gereinigten) Gegenstand implizieren, das heißt aber die Frage nach dem Wesen des Psychischen mit einschließen. Diese Frage läßt sich nicht durch die Analyse der Wissenschaftsbereiche, auch nicht durch hypostasierte Vermögen oder Statthalter dieser Bereiche oder durch eine oberste, zwar neutrale, aber auch anonyme Instanz, das transzendentale Subjekt, eruieren, sondern liegt dieser Betrachtungsweise voraus.

Kant wußte dies sehr wohl, und seine eigenen, erkenntnispsychologischen Prämissen über Anschauung und Begriff, Sinnlichkeit und Verstand, Rezeptivität und Spontaneität widersprechen, in einem strikten Sinne, dem transzendentalen und kritischen Ansatz, der nicht über das Wesen des Psychischen handeln will, aber mit „Vermögen" und „Eigenschaften" dieser Vermögen operiert, deren Stringenz selbst nicht ausgewiesen wird. Kant ist als Psychologe „schöpferisch" und stets *im Dienste* seiner transzendentalen Intentionen verfahren. Die dargestellten Erkenntniskräfte und Seelenvermögen dürfen, sobald der *Geltungscharakter* des Wissens und das *Begründungsverfahren* der Ethik ansteht, nicht psychologisch mißverstanden werden; die „Geographie" und „Topographie" des menschlichen Gemüts wurde nach transzendentalen (wissenschaftskonstitutiven) Gesichtspunkten, welche die Psychologie als Wissenschaft *ausschließen* sollte, bestimmt; die Grenzziehung innerhalb der Wissensbereiche sowie zwischen theoretischer und praktischer Vernunft ihrerseits nach fragwürdigen, teils zirkulär, teils im Modus ambivalenter sprachlicher Metaphern vorgenommen. In keinem Fall durfte die Wirklichkeit des Lebens, durften die Methoden der Psychologie mitsprechen.

Dies würde an sich ausreichen, um Kants negatives Urteil über die Psychologie als Wissenschaft zu suspendieren – wenn nicht die transzendentale Philosophie allgemeine methodologische Denkmuster kreiert hätte, die entscheidend auch über die sensible Konstitutionsphase der wissenschaftlichen Psychologie im 19. Jahrhundert mitbestimmten; als deren einschneidenste ist das Denken in den Relationen Subjekt-Objekt, subjektiv-objektiv anzusehen, welche die Gegenstandsfrage in den Mittelpunkt rückten und durch Kants transzendentale Reflexion über Gegenständlichkeit zu der einseitig objektivistischen Interpretation des Psychischen verfügten. Trotz oder gerade wegen der zahlreichen Äquivokationen, die sich in Kants Werk mit diesen Begriffspaaren assoziierten, scheinen sie einen Denkzwang zu suggerieren, dem nicht leicht zu entkommen ist.

In Kants Weichenstellung konnte die Alternative nur lauten: entweder Transzendentalphilosophie oder wissenschaftliche Psychologie. Theoretische Entwürfe, die auf den einen oder anderen „Irrtum" der transzendentalen Philosophie verweisen, oder „mit Kant an Kant" vorbei argumentieren (wie das beispielsweise jahrzehntelang in der Moralpsychologie L. Kohlbergs mit Beanspruchung der universalistischen Ethik Kants geschah) werden niemals theoretisch und methodisch an Boden gewinnen, wenn nicht – und zwar einzig im Dienste der wissenschaftlichen Psychologie – die transzendentalen Prämissen *als solche* in Frage gestellt werden.

Daß dies aus dem System selbst heraus nicht geleistet werden kann, beweist die Wissenschaftsgeschichte der Psychologie: Einerseits arrangierte sich die tonangebende offizielle ‚objektive' Psychologie in der einen oder anderen Weise mit den transzendentalen Prämissen (vgl. beispielsweise W. Wundts Rekurrenz auf die kantsche Erkenntnistheorie in Arnold, 1980, S. 44 f.), andererseits boten die Reaktionen gegen Kant, die sich entweder auf die Seite des unbewußten Psychischen und des Menschlich-Allzumenschlichen stellten oder sich schlechterdings mit dem ‚Leben' (der Alltagspsychologie) glaubten solidarisieren zu können, keine *methodisch* seriösen Alternativen zum Objektivismus der naturwissenschaftlichen Psychologie. Ansätze wiederum, die weder dem Objektivismus noch dem Unbewußten huldigten oder der „Lebensphilosophie" zuneigten, weil sie die Subjekt-Objekt-Relation und die Frage nach „Gegenständlichkeit" als falsch gestellte methodologische Weichenstellungen erkannten, drangen infolge der Komplexität der Gesamtsituation nicht durch, artikulierten sich vielleicht auch nicht deutlich genug. Letzteres hatte unter anderem Gründe, die an einer Strategie Kants scheiterten, die der Neukantianismus fortschrieb. Man hat es hier mit einer besonderen Art der „Grenzziehung" zu tun, die im folgenden abschließenden Paragraphen zu behandeln ist.

§ 14 Das Dilemma der Antinomien

Kant suchte in der „Kritik der reinen Vernunft" die „kopernikanische Wende" des transzendentalen Ansatzes durchzusetzen, die eine gänzlich andere Perspektive und einen Neubeginn des philosophischen Denkens forderte, indem er nachdrücklich ablehnte, seinerseits eine „Kritik der Bücher und Systeme der reinen Vernunft" vorzunehmen, das hieß die Schriften anderer Autoren über Verstandes- und Vernunfterkenntnis überhaupt heranzuziehen, stattdessen das „reine Vernunftvermögen" selbst zu Worte kommen lassen wollte. Das Motiv, die philosophischen Vorgänger zum gleichen Thema nicht zu Rate zu ziehen, wurde daran festgemacht, daß „grundlosen Behauptungen" auf der Gegenseite nur mit ebenso grundlosen *eigenen* Behauptungen entgegengetreten werden könnte. Der volle Wortlaut war folgender:

> Noch weniger darf man hier eine Kritik der Bücher und Systeme der reinen Vernunft erwarten, sondern die des reinen Vernunftvermögens selbst. Nur allein, wenn diese zum Grunde liegt, hat man einen sicheren Probierstein, den philosophischen Gehalt alter und neuer Werke in diesem Fache zu schätzen; widrigenfalls beurteilt der unbefugte Geschichtsschreiber und Richter grundlose Behauptungen anderer, durch seine eigene, die eben so grundlos sind. (KrV, B 27)

Allem Anschein nach handelt es sich um einen der cartesianischen Zweifelsmethode verwandten Versuch der „Reduktion", aus dem traditionellen Denken, der durch es geprägten Voreingenommenheit, der Fixierung des Denkens an einen persönlichen Standort hinauszugelangen, um überpersönliche, allgemeine Erkenntnisse und gültige Wahrheit zu gewinnen. Aber ermächtigt diese Haltung dazu, Versuche, die vermutlich das gleiche Ziel anstrebten, ohne vorherige Prüfung als „grundlose Behauptungen" abzuweisen und den eigenen transzendentalen Ansatz als einen Diskurs *der* Vernunft mit sich auszuweisen?

Im Unterschied zu Descartes' methodischem Zweifel, dessen Ziel auf evidente Erkenntnis gerichtet war, und diese in der Vergewisserung der eigenen Denkakte auch zu finden geglaubt hatte, führte Kants „Selbstverständigung der Vernunft" zu der Entdeckung unauflösbarer Antinomien im Kern der reinen Vernunft. Nach Kant handelt es sich um eine „natürliche und unvermeidliche Dialektik der reinen Vernunft, die der menschlichen Vernunft unhintertreiblich anhängt". (KrV, B 354)

Diese negative Erkenntnis war aber zur Sicherung hoher ethischer Werte wiederum von großer positiver Bedeutung, denn die Ideen der Gottheit, der unsterblichen Seele, der absoluten Freiheit, über die reine Vernunft künftig nicht mehr verfügen sollte, weil sie sich diesbezüglich mit sich selbst in Widersprüche verwickelte, sind fortan zwar nicht mehr rational beweisbar, aber, was offenbar schwerer wiegt, *sie sind durch den rationalen Diskurs auch nicht mehr bestreitbar.* Der Gedanke ist zweifellos originell, und in Zusammenhang mit ihm ist Kants vielzitierte Bemerkung zu lesen: „Ich mußte also das Wissen aufheben, um zum Glauben Platz zu bekommen." (KrV, B XXX) Das Verfahren kann aber nicht überzeugen, weil seine Voraussetzungen nicht stimmig sind.

Tatsächlich verhielt es sich ja *nicht* so, daß Kant die Bücher seiner Vorgänger über unsere Verstandes- und Vernunftvermögen nicht einsah, wie hätte er sonst Urteile fällen können über die Irrtümer Lockes und Leibniz', die Zweifelsucht Humes? Und machte er nicht in den „Prolegomena" das Eingeständnis, daß „die Erinnerung des David Hume" ihm einst „den dogmatischen

Schlummer unterbrach"? Tatsache ist aber auch, worauf in jüngeren Publikationen hingewiesen wird, daß Kant die Positionen seiner Vorläufer so darstellte, wie sie in das Bild paßten, das er sich von ihnen machen *wollte*, und keineswegs so, wie sie in Wahrheit vertreten wurden (vgl. Specht 1989, S. 191 f.; A. Kulenkampff, 1987, S. 205; J. Kulenkampff, 1989, S. 161 f.).

Ob diese Art und Weise, „grundlose Behauptungen" zu widerlegen mit der edlen Absicht, schädliche Konsequenzen für die Menschheit abzuwehren, zu rechtfertigen ist, und inwieweit sie mit der Wahrheitsliebe des großen Philosophen in Einklang zu bringen ist, steht hier nicht zur Diskussion. Diese im ganzen etwas dunkle *Vor*geschichte der Transzendentalphilosophie wäre überhaupt nicht zur Sprache gekommen, wenn dem Bruch mit der Tradition nicht gerade jene Ansätze zum Opfer gefallen wären, die auf eine wissenschaftliche Psychologie vorauswiesen, und wenn Kants negatives Urteil über die Psychologie nicht wiederum so eng mit der Antinomienproblematik verknüpft wäre; Kants diesbezügliche Behandlung zu akzeptieren würde bedeuten, sein Verdikt über die Psychologie ein für allemal positiv zu sanktionieren.

In diesem Kontext ist nicht nur die Paralogismuskritik von herausragender Bedeutung, sondern jene Antinomien, die Kant im „dialektischen" Teil der „Kritik der reinen Vernunft" als „mathematische" bezeichnete (vgl. KrV, B 446), und die allemal die Teil-Ganzes-Relation tangieren, wie unendliche Progressionen der Teile zu einem nicht abschließbaren Ganzen, unendliche Teilbarkeit eines Ganzen; in ontologischer Perspektive, Anfang oder Ewigkeit des Universums, atomistische (elementare) oder fluide (dynamische) Struktur der Materie, endlichen oder unendlichen Raum, endliche oder unendliche Zeit betreffend.

Diese Antinomien „entdeckte" Kant gewiß nicht als erster im Wesen der reinen Vernunft, vielmehr waren sie der Sache nach seit der Antike bekannt, hatten jedoch mit der Entdeckung der Infinitesimalrechnung durch Newton und Leibniz einen ganz neuen, metaphysisch und mathematisch hochbedeutsamen Stellenwert erlangt. Am Begriff der Unendlichkeit entzündete sich aber auch die Erkenntniskritik Berkeleys und Humes, die wiederum in ganz entscheidendem Maße der Erkenntnis- und Wahrnehmungspsychologie den Weg bereitete, indem sie gegen das naturwissenschaftliche Denken eine auf die *faktische* Wahrnehmung und Erkenntnis reflektierende Analyse initiierten; hier wurde ausdrücklich *nicht* auf äußere Gegenstände oder Gegenstandserkenntnis reflektiert, sondern das *Ganze* der sinnlichen Eindrücke (Operationen des Verstandes, Elemente und Verbindung der Elemente) zum Thema gemacht.

Die sogenannten mathematischen Antinomien, welche die Teil-Ganzes-Relation als eine der rationalen Behandlung nicht zugängliche, vom wissenschaftlichen Diskurs auszuschließende darstellten, vernichteten gerade jene Ansätze, die eine metaphysikfreie und ontologiefreie Behandlung des Psychischen favorisierten; dagegen verwickelte Kants „transzendentale Ästhetik" und Kants Insistieren auf zwei prinzipiell verschiedene Quellen der Erkenntnis (Anschauung und Begriff) ihrerseits in Antinomien und Aporien, an denen sich das 19. Jahrhundert in dem Bemühen um eine wissenschaftliche Psychologie abzuarbeiten versuchte, nachdem die Weichen nun einmal falsch gestellt worden waren.

Diese falsch gestellten Weichen sind nur dann zu korrigieren, wenn Kants *Motive*, Psychologie vom Kanon der Wissenschaften auszuschließen, nicht mehr nur, falls überhaupt, im Hauptwerk aufgesucht werden, sondern dort, wo sie *entstanden* sind, nämlich in vorkritischer Zeit und auf dem Hintergrund einer komplexen Wissenschaftssituation, in der Kant seinen besonderen Weg suchte. Um diesen besser zu verstehen, wird das folgende Kapitel kein seriöses und legitimes Mittel scheuen, der verzweigten Problemstellung nachzugehen; es erhebt aber auch keinen Anspruch auf restlose Durchdringung der facettenreichen Problematik, die wiederum im Kontext fundamentaler Fragen der wissenschaftlichen Psychologie zu durchmustern ist.

4. KAPITEL: ANTINOMIEN

Nun habe ich das Weltganze jederzeit nur im Begriff keineswegs aber (als Ganzes) in der Anschauung. (I Kant, KrV, B 547)

§ 1 Die Wissenschaftssituation zur Zeit der vorkritischen Schriften Kants; Revolutionierung des aristotelischen Weltbildes und Ausblick auf einen unendlichen Wissenschaftsprogress

Kants vorkritische Schriften werden im folgenden nicht mit dem Anspruch auf definitive Ergebnisse oder Vollständigkeit berücksichtigt; Kants Wegfindung zur „Kritik der reinen Vernunft" führte ihn auf dem Hintergrund der damaligen Wissenschaftslage, die das aristotelisch-scholastische Weltbild mit gänzlich neuen Fragestellungen konfrontierte, an bestimmten Punkten zwangsläufig an psychologische Fragestellungen heran, und allein Kants Entscheidung, ob und wie die Psychologie in die veränderte Wissenschafts- und Weltsicht einzugliedern oder nicht einzubeziehen sei, als problemlösendes Instrument ernstzunehmen oder abzulehnen sei, ist hier von Interesse. Daß Kant sich bereits im vorkritischen Werk gegen die wissenschaftliche Psychologie entschied, wird kaum überraschen; dafür sind hier jedoch die *Gründe* seiner Entscheidung noch durchsichtig und geben Anlaß, sie zu überprüfen.

Die Frage nach der Existenzberechtigung der Psychologie läßt sich nicht nach Kriterien der Praxis und der unmittelbaren Nützlichkeit psychologischen Wissens, sondern nur mit methodologischen Argumenten entscheiden, und hier sollte keine Mühe gescheut werden, schwierigen und scheinbar entlegenen Fragestellungen nachzugehen, auch Bereiche einzubeziehen, die der modernen empirischen Psychologie für obsolet gelten – wie Metaphysik und Ontologie. Daß derartige *Grenzfragen* nicht nur von großer Wichtigkeit und Fruchtbarkeit, sondern letztlich unvermeidlich sind, hatte Kant wahrlich unter Beweis gestellt, und jede seiner Überlegungen ist noch heute und im Hinblick auf die aktuellen Grundfragen der Psychologie wertvoll.

Im vorkritischen Werk spielte die Psychologie anfänglich keine Rolle. Des jungen Philosophen Ausgangspunkt bildeten metaphysische Fragen, und das Engagement für die Metaphysik äußerte sich zunächst, bevor ethische Fragen ins Zentrum rückten, im Kontext kosmologischer und naturwissenschaftlicher Untersuchungen, wo einmal das Zusammengehen theologischer und naturphilosophischer Weltanschauung problematisch geworden war, zum anderen das Zusammenpassen von physikalischer Experimentalwissenschaft mit den neuen mathematischen Verfahrensweisen (analytische Geometrie und Infinitesimalrechnung) und der phänomenal-psychologischen Erfahrungswirklichkeit zur Diskussion standen. Auf diesem Hintergrund des Zerbrechens eines ehemals einheitlichen Weltbildes entstanden die Antinomien, für die Kant eine

Lösung suchte, noch bevor die ethisch fundierte Antinomie zwischen Naturnotwendigkeit und Freiheit das Hauptinteresse im späteren Werk beanspruchte.

Kants philosophische Standortbestimmung trat in eine Debatte ein, die infolge der Ablösung der aristotelisch-scholastischen Philosophie durch den neuen Wissenschaftstypus als eine der einschneidensten der Wissenschafts- und Kulturgeschichte des Abendlandes bezeichnet werden darf. Ehemals gefestigte Positionen sahen sich mit neuen Fragestellungen und Entwicklungen konfrontiert, die das gesamte Weltbild veränderten und zu einer Revolutionierung des Denkens drängten.

Zum einen mußte die Begrifflichkeit der aristotelischen Philosophie, die für einen organischen und teleologischen Kosmosbegriff konzipiert worden war, durch eine neue Begrifflichkeit ersetzt werden, die dem auf mechanische Bewegungsgesetze und kausale Kraftverhältnisse reduzierten Naturbegriff der Physik Newtons angemessen war; zum anderen entwickelten sich innerhalb des veränderten Wissenschaftsverständnisses das Verhältnis zwischen Naturbeschreibung im Sinne der Definition zentraler physikalischer Begriffe und der Entdeckung und Anwendung neuer mathematischer Verfahrensweisen – wie Descartes Entwicklung der Koordinatengeometrie, der projektiven Geometrie und der Entdeckung der Infinitesimalrechnung durch Newton und Leibniz – nicht linear und homogen.

Ein tiefgreifender philosophischer Dissens entstand infolge unterschiedlicher Auffassungen über das Wesen (die philosophische Definition) der Materie, ihren stetigen oder diskreten Charakter, der wiederum entscheidend das Wesen (die Definition) von Raum, Zeit und Bewegung tangierte: Ist Raum mit Ausdehnung gleichbedeutend, und sind beide mit Materie gleichzusetzen, was für den stetigen, unendlich teilbaren Charakter der Materie sprach? Oder forderten die durch Newton formulierten allgemeinen Bewegungsgesetze physisch diskrete atomistische Elementarteilchen, und, zur Ermöglichung der Kraftentfaltung und Bewegung der Körper, einen leeren, unendlich ausgedehnten Raum? Existiert dieser Raum an sich, nämlich unabhängig und nicht als Attribut von materiellen Körpern, s.z.s. als ihr Behälter? Oder bezeichnet der Begriff ‚Raum' lediglich die relationale Ordnung der uns erscheinenden Körper, wie Berkeley und Leibniz gegen Descartes und Newton einwandten? Existiert, dem leeren Raum *analog*, eine reine Zeit an sich, unendlich und absolut gleichförmig, auf die jeder endliche Chronometer bezogen werden muß und nur relative Geltung beanspruchen kann? Ist die Bewegung als Kraft zu interpretieren, die den Körpern selbst inhäriert („lebendige Kraft"), oder als Folge von Berührung, Druck und Stoß zwischen Körpern zu begreifen („tote Kraft"), und im letzteren Fall als bloße mathematische Funktion ihrer Orts-, Richtungs- und Geschwindigkeitsänderung auszudrücken? Erschöpft sich das Wesen der Kräfte- und Bewegungsübertragung in der Berührung der Körper

(Druck und Stoß), oder sind überdies Kräfte anzunehmen (Gravitationskräfte), die ohne Berührung der Körper in die Ferne wirken?

Was das Verhältnis von Mathematik und Realwissenschaft Physik einerseits, das von höherer Analysis und traditioneller Logik andererseits anbelangte: Wie passen die Ergebnisse der mathematischen Analysis und der Infinitesimalrechnung auf eine atomistische Physik, die letzte unteilbare Materieteilchen postulierte, und wie fügen sich die diskreten Teilchen in den stetigausgedehnten Raum ein? Wie korrelieren mathematisches Zahlenkontinuum, Fluxionsrechnung und *Grenz*wertbestimmungen mit der traditionalen syllogistischen Logik und deren Grundprinzipien der Identität, des ausgeschlossenen Widerspruchs und des auszuschließenden Dritten? Der Logiker verfährt nach den Kategorien der Affirmation/Negation und der logischen Opposition des Entweder/Oder von Sachverhalten oder Wahrheitswerten, die fließende Prozesse und Grenzwertbestimmungen vernachlässigen müssen; der Mathematiker denkt in den Relationen des Mehr/Weniger, in Potenzen und Potenzexponenten, deren geschmeidige Symbolik die sogenannte Wirklichkeit in einer ganz anderen Weise ‚abbildet' und zu einem anderen Wahrheitsbegriff zu nötigen scheint als dem in der traditionellen zweiwertigen Logik vertretenen.

Wie waren wiederum die astronomischen, physikalischen und mathematischen Entdeckungen und Entwicklungen mit der christlichen Kosmogonie und dem theologischen Begriff des Unendlichen, nämlich der Vorstellung von einem allmächtigen und allgegenwärtigen göttlichen Wesen, das die Welt aus dem Nichts schuf, in Einklang zu bringen?

Freilich denkt in allen diesen Fällen der *eine* menschliche Geist, dessen Vorstellungs- und Verstandeskraft aber so *begrenzt* ist, wie seine Existenz *endlich* ist. Daß die menschliche Vernunft das Unendliche zu denken und sogar mathematisch zu realisieren vermag, während dieselbe Vernunft die Widersprüche im Begriff des Unendlichen konstatiert und zu glätten versucht, die sich zwischen Denken und Realität, der jeweiligen Definition des Ganzen und seiner heterogenen (physikalischen, mathematischen, logischen, synechologischen) Teile einschieben, das heißt innerhalb der Perspektiven, in denen das Subjekt das Ganze betrachtet und begrifflich zu fassen sucht – dies machten im 17. und 18. Jahrhundert in Reaktion auf die wissenschaftlichen Umwälzungen die Antinomien der philosophisch-metaphysischen Reflexion aus.

Wenn Descartes in den „Meditationen über die Grundlagen der Philosophie" für die Evidenz des „Cogito ergo sum" eintrat und den geistigen Operationen des Denkens, Fühlens und Wollens dieselbe unmittelbare Gewißheit zubilligte wie den mathematischen Erkenntnissen, dann mußte der endliche Geist aber ebenso von der göttlichen Unendlichkeit gestützt und erhalten werden, wie die mathematischen Intuitionen ihm zugleich mit der Gottesidee „eingeboren" waren. Der Versuch, „res cogitans" (die denkende Substanz) mit „res extensa" (der ausgedehnten Substanz) zu versöhnen, und beide in dem *einen* göttlichen Urgrund zu verankern, hatte auf die zunehmende Verselbständigung der Wissenschaft keinen Einfluß, sowenig die Zwei-Substanzen-Lehre den Bruch mit der aristotelischen Philosophie zu überbrücken vermochte.

Das Neue der damaligen Wissenschaftssituation bestand darin, daß die seit der Antike, wenn nicht dem Namen, so der Sache nach bekannten Antinomien des Unendlichen durch die Entdeckung der Koordinatengeometrie und der Integral- und Differentialrechnung in den Bereich rationaler Bewältigung aufrückten, eine unendliche Progression der Wissenschaftsentwicklung sich anzuzeigen schien. In diese Perspektive läßt sich auch Kants Forderung „erweiternder Wissenschaft" im Gegensatz zu der bloß aufsammelnden historischen, empirischen, psychologischen Erkenntnis einrücken.

Im Lichte eines unendlichen Wissenschaftsprogresses schien die psychologische Frage, wie der „gemeine Menschenverstand" sich den Begriff des Unendlichen vorzustellen und mit der wirklichen Welt in Beziehung zu setzen vermag, von marginaler Bedeutung, wenngleich aus dieser ‚subjektiven' Perspektive und in Konfrontation mit dem abstrakten wissenschaftlichen Denken eine Spaltung im Weltbegriff (Natur versus Lebenswelt) oder im Begriff der menschlichen Ratio (Verstand versus Vernunft) unvermeidlich wurde; letztere schien unabweislich, wenn die Erkenntnis des göttlichen Wesens als Urgrund allen Seins und die Vorstellung einer vorgegebenen Ordnung zwischen göttlichem Willen und menschlicher Erscheinungswelt mit der Wissenschaft in Konkurrenz traten. Daß dem Begriff des Unendlichen in der Tat eine eminente Schlüsselstellung für die Initiation der Transzendentalpohilosophie beifiel, wird in nachfolgenden Abschnitten zu erläutern sein.

§ 2 Kants Einschätzung des spiritualistischen Systems der „Monadologie" Leibniz'; physisches und reales versus sympathetisches und ideales Ganzes

Kants philosophische Standortbestimmung suchte sich zunächst einen Eintritt und sukzessiven Weg durch die vielschichtige Erkenntnisproblematik, mal den einen, mal den anderen Punkt beleuchtend, aber immer mit dem Anspruch, niemals das *Ganze* aus dem Blick zu verlieren. Diesem Anspruch stand eine bemerkenswert kritische Haltung anderen systematischen Versuchen gegenüber, die ihrerseits das vielschichtige Verhältnis von Ganzem und Teil, Welt- und Subjekterkenntnis auf einen alle Widersprüche lösenden Nenner zu bringen sich vorgenommen hatten. Ein derartiger Versuch, die Proportionalität von höchstem Wesen, Universum und menschlichem Individuum als „prästabilierte Harmonie" in einem rational schlüssigen System zu begreifen, lag in Leibniz' „Monadologie" (1714) vor, das dem mechanisch-mathematischen Weltbild die metaphysisch-teleologische und die psychologische Perspektive wiederzugewinnen suchte und alle bislang unternommenen philosophischen Erklärungen in *einem*, sie krönenden System vereinigen sollte. Über die Leistungsfähigkeit dieses Systems äußerte Leibniz sich in den „Nouveaux Essais sur l'Entendement humain" folgendermaßen:

> Dieses System scheint Plato mit Demokrit, Aristoteles mit Descartes, die Scholastiker mit den Neueren, die Theologie und Moral mit der Vernunft zu verbinden. Von allen Seiten scheint es das Beste zu nehmen, und danach weiter fortzuschreiten, als man jemals gegangen ist. Ich habe in ihm eine verständliche Erklärung der Einheit von Leib und Seele gefunden, woran ich vorher verzweifelt war. (1703/1985, 1. B., S. 7)

In Leibniz' System haben die Gesetze der Natur ihren Ursprung in Prinzipien, die der Materie übergeordnet sind. Leibniz widerspricht dem leeren Raum und den Atomen; der Raum ist eine Ordnungsform und die Idee der Ausdehnung ist nicht identisch mit der des Körpers. Die Materie ist „durch und durch organisch, nichts Leeres, Unfruchtbares und Vernachlässigtes, alles mannigfaltig, aber in Ordnung." (A. O., S. 9-11) Das Universum erscheint zusammengedrängt und verdichtet in jedem seiner Teile und sogar in jedem seiner substantiellen Einheiten, wenngleich jedesmal in einer anderen Perspektive. Die Monaden sind die „Elemente der Dinge", individuell unterscheidbar, als Einheiten qualitativ mannigfaltig, weil mit Perzeption und Strebung begabt, aber ohne Zusammensetzung im Sinne physischer Teile; bewegt aus einem inneren Prinzip ohne Beeinflußbarkeit durch äußere Ursachen, selbständig und genügsam, aktiv insofern sie deutlich, passiv insofern sie undeutlich perzipieren, jede einzelne ein lebendiger, mehr oder weniger deutlicher Spiegel des Universums. Jede Monade hängt von der Urmonade Gott ab, und nur durch seine Vermittlung ist eine ideale Einflußnahme zwischen den Monaden möglich. Der berühmte Satz der „Monadologie": „Die Monaden haben keine Fenster, durch die etwas in sie herein- oder aus ihnen hinaustreten kann", (1714/1982, § 7, S. 29) stand in stärkstem Kontrast zu Kants Auffassung und Einschätzung des physischen Einflusses und der Wechselwirkung innerer und äußerer Kräfte.

Kants ablehnende Einstellung im Frühwerk gegen Leibniz' spiritualistisches System artikulierte sich in der polemischen Gegenüberstellung, welche die „Gemeinschaft der Substanzen" entweder „sympathetisch" und als „ideales Ganzes" oder physisch und als „reales Ganzes" begriff (vgl. Kant, 1770, 5. Bd., S. 79). Kant votierte in der Inauguraldissertation für das physische Ganze und charakterisierte die „prästabilierte Harmonie" als eine solche „ohne wahre Gemeinschaft"; zwar zog er an dieser Stelle nicht ausdrücklich den umgekehrten Schluß, nämlich daß die physische Gemeinschaft als eine solche ohne wahre Harmonie zu verstehen sei. Er hatte aber in früheren Schriften gegen die optimistische Vorstellung einer im ganzen harmonischen Welt das Gefälle betont, das zwischen der Welt und der unendlichen Vollkommenheit Gottes bestand, die Kant im Sinne einer unendlichen Realität begriff, deren Größe gegen die begrenzte menschliche Realität unüberbrückbar absteche (vgl. 1759, Bd. 2, S. 583 ff.).

Die Vorstellung eines nicht harmonischen, sondern in seinem Kräfteverhältnis *konfliktuösen* Weltganzen wurde in einer anderen Schrift behandelt, in der Kant es als ein solches beschrieb, dessen antagonistische Kräfte einander aufheben und das Kräftefazit der Welt dem Zero gleich ist; das hieß, daß die Realgründe der Welt an sich *nichts* sind (sich gegenseitig aufheben), und wahre *Positivität* – nämlich ohne alle Entgegensetzung – allein im höchsten Wesen ruht (vgl. 1763, Bd. 2, S. 811 ff.). In beiden Fällen suchte Kant das göttliche und das mathematische Unendliche in einem Gedankengang faßlich zu machen, entgegen der Warnung Leibniz' vor der Irrationalität dieses vieldeutigen Begriffs (vgl. Nouv. Ess., 4. B., S. 279).

Kants Argumentation bleibt allemal dunkel, wenn die Vieldeutigkeit des Unendlichen – als Positivität, Realität, Größe (Quantität), Qualität (Vollkommenheit, Allmacht) – ins Spiel kommt; um wieviel einleuchtender definierte Leibniz dagegen das wahre göttliche Unendliche (im Unterschied zu seiner mathematischen Bedeutung) als das „*Absolute*, das vor jeder Zusammensetzung besteht und nicht durch Addition der Teile gebildet werden kann." (A. O., 1. B., S. 211) Aber Leibniz' Definitionen des Unendlichen setzte sich zum einen den kritischen Einwänden aus, die von seiten der englischen Philosophen gegen die „Erdichtungen" des mathematischen Unendlichen formuliert worden waren, weil für es keine anschauliche Basis nachgewiesen werden konnte, und kollidierten zum anderen mit Kants Auffassung des absoluten und unendlichen Raumes, wovon an anderer Stelle zu handeln sein wird.

§ 3 Physisches und psychisches Kräftesystem; innere und äußere Kräfte im Lichte des Parallelismus

Daß der junge Immanuel Kant in seiner ersten gedruckten Arbeit „Gedanken von der wahren Schätzung der lebendigen Kräfte" (1746) seinen kritischen Verstand sogleich an den größten Autoritäten der Mathematik, Physik und Metaphysik (Descartes, Leibniz und Newton) übte, um sie „auf Fehlern zu ertappen", (1. Bd., S. 19) mag auf Kants frühe geistige Unabhängigkeit deuten und als Vorverweis auf eine nicht personenbezogene „dialektisch-dialogisch" verfahrende Vernunft (vgl. dazu Kaulbach, 1982, S. 18) interpretiert werden. Hier interessiert aber mehr, in welcher Weise Kant das Sympathetische und Psychologische mit dem Physischen, Mathematischen und Metaphysischen in Einklang zu bringen suchte. Dies konfrontiert mit der Frage, wie Kant im Streit zwischen Cartesianern und Leibniz um die physikalisch-mathematische Maßbestimmung der Kraft Stellung bezog, die hier als Vorgriff auf die im 19. Jahrhundert sehr angesehene metapsychologische Position des Psychophysischen Parallelismus gelesen werden kann.

Kant suchte die Auseinandersetzung auf der Ebene der Definition und der Wesensbestimmung der Begriffe „Materie", „Kraft" und „Bewegung", nachdem D'Alembert sich 1743 auf den Standpunkt gestellt hatte, daß der Streit innerhalb der beiden Lager aus einem bloßen *Wortmißverständnis* entstanden sei (vgl. zum folgenden Heller, 1970, S. 170 ff).

Wenn Descartes im Sinne eines streng mechanischen Systems nur dort von Kräften sprechen wollte, wo sie aus Bewegungsvorgängen resultierten, die Materie als solche für kraftlos gehalten wurde, und Kräfte lediglich da anzunehmen waren, wo ein Körper einen anderen anstößt, plädierte Leibniz im Gegenzug zu dieser „toten Kraft" für einen dynamischen Kraftbegriff, in den metaphysische Vorstellungen einer aktiven („lebendigen") Materie, im Sinne einer den Kosmos kontinuierlich erfüllenden Energie eingingen.

Newton wiederum war zwar von der Vorstellung „eingeprägter" Kräfte ausgegangen, sah ihre Funktion aber allein im Lichte des Trägheitsprinzips, das Kraft nicht als Ursache von Bewegung, sondern von Bewegungsänderung begriff. D'Alembert beendete den Streit dahingehend, daß das Verhältnis zweier Kräfte den gleichen Wert ergebe und nicht davon abhängig sei, ob man die Kräfte über die zugeordneten Bewegungsgrößen oder die entsprechenden kinetischen Energien miteinander vergliche.

Für Kant schien die physikalisch-mathematische Erörterung aus zwei Gründen ungenügend zu sein: Der 1. betraf das prinzipielle Verhältnis von mathematisch-physikalischer und metaphysischer Betrachtungsweise, der 2. informierte über Kants ersten Versuch, dem Körper-Seele-Verhältnis eine Fassung zu geben, die den spiritualistischen Monaden- und Seelenbegriff Leibniz' (als unausgedehnte, individualisierte geistige Substanz) korrigierte und Körper und Seele als zwei Seiten *einer*, von innen nach außen wirkenden, den Weltzusammenhang konstituierenden Kraft begriff.

(1) Kant gab einerseits den Cartesianern recht, was die Auffassung äußerer Kräfte anbelangt, andererseits votierte er für lebendige, innere Kräfte, die aber, weil von metaphysischer (intensiver und kontinuierlicher) Beschaffenheit, der mathematischen Schätzung prinzipiell entzogen waren (vgl. § 28, S. 51 ff.); die lebendigen Kräfte blieben der mathematischen Betrachtung „auf ewig verborgen" (S. 75). Daraus folgerte Kant den methodischen Primat der Metaphysik vor Mathematik und Physik, nämlich „daß die allerersten Quellen von den Wirkungen der Natur durchaus ein Vorwurf der Metaphysik sein müssen". (S. 76) Der „Körper der Mathematik" ist vom „Körper der Natur" „ganz unterschieden[...] und es kann daher etwas bei jenem wahr sein, was doch auf diesen nicht zu ziehen ist". (S. 169)

Inwieweit Kant seine Ausführungen über das Wesen der Körper mit theologischen Betrachtungen über den Ursprung und die verlustlose Erhaltung respektive kontinuierliche Erneuerung der Kraft in der Welt verband, kann hier vernachlässigt werden. Von größerem Interesse sind in diesem Kontext Kants latent materialistischer Seelenbegriff und seine Ausführungen über das Wechsel- und Kräfteverhältnis zwischen unausgedehnter Seele und materiellem Körper, inneren und äußeren Kräften.

(2) Kant platzierte die Ausführungen über die Seele zwischen physikalisch relevante Überlegungen über die Begriffe „Materie", „Kraft", „Bewegung" und einen mathematisch relevanten Hinweis, welcher den Grund der Dreidimensionalität des Raumes (des Körpers) erörterte. Offenbar suchte er eine philosophisch befriedigende Vermittlung zwischen der mechanisch-quantitativen Merkmalsbestimmung der Materie (Schwere, Trägheit, Gewicht, Masse) und der dynamisch-phänomenalen Auffassung Leibniz', die das Wesen der Materie über den Umweg des Kraftbegriffs zu erfassen suchte; Kraft als das Bestreben, z.B. einer Bewegungsänderung gegenüber Widerstand zu leisten, wird als etwas Fluides, Dynamisches, als eine „vis activa" bezeichnet, welche die Materie nicht als etwas Endgültiges und Absolutes erscheinen ließ, sondern als ein „phänomenon bene fundatum". Dieser phänomenalen Auffassung der Materie widersetzte sich insbesondere Euler mit der Berufung auf den Trägheitssatz: Den Elementen der Materie inhäriere keine Kraft, ihren Zustand zu verändern, vielmehr eigne ihnen die Eigenschaft, sich in demselben Zustand zu erhalten, wonach das ganze Monadensystem „über den Haufen geworfen" würde (vgl. Heller, a. O., S. 65).

Indem Kant die dynamische Auffassung bevorzugte, allerdings mit einer bemerkenswerten Bedeutungsänderung des Monandenbegriffs, schien die Wirkung des Körpers in die Seele und die Wirkung der Seele in den Körper respektive die Wechselwirkung beider einer philosophisch und wissenschaftlich haltbaren Erklärung nähergerückt: Die Schwierigkeiten der wechselseitigen Einwirkung von Körper und Seele entfielen, wenn man anstelle der nur mechanischen Bewegungskraft („vis motrix") – welche die Seele lediglich aus ihrem Ort zu rücken vermöchte, aber nicht erklärte, wie diese Kraft Vorstellungen und Ideen erzeuge – die Kraft der Materie gar nicht auf Rechnung der Bewegung (im Sinne der wahrnehmbaren Ortsveränderung), sondern auf Rechnung der *Wirkung in andere Substanzen* setze (vgl. § 6, S. 30); das hieß daß die „vis activa" als kontinuierliche Wirkung zwischen den Teilchen *zugleich* auch als „Wirkung nach draußen" zu verstehen sei. Den Begriff des Ortes deutete Kant nicht im Sinne der Ausdehnung und der Lage, sondern „als Wirkung der Substanzen untereinander", und das besagte dann wiederum „Wirkung nach draußen". An anderer Stelle wiederholte Kant seine Definition der Bewegung und des Ortes, indem er Bewegung als phänomenale Ortsveränderung der Teilchen charakterisierte, mit der sich zugleich aber auch der *innere Zusammenhang* der Teilchen und die *Beziehung* zu den sie umgebenden ändere – wobei der Akzent auf der *Beziehungsänderung*, nicht auf der räumlichen Ausdehnung lag (vgl. 2. Bd., S. 569 ff.). Das hieß, daß die „innere Veränderung" und der innere Zusammenhalt (Intension) zugleich die Ausdehnung (Extension) bedeutete, und der Dualismus zwischen inneren (intensiven und entelechischen) Verhältnissen und äußeren (extensiven und kausalen) Geschehnissen überwunden wurde, denn zwischen lebendiger und toter Kraft seien unendlich viele *Zwischen*grade zu postulieren (1747, 1. Bd., § 120, S. 174 ff.). Die Bewegung ist *phänomenal* zu verstehen, während die Kraft zum *Wesen* des Körpers gehört und schon dem ruhenden, aber nicht spannungslosen Körper innewohne.

Die „vis activa" als die Tendenz, den inneren Zustand zu ändern, wird hier und noch ausdrücklich an späterer Stelle (vgl. 2. Bd., S. 512 ff.) – entgegen der leibnizschen Intention der „Monadologie" – durchaus als „physischer Einfluß" interpretiert und der *Materie* die Möglichkeit eingeräumt, die Ideen und Vorstellungen der Seele, nämlich „den Zustand der Seele, wodurch sie die Welt vorstellt" (1. Bd., S. 31), zu beeinflussen und zu verändern: Wenn der innere Zustand, indem er sich auf Äußeres *bezieht*, als „status repraesentativus universi" namhaft gemacht wird, dann rührt die innerliche Spiegelung der Welt aus der Einwirkung und Wechselwirkung der *physischen* Kräfte (der lebendigen und toten Kraft), nicht aus den nach Leibniz' Auffassung spirituellen Kräften und psychischen Vermögen der Monade, den Vermögen des Vorstellens und Strebens.

Die Monaden sind nach Kants Version in der Tat *physische* Elementarteilchen; er läßt in der „Monadologia Physica" keinen Zweifel darüber, daß er die Begriffe „einfache Substanz", „Monade", „Element des Stoffes" und „ursprüngliche Teile des Körpers" fraglos „als gleichbedeutend verwenden werde". (1756, 1. Bd., S. 523) Die Monaden nehmen nur durch ihre *Wirksamkeit* einen Raum ein, und die Teilung der Materie in einfache Substanzen widerspreche nicht der unendlichen Teilbarkeit des Raumes; wer den Raum teilt, teile die extensive Größe seiner Gegenwart; die Monaden, durch intensive Größen definiert, sind nicht im Raum, „eben deswegen, weil sie innere sind". (A. O., S. 539) Kant experimentiert hier mit den vieldeutigen Aspekten 1. äußerer und innerer Kräfte, 2. räumlicher Gegenwart und (unendlicher) zeitlicher Kraftentwicklung, 3. extensiver und intensiver Größen, die allemal stellvertretend für den *zu vermeidenden Gegensatz* des Physischen und Psychischen herangezogen werden, letztendlich jedoch das Psychische in seiner Wesenseigenart vernichten – eine Haltung, deren monistische Tendenz sich in den Grundlagenbestimmungen der wissenschaftlichen Psychologie des 19. Jahrhunderts wiederholte.

§ 4 Mathematisch-naturwissenschaftlicher Verstand versus „gemeiner Menschenverstand" als Subjekt der Erkenntnispsychologie; kognitive und perzeptorische Fundamente der Erkenntnis

Gewiß darf Kants frühe Seelenauffassung nicht grob materialistisch gedeutet werden, wenngleich sie dem Naturalismus der naturwissenschaftlichen Psychologie und deren Anspruch auf Meßbarkeit des Psychischen vorarbeitete. Kants Denken war zu dieser Zeit beherrscht von den Aporien zwischen der mechanischen Physik Newtons und der dynamischen Metaphysik Leibniz', die sich an der je unterschiedlichen Auffassung beider, das Wesen (die Definition) von Materie, Kraft, Raum, Zeit, Bewegung, Größe betreffend, festmachten, während die Physik als experimentelle Wissenschaft sich zunehmend auf den mathematischen Kalkül und die Äquivalenz von Geometrie und Raum verließ.

Kant hat sich weder mit der Theorie des physikalischen Experiments (dem Verhältnis von deduktiver Theorie und experimenteller Verifizierung) befaßt, noch scheint er tiefer in die mathematische Theorie des Infinitesimalen eingedrungen zu sein, oder gar eine andere als die euklidische Geometrie für möglich gehalten zu haben. Kants Äußerungen zur neuen Mathematik und zum Begriff des Unendlichen waren defensiver Natur und betrafen (ohne Namensnennung) die Kritik, die von seiten Berkeleys und Humes gegen die mathematischen Konstruktionen des Unendlichen vorgebracht worden waren (vgl. Berkeley, Prinzipien, Einwürfe, § 47, § 118-132; vgl. Hume, Traktat, 2. T., 1.-6. Abschn.). In Kants Inauguraldissertation hieß es: „sie stürzen die Geometrie von der Höhe ihrer Gewißheit herab und überantworten sie der Prüfung durch diejenigen Wissenschaften, deren Grundsätze empirisch sind." (1770, 5. Bd., § 15, S. 63)

Dieselben Philosophen waren aber auch dazu übergegangen, die umstrittenen metaphysischen Begriffe einer *phänomenologischen* Behandlung zu unterziehen. Nicht *Wesensbestimmungen*, sondern die *Perzeption* von Dinglichkeit und Größe, Bewegung, Ort und zeitlich-räumlichem Wechsel in Wahrnehmung und Vorstellung erregte ihr Interesse; nicht Konstruktionen auf der Basis der geometrischen Optik (Berechnung von Lichtstrahlen und Sehwinkeln), sondern allererst die psychologische Analyse des Sehens und die Untersuchung der deskriptiven Eigenarten, Differenzen und Präferenzen in den Modi der Sinne – an der Dingwahrnehmung sind neben dem für Licht und Farbe zuständigen visuellen Sinn auch der Tast- und Bewegungssinn zur Eruierung von Distanzen beteiligt – bereicherte das philosophische Denken mit gänzlich neuen Impulsen, deren erkenntnistheoretische Bedeutung Kant allem Anschein nach nicht erkannte oder zugunsten der Apriorität und Universalität der mathematisch-geometrischen Erklärungsweise glaubte ablehnen zu müssen.

Kants Engagement für Naturwissenschaft und Mathematik rührte einerseits aus der Überzeugung, daß sich hier ein unbegrenzter Wissensfortschritt ankündigte, während man dort scheinbar nur auf die Untersuchung des „gemeinen Menschenverstandes" reflektierte, de facto jedoch eine *allgemeinpsychologische Gesetzmäßigkeit* in Wahrnehmung und Vorstellung anvisiert wurde; andererseits hielt Kant im vorkritischen Werk die Aporien, die aus dem Postulat der unendlichen Teilbarkeit des absoluten Raumes und der Struktur elementarer und unteilbarer Materieteilchen folgten, für lösbar, wenn man auf die Wechselseitigkeit innerer und äußerer Kräfte abhob.

Die Wertung in der Gegenüberstellung von „gemeinem Menschenverstand" und „höherem" mathematisch-wissenschaftlichem Verstand verdeckt, daß eine erkenntnistheoretische Wende angesagt war, die für die Konstitution der wissenschaftlichen Psychologie von großer Bedeutung war: Hatten die angelsächsischen Philosophen den metaphysischen Rekurs auf das innere Wesen von Dingen und Kräften, auf das Wesen von Raum und Zeit verabschiedet und einerseits durch die phänomenologische Analyse der Wahrnehmung ersetzt, so unterschieden sie sich andererseits von Leibniz' psychologischer Differenzierung der Wahrnehmung in Perzeption und Apperzeption, die wiederum den Blick auf das *Innere* der Dinge lenkte und damit dem *unbewußten* Psychischen allererst den Eingang in die psychologische Debatte eröffnete. Leibniz' Unterscheidung von Perzeption und Apperzeption diente bekanntlich der psychologischen Differenzierung in undeutliche und deutliche, passive und aktive Perzeption respektive Apperzeption sowie der logischen Unterscheidung in singuläre und allgemeine Wahrheiten, die hier nicht zu vertiefen sind. In diesem Kontext interessiert die Gemeinsamkeit der Ansätze, insofern in beiden Fällen (Leibniz' und der angelsächsischen Philosophen) der strukturellen Betrachtung des Psychischen auf der Basis der Analyse und Vergleichung von innerer und äußerer Wahrnehmung der Vorzug erteilt wurde – wenngleich mit jeweils anderen Voraussetzungen über ein angeborenes Psychisches und mit dementsprechend unterschiedlichen Konsequenzen für die Begriffe der Seele, des Bewußtseins, der personellen Identität. Dagegen ordnete Kant das Leib-Seele-Problem dem auf Größenbestimmung und Kausalerklärung rekurrierenden naturwissenschaftlichen Erkenntnisinteresse unter, das sich später in der Selbstdefinition der deutschen Psychologie wiederfinden wird.

Kant konnte freilich nicht antizipieren, daß hundert Jahre später auf der Basis intensiver Kräfte die Mathematisierung des Psychischen zum „Probiersein" der Existenzberechtigung einer naturwissenschaftlichen Psychologie wurde; während er noch voraussetzte, daß die intensiven Größen nicht mathematisch zu begreifen und zu messen sind (der „Körper der Natur" ist vom „Körper der Mathematik" „ganz unterschieden") und als ein Bestandteil der Metaphysik betrachtet werden müssen, avancierten die intensiven Größen – zunächst als psychisches Maß für die Vorstellungskräfte, sodann als Maß für die Empfindungsstärke bei J.F. Herbart und G.Th. Fechner – zum Grundpfeiler einer rechnenden (Herbart) und messenden (Fechner) Psychologie. Die Äquivokation im Begriff der intensiven Größe, die, weil nicht ausgedehnt (keine Teile hat), auch nicht meßbar ist, also nicht im eigentlichen Sinn als Größe bezeichnet werden kann, wurde erst allmählich durchschaut (vgl. Brentano, 1896 in 1979, S. 66 ff.; 176 ff.; 188 ff.) und sodann zum Gegenstand einer kontroversen Diskussion, die nicht nur den Größenbegriff, sondern auch die psychologisch-phänomenologische Valenz der Intensität als Attribut des Sinnlichen zum Problem machte, und an der sich zahlreiche namhafte Psychologen vor und nach der Jahrhundertwende beteiligten (vgl. dazu zusammenfassend Reimer, 1911).

Möglicherweise ermutigte das Postulat in der „Kritik der reinen Vernunft", das Kant – weil jede Empfindung eine Größe habe, die infinitesimal gegen Null tendiere – irrtümlicherweise für eine Verstandeserkenntnis a priori ausgab (vgl. B 208 ff., dazu Reimer a. O., S. 286), zu der Vorstellung einer exakt rechnenden oder gar messenden Psychologie. Kant hätte dem Ansinnen der Rechnung oder Messung des Psychischen widersprochen, denn Mathematik ist auf die Phänomene des inneren Sinnes nicht anwendbar; ihm diente das Postulat dazu, den *Realitätsgehalt* der (subjektiven) Empfindung zu sichern. In Leibniz' System wiederum war das dynamische Verhältnis und die Wechselwirkung der Monaden jeglichem äußeren Einfluß und damit freilich auch dem experimentellen Versuch entzogen. Das hinderte wiederum Herbart, der *experimentell-messende* Verfahrensweisen für die Psychologie ausdrücklich ablehnte (vgl. 1850, Bd. 5, S. 9), nicht daran, unter epistemologischen und metapsychologischen Prämissen, die Leibniz näher standen als Kant, die „Statik und Dynamik des Geistes", das heißt die *Verhältnismäßigkeit* der inneren Vorstellungskräfte mit den Verfahrensweisen der infinitesimalen Mathematik *berechnen* zu wollen (vgl. 1850, Bd. V, S. 327 ff.). Rechnung und/oder Messung des Psychischen standen ihrerseits sowohl in Zusammenhang mit metapsychologischen Annahmen über die Realität des Psychischen – als Vorstellung und/oder Empfindung – wie auch mit erkenntnistheoretischen Postulaten über physisch-physiologische Korrelate des Psychischen.

§ 5 Naturwissenschaft und Wissenschaft vom Menschen

Daß die beiden großen deutschen Philosophen Leibniz und Kant hinsichtlich des zu überwindenden cartesianischen Dualismus und in der Forderung nach *einem* (monistischen) System übereinstimmten, dagegen in den wichtigsten metaphysischen Grundbegriffen der Materie, Kraft, Größe, Bewegung, des Raumes und der Zeit überwiegend Dissens herrschte, der wiederum den Ausschlag dafür gab, entweder der „sympathetischen Gemeinschaft" oder der „physischen Gemeinschaft" den Vorzug zu erteilen, wirkte sich in hohem Maße bestimmend auf die Anfänge der deutschen Psychologie aus.

Wie aus den zuvor gemachten Bemerkungen hervorgeht, stand hier einmal von Anfang an das durch Herbart inaugurierte Ideal einer mathematischen Psychologie im Vordergrund und ist Herbarts „Psychologie als Wissenschaft, neu gegründet auf Erfahrung, Metaphysik und Mathematik" (1824-25) als *die Initialzündung* der *wissenschaftlichen* Psychologie in Deutschland zu begreifen, zum anderen lehnte sich die experimentelle Psychologie methodisch an das physikalische Vorbild an und bettete das Leib-Seele-Problem in einen kosmologischen Zusammenhang ein. G.Th. Fechner machte sich nicht nur als erster Experimentalpsychologe, sondern auch mit seiner zu seiner Zeit berühmten Atomenlehre sowie Schöpfungs- und Entwicklungsgeschichte (vgl. Fechner, 1864 und 1873) *als Naturphilosoph* einen Namen. Der durch ihn ins Leben gerufene und weitgehend akzeptierte „Psychophysische Parallelismus", der einerseits für eine Identität des Physischen und Psychischen votierte, andererseits der „äußeren Psychophysik" noch eine „innere Psychophysik" an die Seite stellte, ‚erinnert' sowohl an Leibniz' „prästabilierte Harmonie" als auch an vorkritisches Gedankengut Kants. Der „Psychophysische Parallelismus" gibt sich als metapsychologische Grundposition erkenntnistheoretisch naiv, er kann sowohl materialistisch als auch idealistisch gedeutet werden. Sein Hauptanliegen war, der Psychologie auf der Basis einer die Proportionalität von Reiz und Empfindung fundamental erfassenden Maßformel die experimentelle Grundlage zu verschaffen, die das bloß rechnende Verfahren Herbarts korrigieren sollte. Dieses Anliegen, das bewußt auf Erkenntnistheorie und Erkenntniskritik *verzichtete* und in *diesem* Kontext dem vorkritischen Werk Kants nahestand, wurde hier wie dort mit der Ambiguität bezahlt, die das Psychische nicht (wie nach materialistischen Prämissen) leugnete, sich aber zugunsten des Monismus dem *Wesens*unterschied zwischen Physischem und Psychischem gegenüber neutral verhalten wollte.

Anders als Kant würdigte Leibniz, wenngleich kritisch, die erkenntnistheoretische Bedeutung der psychologischen Analysen in der englischen Philosophie. Leibniz' „Nouveaux Essais" folgten systematisch und kapitelweise Lokkes „Versuch über den menschlichen Verstand" und ließen es nicht an Würdigungen Lockes fehlen (vgl. Leibniz' Vorwort,a. O., S. VII). Die durch Kants Kritizismus begünstigte, aber in der Sache unzutreffende These, daß in der literarischen Begegnung zwischen Locke und Leibniz die unversöhnlichen Positionen des Empirismus und Rationalismus aufeinandertrafen, ist hier zu vernachlässigen (vgl. dazu kritisch v. Meinongs „Hume-Studien II", 1882/1971, 2. Bd., S. 158 ff.). In diesem Kontext interessiert, daß Leibniz explizit gegen den deskriptiven und genetischen Ansatz Lockes wieder die „angeborenen Ideen" rehabilitierte (die Locke glaubte endgültig verabschiedet zu haben) und für unbewußte Perzeptionen votierte, was sich einer rein deskriptiven Wahrnehmungslehre und Phänomenologie des Psychischen hemmend in den Weg stellte.

Dennoch sind die „Nouveaux Essais sur l'Entendement humain" das einzigartige Dokument eines tiefsinnigen Dialoges über die Möglichkeiten und Grenzen der Psychologie, das Kant entweder gar nicht kennenlernte oder erst zu spät zur Kenntnis nahm, jedenfalls eine ausdrückliche Stellungnahme im Gesamtwerk nicht zu finden ist. Leibniz' dialogische Auseinandersetzung mit Locke könnte dagegen Herbart dazu angeregt haben, die Ausarbeitung seiner „analytischen Psychologie" der kantschen Vernunftkritik „beinahe Schritt für Schritt auf dem Fuße folgen" zu lassen (vgl. 1851, 6. Bd., S. 14).

Die Abwehr des Psychologischen in Kants Frühwerk dürfte einmal mit der Präokkupation und dem Enthusiasmus für die mechanische Physik und Ontologie Newtons in Zusammenhang gestanden haben, andererseits war Kant in dem Vorurteil befangen, die psychologischen Untersuchungen resultierten aus einer subjektiven und individualistischen Favorisierung des „gemeinen Menschenverstandes", die an den großen objektiven und allgemeinen Fragen des Weltganzen, den Fragen nach seinen letzten Gründen, seiner universellen Gesetzmäßigkeit und zukünftigen Entwicklung – damit freilich auch an der „Stellung des Menschen im Kosmos" – vorbeiging. Kants Irrtum lag vielleicht weniger darin, daß er Psychologie im Rahmen des „seichten Empirismus", das heißt aus ethischen Gründen für verzichtbar und sogar für gefährlich hielt, sondern daß er die erkenntnistheoretische Notwendigkeit psychologischer Analysen, jenseits kosmologischer, theologischer und weltanschaulicher Motive, unterschätzte. Historisch und kulturgeschichtlich können die jeweiligen, auch unterschiedlichen Intentionen der englischen Philosophen, sich der psychologisch-kritischen Untersuchung der Verstandeskräfte zu widmen, auf eine gemeinsame Wurzel zurückgeführt werden, nämlich der großartigen Leistung ihres Landsmannes I. Newton, welche die physische Weltverfassung erstmals auf ein geschlossenes physikalisches System und einige wenige universelle Gesetze gründete, etwas Vergleichbares im Hinblick auf die menschliche Lebenswelt an die Seite zu stellen; daß in Humes diesbezüglichem Plädoyer auch Töne nationalen Stolzes anklangen, ist in diesem Kontext nicht von Bedeutung; wichtiger ist hier, daß er der Wissenschaft vom Menschen fraglos die *größere Bedeutung* beimaß:

> Mögen andere Nationen mit uns in der Poesie wetteifern, in anderen schönen Künsten uns vielleicht übertreffen, Fortschritte im Denken und in der Philosophie können nun einmal nur in einem Lande der Bildung und Freiheit gemacht werden. Wir dürfen auch nicht glauben, daß der Fortschritt in der Lehre vom Menschen unserem Heimatlande weniger Ehre einbringe, als der frühere in den Naturwissenschaften; wir sollten vielmehr jenen Fortschritt als eine größere Ruhmestat erachten, sowohl wegen der größeren Bedeutung der Wissenschaften vom Menschen, als auch darum, weil ihre Umgestaltung ein so dringendes Erfordernis war. Das eigentliche Wesen des Geistes ist uns so unbekannt wie das der Körper außer uns. (Vgl. Traktat, Einleitung, S. 4-5)

Diesem Kontext, der einer Wissenschaft vom Menschen die *größere* lebensweltliche Bedeutung beimaß, ist Humes Kritik der abstrakten metaphysischen und mathematischen Begriffe, vornehmlich die Kritik des Unendlichen, zu subsumieren. Dieser Begriff deutete wie kein anderer einerseits auf die sich anbahnende Entfremdung zwischen Glauben und Wissen, Theologie und Physik, andererseits zwischen wissenschaftlicher und lebensweltlicher Begrifflichkeit (wie sie heute in der theoretischen Physik offen zutage liegt). Hier dürfte ein starkes Motiv für Humes Skeptizismus gelegen haben, der freilich tiefere und humanere Wurzeln hatte als die von Kant unterstellte bloße „Zweifelsucht". „Ein richtiger Skeptiker wird seinen philosophischen Zweifeln ebenso sehr mißtrauen, wie seinen philosophischen Überzeugungen", hieß es am Schluß des ersten Buches von Humes „Traktats über die menschliche Natur" (S. 350). Die im letzten Abschnitt mit literarischer Meisterschaft beschriebene Wahrheitssuche als *Gratwanderung* zwischen Glauben und Zweifel, Erkenntnis der alltäglichen Welt und der metaphysischen Erkenntnis, zwischen dem Verstand, der sich selbst auf seine letzten Prinzipien hin ergründen, und der Vernunft, die das Naheliegende häufig und allzu kühn überfliegen will – die sich auch nicht scheute, darauf hinzuweisen, „wie sowohl die Stärke als die Schwäche des menschlichen Geistes zur Philosophie hinführt", legte Zeugnis dafür ab, wie Stärke *und* Schwäche des menschlichen Geistes, antinomische Struktur der menschlichen Erkenntniskraft und Widersprüchlichkeit in den Begriffen der menschlichen Vernunft zuletzt unaufhaltsam dazu drängten, die menschliche Natur selbst als den eigentlichen Gegenstand der Wissenschaft zu betrachten und an die erste Stelle zu setzen.

Hume kleidete den Skeptizismus in einen sehr persönlichen Stil, der in den cartesianischen *methodischen* Zweifel die Dimension der unmittelbaren *persönlichen Betroffenheit* (die Verzweiflung) des Zweifelnden mit einbezog. Thematisch vereinigte der humesche Skeptizismus in sich mehrere Ebenen und Motive, nämlich sowohl den Abstand zwischen dem dogmatischen und dem bloß wahrscheinlichen (statistischen) *Wissen*, wie auch die Differenz zwischen dem spekulativ-philosophischen *Denken* und dem alltäglichen, dem Aberglauben zuneigenden Verstand (dem Hume allerdings auch die religiösen Überzeugungen unterordnete) aufzudecken und gegeneinander ins Lot zu bringen. Hume ließ sich nicht von dem Willen zu einer Grenzsetzung leiten, die das Wissen einschränkte, um für den Glauben Platz zu bekommen, sondern Hume verfolgte unerschrocken die Absicht, die psychologischen und moralischen Bedingungen der menschlichen Existenz und der menschlichen Gemeinschaft unvoreingenommen zu diagnostizieren und auf eine allgemeine Gesetzlichkeit hin zu analysieren. Von heute her gesehen scheint Hume die Konsequenzen des Auseinanderklaffens von Metaphysik und Psychologie, Philosophie und Leben, Wissenschaftswelt und Alltagswelt viel schärfer und zutreffender als Kant antizipiert zu haben.

Kant konnte dies vermutlich nicht sehen, weil er in der vorkritischen Zeit von einem *bestimmten* Gedanken hochmotiviert war, der den Kern sowohl seiner Metaphysik als auch der späteren Metaphysik*kritik* bildete – dem Gedanken, für die veränderte physikalisch-mechanische Weltsicht, die auf Materie, Rechnung und Experiment gegründet, dem religiösen Glauben gefährlich werden konnte, einen *mathematischen* Beweis ihrer *göttlichen* Herkunft zu finden, also gewissermaßen Mathematik (Wissenschaft) und Religion miteinander zu versöhnen. Kant entwickelte diesen bemerkenswerten Gedanken, der die traditionellen Gottesbeweise (den ontologischen und teleologischen) durch einen der neuen Weltsicht besser angepaßten Beweis ersetzen sollte, in den beiden vorkritischen Schriften „Allgemeine Naturgeschichte und Theorie des Himmels, oder Versuch von der Verfassung und dem mechanischen Ursprunge des ganzen Weltgebäudes nach newtonischen Grundsätzen abgehandelt" (1755) und „Der einzig mögliche Beweisgrund zu einer Demonstration des Daseins Gottes" (1763), die, trotz unterschiedlicher Titelgebung, Akzentsetzungen und in einem Abstand von acht Jahren verfaßt, die gleiche, weiter oben angedeutete Thematik behandelten.

Die beiden Schriften werden hier erwähnt, weil sie einerseits bereits die gesamte antinomische Problematik der Transzendentalphilosophie in nuce enthielten und die *Motive* anzeigten, die zur kritischen Grenzsetzung des Erkenntnisvermögens führten, weil sie andererseits erhellen, daß zu der Zeit, als Kant das große Weltganze, seine göttliche Herkunft und unendliche Erstreckung in Raum und Zeit ins Auge faßte, das menschliche Individuum in den Hintergrund zu treten hatte, und Psychologie als durchaus verzichtbar und marginal erscheinen ließ; daß die gleiche Haltung auch noch nach der Wende zur Subjektivität Kants Zweifel an der Notwendigkeit unvoreingenommener psychologischer Forschung wachhielt, folgte aus der Art und Weise, wie er in der „transzendentalen Ästhetik", der Eingangspforte in die transzendentale und kritische Philosophie, über das Verhältnis von Subjekt- und Welterkenntnis, Sinnlichkeit und Intellektualität entschied.

§ 6 Weltganzes, Erkenntnis Gottes und Subjekterkenntnis

In den genannten Arbeiten dominierte das große Weltganze, trat das Subjekt in den Hintergrund, waren Ontologie und Theologie, nicht Anthropologie und Psychologie angesagt, reflektierte Kant sowohl auf den Urzustand des Kosmos, als er uns eine „Karte der Unendlichkeit" entwarf (vgl. 1755, I, S. 366). Der Größe der zu behandelnden Gegenstände entsprechend herrschte ein bemerkenswert eloquenter, engagierter und sogar suggestiver Sprachstil vor, der die Überzeugung des Philosophen ausdrückte, Welträtsel lösen zu können, wo die mechanische Physik Grenzen erreicht hatte. Im Unterschied zur Quintessenz der „Kritik der reinen Vernunft", die der menschlichen Erkenntnis einen Beweis der Existenz Gottes prinzipiell und in allen Fällen der versuchten Gottesbeweise absprach (vgl. B 620 ff.), zielten die „Allgemeine Naturgeschichte" und der „Einzig mögliche Beweisgrund" auf einen Gottesbeweis, der die mechanische Physik mit dem Gedanken der Schöpfung und einer höchsten göttlichen Intelligenz versöhnen sollte.

Es kann hier weder das Gottesproblem als genuines und unerschöpfliches Thema der Metaphysik abgehandelt, noch die Eigenart des von Kant so benannten „physikotheologischen" Gottesbeweises (vgl. 1763, 2. Bd., S. 690 ff.) auf letzte Quellen und Motive hin entfaltet werden, aber im Dienste des Ganzen auch nicht ausgespart bleiben.

Das folgende wird enggeschrieben eingerückt, weil das Gottesproblem von der Idee einer wissenschaftlichen Psychologie weit abzuliegen scheint, während es im Hintergrund unterschiedlicher Modelle dennoch bedeutsam war und auch durchaus virulent blieb. Ob nun das Verhältnis von Erkenntnistheorie und Psychologie, die Frage nach der wechselseitigen Bedingtheit von Subjektivität und Welt, das Postulat einer Gesetzmäßigkeit des Psychischen oder das Ichproblem in den Vordergrund gestellt wurden, konnte das Problem der Transzendenz menschlicher Existenz zwar eingeklammert, aber nicht ein für allemal beseitigt werden. Mit der Verabschiedung einer *reinen* Seelenlehre (rationalen Psychologie) stellte sich zwangsläufig und als Ersatz für das Verlorene die *Verhältnismäßigkeit* von Subjekt- (Ich-) und Welterkenntnis zur Diskussion, falls das Seelische nicht reduktionistisch als bloßes Epiphänomen des Somatischen interpretiert und auf Erkenntnistheorie verzichtet wurde. Wenn indes eingeräumt wurde, daß weder Ich noch Welt schlechterdings *gegeben* sind, und der alleinige Ausgang von der einen oder anderen Seite in eine erkenntnistheoretische Sackgasse führt, vielmehr Ich und Welt in ihrem *wechselseitigen* Bezug aufeinander begriffen werden müssen, dann meldete sich doch immer auch wieder die Frage nach der Beschaffenheit der wechselseitig aufeinander bezogenen *Relata* zu Worte. Das Leib-Seele-Problem war historisch eingebettet in kosmologische Theorien, und es machte einen Unterschied aus, ob die Welt als ein Produkt des Zufalls, der blinden Notwendigkeit oder als Schöpfung einer höchsten Intelligenz begriffen wurde. Die Theologie bezieht immer auch die erkenntnistheoretische Frage nach der Verhältnismäßigkeit von Erkennendem und *zu* Erkennendem mit ein – hier die Begrenztheit und Endlichkeit des Erkennenden, dort die Grenzenlosigkeit und Unendlichkeit des zu Erkennenden berücksichtigend – während der Seinsphilosoph diese epistemologische Verhältnismäßigkeit überspringt. Die Psychologie scheint der Theologie näher zu stehen als der Ontologie – und dies nicht allein unter dem Aspekt der Erkennbarkeit und Beweisbarkeit einer nicht materiellen Substanz, sondern auch in der Bestimmung und *Wertung* der übrigen Seelenkräfte, den Vermögen der Sinnlichkeit, des Begehrens, des Gefühls und des Willens als solche, sowie in ihrer stützenden oder hemmenden Tätigkeit in Hinblick auf das Erkenntnisvermögen.

Ob innerhalb einer Theorie des Seelischen das Vorstellen und Urteilen, die Empfindung und das Gefühl oder das Begehren und Wollen an die *erste* Stelle gesetzt werden – ein Logizismus, Sensualismus, Emotionalismus oder Voluntarismus überwiegt – bestimmt in allen Fällen über die jeweilige Theorie des Seelischen und enthebt auch nicht der Frage, *was* vorgestellt, beurteilt, empfunden, gefühlt und gewollt wird. Den inhaltlichen und methodischen Ausarbeitungen liegt demnach eine jeweils andere *Grundbezogenheit* der Subjektivität (des Ich) auf Welt sowie ein immanentes Urteil über die jeweilige *Beschaffenheit* dieser Welt *voraus*, ob diese Annahmen nun ausformuliert oder stillschweigend vorausgesetzt werden.

In der ausgearbeiteten Transzendentalphilosophie wurden Gott und Seele als nicht erkennbare Gegenstände gestrichen und durch regulative Ideen für die praktische Vernunft ersetzt. Aber auch diesem *End*ergebnis kritischer Metaphysik gingen bestimmte Annahmen über die *Ur*beschaffenheit des Kosmos, bestimmte psychologische Grundannahmen und ein bestimmter Gottesbegriff *voraus*, die, wechselseitig aufeinander bezogen, in entscheidender Weise über das Endergebnis mitbestimmten.

Den verschiedenen Gottes*beweisen* lagen in der philosophischen Tradition bereits unterschiedliche Gottes*begriffe* zugrunde. W. Schulz differenzierte hier in der Hauptsache *zwei* Richtungen: Die eine begriff Gott als das Größte und im Ganzen eines einzigen Seinszusammenhanges; die andere *löste* Gott aus einer vergleichbaren Seinsordnung und deklarierte ihn als nicht begreifbar. Nur welthaft Seiendes ist als dies und das Seiende feststellbar; neben der negativen Bestimmung, die entsteht, wenn „Gott mit dem Seienden verglichen wird, erwuchs aber auch eine positive Bestimmung, die Gott als das ‚videre' und ‚intellegere', als reine Subjektivität und als Vollzug des eigenen Denkens und Schauens auffasste". (Vgl. Schulz, 1974, S. 11-13)

Letztere Bestimmung, die auf Meister Eckhard und N. Cusanus zurückgeführt wird, definiert das Verhältnis von Gott und Mensch als ein göttliches Sehen, das dem Menschen aktive Sicht verliehen hat, aber dessen Schauen selbst nicht gesehen werden kann (a. O., S. 19 ff.). In diesem Kontext bleibt die Schöpfung als solche unverstehbar; anstelle des Verstehens ist der Mensch durch die unendliche Sehnsucht nach der göttlichen Wahrheit bestimmt, deren Ziel, zugleich nah und fern, zu einer permanenten Suche nach der Wahrheit anhält. Schulz suchte eine Verbindung zwischen dem mittelalterlichen entsubstantialisierten Gottesbegriff und der neuzeitlichen Metaphysik auf dem Wege zur Subjektivität und zum Selbstbewußtsein. Diese stellte die Subjektivität zwar ins Zentrum, aber in einer Weise, die „über die menschliche Subjektivität eine höhere als deren Grenze setzt; auf diese Denker folgten dann die Systematiker, die beides, die menschliche Subjektivität und die diese begrenzende Subjektivität, in einem systematischen Ganzen zu vermitteln suchen." (S. 22)

Die Abfolge habe sich wiederholt, legte den Schwerpunkt mal nach der einen, mal nach der anderen Seite und suchte letztendlich zwischen beiden zu vermitteln. G. Bruno und B. Spinoza hätten das göttliche Wesen als seinsimmanentes Prinzip betont, Cusanus, Descartes und Kant die Macht des Denkens entdeckt, das sich aber nicht selbst begründen kann, vielmehr eine Macht über sich anerkenne, durch die es immer schon begründet ist. Kant sei einerseits über Cusanus und Descartes hinausgegangen, indem er der menschlichen Subjektivität die Möglichkeit einräumte, sich selbst und auf der Basis ihrer eigenen Gesetzlichkeit die Welt der Erscheinungen aufzubauen – indem sie sich aber diese Macht zuspräche, anerkenne sie andererseits gerade durch sie die eigene Endlichkeit und die Unmöglichkeit, Gott, das ens metaphysicum, zu erkennen (S. 29).

Das Durchdenken der Subjektivität und die Erkenntnis der Endlichkeit gehören nach Schulz zusammen; Subjektivität habe sich hier in einer doppelten Ausrichtung erwiesen: Dem welthaft Seienden gegenüber gewann sie an Macht, wirkte innovativ und mit neuen Impulsen auf die wissenschaftliche Erforschung des Seienden, aber dieselben Denker (Cusanus, Descartes, Kant) „erkannten auf Grund des Durchdenkens der menschlichen Subjektivität deren Ohnmacht in bezug auf sich selbst, und darum setzen sie über die als endlich erkannte Subjektivität eine ganz und gar nicht ausdenkbare Macht als deren Wesensgrund". (S. 27)

Die Gleichstellung von Cusanus, Descartes und Kant dürfte Walter Schulz, seinem Grundgedanken zuliebe, vereinfacht und radikalisiert haben, denn Descartes hinterließ in seiner Dritten Meditation bekanntlich einen ontologischen Gottes*beweis*, und Kant plädierte in der vorkritischen Ära ebenfalls für die Beweisbarkeit der Existenz Gottes. Erst nach der Wende von der Ontologie zur Transzendentalphilosophie und der Grenzsetzung der reinen Vernunft ließ Kant Gott als eine „ganz und gar nicht ausdenkbare Macht" erscheinen. Wenn Schulz betont, daß Descartes wie Kant an einer, der menschlichen Subjektivität überlegenen Transzendenz festhielten, „weil die menschliche Subjektivität sich zu ihrem Selbstvollzug nicht einsetzen kann", (a. O., S.27) im Denken der Transzendenz zwar die Grenze des Denkens, das Unerfahrbare erfahren würde, Transzendenz aber als das der endlichen Subjektivität mit innerer Notwendigkeit inhärierende Andere anerkannt würde, so ist dies eine *ontologische* Aussage, die zwei Seinsweisen von Subjektivität dialektisch aufeinander bezieht. Der Ausdruck „Denken der Subjektivität" impliziert Ambiguität, und offenbar fließt jeweils anderes in den Begriff der Subjektivität ein: Das Denken der Subjektivität in Relation auf die Weltdinge und in Relation auf das höchste Wesen unterscheidet sich vom Denken der Subjektivität als Selbstvollzug und Reflexion auf sich selbst; das Denken der Subjektivität, das sich mit Bezug auf die Weltdinge mächtig erfährt (weil es sie allererst konstituiert) und das Denken der Subjektivität, das sich ohnmächtig erlebt im Hinblick auf das höchste Wesen, den Grund seiner selbst und der Welt.

An der Gegenüberstellung von „ohnmächtig" und „mächtig" war Kant wohl nicht gelegen; die Setzung der Erkenntnisgrenze reiner Vernunft erfolgte vornehmlich, um die *moralisch* relevante Antinomie von Naturkausalität und „Kausalität aus Freiheit" lösen zu können. In das Schema von Subjektivität und Transzendenz paßt die Transzendentalphilosophie eigentlich nicht hinein; nicht zwei Weisen der Subjektivität, sondern Verstand und Vernunft, Begriff und Idee treffen hier aufeinander: Der Verstand konstituiert Gegenstände und handelt mit Begriffen, die Vernunft beschäftigt sich mit Ideen (Dingen an sich) ohne objektivierbaren (begrifflichen) Gehalt. In dieser epistemologischen Konstellation unterschied Kant sich von Descartes im Hinblick auf den Modus *evidenter* Erkenntnis. Während Descartes im „Cogito ergo sum" den archimedischen Punkt, das heißt Ausgang und Grund evidenter Erkenntnis fand, bestimmte Kant das „Ich denke" als bloße *Form*, die Stoff, Inhalt und Realität erst von der „Affizierung" durch äußere Gegenstände (Dinge an sich) erhält.

Der Ansatz ist im Hinblick auf Welt- und Selbsterfahrung zweideutig, weil er einerseits die Existenz äußerer Gegenstände und „Dinge an sich" immer schon *voraussetzt*, andererseits der *Spontaneität* (der Konstitution durch die Kategorien und die Raum-Zeitformen) des Gemüts unterstellte. Der Akzent ist hier auf den Begriff der Spontaneität in seiner Bedeutung für die Verhältnisbestimmung von Stoff und Form, Rezeptivität und Aktivität, Anschauung und Begriff zu legen. Woher kommt die Spontaneität? Ist sie dem menschlichen Geist „eingeboren"? (Leibniz scheint von dieser Annahme ausgegangen zu sein.) Die Spontaneität des menschlichen Verstandes wird einmal im Gegensatz zur *reinen* Spontaneität des göttlichen Wesens gesetzt, und zum anderen wird sie aus ihr *abgeleitet*: Ein Erkennen, das sich nur im Modus der spontanen Konstitution, also nicht *unmittelbar* von äußeren oder inneren Gegenständen (Ideen) her zu bestimmen vermag und durch das definiert wird, was es *nicht* ist (reine Spontaneität), erkennt' auch das anscheinend Nichterkennbare noch mit – und sei es nur *als Idee*.

In diesem Kontext ist erwähnenswert, daß Kant das menschliche Erkenntnisvermögen niemals mit elementaren Erkenntnisansätzen bei Tieren verglich (wie vor ihm Aristoteles, Locke und Leibniz, nach ihm Herbart und Schopenhauer); Kant betrachtete Tiere ausdrücklich als bloße Sachen, „mit denen man nach Belieben schalten und walten kann", (vgl. Anthropologie, Bd. 10, S. 407) was erst neuerdings wieder unter moralischen Gesichtspunkten zu Bedenklichkeit anregte (vgl. Tugendhat, 1993, S. 47).

Zweifellos wird der intelligible Teil des Menschen als von *göttlicher* Herkunft gedacht. Indem Kant die menschliche Erkenntnis als ein Derivat der göttlichen Erkenntnis begriff, setzte er die *Existenz* Gottes immer schon voraus, während das kritische Werk ausdrücklich bestritt, daß uns ein *Beweis* des göttlichen Wesens möglich ist, weil wir über keinen *bestimmten* Begriff Gottes verfügen. Auf diese Aporie ist die gesamte Erkenntnispsychologie Kants zugeschnitten. Ein Geschöpf, welches das höchste Wesen zu denken vermag – und sei es nur unter einem *unbestimmten* Begriff, nämlich als Idee – muß, wenn diese Idee nicht gänzlich ohne Realitätsgehalt vorgestellt und bloß erfunden wird, etwas mit ihr gemeinsam haben. Hätte sich das menschliche Denkvermögen lediglich „von unten", aus der Sinnlichkeit oder gar aus tierischen Vorstufen ‚sublimiert', so garantierte freilich nichts Psychologisches für den reellen Gehalt der Gottesidee. In diesem (theologischen) Kontext ist an die Bedeutung des Postulats „eingeborener Ideen" zu erinnern (vgl. die diesbezüglich entgegengesetzten Standpunkte bei Locke, Versuch, 1. Bd., 1. B., 3. Kap., § 18 und Leibniz, Nouv. Ess., 1. Bd., 1. B.).

Etwas dem Vergleichbares muß auch für das Verhältnis von Erkenntnis und Wahrnehmung/Empfindung Geltung haben; wenn die Empfindung/Wahrnehmung *gänzlich* in das *untere* Erkenntnisvermögen verstoßen wird, dann ist schwerlich einzusehen, wie letzteres sich überhaupt mit dem oberen Erkenntnisvermögen ins Benehmen zu setzen vermag. Sollte nicht auch der Sinnlichkeit, außer dem passiven Moment der Affizierung durch äußere Dinge, noch ein Hinweis auf die Abkunft von der göttlichen *reinen* Anschauung eigen sein? Kants kritische Lösung der *vor* aller Erfahrung anzunehmenden *reinen* sinnlichen Formen und Begriffe ist hier zurückzustellen und der vorkritischen Version nachzugehen. Das Sinnliche rangiert im vorkritischen Werk unter der Bezeichnung des *Ästhetischen*. Kant scheint schon in vorkritischer Zeit den Gedanken an eine „transzendentalen Ästhetik" als allgemeine Prinzipienlehre der Wahrnehmung (dagegen nicht als Wissenschaft vom Schönen) gefaßt zu haben, allerdings einer Wahrnehmung, die (in vorkritischer Zeit) auch die *Wahrnehmung* des *Göttlichen* miteinbezog, oder genauer: die Wahrnehmung der durch Gott verfaßten gesetzlichen *Einheit* und *Ganzheit* des Weltalls.

Es kommt in diesem Kontext gerade nicht darauf an, daß Kant im kritischen Werk derartige ästhetische und ‚holistische' Intentionen auf das Ganze, weil sie das Sinnliche mit dem Intellektuellen, das Empirische mit dem Transzendentalen vermischten und verwechselten, schärfstens verwies; daß ihm dieser Fehler selbst unterlief und daß die vorkritischen ästhetischen Intentionen in der „transzendentalen Ästhetik" immer noch ‚aufgehoben' sind, wird an Ort und Stelle nachzuweisen sein. Kant wechselte lediglich die Adressaten: Während er sich in der „transzendentalen Ästhetik" scheinbar nur zur Rettung der Apriorität und Apodiktizität der geometrischen Wissenschaft gegen die empirische Wahrnehmungslehre verwahrte, adressierte er sich im vorkritischen Werk an Verfechter von Gottesbeweisen, die nach der Methode der „moralischen Physikotheologie" das Ästhetische a) *nur* im Sinne des Schönen, Harmonischen und Zweckmäßigen ins Spiel brachten, b) in Gott *nur* den allmächtigen, nach göttlicher Willkür handelnden „Weltbaumeister", aber nicht den *Schöpfer* der *Materie* und eines aus *notwendiger* Gesetzmäßigkeit entstandenen Universums betrachteten. Wenn Kant es sich dagegen zur Aufgabe machte, die Verhältnismäßigkeit des Ästhetischen (Sinnlichen) und Intellektuellen, des Harmonischen und Gesetzmäßigen, des Wohlgefälligen und des Mathematischen *in Übereinstimmung* zu bringen – ganz im Gegensatz zum späteren kritischen Werk, welches das jeweils Verbundene wieder zu trennen suchte – um die Vielfalt der Erscheinungen sowie die Universalität einiger weniger Fundamentalgesetze, auf *einen Grund* und *ein Ganzes* zurückzuführen, dann lag diesem großartigen Versuch eine radikale Transformation des Gottesbegriffes voraus: Nicht als das Paradigma allmächtiger Fülle und Vollkommenheit, nicht unter dem Signum des Unendlichen sollte das höchste Wesen verehrt, sondern – paradoxerweise – unter dem alles Mögliche und Wirkliche erweiternden (eigentlich moralischen) Begriff der „Allgenugsamkeit" sollte es erkannt und wahrgenommen werden (vgl. II, S. 727). Indem Kant den Begriff des Unendlichen dem *Mathematischen* reservierte, dessen Anschauungscharakter er hier, wie auch noch in der „transzendentalen Ästhetik" vertrat (vgl. KrV, B 40), wurde er im „Beweisgrund" ausdrücklich als „ästhetisch" bezeichnet: „Die Bezeichnung des Unendlichen ist gleichwohl schön und eigentlich ästhetisch". (Vgl. 2. Bd., S. 728)

Offenbar suchte Kant eine Brücke zu schlagen zwischen Metaphysik und Mathematik, der mathematischen *Vorstellung* (Anschauung) des Unendlichen und einem diese noch übergreifenden und erweiternden *Begriff* der göttlichen „Allgenugsamkeit". Der in diesem Kontext paradox anmutende Begriff „Allgenugsamkeit" könnte, ohne Kenntnis der kantschen Motive, wie Blasphemie erscheinen, denn die Allgenugsamkeit sollte doch primär auf die menschliche Erkenntnis *von dem höchsten Wesen*, nicht *auf* das höchste Wesen *selbst* angewendet werden – eine Einsicht, die freilich der kritischen Philosophie vorbehalten blieb. Der Begriff der Allgenugsamkeit implizierte einmal die Keimzelle und das Motiv zur transzendentalen Wende, zum anderen brachte er Kants *Ambivalenz dem Sinnlichen* gegenüber zum Ausdruck, die im vorkritischen Werk wiederum nicht dem Sinnlichen (Ästhetischen) *selbst*, sondern nur seiner Bedeutung und Verwendung im Rahmen der Theologie und der Gottesbeweise galt. Der transzendentale Standpunkt, daß Gott nicht bewiesen, aber auch nicht *bestritten* werden kann, weil wir über keine *Anschauung* Gottes verfügen (vgl. KrV, B 769 ff.), lag hier noch fern. Erst die radikale Verneinung der Gottesbeweise zog die Verneinung auch der rationalen Psychologie nach sich (weil wir *weder* für Gott, *noch* für die Seele *anschauliche* Gegenstände oder *bestimmte* Begriffe haben) und über die Verneinung beider gelangte Kant dazu, das negative Verdikt auf die Erkenntnis des Weltganzen auszudehnen: „Nun haben wir das Weltganze jederzeit nur im Begriffe, keineswegs aber (als Ganzes) in der Anschauung." (KrV, B 547)

Mit der Verneinung des Weltganzen, nach mehrmals gescheiterten Versuchen, *das Weltganze aus einem göttlichen Grund zu begreifen*, steht die *Spaltung* des seelischen Ganzen in Stoff und Form, Sinnlichkeit und Vernunft, theoretische und praktische Vernunft in Zusammenhang. Anders gesagt und auf den Punkt gebracht: Kants negatives Verdikt über die wissenschaftliche Psychologie resultierte zuletzt aus einer negativen Theologie, welche die göttliche Allheit als eigentliches und ursprüngliches Paradigma eines (unendlichen) Ganzen aus dem Bereich der Erkenntnis verwies und mit ihm zugleich auch die Erkenntnis des Welt- und Seelenganzen verwarf. Auch in diesen Kontext ist Kants vielzitierte Bemerkung in der 2. Auflage der „Kritik der reinen Vernunft" einzurücken: „Ich mußte also das *Wissen* aufheben, um zum *Glauben* Platz zu bekommen." (B XXX)

Der Begriff des Ganzen ist zweifellos der *kritischste* der Transzendentalphilosophie, wurde er doch weder ganz verabschiedet noch auch beibehalten: In der kritischen Perspektive des „Als ob" (vgl. KrV, B 697 ff.), blieb das systematische Weltganze als Idee (regulatives Prinzip) in Kraft; gleiches galt hinsichtlich des höchsten Wesens, der absoluten Willenfreiheit und des seelischen Ganzen für die moralische Motivation. Mit einem Gegenstand „Als ob" kann die Psychologie sich aber nicht begnügen, insofern hier die moralische Motivation nicht greift (wenn die Psychologie *Wissenschaft* sein will), und ein bloß fiktionaler Gegenstand zwangsläufig die totale Beliebigkeit von Quasimodellen des Seelischen oder Modellen eines Quasiseelischen nach sich zog. Was die Perspektive des „Als ob" für den Duktus des philosophischen Denkens und für die Position der Philosophie in ihrem Verhältnis zur Wissenschaft (den Einzelwissenschaften) bedeutete, mag hier im einzelnen dahingestellt bleiben.

Wenn Kant die Transzendentalphilosophie für ein „Traktat von der Methode" und nicht mehr als ein „System der Wissenschaft" selbst ausgab, aber sehr wohl für sich in Anspruch nahm, den ganzen Umriß der Wissenschaft „sowohl in Ansehung ihrer Grenzen, als auch dem ganzen inneren Gliederbau derselben" nach (KrV, B XXII) zu umreißen und zu bestimmen, dann ist dieses ahistorische Verständnis von Wissenschaft zurückzuweisen. Wissenschaften verändern sich mit dem Erkenntnisfortschritt, erweitern und begrenzen ihre Gebiete je nach Erkenntnisstand und Aufgabenbestimmung jeweils neu. Der Idee der wissenschaftlichen Psychologie legte die Spaltung und Zerteilung der seelischen Ganzheit und Einheit in diverse Seelenvermögen und -kräfte jedenfalls die größte Belastungsprobe auf, denn die Preisgabe der seelischen Ganzheit – sei es unter dem Namen der Seele oder unter der Kennzeichnung der Bewußtseinseinheit – leitete allererst die endlose Zersplitterung in unendliche Teilfragen, Teilbereiche, Modelle, Schulen und Richtungen ein, so daß die Psychologie, nicht zuletzt unter dem Einfluß des Neukantianismus, sich allerdings nicht nur nicht mehr ihres Gegenstandes zu versichern vermochte, sondern auch ihr Grundproblem gänzlich aus den Augen verlor. War das Opfer gerechtfertigt oder gar notwendig? Dienten die Konsequenzen einer besseren Erkenntnis? Ist das Erkenntnisvermögen überhaupt zu spalten? Konnte es Kant, der die Vernunft nur in bezug auf Gegenstände reflektierte, konnte es dieser Vernunft überhaupt gelingen, „eine wirkliche Reflexion der Vernunft *auf sich selbst* durchzuführen?" W. Schulz verneinte dies (vgl. a. O., S. 82).

Oder ist Kants Erkenntniskritik vielleicht das „subjektive" Ergebnis einer radikalen Selbstzensur eines ehemals zu hochfliegenden Denkens und eines Erkenntnis*anspruchs*, der sich im Laufe von Jahrzehnten, Schritt für Schritt, auf die Uneinlösbarkeit der Anfänge der *eigenen* Vernunft besann? Letztere Frage impliziert keine Diskreditierung des großen Philosophen, aber Kant gab auch niemals hinreichend Aufschluß darüber, wie reine Vernunft einerseits *als Selbsterkenntnis* einen „Gerichtshof" einsetzen kann, der „grundlose Anmaßungen" und „Machtansprüche" nach „ihren ewigen und unwandelbaren Gesetzen" abzufertigen vermag (vgl. KrV, A X), wenn die reine Vernunft andererseits mit einer unvermeidbaren und unaufhebbaren antinomischen Struktur behaftet und belastet ist. Dieses unerschöpfliche ‚dialektische' Problem mag hier auf sich beruhen bleiben. Von Interesse sind viel mehr die eigentlichen Ausgangspositionen dieses Experiments einer Verständigung reiner Vernunft mit sich selbst, insofern eine Antwort auf die Frage ansteht, *ob negative Theologie zugleich die Verneinung rationaler Psychologie impliziert* und in Ermangelung eines Gottesbeweises und eines *bestimmten* Gottesbegriffs die Verabschiedung des Seelenbegriffs und der Reflexion auf das Ganze notwendig machte. Frage und Antwort stehen in einem engen Kontext zu Kants „tran-szendentaler Ästhetik", der Eingangspforte in die „Kritik der reinen Vernunft". Dabei wird alles darauf ankommen, wie „Sinnlichkeit" zunächst definiert, und aus welchen Motiven sie im transzendentalen Werk zuletzt auf die Raum-Zeit-Problematik eingeschränkt wurde, was wiederum die Spaltung in Stoff und Form und die Zerteilung des Sinnlichen und des Intellektuellen in zwei diverse Quellen zur Voraussetzung machte.

Es mag sonderbar anmuten, daß Sinnlichkeit hier in große Nähe zum Gottesproblem gerät; aber der befremdliche Weg über das Gottesproblem erfolgt im Dienste großer Psychologen wie Herbart, Brentano und Stumpf, die, mit Blick auf das *Ganze* der Psychologie und gegen die weitgehend kritiklose Akzeptanz gerade der kantschen „transzendentalen Ästhetik", das für Erkenntnistheorie und Psychologie fundamentale Verhältnis von Sinnlichkeit und Intellektualität neu aufzurollen und alternativ zu Kant zu bestimmen wagten. Mit welchen Schwierigkeiten dabei zu rechnen war und in welch' prekärer Weise Transzendenz, Sinnlichkeit und Intellektualität in Kants „transzendentaler Elementarlehre" ineinander verwickelt sind, demonstrierte A. Schopenhauer (der freilich nach Willkür bei Kant entlieh, was in sein System hineinpaßte und verwarf, was ihm widersprach). Schopenhauer beanstandete mit Nachdruck und als einen „Hauptpunkt" seiner Kantkritik, daß Kant „nirgends die anschauliche und die abstrakte Erkenntniß deutlich unterschied, und eben dadurch [...] sich in unauflösliche Widersprüche mit sich selbst verwickelte", andererseits zollte Schopenhauer in derselben „Kritik der Kantschen Philosophie" der „transzendentalen Ästhetik" überschwengliches Lob als „ein so überaus verdienstvolles Werk, daß es allein hinreichen könnte, Kants Namen zu verewigen". (Vgl. W.a.W.u.V., Bd. 1, 2, S. 530 und 537)

Schopenhauer sah nicht – oder wollte nicht sehen – daß die „transzendentale Ästhetik" und der kritisierte „Hauptpunkt" in engster Beziehung zueinander standen. Ein moderner psychologischer Autor berief sich in seiner vernichtenden Kritik der phänomenologischen und deskriptiven Psychologie, wiederum das Verhältnis von Anschauung und Begriff betreffend, ausdrücklich auf Kant, dessen diesbezügliche Bestimmung immer noch in Kraft sei und zu gelten habe (vgl. E. Zellinger, 1958, S. 197). Aus dem Zusammenhang mit den anderen Teilen der „Kritik der reinen Vernunft" gerissen scheint gerade dieses Lehrstück Kants zu imponieren; erst wenn es in seinen ursprünglichen Kontext gestellt wird, zeigt sich seine Problematik, und dies rechtfertigt den nochmaligen, diesmal historischen Umweg über das Gottesproblem, aus dem es in der Tat ehemals entstand.

§ 7 Mathematischer und moralischer Gottesbeweis oder der Widerspruch zwischen Erkenntnis und Wille im göttlichen Wesen

Kants „Allgemeine Naturgeschichte und Theorie des Himmels" (1755) stellte nicht nur sein bemerkenswert naturwissenschaftliches Ethos unter Beweis, sondern enthielt auch die Motive zur Transzendentalphilosophie und der auf sie ausgerichteten Erkenntnispsychologie. Die Schrift wird hier mit dem „Einzig möglichen Beweisgrund" abgehandelt, der in einem zeitlichen Abstand von acht Jahren (1763) die hier interessierende Thematik nochmals behandelte. Aus dem reichen Inhalt der Schriften sind neben den Grundgedanken einige, dem angezeigten Kontext dienliche Aspekte zu behandeln. Der „Beweisgrund" wird hier aus didaktischen Gründen bevorzugt behandelt, weil Kant in dieser Schrift die in Frage kommenden Problemstellungen schärfer ins Auge faßte.

Kant gliederte den „Beweisgrund" in drei Abteilungen, deren erste weitgehend vernachlässigt werden darf, insofern Kant einen Beweis a priori zur Verbesserung des umstrittenen ontologischen Gottesbeweises zu entwickeln suchte. Der traditionelle ontologische Gottesbeweis schloß aus dem *Begriff* des höchsten Wesens auf dessen *Dasein*: der Summe der Attribute, die Gottes Vollkommenheit ausmachen, kann das Prädikat der Existenz nicht fehlen. Kant fand diesen Beweis ungenügend, weil a) „Existenz" kein den Vorstellungsgegenstand erweiterndes, sondern nur ein Prädikat des Denkens sei (die Vorstellung eines Gegenstandes nicht durch die Vorstellung seiner Existenz erweitert würde) – eine Einsicht, die freilich schon bei Hume zu finden ist (vgl. Traktat, 90 f.) und wenig Originalität beanspruchen kann (vgl. dazu Brentano, 1980, S. 30 f.);

b) war Kant der Ursprung der Bezeichnung „Vollkommenheit" suspekt (vgl. 2. Bd., S. 652). Kants Korrektur des ontologischen Beweises bestand darin, daß er nicht von der Denknotwendigkeit auf die Wirklichkeit (das Dasein) Gottes schloß, sondern umgekehrt von der notwendig vorauszusetzenden Wirklichkeit *eines* Grundes, der alles Wirkliche und Mögliche, sowohl das Dasein wie auch die „innere" Natur, nämlich das gesetzmäßige Wesen der Dinge, gleichermaßen und zugleich umfaßte. Wo Denkmöglichkeit überhaupt, nämlich Verbindung von Subjekt und Prädikat zu einem sie zusammenfassenden Urteil, gegeben sei, da müßte auch das Material, müßten die Data, die *verbunden* würden, bereits vorhanden sein. (A. O., S. 638) Warum Kant diesen ontologischen Beweis für weniger angreifbar hielt als seine Vorgänger, muß hier nicht im einzelnen entfaltet werden; das kritische Hauptwerk, das jede erdenkliche Möglichkeit eines Gottesbeweises prinzipiell bestritt (vgl. KrV, B 648 ff.), enthielt auch die Kritik (und unausgesprochene Selbstkritik) dieses Beweises.

Die 2. Abteilung, die hier vornehmlich interessiert und überschrieben war: „Worin aus der wahrgenommenen Einheit in den Wesen der Dinge auf das Dasein Gottes a posteriori geschlossen wird", (2. Bd., S. 655 ff.) wollte den Nutzen des Beweises für eine verbesserte Physikotheologie darlegen. In dieser Abteilung wechselte die Intention von der *begrifflichen* Analyse auf die *anschauliche* Ebene; was zuvor für die *Denknotwendigkeit* des höchsten Wesens geleistet worden war, sollte jetzt mit Hilfe der *Anschauung* unterstützt werden. Der Text ist unter verschiedenen Aspekten von Interesse – nicht zuletzt deshalb, weil sich hier erstmals das umstrittene Verhältnis von Anschauung und Begriff im Lichte seiner ursprünglichen Motivation zur Diskussion stellen läßt. Im folgenden wird zu ermitteln sein, was Kant hier unter Anschauung (Wahrnehmung) verstand, und wie er sie zur Verbesserung der Physikotheologie zu nutzen suchte.

Das Grundmotiv war das gleiche wie das in der „Naturgeschichte", nämlich die *mechanische* Weltbetrachtung nicht als einen Beweis für die *atheistische*, an den Materialismus Demokrits und Epikurs erinnernde Weltanschauung, sondern im Gegenteil *für den einfachsten und natürlichsten Ausdruck göttlicher Weisheit* zu nehmen. Der Appell zielte aber zugleich und sogar in der Hauptsache auf die Gegner Newtons und Verteidiger einer Physikotheologie, die angesichts der Vielfalt, *Schönheit*, Harmonie und Zweckmäßigkeit der *organischen* Natur für einen allmächtigen und gütigen *Schöpfer* warben. Dem postulierten Primat des *Organischen* trat Kant mit dem Anspruch auf Vorzüglichkeit der *an*organischen Welt entgegen: Der *Gesetzmäßigkeit* und Notwendigkeit des materiellen Geschehens widerspreche nicht nur nicht der Gedanke göttlicher *Schöpfung*, beweise sie vielmehr mit besseren Gründen, denn die sogenannte „blinde Mechanik" bringe „anständige Folgen hervor, die der Entwurf einer höchsten Weisheit zu sein scheinen". (Naturgeschichte, I, S. 231)

Aus dieser Grundhaltung heraus unterschied Kant, mit deutlicher Wertung, *zwei* „physikotheologische Methoden": Die erste verehrte in der „zufälligen" Schönheit und zweckmäßigen Verbindung den von Weisheit und Macht geleiteten göttlichen *Willen*, während die zweite aus der Regelmäßigkeit und Notwendigkeit der mechanischen Naturgesetze auf ein oberstes Prinzip schlösse, das nicht nur die Vielfalt des Daseins, sondern selbst die „innere Möglichkeit" (das *gesetzmäßige* Wesen) der Naturdinge in sich enthält (vgl. S.

682 ff.). Kant nannte die erste Methode „moralisch" – weil hier der *Wille* Gottes ins Spiel kam, die zweite „mathematisch" – weil sie in der notwendigen Einheit der Naturgesetze den Beweis für eine höchste *Intelligenz* erkannte (684).

Die Gegenüberstellung von „moralisch" und „mathematisch" überrascht, denn der auf Mannigfaltigkeit, Schönheit und Harmonie reflektierende physikotheologische Gottesbeweis könnte ebenso oder besser als *ästhetisch* bezeichnet werden – im Unterschied zum onto*logischen* Gottesbeweis. Indes wollte Kant die Bezeichnung „ästhetisch" für einen mathematischen Kontext (das Unendliche betreffend) aufheben, der auf die transzendentale Ästhetik vorausweist.

Die Bezeichnung „moralisch" implizierte eine gewisse Zweideutigkeit, indem Kant in den, auf den höchsten *Willen* und die göttliche *Macht* abhebenden Argumenten die Momente der *Beliebigkeit* und *Künstlichkeit*, des *Zufalls* und der *Willkür* kritisierte – im Unterschied zur späteren „Kritik der Urteilskraft", die dem organischen Geschehen „objektive Zweckmäßigkeit" zubilligte (vgl. Bd. 2, S. 469 ff.).

Kants ablehnendes Urteil über die „moralische Methode" war freilich überdeterminiert: Wer a) von den Erscheinungen der Weltdinge logisch oder ästhetisch auf einen *Willen* deutet, schließt vom Daseienden auf *irgendeinen* (willkürlichen) Grund, von den Wirkungen auf *irgendeine* Ursache, ohne einen *bestimmten* (göttlichen) Grund oder eine bestimmte *göttliche* Ursache angeben zu können. Nach b) methodologischen Gesichtspunkten machte Kant geltend, daß das Argument unter „dem Vorwand der Andacht" den „Faulen" diente und sich weiterer wissenschaftlicher Forschung in den Weg stellte (S. 686); der in diesem Kontext gewichtigste metaphysische Einwand zielte darauf ab, daß der Rekurs auf die organisch-künstliche Veranstaltung der Welt in Gott nicht den *Schöpfer*, sondern nur den *Werkmeister* anerkannte, „der zwar die Materie geordnet und geformt, nicht aber hervorgebracht und erschaffen hat", was nach Kant die Gefahr eines „feineren Atheismus" heraufbeschwor (a. O., S. 690).

Aufschlußreicher für Kants eigene Intentionen ist die Bezeichnung „mathematische Methode"; sie besagte nicht, daß Gott zu berechnen sei oder durch mathematische Deduktion bewiesen werden könnte; das Mathematische als Gesetzmäßiges wird hier mit dem Gesetzmäßigen der mechanischen Physik identifiziert (im Sinne einer Äquivalenz von geometrischem und physikalischem Raum) und in Kontrast gesetzt zur Vielfalt, Künstlichkeit und Zweckmäßigkeit der organischen Natur; die geordneten Verhältnisse des Raumes (der Geometrie) geben paradigmatisch die Mittel an die Hand, die Regeln der notwendigen Wirkungsgesetze aus den *einfachsten* und *allgemeinsten* Gründen zu erkennen (a. O., S. 703-704).

Der Argumentation liegt der Gedanke an das methodologische Prinzip der Denkökonomie zugrunde („principia non esse multiplicanda praeter summam neccessitatum"), und dieses Prinzip, aus *einfachsten* und *sparsamsten* Grundgesetzen eine *größtmögliche* Zahl von Erscheinungen abzuleiten, verweist nach Kant auf das eigentliche Wesen der *göttlichen Intelligenz*. Anstelle des traditionellen Begriffs der Unendlichkeit, der „eigentlich ästhetisch" zu verstehen sei, und der *Vollkommenheit*, die Kant suspekt war, weil ihr *Beliebiges* ohne einsehbaren Grund subsumierbar sei, sollen wir in Gott die *Allgenugsamkeit* bewundern und verehren (vgl. a. O., S. 691).

Bemerkenswerter als der ungewöhnliche Begriff der Allgenugsamkeit zur Kennzeichnung des höchsten Wesens ist, daß Kant a) den größten Wert darauf legte, das systematische und *gesetzmäßige* Ganze für ein anschauliches und *wahrnehmbares*, also *ästhetisches* auszugeben, b) daß er für das mathematisch-physikalisch Gesetzmäßige wiederholt die *Qualitäten* der Schönheit, Wohlgeratenheit, Harmonie und des Wohlgefallens, das heißt. deren „rührende Wirkungen" auf das Gemüt behauptete. Als Beispiele, die evident machten, wie „in einem ungeheuren Mannigfaltigen Zusammenpassung und Einheit herrsche", (a. O., S. 655) nannte Kant die „Einrichtung des Zirkels" und das „Gesetz der Schwere", die in ihrer universellen Entfaltbarkeit und Anwendbarkeit „das Gefühl auf eine ähnliche oder erhabenere Art wie die zufälligen Schönheiten der Natur rühren". (A. O., S. 657) Aus ihnen fließen nicht etwa nur Nutzen und Wohlgereimtheit *ohne Kunst*, sondern Nutzen und Wohlgereimtheit *mit Notwendigkeit* ab; sie machen „die peinlich erzwungene Kunst entbehrlich", indem sie auf die gemeinschaftliche Abhängigkeit des Wesens aller Dinge „von einem einzigen Grund" (der göttlichen Intelligenz) hinweisen (S. 659).

Das Pflanzen- und Tierreich biete bewunderungswürdige Beispiele einer zufälligen, mit großer Weisheit zwar *übereinstimmenden*, aber nicht aus ihr *ableitbaren* Einheit, deren Vollkommenheit künstlich sei und in ihrer Beziehung auf verschiedene Zwecke ein bloß zufälliges und in sich willkürliches Ganzes ausmache. „Dagegen liefert vornehmlich die unorganische Natur unaussprechlich viele Beweistümer einer notwendigen Einheit, in der Beziehung eines einfachen Grundes auf viele anständige Folgen." (671)

Die Methode bewähre sich nicht nur im großen Ganzen, sondern auch im Kleinen. Kant rühmte die Regelmäßigkeit der Schneefiguren (Eisblumen) und will wenig natürliche Blumen angetroffen haben, die „mehr Nettigkeit und Proportion zeigeten". (679) Er wird nicht müde, mit Eloquenz die Schönheit, Harmonie und Wohlgeratenheit (Wohlgefälligkeit) der anorganischen gegen die bloß willkürlichen und künstlichen Erscheinungen der organischen Welt zu kontrastieren, um der „mathematischen Methode" der Physikotheologie den Nachdruck zu verleihen, „mittelst der Naturwissenschaft zur Erkenntnis Gottes hinaufzusteigen". (625)

Daß es ihm nicht wirklich um das *Ästhetische* – im Sinne einer Gesetzmäßigkeit des Schönen, sondern um das Mathematisch-*Anschauliche* – im Sinne einer formalen Schönheit *im* Gesetzmäßigen zu tun war, zeigt die wiederholte

Entgegensetzung des Notwendigen und Künstlichen („Künstlerischen"). Kant scheint schlechterdings nichts anderes beabsichtigt zu haben, als der *minderen* physikotheologischen Methode ihr Terrain mit ihren eigenen Waffen streitig zu machen. Der Begriff des Ästhetischen meinte bei Kant die *formale Einheit* des mathematischen und physikalischen Ganzen, die freilich *kein Gegenstand der Wahrnehmung* ist, die hier indes mit Empfehlungen, die suggestiv an das Gemüt und das Gefühl appellierten, für einen solchen ausgegeben wurde. Sparsamkeit (Allgenugsamkeit) im Lichte des Ökonomieprinzips ist keine empirisch-anschauliche Qualität („Gestaltqualität"), sondern ein transzendentales Prinzip des Denkens, was Kant gegen Ende des „Einzig möglichen Beweisgrundes" auch andeutete, indem er sie als „der logischen Richtigkeit mehr angemessen" empfahl (2. Bd., S. 728). Dennoch wurden Quantität und Qualität hier sowohl als perzeptuelles Merkmal wie auch nach kognitiven Kriterien des Begriffs- (Urteils-) Umfanges und des Inhalts (der Begriffsbedeutung und Urteilsmaterie) ineinander geschoben; das hieß, daß Kant zu dieser Zeit eben *derjenige* Irrtum unterlief, den das kritische Werk so nachdrücklich bei anderen tadelte, nämlich die Verwechslung des Sinnlichen (Perzeptuellen) mit dem Intellektuellen (Kognitiven), des Empirischen mit dem Transempirischen (Transzendentalen), auf dessen tiefgründiges Motiv, die Raum- und Zeitlehre betreffend, weiter unten zurückzukommen sein wird.

Die Vorzüglichkeit und Bevorzugung des *Anorganischen* bot sich noch aus einem anderen Grund an: Unter dem Effizienzstandpunkt und dem Eindruck des großartigen Erkenntnisgewinns durch die newtonsche Mechanik, die erstmals ein ganzes und geschlossenes System der Physik lieferte, machte Kant auf das Mißverhältnis im Ergebnis aufmerksam, daß wir einerseits nicht in der Lage wären, die organischen Naturursachen zu erkennen, „wodurch das verächtlichste Kraut nach völlig begreiflichen mechanischen Gesetzen erzeugt werde", (708) während wir es andererseits mit großem Erfolg wagten, den Blick auf das große Weltganze zu richten. Die Natur sei in den Perspektiven des Großen und des Kleinen gänzlich verändert, und das „Große, das Erstaunliche ist hier unendlich begreiflicher als das Kleine und Bewunderungswürdige". (II, 709)

In diesem Kontext kündigten sich die Kategorien des Erhabenen und des Schönen an, die Kant einige Jahre später, dann in der Tat als echte *ästhetische* Kategorien, in seiner Schrift „Beobachtungen über das Gefühl des Schönen und Erhabenen" (1766) in bestechend literarischer Weise mit Leben erfüllte (vgl. a. O., S. 823 ff.). Die Perspektive des Großen und Erhabenen beflügelte auch als ein Hauptmotiv des naturwissenschaftlichen Enthusiasmus die „Naturgeschichte und Theorie des Himmels", während der später verfaßte „Einzige Beweisgrund", die Dichotomie des Großen und Kleinen, Anorganischen und Organischen betreffend, schon vorsichtiger geworden war.

Es ist nämlich nicht so, als hätte Kant die Problematik einer dem Sparsamkeitsprinzip widersprechenden *dualistischen* Verfaßtheit der Natur zu dieser

Zeit gänzlich übersehen oder verschwiegen: Die Natur ist reich an einer „gewissen anderen Art der Hervorbringung", bei der die Weltweisheit sich genötigt sieht, vom Wege der mechanischen Erklärung abzuweichen (vgl. a. O., S. 679). Resultiert diese „andere Art der Hervorbringung" etwa nicht aus der *Intelligenz* und der *Absicht* des höchsten Wesens? Oder existieren in Gott *zwei* Weisen der Weisheit oder gar ein *Konflikt* zwischen Macht/Weisheit und Wille/Willkür? Kant räumte ein, daß Erzeugung und Bau von Pflanzen und Tieren sich nicht als mechanische Nebenfolgen verstehen lassen; aber sind sie deshalb *übernatürlichen* Ursprunges? Stammt jedes unverwechselbare Individuum einer Pflanzen- und Tierspezies *unmittelbar* von Gott, oder sind Zeugung und Entwicklung lediglich Folgen der *Fruchtbarkeit* der Natur? Von der *menschlichen* Natur war in diesem Kontext noch gar nicht die Rede und auch, was die reinen Naturdinge anbelangte, enthielt Kant sich einer definitiven Antwort – und dies vermutlich nicht in Anbetracht der noch mangelhaft ausgearbeiteten Biologie seiner Zeit, sondern weil er sich a) auf einen Dualismus zwischen Intelligenz und Macht (Wille) *im* göttlichen Wesen zugbewegte, weil er b) das Problem der Zeugung (als Schöpfung) und das Problem der Entwicklung als Entfaltung nach nichtmechanischer Gesetzmäßigkeit vor Augen hatte. Er warnte davor, sich auf eine „natürliche" Fruchtbarkeit zu berufen, weil dies ein vergeblicher Umweg sei, der uns nicht den mindestens Grad göttlicher Handlung erspare (681). Tritt das Gesetz der Entwicklung erst mit der Zeugung des *Individuums* in Kraft, oder mußte schon bei der jeweiligen Anordnung der *Spezies* an es gedacht werden? Der Gedanke wird nicht zu Ende geführt und wiederum wohl nicht allein deshalb, weil sich dann das Problem gestellt hätte, für die reichlich in der Natur vorhandenen Mißbildungen eine Erklärung zu finden.

Kant rührte zugleich an tiefste metaphysische, anthropologische und wissenschaftstheoretische Fragen, indem er einmal eine Aporie zwischen Weisheit und Macht, Gesetz und Freiheit im höchsten Wesen andeutete, die er im späteren Werk auf die menschliche Existenz übertrug; zum anderen stellte sich das Problem der Verhältnismäßigkeit des Gesetzmäßigen und Normativen zum Individuellen und die Vereinbarkeit des zeitlichen Geschehens im Sinne *linearer* Kausalität (mit Einschluß des unendlichen Regresses hinsichtlich einer letzten Ursache) mit Wechselwirkungsprozessen, das heißt zeitlicher *Simultaneität* von Entwicklung und Entfaltung in organischen Ganzheiten; daß derartige Problemstellungen die Einteilung in „moralische" und „mathematische" Physikotheologie bei weitem überschritten und das Ökonomieproblem sprengten, mag Kant schon zu dieser Zeit bewußt gewesen sein; aber die Ambition, mechanische Physik und Religion miteinander zu versöhnen, schien der Einsicht in die tatsächliche Komplexität der Fragestellungen nicht günstig zu sein.

Neue Wissenschaftsmodelle, die sich unter den Kategorien des *Ähnlichen*, des *Semiotischen* und der systemischen *Struktur* bei Leibniz und Berkeley ankündigten, um den Dualismus von res extensa und res cogitans, Stoff und Form, Kausalität und Teleologie, Individualität und Universalität zu überwinden, konnte Kant von seinem Ansatz her nicht würdigen, wie er auch die bei seinen Vorläufern zur Diskussion gestellten Momente der philosophischen Sprachanalyse und Sprachkritik nicht aufgriff. Kant konzentrierte sich ganz auf das Problem der Verhältnismäßigkeit von Stoff und Form, beschränkte sich aber, was die Form anbelangt, auf das Formale in Mathematik und Logik, während der ‚Form' doch wohl noch ganz andere ‚sinnliche' (ästhetische) Momente inhärieren.

Die „Naturgeschichte und Theorie des Himmels", die im großen und ganzen die gleiche Thematik wie „Der Einzig mögliche Beweisgrund" behandelte, hätte hier übergangen werden können, wenn Kant dort nicht, neben dem Problem von Stoff und Form, ausdrücklich und erstmals das für seine Lehre fundamentale Problem von Raum und Zeit, und zwar in der Perspektive *zweier* Begriffe des Unendlichen, berücksichtigt hätte, (das der „Beweisgrund" aussparte) in dem die Antinomien der reinen Vernunft wurzeln sollen. Aus keiner anderen kantschen Schrift erhellt die Grundproblematik der Raum- und Zeitlehre so unmittelbar wie aus dieser Schrift, die denn auch den besten Einblick in die Vorgeschichte der Antinomien der reinen Vernunft vermittelt.

§ 8 Stoff und Form in ontologischer Perspektive; göttlicher Weltschöpfer oder Werkmeister

Die „allgemeine Naturgeschichte und Theorie des Himmels", die profundes Wissen über die Kosmologien ihrer Zeit mit Scharfsinn und spekulativer Kraft zu der Absicht verband, die mechanische Physik Newtons in eine Kosmogonie zu gründen und mit der Idee der göttlichen Vorsehung zu verknüpfen, ging von einem, wie Kant meinte, *philosophischen* Widerspruch in Newtons Theorie aus, die für den *Anfang* des Universums keinen mechanischen Ursprung, sondern eine „unmittelbare göttliche Anstalt" annahm, und wiederum infolge von Unregelmäßigkeiten sowie des vorauszusehenden allgemeinen Bewegungsverfalls ein zukünftiges Eingreifen Gottes für nötig befand. Kant wandte von seinem Gottesbegriff und von seinem philosophischen Standpunkt her ein, daß bei unmittelbarer göttlicher Anordnung niemals unvollständig erreichte Zwecke angetroffen werden könnten (vgl. Bd. 2, S. 714 ff.), die Irregularitäten deuteten vielmehr auf eine gewisse Übereinstimmung mit göttlichen Absichten, aber auch auf Merkmale des Ursprungs aus allgemeinen Bewegungsgesetzen, und „die Vermengung solcher Gesetze" ließe darauf schließen, daß auch die Abweichungen mit größtmöglicher Genauigkeit einem besonderen Zwecke dienten, den Kant im „Beweisgrund" allerdings nicht ausführte.

Newton, der große Zerstörer der Wirbeltheorie, hätte im Dienste einer angemessenen Philosophie anstelle der übernatürlichen Hypothese, nämlich

„Gott unmittelbar die Planeten werfen zu lassen, damit sie in Verbindung mit ihrer Schwere sich in Kreisen bewegen sollten" (Bd. 1, S. 7126), eine ganz andere Hypothese ins Auge fassen sollen, nämlich daß die Räume, die jetzt leer sind, ehemals mit einem materiellen Urstoff erfüllt waren. Kant schilderte den Urzustand als einen mit Teilchen unterschiedlicher Dichte unendlich erfüllten Raum; die Teilchen verdichteten sich infolge der Anziehung zu einem Zentralkörper, bildeten infolge der Schwere rotierende Körper, die sich zu den bekannten Umlaufbahnen ordneten. So argumentierte Kant noch im „Beweisgrund", hier mit der Intention, das *Ganze* des Weltalls *notwendig* als von *einem* göttlichen Grund abhängig, nachzuweisen.

Dieselbe Intention, wenngleich wesentlich kühner ausgestaltet, leitete auch schon die „Naturgeschichte" – hier in der zeitlichen und räumlichen Perspektive, nämlich was *Anfang* und *Ursprung* des Universums, aber auch, was seine *zukünftige* unendliche Entwicklung betraf. Der Blick in eine unendliche Zukunft des Weltalls, auf den der „Beweisgrund" verzichtete, war Kant nicht weniger wichtig, als der Blick zurück in die unergründlichen Verhältnisse des Universums. Die zahlreichen physikalisch-astronomischen Einzelheiten, Erzeugung der Himmelskörper, Ursprung der Kometen, des Mondes, des Saturnringes betreffend, sind hier verzichtbar, und nur die philosophischen Grundgedanken sind darzustellen. Die astrophysikalischen „Verbesserungen", die Kant an die Adresse des von ihm hochgeachteten Naturforschers vorschlug, der uns wie kein anderer Einsichten verschafft hätte, die man sonst in keiner Weltweisheit anträfe, waren von durchaus marginaler Bedeutung; relevant sind dagegen die Auffassung der Philosophie und die Rechtfertigung der Metaphysik in der Frage nach dem *Ursprung* des Seins und dem *Ausblick* auf eine den Weltverhältnissen und ihrer göttlichen Ursache angemessenen Synthese. Kant war sich der Kühnheit seiner Hypothesen bewußt und machte keine Absichten auf „geometrische Schärfe und mathematische Unfehlbarkeit", die von Abhandlungen dieser Art nicht verlangt werden dürften. (Vgl. 1.Bd., S. 243)

Die Materie einer ihrer Struktur nach noch chaotischen Weltverfassung bildet in Kants kosmogonischer Weltverfassung den Anfang und die primäre Manifestation des Schöpferaktes als die „Hervorbringung einer Unendlichkeit von Substanzen". (A. O., S. 334) Dieser materielle Urstoff birgt die künftig zu erzeugenden Welten in sich, bedarf aber noch der „Triebfedern", nämlich die den Stoff *bewegende* und ihm *Form* verleihende Kraft.

Kant läßt 1) offen, ob es zur Formgebung eines der Zeit nach *neuen* Willensaktes bedurfte und 2) ob der unendliche, mit Substanzen erfüllte Raum nicht vielleicht mit der unendlichen Schöpferkraft geradezu oder nahezu *identisch* sei, was die Materie/Ausdehnung im Sinne des Spinozismus als Attribut Gottes erscheinen lassen würde. Was den ersten Punkt anbelangt, ist Kant widersprüchlich; er erwähnt einmal jenen „Augenblick" der Ruhe, der zwischen Chaos und beginnende Ordnung zu situieren sei (276), und er gibt an anderer

Stelle zu verstehen, daß Ordnung und Form als die *systematische Verbindung aller Teile zu einem Ganzen* so *ursprünglich* anzunehmen seien wie der mit Materie erfüllte Raum selbst. Der zweite Punkt berührt unmittelbar den „Gottesbeweis" der „Naturgeschichte", mit dem Kant sich in seinen Grundprämissen auf den Boden einer fundamentalen Aporie und in einen Zirkel stellte, indem er die Materie einerseits aus dem Schöpfungsakt der höchsten Intelligenz *hervorgehen* läßt, und andererseits aus der gesetzmäßigen Natur der Materie die Existenz einer höchsten Intelligenz *ableitet*. Einerseits soll die Materie „an gewisse Gesetze" gebunden sein, „welchen sie *frei überlassen notwendig* schöne Verbindungen hervorbringen muß", andererseits hat sie nach Kant „*keine Freiheit*, von diesem Plane der Vollkommenheit abzuweichen". (Vgl. Bd. 1, S. 234-35; beide Hervorhebungen hier nicht bei Kant)

Die Materie ist einer höchst weisen Absicht unterworfen und muß notwendig durch eine über sie herrschende Ursache in solch' übereinstimmende Verhältnisse versetzt worden sein, und „es ist ein Gott eben deswegen, weil die Natur auch selbst im Chaos nicht anders als regelmäßig und ordentlich verfahren kann." (235) Die fundamentale Aporie betrifft hier einmal die Kontradiktionen in den Begriffen „Notwendigkeit", „Gesetz" und „Freiheit" – „Chaos" und „Ordnung", zum anderen das Verhältnis von Zeit und Ewigkeit hinsichtlich der Schöpfung (des Schöpfungsaktes). Kant sagt, es sei nicht schwer, die kosmogonischen Ursachen zu bestimmen, „wenn Materie vorhanden ist, welche mit einer wesentlichen Attraktionskraft begabt ist", (237) wenn nämlich „Gott in die Kräfte der Natur eine geheime Kunst gelegt hat, sich aus dem Chaos von selbst zu einer vollkommenen Weltverfassung auszubilden". (236)

Sich dies vorzustellen, ist in der Tat nicht schwer, *wenn* eine bereits mit *göttlicher Kunst* zur Formfindung begabte Materie *vorhanden* ist. Schwerer oder gar nicht vorstellbar ist einerseits, wie die göttliche Intelligenz zunächst etwas *schaffen* konnte, das den Namen *Chaos* verdient, unter dem definititionsgemäß ein Zustand *ohne* Gesetz und *ohne* Ordnung verstanden wird; andererseits wenn Gott der Materie *sogleich* Gesetzmäßigkeit mitgab, wie der Materie dann noch irgendwelche *Freiheits-* und *Eigenspielräume* blieben, diese von selbst zu *entwickeln*. Nach Kants Prämissen bringt nicht die Materie (als Stoff im vulgären Sinne), sondern immer die höchste Intelligenz „schöne Verbindungen" und „schöne Folgen" hervor. Kant stellte sich in der „Naturgeschichte" mit seinen Voraussetzungen entweder auf keinen anderen Standpunkt als auf den der „moralischen Physikotheologie", oder er billigte der *Materie* (als Stoff) die Form und Formentfaltung zu. Das hätte aber bedeutet, entweder der Materie die (von Gott verliehene) Fähigkeit des Denkens zuzubilligen, oder die jeweilige Formentfaltung für zufällig, aber nicht notwendig, einzuschätzen. Nach der ersten Prämisse entfiel ein wesensmäßiger Unterschied zwischen Körper und Geist, denkender (aktiver) und ausgedehnter (inaktiver) Substanz, nach der zweiten die notwendige Annahme einer göttlichen

Intelligenz. (Vgl. dazu die diesbezügliche Auseinandersetzung Leibniz' mit Locke, Nouv. Ess. Vorwort, XXXV)

Es ist kaum vorstellbar, daß Kant die für das spätere Werk so bedeutungsvolle, in der „Naturgeschichte" erstmals auftretende Aporie in der Verhältnismäßigkeit von Stoff und Form nicht bemerkte, aber unter dem Einfluß des Motivs, dem göttlichen Werkmeister den Schöpfer der Materie an die Seite zu stellen, und gegen Newton ein autarkes und selbstregulatives Universum zu beweisen, scheint er sie zunächst in Kauf genommen zu haben; daß er dem *Stoff* in der Tat *den zeitlichen Primat* erteilte, daran ließ er keinen Zweifel, indem er betonte, daß die Schöpfung „der Materie nach, wirklich von Anbeginn her schon gewesen ist, der Form, oder der Ausbildung nach aber bereit ist zu werden." (1. Bd., S. 331) Chaos und Kosmos, Sein und Werden, Stoff und Form treten in einen *zeitlichen* Abstand, ob dieser nun auf einen *Augenblick* zusammenschmolz oder ob die Materie Jahrhunderte und Jahrtausende „in einer stillen Nacht begraben [...] den zu erzeugenden Welten zum Stoffe zu dienen" verharrte, (a. O., S. 334) – Kant klärte nicht darüber auf, durch welche göttliche oder nichtgöttliche Ursache „die erste Bildung der Natur aus dem Chaos angefangen hat". (S. 327)

Das Problem göttlicher Schöpfung in der zeitlichen Perspektive – ob, wie, warum das göttliche Wesen zu einem *bestimmten* Zeitpunkt aus seinem Schöpfer*willen* die *Wirklichkeit* des zu Schaffenden (Geschaffenen) entließ – wird in Kants Version weder gelöst, noch wird die Frage, die der heilige Augustinus in seiner berühmten Abhandlung über die Zeit vorab als eine „törichte Frage" bezeichnet hatte (vgl. Augustinus' Bekenntnisse, XI. Buch, 10) von Kant zurückgewiesen. Das hieß, daß er es vermied (und damit die Antithetik der reinen Vernunft grundlegte), sich in der einzig in Frage kommenden Alternative zu entscheiden: entweder nahm er ein *extramundanes* Wesen an und verzichtete darauf, Naturwissenschaft und Religion zu versöhnen, oder er votierte für ein *seinsimmanentes* Prinzip, was materialistisch gedeutet werden konnte. (Materie und Raum sind teilbar, das höchste Wesen ist nicht teilbar.)

Kant unterbricht das unendliche Dasein der Materie durch einen Moment und eine *zweite* Ursache, welche die Materie nach den Urgesetzen der Anziehung und Zurückstoßung in *Bewegung*, das unendlich Ausgedehnte in die zeitlich-kausale Erstreckung und Entwicklung versetzte. Es hilft nicht weiter, wenn er einerseits die Grundmaterie als „eine unmittelbare *Folge* des göttlichen Daseins" definierte, andererseits zu verstehen gab, „daß Gott *beständig* die Geometrie ausübt" (S. 330 und 362, beide Herv. hier nicht von Kant), also Stoff und Form im höchsten Wesen als verbunden darstellte, um die Annahme zu zerstören, daß lediglich „ein Gott in der Maschine die Veränderungen in der Welt hervorbringe". (357)

Die (Quasi-)Identifizierung der Materie (des Stoffs) mit dem göttlichen Wesen in der „Naturgeschichte des Himmels" wird verständlich nur, wenn a) Kants Identifizierung des unendlich variablen Stoffs mit dem unendlichen und absoluten Raum (seine geometrisch-mathematische Gesetzmäßigkeit), b) Kants begriffliche Analyse der Unendlichkeit herangezogen wird. In diesem Kontext rücken das 7. und das 8. Hauptstück der „Naturgeschichte", in denen Kant eine „Karte der Unendlichkeit" entwarf, in den Vordergrund.

Im Gegensatz zu den in nüchternem Ton gehaltenen astronomischen und kosmologischen Erörterungen der voraufgegangenen Hauptstücke (1-6) der Schrift steigerte sich der Sprachstil in den auf sie folgenden zu einer unnachahmlichen Vermischung sachlich-deskriptiver und visionärer Inhalte, und Kant rief wiederholt die Poeten (S. 335, 340, 343, 344, 375, 387, 393) zu Zeugen für das an, was den philosophischen Begriff und die logische Begreifbarkeit des Unendlichen weit überstieg, das sich offenbar in philosophischer Sprache nicht mehr ausdrücken ließ. Kant verdichtete Sachliches und Appellatives zu einer Apotheose großen sprachlichen Formats, und es wird nicht leicht sein, auf den eigentlich philosophischen Kern hinzuweisen.

§ 9 Zwei Begriffe des Unendlichen, die ihre Schatten vorauswerfen aus Kants transzendentale Ästhetik und Ethik

Während der „Beweisgrund" in der bewunderungswürdigen *Sparsamkeit* der göttlichen Intelligenz die „Allgenugsamkeit" des göttlichen Wesens verehrte, insistierte die „Naturgeschichte" noch in einer besonderen Weise auf die *Unendlichkeit* des Schöpfers. Ein „stilles Erstaunen" und eine „Art der Entrückung" soll die Vision begleiten, die Kant von einem *unendlich expandierenden* Universum entwarf. Wie die Sonne, aus einem Grundstoff aller Weltmaterie gebildet, Mittelpunkt unseres Planetensystems ist, sind wiederum alle Fixsterne, als „eine Art von Verschwendung", Sonnen und Mittelpunkte ähnlicher Systeme. Wenn alle Welten und Weltordnungen dieselbe Art ihres Ursprungs (aus der gleichen Grundmaterie gebildet) und dieselbe Gesetzmäßigkeit (Anziehung und Zurückstoßung der Teilchen) erkennen lassen,

> wenn bei dem Unendlichen das Große und Kleine beiderseits klein ist; sollten nicht alle die Weltgebäude gleichermaßen eine beziehende Verfassung und systematische Verbindung unter einander angenommen haben, als die Himmelskörper unserer Sonnenwelt im Kleinen? (S. 326-27)

Kant schließt nach der Analogie mit den uns erfaßbaren Planetensystemen auf eine unendliche und unabschließbare Erstreckung und allmähliche gesetzliche Entwicklung der Himmelsräume. Es gibt kein Ende ihrer systematischen Einrichtung, die Schöpfung selbst hört nicht auf, und es wäre absurd, die Gottheit lediglich mit einem irgendwie *abgeschlossenen*, an der unermeßlichen Schöpferkraft gemessen *unendlich kleinen Teils* in Verbindung zu bringen. Zwar hat die Schöpfung einmal mit Hervorbringung einer Unendlichkeit von Substanzen *angefangen*, aber sie wird *niemals enden*. Kants Vision eines unendlich expandierenden, der Systematik nach sukzessiv gestuften Universums, in dem Teile in Bildung begriffen sind, während andere noch „mit der Verwirrung und dem Chaos streiten", (a. O., S. 333) ist in ihrem bildlichen Ausdruck ungemein suggestiv, interessiert hier aber a) vornehmlich unter dem philosophischen Aspekt *zweier unterschiedlich gewerteter Begriffe des Unendlichen*, die der räumlichen (der Ausdehnung nach) einen *Vorzug* vor dem zeitlichen Unendlichen (der Ewigkeit nach) reservierte, und die auf die gesamte Raum-Zeit-Problematik der späteren Schriften ausstrahlte; b) hinsichtlich der Konsequenzen, die Kant aus seiner Vision bezüglich der menschlichen Existenz zog. Nach Kant ist die Ewigkeit schlechterdings nicht ausreichend, die Zeugnisse des höchsten Wesens zu fassen, wenn diese nicht mit der Unendlichkeit des Raumes verbunden werden. Deutlicher als im „Beweisgrund" votierte er in der „Naturgeschichte" für die ursprüngliche und quasigöttliche Realität des auch von Newton vertretenen *absoluten* Raumes. Der „Beweisgrund" begnügte sich mit dem Hinweis auf die unendlich entwickelbare geometrische Gesetzmäßigkeit und die Universalität der mechanischen Bewegungsgesetze – eine Position, die Kant erst in der Inauguraldissertation von 1770 verabschiedete und in die „subjektive" Raum-Zeit-Lehre (Raum und Zeit als reine Formen der menschlichen Sinnlichkeit) überleitete.

In der „Naturgeschichte" überging Kant die bereits jahrhundertelang anhaltende Diskussion darüber, ob der Raum mit den Dingen geschaffen sei und an ihrer Realität partizipiere, oder ob er als extramundaner und unendlicher (absoluter) mit dem ewigen göttlichen Wesen identisch sei, indem Kant nebenbei in einer Fußnote den logisch-mathematischen Einwand eines Gegners räumlicher Unendlichkeit „wegen der angeblichen Unmöglichkeit einer Menge ohne Zahl und Grenzen", mit dem Hinweis auf den Begriff des Unendlichen *im göttlichen Verstande* zurückwies: Wenn der Begriff des Unendlichen in Gottes Verstande *auf einmal dastünde* und sich in einer aufeinanderfolgenden Reihe *wirklich* mache, warum sollte Gott dann nicht neben oder mit dem Begriff zeitlicher Unendlichkeit auch „den Begriff einer anderen Unendlichkeit in einem, dem Raume nach, *verbindenden Zusammenhange* darstellen, und dadurch den Umfang der Welt ohne Grenzen machen können?" (A. O., S. 330) Einmal abgesehen davon, daß der Philosoph es wagte, einen Blick in den göttlichen Verstand zu tun, während er in derselben Fußnote versprach, das mathematisch-theologische Problem des Unendlichen demnächst schärfer zu fassen, war in der prekären Alternative (unendlicher Raum, geschaffener Raum) nichts entschieden, das Problem mit der Annahme zweier Unendlicher lediglich zurückgeschoben.

Zur Verdeutlichung und zum Vergleich sei hier auf die Raumlehre des eigentlichen philosophischen Gegners Kants, nämlich Leibniz, verwiesen. Daß Kant die unendliche räumliche Ausdehnung der zeitlichen Ewigkeit *vorzog*, die unendliche Ausdehnung mit der unendlichen Entwicklung der Materie identifizierte, beinhaltete, wie der „Beweisgrund" deutlich gemacht hatte, daß

Kant das Mögliche (das Gesetzmäßige) und das Wirkliche (das Daseiende) der Dinge aus der *einen* göttlichen Vernunft (Intelligenz, Allgenugsamkeit) ableitete, während Leibniz, der Gott ebenfalls als die Quelle des Möglichen *und* Wirklichen begriff, – „des einen kraft seines Wesens, des anderen kraft seines Willens" – ausdrücklich das Attribut des göttlichen *Willens* ansprach (vgl. Nouv. Ess., 1. B., 14. Kap.), das Kant im „Beweisgrund" (in der Konnotation mit „Willkür", „Beliebigkeit" und „Künstlichkeit") so problematisch erschienen war.

Leibniz definierte Raum und Zeit als dem menschlichen Verstand „eingeborene" Ordnungsformen, die beides, das Mögliche und das Wirkliche, umfaßten; dies geschah, um das vieldeutige und widersprüchliche Unendliche (Unabschließbarkeit zu einem Ganzen, unendliche Teilbarkeit) von Gott, dem Absoluten und Unteilbaren, Grenzenlosen und Schrankenlosen, dem Raum- und Zeitlosen, *fernzuhalten*. Auch Leibniz votierte für *zwei* Begriffe des Unendlichen, aber ausdrücklich nur der *Wortbedeutung* nach, nämlich das Unendliche im uneigentlichen (synkategorematischen) Sinne, das Unendliche der Mathematiker, die mit Größen, Teilen und Grenzen handeln, und das Unendliche im wahren (kategorematischen) Sinne, das göttliche Absolute, das aller Teilung und Summierung, Erkennung von Grenzen und Schranken vorausliegt. Man konnte das so interpretieren, daß Leibniz das *mathematische* Unendliche (nicht jedoch das göttliche) als eine Fiktion betrachtete – eine Position, die Kant stets aufs schärfste bekämpfte (vgl. 1770, Bd. 5, S. 63). Wenn Kant später in der „Kritik der reinen Vernunft" den „Monadisten" vorwarf, daß sie dem Problem des Raumes und der Zeit aus dem Wege gegangen wären (vgl. KrV B 469), dann keineswegs allein darum, weil sie sich, statt auf die in Raum und Zeit eingebettete Sinnenwelt, auf „irgendwelche intelligiblen Welten" bezogen hätten (ungeachtet, daß Leibniz Raum und Zeit auf Mögliches *und* Wirkliches bezog), sondern weil sie infolge des bloß Relationalen von Raum und Zeit die Mathematik auf willkürliche begriffliche Abstraktionen gründeten – eine bemerkenswerte Kritik an die Adresse eines der größten Mathematiker und Philosophen der Mathematik!

Wie immer Kant sein Urteil über den *anschaulichen* (synthetischen) Charakter der Mathematik (als anschauliches Paradigma evidenter und notwendiger Erkenntnis und quasi als Verbindungsglied zwischen göttlicher und menschlicher Intelligenz) beweisen wollte – aus der göttlichen Allgenugsamkeit, der Äquivalenz von Geometrie und Physik oder aus dem formalen Apriori menschlicher Sinnlichkeit – den tiefgründigen und vielseitigen Problemen von Raum und Zeit rückte er auf diese Weise nicht näher.

Die Prädominanz des Raumes und das Plädoyer für den absoluten Raum standen in der „Naturgeschichte" in Zusammenhang mit der vorausgesetzten Äquivalenz von geometrischem und physikalischem (Welten-)Raum; aus dieser Prämisse resultierte zuletzt auch die Aufwertung der Materie und die Primaterteilung an den Stoff; nicht eigentlich die Materie (im vulgären Sinne), sondern ihre ursprüngliche gesetzmäßige Verbundenheit (also vielleicht doch die Form?) aus *einem*, alles Zeitliche und Materielle umfassenden unendlichen Grund, war der Gegenstand des Staunens und der emotionalen Ergriffenheit, hinter dem die „leere Zeit" als unbegreifliche und unsägliche Ewigkeit verblaßte, sich wie eine bloße Abstraktion ausnahm.

Die postulierte unendliche Ausdehnung und Expansion konfrontierte freilich mit dem Faktum, daß Gewordenes (Geschaffenes) der Vergänglichkeit untersteht. Nach Newton deuteten die astronomischen Irregularitäten und der allgemeine Verfall der Bewegung auf das Ende des Kosmos, falls Gott nicht eingriffe, und die Dinge (die Gesetze) wieder zurechtrückte. Diese These war nach Kants Gottes- und Weltbegriff unannehmbar; Kant suchte eine eigenartige, in einem gewissen Sinne moderne Erklärung, die es erlaubte, gerade aus den chaotischen Anfangsbedingungen der Materie auf die Unendlichkeit des Universums zu schließen. Nach Kant waren die konstatierten astronomischen Abweichungen anders zu deuten; in der Perspektive des Unendlichen erschienen sie nicht als *Mangel*, sondern im Gegenteil als Zeichen des *Überflusses* und der *Verschwendung* (vgl. a. O., S. 339 f. und 361 f.). Die Welt ist dem Untergang geweiht, aber an ihrer Stelle werden nach dem Zusammensturz aller Sterne, der für das *Zentrum* nicht einen Verlust, sondern im Gegenteil, einen ungeheuren Energiezuwachs bedeutete, neue und bessere Welten entstehen und so fort bis in alle Ewigkeit. Auf Zeichen des Überflusses und der Verschwendung verweise schon unser Planet; unzählige Blumen und Insekten würden an einem kalten Tage vernichtet, „aber wie wenig vermisset man sie, ohnerachtet es herrliche Kunstwerke der Natur und Beweistümer der göttlichen Allmacht sind". (I, S. 339) So dürfe man auch „den Untergang eines Weltgebäudes nicht als einen wahren Verlust bedauren", (339) im Gegenteil sollte man sich an diese „erschrecklichen Umstürzungen" gewöhnen, „und sie sogar mit einer Art von Wohlgefallen ansehen." (340)

Selbstverständlich ist der Mensch, der „das Meisterstück der Natur zu sein scheinet", von der allgemeinen Gesetzmäßigkeit nicht ausgenommen. Erdbeben und Überschwemmungen vernichteten ganze Völker vom Erdboden, „allein es scheinet nicht, daß die Natur dadurch einigen Nachteil erlitten habe". (340) Die Natur macht keinen Unterschied zwischen den geringsten und den trefflichsten Kreaturen, „weil die Erzeugung derselben ihr nichts kostet". (340)

Unter dieser Voraussetzung nimmt es nicht Wunder, daß Kant die menschliche Spezies in ihrer derzeitigen Verfassung nicht eben zärtlich behandelte und nicht hochschätzte. Er zögerte nicht, sie mit den niedersten Insekten (Läusen) zu vergleichen (379). Unter allen Geschöpfen erreichte der Mensch am wenigsten den Zweck seines Daseins, und würde auch das verachtungswürdigste sein, wenn nicht Hoffnung auf *unendliche* Entwicklung in künftigen Perioden bestünde. Kant betonte, daß trotz des großen Abstandes zwischen der Kraft zu denken und der Bewegung der Materie, das Denken völlig von der Beschaffenheit der Gehirn*stoffe* abhängig sei, und die physiologische Grobheit des Stoffs den Menschen in tiefster Erniedrigung halte. Nerven und Gehirnwasser lieferten nur grobe und undeutliche Begriffe, sinnliche Reizung übertäube die Einsicht und verführe zum Laster. Wie der Mensch sich aus dem äußerlich groben Zustand, dessen *innere* Beschaffenheit bislang ein unerforschtes Problem sei, wandeln, und mit welchen Mitteln er der Erkenntnis der unendlichen Schöpfung einst näher rücken soll – darauf gibt Kant keine Antwort. Vorerst haben wir uns an dem „Anblick eines gestirnten Himmels, bei einer klaren Nacht", der allerdings nur „von edlen Seelen empfunden" wird, über unsere Natur zu erheben und am göttlichen Weltengbäude zu erfreuen (396).

§ 10 Die Favorisierung der geometrisch räumlichen Perspektive und das Problem der Zeit

Die Vision natürlicher Verschwendung und Vernichtung in der Perspektive des Großen und Unendlichen hat sich heute verbraucht und taugt derzeit gewiß nicht mehr zu erhebenden (erhabenen) Zukunftsaussichten und veredelnden Motiven; der Reichtum der Natur erweist sich inzwischen als durchaus erschöpfbar, die Naturwissenschaft verfügt über intellektuelle und technische Instrumente, die es ihr erlauben, die Vernichtung dieses Planeten selbst in die Wege zu leiten, und, wann immer es ihr beliebt, Gottes Plan zuvorzukommen. Die Physik hat sich in einem Tempo und in Richtungen entwickelt, die Kant nicht voraussehen konnte; die grobe Beschaffenheit des Gehirns und die sinnliche Reizbarkeit der Nerven standen diesem Fortschritt offenbar nicht im Wege, allerdings ohne daß durch den Wissensforschritt auch eine erkennbare *moralische* Veredelung ersichtlich geworden wäre. Naturwissenschaftlicher Wissensfortschritt oder allgemeiner: Fortschreiten rein kognitiver Entwicklung scheint in keinem Verhältnis zu moralischem Fortschritt zu stehen, erzeugt vielmehr zusätzliche ethische Probleme, beispielsweise das Problem eines verantwortlichen Umganges *mit* dem naturwissenschaftlichen Erkenntnisfortschritt.

Es ist bemerkenswert, wie weit Kant ging, um den Gedanken einer „prästabilierten Harmonie" zwischen Gott und *dieser* Welt (als der nach Leibniz' Auffassung „besten aller Welten") auf höchst originelle Weise abzuwehren, und der „moralischen Physikotheologie", die in der Schönheit und Vielfalt der Natur Gottes *Wille* wiedererkannte, mit den Prinzipien der „Allgenugsamkeit" und der Notwendigkeit des mechanischen Geschehens entgegenzutreten.

Rührte Kants Engagement für die mechanische Physik aus einem tiefeingewurzelten anthropologischen Pessimismus, einer Abneigung gegen Biologie und Psychologie und die, weil nicht auf *einfache* Mechanismen reduzierbaren Komplexität der innerseelischen Zustände? Aus einer Reserve gegen das Organische, Kreatürliche, Kreative und Künstlerische, deren ihnen selbst eigene

Ordnung er nicht, jedenfalls nicht auf einen Blick, zu erkennen vermochte? Verführte ihn eben diese „Schranke" zu einer Ästhetik des Erhabenen, die sich an apokalytischen Ideen erbaute, und in der er später das Unendliche im Sinne des Unfassbaren, Formlosen und Gewaltigen nicht nur würdigte, sondern auch bewunderte? (Vgl. K.d.U., Bd. 8, § 25 ff.) Oder stand Kant im Banne des gottähnlichen Begriffs der unbedingten Notwendigkeit, über den er später in der „Kritik der reinen Vernunft" schrieb: „Die unbedingte Notwendigkeit, die wir, als den letzten Träger aller Dinge so unbedingt bedürfen, ist der wahre Abgrund für die menschliche Vernunft." (B 641) Stand der Begriff der unbedingten Notwendigkeit nicht wieder in einem komplizierten Zusammenhang mit dem Problem der Zeit, das Kant im vorkritischen Werk noch unterschätzte?

Derartige Fragen müssen nicht nur in der historischen Perspektive der vorkritischen Schriften erlaubt sein, sondern auch angesichts der Schwierigkeiten, mit denen Kant später in der Begründung seiner universalistischen Ethik zu kämpfen hatte, um neben dem formalen moralischen Gesetz (dem „kategorischen Imperativ"), die Achtung und Achtungswürdigkeit des Individuums (der Person) zu sichern (vgl. dazu Tugendhat, 1993, 6. Vorlesung). Wenn Kant in seiner letzten Schrift „Die Religion innerhalb der Grenzen der bloßen Vernunft" (1793) einräumte, daß nicht in der Sinnlichkeit (der natürlichen sinnlichen Anlage, den natürlichen Neigungen), sondern in den Charaktermerkmalen der Unlauterkeit, der Eigenliebe und des individualistischen Bemächtigungsdranges und Machtanspruchs das Grundübel menschlicher Verderbtheit und der Ursprung des „radikal Bösen" zu suchen sei (vgl. a. O., S. 683), dann dachte er zu dieser Zeit erst recht nicht mehr daran, für diesen „Ursprung" psychologische Reflexionen heranzuziehen. Die Annahme eines *ursprünglichen* Hanges zum Bösen konterkariert die ursprüngliche Anlage zu freiheitlich-moralischer Selbstbestimmung. Kants Erklärung blieb formal und rekurrierte letztendlich auf den immer schon doppeldeutig verwendeten Begriff des Ursprunges, als *zeitloser* Ursprung, der Ursache und Wirkung *zugleich* und gleichermaßen *in sich enthält* und als *Zeit*ursprung, der die Wirkung in einem zeitlichen Abstand *aus der Ursache entläßt* (vgl. a. O., S. 688). Wie wären, vor diesem vieldeutigen Hintergrund, die Begriffe der Naturnotwendigkeit und Gesetzmäßigkeit zu verstehen?

Es war J.F. Herbart, der immer wieder energisch auf die prekäre Verquikkung von Zeit und Kausalität, Naturnotwendigkeit und Freiheit in Kants Lehre hindeutete, und einmal an dieser Aporie der kantschen Lehre die Notwendigkeit exakter empirisch-psychologischer Forschung festmachte (vgl. Psych. als Wiss. 6. Bd., S. 371 ff; Lehrbuch zur Einleitung in die Philosophie, 1912, 61 ff.), zum anderen *als erster* auf die Konsequenzen aufmerksam machte, die der Psychologie als Wissenschaft aus der kantschen Raum-Zeit-Lehre hinderlich entgegenstanden (vgl. Psych. als Wiss. Bd. 5, S. 255; Bd. 6, S. 114 ff.), worauf später ausführlich zurückzukommen sein wird.

Das ungelöste Problem der Zeit in der Transzendentalphilosophie, das in entscheidender Weise über Anthropologie und Psychologie bestimmte, hatte seine Wurzeln in der „Naturgeschichte", dem dort konzipierten Größenbegriff des Unendlichen, „wenn bei dem Unendlichen das Große und Kleine beiderseits klein ist", (Bd. 1, S. 326) der Favorisierung der geometrisch-räumlichen Perspektive und der Unterschätzung des Zeitproblems in der Ursprungsfrage. Dort fand Kant den Begriff der Ewigkeit nicht hinreichend, um die unendliche Schöpferkraft und den unendlichen Willen des höchsten Wesens auszudrükken; das hieß aber, daß er das metaphysische Problem der Zeit hier, wo es hätte behandelt werden müssen, eliminierte, um es später als eine unlösbare Antinomie der reinen Vernunft anzulasten. Das Problem von Anfang oder Ewigkeit der Welt war ja ein nicht weniger fundamentales Problem der traditionellen Metaphysik als das der räumlichen Immanenz oder der Transzendenz des göttlichen Wesens. Hat Kant die für alle nachfolgenden Behandlungen des Zeitproblems prägenden Reflexionen des heiligen Augustinus so gering geschätzt (oder vielleicht nicht gekannt)? Berührten sie sich zu stark mit der Position Leibniz'?

Freilich erklärte Augustinus sich in den „Bekenntnissen" einerseits zu der prinzipiellen Begrenztheit der geschaffenen menschlichen Subjektivität, und reflektierte andererseits aus deren unerschöpflicher Tiefe heraus über das Wesen des Zeitlichen (vgl. das 11. B., 14 Abschn.). Er betonte, daß Ewigkeit und Zeit *qualitativ* verschieden sind (a. O., 11. B., 11. Abschn.); (vergleichbar den beiden Wortbedeutungen des „synkategorematischen" und „kategorematischen" Unendlichen bei Leibniz); er wies die Frage nach einer Zeit *vor* der Entstehung der Welt schlechterdings als eine „törichte Frage" zurück. Gott, der Schöpfer der Welt, sei zugleich auch der Begründer der Zeit, und es habe keine Zeit vergehen können, bevor Gott sie schuf. (11. B., 13. Abschn.) Das bedeutete einmal, daß für Gottes Wille zur Weltschöpfung kein Zeitpunkt auszumachen, aber hier auch kein Problem zu suchen sei (Gottes Wesen und Wille sind eins); zum anderen bedeutete es, daß Zeitlichkeit als eine Beschaffenheit sowohl der Dinge als der menschlichen Individualitäten anzusehen, aber vom göttlichen Wesen fernzuhalten ist.

Augustinus' Analysen über das Wesen der Zeit, den psychologischen Ursprung des Zeitgefühls, die Schwierigkeit, diesen psychologischen Zeitbegriff mit seinem objektivierten Pendant (Zeit als Maß und Messung) in Einklang zu bringen, über die täuschenden Äquivokationen in den Begriffen der Zeit und der Bewegung – bereiteten den Boden für sämtliche, ihnen nachfolgenden psychologischen Theorien der Zeit. Allerdings stellte sich für Augustinus weder das Problem einer *wissenschaftlichen* Psychologie, die, wenn sie auf Grund bauen will, gerade hinsichtlich einer subjektiven respektive objektivierten Zeit Farbe bekennen muß, noch war Augustinus mit dem Problem konfrontiert, den göttlichen Begriff des Unendlichen und Unbedingten mit dem mathematischen Größenbegriff einstimmig machen zu müssen. Unter letzterer

Prämisse könnten Augustinus' Reflexionen über die Zeit für Kant gar nicht in Frage gekommen sein.

Andererseits berücksichtigte Kant aber auch an keiner Stelle der „Naturgeschichte" die Theorie der Zeit seines großen Kontrahenten I. Newton. Ein Biograph des großen Engländers, J. Wickert, der in der Darstellung des Werkes und der Person Newtons auch die religiöse Seite der Persönlichkeit und die religionsphilosophischen Intentionen Newtons berücksichtigte, formulierte unter dem Titel „Der unendlich Große" (vgl. Wickert, 1995, S. 93 ff.) eine Zusammenfassung, die sowohl das metaphysische wie das psychologische Problem der Zeit schlagartig erhellt:

> Um nun einen ersten Zugang zu Newtons Nachdenken über jenes *allgegenwärtige Wesen* freizulegen, ist vielleicht die Unterscheidung zwischen zwei um Gotteserkenntnis ringender Gestalten hilfreich: der sich Krümmende und der sich Streckende. Der Eine sucht die Wahrheit in sich. Er will sich selbst erkennen, um auf diesem Wege Gott zu finden. In dieser Tradition stehen Plotin und Augustinus. Anders der sich Streckende: Er sucht Gott draußen, außerhalb seiner selbst, im Kosmos, in der Natur. Dies ist Newtons Weg. Man könnte denen, die Gott draußen suchen, sogleich entgegenhalten, daß auch der Mensch ein Teil der Natur sei und folglich das Geheimnis Gottes in sich berge. Warum nach den Sternen greifen, wenn die Wahrheit im Innern des Menschen wohnt? Im Sinne Newtons wäre hierauf zu antworten: Ich bin mir selbst viel zu nahe, als daß ich mich selbst erkennen könnte. Auch Gott, so er in mir ist, ist viel zu nahe, so daß ein unterscheidendes Erkennen nicht gelingen kann. Begreifbar wird Gott erst in der Entzweiung, verstehbar für das erkennende Subjekt dann, wenn es sich aus der Distanz einem Objekt zuwenden kann, das es nicht selbst ist. Auch Gott befindet sich nach Newtons Gedanken in dieser Lage. Er ist zwar eins mit sich, ganz Auge, Ohr, Gehirn, Arm, Gefühl, mit sich identisch und zeitlos. Aber es hat Gott gefallen, die Zeit zu schaffen, in deren Folge er nun alles befiehlt: Gott zwingt die Dinge in die Zeit. Er schafft damit Erscheinungsstufen seiner selbst. Er verströmt sich in die Zeit, das heißt in die Geschichte. Er gibt seine Identität gewissermaßen auf und wandelt in vielen Gestalten. Er wird zu Sternen, Räumen, Menschen und Licht. Warum aber geht der Zeitlose in die Zeit? Warum zerstreut sich das Sein in Seiendes? Man kann mit Jakob Böhme antworten, daß Gott in die Zeit ging, um zu einem reicheren Bild seiner selbst zu gelangen. Dies ist auch Newtons Vision. Am Ende der Zeit ist Gott wieder bei sich. Die Zeit wieder bei der Ewigkeit, das Seiende wieder beim Sein. Newton sieht diesen gewaltigen Bogen und versucht ihn nachzuvollziehen. (A. O., S. 98 .)

Daß Kant sich einerseits der Sache nach nicht in die Tradition Augustinus' (der im Modus der Reflexion und inneren Wahrnehmung den Weg zu Gott suchte), sondern auf die Seite Newtons stellte, ist evident, andererseits wohl vor einer „Entzweiung" in Gott zurückschreckte (Gott ist der *eine* Grund). Auch die Doppelrolle, die Newton als Naturforscher und als Bibelforscher wählte (vgl. Wickert, a. O., S. 100 ff.) – als Naturforscher die Erkenntnisse der mechanischen Physik durchaus in den Dienst der Religion stellte, als Bibelforscher der Geschichte und hermeneutischen Verfahren eine Bedeutung beimaß – kam für Kant nicht in Frage. Die wesentlichste Differenz zwischen den beiden Persönlichkeiten lag vielleicht darin, daß Newton die religiöse Erfahrung als eine individuelle und als ein Ringen um ein privates Wissen verstand, das nur für dieses Subjekt, außerhalb objektiver Kriterien, Geltung hat. In dieser Konstellation von Subjektivität und Objektivität mußte nicht das Wissen dem Glauben Platz machen, und der Glaube das Wissen einschränken, theoretische und praktische Vernunft in das Dilemma von Antinomien getrieben werden, die Universalität der Naturgesetze in Konkurrenz zu einer absoluten, aber im Kern der Person verborgenen Freiheit treten.

§ 11 Kosmologischer und psychologischer Zeitbegriff in moderner Perspektive

Die Entwicklung der modernen Physik läßt heute erkennen, daß bestimmte kosmogonische Annahmen entscheidend nicht nur für das Wissenschaftsverständnis, sondern auch für das Weltbild sind, nämlich ob der Ordnung oder dem Chaos (durchaus mit Abstraktion von theologischen Fragestellungen) als Urzustände des Weltalls der Vorzug erteilt wird; ob dementsprechend eine *Entwicklung* von Ordnung zu Chaos (als Endzustand des Universums) oder von Chaos zu Ordnung (wenngleich nicht im Sinne religiöser Verheißung) vorherrscht. Vergleichbares gilt für psychologische Modelle, die sich seit dem vorigen Jahrhundert an physikalischen Grundprämissen (dem Erhaltungssatz und dem Entropiesatz) orientierten. Die diesbezüglichen Aporien in Kants kosmogonischen Hypothesen trafen, was Anfang und Endzustand anbelangt, keine endgültige Entscheidung, weil *das Zeitproblem ausgeklammert* wurde; Kant ließ infolgedessen das Verhältnis von Stoff und Form ungeklärt, und anstelle der Beschreibung eines *End*zustandes wurden *unendliche* Expansion und *unendliche* Entwicklung offengehalten – mit Konsequenzen für Erkenntnistheorie und Ethik, die Kant aber erst später realisierte. Das ungeklärte Verhältnis von Stoff und Form nivellierte den Wesensunterschied des Physischen und Psychischen; die Aussicht auf unendliche Entwicklung implizierte einen moralischen Indifferentismus für diese Welt; in beiden Fällen erschien die Notwendigkeit naturgesetzlichen Geschehens und der erhabene Blick in das unendliche Universum von größerer Bedeutung als aktive Selbst- und Standortbestimmung *in dieser Welt*.

Kosmogonische Theorien wurden in diesem Jahrhundert wieder ernstgenommen, als gewisse Strahlenphänomene für einen explosionsartigen Anfang und eine unendliche Expansion des Universums sprachen. Der Physiker S.M. Hawking legte vor einigen Jahren eine kritische Würdigung der sogenannten „Urknalltheorie" und eine kosmogonische Alternative zu ihr vor. Hawkings Vorschlag wird hier erwähnt, weil er sich einmal mit gewissen Grundgedanken Kants berührt, zum anderen weil er exemplarisch das Verhältnis von Physik, Erkenntnistheorie und Psychologie im Lichte einer neuen Theorie der Zeit beleuchtet (vgl. Hawking, 1988). Hawking, der an einer Synthetisierung von

Relativitätstheorie und Quantenphysik, das heißt an *einer* einheitlichen physikalischen Theorie arbeitet, plädierte gegen die Urknalltheorie und für ein Universum, das er sich als ein in sich geschlossenes System ohne Anfang und Ende vorstellte. Der Entwurf resultierte aus einem methodologischen Dilemma der Physik und Kosmologie, das sich schon in Kants „Naturgeschichte" andeutete. Die physikalische Kosmogonie, die für einen Anfang des Universums votiert, muß extreme Eigenschaften und Grenzbestimmungen, das heißt *Singularitäten* formulieren, die sich logisch nicht mit den bekannten universellen physikalischen Gesetzen vertragen, keine Ableitungen erlauben und keine Voraussagen ermöglichen. (Kant glaubte in einem vergleichbaren Kontext Newton einen philosophischen Widerspruch nachweisen zu können.) Hawkings Modell eines in sich geschlossenen Universums schließt Singularitäten, Anfangs- und Endzustände aus. Mit Rekurs auf den 2. Hauptsatz der Thermodynamik, der einen Zeitpfeil des physikalischen Geschehens vom Zustand der Ordnung zu vermehrter Unordnung impliziert, votiert das Modell für primär geordnete Zustände, die, infolge kleinster Abweichungen (nach dem Unschärfeprinzip) zu vermehrter Unordnung tendieren; an einem bestimmten Punkt dieser Entwicklung soll sich der Prozeß umkehren; das Universum, das sich zuvor ausdehnte, zieht sich jetzt zusammen, der Zeitpfeil wechselt die Richtung und Unordnung tendiert wieder zu Ordnung.

Nach Hawking gibt es mindestens drei Zeitpfeile: (1) der thermodynamische zeigt die Richtung der Zeit an, in der die Entropie zunimmt; (2) der psychologische zeigt in die Richtung, in der *gefühlsmäßig* die Zeit voranschreitet und Vergangenheit, aber nicht Zukunft, *erinnert* wird; (3) der kosmologische Zeitpfeil deutet in die Richtung, nach der sich das Universum ausdehnt oder zusammenzieht (vgl. a. O., S. 183). Hinsichtlich des psychologischen Zeitpfeils, der hier vornehmlich interessiert, vertritt Hawking die Auffassung, „daß der psychologische Zeitpfeil durch den thermodynamischen bestimmt wird, und daß diese beiden Zeitpfeile stets in die gleiche Richtung zeigen." (Ebd.)

Den Physiker, obwohl er ausdrücklich vom Zeit*gefühl* spricht, interessiert freilich nicht, daß die verräumlichte, thermodynamische Auffassung der Zeit sich psychologisch (erlebnismäßig) nicht verifizieren läßt: Das menschliche Zeitgefühl, als das Fortschreiten aus der Gegenwart in die Zukunft sowie die Erinnerung an die Vergangenheit, impliziert keineswegs (außer vielleicht in pathologischen Ausnahmefällen) das Bewußtsein zunehmender Unordnung. Die *Erlebnisseite* kommt auch gar nicht erst in den Blick, wenn der Physiker den psychologischen Zeitpfeil anhand der Arbeitsweise von Computern erläutert (vgl. S. 185), das Zeit*gefühl* aus den *Gehirnvorgängen* ableitet. Die postulierte prekäre Identität von Gehirn und Bewußtsein (Gefühl), Gehirn und einer wie immer gearteten Maschine (Computer) ist nicht nur von Philosophen, sondern auch von Neurophysiologen wiederholt als mit der tatsächlichen Komplexität nicht verträglich und in sich widersprüchlich zurückgewiesen worden (vgl. Popper/ Eccles 1977). Der Identitätsannahme liegt eine Verwechslung des Räumlichen (Gehirn) mit dem Nichträumlichen (das Zeitgefühl ist selbst nicht ausgedehnt) zugrunde, die, so naiv sie ist, sich immer erneut großer Beliebtheit erfreut, weil sie auf geradezu wunderbare Weise Komplexität zu reduzieren scheint. Wenn Hawking erklärt, wir müßten uns „wie ein Computer [...] an die Dinge in der Reihenfolge erinnern, in der die Entropie anwächst", (S. 186) dann bedeutet dies eine eklatante Verkürzung der zweifellos immer noch rätselhaften psychologischen Struktur und der Leistungen des Gedächtnisses, über die gerade unter neurophysiologischen Gesichtspunkten nur Hypothetisches und zum Teil gewagt Spekulatives vorliegt.

Der Ansatz, den physikalischen Zeitbegriff mit dem psychologischen zu konfundieren, ist freilich nicht originell. Mit zunehmender Ausrichtung psychologischer Theoriebildung an physikalischen Vorbildern wurde der 2. Hauptsatz der Thermodynamik (als Ergänzung zum Satz von der Erhaltung der Energie) schon im vorigen Jahrhundert von G.Th. Fechner (1873) und von H. Spencer (1878), nach der Jahrhundertwende von S. Freud (1920) und der Gestalttheorie (vgl. Köhler, 1920) im Lichte systemischer psychologischer Äquilibrationsmodelle in Anspruch genommen (vgl. dazu kritisch Arnheim, 1979), wenngleich jeweils anders interpretiert und mit unterschiedlichen Konsequenzen für die jeweils schulbildenden psychologischen Grundsatzerklärungen. Letztere betrafen sowohl den Entwicklungsbegriff (Tendenz der Entwicklung) als auch seine Präliminarien – Gestalt, Struktur, Teil-Ganzes-Verhältnis, Aussagen über die Energie im Sinne von Spannung und Spannungsgefälle der Systeme – mittels derer die Diversität anorganischer, organischer und psychophysischer Ganzheiten (Systeme) im Dienste der Idee von der Einheitswissenschaft *überwunden* werden sollte. Die, trotz gemeinsamer metapsychologischer Ausgangspunkte, wiederum inkompatiblen psychologisch relevanten Aussagen (z.B. Phänomen, Qualität und Ziel der Entwicklung betreffend) resultierten aus durchaus ungeklärten und/oder reduktionistischen Vorstellungen über den Begriff der *Zeit* und über den Begriff der *Ordnung*, welche die qualitativen Komponente, in Nachahmung des physikalischen Vorbildes, zu eliminieren und auf Quantitatives umzudeuten bestrebt waren. Allen derartigen Versuchen gemeinsam dürfte das Bestreben gewesen sein, Welt und Seele, Körper und Geist aus *einem* einfachen (naturwissenschaftlich verwendbaren) Grundprinzip zu erklären.

Gedanken über die Grundverfassung eines systemischen Ganzen, seine spezifische Ordnung/Unordnung und das Problem der Entwicklung beherrschten auch Kants physikotheologischen Ansatz, und tauchten wiederum auf in den psychophysischen Homöostasemodellen; hier wie dort erwies sich der Zeitfaktor als eigentlich ungelöster Rest. Naturphilosophie, Physik und Psychologie scheinen gleichermaßen in ein Dilemma zu geraten, wenn sie einerseits Zeit als *Eigenschaft* (4. Dimension) des *Raumes* (des Systems), andererseits als Variable der *Veränderung* und *Entwicklung* betrachten wollen. Hawkings Theorie der drei Zeitpfeile machte da keine Ausnahme. Wenn der Physiker dem 3. Zeitpfeil (Umkehrung der kosmologischen Richtung) als „imaginäre Zeit" unter quantenphysikalischen Prämissen und zur Vermeidung des methodologischen Singularitätsdilemmas die *größere* Bedeutung beimaß, dann mochte dies für die physikalische Theoriebildung vorteilhaft sein, aber ein Zeitbegriff, nach dem Lebewesen die Zukunft erinnern und die Vergangenheit antizipieren, hätte für die Lebenswelt monströse Konsequenzen (genau genommen gäbe es gar keine Lebewesen, denn ihre Bewohner würden sterben, bevor sie geboren wurden) und würde epistemologisch die Konzeption von Theorien über die Zeit ad absurdum führen. Offenbar müssen wir den Begriff der Zeit, *sobald Menschen und menschliches Bewußtsein ins Spiel kommen,* schlicht so definieren, daß, wie Carl Stumpf einmal lakonisch anmerkte, „kein Nonsens daraus erwächst". (Vgl. Stumpf, 1939-40, S. 682) Daß dies aber offenbar nicht leicht zu veranstalten ist, zeigt sich an den wiederholten und bislang gescheiterten Versuchen in diesem Jahrhundert, dem Zeitproblem eine psychologisch überzeugende Fassung zu geben.

Hawkings „imaginäre Zeit" ist nicht für Menschen, sondern für physikalische Teilchen konzipiert, auf die das raum-zeitliche Individuationsprinzip infolge des Unschärfeprinzips per definitionem nicht angewendet werden kann, und die infolgedessen in „mehreren Geschichten" („Familien von Geschichten") vorkommen; in einer dieser Teilchengeschichten sollen dann auch wir, die Menschen, irgendwie vorkommen (vgl. a. O., S. 175 ff.).

Innerhalb dieser Rahmenbedingungen hätten sich die Streiflichter, die der Physiker auf Philosophie und Erkenntnistheorie fallen ließ, schlechterdings erübrigt, aber nicht, weil die Philosophen, wie Hawking meint, angesichts der rapiden Fortschritte in den Einzelwissenschaften Physik und Mathematik auf das Niveau von Laien gesunken sind und in den großen Weltfragen nicht mehr mitsprechen können (S. 217), sondern weil sie in einer Welt, in der Teilchen, aber nicht Menschen von Belang sind, in der Tat überflüssig geworden sind. Der Physiker gibt den Ton an, sobald Naturgesetzlichkeit und Naturnotwendigkeit an sich und anstelle einer Welt *für* Menschen in den Blick kommen. Auf der Suche nach der einen physikalischen Theorie wirken sich „antropische Prinzipien" wohl tatsächlich nur störend aus (vgl. S. 168 f., 174 f.).

Hawking machte mit Recht geltend, und berief sich in diesem Kontext auf den heiligen Augustinus, daß Kant in der „Kritik der reinen Vernunft" das Zeitproblem als erste Antinomie der reinen Vernunft (hat die Welt einen Anfang, hat sie keinen Anfang?) so stellte, daß *überhaupt* keine sinnvolle Lösung herauskommen konnte, indem Kant für These und Antithese die „stillschweigende Voraussetzung" machte, „daß die Zeit unendlich weit zurückreicht, ganz gleich, ob das Universum einen Anfang hat oder nicht". (S. 22) Nach Hawking (und Augustinus) ist die Zeit eine (Teil-) *Eigenschaft* des Universums und kann nicht vor dessen Beginn existiert haben. Es ist bemerkenswert, daß der Kirchenvater Augustinus – übrigens auch Herbart und Stumpf – und der atheistische Physiker (nach Hawking ist seine Theorie mit der Vorstellung eines Schöpfergottes unverträglich), was das Zeitproblem anbelangt, übereinstimmen. Hinsichtlich der Transzendentalphilosophie muß aber einerseits berücksichtigt werden, daß Kant die Antinomien der reinen Vernunft so formulierte, daß Platz blieb für die (transzendenten) Ideen der praktischen Vernunft (Gott, Seele und Freiheit); andererseits darf Kant sehr wohl unterstellt werden, daß er das methodologische Problem (singuläre Anfangsbedingungen versus universelle Naturgesetzlichkeit), das sich unabhängig vom Stand des physikalischen Wissens aus *logischen* Gründen stellt, bereits in der „Naturgeschichte" antizipierte und erst später erkannte, daß sich das Dilemma in der Verweisung auf eine transzendente höchste Intelligenz nicht begradigen ließ, vielmehr an Schärfe hinzugewann.

In diesem Lichte ist die erste Antinomie wohl als der ‚Lösungsversuch' im Sinne der Bewahrung von Transzendenz zu betrachten: Das Zeitproblem mußte einer definitiven Antwort *entzogen* und in Ambiguität gehalten werden, wenn minimale Bedingungen für die Möglichkeit transzendenter Ideen offen bleiben sollten. Daß es sich in der Tat so verhielt, wird im letzten Abschnitt dieses Kapitels zu verdeutlichen sein, einschließlich der Konsequenzen für Kants formale Auffassung der Ästhetik und Ethik sowie die Idee einer wissenschaftlichen Psychologie, die ohne inhaltliche Klärung wahrnehmungstheoretischer Grundlagen, unter denen das Zeitproblem offensichtlich die größten Schwierigkeiten verursacht, vermutlich niemals Fuß fassen wird.

Vor und nach der Jahrhundertwende wurden, vornehmlich in Auseinandersetzung mit der Transzendentalphilosophie, große Anstrengungen unternommen, den Zeitbegriff philosophisch und psychologisch zu vertiefen. Als innovativer Vorreiter in den Bemühungen um einen psychologisch vertretbaren Zeitbegriff ist an erster Stelle auf Herbart und seine diesbezüglichen Analysen im psychologischen Hauptwerk hinzuweisen (vgl. 1850-51, Bd. 5, Kap. 5, § 109-116). Von seiten der deskriptiven und phänomenologischen Psychologie waren es vornehmlich Stumpf (vgl. Stumpf, 1891, 481 ff.; 1939-40, S. 665 ff.), Husserl (vgl. Husserl, 1893-1917 in 1985), Brentano (vgl. Brentano, 1911-1917 in 1971; 1920; 1976), A. Marty (vgl. Marty, 1916), O. Kraus (1930), die nach echten Alternativen zu Kants Bestimmungen in der „transzendentalen Ästhetik" suchten. Auf philosophischer Seite erregten H. Bergson (vgl. Bergson, 1889/1993) und M. Heidegger (vgl. Heidegger, 1927/1953) mit neuen Entwürfen zum Zeitbegriff großes Aufsehen. Ein gemeinsamer Nenner ist weder bei den Philosophen noch bei den Psychologen zustandegekommen. Eine jüngere Publikation demonstriert, daß das psychologische Zeitproblem seit der Jahrhundertwende nicht von der Stelle gekommen zu sein scheint (vgl. Revers, 1985). Unter diesen, zweifellos unbefriedigenden Prämissen leuchtet die Faszination ein, die dem physikalischen Zeitbegriff immer wieder zu Einflußnahme auf die psychologische Theoriebildung verhalf. Erst seit einigen Jahren machen innerhalb der französischen postmodernen Philosophie zum Teil sehr kritische Stimmen auf sich aufmerksam, die erstmals die Bilanz diverser „Zeitpfeile" infolge der physikalisch-technischen Revolution des 20. Jahrhunderts ziehen, und vor den Konsequenzen für die Bewußtseinsbildung und die Qualität menschlicher Sozietät warnen (vgl. Virilio 1986; Barck et al. 1990).

Die metaphysischen Dimensionen von Raum und Zeit scheinen obsolet geworden, dagegen hat sich die Dringlichkeit einer „Aisthesis" im Sinne einer allgemeinen Wahrnehmungslehre für Psychologie und Erkenntnistheorie keineswegs erledigt; sie scheint aber jedesmal an einem bestimmten Punkt zu scheitern, dessen genauere Bezeichnung wiederum am Schluß des Kapitels nachzutragen sein wird. Vorerst ist der vorkritische Weg, die Motive und Gründe Kants, die rationale Psychologie zu verabschieden und dies lange vor der Paralogismuskritik in der „Kritik der reinen Vernunft" zu Ende zu führen.

§ 12 Welt- und Seelenganzes als Konfliktmodell; die Seelenkräfte in realer Opposition

Die Schriften in den Jahren zwischen 1763 und 1770 lassen ein auffallendes Schwanken, ein leidenschaftliches Suchen nach verläßlichen Fixpunkten für die Metaphysik erkennen, unterbrochen von polemischen Angriffen auf die spiritualistische Metaphysik Leibniz', die – nachdem Kant erneut psychologische Fragen erwogen hatte – zuletzt in einer prinzipiellen Zweifelhaltung bezüglich der Erkenntnis des Seelischen mündeten und die Verabschiedung der rationalen Psychologie besiegelten.

Im selben Jahr des „Einzig möglichen Beweisgrundes" (1763) verfaßte Kant den „Versuch den Begriff der negativen Größen in die Weltweisheit einzuführen". (Vgl. Bd. 2, S. 770 ff.) Diese Schrift beschäftigte sich einerseits wiederum mit dem Verhältnis von Metaphysik und Mathematik und wollte andererseits die *formale* (logisch-begriffliche) und die *reale* (physikalisch-kausale) Erkenntnis (als Erkenntnis des Realen) voneinander sondern. Logischer Gegensatz (analytische Erkenntnis) genügt nicht, um reale Entgegensetzung von (physischen und psychischen) Kräften zu erfassen und zum Ausdruck zu bringen. In diesem Kontext kündigte sich die Unterscheidung analytischer und synthetischer Erkenntnis an.

Der Vergleich dieser Schrift mit dem „Beweisgrund" wäre unter verschiedenen Gesichtspunkten sehr aufschlußreich für Kants intellektuell-experimentelle Haltung in diesen Jahren; obwohl im gleichen Jahr veröffentlicht, stimmen die Texte in ihren Aussagen keineswegs überein, weder was das Verhältnis von Metaphysik und Mathematik und den Gottesbegriff, noch was die Gewichtung der psychologischen Funktionen anbelangt. Das Neue des Versuchs, den Begriff der „negativen Größe" in einer bestimmten Weise zu deuten, ist hier, auch und gerade den Seelenbegriff betreffend, an Kants Gedanken eines *konfliktuösen* Welt- und Seelenganzen festzumachen.

Der Begriff des *unendlichen* Wesens wird in dieser Schrift wiederum *anders* gefaßt, nämlich als reine *Positivität* (während der „Beweisgrund" die göttliche „Allgenugsamkeit" akzentuierte), um deutlicher den Gedanken an eine Entgegensetzung *im höchsten Wesen* zurückzuweisen. Nicht Harmonie und Einstimmung, sondern Entgegensetzung und Konflikt herrschen im Welt- und Seelenganzen. Unter diesen neuen Gesichtspunkten kamen psychologische Fragen wieder verstärkt zur Geltung, wenngleich in einer ambivalenten Gewichtsverteilung: Einerseits interpretierte Kant die seelischen Kräfte immer noch nach der Analogie mit den Naturkräften, andererseits erlangte das Seelische in Kants nicht ganz durchsichtigen Anmerkungen zum Begriff der Abstraktion eine es auszeichnende Positivität. Der Konfliktgedanke war demnach überdeterminiert; im Hinblick auf das höchste Wesen hätte „Konflikt" Mangel bedeutet, im Hinblick auf das Welt- und Seelenganze betonte Kant dagegen den Gesichtspunkt von Kräften, die das Ganze in *Bewegung* brachten und in Bewegung hielten.

Hinsichtlich des Verhältnisses von metaphysischer und mathematischer Erkenntnis war es Kant darum zu tun, den Nachweis zu erbringen, daß die Mathematik, die für die Naturwissenschaft so fruchtbar wurde, auch für die Metaphysik von Nutzen sein kann. Bloße Nachahmung der mathematischen Methode wurde freilich abgelehnt, dagegen eine wirkliche Anwendung auf die Philosophie gefordert. Eine solche ergab sich im Hinblick auf die „negativen Größen" der Mathematik, die nach Kant keine bloßen *Fiktionen*, sondern etwas *Positives* zum Ausdruck bringen: „Denn es sind die negativen Größen nicht Negationen von Größen, wie die Ähnlichkeit des Ausdrucks ihn hat vermuten lassen, sondern etwas an sich selbst wahrhaftig Positives, was nur dem andern entgegengesetzt ist." (2. Bd., S. 781)

De facto stand einmal die Differenz zwischen metaphysischer und mathematischer *Wahrheit*, bloßer *Wortdefinition* und mathematischen Regeln, die ihre Sicherheit durch den *Gebrauch* erweisen (S. 782), zum anderen die Differenz zwischen logischem Widerspruch und realer Opposition zur Diskussion. Daß unter den negativen Größen in der *Natur* etwas Positives zu verstehen sei, verdeutlichte Kant an der Entgegensetzung von Attraktion und Repulsion; die Undurchdringlichkeit der Körper wird hier als „negative Anziehung", und das Verhältnis von Attraktion und Repulsion als „Conflictus zweier Kräfte" charakterisiert (S. 792).

Dieses, sich durch die Nivellierung entgegenwirkender Kräfte im *Gleichgewicht* haltende Modell des Weltganzen übertrug Kant auch auf das innerseelische Kräfteverhältnis, das heißt auf „die nicht mechanischen Veränderungen in unserer Seele". (804) Für beide, Weltganzes und Seelenganzes, formulierte er eine Variante des Erhaltungssatzes: Die Summe des Positiven wird weder vermehrt noch vermindert; natürliche Veränderungen entstehen nie, ohne daß nicht auch *im Ganzen* eine Entgegensetzung bestünde; die Realgründe zusammen ergeben ein Fazit, das gleich Zero ist (vgl. a. O., S. 808-811). Wenn

Kant sagte, daß das Ganze der Welt an sich selbst nichts (Null) sei, so wollte er zugleich zum Ausdruck bringen, daß es nur durch den Willen Gottes zu etwas Positivem wird. Welt und Seele repräsentieren Modelle, deren antagonistische Kräfte sich gegenseitig nivellieren, und positive Realität erst durch ein höheres Wesen erlangen, das, frei von Entgegensetzungen, nämlich *reine Positivität* darstellt.

Das seelische Ganze ist, sowohl seine sinnlich-emotionale Seite (das Lust-Unlusterleben) als auch die kognitive Seite (Vorstellen und Abstraktion) betreffend, durch Entgegensetzungen charakterisiert; Unlust bedeute nicht Verneinung oder Mangel an Lust, sondern eine positive Empfindung, und ein Übel sei nicht die bloße Verneinung oder der Mangel eines Guten, sondern eine aktive Beraubung des Guten (vgl. S. 792-94). Im Seelenleben muß jede Vorstellung, jeder Gedanke durch eine aktive Kraft oder Tätigkeit *aufgehoben* werden, die dem Geist allerdings verborgen bleibt:

> Man kann freilich bei dem Wechsel der Vorstellungen eben keine besondere Bestrebung der Seele in sich wahrnehmen, die da wirkte, um eine von den gedachten Vorstellungen aufzuheben. Allein welche bewunderungswürdige Geschäftigkeit ist nicht in den Tiefen unseres Geistes verborgen, die wir mitten in der Ausübung nicht bemerken, darum weil der Handlungen sehr viel sind, jede einzelne aber nur sehr dunkel vorgestellt wird. (S. 804)

In diesem Kontext zollte Kant einerseits Leibniz' Lehre von den (unbewußten) Perzeptionen ausdrückliches Lob (S. 814), andererseits schien er Leibniz' Begriff der Abstraktion (als Apperzeption) entgegentreten zu wollen. Im Rahmen des Konfliktmodells charakterisierte Kant nämlich „Abstraktion" als „negative Aufmerksamkeit" und fügte folgende Deskription bei:

> so kann man die *Abstraktion* eine *negativeAufmerksamkeit* nennen, das ist, ein wahrhaftes Tun und Handeln, welches derjenigen Handlung, wodurch die Vorstellung klar wird, entgegengesetzt ist, und durch die Verknüpfung mit ihr das Zero, oder den Mangel der klaren Vorstellung zuwege bringt. (S. 803)

Es darf Kant gewiß nicht unterstellt werden, daß er sich nicht über die Abweichung dieses psychologisch bedenklichen Unbegriffs im Klaren war, und daß er nicht über den Unterschied informiert war, den Leibniz – mit weitreichenden Folgen für seine Psychologie und sein System – zwischen (undeutlicher) Perzeption und (deutlicher) Abstraktion oder Apperzeption machte. Der Sprachgebrauch versteht unter Abstraktion zwar eine *Reduzierung* mannigfaltiger Eindrücke auf einige (einen) wesentliche (n), aber doch nicht eine *Verdunklung* auf den Vorstellungsnullgrad. Leibniz unterschied zwischen Perzeption – als die undeutliche *Zusammenfassung* vieler Eindrücke zu einem – und der Abstraktion oder *Apperzeption* – als die mit *Erinnerung* und *Strebung* verbundene entelechische (intentionale) klare Vorstellung. Perzeption billigte er (im Gegensatz zu den Cartesianern) auch den Tierseelen zu, um deren Wesen und Tätigkeit einmal gegen bloße Maschinen und mechanische Funktionen, zum anderen gegen die menschliche Psyche (als apperzipierende) abzugrenzen. Abstraktion (Reflexion, Apperzeption) wurde in der Folge nicht nur für Wahrnehmungs- und Kognitionstheorie, sondern auch für Erkenntnistheorie und Phänomenologie von großer Bedeutung. Kants merkwürdige Definition der Abstraktion als „negative Aufmerksamkeit" macht nur dann (wenngleich keinen psychologischen) Sinn, wenn die mit ihr verbundene spezielle Absicht in Rechnung gestellt wird: In der Vorrede des Versuchs über die „negativen Größen" beklagte er sich darüber, daß man den Begriff des Raumes, statt ihn aus seiner wahren Natur (gemeint ist immer noch der absolute Raum) und aus „zuverlässig erwiesenen Data" abzuleiten und diese wiederum der *Betrachtung* (Anschauung) zugrunde zu legen, den Raum aus willkürlichen *Begriffen* ersonnen hätte (vgl. Bd. 2, S. 780). Ebenso habe man den Begriff des unendlich Kleinen „mit angemaßter Dreistigkeit [...] als erdichtet verworfen", hingegen dieser Begriff „sehr wahr sei." (Ebd.) Auf wenige Bemerkungen zusammengedrängt wird das Anliegen des „Beweisgrundes" erneut vorgetragen, nämlich den *Anschauungs-* und *Wahrnehmungscharakter* (im Gegensatz zu einer abstrahierenden, abstrakt-begrifflichen Definition des Raumes) der mathematischen und physikalischen Erkenntnis zu verteidigen – im „Beweisgrund" gegen den ästhetisch-teleologischen Erkenntnisanspruch, hier gegen den bloß begrifflich-abstrakten Charakter der mathematischen Erkenntnis, der nach Kant mit „willkürlicher Erdichtung" gleichzusetzen ist. Das unendlich Kleine veranschaulichte in dieser Schrift das Paradigma infinitesimaler Kraftentfaltung der inneren (intensiven) Kräfte und stand vermutlich als zeitliche Entgegensetzung zum unendlich Großen der Raumausdehnung.

Kants Definition und Deskription der Abstraktion als „negative Aufmerksamkeit" in dieser Schrift wäre von geringerem Interesse und hätte als zu vernachlässigende psychologische Entgleisung übergangen werden können, wenn es sich hinsichtlich der Aufmerksamkeit und der Abstraktion nicht um Grundfunktionen der Wahrnehmungs- und Erkenntnispsychologie handelte und eine neue Facette der Kant immer noch beschäftigenden Problematik des Unendlichen (die bereits in der „Naturgeschichte" zur Sprache gekommene Dualität des räumlichen und zeitlichen Unendlichen) in Erscheinung getreten wäre. Der Faden wird wieder aufgegriffen, wenn Kants *Revision* der hier vertretenen Auffassung zu diskutieren sein wird. Definition und Revision gerade des Abstraktionsbegriffs legen Zeugnis dafür ab, wie fundamentale *psychologische* Begriffe dem jeweiligen metaphysischen Bedürfnis *beliebig* angepaßt und zuletzt auf die transzendentalen Grundpositionen *zugeschnitten* wurden – ungeachtet der deskriptiven Vorarbeiten, die Kants Vorgänger Locke, Berkeley, Hume und Leibniz bereits zur Klärung des Begriffs und der Funktion geleistet hatten. Daß Kant reale Erkenntnis (Erkenntnis des Realen) suchte und sich nicht „durch Wörter abspeisen lassen" wollte (vgl. 2. Bd., S. 818), ist legitim; der Vorwurf trifft die Genannten aber nicht, die das Problem bloßer Worterklärung schon längst erkannt und sich, im Unterschied zu Kant, einer Untersuchung der Sprache und der *Täuschungen* durch die Sprache bereits zugewandt hatten (vgl. dazu Locke, Versuch, 2. Bd., 3. B., Kap. 1-11; Leibniz, Nouv.Ess., 2. Bd., 3. B., Kap. 1-11; Berkeley, Prinzipien, § 18-20); daß wiederum der Umweg über den mathematischen Begriff der „negativen Größen" der Metaphysik keinen wirklichen Erkenntnisfortschritt eingebracht hatte, gestand Kant in seinem nächsten Versuch, metaphysische und mathematische Erkenntnis miteinander ins Lot zu bringen, stillschweigend ein.

Die 1764 verfaßte Preisschrift „Untersuchung über die Deutlichkeit der Grundsätze der natürlichen Theologie und Moral" (Bd. 2, S. 741 ff.) lassen den Einfluß Humes erkennen und bereitete den für das spätere Hauptwerk bedeutsamen Unterschied synthetischer und analytischer Erkenntnis vor. Kant schien hier Abschied zu nehmen von dem Gedanken, die mathematische Erkenntnis unmittelbar für die Metaphysik fruchtbar machen zu können und näherte sich wiederum der Verwandtschaft zwischen newtonscher Physik und Metaphysik, diesmal unter dem Aspekt *evidenter* Einsichten. Er konzedierte, daß der Philosoph es letztendlich *doch* mit Worterklärungen zu tun habe, während der Mathematiker mit Größen operiere, die ihm schlechterdings vorgegeben seien. Dem „Meßkünstler" stehe es frei, Größen willkürlich zu verbinden, dagegen gehe ihn die Definition (die Worterklärung) der Größen nichts an, denn dies sei wiederum Aufgabe der Philosophen. Definitionen spielen nach Kant in der Mathematik überhaupt keine Rolle (S. 748). Der Mathematiker habe es mit einigen, sehr leicht faßbaren Axiomen zu tun und vermöchte seine Erkenntnisse an sichtbaren Zeichen und Figuren zu demonstrieren, das heißt *anschaulich* zu machen. In dieser glücklichen Lage befände sich der Metaphysiker nicht; seine Zeichen wären niemals etwas anderes als Worte, die er sich „in abstracto vorzustellen" hat. Er könnte nicht vom Elementaren zum Komplexen aufsteigen, weil er seine Begriffe nicht (wie der Mathematiker) allererst *konstruiere*, sondern bereits *vorfinde* und es viel schwerer sei, durch Zergliederung (Analyse) verwickelte Erkenntnisse aufzulösen als durch Zusammenfassung (Synthese) einfache Elemente zu verknüpfen (S. 752). Kant betonte einerseits: „Die Metaphysik ist zweifellos die schwerste unter allen menschlichen Erkenntnissen"; und behauptete andererseits, die metaphysische Arbeit von Jahrhunderten mit einem Federstrich vernichtend, lakonisch, „allein es ist noch niemals eine geschrieben worden." (752)

Den Weg, auf dem die Metaphysik allererst zu suchen sei, beschreibt Kant folgendermaßen: Die Metaphysik ist nichts anderes als eine Philosophie aus den ersten Gründen unserer Erkenntnis. Zu diesen gelangt sie durch Zergliederung fundamentaler Begriffe (wie Körper, Seele, Substanz), bis sie auf unauflösbare Elementarbegriffe stößt, die sie aber niemals *beweisen* kann; zu letzteren zählt Kant „das neben einander oder nach einander", den Raumbegriff, den Zeitbegriff, gewisse Gefühle der menschlichen Seele. Vor allem der Zeitbegriff scheint einer „Realerklärung" zu widerstehen; in diesem Kontext erinnerte Kant sich endlich an den heiligen Augustinus und nahm ihn hier als Zeuge für den „verworrenen" Zeitbegriff in Anspruch (S. 751).

Dennoch werden die Bemühungen der Metaphysik nicht für aussichtslos gehalten, wenn sie nur nicht mit Worterklärungen *beginnt*, oder (wie die Mathematiker) vom *Elementaren zum Komplexen aufsteigen* will (wie Descartes, wie Leibniz, der das komplexe Ganze aus einfachen Monaden aufbaute), und wenn die Metaphysik sich, wie die Naturwissenschaft, auf gewisse *evidente Erfahrungssätze* verläßt. Wie Newton soll man „durch sichere Erfahrung, allenfalls mit Hilfe der Geometrie, die Regeln aufsuchen, nach welchen gewisse Erscheinungen in der Natur vorgehen", (S. 756) ohne sich um die ersten Gründe (obwohl es in der Metaphysik gerade auf sie ankommt) und die Wesensdefinition, z B. der Körper, zu kümmern.

Wenn Kant ein analoges Verfahren für die „sichere innere Erfahrung" und ein „unmittelbares augenscheinliches Bewußtsein" vorschlug, ließ er außer Acht, daß die psychologische innere Erfahrung über das Hilfsmittel der Geometrie ja gerade nicht verfügt (die innere Welt ist nicht ausgedehnt und vermeßbar), und die herangezogene Analogie lediglich verdeutlichte, was in unmittelbarer innerer *und* äußerer Erfahrung beidesmal *nicht gegeben* ist, nämlich das *Wesen* des Körpers und der Seele, erst recht nicht der Wesens*unterschied* beider.

Was das Verhältnis formaler und materialer Wahrheit anbelangte, berief Kant sich jetzt auf den Philosophen C.A. Crusius, einen erklärten Gegner der „prästabilierten Harmonie" Leibniz', der neben der bloß formalen (nach dem Prinzip der Identität verfahrenden) und der *verneindenden* (nach dem Prinzip des auszuschließenden Widerspruchs verfahrenden) logischen Wahrheit, für zahlreiche *positive* oder *materiale* Grundsätze der Metaphysik plädierte, die, obwohl nicht beweisbar (weil nicht allein auf logischen Prinzipien beruhend) doch den „Stoff zur Erklärung und die Data, woraus sicher geschlossen werden kann, an die Hand geben". (A. O., S.766) Kant schloß sich dieser Lehre an und nannte als Beispiel für einen „materialen Grundsatz": „Ein Körper ist zusammengesetzt." Der Satz ist unerweislich, weil das Prädikat, obwohl „unmittelbares und erstes Merkmal" des Körpers, nur gedacht, aber nicht bewiesen werden kann. Im Hinblick auf das spätere Werk deutete Kants Inanspruchnahme der „materialen Grundsätze" auf die „synthetischen Urteile a priori" der „Kritik der reinen Vernunft" voraus, hier zeugte sie dafür, daß er einerseits weiterhin für eine gewisse, der Geometrie vergleichbare, wenngleich geringere *anschauliche* Evidenz metaphysischer Erkenntnis votierte, ja sogar an ein *Evidenzgefühl* („Gefühl der Evidenz", S. 767) appellierte, andererseits betonte, daß die Philosophie es nicht mit Quantitäten, sondern mit *Qualitäten* zu tun habe (S. 752) – ohne den Unterschied quantitativer und qualitativer Evidenz einer Diskussion zu unterziehen, der an den Unterschied quantitativer und qualitativer Systeme, das heißt *Ordnungsgefüge*, gerührt hätte. Denken und Anschauung, Begriff und materiales Datum, unbeweisbare

Fundamentalbegriffe (als Größen) in der Mathematik, unbeweisbare elementare qualitative (inhaltliche) Aussagen in der Naturwissenschaft, an die Kant die Metaphysik hier anzunähern versuchte – das waren die schwankenden Konstellationen, mit denen er von diesem Zeitpunkt an noch beinahe zwanzig Jahre, bis zum Erscheinen der „Kritik der reinen Vernunft" ringen wird.

Hauptthemen der Metaphysik, wie Gotteserkenntnis und Moralbegründung, wurden jetzt nach dem Modus evidenter „materialer Grundsätze" abgehandelt und das Verfahren des „Einzig möglichen Beweisgrundes" diesem neuen Gedanken untergeordnet (vgl. 2. Bd., S. 768 ff.). Gleiches galt für die „materialen Grundsätze" der Moral; daß diese, wenn sie *verpflichten* sollen, sie keineswegs von *Zwecken* (im Sinne der Nützlichkeit) hergenommen werden dürfen (vgl. a. O., S. 771 f.), deutete auf Kants lebenslang geführten Kampf gegen ihrem Kern nach utilitaristische Ethiken, der heute noch für einen Hauptverdienst der Transzendentalphilosophie angesehen wird. Der Kampf gegen „Zwecke" dürfte aber zunächst aus einer anderen Quelle entstanden sein, einem andern Adressaten, nämlich Leibniz, gegolten haben und auf Crusius zurückzuführen sein. Crusius lehnte nämlich *die* Lehre Leibniz' ab, die den notwendigen Wirkursachen Zweckursachen an die Seite stellte, um das harmonische Zusammengehen von Körper und Seele erklären zu können (vgl. Leibniz, Monadol., § 78 ff.). Von „Zwecken" wurde hier in einem anderen, teleologischen Kontext, nicht im Sinne der Nützlichkeit, sondern im Sinne der Angemessenheit gehandelt. Nach Leibniz sind die Wirkursachen, die dem Prinzip der Notwendigkeit unterstehen, *nicht beweisbar* und erfordern zu ihrer Ergänzung Zweckursachen, die nicht dem Prinzip der Notwendigkeit, sondern dem Prinzip der *Angemessenheit* unterstehen (vgl. Vernunftprinzipien der Natur und der Gnade, 1714/1982, § 11).

„Angemessenheit" ist im Kontext der „prästabilierten Harmonie" und Leibniz' Vorstellung von Gott, als ein Wesen höchster *Vollkommenheit,* zu verstehen; daß gerade dieser optimistische Denkansatz, der auf Schönheit und Harmonie des Weltganzen reflektierte, Kant suspekt war, zeigte sein Kampf gegen die „moralische Methode" der Physikotheologie; wichtiger ist in diesem Zusammenhang, daß Kant zuvor seinerseits ja kein stilistisches Mittel gescheut hatte, um der (mechanischen und mathematischen) *Notwendigkeit* die *Qualitäten* anschaulicher Schönheit, Harmonie und Wohlgefälligkeit zu sichern, während ihm dieses Verfahren inzwischen zweifelhaft geworden sein dürfte. Mit Rekurs auf ein nicht weiter auflösbares Evidenzgefühl scheint Kant in der „Preisschrift" ein letztes Mal den Versuch unternommen zu haben, den „materialen Grundsätzen" eine anschaulich-gefühlte Evidenz zu unterlegen. Unter diesen Prämissen ist die Bedeutung zu sehen, die Kant im vorkritischen Werk, wenngleich nur vorübergehend, dem Gefühl an sich, und wiederum dem Gefühl als Triebfeder moralischer Handlungen, beimaß, die er im späteren Werk dann schärfstens bekämpfen wird.

Eine gewisse Ambivalenz ist aber bereits hier erkennbar, ob dem *Gefühl* oder nicht vielleicht doch dem *Erkenntnisvermögen*, nämlich unter dem Gesichtspunkt verpflichtender moralischer Antriebe, der Vorzug zu erteilen sei (vgl. 2. Bd., S. 773). Der Gedanke *notwendig* verpflichtender moralischer Prinzipien, der die spätere Ethik ausnahmslos beherrschen wird, tritt hier nochmals hinter die Einsicht zurück, daß allererst durch die philosophische *Analyse* geklärt werden muß, wie das Erkenntnisvermögen vom Gefühl zu *sondern* ist, „und daß beide ja nicht mit einander verwechselt werden". (S. 772)

Philosophisch näherte Kant sich über den Evidenzgedanken der epistemologisch und psychologisch wichtigen Unterscheidung zwischen Empfindung, Gefühl und Urteil (im Evidenzgefühl scheinen auf eigenartige Weise Sinnliches und Intellektuelles, Anschauung und Urteil zusammen zu fließen); diese Unterscheidung wird Kant lebenslang beschäftigen, ohne je eine Lösung zu finden, nachdem einmal aus *transzendentaler* Perspektive das *Ganze* der Erscheinung in seine materialen und formalen Teile zerrissen worden, das Gefühl als bloß subjektives Vermögen aus dem Erkenntnisprozeß verstoßen worden war, dagegen das Urteil zum Vehikel transzendentaler Erkenntnis avancierte – mit schwerwiegenden Folgen für Ethik und Ästhetik, mit katastrophalen für die wissenschaftliche Psychologie.

In Kants letzter „Kritik", der „Kritik der Urteilskraft" (1790), stieg die Behandlung der Verhältnismäßigkeit von Gefühl und Urteil nochmals zur herrschenden Frage auf (vgl. Bd. 8); doch waren inzwischen die Prämissen der „transzendentalen Ästhetik" und „transzendentalen Analytik" einerseits so gestellt worden, daß *Evidenz* allein der mathematischen Erkenntnis vorbehalten blieb, andererseits hatte Kant das *Gefühl* vorwiegend in der Perspektive des Moralischen gewertet und zuletzt abgewertet. Wenn die „Kritik der Urteilskraft" die Frage nach der Verhältnismäßigkeit von Gefühl und Urteil neu stellte und Kant zu bedenken gab, daß das Gefühl „gerade das Rätselhafte im Prinzip der Urteilskraft ist" (Bd. 8, S. 240), so deutete dies auf eine jahrzehntelang verschleppte Lösung dieses Rätsels; die aber auch hier nicht gefunden wurde. Kant interpretierte das Gefühl in der transzendentalen Sicht einerseits als das subjektive *Bedürfnis* nach Einheits- und Harmoniestreben, andererseits ließ er jetzt, in der Perspektive des Weltganzen, auch den Zweck- und Harmoniegedanken zu. Mit Psychologie haben beide Distinktionen unmittelbar nichts zu tun; an destruktive und disharmonische Gefühle scheint Kant gar nicht gedacht zu haben, und der Zweck- und Harmoniegedanke wird in der „Kritik der Urteilskraft" immer noch intellektualistisch, nämlich als „Angemessenheit mit dem menschlichen Verstande in seinem notwendigen Geschäfte" (a. O., S. 259) gedeutet: der „psychologische Weg" zur Aufdeckung des Rätsels wurde wiederum ausdrücklich ausgeschlagen (S. 255).

Kants Gefühlslehre setzte wiederum im vorkritischen Werk an. Die 1764 verfaßten „Beobachtungen über das Gefühl des Schönen und Erhabenen" (im gleichen Jahr wie die „Preisschrift" verfaßt) widmeten dem Gefühl eine umfassende Studie, in der sowohl anthropologische und psychologische als auch ästhetische Kategorien berücksichtigt wurden; sie enthalten Kants Stellungnahme zu der innerhalb der englischen Philosophie des 18. Jahrhunderts entwickelten Auffassung, die moralische Anlage des Menschen wurzelte im ästhetischen Gefühl für das Schöne und Freude an wohlgefälligen Handlungen, die nicht aus dem menschlichen Intellekt, dem Verstandesvermögen, *abgeleitet* werden könnten. Auf der einen Seite ist die Behandlung und Sonderung der „feineren" von den grob sinnlichen Gefühlen in Kants Schrift erwähnenswert, auf der anderen Seite die nach moralischen Prämissen gewertete, auch später noch beibehaltene Unterscheidung und *Kontrastierung* der ästhetischen Kategorien des Erhabenen und des Schönen, die Kant den „feineren" Gefühlen subsumierte. Das Erhabene bringt sich in Kunst und Natur durch das Überwältigende, Großartige, Unendliche, Tragische, Edle, Feierliche, Prächtige zum Ausdruck, das Schöne imponiert, weil es unmittelbar anspricht, klein, niedlich, überschaubar, reizend, heiter, geziert, geputzt und lustig ist. „Das Erhabene *rührt,* das Schöne *reizt.*" (Vgl. 2. Bd., S. 827)

Unverkennbar verband Kant mit dieser ästhetischen Einteilung sogleich auch „angeborene" Wesenszüge des männlichen respektive des weiblichen (moralischen) Charakters, und bedeutungsvoll wurde diese Unterscheidung in der spezifisch kantschen Verquickung des Ästhetischen mit dem Moralischen. Während dem Schönen eine gewisse Beliebigkeit und Künstlichkeit eignen soll, impliziere das Erhabe den Gedanken an Notwendigkeit und Prinzipien. Dem Erhabenen wurde der Vorzug erteilt, weil nur aus ihm, nicht aus dem Schönen, *allgemeine* (notwendig verpflichtende) Grundsätze für die wahre Tugend abgeleitet werden könnten.

> Demnach kann wahre Tugend nur auf Grundsätze gepfropft werden, welche, je allgemeiner sie sind, desto erhabener und edler wird sie. Diese Grundsätze sind [...] das Bewußtseins eines Gefühls, das in jedem menschlichen Busen lebt und sich viel weiter als auf die besondere Gründe des Mitleids und der Gefälligkeit erstreckt. (Vgl. Bd. 2, S. 836)

Die nachfolgenden Ausführungen bringen zu Tage, daß Kant keineswegs daran glaubte, daß das erhabene Gefühl für moralische Grundsätze in *jedem* menschlichen Busen lebt – im männlichen Busen, wenigstens der Möglichkeit nach, ja, im weiblichen Busen (der demnach nicht als menschlich zu bezeichnen ist?) hingegen nicht. Die anthropologisch-kulturellen Konsequenzen, die Kant aus seinen ästhetisch-moralischen Prämissen zog, nämlich dem „schönen Geschlecht" prinzipiell die Befähigung zu moralischen Prinzipien abzusprechen, wenngleich eingeräumt wurde, daß sie auch beim männlichen Geschlecht „äußerst selten" seien, rührte aus der ästhetisch-wertenden Unterscheidung des bloß Schönen (Weiblichen) vom Edel-Erhabenen (Männlichen). Denn sobald Kant die Frage nach geschlechtsspezifischen Unterschieden aufwarf, machte sich die vorab getroffene Wertung betreffs des Schönen und Erhabenen bemerkbar, wurde Weiblichkeit pauschal mit dem Hang zum Schönen, Männlichkeit hingegen mit dem Hang zum Erhabenen identifiziert.

> Die Tugend des Frauenzimmers ist eine *schöne Tugend*. Die des männlichen Geschlechts soll eine *edle Tugend* sein. Sie werden das Böse vermeiden, nicht weil es unrecht sondern weil es häßlich ist, und tugendhafte Handlungen bedeuten bei ihnen solche, die sittlich schön sein. Nichts von Sollen, nichts von Müssen, nichts von Schuldigkeit. Das Frauenzimmer ist aller Befehle und alles mürrischen Zwanges unleidlich. Sie tun etwas nur darum, weil es ihnen so beliebt, und die Kunst besteht darin, zu machen, daß ihnen nur dasjenige beliebe was gut ist. Ich glaube schwerlich, daß das schöne Geschlecht der Grundsätze fähig sei, und ich hoffe dadurch nicht zu beleidigen, denn diese sind auch äußerst selten beim männlichen.

Wieviel selbstgefällige Herablassung bei nicht weniger aufgesetzter Galanterie dem „schönen Geschlecht" gegenüber, denn Kant ließ ja keinen Zweifel darüber aufkommen, daß das weibliche Geschlecht prinzipiell *unfähig* ist zu dem, was das männliche, wenngleich nur *selten,* aber doch immerhin der Anlage nach (aufgrund seiner angeborenen „Sensibilität" für das Erhabene?) erkennen läßt, nämlich die Befähigung zu Grundsätzen und Prinzipien. Wie rasch auch Kants Galanterie in Bezug auf Frauen dahinschwindet, die intellektuellen Ehrgeiz an den Tag legten, demonstriert das folgende, von Gehässigkeit nicht freie Urteil:

> Ein Frauenzimmer, daß den Kopf voll Griechisch hat, [...] oder über die Mechanik gründliche Streitigkeiten führt, [...] mag nur immerhin noch einen Bart dazu haben; denn dieser würde vielleicht die Miene des Tiefsinns noch kenntlicher ausdrücken, um welchen sie sich bewerben. (A. O., S. 852)

Die genuine Wurzel des Erhabenen, dessen Verbindung mit dem Moralisch-Prinzipiellen in *dieser* Schrift höchst gekünstelt wirkt, erwuchs freilich aus einem anderen, zunächst nicht menschlich oder gar geschlechtsspezifisch interpretierten Kontext, nämlich aus der in der „Naturgeschichte des Himmels" eröffneten naturphilosophisch-erhabenen Perspektive unendlicher Räume, unendlicher Weltvernichtung und unendlicher Welterneuerung, innerhalb derer menschliche Gefühle keine Rolle spielten. Kants Voreingenommenheit für die mechanische Gesetzmäßigkeit in Verbindung mit der Unendlichkeitsthematik, scheint, gerade weil Kant *keine* Lösung für sie gefunden hatte, auf die geschlechtsspezifische Wertung des erhabenen Männlichen und Abwertung des schönen Weiblichen übergegriffen zu haben. Die viel später verfaßte „Kritik der Urteilskraft" beschäftigte sich erneut mit dem Gedanken an das *mathematische* Unendlichen und suchte wiederum eine Verbindung zwischen ihm und dem ästhetischen Erlebnis des Erhabenen (vgl. Bd. 8, S. 333 ff.); hier wurde das Erhabene einerseits als das „schlechthin Große" (also wieder das Unendliche) beschrieben, aber andererseits auch als das Schrecken und Grauen, zugleich aber auch Achtung einflößende Gefühl charakterisiert, im Unterschied zum Schönen, das man sich nach Kant immer noch als klein, niedlich, begrenzt in seinen Proportionen und auf das Naheliegende bezogen vorzustellen hat. Noch in dieser letzten der drei „Kritiken", der „Kritik der Urteilskraft", schimmerte die Faszination durch, die in Kant ausgelöst wurde allein durch den *Gedanken* an das rational nicht faßbare, und darum wohl als „ästhetisch", – „ästhetisch" im Sinne einer besonderen „unsinnlichen" oder „übersinnlichen" Weise – begriffene Unendliche:

> Das Unendliche aber ist schlechthin (nicht bloß komparativ) groß. Mit diesem verglichen ist alles andere [...] klein. Aber, was das Vornehmste ist, es als ein *Ganzes* auch nur denken zu können, zeigt ein Vermögen des Gemüts an, welches allen Maßstab der Sinne übertrifft. Denn dazu würde eine Zusammenfassung erfordert werden, welche einen Maßstab als Einheit lieferte, der zum Unendlichen ein bestimmtes, in Zahlen angebliches Verhältnis hätte: welches unmöglich ist. Das gegebene Unendliche aber dennoch ohne Widerspruch *auch nur denken zu können*, dazu wird ein Vermögen, das selbst übersinnlich ist, im menschlichen [männlichen!] Gemüte erfordert. (Kritik der Urteilsktaft, Bd. 8, S. 341)

Welch' merkwürdige Übung des Tiefsinns, die ein logisches Paradox, das schon an früherer Stelle seiner intellektuellen Lösung hartnäckig Widerstand entgegensetzte, unbedingt auf die ästhetische Ebene eines als vornehm charakterisierten (männlichen) Gemüts glaubte treiben zu müssen!

§ 13 Entlarvung der leibnizschen Metaphysik und rationalen Psychologie; Verabschiedung eines positiven Begriffs des Geistigen und erste Ausblicke auf eine kritische Metaphysik

Im ganzen hatte in Kants „Preisschrift" ein optimistischer Ton vorgeherrscht, die Metaphysik, die noch niemals geschrieben worden war, demnächst, und nachdem bereits ein Anfang gemacht worden war, auf einen guten Weg zu bringen; statt dessen geschah aber etwas ganz anderes. In den zwei Jahre später anonym veröffentlichten „Träumen eines Geistersehers, erläutert durch Träume der Metaphysik" (1766, 2. Bd., S. 921 ff.) schien Kant alle Hoffnung auf metaphysische Erkenntnis, wie der satirische Titel andeutete, zu begraben. Nach Auffassung von E. Cassirer hatte inzwischen eine „bedeutsame Wandlung" stattgefunden, die an Kants Bekanntwerden mit D. Humes „skeptischer" Philosophie festzumachen sei (vgl. Cassirer, 1974, II, S. 606 ff.; 1975, S. 99 f.). Der Name ‚Hume' taucht in der erwähnten Schrift aber gar nicht auf, und der namentlich genannte ‚Geisterseher', der Mediziner und Naturforscher E. Swedenborg, dessen okkult-mystisches Denken, Eintreten für Magnetismus und Telepathie zu seiner Zeit Berühmtheit erlangte, war wiederum nur Anlaß und Vorwand, um die „Märchen aus dem Schlaraffenlande der Metaphysik" (a. O., S. 968) gründlich zu entlarven. Wenn Kant diesmal vorwiegend das Stilmittel der Satire wählte, um der Metaphysik und rationalen Psychologie Leibniz' – denn diese waren wiederum die eigentlichen „Gegenstände" der Satire – kritisch zu begegnen, dann hieß dies, daß er Spiritualismus und Spiritismus, rationale Psychologie und (nach modernem Begriff) Parapsychologie auf eine Stufe stellte, um alle zusammen dem Spott preiszugeben. (Während Kant die Gleichsetzung in durchaus entlarvender Absicht unternahm, wurde sie später von A. Schopenhauer in dem Aufsatz „Versuch über Geistersehn und was damit zusammenhängt" in, Parerga und Paralipomena, I, 1, S. 249 ff.) ohne jeden satirischen Einschlag und mit dem Anspruch auf psychologische und philosophische Seriosität vorgestellt.)

Kant setzte seine Satire wirkungsvoll in Szene, indem er auf psychopathologische Ursachen rekurrierte und die Ausgeburten der metaphysischen Phantasie als „Krankheiten des Kopfes" diagnostizierte. Psychophysiologische Hypothesen über die „Verrückungen des Nervensystems", die das Gehirn aus dem Gleichgewicht bringen, Überreizung der Sinnesnerven, die zur Projektion innerer Einbildungen in die Außenwelt verleiten, Analysen über Erkrankungen der Phantasie und des Urteils, des Wahnsinns und des Wahnwitzes tauchten schon in einer früheren Schrift Kants, dem ebenfalls anonym veröffentlichten „Versuch über die Krankheiten des Kopfes" (1764, 2. Bd., S. 885 ff., im gleichen Jahr der „Preisschrift") auf, und können ebenfalls als Hinweis und Erklärung für pathologische Entgleisungen des metaphysischen Denkens gelesen werden – möglicherweise in einer gewissen Analogie zu Humes Pathologisierung des religiösen Glaubens und als eine bemerkenswerte Vorwegnahme der psychoanalytischen Entlarvungspsychologie S. Freuds, die ja auch der Bedeutung der Träume ausgiebig Rechnung trug.

Kant selbst bekannte sich in den „Träumen eines Geistersehers" plötzlich mit Verve zu einem krassen Empirismus respektive Sensualismus, der das Wort ‚Geist' in allen Spielarten als ein für die Erfahrungserkenntnis Transzendentes ablehnte, und der als einzige Erkenntnisquelle sinnliche Erfahrung, Beobachtung und Experiment gelten ließ (a. O., S. 972), der Erkenntnisse a priori strikte ablehnte. Ein verbindendes Glied zwischen formalen und materialen Grundsätzen wurde nicht mehr benötigt und die Verfahren der Naturwissenschaft als rein induktive gewürdigt. In diesem Kontext ließ Kant in der Tat gewisse inhaltliche Anklänge an Humes Kritik des Seelen-, Substanz- und Kausalitätsbegriffs hören (vgl. S. 984 f.). Auch ein Ansatz zu ‚sprachkritischen' Reflexionen (im Rahmen der psychopathologischen Entlarvungsabsicht) ist zu bemerken, indem Kant auf die Unmanier aufmerksam machte, den „höheren Vernunftbegriffen [...] gleichsam ein körperliches Kleid" anzupassen (S. 948). Wo der Versuch unternommen wurde, das per se Unsinnliche und Unausgedehnte in ein sinnlich-körperliches Sprachgewand einzukleiden und für es einen Ort innerhalb der Ordnung der wirklichen Dinge auszumachen, da schien dies „eine wirkliche Krankheit" anzuzeigen (S. 925 f.).

Kants Plädoyer für den „niederen Boden der Erfahrung und des gemeinen Menschenverstandes" wurde hier einerseits moralisch gerechtfertigt durch die Absage an die philosophische Eitelkeit, Anmaßung und Wichtigtuerei vermeintlicher Wissenschaft, andererseits geadelt durch den Hinweis auf das menschliche Herz, das sich seiner moralischen Vorschriften doch unmittelbar bewußt sei und keine Notwendigkeit bestünde „durchaus Maschinen an eine andre Welt anzusetzen".(S. 988) Weder das Vertrauen in den „gemeinen Verstand", noch in das menschliche Herz wird lange andauern, sowenig Kant letztlich auch gewillt war, die Metaphysik endgültig zu verabschieden.

Der seriösere Teil der Schrift galt der Analyse „materieller" Grundbegriffe wie Materie, Undurchdringlichkeit, Widerstand, der Analyse der „geistigen" des unteilbaren Ich, der Seele und wiederum der entscheidenden Frage, wie geistige Substanzen in Harmonie mit den Körpern und dem Weltganzen zu koexistieren vermöchten (S. 925). Was die Erkenntnis des *Zusammenhanges* zwischen Körper und Seele betraf, zog Kant sich hier einerseits auf die Haltung des ‚ignoramus et ignorabimus' zurück, denn diese übersteige schlechterdings die menschliche Einsicht (939); andererseits kündigte er eine Widerlegung durch Gründe an, die das *Nichtwissen* der Gegner, die nur *vermeintlich* etwas zu wissen glaubten, offenkundig machen sollte (936). Anstelle des metaphysischen unteilbaren Ich plädierte Kant (die späteren sensualistischen Ichpsychologien vorwegnehmend) für ein den ganzen Körper durchherrschendes *empfindendes* Ich: „wo ich empfinde, da bin ich." (S. 931) In einer Anmerkung ließ er Andeutungen über den Wesensunterschied zwischen Seele und materiellem Körper verlauten, die vermuteten, daß das Seelische (wiederum den Vitalismus des 19. Jahrhunderts vorwegnehmend) in ein immaterielles Lebensprinzip eingebettet sei, welches alle Erscheinungen *im* Leben ermögliche, aber *selbst unerkennbar* sei, und die Selbstbewegung organischer Ganzheiten in Kontrast setzten zu materiellen Kräften, die durch äußere Gegenwirkungen eingeschränkt seien (S. 934).

Dennoch hatte Kant sich ersichtlich weder so ganz und gar auf den „niederen Boden der Erfahrung" begeben, noch auch den „Schmetterlingsflügeln der Metaphysik" (983) endgültig den Rücken gekehrt. Noch im Rahmen der „Träume eines Geistersehers" entdeckte er jene andere Seite der Metaphysik – die für das spätere Werk entscheidende *kritische* Funktion – die er hier folgendermaßen ankündigte:

> einzusehen, ob die Aufgabe aus demjenigen, was man wissen kann, auch bestimmt sei, und welches Verhältnis die Frage zu denen Erfahrungsbegriffen habe, darauf sich alle unsre Urteile jederzeit stützen müssen. In so ferne ist die Metaphysik eine Wissenschaft von den *Grenzen der menschlichen Vernunft*, und da ein kleines Land jederzeit viel Grenze hat, überhaupt auch mehr daran liegt, seine Besitzungen wohl zu kennen und zu behaupten, als blindlings auf Eroberungen auszugehen, so ist dieser Nutze der erwähnten Wissenschaft der unbekannteste und zugleich der wichtigste, wie er denn auch ziemlich spät und nach langer Erfahrung erreichet wird. (S. 982-83)

Kants Formulierungen implizierten hier bereits die Problematik der späteren Tran- szendentalphilosophie als kritische Metaphysik, nämlich als einer Wissenschaft, die sich selbst (ihren eigenen Begriff) durch Negation und durch Grenzsetzung bestimmen soll, während sie sich doch einerseits allererst hätte Klarheit verschaffen müssen über das, was *sie*, aber nicht angrenzende Wissenschaften *positiv* zu leisten vermöchte, andererseits ihre eigenen Inhalte und Methoden („Besitzungen") hätte befestigen müssen, also sowohl inter- wie intradisziplinär ihren genuinen Bereich abzustecken und ihre besonderen Methoden zu bestimmen hatte.

Kants mehrfach gescheiterte Versuche, die Metaphysik der Physik und Mathematik gegenüber zu profilieren, wiesen auf kein leicht zu erzielendes Ergebnis; Kants radikale Absage an den bereits geleisteten traditionellen Besitz metaphysischer Erkenntnis deutete auf eine „creatio ex nihilo" (die spätere sogenannte „kopernikanische Wende") voraus: Während die „Träume eines Geistersehers" den spiritistischen Auswüchsen des Geist- und Seelenbegriffs entgegentraten, setzte sich die kritische Metaphysik der späteren Jahre das Ziel einer negativen Theologie, die den Gottes- und Seelenbegriff vor der Zerstörung durch den Skeptizismus bewahren wollte. Weder Spiritismus und Hylozoismus noch Skeptizismus und Atheismus können aber als unüberwindliche Hindernisse einer *vernünftigen* Metaphysik angesehen werden, die nicht in unauflöslichen Antinomien verharrt, sondern sich trotz weitgesteckter Ziele der Vorläufigkeit und Unabschließbarkeit menschlicher Erkenntnis stellt, ohne vor dem Rätsel des Unendlichen zu resignieren. Daß Kants Idee einer kritischen Metaphysik sich zuletzt gar nicht aus theoretischen, sondern aus praktischen (moralischen und vermutlich religiösen) Motiven konsolidierte, ist durch das transzendentale Werk selbst, das die einschneidenste Grenze zwischen theoretischer und praktischer Vernunft zog, belegt.

In den „Träumen eines Geistersehers" wurde freilich erst ein *Programm* für die zukünftige kritisch zu verfahrende Metaphysik *angesagt*, aber noch keine Methode nachgewiesen, die sie rechtfertigte, nämlich nach welchen *Kriterien* die Grenzsetzung erfolgen sollte. Wenn Kant auf den „Nutzen" dieser Wissenschaft als den „unbekanntesten" und „wichtigsten" abhob, dann war dieser zu seiner Zeit doch keineswegs mehr ganz unbekannt, denn Grenzbestimmung metaphysischer Erkenntnis wurde in der angelsächsischen Philosophie seit einem Jahrhundert ausdrücklich betrieben. Das eigentlich Neue der kantschen Grenzziehung ist in einer eigenartigen Formulierung zu suchen, mit der Kant es ablehnte, den „philosophischen Lehrbegriff von geistigen Wesen" – als etwas, das von allem Sinnlichen gänzlich unterschieden sei – in einer *positiven* Bestimmung zu gebrauchen und darauf insistierte, ihn zukünftig niemals mehr anders als „im negativen Verstande" zu verwenden (S. 963); in der *Verneinung* soll dieser Lehrbegriff schlechterdings „vollendet sein", „indem er nämlich die Grenzen unsrer Einsicht mit Sicherheit festsetzt". (Ebd.) Die Verneinung setzt s.z.s. die *absolute* Grenze der Erkenntnis, hinter die nicht zurückgegangen werden darf, und wer wiederum nach *Gründen* für sie verlangt, soll diese weder von der Erfahrung noch von Vernunftschlüssen fordern können (S. 964).

Offenbar hat man es, was den Begriff der *absoluten* Grenze der Metaphysik anbelangt, mit einem zugleich dogmatischen wie dialektischen Schachzug zu tun, der einerseits apodiktisch jegliche zukünftige Erkenntnis des Geistigen verneinte (weil sie durch keine sinnlichen Daten zu stützen sei), andererseits sollte die negative Erkenntnis positiv einen „vollendeten Lehrbegriff" (als absolute Grenze) an die Hand geben. Zwar räumte Kant zu dieser Zeit noch ein:

> Ich habe diese Grenze hier zwar nicht genau bestimmt, aber doch in so weit angezeigt, daß der Leser bei weiterem Nachdenken finden wird, er könne sich aller vergeblichen Nachforschungen überheben, in Ansehung einer Frage, wozu die Data in einer anderen Welt, als in welcher er empfindet, anzutreffen sind. (2. Bd., S. 983)

Wichtiger in diesem Kontext als daß Kant hier das Seelische dem Sensualismus preisgab, ist, daß schon in der Satire auf die Geisterseher und nicht etwa erst in der Paralogismuskritik der „Kritik der reinen Vernunft" die rationale Psychologie und mit ihr ein *positiver* Begriff des Geistigen endgültig verabschiedet wurde. Zwar hatte Kant kurz zuvor noch eine Vorlesung über rationale Psychologie angekündigt, die er als die „schwerste unter allen philosophischen Untersuchungen" ansagte (vgl. 2. Bd., S. 912), muß sich aber bald darauf eines anderen besonnen und vor der Schwere der Aufgabe resigniert haben. Noch in der „Kritik der Urteilskraft" wird an dem „negativen Begriff der Seele" festgehalten und bestritten, daß die rationale Psychologie je theoretische, im Sinne einer „erweiternden" Wissenschaft, sein könnte, vielmehr auch als theoretische Erkenntnis bloß empirisch bleibe, weil „in Ansehung des Übersinnlichen schlechterdings gar nichts theoretisch (als lediglich nur negativ) bestimmt werden könnte". (Bd. 8, S. 589)

Problematisch sind hier der Begriff des *Übersinnlichen*, mit dem automatisch theologische, spiritistische oder parapsychologische Konnotationen assoziiert werden, und der Begriff des Theoretischen respektive die Verknüpfung beider Begriffe in diesem Kontext: Niemand würde heute und mit *erweitertem Wissenschaftsverständnis* in Frage stellen, daß über *Nichtsinnliches* durchaus sinnvoll *Theoretisches* formulierbar und vertretbar ist. Alle diejenigen, die nach Kant, und gerade im Dienste einer wissenschaftlichen Psychologie, den Seelenbegriff verabschiedeten und fortan vergeblich nach einer positiven Bestimmung des Seelischen suchten – die immerhin *einem* Psychologen, nämlich Brentano mit der Charakterisierung des Psychischen als *Intentionalität* gelang – haben mit Kant die Folgen zu tragen, insofern er der Psychologie lediglich eine „Kenntnis unseres denkenden Selbst *im Leben*" zubilligte; diese „Kenntnis", die prinzipien- und theorielos, rein empirisch lediglich Fakten aufsammelt, kann in der Tat nicht den Namen einer Wissenschaft beanspruchen.

Die oben geschilderte Problematik der kritischen Metaphysik verweist auf analoge Schwierigkeiten der psychologischen Methodologie; letztere verlor sich, nachdem die empirische Psychologie mit der rationalen Psychologie den Seelenbegriff verabschiedet hatte, und eine Wesensbestimmung des Psychischen nicht mehr gefragt war, in negative Definitionen gegen andere Wissenschaften, und wartete zuletzt nur noch darauf, wie sich die Dinge entwickeln würden; das hieß, daß ihr irgendetwas zu tun übrig bliebe, was nicht von anderen Disziplinen miterledigt werden konnte; daß das Dilemma eines negativen Seelenbegriffs kein bloß dezisionistisches oder definitorisches Problem ist, das von Fall zu Fall durch Rückgriff auf dieses oder jenes Surrogat gelöst werden kann, erhellt aus seiner komplexen Vorgeschichte bei Kant, deren Hauptpunkte im folgenden konzentriert und mit Vernachlässigung der verzweigten Kontexte zu resümieren sind:

Der negative Seelenbegriff war im Zusammenhang mit einer dem Positivismus vorgreifenden Metaphysikkritik entstanden, die für das Wissen zunächst abzustecken versuchte, was für es positiv (auf der Basis der sinnlichen Wahrnehmung und Beobachtung) bestimmt oder bestimmbar sei, und es einer zukünftigen Metaphysik überließ, die Grenzen des Wissbaren gegen das Übersinnliche schärfer zu bestimmen und endgültig festzulegen. Das Motiv dieser „negativen" Metaphysik ist aber auch im Zusammenhang mit den gescheiterten Versuchen Kants zu sehen, für das mechanisch-mathematische Weltganze, dessen antinomische Struktur in der theologischen Perspektive, Religion und Physik miteinander zu versöhnen, verdeckt blieb, einen logisch und ontologisch (begrifflich und anschaulich) überzeugenden Gottesbeweis zu erbringen. Ist es indes denn gar so zwingend, auf den Seelenbegriff ganz zu verzichten, nur weil eine die Gottheit nicht beleidigende begriffliche Fassung ihres Wesens dem beschränkten menschlichen Geist prinzipiell nicht gelingen kann?

Die epistemologischen und wissenschaftstheoretischen Schwierigkeiten, Theologie mit Wissenschaft zu versöhnen, scheinen Kant allmählich dazu veranlaßt zu haben, den Blick aus dem unendlichen Universum zurückzunehmen und auf die Lebenswelt, die kreatürliche und moralische menschliche Existenz zu lenken. Während das moralische Thema zunächst nur gelegentlich anklang, begriff Kant ‚Leben' einerseits als immaterielles und transzendentes Prinzip, das selbst nicht erkannt werden kann, befand es aber andererseits für ausreichend, um die rationale Psychologie zu verabschieden, was, konsequent zu Ende gedacht, zu einer biologischen Anthropologie und sensualistischen Psychologie geführt hätte oder hätte führen müssen. Der Gedanke an eine kritische Metaphysik scheint erst in der Mitte der sechziger Jahre entstanden zu sein. Die zuvor verfaßten Schriften suchten der Metaphysik und rationalen Psychologie Leibniz' mit einer Ontologie entgegenzutreten, in der der Verteidigung des absoluten und unendlichen Raumes das Hauptgewicht beifiel und das seiner Natur nach nicht-räumliche Seelische in die Position eines zu vernachlässigenden Nebensächlichen geraten ließen. Dem Harmoniegedanken der leibnizschen Philosophie, der Körper und Seele aus *einem Grund*, der monadischen *Einheit* der vorstellenden und strebenden Monade, begriff, begegnete Kant einerseits mit einem parallelistischen Modell, das die Elemente des Seins physisch interpretierte (die Monade ist „physische Monade"), andererseits argumentierte Kant für ein Welt- und Seelenganzes umgreifendes Konfliktmodell antagonistischer Kräfte. Die Verteidigung des absoluten, unendlichen und unteilbaren Raumes gegen die relativistischen und empirisch-psychologischen Theorien des Raumes scheint in der Tat das Hauptmotiv der vorkritischen Schriften ausgemacht zu haben. Der Raum als das unendlich Große, als der umfassende Grund der Erscheinungen, rückte in die Nähe des göttlichen Wesens oder bildete doch in seinen unveränderlichen, gesetzmäßig-metrischen Verhältnissen die *anschauliche* Brücke zwischen göttlicher Intelligenz und menschlichem Verstand, zwischen Formal- oder Idealerkenntnis und Realerkenntnis. Noch 1768, also wiederum zwei Jahre nach den „Träumen eines Geistersehers", machte Kant abermals einen Versuch, den Nachweis zu erbringen,

> ob nicht in den anschauenden Urteilen der Ausdehnung, dergleichen die Meßkunst enthält, ein evidenter Beweis zu finden sei, *daß der absolute Raum unabhängig von dem Dasein aller Materie und selbst als der erste Grund der Möglichkeit ihrer Zusammensetzung eine eigene Realität habe.* (2. Bd., S. 994)

Mit dieser Thematik scheint auch die experimentierfreudige Haltung Kants in Zusammenhang gestanden zu haben, mit permanentem Standort- und Perspektivenwechsel den Ausstrahlungen des Raumproblems in Theologie, Ontologie, Geometrie und Ästhetik (des Unendlichen) nachzugehen. Vor diesem Hintergrund interessierte besonders die psychologische Seite der Raumwahrnehmung, die in der angelsächsischen Philosophie vornehmlich gesehen und auch von Leibniz berücksichtigt worden war. Daß Kant gerade dieses Problem nicht nur nicht löste, sondern zuletzt auch prinzipiell von einer Lösung *ausschloß*, ist in der „Kritik der reinen Vernunft" nachzulesen. Dort machte er es an der „berüchtigten Frage" nach der Gemeinschaft des Denkenden und Ausgedehnten fest und suchte im übrigen jede weitere Diskussion abzuschneiden:

> Die berüchtigte Frage, wegen der Gemeinschaft des Denkenden und Ausgedehnten, würde also, wenn man alles Eingebildete absondert, lediglich darauf hinauslaufen: *wie in einem denkenden Subjekt überhaupt, äußere Anschauung,* nämlich die des Raumes (einer Erfüllung desselben, Gestalt und Bewegung) *möglich sei.* Auf diese Frage aber ist es keinem Menschen möglich, eine Antwort zu finden, und man kann diese Lücke unseres Wissens niemals ausfüllen, sondern nur dadurch bezeichnen, daß man die äußeren Erscheinungen einem transzendentalen Gegenstande zuschreibt, welcher die Ursache dieser Art Vorstellung ist, den wir aber gar nicht kennen, noch jemals einen Begriff von ihm bekommen werden. (Bd. 4, A 393)

Das hieß aber, daß Kant das psychologische Problem der Raumwahrnehmung, dessen Bedeutung für die Konsolidierung der englischen Philosophie und Psychologie nicht unterschätzt werden darf, einerseits wiederum mit der metaphysischen Frage nach dem Grund der uns erscheinenden Gegenstände („Ding an sich") konfundierte, andererseits der Gegenstandserkenntnis den

Primat vor der Selbsterkenntnis einräumte. Die im letzten Drittel des 19. Jahrhunderts geführte Kontroverse über den psychologischen Ursprung der Raumvorstellung (vgl. insbesondere Stumpf, 1873; Sully, 1878, S. 167 ff.; James, 1890, S. 898 ff.) artikulierte sich vordergründig unter dem Stichwort „Empirismus versus Apriorismus" respektive „Nativismus", während im Hintergrund die philosophische Frage nach der größer zu veranschlagenden Stringenz der Transzendentalphilosophie oder der angelsächsisch-empirischen Philosophie virulent blieb.

Kants vorkritische Schriften machten aber auch deutlich, daß die Präokkupation, mit der er sich für die Verteidigung des absoluten und realen Raumes einsetzte, ihm das nicht weniger gravierende, psychologisch vielleicht noch bedeutsamere Problem der Zeit und Zeitwahrnehmung gar nicht erst in den Blick kommen ließ; die wenigen Streiflichter, die auf es fielen, lassen lediglich erraten, daß Kant, solange die Optik des Unendlichen vorherrschte, das Wesen der Zeit mit dem unendlich *Kleinen* (dem infinitesimal Kleinen, den intensiven Größen kontinuierlicher Kraftentwicklung) in Verbindung brachte und dem unendlich *Großen* des räumlichen Kontinuums kontrastierte. Das waren freilich Intuitionen, deren Distanz zu lebensweltlichen und psychologischen Vorstellungen von Raum und Zeit nicht größer gedacht werden kann.

§ 14 Rehabilitierung der Metaphysik; erneute Verteidigung des unendlichen Raumes und der unendlichen Zeit als reine Anschauungen

Um so bemerkenswerter ist die Kehrtwende, die wiederum zwischen 1768 und 1770 erfolgte. In der 1770 verfaßten Inauguraldissertation „Von der Form der Sinnen- und Verstandeswelt und ihren Gründen" (vgl. Bd. 5, S. 7 ff.) fand ein Richtungswechsel statt, der mit guten und sogar besseren Gründen als die (erst in späteren Jahren so benannte) „kopernikanische Wendung" (vgl. KrV, B XVI) bezeichnet werden könnte: mit Nachdruck *verneinte* Kant jetzt, wofür er zuvor gekämpft hatte, die mit Newton und gegen Leibniz (Berkeley, Hume) vertretene Position, daß der Raum „etwas Reales und Objektives" sei (vgl. a. O., S. 61).

In derselben Schrift wurde auch die Metaphysik rehabilitiert und ein „reines Vernunftvermögen" kreiert, dem sie oblag – allerdings um den Preis, daß jetzt das Sinnliche in die beiden Teile des Stofflichen und des Formalen gespalten wurde, was einerseits eine psychologisch wichtige Abwertung des bloßen Stoffes (als amorphe Empfindung) und eine Aufwertung der reinen Form (als die von aller Empfindung gesäuberten Raum- und Zeitformen), andererseits die Inthronisierung diverser Seelenvermögen nach sich zog, welche die Einheit des Seelenganzen in ein Bündel unterschiedlicher Funktionen auflöste. Indem Kant die Form als „reine Anschauung" der Quanta der geometrischen Erkenntnis reservierte, bekräftigte er die immer schon vertretene anschauliche

Evidenz der Mathematik, suchte er den umstrittenen Begriff des Unendlichen in diesem (erkenntnistheoretischen) Kontext von seinen die Ontologie und Psychologie belastenden Antinomien zu befreien. Immer noch ist Leibniz der Gegner, der jetzt aber mit einer neuen Strategie bekämpft wird, die vornehmlich auf die relativistischen Konsequenzen zielte, die, nach Kants Auffassung, gerade aus der Lehre Leibniz' für die Sicherheit und Evidenz der mathematischen Wissenschaft rührten.

Die Verteidigung des Unendlichen in dieser neuen Sicht ist deshalb von Belang, weil der Schnitt, den Kant zwischen reiner Anschauung der Form und amorpher Empfindung (als Inhalt oder Stoff) der sinnlichen Erscheinungen zog, eine Psychologie der Wahrnehmung schlechterdings verunmöglichte, und der empirischen Psychologie das Fundament zerstörte. Nicht daß Psychisches (als Unausgedehntes) der Größenbestimmung nicht unterworfen werden konnte, und daß Mathematik auf die Phänomene des inneren Sinnes nicht anwendbar war, schloß Psychologie aus dem Kanon „erweiternder" Wissenschaft aus, sondern daß erkenntnis- und wahrnehmungspsychologische Methoden *hinsichtlich des Unendlichen versagt hatten*, oder mit Berkeley und Hume gewendet: daß wir psychologisch Begriff und Anschauung des Unendlichen nicht zu realisieren vermögen, ist als das *Grund*motiv der psychologiefeindlichen Haltung Kants anzusehen. Daß Kant, statt sich an Berkeley oder Hume zu richten, es vorzog, die Rehabilitierung des Unendlichen gerade gegen Leibniz durchzufechten, in dessen Konzeption der rationalen Psychologie die „kleinen (unmerklichen) Perzeptionen" Spielraum für das Unendliche im Sinne eines kontinuierlichen Seelenbandes und des eigentlichen Grundes der „prästabilierten Harmonie" zwischen Körper und Seele ließen, mag historische Gründe gehabt haben, die im folgenden anzudeuten sind.

Zwei Gründe scheinen für den Gesinnungswechsel in der Inauguraldissertation in Frage gekommen zu sein: 1) Kant war, nachdem er jahrelang auf eine ordentliche Professur warten mußte und mehrmals übergangen worden war, in seiner Vaterstadt auf den Lehrstuhl für Metaphysik und Logik berufen worden (vgl. dazu Cassirer, 1977, S. 123 ff.). Dies implizierte wohl, einen Standpunkt zu beziehen und ein Programm für das Amt und seine Aufgaben zu entwerfen, denen mit einer bloßen *Kritik* der Metaphysik nach angelsächsischem Vorbild kaum genüge getan worden wäre. 2) Kant war inzwischen mit Leibniz' „Nouveaux Essais" bekannt geworden, die, seit 1704 verschollen, 1765 erstmals der Öffentlichkeit zugänglich gemacht wurden. Cassirer deutete auf das Jahr 1768, aber auch Cassirer, der aus Gründen, die hier nicht ausgebreitet werden können, großen Wert auf eine Annäherung Kants an Leibniz legte, räumte ein, daß Kants Aufnahme des Werkes wohl „von Mißverständnissen nicht frei" gewesen sei (a. O., S. 104). Das ist aber eine etwas euphemistische Darstellung; denn so wenig Kant die Ansätze der „Monadologie" in ihren eigentlichen Intentionen würdigte, so nachdrücklich verwahrte er sich in der Inauguraldissertation erneut gegen Leibniz und die „Monadisten", wiederum den

Raumbegriff, respektive das aus ihm resultierende „empirische" Mathematikverständnis betreffend.

Der Punkt, der am meisten Aufmerksamkeit verdient, ist, daß Kant die ontologische Perspektive verabschiedete und sich jetzt erstmals einer Theorie des Subjekts zuwandte; daß er Begriff und Anschauung des Weltganzen jetzt in der Subjektperspektive auseinander treten ließ und an zwei diversen Erkenntnisweisen festmachte – den im Titel angekündigten Formen der Sinnen- und Verstandeswelt; daß er *reine* Vernunfterkenntnis rehabilitierte und sie im Hinblick auf den umstrittenen Begriff des Unendlichen autorisierte, Widersprüche zu lösen oder zu bereinigen, die ihm aus der empirisch-psychologischen Erfahrungserkenntnis erwachsen waren:

> Denn alles, was den Gesetzen des Verstandes und der Vernunft widerstreitet, ist freilich unmöglich; was aber, da es Gegenstand der reinen Vernunft ist, lediglich den Gesetzen der anschauenden Erkenntnis *nicht unterliegt*, ist es nicht ebenso. Denn diese Nichtübereinstimmung zwischen *sinnlichem* und *intellektuellem* Vermögen (deren natürliche Beschaffenheit ich bald auseinandersetzen werde) zeigt nur an, *daß die Erkenntniskraft die abgesonderten Vorstellungen, die sie vom Verstand erhalten hat, oftmals nicht in concreto ausführen kann.* . Dieses *subjektive* Widerstreben aber täuscht, wie meist, irgendeinen *objektiven* Widerstreit vor und führt Unbehutsame leicht in die Irre; indem sie Schranken, von denen die menschliche Erkenntniskraft umschlossen wird, für diejenigen genommen werden, von denen das Wesen der Dinge selbst umfaßt wird. (1770, S. 18-19)

Das Zitat macht deutlich, daß die *verneindende Grenzsetzung*, die Kant zuvor im Hinblick auf die Erkenntnis des *Übersinnlichen* und des *Wesens* der Dinge gefordert hatte, sich jetzt *umgekehrt* in bezug auf die *Erfahrungserkenntnis* bewährte; das hieß, daß „Grenzsetzung" ein in der Tat beliebig verwendbares Wort und wenig geeignet ist, als *sichere Methode* einer „kritischen" Metaphysik zu fungieren. Der Grund für die *Umwendung* der Grenze ist nicht schwer einzusehen: die Verteidigung des Unendlichen und der anschaulichen Evidenz der mathematischen Erkenntnis mußte schlechterdings eine andere Wende nehmen, nachdem die Stütze durch den absoluten und realen Raum, von dem sie „abgezogen" worden waren, *gefallen*, und das *deduktive* Verständnis der mechanischen Physik sich einem *induktiven* angenähert hatte. Auf diesen Aspekt ist der Hauptakzent der Inauguraldissertation zu verlegen, dem die Hinwendung zur Subjekterkenntnis und die vermeintliche psychologische Analyse der Vermögen des Gemüts zu dienen hatten.

Nach wie vor wird die Geometrie als die *einzige* Wissenschaft, als „das Urbild und Mittel aller Evidenz in anderen Wissenschaften" deklariert (S. 61). Wer hier andere Auffassungen vertritt, habe schlechterdings einen „falschen Begriff des Raumes", und diesen attestierte Kant jetzt *sowohl* „den Engländern", das heißt Newton und seinen Anhängern, *als auch* Leibniz und „den Monadisten" (S. 61), allerdings mit bedenklichen Entstellungen nach beiden Seiten. Denn weder hatten „die Engländer" den Raum als „ein Behältnis der möglichen Dinge" aufgefaßt („mögliche" Dinge sind in der Physik Undinge), noch hatte Leibniz den Raum als Verhältnis der daseienden Dinge, „das mit Wegnahme der Dinge völlig verschwinde und sich nur an Wirklichem denken lasse", (S. 61) definiert. (Leibniz verstand den Raum ausdrücklich als Form wirklicher *und* möglicher Dinge.) Wie unpräzise Kant mit den Raumauffassungen anderer auch später noch verfuhr, bewies er in der „Kritik der reinen Vernunft", die gerade Berkeley die Auffassung unterstellte, die dieser gewiß nicht vertreten hatte (vgl. dazu Kuhlenkampff, 1987, S. 205), nämlich einen Raum, der als untrennbare Bedingung den Dingen anhänge (vgl. KrV, B 274). Den „falschen" Standpunkt der Engländer schätzte Kant allerdings für weniger gefährlich ein, würdigte ihn sogar, weil er sich den für den Verstand verborgenen Fragen über eine geistige Welt in den Weg stellte (S. 63), während „die Monadisten" sich „mit offener Stirn" den Phänomenen und dem „verläßlichen Ausleger" der Phänomene, der Geometrie, widersetzten: „ – sie stürzen die Geometrie von der Höhe ihrer Gewißheit herab und überantworten sie der Prüfung durch diejenigen Wissenschaften, deren Grundsätze empirisch sind". (5. Bd., S. 63) Wenn die Eigenschaften des Raumes, so fuhr Kant fort, nur induktiv und von äußerer Erfahrung „geborgt" würden (was freilich nicht Leibniz, sondern, wenngleich auch hier mit Einschränkungen, Berkeley und Hume angelastet werden konnte), dann bestünde, wie im Empirischen, „die Hoffnung", daß man einmal einen anderen Raum entdecken würde (ebd.). Kant konnte nicht voraussehen, daß man in der Tat einmal einen anderen (nichteuklidischen) Raum „entdecken" würde, aber seine Interpretation stimmte auch nicht mit Leibniz' Darstellung der Raum-Zeit-Formen überein.

Kants Polemik gegen eine empirisch gegründete Mathematik (Geometrie) in der Inauguraldissertation und im späteren Werk wird durchsichtiger, wenn a) unterstellt wird, daß er sich trotz der Wende zum Subjekt nicht wirklich von der ontologischen Perspektive des absoluten und realen Raumes trennte (was in vieldeutigen Bezeichnungen wie der Raum sei von „transzendentaler Idealität und empirischer Realität" zum Ausdruck kam), seine Einwände gleichermaßen gegen die empirische englische Philosophie und die rationale Philosophie Leibniz' richtete; wenn b) angenommen wird, daß Kant noch einen anderen, nicht ausdrücklich gegen Leibniz formulierten Kritikpunkt, der gleichwohl durch Leibniz angeregt worden sein könnte, im Auge hatte, und der das *Verhältnis* der beiden Formen Raum und Zeit *zueinander* betraf. Leibniz hatte in der Vorrede der „Nouveaux Essais" die *Heterogenität* von Raum und Zeit angesprochen und nach einem gemeinsamen Oberbegriff für beide gefragt (S. XLVII).

Die Aspekte a) und b) wurden in der Transzendentalphilosophie in einer komplexen Weise ineinandergeschachtelt und sollen im folgenden, insoweit die psychologische Frage in sie involviert ist, wenigstens angesprochen werden. Eine vollständige Auflösung der Frage, die den dunkelsten Punkt der Transzendentalphilosophie berührt, ist nicht möglich und die hier versuchte Darstellung erhebt ganz und gar keinen Anspruch auf Vollständigkeit.

a) Leibniz definierte Raum und Zeit als „von Natur ewige Wahrheiten, die gleichermaßen das Mögliche und das Wirkliche betreffen". (Nouv.Ess., 1. B., 14. Kap. § 26) Dieses *Gleichermaßen* wurde von Kant stets übersehen und Leibniz entweder auf die eine Version (Form des Wirklichen) oder die andere Version (Form des Möglichen) festgelegt; während die Inauguraldissertation Leibniz unterstellte, daß sich Raum nur „an Wirklichem denken lasse", (S. 61) machte Kant in der „Kritik der reinen Vernunft" gegen die „Monadisten" geltend, daß sie „fein genug" gewesen wären, den Raum nicht „als eine Bedingung der Möglichkeit der Gegenstände äußerer Anschauung" vorauszusetzen (KrV, B 469). Dazu waren sich „die Monadisten" aber durchaus nicht zu fein, vielmehr liegt in dem Ausdruck „Bedingung der Möglichkeit der Gegenstände äußerer Anschauung" ein zweifacher Sophismus: Der erste setzt einerseits die *Bedingung* äußerer Gegenstände *voraus*, und deklariert sie andererseits als *Möglichkeit*; der zweite suggeriert, daß mit der *Möglichkeit äußerer Gegenstände auch schon ihre Anschauung* gegeben wäre. Psychologisch bedeutete dies die Identifikation von Vorstellung und Anschauung, die von der psychologischen Realität der Vorstellung auf die Existenz äußerer Gegenstände schloß.

Die Konsequenzen, die Kant an derselben Stelle hinsichtlich des leibnizschen Mathematikverständnisses zog, zielten jetzt (im Unterschied zur Inauguraldissertation) nicht mehr auf eine empiristische, sondern auf eine „abstrakte" Interpretation der Mathematik, insofern „die Monadisten" die mathematischen Beweise lediglich als „Schlüsse aus abstrakten und willkürlichen Begriffen ansehen", (KrV, B 469) während sie nach Kant auf „reinen Anschauungen" beruhen. Das implizierte einerseits wiederum, daß etwa *existiert*, das *angeschaut* werden kann, und ließ andererseits im unklaren, was denn unter *willkürlicher* Abstraktion zu verstehen sei. Abstraktion und Apperzeption implizierten nach Leibniz' keine willkürlichen Abstraktionen und die Kritik der Philosophie der Mathematik in diesem Kontext erscheint unverständlich. Die Kritik einer empirisch gegründeten Mathematik wäre im Hinblick auf Berkeley und Hume doch weit eher am Platze gewesen, wie auch von dieser Seite die schärfsten Einwände gegen den Begriff des Unendlichen erhoben wurden. Man kann sich des Eindrucks nicht erwehren, daß Kant sich, was die Philosophie der Mathematik anbelangt, an Leibniz adressierte, um der Auseinandersetzung mit Berkeley und Hume aus dem Wege gehen zu können. Bei letzteren standen (infolge der empirisch-psychologischen Erkenntnisbasis) nicht der Raum, sondern die Begriffe der Zahl (als *Zeichen* für Gegenstände, Mengen und Größen) und der Begriff der Größe (als *imaginärer* Maßstab für die *Verhältnisse* des Größer, Kleiner und Gleich) im Mittelpunkt. Es war Berkeley, der den *paradigmatischen* Charakter der Mathematik für alle Wissenschaften zu entthronen suchte und auf „oberste transzendentale Grundsätze", die *weiter reichten* als die quantitativen Objekte und Prinzipien der Mathematik, insistierte (vgl. Prinzipien, § 118 ff.), während nach Hume gerade der *anschauliche* Charakter der geometrischen Größen (Figuren) der apodiktischen Gewißheit dieser Wissenschaft hinderlich war, und der Mathematiker sich mit „imaginären Maßstäben" im Sinne „natürlicher Fiktionen" zu begnügen hatte (vgl. Traktat, 1. B., 2. T., S. 60 ff.). Gegen die logisch-formale Evidenz (Widerspruchsfreiheit) der mathematischen Definitionen (Begriffe) machte Hume keine Einwände, suchte im Gegenteil ihre Definitionen zu verteidigen und ihre (auf den Anschauungscharakter rekurrierenden) Beweise zu widerlegen. In diesem Kontext ist die humesche Kritik des Unendlichen anzusiedeln: Unendliche Teilbarkeit (als unabschließbarer *Prozeß*) und letzte unteilbare mathematische Punkte widersprechen a) dem endlichen menschlichen Erkenntnisvermögen, b) der psychologischen

Wahrnehmung, für die ein Minimum, aber keine mathematischen Punkte anzunehmen sind. Unendliche Teilbarkeit und mathematischer Punkt *existieren* nicht (können keine psychische Realität beanspruchen), vielmehr nur als *Fiktionen* in Betracht kommen.

Die Philosophie der Mathematik war bei Berkeley und Hume in deskriptiv-psychologische Analysen eingebunden, die den vieldeutigen Prozeß der Abstraktion tangierten, insofern einmal die intellektuelle Tätigkeit als Kombination (Synthese) der Teile *zu* einem Ganzen, zum anderen als Reflexion (Analyse) der Teile *an* einem Ganzen den Primat beanspruchten. Die empirische Philosophie ging im Detail weit über Leibniz' psychologische Distinktionen der Perzeption und Apperzeption hinaus, machte dafür aber keinen Gebrauch von *unbewußten* psychischen Aktivitäten (unbewußte Wahrnehmung oder Anschauung), die wiederum einen erheblichen Stellenwert für Leibniz' Auffassung des Unendlichen beanspruchten. Etwas pointiert ausgedrückt gründete Leibniz die Philosophie der Mathematik (das unendliche Kontinuum betreffend) auf eine empirisch nicht realisierbare Psychologie unbewußter Perzeptionen, und schränkten die englischen Philosophen die Evidenz der Mathematik (Geometrie) ein, weil dem Begriff des Unendlichen kein empirisches Faktum (keine Wirklichkeit) korrelierte. Warum Kant sich diesem Aspekt, der Empirismus und Rationalismus, empirische und rationale Psychologie durch einen Graben trennte, nicht ohne Umschweife stellte, sich stattdessen in eine inkorrekte Polemik gegen Leibniz verlor, ist wohl nur aus der theologischen Vorgeschichte des Unendlichkeitsbegriffs und den Anfängen des kantschen Metaphysikverständnisses zu verstehen. Die Präokkupation, die in Kants Denken von Anfang an der unendliche und absolute Raum einnahm, ließ ihn aber auch übersehen, daß sich sowohl bei Leibniz als auch bei Berkeley und Hume neue wissenschaftstheoretische Ansätze abzeichneten, die in Richtung einer Theorie der Zeichen, der Kombinatorik und der Struktur deuteten, die den, auf reine Quanta und Ausdehnung fixierten Ansatz Kants schon überholt hatten.

b) Über das *Verhältnis* der gattungsmäßigen Homogenität oder Heterogenität der Raum-Zeitformen hatte Leibniz sich in der Vorrede der „Nouveaux Essais" folgendermaßen geäußert: „So sind Raum und Zeit sehr heterogene Dinge, und es wäre falsch, sich irgend welches reale gemeinsame Subjekt zu denken, das nur die kontinuierliche Größe überhaupt besäße, und dessen Modifikationen Raum und Zeit hervorbrächten." (S. XLVII) Das schwierige metaphysische Problem der Homogenität/Heterogenität von Raum und Zeit kann hier nicht vertieft werden. In der Transzendentalphilosophie fand gerade es nicht nur *nicht* eine Lösung, sondern wurde noch dazu durch ein anderes Verhältnis verdeckt, das des Qualitativen und Quantitativen, worauf später einzugehen sein wird.

Erst in jüngster Zeit wurde von seiten der Kantforschung darauf aufmerksam gemacht, daß das Verhältnis von Raum und Zeit und dieses wiederum zur Sinnlichkeit als ein prinzipiell ungelöstes der Transzendentalphilosophie anzusehen sei: „Worin genau bestehen denn nun eigentlich die offenbar verschiedenen Verhältnisse, in denen Raum und Zeit zum einen zueinander und zum anderen zu dem der Sinnlichkeit stehen, deren „Formen" sie angeblich sind?" (Vgl. Prauss,1990, S. 125) Daß nach beinahe zweihundert Jahren intensiver Beschäftigung mit Kant derart fundamentale Grundlagen der Transzendentalphilosophie immer noch Fragen offen lassen und Rätsel aufgeben, ist einerseits bezeichnend für die Dunkelheit des kantschen Stils gerade hinsichtlich der grundlegenden Prämissen des Systems, andererseits ist nicht oder nur schwer begreiflich, daß von seiten der Kantforschung schlicht übersehen wird, daß gerade dieser Fragenkomplex schon vor Jahrzehnten auch in kritischer Auseinandersetzung mit Kant in der Brentanoschule einer intensiven Diskussion unterzogen worden war. (Zur Diversität topischer und chronischer Kontinua vgl. beispielsweise Brentano,

„Vom Kontinuierlichen", 1914, in Brentano, 1976, S. 3 ff., „Vom ens rationis", 1917, in 1971, S. 238 ff.; vgl. Marty, 1916; vgl. Stumpf, 1939-40, S. 578 ff.) der Anstoß, das Raum-Zeit-Problem in psychologischer Perspektive wieder aufzurollen, war freilich schon zu Beginn des vorigen Jahrhunderts von Herbart ausgegangen (vgl. 1859, Bd. 5, S. 254, VI, S. 114 f.).

Bemerkenswert ist, daß Kant, der das Zeitproblem bis 1770 fast gänzlich außer Betracht ließ, es in der Inauguraldissertation und mit Einbeziehung der Subjektperspektive dann allerdings nicht nur ausdrücklich zum Thema machte, sondern jetzt sogar an *erster Stelle* behandelte. Zwar fiel auch hier schon die Zeit zusammen mit dem Raum unter die „reinen Formen" der Sinnlichkeit, und behandelte Kant die Zeit einerseits nach analogen Gesichtspunkten wie den Raum, andererseits suchte er aber auch nach Kriterien, um sie als eine von der Raumform irgendwie *unterschiedene* Form auszuzeichnen.

Für die Psychologie ist diese Unterscheidung (gerade in Kontrast zur physikalischen Verräumlichung der Zeit) bedeutungsvoll; Zeit scheint in einer ganz anderen Weise als Raum für die Bewußtseinsbildung konstitutiv zu sein: Ein Ich (Ichbewußtsein) muß sich im Wechsel der Erlebnisse bereits in elementarer Weise gebildet haben, bevor das Ich den Raum als einen Ort, der sich von dem unterscheidet, an dem es sich selbst befindet, zu differenzieren vermag. In dieser *genetischen* Sicht käme demnach nicht nur der Zeitwahrnehmung, sondern auch der Bildung der „inneren Welt" (dem Seelenganzen als Bewußtseinseinheit) der Primat zu, während in der ontologischen Perspektive Raum, Gegenständlichkeit und Weltganzes der ‚Subjektivität' *vorausgehen*.

Kant scheint die Dialektik von Subjekt und Welt, Zeit und Raum in der Inauguraldissertation schärfer gesehen zu haben als später in der „Kritik der reinen Vernunft", die einerseits das empirische Subjekt durch das „transzendentale Subjekt" verdrängte, andererseits bezüglich des Primats von Zeit und Raum uneinheitlich verfuhr und zu keiner durchgreifenden Entscheidung gelangte, nämlich mal die Zeit als das primär verbindende und konstitutive Glied zwischen den Erkenntnisakten und der Realität (vgl. das Schematismuskapitel der KrV, B 176 ff.) setzte, mal Zeitbewußtsein und Zeitwahrnehmung von der Beharrung und Existenz äußerer Gegenstände ableitete (vgl. die „Widerlegung des Idealismus", KrV, B 274 ff.) und zuletzt am Problem der Zeit die eigentliche Antinomie der reinen Vernunft festmachte (vgl. a. O., B 454 ff.).

Die Unklarheiten über Raum und Zeit standen freilich in Zusammenhang mit dem Lehrstück über die „Sinnlichkeit", die Kant bereits in der Inauguraldissertation, wenngleich keineswegs unter psychologischen, sondern ausschließlich mathematischen Gesichtspunkten, in Form und Stoff der Erscheinungen auseinander fallen ließ, um in diesem Kontext wiederum den Begriff des Unendlichen von seinen logisch-psychologischen Widersprüchen zu befreien. Das hier *erstmals* formulierte Postulat *reiner Formen* respektive *reiner Anschauungen* der *unendlichen* Quanta Zeit und Raum diente nach wie vor der Sicherung der Evidenz mathematischer Erkenntnis und verbuchte den ganzen „Rest" der sinnlichen Perzeption, ohne Rücksicht auf psychologische Gesichtspunkte, auf der Seite des bloß amorphen Stoffes (der Empfindung), der künftig aus der philosophisch-wissenschaftlichen Betrachtung, weil bloß „subjektiv" und gesetzlos, auszuscheiden hatte. Dem Gedanken zuliebe, der das *gemeinsame* Charakteristikum von Zeit und Raum an der kontinuierlichen und infinitesimalen Größe beider festmachte, und diese wiederum für einen Gegenstand „reiner Anschauung" ausgab, opferte Kant die gesamte bislang zusammengetragene erkenntnispsychologische Arbeit über das komplexe Zusammenspiel perzeptueller und intellektueller psychischer Funktionen; den Gründen, die Kant zu diesem folgenreichen Schritt veranlaßten, ist weiter unten nachzugehen.

In einem gewissen Sinne erinnert die Trennung von Stoff und Form der Erscheinungen in ihrem sachlichen Kern an altes aristotelisches Gedankengut, aber auch an die Diskussion über die Trennbarkeit/Nichttrennbarkeit der primären („objektiven") und sekundären („subjektiven") Qualitäten der sinnlichen Erscheinungen und negierte die Einwände, die sowohl Berkeley (vgl. Prinzipien, § 9, S. 29 ff.) und Hume (vgl. Traktat, 1. B., 4. T., S. 296 ff.) wie auch Leibniz (vgl. Nouv. Ess., 2. B., 8. Kap., S. 147 ff.) gegen die diesbezüglichen Distinktionen Lockes (vgl. Versuch, 2. B., 8. Kap., S. 147 ff.) vorgebracht hatten. Die Einteilung in Form und Stoff bildete in Kants System die Voraussetzung für die transzendentalen Klassen des Objektiven und Subjektiven, Apriorischen und Aposteriorischen, insoweit nur die Form der Sinnlichkeit als „reine Anschauung" in Betracht kam, und diese wiederum den Begriff der infinitesimalen Größe der empiristischen Kritik der Mathematik entziehen sollte.

Der Begriff der Sinnlichkeit ist seit Kant mit pejorativen Vorurteilen belastet, die epi-stemologisch in Richtung des Sensualismus und Hylismus, ethisch in die des Hedonismus und Eudämonismus weisen. Schwerer wiegt indes die Ambivalenz, mit der Kant den Begriff einerseits schon im vorkritischen Werk handhabte, andererseits die Art und Weise, wie er seine Bedeutung bei Vorläufen, insbesondere bei Leibniz, einschätzte. Wenn nochmals zwei Paragraphen benötigt werden, um, was diesen Begriff anbelangt, auf festeren Grund zu gelangen, dann ist dies dadurch zu rechtfertigen, daß sich am Schluß aus den vielverzweigten Nebenwegen ein Hauptweg ausgrenzen läßt, der Ausblicke bietet auf eine Konzeption von Phänomenologie, die „Sinnlichkeit" mit den ihr eigenen ‚Gegenständen' – den Erscheinungen – ohne Vorurteile und Prävalenzen zu verknupfen wußte, und der Phänomenologie die ihr gebührende Basisfunktion für Natur- und Geisteswissenschaft, Psychologie und Anthropologie zu sichern suchte.

§ 15 Facetten der Sinnlichkeit mit Ausblick auf die transzendentale Ästhetik und Dialektik in Gegenposition zu Leibniz' Konzept der rationalen Psychologie

Mit der Inauguraldissertation wurde, entgegen der empiristischen Attitüde der „Träume eines Geistersehers", die den Begriff des *Geistigen* nur noch als negativen Terminus verwenden wollte, ein Richtungswechsel angesagt, der, indem er reine Vernunft und Erkenntnis des Wesens wiederum rehabilitierte, jetzt in einer bestimmten Absicht das Sinnliche (als amorphen Stoff) *negierte* und, anders als in den früheren Versuchen, welche die intuitiv-anschauliche und die logisch-begriffliche Erkenntnis *miteinander ins Lot zu bringen* und die Differenzen zwischen metaphysischer und mathematischer, realer und logischer Erkenntnis *zu harmonisieren* suchte, jetzt auf eine *prinzipielle Diversität* des Sinnlichen und Intellektuellen hinarbeitete, für Mathematik und Metaphysik eine sie fundamental *unterscheidende* Methode in Aussicht stellte.

Dieser Gedanke scheint Kant zu einer verschärften Kritik der Ontologie und Philosophie der Mathematik Leibniz' angeregt zu haben, und wenn letztere forciert und wie eine Vertauschung der diesbezüglichen Positionen Berkeleys und Humes erschien, dann könnten in der Tat biographische und zeitgeschichtliche Hintergründe maßgeblich gewesen sein; darüberhinaus schien Kant *gleichermaßen* den empirischen und rationalen Standpunkt in seinen *psychologischen* Erkenntnisprämissen korrigieren zu wollen, weil *beide* von einem *falschen Raumbegriff* und damit, nach Kants Prämissen, von einem *falschen Begriff der Sinnlichkeit* ausgingen. Der Inhalt der „Nouveaux Essais" und Leibniz' Auseinandersetzung mit Locke scheint Kant wiederum dazu motiviert zu haben, innerhalb der erkenntnistheoretischen Perspektive den Stellenwert des *Zeitproblems*, und zugleich die *Heterogenität* der Raum-Zeitformen zu entdecken und gedanklich zu vertiefen.

Diversität der Erkenntniskräfte und Heterogenität der Raum-Zeitformen waren zwei wichtige Gedankenstränge der Inauguraldissertation, erschöpften aber keineswegs die Komplexität dieser vermutlich schwerstlesbaren Arbeit Kants, in der die großen kosmologischen und theologischen Problemfragen der „Naturgeschichte des Himmels" und des „Einzig möglichen Beweisgrundes" *wieder auferstanden* und deren, dort in ontologischer Perspektive vorgeschlagenen Lösungen hier durch die erkenntnistheoretische Methode nicht etwa korrigiert, sondern *erhärtet* werden sollten. Daß Kant bereits innerhalb dieser Arbeit, die jetzt ausdrücklich Wert auf einen *methodischen* Ansatz legte, die neue Methode schon wieder in Frage stellte, zeigte an, daß noch immer kein festes *methodisches* Terrain für die Metaphysik gewonnen worden war, und die neue Methode offenbar doch nicht leistete, was sie versprochen hatte. Letzteres wäre freilich Grund genug gewesen, diesen komplexen und verschachtelten Text auszusparen, der einerseits zentrale Gedanken der „Kritik der reinen Vernunft" vorformulierte, andererseits zu ihrer Ausarbeitung noch ein Jahrzehnt benötigte, bis Kant sich entschied, was er in letzter Instanz unter Metaphysik und Kritik der Metaphysik verstanden wissen wollte. Jedoch machte gerade die Dissertation, den „Träumen eines Geistersehers" vergleichbar, endgültige Aussagen über entscheidende psychologische Weichenstellungen – hier was das Verhältnis von Stoff und Form, Sinnlichkeit und Intellektualität, Anschauung und Begriff betraf – und verzeichnete die Dissertation bereits die gesamten Inhalte der „transzendentalen Ästhetik", an der Kant auch nach zehnjähriger fortgesetzter intensiver Reflexionsarbeit lediglich unbedeutende Revisionen vornahm, während die neuen Gesichtspunkte, die sogenannten „synthetischen Urteile a priori" und die Gegenstandsfrage, die beiden Hauptpunkte der „transzendentalen Logik" (Analytik), ihrerseits die „transzendentale Ästhetik" *voraussetzten*. Im Unterschied zum Lakonismus der „transzendentalen Ästhetik" in der „Kritik der reinen Vernunft", läßt die Dissertation noch die *Motive* zum Lehrstück über die Sinnlichkeit erkennen und gibt Aufschluß darüber, wie Kant sich ehemals die *ursprüngliche Diversität* von Sinnlichkeit und Verstand, die den *Dualismus* des Sensiblen und Intelligiblen, Phänomenalen und Noumenalen, das heißt die *Zwei Weltenlehre* der Transzendentalphilosophie gründete, zurechtgelegt hatte. Von diesem *Motiv* ist in der so umstrittenen wie folgenreichen „transzendentalen Ästhetik" später nichts mehr zu spüren.

In der „transzendentalen Ästhetik", deren Dunkelheit zu den bis heute nicht geklärten Rätselfragen Anlaß gibt, wurzelt die gesamte *Dialektik* des transzendentalen Ansatzes, nämlich in seinen *zugleich* dogmatischen (konstitutiven) und kritischen (negierenden) Intentionen, ohne daß bis heute verbindlich erwiesen worden wäre, ob die beiden Grundintentionen (die Lehre von den Erkenntnissen und Formen a priori und die kritische Sonderung des Sinnlichen und Intellektuellen) sich überhaupt zu *einem* methodisch überzeugenden Ganzen verzahnen. Nicht einmal über den Stellenwert der dreifachen Fächerung des Hauptwerkes und seine Einteilung in Ästhetik, Logik und Dialektik herrscht Einigkeit, insofern der tonangebende Marburger Neukantianismus den Wert der „transzendentalen Logik" favorisierte und Einspruch erhob gegen die angebliche Überschätzung der „transzendentalen Ästhetik", der bezüglich der Diskussion über die Grundlagen der wissenschaftlichen Psychologie die größte Bedeutung beifällt. H. Cohen machte den Auftakt und Cassirer, der einflußreichste Vertreter des Marburger Neukantianismus, folgte ihm darin, den wesentlichen Stellenwert der „transzendentalen Ästhetik" zu verneinen und das Hauptgewicht der Transzendentalphilosophie auf die „synthetischen Grundsätze" (die Kategorienlehre) zu verlegen: „Erst von den Kategorien aus scheint daher der transzendentale Charakter des a priori auf Raum und Zeit überzugehen." (Vgl. Cohen, Kants Theorie der Erfahrung, 1871, zit. nach Cassirer, 1974, 2. Bd., S. 625)

Historisch ist diese Behauptung, so charakteristisch sie für die antipsychologische Einstellung des Marburger Neukantianismus war, schwerlich zu verifizieren; die Raum-Zeit-Formen lösten sich nicht „erst allmählich aus dem gemeinsamen Grundsystem der reinen Verstandesbegriffe heraus", wie Cassirer zur Unterstützung Cohens behauptete, sondern der Raumbegriff bildete im Zusammenhang mit dem Begriff des Unendlichen das Hauptmotiv der kantschen Philosophie, während die reinen Begriffe a priori (ab der Dissertation) *in Analogie* zu den reinen Formen diesen doch wohl nachgebildet wurden. Verhielte es sich so, wie Cassirer behauptet, dann hätte Kant Leibniz in der Tat näher gestanden, als ihm selbst bewußt war (Raum und Zeit stehen nach Leibniz auf der *gleichen* Stufe mit den begrifflichen „ewigen Wahrheiten") und Kants Polemik gegen den Philosophen der „prästabilierten Harmonie" ermäßigte sich auf gelegentliche Mißverständnisse. De facto dürfte Schopenhauer in größerem Recht gewesen sein, der unter den Beziehungen Kants zu seinen Vorläufern „eine entschieden polemische und zerstörende zur Leibniz-wolfischen Philosophie" feststellte. (Vgl. W.a.W.u.V. I, 2, S. 515) Vornehmlich in Hinblick auf die defensive Einstellung gegen Leibniz (die Schopenhauer im übrigen mit Kant teilte, wenngleich aus anderen Gründen) erhellt die eigentliche Bedeutung der „transzendentalen Ästhetik". Letztere ist aber nicht nur der für die Psychologie relevanteste Teil der „Kritik der reinen Vernunft" (und wer ihre Bedeutung verringert, schmälert zugleich den Stellenwert der Psychologie), sondern Kant stellte sie vermutlich nicht ohne Grund im Sinne einer *Elementarlehre* an den Beginn seines Hauptwerkes. Die Bezeichnungen „Elementarlehre" und „Ästhetik" waren freilich gleichermaßen ambiguös konzipiert, denn sie versprachen einerseits die fundamentalen *Prinzipien* des Sinnlichen als *reine Anschauungen*, die es realiter (psychologisch) nicht gibt, und machten es sich andererseits ausdrücklich zur Auflage, „zuerst die Sinnlichkeit (zu) isolieren". (KrV, B 37)

Da die „reinen Anschauungen" primär *Negationen* des Sinnlichen waren (indem sie von allem Empfindungsmäßigen abstrahierten), ist der Terminus „Elementarlehre" irreführend (Negationen können schwerlich Gegenstand einer Elementarlehre sein) und die Bezeichnung „Ästhetik", die das Sinnliche allererst *isoliert* und vom Sinnlichen *abstrahiert*, ist die denkbar abgelegendste für eine Prinzipienlehre (Wissenschaft) des Ästhetischen. Gerade im Hinblick auf den Terminus „Ästhetik", der sinnvoll verwendet entweder die Prinzipien der Wahrnehmung (als Phänomenologie) oder die Prinzipien des Kunst- und Naturschönen meint, wirkte sich die „kritische", auf das Formale und Quantitative (Mathematische) insistierende, das Qualitative rigoros eliminierende Tendenz der Ästhetik Kants nachteilig und sinnverwirrend aus und zwar sowohl im Hinblick auf die Theorie der Kunst als auch im Hinblick auf die Theorie der Wahrnehmung. H. Lotze, ein so gründlicher Psychologe wie feinsinniger Ästhetiker, der dieser reduktionistischen Tendenz zum Formalen infolge seiner Nähe zum kantschen Idealismus mit einer gewissen Ambivalenz und darum allzu zögerlich entgegentrat, wies immerhin auf den „Irrtum" und die „Seltsamkeit" hin, welche die deutsche Ästhetik „mit ausgesprochener Geringschätzung ihres Gegenstandes" beginnen ließen (vgl. Lotze, 1868, S. 12 ff.).

Über die Bedeutung und Funktion von Termini läßt sich freilich streiten, obgleich sinnvoll nur dann, wenn die Prämissen der jeweiligen Präferenzen und Prävalenzen auf den Tisch gelegt werden. Wenn Kant sich in einer Fußnote der „transzendentalen Ästhetik" gegen A. Baumgartners Auffassung der Ästhetik als Wissenschaft vom Schönen verwahrte, weil er eine solche infolge mangelnder objektiver Prinzipien (Erkenntnisse a priori) für unmöglich hielt, dann erwähnte er weder, daß er selbst im vorkritischen Werk im Rahmen seiner physikotheologischen Vorstellungen längst über den Begriff des Ästhetischen im Sinne des Mathematischen (Unendlichen) *entschieden* hatte, noch zeigte er das Motiv an, das mit seiner mechanisch-geometrischen Weltsicht und der Idiosynkrasie gegen den Begriff der Harmonie in Zusammenhang stand, also ursprünglich gegen die Ontologie und rationale Psychologie Leibniz' konzipiert worden war.

Zweifellos entwickelte die „Kritik der reinen Vernunft" über das Ästhetische hinaus neue Ideen und Schwerpunkte, die jetzt der Gegenstandsfrage galten und *analog* zu den sinnlichen Erkenntnissen a priori (den reinen Anschauungen der Geometrie) auch für *Begriffe* a priori (die „synthetischen Begriffe a priori") votierten. Die Ausarbeitung der neuen Schwerpunkte bezog sich aber immer noch auf die ursprüngliche ästhetische Basis – mit Ausnahme eines wesentlichen Gesichtspunktes, auf den vorgreifend hinzuweisen ist. In der Inauguraldissertation wie in der „Kritik der reinen Vernunft" richtete sich der kritische (negierende) Impetus auf die säuberliche Trennung des Sensiblen und Intelligiblen; aber *nur* in der Inauguraldissertation wies Kant auch ein *jeweils positives Merkmale der beiden Quellen* des Anschaulichen und Begrifflichen nach (worauf später ausführlich zurückzukommen sein wird), während Kant diesen Kriterien später nicht mehr vertraute.

Dafür nahm der dritte dialektische Teil der „Kritik der reinen Vernunft" und das Thema der *Verwechslung* des Sensiblen mit dem Intelligiblen einen Umfang an, der in einem bemerkenswerten Mißverhältnis zu Analyse und Deskription des Sinnlichen im ersten Teil stand. Dies ist umso merkwürdiger, als die „transzendentale Elementarlehre" doch bereits vorgab, die Positionen des Formalen und Stofflichen, Begrifflichen und Sinnlichen, Apriorischen und Aposteriortischen hinreichend geklärt, Raum und Zeit in der rechten Weise platziert und gegeneinander abgegrenzt zu haben, und die „transzendentale Logik" (Analytik) diese mit den intellektuellen Vermögen ins Einvernehmen gesetzt hatte, während die „reine Vernunft" im dritten dialektischen Teil sich wiederum in die *mathematischen* Antinomien verstrickte (von den dynamischen Antinomien, die die Probleme der Gotteserkenntnis und der Willensfreiheit betrafen, kann an dieser Stelle abgesehen werden), die Verhältnisse von Raum und Zeit, Unendlichkeit und Endlichkeit, Ganzem und Teil durcheinander brachte und nicht richtig einzuschätzen wußte. Entweder sind die Gemütsvermögen, die Kant in den ersten beiden Teilen (Ästhetik und Logik) beschrieb, *unbewußte* Vermögen (oder Instanzen), die nichts voneinander wissen, die jedes für sich operieren, und die alle gegen alle kämpfen, wie vornehmlich Herbart gegen Kants Vermögenslehre eingewandt hatte (vgl.

1850, Bd. 5, S. 216), oder das „reine Vernunftvermögen" ist nicht ein ursprüngliches „angestammtes" allgemein-menschliches Geistesvermögen (was allerdings den Grundbegriff der „praktischen Vernunft" vernichten würde), sondern die stets bekämpfte Vernunft der Philosophie Leibniz'. Letzterer Auffassung, die sich mit Rückblick auf die vorkritischen Arbeiten zwanglos anbietet und durch die Inauguraldissertation nochmals erhärten läßt, suchte Kant in der „Kritik der reinen Vernunft" von vornherein vorzubeugen, indem er betonte, er habe die Antinomien der reinen Vernunft nicht im Hinblick auf eine bestimmte gegnerische Position ins Auge gefaßt, sondern rein aus einer unparteilichen und unvoreingenommenen Haltung heraus gefunden, also nicht etwa im Wettstreit mit und gegen andere konzipiert, sondern vielmehr aus dem *Wesen* der reinen Vernunft selbst extrahiert (vgl. KrV, B 448 ff.). Zweifellos ein so originelles wie bedenkliches Verfahren – denn die Antinomien der raum-zeitlichen Kontinua, das Verhältnis von Ganzem und Teil, die Widersprüche im Begriff des aktual Unendlichen waren seit der griechischen Philosophie allgemein-philosophischer Diskussionsgegenstand – und worin sollte der Vorteil für eine zukünftige Behandlung der Probleme bestehen, wenn bereits formulierte Standpunkte schlechterdings nicht mehr gehört werden durften, stattdessen die reine Vernunft auf unlösbare Antinomien festgeschrieben wurde? Hielt Kant selbst denn die behauptete Neutralität durch, wenn er Andersdenkenden in puncto Raum, Zeit und Sinnlichkeit dann doch global Scheinlösungen, Sophismen und „Ausflüchte" unterstellte, die es „abzuschneiden" galt? (Vgl. KrV, B 469)

Verhielt es sich nicht in der Tat so, wie mehrfach vermutet wurde, nämlich daß Kant den schwierigen *psychologischen* Konstituenten der Sinnlichkeit, insbesondere den durch die englische Philosophie beigebrachten Analysen der Struktur und Funktion der Wahrnehmung/Begriffsbildung (Abstraktion) *auswich*, sich wiederum der Diskussion der diesbezüglichen psychologischen Differenzen zwischen der englischen Philosophie und der rationalen Psychologie Leibniz' *entzog*, in der Meinung, die gesamte Komplexität der Wahrnehmung/Begriffsbildung mit der globalen Attestierung „falscher Raumbegriff" unterbinden zu können? Gibt es nicht zu denken, daß in ihren Grundprämissen jeweils voneinander abweichende Persönlichkeiten des 19. Jahrhunderts wie Schopenhauer, Herbart, Lange und Stumpf in ihren Urteilen über Kants fehlgehende Bestimmungen über das Verhältnis von Sinnlichkeit/Intellektualität (von den apriorischen Elementen der Erkenntnis ganz zu schweigen) merkwürdig übereinstimmten? Schopenhauer, der wiederholt auf Kants diesbezügliche Selbstwidersprüche insistierte, verwies seinerseits auf die konsequenteren Analysen Berkeleys (vgl. W.a.W.u.V., Anhang, 4. B., S. 530). Lange, der durchaus mit Kants Raumlehre sympathisierte, gab Humes psychologischen Analysen der Begriffsbildung den Vorzug (vgl. Gesch., 2. Bd., S. 492) und wandte Kants Warnung vor allzu grobem Handwerkszeug zur Lösung diffiziler Probleme („Meißel und Schlägel können gar wohl dazu dienen, ein Stück Zimmerholz zu bearbeiten, aber zum Kupferstechen muß man die Radiernadel gebrauchen") auf den Autor zurück (a. O., S. 490). Herbart und Stumpf urteilten in diesem Kontext übereinstimmend, daß Kant, statt das problematische Verhältnis von Anschauung und Begriffsbildung zu entflechten, „den Knoten ungeduldig zerhauen" (vgl. Herbart, 1850, 5. Bd., S. 262) und „die Flinte ins Korn geworfen" habe (vgl. Stumpf, 1939-40, S. 11).

Gegen diese wahrnehmungstheoretisch und psychologisch orientierten Einwände fiel die Bedeutung und die kulturelle Akzeptanz der kantschen *Ethik* ins Gewicht, denn bekanntlich dienten die Aufwendungen des dritten dialektischen Teils, die der Kritik bezüglich der *Verwechslung* des Sinnlichen mit dem Intelligiblen galten, dem ethisch relevanten Nachweis, daß wir von der Gottheit, der Seele, der Willensfreiheit und dem

Weltganzen zwar weder bestimmte Begriffe noch konkrete oder reine Anschauungen, dafür aber *Ideen* hätten.

Epistemologisch bilden die Ideen eine transzendente Sonderklasse neben den realitätskonstitutiven Kategorien (Verstandesbegriffen) und den reinen (mathematischen) Anschauungen; die Ideen sind nicht Gegenstände der Anschauung oder Erkenntnis, sie sind aber darum nicht *nichts*, bloße Einbildungen oder Fiktionen, sondern Objekte des moralischen Willens (Begehrens), das hieße nach Kant eines von aller Sinnlichkeit (Lust-Unlustgefühlen) gereinigten Vernunftstrebens nach dem Guten im Sinne eines unbedingten Wertes. Hier trat „Sinnlichkeit" nicht nur in Kontrast zu „Begrifflichkeit" (Erkenntnis), sondern auch noch zu dem dritten basalen Gemütsvermögen, zum Willen; demonstrierte der Terminus „Sinnlichkeit" seinen äquivoken Charakter, insofern er sowohl die sinnliche Perzeption als auch die sie mit Lust oder Unlust begleitenden Gefühle umgriff und terminologisch abzudecken hatte. Einmal ganz abgesehen davon, daß in Kants Willensbegriff „Strebung" und (praktische) „Vernunft" (Erkenntnis, Wissen) eigentümlich miteinander verschmolzen, darf dieser Wille (als Gemütsvermögen) nicht nur nicht psychologisch gedeutet werden, weil er sonst auch die amoralischen Strebungen miteinbeziehen müßte, sondern verwickelt metapsychologisch in Widersprüche, und dies nicht etwa, weil ein vernünftiges und reines Wollen psychologisch nicht verallgemeinert werden dürfte (insofern metapsychologische Termini nicht Durchschnittswerte abbilden, sondern im Sinne von Idealtypen zu verstehen sind). Das Antipsychologische des kantschen Willens rührte aus dem tran-szendenten (übersinnlichen) Charakter der Ideen, auf die der Wille „gerichtet" ist.

Selbst ohne tieferes Eingehen auf Kants Metaphysik der Moral erhellt die Problematik eines von den Vermögen der Sinnlichkeit und Intellektualität *getrennten* Willensvermögens aus folgenden Dilemmata: Der Wille als spontaner (intentionaler) Akt des Strebens *nach etwas, setzt voraus*, daß das Erstrebte (die Idee) primär *geschaut*, *vorgestellt*, *beurteilt* oder *gefühlt* wird (was den Willen im übrigen genetisch in ein späteres Entwicklungsstadium verweisen würde), oder daß das Erstrebte irgendwie (transzendent) *existiert*. Psychologisch würde daraus folgen, daß es in der einen oder anderen Weise *unbewußt* intendiert würde; diese Interpretation eröffnete der Psychologie (eigentlich Metaphysik) des unbewußten Willens mit ihren unterschiedlichen Deutungen Tür und Tor mitsamt dem epistemologisch und psychologisch brisanten Problem eines entweder objektlosen (ziellosen) Willens (Schopenhauers Wille als „Ding an sich") oder eines unbewußten Willens (Triebes), dessen Objekte beliebig (z.B. als austauschbare Sexualobjekte) interpretierbar waren. Das Problem eines *separierten* Willens*vermögens* stellte sich aber nicht nur der Metapsychologie des Unbewußten, sondern auch der objektiven (experimentellen) Psychologie in der Ära Wundts, die dem Willen, durchaus in der Nachfolge Kants und Schopenhauers, eine *primäre* und *basale* Position und Funktion (Voluntarismus) einräumte, was sie mit dem generelleren Problem einer begründeten Klassifikation und Genese des Psychischen konfrontierte, für welches das Experiment freilich keine Entscheidungshilfe bieten konnte (vgl. dazu Külpes Monographie über den Willen, 1888).

So mißlich es einerseits ist, in diesem Zusammenhang und in gedrängter Kürze das komplexe psychologische Problem des Willens in seinen *Verwebungen* mit den anderen Seelenvermögen (Wahrnehmung, Vorstellung, Urteil, Gefühl) überhaupt anzuschneiden, so deutet es andererseits exemplarisch auf die Konsequenzen ungeklärter Termini, die Kant schwerlich dazu ermächtigten, anderen pauschal „Verwechslung" des Sinnlichen mit dem Intelligiblen anzulasten. Kants häufig ins Spiel gebrachte Methode, Definitionen durch Negationen zu suchen, (die „Idee" ist *nicht* Anschauung oder Begriff, der Wille ist *nicht* durch sinnliche Anreize, Gefühle oder Urteile bestimmt) betrieb freilich „Psychologie auf eigene" Faust und umging die Notwendigkeit der zweifellos schwierigen und sehr aufwendigen Deskription des Psychischen, die er in der vorkritischen Phase, und solange er die Eigenart philosophischer Erkenntnis als *Analyse* von dem *synthetischen* Verfahren der Mathematik noch unterschied und achtete, sehr wohl anerkannte.

Die Deskription des Psychischen erfordert in der Tat große Anstrengungen und wird nicht von einer Psychologengeneration zu leisten sein. Bemerkenswert ist, daß ein Psychologe von Herbarts Format, der sonst vor keiner Schwierigkeit zurückschreckte, sich zu dem Gedanken der Mathematisierung des Psychischen verleiten ließ, von der er sich allein eine exakte Grundlegung der wissenschaftlichen Psychologie versprach (vgl. Herbart, 1850, 5. Bd., S. 205 ff.), weil er der Deskription auf der Basis der inneren und äußeren Wahrnehmung nicht vertraute. Allem Anschein nach war für Herbart durch Kant ein für allemal bewiesen worden, daß psychologische Termini sich, je nach Bedarf und spezifischer Absicht des Philosophen, beliebig definieren und fingieren ließen. Herbarts Entscheid führte jedoch zu der noch kurzschlüssigeren Entscheidung, das Experiment zur wesentlichen und *einzigen* Instanz der wissenschaftlichen Psychologie zu inthronisieren, in der Meinung, dieses Mittel *erspare* die zuvor zu leistende mühsame Analyse und Deskription des Psychischen. Nicht zufällig erlitt dieser Glaube eine empfindliche Einbuße, als das Problem des Willens in diesem Kontext aktuell wurde (vgl. dazu die Kontroverse zwischen Selz, 1910 und Ach, 1911). Allem Anschein nach hatte der Glaube an die Alleingültigkeit des Experiments den Blick für den metaphysischen Hintergrund des Willensproblems, bei Kant und seinem Nachfolger Schopenhauer, getrübt.

Mit Rückblick auf das vorkritische Werk erhellte der exquisit *theologische* Kontext, in dem Kant erstmals die *Divergenz* zwischen Anschauung, Intelligenz und Wille – Notwendigkeit und Beliebigkeit, Konflikt und Harmonie *im höchsten Wesen* – zum Problem wurde; diese problematischen Gedanken über das höchste Wesen scheinen Kant von dem monistisch-psychophysischen Seelenmodell weggeführt und zu einem Konfliktmodell respektive Dualismus des Sensiblen und Intelligiblen, der Sinnen- und Ver-standeswelt allererst hingeführt zu haben; daß Leibniz der Herausforderer war, muß an dieser Stelle nicht wiederholt werden, aber wohl ist hier der rechte Ort, das einzig *inhaltliche* Moment, das Kant gegen Leibniz' Begriff der Sinnlichkeit pejorativ vorbrachte, zur Diskussion zu stellen.

Kant behauptete wiederholt (vgl. Dissertation, Bd. 5, § 7, S. 35 f.; KrV, B 62), daß Leibniz den Unterschied zwischen der Sinnlichkeit und dem Intellektuellen als einen „bloß logischen" (formalen?), nämlich als einen Unterschied im Grad der Deutlichkeit erachtet habe, ja die Sinnlichkeit als etwas *ihrer Natur nach Verworrenes* charakterisierte, während er selbst die Unterschiede in *Inhalt* und *Ursprung* der beiden Quellen berücksichtigte – eine schiere Behauptung, welche die tatsächliche und wesentlich komplexere Position des Gegners entstellte und die eigene niemals erhärtete, vielmehr verdeckte, da a priori die unterschiedliche *Geltung* mathematischer (sinnlich-synthetischer) und metaphysischer (logisch-analytischer) Erkenntnis gerechtfertigt werden sollte. Kants Urteile über Leibniz' Begriff der Sinnlichkeit kulminierten an einer Stelle der „Kritik der reinen Vernunft", die suggestiv behauptete, daß Leibniz „der Sinnlichkeit keine eigene Art der Anschauung zugestand, sondern alles, selbst die empirische Vorstellung der Gegenstände im Verstande suchte, und den Sinnen nichts als das verächtliche Geschäft überließ, die Vorstellungen der ersteren zu verwirren und zu verunstalten". (B 332)

Soweit kann ein Philosoph sich in seinem Urteil über einen anderen verirren, wenn er von einem Vorurteil beherrscht wird, das der andere nicht teilt – nämlich Kants Auffassung den intuitiven und synthetischen Charakter der Mathematik betreffend. Daß Kants Resümee über den Stellenwert der Sinnlichkeit in Leibniz' Philosophie und

Psychologie falsch sein muß, leuchtet allein angesichts der Bedeutung ein, welche der *Harmonie* dort beifiel. Sinnlichkeit spielte in Leibniz' „Rationalismus" eine komplexe Rolle, die unter vier Aspekten zu würdigen ist, nämlich a) unter dem Aspekt der rationalen Psychologie, b) der Anthropologie, c) der Epistemologie und d) der Ästhetik.

a) Leibniz' Stufenmodell der Seele

Der rationalen Psychologie Leibniz' lag ein gänzlich *anderes* Seelenmodell zugrunde, das im Unterschied zu Kants *dualistischen* Prämissen für ein *Stufenmodell* des Seelischen votierte, in dem der kontinuierliche Übergang von den „kleinen" (undeutlichen, unmerklichen) Perzeptionen, und von diesen wiederum zu der von willkürlicher Aufmerksamkeit begleiteten Apperzeption (Reflexion), die das Selbstbewußtsein verbürgt, eine entscheidende Bedeutung beanspruchte. Die Perzeption ist nicht per se verworren, sondern auf der Basis infinitesimaler Übergänge mehr oder weniger deutlich. Hier war in der Tat nicht ein ursprünglicher Dualismus, sondern *Entwicklung* aus einem einheitlichen, aber nicht ausdifferenzierten oder restlos ausdifferenzierbaren *Ganzen* gegeben. Perzeption, Strebung und Apperzeption erwachsen aus dem individualisierten und einheitlichen Grund der Monade; ihre Besonderheit „schließt eine Vielheit in der Einheit oder im Einfachen in sich". (Vgl. Monadol., § 13, S. 31) Leibniz betonte, daß die Einfachheit der Monade „keineswegs die Vielheit verschiedener Zustände" ausschließe (vgl. Vernunftprinzipien, S. 4), und verwies auf das psychologische Faktum, daß der geringste Gedanke, dessen wir uns bewußt werden, „eine Mannigfaltigkeit im Gegenstande einbegriffet". (Vgl. Monadol., S. 33)

Die beiden, für die spätere Metapsychologie wichtigen Grundvoraussetzungen, nämlich Ausgang vom Seelen*ganzen* (Einheit des Bewußtseins) und *Entwicklung* seiner Anlagen, standen in schärfstem Kontrast zu Kants Dualismus, der sich a) zugunsten der methodischen Unterscheidung mathematischer und metaphysischer Erkenntnis auf die Heterogenität von Sinnlichkeit und Verstand verschwor, ohne diese je psychologisch widerspruchsfrei nachweisen zu können, b) zum Problem der *Entwicklung*, dem- gegenüber Kant sich, wie schon aus den vorkritischen Arbeiten infolge der Voreingenommenheit für die mechanische Physik erhellte, vorwiegend *defensiv* verhielt. Muß nicht anstelle einer wie immer verstandenen Dualität und Grenzziehung die *Einheit des Bewußtseins* als conditio sine qua non eines jeden sinnlichen und logischen, aber auch transzendentalen Erkenntnisaktes, falls dieser nicht als Akt eines übermenschlichen (transzendentalen) Subjekt begriffen wurde, *vorausgesetzt* werden? Wie konnte, wer hier einmal auseinander dividiert hatte, jemals wieder zu einem Ganzen (Seelen-, Welt- und Wissenschaftsganzen) gelangen? Diesem, primär zu erwägenden, die leibnizsche „Monadologie" fundierenden Gedanken, scheint einmal Kants theologische und ontologische Perspektive und die Faszination durch den Unendlichkeitsbegriff, zum anderen die postulierte Diversität synthetischer und analytischer Verfahrensweisen (worauf später noch zurückzukommen sein wird) im Wege gestanden zu haben.

Diese basale Kontroverse zwischen Kant und Leibniz wirft ein Licht auf die späteren metapsychologischen Modelle die a) entweder von der Einheit oder einer irgendwie interpretierbaren Spaltung des Bewußtseins ausgingen; b) methodisch von Elementarpsychischem (der Empfindung, Vorstellung) zu Komplexerem aufsteigen wollten; c) vom Seelenganzen ausgingen und seine Funktionen („Seelenteile") auf dem Wege der Analyse beizubringen suchten. Daß in allen Fällen der Begriff der *Entwicklung* anders definiert werden mußte, ist evident und in diesem Kontext nicht weniger relevant, ob jener Aspekt berücksichtigt wurde, dem Leibniz die größte Bedeutung beimaß, nämlich einem *unbewußten* Psychischen oder genauer: der kontinuierlichen

Entwicklung einer infinitesimalen seelischen Mannigfaltigkeit geringerer bis unmerklicher Perzeptionen zu deutlicher Perzeption und selbstbewußter Apperzeption.

Kants Fehlurteil über die angeblich von Leibniz vertretene prinzipiell verworrene und verunstaltende Sinnlichkeit stand in Zusammenhang mit dem Problem des unbewußten Seelischen und erhellt schlagartig den Stellenwert psychologischer Grundfragen in der „transzendentalen Ästhetik". Leibniz betonte mehrfach die fundamentale Bedeutung der „kleinen" (unmerklichen) Perzeptionen für sein System (vgl. besonders die Vorrede der Nouv. Ess, S. XVII ff.). Vornehmlich gegen die nur auf das der inneren und äußeren Wahrnehmung Gegebene (Bewußte) rekurrierende Tabula-rasa-Theorie Lockes formulierte Leibniz die Fruchtbarkeit, aber auch Unverzichtbarkeit der Annahme „unmerklicher Perzeptionen": „Die *unmerklichen Perzeptionen* sind [...] in der Geisteslehre (Pneumatik) von ebenso großem Nutzen, wie es die Korpuskeln in der Physik sind." (Nouv. Ess. S. XXVII)

Leibniz war es nicht um einen gewissen Bestand „angeborener Ideen" zu tun als vielmehr um den Nachweis kontinuierlicher, infinitesimaler Verbindung und Entwicklung zwischen Erscheinungen, die uns als *getrennte* oder gar *antinomische* wie seelische und körperliche Substanz, Quantität und Qualität, Universalität und Individualität, Möglichkeit und Wirklichkeit imponieren. Im Rahmen des seelischen Stufenmodells überbrückten die „kleinen Perzeptionen" tierische und menschliche Wahrnehmungserkenntnis, bildeten das Band der individuellen Besonderheit – jede Monade, jeder Gegenstand ist infinitesimal von jeder anderen/jedem anderen verschieden – auf der Basis der Kontinuitätslehre vermittelten sie zwischen der Individualität, dem Universum und dem göttlichen Wesen, erklärten sie die Harmonie zwischen Körper und Seele; sie waren aber auch die Ursache und der Motor der „Unruhe" (Strebung), die uns dazu antreiben, *zusammenhängende* Erkenntnis und Harmonie sowie den eigentlichen und letzten Grund des Alls zu *suchen*; daß sie das Signum des vieldeutigen Unendlichkeitsbegriffs sind, resultiert aus allem Zuvorgesagten, und *in diesem Kontext* brachte Leibniz das Moment der *Verworrenheit* der Sinnlichkeit zur Sprache. Er setzte voraus, daß es nur der höchsten Vernunft eigen ist, „die ganze Unendlichkeit deutlich zu begreifen und alle Ursachen und Folgen zu überschauen. Alles was wir dagegen *über die Unendlichkeiten vermögen, ist, sie verworren zu erkennen* und wenigstens das deutlich zu wissen, daß sie vorhanden sind; sonst würden wir über die Größe und Schönheit des Weltalls falsch urteilen und auch keine gute Physik, die uns die Natur der Dinge im allgemeinen erklärt, besitzen; noch weniger aber eine gute Lehre vom Geist (Pneumatik), die die Erkenntnis Gottes, der Seelen und der einfachen Substanzen überhaupt in sich schließt." (Nouv. Ess. S. XXXI; Herv. hier nicht von Leibniz)

Es handelt sich hier um nichts weniger als um eine Schlüsselstelle für Kants Urteil über Leibniz' Auffassung der Sinnlichkeit (als „verworrene" Perzeption des Unendlichen). Nur in diesem Kontext ist zu verstehen, wie Kant dazu kam, bei Leibniz eine „Verächtlichmachung" der Sinnlichkeit herauszulesen: Eine „verworrene" Anschauung des Unendlichen war nach Kants Auffassung nicht vereinbar mit der Effizienz der newtonschen Physik (in der das aktual Unendliche im Rahmen der Fluxionsrechnung eine Rolle spielte) und mit der Evidenz der Mathematik, den reinen Anschauungen (Formen) des Raumes und der Zeit, die er nicht nur in der Inauguraldissertation (vgl. Bd. 5, S. 67), sondern auch noch in der „Kritik der reinen Vernunft", und zwar ausdrücklich als reine *unendliche* Anschauungen der raum-zeitlichen Kontinua vertrat (vgl. B 40 und B 48); letztere bilden den Dreh- und Angelpunkt der „transzendentalen Ästhetik"; daß weder *reine* (von den sinnlichen „sekundären" Qualitäten gereinigte) und schon gar nicht *unendliche* Anschauungen empirisch-psychologisch möglich und verifizierbar sind (über eine Zeit*anschauung* verfügen wir überhaupt nicht und das sinnlich Ausgedehnte ist nicht unendlich teilbar), hatten Berkeley und

Hume, mit erheblichen Konsequenzen für die empirische Epistemologie, mit Nachdruck betont und auf ein „minimum visibile" der Wahrnehmung insistiert (vgl. Berkeley, Versuch über eine neue Theorie des Sehens, 1987, S. 36; Hume, Traktat, S. 41 ff.). Leibniz schien diesbezüglich und mit Rekurs auf die „kleinen Perzeptionen" prinzipiell anderer Auffassung gewesen zu sein. Die berühmte Stelle ist im vollen Wortlaut zu zitieren:
"Jede Seele erkennt das Unendliche, erkennt alles, freilich in undeutlicher Weise, so wie ich etwa, wenn ich am Meeresufer spazierengehe und das gewaltige Rauschen des Meeres höre, dabei auch die besonderen Geräusche einer jeden Woge höre, aus denen das Gesamtgeräusch sich zusammensetzt, ohne sie jedoch voneinander unterscheiden zu können. Unsere undeutlichen Perzeptionen sind eben das Ergebnis der Eindrücke, die das gesamte Universum auf uns ausübt; gleichermaßen verhält es sich mit der Monade." (Vgl. Vernunftprinzipien, S. 19)

Nach moderner physiologischer Lehre, deren Erkenntnisse auf Herbart und Fechner zurückgreifen konnten, wäre Leibniz zu widersprechen: Tierische wie menschliche Wahrnehmung ist charakterisiert durch quantitative und qualitative, obere und untere Empfindungs*schwellen*, die das Gebiet wahrnehmbarer Reize *begrenzen* und es in sich einschließen (vgl. Erismann, 1967, S. 17). Das für die Physiologie und Psychologie der Wahrnehmung wichtige Phänomen der Empfindungsschwelle scheint Leibniz, der minima im Kontext seiner Metaphysik und Philosophie der Mathematik prinzipiell nicht akzeptierte, zugunsten der „kleinen Perzeptionen" nicht berücksichtigt zu haben, obwohl freilich auch ihm bekannt war, daß den Leistungen der Sinnesorgane physisch Grenzen gesetzt sind (vgl. Nouv. Ess. 1. B., S. 215), und er weniger an der absoluten Schwelle als an den infinitesimalen Zwischengraden der (nach moderner Terminologie sogenannten) *Unterschiedsschwelle* interessiert war.

Wenn Kant einerseits den empirisch-psychologischen Einwand hinsichtlich unendlicher Anschauungen *verwarf*, andererseits auch das Plädoyer für eine verworrene oder „unbewußte" Anschauung des Unendlichen *nicht* goutierte, dann fiel die „Sinnlichkeit" (als reine Raum- und Zeitanschauung) schlechterdings aus dem Bereich der menschlichen Natur heraus und näherte sich der reinen *intellektualen* Anschauung oder gar dem göttlichen „videre" und „intellegere" an, was Kant in der Inauguraldissertation, hier die Zeitanschauung betreffend, auch andeutete (vgl. 1770, Bd. V, S. 67).

Damit ist der kritische Kulminationspunkt erreicht, an dem die transzendentale und die empirisch-psychologische Methode als unversöhnliche Gegner auftreten; wenn nicht nur die Vernunft (als Vermögen der Apperzeption und Reflexion), sondern auch die menschliche sinnliche Natur Leistungen erbringen soll, welche die Natur der Spezies transzendieren, *muß* wissenschaftliche Psychologie kapitulieren. Daß Kant letztendlich einem prinzipiellen Irrtum unterlag, was das Verhältnis philosophischer und psychologischer Erkenntnis anbelangt, soll hier noch nicht vertieft werden (vgl. den folgenden Abschnitt), anzumerken ist aber in diesem Zusammenhang noch, daß er seinerseits keinen geringen Gebrauch von unbewußten (verworrenen?) Erkenntnisprozessen machte und die *unbewußte* Einbildungskraft sogar dazu autorisierte, dem in diverse Quellen und Vermögen zerfallenen Seelenganzen wieder zur Einheit zu verhelfen (vgl. KrV, B 104), ohne jedoch – und darauf kommt es hier an – die *methodologischen* (epistemologischen, psychologischen und anthropologischen) *Konsequenzen* der Annahme eines unbewußten Seelischen, die er der rationalen Psychologie Leibniz' entlehnte, je unter seinen transzendentalen Prämissen zum Problem zu machen und zu vertiefen. Allerdings ist Kant zugute zu halten, daß sich die Problematik des Unbewußten, an der sich mehrfach die Wege psychologischer Grundkonzeptionen trennten, erst im 19. Jahrhundert voll entfaltete, aber bis heute nicht zu nennenswerter Klarheit gefunden hat. Das Problem des Unbewußten in der Psychologie scheint dem Problem der Unschärferelation in der modernen Quantenphysik vergleichbar zu sein.

b) Der Stellenwert der „kleinen Perceptionen" in Leibniz' Anthropologie

Unter anthropologischen Gesichtspunkten verringerte das Votum für die „kleinen Perzeptionen" den Unterschied zwischen Mensch und Tier, insofern Leibniz sich gegen Descartes und seine Anhänger aussprach, die Empfindung und Wahrnehmung, und damit Seelisches, allein der menschlichen Spezies vorbehielten und die Tiere auf eine Stufe mit Maschinen stellten. (Vgl. Leibniz, Vernunftprinzipien, S. 9; Monadologie, S. 63)

Leibniz' Grundhaltung, die auch den Tieren Perzeption, Gedächtnis und Empfindung zubilligte, dagegen die mit willkürlicher Aufmerksamkeit, Reflexion und Ichbewußtsein verbundene Apperzeption der menschlichen Seele reservierte, ist nicht nur unter psychologischen, sondern auch unter anthropologischen Prämissen relevant, insofern der Mensch seelische Faktoren (Perzeption, Empfindung, Gedächtnis und sogar Strebung) mit der Tierspezies teilt und letzterer näherrückt – zumal a) das Moment der Apperzeption die menschliche Seele nicht allezeit begleitet und b) Leibniz die Perzeption nicht als eine bloß passive „Rezeptivität", sondern als ein Prinzip der *Zusammenfassung* begriff, ermöglicht durch die Sinnesorgane, „die eine Menge von Lichtstrahlen oder Luftschwingungen zusammenfassen, um sie so in der Vereinigung wirksamer zu machen". (Vgl. Monadologie, S. 37) Sogar das Vermögen, in beschränktem Ausmaß Schlußfolgerungen zu ziehen, räumte Leibniz den Tieren ein und bezeichnete sie in diesem Zusammenhang als „reine Empiriker" (a. O., S. 37). Daß aus der Verringerung des Abstandes zwischen Mensch und Tier keine „Verächtlichmachung" der menschlichen Sinnlichkeit gefolgert werden kann, wird unter dem letzten Punkt (d) zu erhärten sein. Leibniz' Anthropologie maß im Kontext seiner Metaphysik den biologischen Konstituenten einen größeren Stellenwert bei, während Kant nach den Prämissen seiner Metaphysik der Moral die Grenze zwischen den Tieren (als bloße „Sachen", mit der man nach Belieben schalten und walten kann) und den Menschen (als mit Freiheit und Vernunft begabte Personen) schneidend machte.

Daß Leibniz auch bei Tierseelen „Strebung" annahm, folgte daraus, daß er diesen Begriff nicht a priori moralisch interpretierte, vielmehr im Kontext der Zweckursachen als das Prinzip *kontinuierlicher* Veränderung verstand, und zwar weil Perzeption nur aus Perzeption (die deutlichere aus der weniger deutlichen), aber nicht unmittelbar aus äußeren Ursachen erklärt werden kann. Das Argument war später für Herbart und ist immer noch methodologisch von großer Bedeutung, weil Leibniz einmal den ursächlichen *Reiz* nicht mit der von ihm *qualitativ* unterschiedenen *Perzeption* und *Empfindung* verwechselte, was Kant sehr wohl unterstellt werden darf, der die sinnliche „Rezeptivität" (im Unterschied zur Spontaneität des Verstandes) unmittelbar von äußeren Ursachen herrühren ließ, b) Leibniz das Maschinenmodell, in dem räumlich gesonderte Teile ineinandergreifen, aber nichts qualitativ Neues „bewirken", nicht auf das unräumliche Seelenganze (seine qualitative Mannigfaltigkeit) übertrug oder (wie Schopenhauer und Lange) mit dem Gehirn identifizierte.

„Denkt man sich etwa eine Maschine, die so beschaffen wäre, daß sie denken, empfinden und perzipieren könnte, so kann man sie sich derart proportional vergrößert vorstellen, daß man in sie wie in eine Mühle eintreten könnte. Dies vorausgesetzt, wird man bei der Besichtigung ihres Inneren nichts weiter als einzelne Teile finden, die einander stoßen, niemals aber etwas, woraus eine Perzeption zu erklären wäre. Also muß man diese in der *einfachen* Substanz suchen und *nicht* im *Zusammengesetzten* oder in der Maschine. Auch läßt sich in der einfachen Substanz nichts finden als eben dieses:

Perzeptionen und ihre Veränderungen. In diesen allein können *innere Tätigkeiten* der einfachen Substanzen bestehen" (Monadologie, S. 33).

Indem Leibniz Perzeption und Apperzeption unterschied, plädierte er freilich auch und sogar ausdrücklich für „zwei Quellen unserer Erkenntnis"; (vgl. Monadologie, S. XXI) die Differenz zu Kant lag aber nicht in dem „logischen" Merkmal der Deutlichkeit/Undeutlichkeit (Perzeption und Apperzeption können beide mehr/minder deutlich sein), sondern darin, daß Kant sie einmal *dualistisch* auffaßte, zum anderen Stoff und Form der Sinnlichkeit *trennte*, während Leibniz ein *Stufenmodell* des Seelischen favorisierte, in dem Apperzeption (Abstraktion) auf Perzeption *aufbaute*.

c) Kants Grenzziehung zwischen Lockes „Empirismus" und Leibniz' „Rationalismus"

Die jeweils psychologischen Differenzen beeinflußten die epistemologischen Grundeinstellungen, die aber nicht den Unterschied zwischen Vernunft- und Tatsachenwahrheiten (Leibniz), den apriorischen und aposteriorischen Erkenntnissen (Kant) betrafen, sondern die von Kant kreierte dritte Klasse der „synthetischen Urteile apriori"; psychologisch sind diese erfahrungsunabhängigen Urteile irrelevant, und Kants verschachtelte Wege zu ihrer Begründung können hier außer Betracht bleiben; der Psychologe F. Brentano hielt sie für „blinde Vorurteile", also für unbewiesene und unbeweisbare Voraussetzungen (vgl. Brentano, 1895 in 1968, S. 20 f.), der Physiker Einstein machte „die ungeheure suggestive Wirkung" der Philosophie Kants an ihnen fest: „Wenn man ihm nur die Existenz synthetischer Urteile a priori zugibt, ist man schon gefangen." (Zit. nach J. Wickert, Einstein, 1972, S. 23)

Anstelle dieser dem dogmatischen Teil der Lehre zugehörigen Urteile ist ein letztes Mal die behauptete Verwechslung des Sinnlichen mit dem Intellektuellen zum Thema zu machen. Kant konstruierte in diesem Kontext einen Hiatus zwischen Lockes „Sensualismus" und Leibniz' „Rationalismus", aber Kants schneidendes Urteil, Leibniz habe die Erscheinungen „intellektuiert", Locke sie „insgesamt sensifiziert", (vgl. KrV, B 327) war schlicht unzutreffend. Der Philosoph der „prästabilierten Harmonie" würdigte die Sinnlichkeit in weit höherem Maße als Kant, und Lockes Lehre vom „Wissen und von der Wahrscheinlichkeit" (vgl. Versuch, 2. Bd., S.167ff.) berücksichtigte sehr wohl intuitive und aproiorische Erkenntnisse; selbst Cassirer mußte einräumen, daß Lockes Lehre nicht schlechterdings als „Sensualismus" zu bezeichnen sei (vgl. Cassirer, 1974, 2. Bd., S. 235). Lockes Philosophie wurde im 19. Jahrhundert nach der Vorgabe Kants als „Sensualismus" und „Empirismus" abgewertet, was nicht nur die epistemologisch bedeutsamen Leistungen, sondern auch die Psychologie Lockes disqualifizierte. Im deutschen Sprachraum erreichte die Verächtlichmachung Lockes bemerkenswerte Höhepunkte. (Beispielhaft sei auf F. Nietzsche und seine nicht zitierbaren groben Invektiven gegen die englische Philosophie insgesamt in KSA, Bd. 5, S. 195 f., verwiesen.)

Die tatsächlichen Unterschiede zwischen Leibniz und Locke sind weniger in den epistemologischen als vielmehr in den metaphysischen (Materie- und Substanzbegriff betreffend) und den metapsychologischen Prämissen beider zu suchen: Locke befürwortete metaphysisch (im Unterschied zu Leibniz) den Atomismus, Leibniz votierte (im Unterschied zu Locke) für die „kleinen Perzeptionen", das hieß für unbewußte seelische Vorgänge, und letztere tangierten den Substanzbegriff respektive die Frage, ob die Seele immer denkt (perzipiert), immer tätig (aktiv) ist, ohne daß diese Tätigkeit stets zu voller Bewußtheit (Klarheit, Deutlichkeit) gelangt (vgl. Leibniz' Stellung zu Locke, Nouv. Ess.,S. XXI)

d) Leibniz' Ästhetik und ein Gleichklang bei D. Hume im Hinblick auf eine erfahrungsunabhängige Struktur der Sinnlichkeit

Die Bedeutsamkeit der „kleinen Perzeptionen" erstreckte sich auch auf Leibniz' Ästhetik „Sie bilden das ‚Ich-weiß-nicht-was', diesen Geschmack nach etwas, diese Vorstellungsbilder von sinnlichen Qualitäten, welche alle in ihrem Zusammensein klar, jedoch in ihren einzelnen Teilen verworren sind." (Vgl. Nouv. Ess., S. XXV) Unter diesem Aspekt soll ein letzter Punkt angesprochen werden, der die Frage apriorischer *Elemente* der Sinnlichkeit aufwirft, die sich nicht auf das Mathematisch-Formale und Quantitative der extensiven Größen, sondern das Qualitative und Intensive der Wahrnehmung, das eigentlich Ästhetische beziehen, für das wir freilich keine objektiven Maßstäbe und abzählbaren Meßwerte haben, weil „Grade" nicht „Teile" sind.

Die Frage berührt einerseits einen tiefgründigen Dissens zwischen Kants und Leibniz' Begriff der Sinnlichkeit und war andererseits für die Phänomenologie und phänomenologische Psychologie von Bedeutung. Erkennbare Ordnung und Form a priori hatte Kant nur für die räumlich und zeitlich erfaßbaren (meßbaren, objektivierbaren) Erscheinungen der Ausdehnung und der Bewegung angenommen und anerkannt, während er die sogenannten sekundären Qualitäten, wie Farbe, Ton, Geruch, Geschmack als subjektive, von der jeweiligen Organbeschaffenheit des Wahrnehmenden abhängige Erscheinungen, dem amorphen Stoff sinnlicher Rezeptivität rubrizierte und fortan als wissenschaftsunfähige nicht mehr würdigte.

Dagegen lassen sich bei Leibniz zwei Stellungnahmen finden, die darauf hindeuten, daß Apriorität und Idealität auch dem Qualitativen der höheren Sinne (Auge und Ohr) eigen sind und „verworren" apperzipiert werden – einmal das Gebiet der Farben, zum anderen das der Töne betreffend. Hinsichtlich der Farben hielt Leibniz es, entgegen der Auffassung Lockes, für möglich, daß eine bestimmte Farbe in ihren Nuancen (beispielsweise Weiß) sich unendlich und bis zur Vorstellung eines idealen Weiß (im Sinne einer platonischen Idee) steigern läßt, und dies, obwohl wir hier des Mittels der Zahl (des Zählens) entraten (vgl. Nouv. Ess., 1. Bd., S. 215). Das würde bedeuten, daß a) sich der Begriff des Unendlichen nicht auf mathematisch-berechenbare Größenbestimmungen begrenzt, sondern auch dem Qualitativen inhäriert, daß b) die sinnlichen Qualitäten (Farben, Töne) auf eine ihnen *je eigene Ordnung* und *Gesetzmäßigkeit* Anspruch machen können. Erst in diesem Kontext erschließt sich die Bandbreite des leibnizschen Harmoniebegriffes, der Qualitatives und Quantitatives gleichermaßen erfaßte, und wird der eigenartige Gedanke Kants nachvollziehbar, der das mathematische Unendliche, wenngleich reduktionistisch und unter Vernachlässigung des Qualitativen, mit dem Ästhetischen identifizierte.

In einem anderen Zusammenhang streifte Leibniz das Gebiet der Töne und suchte die bis auf den ‚vorsokratischen' Philosophen Pythagoras zurückgehende Auffassung einer *unbewußten* Wahrnehmung der den harmonischen Gebilden zugrundeliegenden *mathematischen* Ordnung nachzuweisen: „Die Musik entzückt uns, obwohl ihre Schönheit in nichts anderem als in der Entsprechung von Zahlen und der uns unbewußten Zählung besteht, welche die Seele an den in gewissen Intervallen zusammentreffenden Schlägen und Schwingungen der tönenden Körper vornimmt. Die Freuden, die das Auge an Proportionen findet, sind gleicher Art, und auch die übrigen Sinne werden von ähnlichen Dingen herrühren, obwohl wir sie nicht so deutlich erkennen können." (Vgl. Vernunftprinzipien, S. 23) Zwar ist die Auffassung eines *unbewußten Zählens* tonpsychologisch von keiner Bedeutung und Leibniz schien in den Fehler zu fallen, den er hinsichtlich der Farbwahrnehmung vermied. Wichtiger ist in diesem Kontext, daß das schroffe Bedeutungsgefälle zwischen den primären und sekundären Qualitäten in einem wichtigen Punkt relativiert wurde.

Was diesen Punkt anbelangt, bestand eine bemerkenswerte Übereinstimmung zwischen dem „Rationalisten" Leibniz und dem „Sensualisten" Hume. Hume ging sogar noch einen Schritt weiter als Leibniz; in Zusammenhang mit seiner kritischen Analyse des Größenbegriffs und den Einwänden gegen das absolute Exaktheitsideal der Geometrie – wir unterscheiden und messen die Teile und Verhältnisse geometrischer Figuren und Bewegungsvorgänge nur approximativ, müssen uns mit idealisierten „fiktiven" Maßstäben begnügen, weil es faktische *Gleichheit* nicht gibt – verwies Hume auf vergleichbare und gleichwertige ideale Maßstäbe in der Musik: „Ein Musiker, der findet, daß sein Gehör jeden Tag feiner wird, und dem es gelingt, sich selbst durch Nachdenken und Aufmerksamkeit zu korrigieren, führt einen psychischen Prozeß weiter, auch wenn sein (sinnlicher) Gegenstand (Eindruck) ihn im Stich läßt; er gewinnt so schließlich den Begriff einer vollkommenen Terz und Oktave, ohne daß er imstande wäre, zu sagen, woher er den Maßstab dafür nimmt. Dieselbe Funktion vollzieht der Maler in bezug auf Farben, der Mechaniker in bezug auf Bewegungen." (Vgl. Traktat, 1. B., 2. T., S. 68)

In *allen* Fällen nahm Hume an, daß die *verschiedenen* Möglichkeiten der Berichtigung unserer Maße (in Richtung auf *ideale* Maßstäbe) und verschiedene Genauigkeitsgrade „eine dunkle und unbestimmte Vorstellung von einer vollkommenen und vollständigen Gleichheit in uns entstehen lassen". (Ebd.) Das hieß freilich, daß Hume sein grundlegendes empiristisches Prinzip – daß alle Vorstellungen/Ideen auf (bewussten) Wahrnehmungen (Eindrücken) basieren – *einschränkte* (auch „dunkle" Vorstellungen nicht ausschloß) und *Ausnahmen* zuließ im Hinblick auf die *Vervollständigung* kontinuierlicher qualitativer *Reihen* wie Farb- und Tonskalen, und im Hinblick auf ideale *Relationen* (die musikalisch harmonischen Intervalle), die es in der äußeren Wirklichkeit so wenig wie ideale Dreiecke gibt, würdigte. Das hieß aber auch, daß „Rationalismus" und „Sensualismus" hier – im Gegensatz zu Locke und Kant – hinsichtlich der Bedeutsamkeit und *Erweiterungsmöglichkeit* der sekundären Qualitäten übereinstimmten und der vermeintliche Hiatus zwischen dem Quantitativen und dem Qualitativen überbrückbar erschien.

Der Begriff, der hier im Hinblick auf die Verhältnisse von Anschauung und intellektuelle Erfassung des Qualitativen und Quantitativen ins Zentrum rückte, war der Begriff der *Gleichheit*. Für Platon und noch für Leibniz war dieser Begriff das überzeugendste Beispiel dafür, daß Allgemeinbegriffe nicht aus der Sinneswahrnehmung gewonnen werden können, sondern an sie herangetragen werden müssen. Nicht *Gleichheit*, sondern *Ähnlichkeit* würde wahrgenommen, und wahrgenommene Ähnlichkeit zwischen Erscheinungen scheint den Begriff der Gleichheit (auf den sie sich bezieht) vorauszusetzen, im ganzen auf eine a priori *begriffliche* (kategoriale) Formung des Wahrgenommenen zu deuten.

Ein Entscheid in dieser Frage ist von größter Bedeutung für jede Theorie der Wahrnehmung auf phänomenologischer Basis (vgl. dazu Stumpfs Ausführungen zum Begriff der Gleichheit als Grundbegriff in 1939-40, S. 84 ff.); über Ähnlichkeit und Gleichheit wurde schon im Vorfeld phänomenologischer Forschung intensiv und kontrovers diskutiert, und zwar anläßlich der fundamentalen Bedeutung, die Hume der *Relation* (Assoziation) der Ähnlichkeit beigemessen hatte (vgl. dazu v. Meinongs Hume-Studien II, S. 29, 50 ff.; Stumpf, 1883, S. 111 ff.; Mach, 1886/1985, S. 52 ff.; v. Meinong, 1891, /1969, S. 283).

Der Begriff der Gleichheit scheint in besonderer Weise geeignet zu sein, Alternativen zu provozieren, nämlich entweder eine platonisierende Erkenntnislehre oder aber eine Theorie, die Erkenntnis auf der Basis *sinnlicher Relationen* annimmt, zu favorisieren. Die epistemologische Voraussetzung für letztere ist, daß die Relation „Ähnlichkeit" als den Erscheinungen selbst inhärierend angenommen wird, die psychologisch in *einem* Akt wahrgenommen wird; in diesem Fall reduziert sich Gleichheit auf extreme Ähnlichkeit. Diese Position vertrat Stumpf, der allerdings zusammengesetzte Ähnlichkeit (beispielsweise zwischen transponierten Melodien, deren Elemente verschieden, deren Relationen gleich sind) und Ähnlichkeit des Einfachen (geringer bis verschwindender *Abstand* zwischen Elementen eines Kontinuums) unterschied (vgl. dazu Stumpf, 1883, S. 97 ff.). Je nach dem wie „Gleichheit" definiert wird (als Begriff a priori oder als perzeptorische Relation = extreme Ähnlichkeit), tangiert dies den ontologisch-epistemologischen Status der Erscheinungen und ist konstitutiv für den jeweiligen Begriff der Phänomenologie. Edmund Husserl beispielsweise setzte in diesem Kontext entscheidende Akzente im Hinblick auf seine transzendentale Idee von Phänomenologie, die sowohl aus seiner ablehnenden Haltung der humeschen „sensualistischen" Theorie der Abstraktion rührten (vgl. Husserls 2. Untersuchung der „Logischen Untersuchungen", 1928, S. 184 ff.) als auch Husserls Terminus der „kategorialen Anschauung" betrafen (vgl. a. O., S. 168).

Daß der aus der perzeptorischen Grundrelation *entwickelte* Begriff der Gleichheit diverse Facetten anreicherte, die in die Gebiete der Mathematik, Logik und Erkenntnistheorie verwiesen und unterschieden werden müssen, kann in diesem Kontext vernachlässigt werden; er interessiert hier als derjenige Terminus, der a) Anschauung (Wahrnehmung) und Begriff, Ästhetik und Logik, Quantität und Qualität *dominiert*, aber nicht *spalten* muß; b) daß er, wenn Begriffe a priori prinzipiell nicht akzeptiert werden, in der Tat aus der Wahrnehmung von Ähnlichkeit hergenommen wird, *aber nicht Wahrnehmung von Ähnlichkeit zwischen Dingen* (was Husserl bei Hume moniert zu haben scheint), *sondern zwischen einfachen Empfindungsqualitäten, die untereinander Reihen (Spezies) bilden und gleichmäßige Veränderungen aufweisen* (wie beispielsweise Farben und Töne). Freilich kamen derartige Überlegungen oder gar Untersuchungen weder für Locke noch für Kant in Frage, nachdem der Bereich der „subjektiven" Empfindungen (sekundären Qualitäten) mit Blick auf das Gegenständliche, Objektive und Formale prinzipiell von weiteren Recherchen ausgeschlossen worden war, was Stumpf zu der drastischen Bemerkung veranlaßte: „Damit ist aber auch der lebendige Fortgang der Untersuchung unterbunden. Wie in einem Krematorium stehen jetzt die Urnen mit der Asche der verbrannten Leichen wohlgeordnet nebeneinander." (1939-40, S. 84)

Der Exkurs über den Begriff der Gleichheit verdeutlicht, daß das methodische Prinzip der angelsächsischen Philosophie, komplexe Begriffe auf ihre perzeptorichen Fundamente (sinnlichen Eindrücke) zurückzuführen, selbst von Hume nicht ausgeschöpft wurde und weiterer Ergänzungen bedurfte; der Exkurs erhellt allerdings auch, daß die Analyse des Qualitativen, die auf das Wesen von und auf spezifische Differenzen zwischen eindimensionalen, mehrdimensionalen, räumlichen, zeitlichen, tonalen, farblichen *Kontinua* rekurriert, Überlegungen erforderlich macht, die den begrifflichen Abstraktionen der Mathematik und Logik nicht nachstehen.

Husserl irrte, wenn er Stumpfs Beschäftigung mit den sinnlichen Erscheinungen zu einer „reinen Hyletik" (reinen Stofflehre) abwertete (vgl. Husserl, 1913/1976, S. 178). Die Trennung von Stoff und Form, die Unterschätzung des Wesens des Qualitativen und die Unterbestimmung der Begriffe „Quantität" und „Qualität" näherten seine Position zuletzt der Transzendentalphilosophie Kants an, wenngleich für beide Forscher die je unterschiedlichen Erkenntnisinteressen zu respektieren sind.

Kant stand in hohem Maße unter der Präokkupation des Raumbegriffs und der Problematik des Unendlichen, zu deren Bewältigung aber ein wesentlich größerer Aufwand an *methodischer* Schärfe erforderlich gewesen wäre, als der

transzendentale Ansatz zu bieten vermochte. Auf letzteren Aspekt konzentriert sich der folgende abschließende Paragraph.

§ 16 Der Versuch der Inauguraldissertation Kants, die Antinomien im Verhältnis von Ganzem und Teil, Unendlichkeit und Endlichkeit, Sinnlichkeit und Verstand, Synthese und Analyse auf der Basis der Relationen „Koordination" und „Subordination" einer Lösung zuzuführen

Die Dissertation, die „Von der Form der Sinnen- und Verstandeswelt und ihren Gründen" handelte, konfrontierte erstmals mit dem „dunklen" Stil des Hauptwerkes; sie wollte etwas über die *Form* und die *Gründe* der Welt *als* Sinnen- und Verstandeswelt sagen und zugleich eine *zweifache Entstehung* der Erkenntniskräfte im menschlichen Gemüt und zur Aufklärung metaphysischer Grundfragen nachweisen (vgl. 5. Bd., § 1). Der Ansatz ist in mehrfacher Weise als „dialektisch" oder „dualistisch" zu bezeichnen, insofern einer zweifachen Weltperspektive ein nach zwei Seiten hin orientiertes Erkenntnisvermögen mit zweifachem Ursprung gegenübertritt. Das eigentliche Anliegen intendiert die Konsolidierung des die jeweiligen Perspektiven übergreifenden unendlichen Ganzen und impliziert den Versuch des Nachweises, daß die Antionomien des progressiven und aktualen Unendlichen von diesem Ganzen als „Allheit" fernzuhalten sind und aus der prinzipiellen Diversität der menschlichen Erkenntniskräfte erklärt werden können.

Nach Kant verfahren menschliche Sinnlichkeit und menschlicher Verstand nach zwei grundverschiedenen *Relationen*, die er als „Koordination" (sinnliche Beiordnung) und als „Subordination" (verstandesmäßige, logisch-kausale Unterordnung) charakterisierte; das erste Verhältnis, das die Teile der raumzeitlichen Kontinua einander beiordnet, sei gleichartig und *wechselseitig*; es umfaßte nach Kant *sowohl* Synthese *als auch* Analyse; die zweite Relation, deren Fundamente nicht *Teile*, sondern *Zustände* des Weltalls ausdrückten, die logisch und kausal einem sie Begründenden untergeordnet würden, sei *ungleichartig*, nämlich von der einen Seite *Abhängigkeit*, von der anderen Seite *Ursächlichkeit* (vgl. § 1-2).

Diese methodische Neuschöpfung zweier unterschiedlicher *Relationen* bildete den Fokus (das eigentlich Neue) der Inauguraldissertation, die in eigenartiger Weise den Dualismus von Anschauung und Begriff, des Sensiblen und Intelligiblen festschrieb. Psychologisch setzte Kant sich von der gesamten Tradition ab, die, ob empirisch oder rationalistisch orientiert, das Sinnliche psychologisch-genetisch zur Basis des Intellektuellen machte, während Kant auf zwei, ihrer *ursprünglichen* Natur nach diverse, *nicht aufeinander rückführbare* Erkenntnisquellen insistierte; methodologisch suchte Kant a) einerseits Struktur- und Kausalbetrachtung gegeneinander abzugrenzen, andererseits gerieten Kausalrelation und logische Subordination auf *eine* Seite (in eine Klasse); b) schränkte Kant das vieldeutige korrelative Begriffspaar „Analyse-Synthese" *hier* auf die „sinnlichen" Verfahrensweisen der Koordination ein, was freilich den synthetisch-analytischen Charakter der mathematischen Erkenntnis *untermauern*, und sie gegen die logisch-kausale Erkenntnis *abgrenzen* sollte. Kant machte im späteren Werk (mit ganz wenigen Ausnahmen) keinen Gebrauch mehr von dieser zweifachen Relation „Koordination" und „Subordination", kam vielmehr wieder auf die übliche methodologische Verwendung der Korrelation von Synthese und Analyse zurück, die auch in den vor der Dissertation verfaßten Schriften dominierte.

Das korrelative Begriffspaar „Analyse-Synthese", das für ein „Schlüsselwort" der philosophischen Methode ausgegeben wurde (vgl. Oeing-Hanhoff, 1971, Sp. 232 f.), impliziert traditionell Bedeutungsüberschneidungen, je nachdem ob logische Analyse, psychologische Analyse, mathematische Analyse oder naturwissenschaftliche Analyse gemeint ist, um ein gegebenes Ganzes (wie Begriffe, Sätze, geometrische Figuren, kausale Systeme) auf das für sie Konstitutive (Elementare, Formale, Axiomatische, Relationale) zu reduzieren.

In Kants Gesamtwerk wechselten und überschnitten sich die Bedeutungen des Begriffspaares und zwar mit Konsequenzen für die Stringenz der transzendentalen Methode, die hier nicht zu vertiefen sind. Die eigentümliche Verwendung der Begriffe „Analyse" und „Synthese" in der Inauguraldissertation wird hier allein dazu herangezogen, um Kants vieldeutige Bestimmung über das Verhältnis von Sinnlichkeit und Verstand in ihren Folgen für die Psychologie durchsichtiger zu machen. In keiner anderen Schrift arbeitete Kant so energisch auf die *prinzipielle Trennung* der beiden Erkenntnisquellen hin wie in dieser Schrift, *und die getroffene Entscheidung blieb auch dann noch die maßgebliche, als Kant von der hier verwendeten Bedeutung der Begriffe „Analyse" und „Synthese" wieder Abstand nahm.*

Folgender Gedankengang scheint für die Neuschaffung ausschlaggebend gewesen zu sein: Das Analyse-Synthese-Begriffspaar ist allein – im Hinblick auf das Ganze der Welt und in Korrelation zum Ganzen der menschlichen Erkenntniskräfte – defizitär; Analyse und Synthese sind wechselseitig aufeinander bezogen, bedingen einander (das Ganze enthält die Teile, und die Teile bauen das Ganze auf) und reichen nicht hin, um a) die antinomische Struktur des menschlichen Gemüts, die Begrenztheit der Wahrnehmung und das *Wesen* des Widerspruchs (der logischen Ausschließung und realen Opposition) zu erklären; (das von Gott geschaffene Weltganze kann nicht widersprüchlich sein, während die menschliche Erkenntniskraft zwar das unendliche Ganze als Begriff zu denken, aber nicht anschaulich zu konkretisieren vermag) das Begriffspaar reicht nicht hin, um b) die auf *Wechselseitigkeit* beruhende Struktur der Teil-Ganzes-Relation und das *Abhängigkeitsverhältnis* innerhalb der logischen Hierarchie und der Hierarchie der Kausalverhältnisse in *einem* System miteinander zu verbinden. Anders ausgedrückt: Das Analyse-Synthese-Modell ist ungenügend, um die strukturelle (gleichzeitige, wechselseitige) Substanz-Akzidenz-Relation und die funktionelle (sukzessive, bedingte) Ursache-Wirkungs-Relation in *einem* kognitiv ausgewogenen systemischen Ganzen unterzubringen. Dieses philosophisch-ontologische Ur-Dilemma vor Augen (das Verhältnis des Einen und Vielen, das Verhältnis des Bleibenden und Wechselnden) scheint Kant dazu veranlaßt zu haben, seine Kritik *immer zugleich* in Richtung der synthetischen Philosophie und Psychologie Leibniz' und des analytischen Ansatzes der angelsächsischen Philosophie und Psychologie zu richten, weil hier die Substanz-Akzidenz- und die Ursache-Wirkung-Relation *defizitär* „empiristisch" und „sensualistisch" behandelt, dort die Kausalrelation *vernachlässigt* worden war. Diese methodologischen Einwände reichen tiefer als der in der Sache verkürzende, von Kant namhaft gemachte Kritikpunkt, nämlich, daß „Engländer" und „Leibnizianer" gleichermaßen einen falschen Raumbegriff verwendet hätten, der sich auf das „falsche" Mathematikverständnis beider Richtungen bezog, während de facto die Divergenzen in Methodologie, Ontologie *und* Erkenntnispsychologie zu berücksichtigen gewesen wären.

Der Lösungsversuch, den Kant in der Dissertation anstrebte, adressierte sich wieder an das höchste Wesen, das Postulat reiner Vernunft und die Unverzichtbarkeit des Unendlichkeitsbegriffs, die Kant jetzt, offenbar in Annäherung an Leibniz, als das *Absolute* (die Allheit) begriff. Die Widersprüche, die sich in puncto Unendlichkeit für die *menschliche* Erkenntniskraft ergeben, entfallen für das reine Vernunftwesen, das nicht, wie das menschliche Vernunftvermögen, durch einen Dualismus in der Erkenntniskraft eingeschränkt wird (vgl. 1770, § 1). Im Kontext dieses erneuten sublimenen Versuchs eines Gottesbeweises sind die scheinbar psychologischen Prämissen zu lesen, die, nachdem Kant endlich mit den Untersuchungen Lockes *und* Leibniz' (den „Nouveaux Essais") bekannt geworden war, von beiden Seiten nahm, was den eigenen Intentionen dienlich gemacht werden konnte.

Kant sonderte Vorstellungs*zustand* und Verstandes*ausstattung* als Erkenntnis*kraft* nach dem Modus der Negation; der Vorstellungszustand wird a) passiv durch die Gegenwart äußerer Objekte „affiziert" und hängt b) von der organischen Eigenart der Subjekte ab, die bei „verschiedenen verschieden sein kann". (Vgl. a. O., § 4) Diese Referenz an Locke ergänzte Kant durch die rationalistische Prämisse, daß der Verstand dasjenige aktiv vorzustellen vermag, was „nicht in seine Sinne einzudringen vermag". (§ 3) Die Konklusion aus beiden Prämissen lautete sodann, daß der sinnliche Anteil im menschlichen Gemüt die Dinge vorstellt, wie sie ihm erscheinen, der intellektuelle Anteil dagegen „wie sie sind". Korrekterweise hätte es lauten müssen, daß der Verstand vorstellt, wie *er* ist, nicht wie die *Dinge* sind; nach Leibniz (in Angrenzung gegen Locke) ist der menschliche Geist sich sozusagen selbst angeboren; das hieß, daß er gewisse Ideen nicht von äußeren Gegenständen sondern durch sein eigenes Vermögen empfängt (vgl. Nouv. Ess., Vorwort, XVII).

Der nächste Schritt in der Analyse der Seelenkräfte unterschied den Empfindungsstoff von der Form, welche dem Sinnlichen *Gestalt* verleihe und die „Affizierungen" von seiten äußerer Gegenstände durch ein dem Gemüt „eingepflanztes" Gesetz einander beiordne, denn „durch Form und Gestalt treffen die Gegenstände die Sinne nicht." (§ 4, S. 31) Mit dieser Bestimmung, die nicht nur die *Begriffs*bildung, sondern auch die *Gestalt*bildung auf die Seite der „eingepflanzten" Erkenntniskraft zog, wurde a) der transzendentale Idealismus inthronisiert, dem im Hauptwerk das kategoriale Gerüst der Gegenstandserkenntnis nachgeliefert wurde, war b) die Unterscheidung von passiv und aktiv zwischen dem Sinnlichen und Intellektuellen in einem gewissen Sinne wieder aufgehoben und wurden die komplizierten Konstruktionen bezüglich der „figürlichen" und „intellektuellen" Synthesen vorprogrammiert. Psychologisch stellte Kant die Weichen für die spätere Spaltung innerhalb der Gestaltpsychologie, die sich an der Frage festmachte, ob Gestalten *produziert*, oder bereits *vorgefunden* werden.

Kant teilte das intellektuelle spontane Verstandesvermögen wiederum in mehrfacher Weise, nämlich a) und b) nach dem *Gebrauch*, c) und d) nach dem *Zweck*. Dem realen Verstandesgebrauch sind a) die Begriffe schlechterdings „gegeben", während b) der subordinierende Gebrauch Arten und Gattungen sondert und nach dem logischen Gebrauch des auszuschließenden Widerspruchs ordnet; als „Zwecke" des Verstandes werden c) der „elenktische" genannt, der das Sinnliche vom Intellektuellen fernhält und d) der „dogmatische", der „Urbilder", nämlich reine moralische Begriffe und die Gottesidee, liefert (vgl. a. O., § 9). Den Prozeß der Abstraktion beschreibt Kant als ein *Nichtachten* auf das *Sinnliche* und betont, daß der Verstand seine Begriffe selber mache und nicht etwa *von* den Sinnen abstrahiere (§ 6). Mit dieser Entscheidung war für Kant das Abstraktions*problem* erledigt und ad acta zu legen; „Abstraktion" fiel zusammen mit „Spontaneität" und letztere *kontrastierte* zur passiven „Sinnlichkeit". Den reinen Verstandesbegriffen analog gibt es auch reine urbildliche Formen der Sinnlichkeit, nämlich Raum und Zeit, die über das Sinnliche nichts bestimmen, es lediglich zu einem Nebeneinander und Nacheinander ordnen und als Gegenstand der Wissenschaft nur in Ansehung der Größe in Betracht kommen. Als „ursprüngliche Anschauungen" sind sie „Urbilder" höchster Evidenz (§ 11).

Die folgenden Ausführungen über die reinen Formen Raum und Zeit sind mit den Erörterungen in der „transzendentalen Ästhetik" in der „Kritik der reinen Vernunft" identisch, wurden hier wie dort auf die Rechtfertigung der Evidenz mathematischer Erkenntnis zugeschnitten und allesamt nach dem Verfahren der *Negation* beschrieben: Raum und Zeit sind keine Substanzen, keine Akzidenzien, sind nichts für sich, nichts an den Dingen, keine aus der Erfahrung abgezogenen Begriffe – und folglich als subjektive, der menschlichen Gattung eigene Formen der Anschauung zu begreifen. Die *positive* Aussage Kants kulminierte darin, daß Zeit und Raum als „die über alle möglichen Gegenstände der Sinne *ins Unendliche* sich erstreckende Bedingung einer *anschauenden Vorstellung*" ausgezeichnet werden (vgl. 1770, § 14, 6; § 15, C; beide Hervorhebungen hier nicht bei Kant). In der „transzendentalen Ästhetik" entfiel gar das Wort „Bedingung"; hier hieß es: „Der Raum wird als eine unendlich *gegebene* Größe vorgestellt". (KrV, B 40, Hervorhebung von Kant)

Für die Anschauungsform „Zeit", die in den vor der Dissertation verfaßten Schriften weitgehend vernachlässigt worden war, und dort, wo Kant sie behandelte, eher als Antagonist zum Raum in Erscheinung trat, wird jetzt einerseits das mit dem Raum Gemeinsame, andererseits das sie vom Raum Unterscheidende gesucht. Wie für den Raum gelten auch für die Zeit die negativen Bestimmungen (vgl. § 14); dagegen wird der Zeit jetzt eine noch größere Bedeutung zugebilligt als ehemals dem (absoluten) Raum; letztere rührt einmal daraus, daß neben dem Merkmal des Nacheinander (der Sukzession) der Begriff der *Gleichzeitigkeit* nach einer Erklärung verlangte (vgl. a. O. § 14), zum anderen weil die Zeit *alle* Beziehungen umfasse: die des Raumes, aber auch die Gedankenfolgen des Gemüts und noch die Vergleichung der Vernunftgesetze (vgl. Zusatz zu § 15). Also *dominiert* die Zeitform sowohl die räumlichen Synthesen wie auch die Subordination der Gedankenoperationen. In dieser Sicht der Dinge näherte sich die Zeit „mehr einem *allgemeinen Vernunftbegriffe*" an (ebd.). Mit letzterer Bestimmung (der Annäherung der Zeit an einen allgemeinen Vernunftbegriff) *zerbrach* Kant aber wieder die eingangs gemachte Unterteilung der für Sinnlichkeit und Verstand funktionalen Relationen der Koordination und Subordination, während er niemals mehr von der prinzipiellen Diversität zwischen Sinnlichkeit und Verstand abrückte.

Kants Dezisionen über Sinnlichkeit und Verstand, Raum und Zeit waren auf den *einen* großen Gedanken der nicht anzutastenden göttlichen (und mathematischen) Unendlichkeit ausgerichtet, und *diesem* Gedanken wurde die Psychologie geopfert; denn was Kant in der Inauguraldissertation als Seelenvermögen und Seelenkräfte des Subjekts beschrieb, hatte nicht die geringste Ähnlichkeit mit einer unvoreingenommenen Deskription des menschlichen Anschauungs- und Erkenntnisvermögens; reine Begriffe und reine Formen sind Konstruktionen; elenktischer und dogmatischer Verstandesgebrauch sind Vehikel des philosophischen Diskurses, während die *Anschauung* unendlicher gegebener Größen jegliche menschliche (übrigens auch philosophische) Kompetenz und Kapazität überschreitet.

Nicht die Analyse der dem menschlichen Geist eigenen Vermögen, sondern immer noch der *eine* Gedanke, nämlich von der Unendlichkeit den Makel bloßer Fiktion fernzuhalten, beherrschte das vorkritische Werk und behielt auch noch in der transzendentalen und kritischen Version der kantschen Philosophie einen bedeutenden Stellenwert. In der „Kritik der reinen Vernunft" wird das Unendliche immer noch in mehreren Versionen gehandelt und der eingangs zitierte Satz: „Nun habe ich das Weltganze jederzeit nur im Begriffe, keineswegs aber (als Ganzes) in der Anschauung", (B 547) scheint nicht für alle Fälle gleichermaßen zu gelten, dann nämlich nicht, wenn in der „transzendentalen Ästhetik" behauptet wird: „Der Raum wird als eine unendlich *gegebene* Größe vorgestellt." (B 40) Demgegenüber vertritt die „transzendentale Dialektik" als den „wahren (transzendentalen) Begriff der Unendlichkeit", „daß die sukzessive synthetische Einheit in Durchmusterung eines Quantums niemals vollendet sein kann". (B 460) Das hieß doch wohl, daß Kant das eigentliche Problem der Unendlichkeit am Begriff der Zeit – für die wir schlechterdings *keine* Anschauung haben – und nicht am Raum – für den wir aber faktisch nur eine *begrenzte* Anschauung haben – festmachte, die Zeit ja auch im dialektischen Teil der „Kritik der reinen Vernunft" den Auftakt machte (vgl. B 452 ff.) zu den folgenden Antinomien.

Kants weitere Behandlung der Antinomien der reinen Vernunft muß hier nicht mehr berücksichtigt werden; der Durchführung lag nämlich bereits *die* Antinomie voraus, die im vorkritischen Werk in Erscheinung getreten war und niemals bereinigt wurde, nämlich jene *Divergenz* zwischen Zeit und Raum, die es als höchst fraglich erscheinen läßt, ob a) *beidesmal* von reinen Formen und ob b) von Formen der *menschlichen Sinnlichkeit* zu handeln ist. Auch über den Stellenwert der Zeit sind in den drei Teilen der „Kritik der reinen Vernunft" unterschiedliche Wertungen auszumachen, wenn beispielsweise die eminente Bedeutung der Zeitform im Schematismuskapitel der „transzendentalen Analytik" (vgl. B 176 ff.) mit der antinomischen Zeitproblematik im dialektischen Teil verglichen würde, worauf hier nicht mehr einzugehen ist; das Dilemma der reinen Zeitform und die antithetische Behandlung der Frage nach zeitlichem Anfang oder Ewigkeit des Weltalls konfundierte ontologische mit erkenntnispsychologischen Fragen und tangiert den gesamten „transzendentalen" (methodologischen) Ansatz Kants.

Die für die wissenschaftliche Psychologie eminent wichtige Problematik wurde in einem philosophischen Text neueren Datums kritisch in Angriff genommen und zwar mit einem Ergebnis, das zumindest für die „transzendentale Elementarlehre" ein vernichtendes Ergebnis anzeigte. G. Prauss, der sich im Rahmen einer grundsätzlichen Neubesinnung über Kant mit Kants Begriff der Erfahrung und den Prämissen, daß „Erfahrung" nur verständlich würde als Verbindung von Sinnlichkeit und Verstandesvermögen, Anschauung und Begriff, auseinandersetzte, sah sich zu dem, die Grundpfeiler der „transzendentalen Ästhetik" erschütternden Urteil veranlaßt, daß Kant „niemals klar und hinreichend beantwortet" hätte, was eigentlich „unter Verstand als solchem oder Sinnlichkeit als solcher zu verstehen sei". (Vgl. 1990, S. 124 ff.) Das eigentliche Grundproblem, nämlich „worin genau bestehen denn nun eigentlich die offenbar verschiedenen Verhältnisse, in denen Raum und Zeit zum einen zueinander, und zum anderen zu der Sinnlichkeit stehen, deren ‚Formen' sie angeblich sind?" (S. 125), machte der Autor am Begriff der Gleichzeitigkeit fest, dessen Dilemma Kant nie durchschaut hätte. Prauss, der sich argumentativ in der Perspektive von Subjektivität und Objektivität bewegt, findet freilich einen Ausweg aus den Dilemmata der Transzendentalphilosophie, der, infolge des hier vertretenen Ansatzes, nicht in Frage kommen kann.

In diesem Kapitel wurde der vieldeutige Begriff der Sinnlichkeit (der seine Wurzeln in den vorkritischen Arbeiten Kants hatte) und das problematische Verhältnis von Sinnlichkeit und Intellektualität nicht aus der SubjektObjekt-Perspektive, sondern von den Motiven der früheren Arbeiten Kants her aufgerollt – allerdings unter der Prämisse, daß diese Motive sich noch in der transzendentalen und kritischen Philosophie durchhielten und dort auch über den Begriff der Erfahrung mitbestimmten. Es war der Begriff der Unendlichkeit, der Kant in der Dissertation auf die Antinomien im Verhältnis von Weltganzem (seiner „Teile" und „Zustände") und Subjekterkenntnis führte. Die gesuchte „erkenntnispsychologische" Lösung zweier fundamentaler Relationen („Koordination" und „Subordination") leistete aber für das Problem schon hier nicht, was Kant sich wohl zunächst von ihr versprochen hatte, so daß in den zehn Jahren zwischen der Dissertation und dem Hauptwerk die Subjekt-Objekt-Perspektive heranreifte und die Relation Ganzes und Teil, – die raumzeitlichen Kontinua und den unendlichen Regreß in der Frage nach kausaler und existentiellen Letztbegründung betreffend – zur Dialektik unauflösbarer Antinomien geriet.

Auf diesem Hintergrund ist zutreffend, daß die „scholastische" Teil-Ganzes-Relation Kant dazu motivierte, „den entscheidenden Bruch mit der älteren Tradition herbeizuführen". (Vgl. Oeing-Hanhoff, 1974, Sp. 12) Dieser Bruch bedeutete aber zugleich auch den Abbruch mit der (durchaus nicht scholastischen) Tradition, die den Gedanken an eine wissenschaftliche Psychologie vorbereitete.

Daß in dieser Sicht der Dinge existentielle Fragen zwangsläufig an Tiefe einbüßten, ist noch keineswegs erwiesen. Wenn Kant davon ausging, daß menschliches Dasein ohne Reflexion auf ein höchstes unendliches, vollkommenes Sein, moralisch und existentiell, in die Isolierung bloßer Individualität und Subjektivität getrieben wird, dann könnte er in der Sache Recht behalten; aber die transzendentale und kritische Philosophie, die mit der einen Hand gibt, was sie mit der anderen Hand wieder wegnimmt, ist in dieser ihr eigenen Ambiguität nicht geeignet, ein schneidendes Urteil darüber zu fällen, was Psychologie als Wissenschaft auch bezüglich existentieller Fragen leisten kann und was nicht.

Leibniz und Kant erkannten die säkularisierende Tendenz, die von Lockes Negation „eingeborener Ideen" ausging und die der empirischen Psychologie eine strategisch wichtige Brücke baute. In Lockes Schlußfolgerung, daß, wenn die Idee Gottes nicht „eingeboren" sei, dies auch für keine andere Idee Geltung haben könnte (vgl. Versuch, 1. B., 3. Kap., § 18), und in Lockes Hinweis, daß unter den Völkern nicht nur sehr verschiedene, sondern auch abstruse und niedere Ideen der Gottheit zu finden seien (vgl. a. O., § 17), steckte ein brisantes aufklärerisches Potential, das sich im 19. Jahrhundert nach verschiedenen Richtungen hin, und durchaus nicht nur zur Konsolidierung und Stabilisierung der wissenschaftlichen Psychologie, entfaltete. Lockes Version der Seele als „tabula rasa", nämlich als „ein unbeschriebenes Blatt, ohne alle Schriftzeichen, frei von allen Ideen", (2. B., § 2) eröffnete den *metapsychologischen* Konstruktionen alle Freiheiten, dieses unbeschriebene Blatt jetzt beliebig mit Schriften zu bedecken, Seelenmodelle zu kreieren und zu fingieren, soweit die schöpferische Phantasie des Psychologen reichte.

Diese Gefahr der Beliebigkeit, die als Kehrseite der durch Locke ins Leben gerufenen empirisch-analytischen Psychologie nicht zu unterschätzen ist, begegnete Johann Friedrich Herbart, der Nachfolger Kants auf dem Lehrstuhl in Königsberg, mit seinem Entwurf einer *Neubegründung* der Psychologie. Diesem eigentlichen Pionier der wissenschaftlichen Psychologie wird im folgenden Kapitel kaum Gerechtigkeit zu Teil werden, was seine umfassenden Leistungen im Hinblick auf die Initiierung der Psychologie in Deutschland anbelangt, an Herbart kann – und gerade in diesem Kontext – aber auch nicht, wie innerhalb der psychologischen Geschichtsschreibung leider Brauch wurde, vorbeigegangen werden. Daß Herbarts Leistungen für die wissenschaftliche Psychologie – gemessen an dem Bekanntheitsgrad seiner pädagogischen Schriften – bis heute ein Schattendasein fristen, hat mehrere Gründe, auf die im folgenden einzugehen sein wird.

APPENDIX (J. F. Herbart)

> Wir wollen unsern Geist kennen lernen, wie er wirklich ist, und wir halten uns weit entfernt von idealistischen Träumen, wie wir ihn gern haben möchten, wenn wir uns selbst beliebig machen und einrichten könnten. (Herbart, 1824-25, S. 175)

Wenn Johann Friedrich Herbart (1776-1841) hier lediglich in einem „Appendix" zu Worte kommt, dann geschieht dies einerseits, weil zu einer detaillierten Behandlung dieses schwierigen Autors nochmals weitläufige philosophische Kontexte heranzuziehen wären, Herbarts Verständnis der Metaphysik, Ontologie, Ethik und Ästhetik betreffend, andererseits weil aus den zahlreichen „Anregungen", die dieser bedeutende Forscher der wissenschaftlichen Psychologie des 19. Jahrhunderts hinterließ, vornehmlich die für die phänomenologische Psychologie relevanten, die bislang noch niemals beachtet wurden, heranzuziehen sind.

Es ist kaum zu begreifen, daß Herbart heute von seiten der psychologischen Forschung so wenig Beachtung geschenkt wird (eine Ausnahme machen Romano in Busch/Raapke, 1976, S. 89 ff. und Laucken 1998, S. 28-39); denn aus Herbarts tiefschürfender Auseinandersetzung mit der Transzendentalphilosophie Kants, die ihn vornehmlich zu seinem Entwurf einer Neubegründung der Psychologie motiviert zu haben scheint, entfaltete sich der gesamte komplexe Hintergrund der zukünftigen wissenschaftlichen Psychologie in Deutschland. Daß Herbart mit den beiden Teilen seines psychologischen Hauptwerkes (erstmals 1824-25 erschienen, nachdem das „Lehrbuch zur Psychologie" die Quintessenz des Hauptwerkes bereits 1816 vorweggenommen hatte) – dem „synthetischen" Teil, der wieder an die rationale Psychologie anknüpfte und dem „analytischen" Teil, der Einzelfragen behandelte – die reine Empirie überschritt, mochte ihn in den Augen der kritischen Philosophie und der positivistischen Psychologie gleichermaßen disqualifizieren; aber einmal hatte Herbart beachtenswerte Gründe für seinen Ansatz vorzuweisen, zum anderen kann auf Herbart gerade in diesem Kontext schlechterdings nicht verzichtet werden.

Herbart war der Philosoph, der, obwohl ab 1808 Nachfolger auf Kants Lehrstuhl in Königsberg, sich im 19. Jahrhundert entschieden gegen Kants Urteil, die Psychologie könnte nicht Wissenschaft werden, verwahrte. Das implizierte hinsichtlich des herbartschen Entwurfs, daß er einerseits energisch gegen Kants Votum eine Seelenforschung nach Analogie mit der Naturwissenschaft durchzusetzen suchte, andererseits in enger, wenngleich ausnahmslos kritischer Verbindung mit den Weichenstellungen der Transzendentalphilosophie verblieb. Programmatisch leitete er sein psychologisches Hauptwerk folgendermaßen ein:

> Die Absicht dieses Werkes geht dahin, eine Seelenforschung herbeizuführen, welche der Naturforschung gleiche; in so fern dieselbe den völlig regelmäßigen Zusammenhang der Erscheinungen überall voraussetzt, und ihm nachspürt durch Sichtung der

Thatsachen, durch behutsame Schlüsse, durch gewagte, geprüfte, berichtigte Hypothesen, endlich, wo es irgend sein kann, durch Erwägung der Grössen und durch Rechnung. (SW, Bd. 5, S. 198)

Indem Herbart Kants Urteil über die Psychologie durch eine unpolemische, aber schonungslose Aufdeckung der Schwächen der Transzendentalphilosophie zu relativieren suchte, forderte er vermutlich wie kein anderer Philosoph die Reaktion des (vielleicht sogar allererst zum) Neukantianismus heraus. Nicht zufällig kam der erste, militant-polemisch auftretende Neukantianer, nämlich O. Liebmann, zunächst aus der Schule Herbarts, als deren Gegner er sich später profilierte (vgl. Liebmann, 1865/1912).

Herbart begnügte sich keineswegs mit der für die Psychologie relevanten Kritik der kantschen „Seelenvermögen", die seinem Urteil nach nicht rationale Wissenschaft, sondern „Mythologie" verbreiteten (vgl. SW, 5. Bd., S. 8, S. 216 ff.; 6. Bd., S. 14) und der mangelhaft durchgeführten Paralogismuskritik (vgl. 5. Bd., § 20), mit der Kant ein für allemal das Ungenügen des traditionellen Seelenbegriffs, als Gegenstand für eine psychologische Wissenschaf, entlarven wollte, sondern vor Herbarts kritischer Sonde bestand keine der großen „Kritiken" Kants die Prüfung *im Ansatz* (vgl. 5. Bd., § 14, § 17, § 102; 6. Bd., § 149, § 151).

Was die „Kritik der reinen Vernunft" anbelangte, wurden wichtige Grundsteine aus der komplexen Architektur herausgezogen, geprüft und als falsch platziert verworfen. Wie einst Leibniz Lockes „Versuch über den menschlichen Verstand" Kapitel für Kapitel durchging, so richtete Herbart den analytischen Teil der „Psychologie als Wissenschaft" systematisch nach den zentralen, psychologisch relevanten Themen des kantschen Hauptwerkes aus (vgl. 6. Bd., S. 14 f.).

Daß Herbart zur Zeit der Hochblüte des Deutschen Idealismus für eine gänzliche Umzentrierung des philosophischen Denkens kämpfte, welche jegliche Form des Idealismus von Platon über den transzendentalen Idealismus Kants bis zu J.G. Fichte ablehnte, um dem Realismus wieder Gehör zu verschaffen (vgl. Lehrbuch zur Einleitung in die Philosophie, 1837/1912, S. 131, 143, 300), drängte ihn in die Rolle des Außenseiters und des „Unzeitgemäßen", was Herbart auch schmerzlich bewußt war (vgl. SW 5. Bd. S. 194). Zu dieser Zeit bedeutete es nicht wenig und zog Konsequenzen nach sich, gegen den „objektiven Idealismus", der noch weniger als Kant bereit war, psychologischen Fragen philosophische Relevanz beizumessen, das heißt gegen die Autorität Hegels und dessen „Abweisung der Psychologie" (vgl. dazu Drüe, 1976, S. 2 ff.) Front zu machen. Herbart lehnte den erkenntnistheoretischen Primat in der Philosophie als eine dem genuin philosophischen Denken unangemessene historische Episode ab, die überholt werden müßte, um für Metaphysik und Ontologie wieder den ihnen gebührenden ersten Platz zurückzugewinnen (vgl. Lehrbuch zur Einl. i. d. Philos., S. 295).

„Metaphysik" bedeutete für Herbart aber keine spekulative Lehre über „Hinterwelten", sondern die rationale Arbeit an relationalen philosophischen Grundbegriffen, ihre Bereinigung von Widersprüchen und ihre permanente Umarbeitung bei Fortschreiten des allgemeinen Erkenntnisstandes im Hinblick auf ein in sich stimmiges und schlüssiges philosophisches System (vgl. 5. Bd. § 31). In diese *begriffliche Arbeit* der Metaphysik (gegen den Erkenntnisfortschritt resistente Begriffe *vor aller Erfahrung* kamen für Herbart nicht in Frage) hatte die Psychologie sich nicht einzumischen. (Herbarts Auffassung von Metaphysik konveniert durchaus mit der Auffassung, welche die heutige „sprachanalytische" Philosophie in der Nachfolge Wittgensteins mit „Sprachkritik" identifiziert.) Für ebenfalls *nicht* zuständig erklärte Herbart die Psychologie in Grundlagenfragen der Logik:

> Die ganze reine Logik hat es mit *Verhältnissen des Gedachten*, des Inhalts unserer Vorstellungen (obgleich nicht speciell mit diesem Inhalt selbst) zu thun; aber überall nirgends mit der *Thätigkeit des Denkens*, nirgends mit der psychologischen, also metaphysischen, Möglichkeit derselben. (SW, 6. Bd., S. 159)

Dagegen übertrug Herbart der Psychologie vornehmlich die Aufgabe der Klärung der *Formen der Wahrnehmung*, die Kant einerseits auf Anschauungsformen a priori von Raum und Zeit eingeschränkt hatte, andererseits, nach Herbarts Auffassung, unzulässigerweise mit ontologischen und mathematischen Fragen konfundierte, und darüber hinaus völlig außer acht gelassen hätte, daß jene Formen der Anschauung oder Wahrnehmung auch von ästhetischer Relevanz sind – die räumlichen Formen für die bildende Kunst, hauptsächlich für die Architektur, die zeitlichen für Sprache und Musik. (vgl. 5. Bd., § 21). Auf diesen Teil der herbartschen Psychologie – *die Klärung der Formen der Wahrnehmung* – soll im folgenden das Hauptinteresse verlegt werden, weil Herbart gerade mit diesem Lehrstück nicht nur der Phänomenologie Stumpfs, vornehmlich unter Einbeziehung auch der *akustischen* Wahrnehmung, wichtige Impule verlieh, sondern der Wahrnehmungsforschung des 19. Jahrhunderts im weitesten Sinne, das heißt einschließlich ihrer erkenntnistheoretischen, psychologischen und ästhetischen Komponenten jene Vielseitigkeit zurückgewann, die ihr durch Kants formale „transzendentale Ästhetik" beschnitten werden sollte.

Es ist vermutlich kein Zufall, daß die rege deutsche physiologische Sinnesforschung, wie sie von ihrem Pionier Johannes Müller im ersten Drittel des 19. Jahrhunderts ins Leben gerufen wurde, *nach* Erscheinen von Herbarts psychologischem Hauptwerk einsetzte. Warum Herbart indes verschwieg, daß er bereits Vorläufer, und gewiß keine unbedeutenden, gehabt hatte, nämlich Johann Georg Hamann und Johann Gottlieb Herder, die schon zu Lebzeiten Kants energisch gegen die Einseitigkeiten der „transzendentalen Ästhetik" gekämpft, und, wie später Herbart, auf die gänzliche Vernachlässigung der ästhetischen Komponenten der Wahrnehmung durch Kant, besonders auf die

Vernachlässigung des *akustischen* Sinnes, hingewiesen hatten, mag hier auf sich beruhen bleiben. Vermißte Hamann in Kants Erkenntniskritik gänzlich die bedeutende Rolle der Sprache im Hinblick auf die menschliche Vernunft und das menschliche Gemüt (respektive Gefühl), so nahm Herder schon ein umfassendes Programm der Analyse unserer drei „höheren Sinne", zu denen nach Herders Auffassung neben Ohr und Auge auch der Tastsinn gehörte – ganz im Sinne der späteren Phänomenologie Stumpfs in Angriff, in dessen Zentrum nicht nur die Sprache (in Herders berühmter Abhandlung „Über den Ursprung der Sprache") sondern auch die Ursprünge der Musik und der musikalischen Wahrnehmung standen (vgl. dazu Kaiser-El-Safti/Ballod, 1998). Bekanntlich war es Herder, der als erster Philosoph gegen die traditionelle Bevorzug des visuellen Sinns energisch auf die Leistungen und die immense Bildungsfähigkeit des akustischen Sinnes für die menschliche Seele und das menschliche Gemüt hinwies.

Was von Herder begonnen worden war, setzte Herbart unter noch stärkerer *kritischer* Gewichtung der kantschen „transzendentalen Ästhetik" fort. Herbart suchte in einer kleineren Schrift („Über die Wichtigkeit der Lehre von den Verhältnissen der Töne, und vom Zeitmass, für die gesammte Psychologie", 1839 in 1969) prägnant auf den Punkt zu bringen, was er bereits an verschiedenen Stellen seines Werkes gegen die kantsche Formenlehre, die „transzendentale Ästhetik", eingewandt hatte (vgl. insbesondere den Abschnitt „Vom räumlichen und zeitlichen Vorstellen" im 6. Bd. des psychologischen Hauptwerkes, § 100 f.); als schwerwiegende Mängel dieses Lehrstücks erwähnte Herbart, daß

(1) mit der „transzendentalen Ästhetik" sofort auch schon der Weg zur Erforschung der realen Erfahrungs- und Wahrnehmungswelt verbaut worden sei, weil wir nämlich aus „Formen, die auf immer gleiche Weise in uns liegen, keine Unterschiede dessen, was sich zur Beobachtung darbietet, erklären können". (S. 189)

(2) machte Herbart darauf aufmerksam, daß die „transzendentale Ästhetik" ja nicht gesondert, sondern immer auch in Verbindung mit den übrigen Teilen des Hauptwerkes, der „Kritik der reinen Vernunft", zu sehen sei; in diesem Kontext beanstandete er, daß Kants „transzendentale Logik" und die dort, nach Herbart unvollständig durchgeführte Entwicklung der Kategorien, in auffälliger Weise in Zusammenhang mit räumlichen Vorstellungsarten (Vorstellungsweisen des äußeren Sinns) stünden, dagegen solche, die in keiner Beziehung zu räumlichen Vorstellungen stünden (wie die Kategorien des inneren Sinns und des Selbstbewußtseins), überhaupt nicht berücksichtigt worden seien und damit fehlten, das heißt „Erkenntnis" schlechterdings auf äußere Erkenntnis begrenzt wurde. „Das ganze Oben, Unten, Mitten, was bei Begriffen und Schlüssen uns überall begleitet, zeigt eine Gemeinsamkeit mit dem Raume, der vermeintlichen Form der Sinnlichkeit", (S. 189) während uns die Zeit, als die Form des inneren Sinnes, doch wohl auch Erkenntnisse vermittelte.

(3) hob Herbart hervor, daß Kant außer acht gelassen hätte, daß die Anschauungsformen Raum und Zeit nicht nur zu mathematischen Urteilen befähigten und ermächtigten:

> [...] der Raum liefert nicht nur mathematische, sondern auch ästhetische Urtheile in Menge. Die Zeit liefert dergleichen in Verbindung mit der Sprache und Musik. Die Musik hat an der Tonlinie eine Fülle von Verhältnissen, die als consonirend und dissonirend unmittelbar beurtheilt werden; mit einer Evidenz, wie bei geometrischen Axiomen. Woher *diese* synthetischen Urtheile? Sollte dafür eine neue Form der Sinnlichkeit, die Tonlinie, angenommen werden? Oder meinte man im Ernste, der Tonkünstler, welcher Musik nicht bloss hört, sondern denkt, empfinde einen Nervenkitzel in Folge zusammentreffender Schallwellen? (A. O., S. 190)

Herbarts Erläuterungen zu den Formen der Wahrnehmung intendierten freilich nicht weniger als eine prinzipielle Revision derjenigen Intention, welcher Kant in seiner „transzendentalen Ästhetik" ja gerade den Boden hatte entziehen wollte, nämlich schon den Gedanken an eine *Wissenschaft* der Ästhetik – im alten Wortgebrauch als Wissenschaft von den Grundlagen der Wahrnehmung und der Beurteilung des Schönen – zu destruieren, noch bevor eine empirisch-wissenschaftliche Beschäftigung mit ästhetischen Phänomenen überhaupt stattgefunden hatte. (Zu einem ersten Versuch einer empirischen Grundlegung der Ästhetik hatte Herder in der Tat in den zu ihrer Zeit populären „Kritischen Wäldern", erschienen 1769, angesetzt.) Die Analogie im Verfahren, einer wissenschaftlichen Psychologie den Boden zu entziehen, noch bevor sie wirklich Fuß fassen konnte, liegt auf der Hand. Nach Kant konnte es eine Wissenschaft der Ästhetik schon *vom Ansatz her* nicht geben, weil es ihr (wie der Psychologie) an „synthetischen Urteilen a priori" – nach Kant die conditio sine qua non für Wissenschaftlichkeit überhaupt – mangelte, ihre Quellen vielmehr *bloß* empirisch seien und niemals zu bestimmten Gesetzen a priori dienen könnten (vgl. die lange Anmerkung Kants in der Krv., B 36, die nicht nur Alexander Baumgarten, dem Initiator einer selbständigen wissenschaftlichen Ästhetik, sondern auch Herder gegolten haben dürfte).

Gegen diese Auffassung von Wissenschaft, die vor lauter Fragen nach den *Bedingungen* der Möglichkeit von Erfahrung überhaupt Erfahrung im Ansatz zu verpassen schien, suchte Herbart sich durchzusetzen. Dabei war es Herbart nicht (wie im übrigen auch nicht dem verschwiegenen Vorläufer Herder) um eine „Ästhetisierung" oder „Psychologisierung" von Erkenntnis und Ethik zu tun, sondern um den Nachweis, daß die Grundverhältnisse des zu erkennenden Realen, Schönen und Guten sowohl aus der (realen) ontologischen Struktur der Welt, als auch aus der *einen* ganzheitlichen menschlichen Seele, der realen Einheit des Bewußtseins und des Selbstbewußtseins, zu entwickeln sind, stets in ausdrücklich kritischer Abgrenzung zu Kant und Kants Tendenzen, sowohl die Welt (als Sinnen- und Verstandeswelt) als auch das menschliche Gemüt in obere und untere Erkenntniskräfte und eine Vielzahl von Seelenvermögen zu *spalten*.

In philosophischer Perspektive und wiederum gegen Kant gerichtet hatte die praktische Philosophie nach Herbart ihre Grundsätze nicht von der Metaphysik, sondern von der Ästhetik – als Kunstlehre und *normative* Disziplin, geworden und gewachsen in den langen Zeiten menschlicher Kulturbildung – zu entlehnen, wobei der *Psychologie* jene wichtige Rolle beifiel, *die Fundamentalformen der ästhetischen Wahrnehmung aufzuklären* (vgl. Lehrb. z. Einl., S. 50 ff.). Die Ethik muß menschliches Handeln als *Können*, nicht als *Sollen* nach dem formalen Prinzip des „kategorischen Imperativs" begreifen; Können erwächst nicht aus Sollen, sondern aus *Wählen* und zwar nach Kriterien der Adäquanz und im Hinblick auf *Werte*, deren psychologische Fundamente in Musterbeispielen ästhetisch richtiger Urteile zu suchen sind (vgl. 6. Bd., § 150-153). In der sorgfältigen Analyse evidenter (grundlegender) Geschmacksurteile sah Herbart „*vielleicht die größte aller psychologischen Aufgaben*". (Vgl. SW, 3. Bd., S. 45; Hervorh. an dieser Stelle nicht von Herbart)

Was weitere inhaltliche Kritikpunkte der kantschen Philosophie anbelangte, die Herbart hinsichtlich des Verhältnisses von Transzendentalphilosophie und Psychologie vorzubringen hatte, können als die wichtigsten hier nur genannt, aber nicht entfaltet und im einzelnen kommentiert werden: Herbart insistierte wiederholt auf das Unpsychologische und wahrnehmungstheoretisch Widersinnige der „transzendentalen Ästhetik" (vgl. Bd. 5, § 24; Bd. 6, § 100-109); er monierte Kants falsche Grenzziehung zwischen unterem und oberem Erkenntnisvermögen, Sinnlichkeit und Verstand (vgl. 5. Bd., § 60), und entarvte den spekulativen Charakter der transzendentalen Synthesen (5. Bd., S. 254). Nach Herbart unterlief Kant mit der Unterscheidung „Passivität der Sinnlichkeit" und „Spontaneität des Verstandes" ein schwerwiegender Irrtum für sein System, nämlich die Annahme, daß der reine Verstand für die Sinnlichkeit erst zusammenfügen müßte, was der empirische Verstand hernach zu analysieren vermöchte, also jeglicher Analyse eine Synthese *voranzustellen* sei. Nach Herbart *ist* das in der Anschauung Gegebene ja immer schon eine Ganzheit, bei der nichts zusammengefügt werden müßte; vielmehr *entstünden* aus ihr, und zwar mit allmählicher *Zerreißung* des Zusammenhangs kleinere Ganze und Teile. Aus der im Prinzip irrtümlichen Vorgehensweise sei Kant sodann die Notwendigkeit entstanden, im Nachhinein wiederum zahlreiche Seelenvermögen zu konstruieren:

> Denn freilich mussten wohl Seelenvermögen angenommen und abgetheilt werden, wenn das Mannigfaltige der Anschauung nicht anders zusammenkommen, nicht anders Objekte zu erkennen geben konnte, als nachdem sua sponte gleichsam ein höherer Geist, der Verstand, den sinnlichen Stoff ergriffen und geformt hatte! Schwerlich giebt es im ganzen Gebiete der Wissenschaften ein stärkeres Beispiel von unnützer Bemühung, das zu erklären, was sich schlechthin von selbst versteht. (Bd. 6, S. 154)

Nach Herbart verliert die wissenschaftliche Psychologie jeglichen theoretischen Boden, wenn Seelisches in beliebig zu fassende und zu vermehrende

„Seelenvermögen" aufgeteilt wird; seiner Auffassung nach haben wir von einem *gegebenen Ganzen auszugehen*, dessen Teile sich entwickeln, und die Wirklichkeit biete der Wahrnehmung weit mehr (beispielsweise konkrete Gestalten) als Kant zuzugeben bereit gewesen sei. Letztere Bemerkung könnte D.F. Romano (vgl. 1976, S. 97) zu der Vermutung veranlaßt haben, Herbart könnte einen wesentlichen Einfluß auf die Gestaltpsychologie genonnen haben, die der Autor aber leider nicht vertiefte. (Vorentwürfe der visuellen Gestaltgesetze lassen sich in der Tat aus dem § 114 im 6. Bd. der Psych. a. Wiss. herauslesen.) Wie Herbart den Begriff der Sinnlichkeit von der ethischen Vorverurteilung durch Kant zu befreien suchte (vgl. a. O., 6. Bd., § 151 ff.), so sah er in Kants transzendentaler Freiheits- und Willenslehre ein Hindernis, überhaupt jemals Einblick in die psychologisch relevanten Motive ethischen Handelns zu gewinnen (vgl. a. O., 5. Bd., S. 85, 199; 6. Bd., S. 362 f.). Ein ethischer Determinismus folgte aus Herbarts Lehre im übrigen nicht, die vielmehr genügend Spielraum übrig ließ, die Gewinnung eines ethisch wertvollen Charakters zu erklären.

Als einer der wichtigsten Punkte der herbartschen Fundierung der wissenschaftlichen Psychologie und Abgrenzung gegen die Transzendentalphilosophie ist Herbarts Auseinandersetzung mit dem Begriff des Ich auszumachen. Hier galt die Kritik einmal den Widersprüchen in J.G. Fichtes Ichlehre (das Ich als Identität von Subjekt und Objekt) und dem dort entwickelten Problem des Selbstbewußtseins (vgl. 5. Bd., § 21, § 27), zum anderen dem rein formalen Ichbegriff Kants (vgl. 5. Bd., § 26).

Metapsychologisch äußerst folgenreich votierte Herbart a) dafür, die Psychologie nicht mit dem Ich *beginnen* zu lassen und b) zwischen dem *reinen* Ich (der unveränderlichen Seele) und der zu entwickelnden Individualität (dem Ich als Zeit- und Raumwesen) zu unterscheiden (vgl. 5. Bd., § 27-35). Der erste Aspekt etablierte die Psychologie als Gesetzeswissenschaft, der zweite enthielt den Gedanken an eine Entwicklungspsychologie, und zwar lange bevor der Darwinismus zu einer biologisch determinierten Entwicklungslehre inspirierte. Herbarts Theorie der Ichentwicklung (die in bemerkenswerter Weise zwischen räumlicher Evolution und zeitlicher Involution unterschied) enthielt einerseits Ausführungen über die *sprachliche* Seite (das „grammatische Ich" im Gegensatz zu den Pronomina „Du" und „Er") der Ichbildung, der Entfaltung zu personeller Identität, die bis heute nicht psychologisch ausgewertet wurden, und die in ihren feinsinnigen Ausführungen zur Qualität und entwicklungspsychologisch wichtigen Funktion des *Gesprächs* eine Ergänzung bieten könnte zu der oft nur auf Information abzielenden Kommunikationstheorie (vgl. 5. Bd., § 24; 6. Bd., § 130-137); andererseits vertrat Herbart (allem Anschein nach gegen Hamann, Herder und Humboldt) eine „pragmatische" Auffassung von Sprache und Sprechen, die Sprache als „Werkzeug" und Sprechen als „Handeln" (abgeleitet von der Hand als dem wichtigsten menschliches Werkzeug) begriff und den Gebrauchsaspekt, die Auffassung von Sprache als Werkzeug vorwegnahm, wie sie erst im 20. Jahrhundert bei K. Bühler, L. Wittgenstein und in der Sprechakttheorie wiederkehrte. Der Impetus zu dieser ‚pragmatischen' Auffassung von Sprache resultierte aus Herbarts Anregung, statt wie bislang nach dem *Ursprung*, zur Abwechslung einmal nach den *Wirkungen* der Sprache zu forschen.

Die *Trennung* zwischen reinem Ich (Geist, Seele als „Gegenstand" der Metaphysik) und zu entwickelnder Individualität oder Personalität führt auf das Verhältnis von Metaphysik, Psychologie und Mathematik in Herbarts Grundkonzeption, das zunächst unter einigen inhaltlichen, sodann unter methodologischen Gesichtspunkten darzustellen ist. Den Verlust einer soliden Metaphysik durch Kants Metaphysikkritik suchte Herbart mit Rekurs auf Leibniz' Metaphysik und rationale Psychologie wettzumachen. Nach Herbart bedarf die empirische Forschung notwendig einer Metaphysik, wenn sie nicht in ein beliebiges Akkumulieren zufälliger Erkenntnisse auf der Basis von Alltagsbegriffen, persönlicher Weltanschauung und Lebensgeschichte ausufern soll. Daß Erkenntnis*kritik* nicht an die Stelle von Metaphysik treten kann, folgte für Herbart aus dem naheliegenden Gedanken, daß Erkenntnisse doch zunächst einmal gewonnen werden müßten, bevor sie einer Kritik unterzogen werden könnten.

Von Leibniz übernahm Herbart das Modell einfacher Seelenrealen (Monaden) und den Substanzbegriff; Herbart war (wie Leibniz) ein Philosoph der Kontinuität und maß (wie Leibnz) in dieser Perspektive dem unbewußten Seelischen große Bedeutung bei (vgl. 5. Bd., § 18). Das Problem des Einen und Mannigfaltigen einer unausgedehnten, einfachen und unveränderlichen Substanz suchte Herbart im Rahmen einer „Statik und Dynamik des Geistes" zu lösen, die, in *Analogie*, aber ausdrücklich nicht in bloßer *Nachahmung* zur naturwissenschaftlichen Mechanik, Seelenkräfte als *intensive* Größen behandelte, die sich mittels der Infinitesimalrechnung bestimmen ließen (vgl. Lehrbuch zur Psych., 5. Bd., S. 15 f.; Psych. a. Wiss., 5. Bd., § 41 ff.).

Während Leibniz den Monaden a priori die „Vermögen" des Vorstellens und Strebens applizierte, *entwickeln* sich nach Herbart Seelenkräfte allererst aus dem Wechselspiel von „Selbsterhaltung" und „Störung" der an sich einfachen und unveränderlichen Realen, hervorgerufen durch *gegensätzliche* Sinneseindrücke *eines* Sinnengebiets, beispielsweise des akustischen Sinns. Herbart ließ einerseits, entgegen Leibniz, äußere Einflüsse als Ursache für die innerseelische Kraftentwicklung gelten und hielt andererseits daran fest, daß diese das einfache Wesen der Seelensubstanz unverändert ließen. (Dieser Punkt evozierte vornehmlich Widerspruch bei Herbarts Kritikern.) Die Vorstellungskräfte entfalten sich zu Vorstellungs*reihen*, Reproduktionen von Reihen, sie verdichten sich zu *Komplexionen* und „verschmelzen" miteinander. Aus der Einfachheit der Realen wird gefolgert, daß nur *eine* Vorstellung aktuell im Zentrum des Bewußtseins stehen kann, während die anderen „verdrängt" werden, sich unter der Bewußtseinsschwelle befinden. Aus dem Verdrängen unter die Bewußtseinsschwelle resultiert ein sukzessives Aufwärtsstreben der Vorstellungen, die sich erneut zu Vorstellungsreihen und Vorstellungskomplexionen ordnen. „Gefühle" drücken in diesem Modell den Zustand der Spannung oder Entspannung, der ungleichmäßig gehemmten oder im Gleichgewicht befindlichen Vorstellungsmassen aus, während der Ausdruck „Wille" das zuvor angedeutete Aufstreben der Vorstellungen aus dem Zustand des Unterbewußtseins bezeichnet. Das Modell will konsequent *auf diverse Seelenvermögen verzichten* und entfaltet das gesamte Seelenleben aus der *einen* Klasse der Vorstellungen, die nach Herbart rechnenden Verfahren unterworfen werden können. Bildete schon der Gedanke an die *eine* Klasse seelischer Phänomene (der später freilich nachgeahmt wurde, wenngleich an die Stelle der Vorstellungen mal der Wille, und mal das Gefühl trat) ein Novum in der Geschichte des Seelenbegriffs, galt dies noch viel mehr für die Behauptung, Seelisches ließe sich berechnen, die einerseits großen Anklang fand, andererseits schon zu Herbarts Lebzeiten Widerspruch herausforderte.

In einem Aufsatz von 1822 mit dem Titel „Über die Möglichkeit und Nothwendigkeit, Mathematik auf Psychologie anzuwenden" suchte Herbart Gegner dieser Auffassung in fast populärer Schreibweise (ohne den Aufwand an Rechnungen, die viele Seiten des psychologischen Hauptwerkes füllen) zu überzeugen (vgl. „Kleinere Abhandlungen zur Psychologie", 1969, S.129 ff.). Hier führte er zunächst die Erfolge ins Feld, welche die Naturwissenschaft durch Verwendung der Mathematik erzielt hatte: „Die Mathematik ist die herrschende Wissenschaft unserer Zeit; ihre Eroberungen wachsen täglich, wiewohl ohne Geräusch; wer sie nicht *für* sich hat, der wird sie dereinst *wider* sich haben." (S. 148) Herbart suchte plausibel zu machen, daß Mathematik sich nicht allein auf räumliche (extensive) Größen anwenden ließe, sondern jedes hypothetisch angenommene Gesetz einer wie immer gearteten (extensiven oder intensiven) Größenverbindung berechnet werden könnte (a. O., S. 136). Auch die Auffassung, die Psychologie habe Zustände und Tätigkeiten von sehr verschiedener *Qualität* zum Gegenstand, während die Mathematik doch nur *Quantitäten* behandle, ist nach Herbart falsch. Qualitäten könnten ohnehin gar keinen Anlaß zu irgendeiner genaueren Untersuchung abgeben, außerdem glaubten wir häufig Qualität wahrzunehmen, deren Grund bloß quantitativ sei; „wie z. B. wir ganz verschiedene Töne hören, aus denen sich noch weit mehr verschiedene Consonanzen und Dissonanzen zusammensetzen lassen, während bloss längere oder kürzere Saiten schneller oder langsamer schwingen". (A. O., S. 138) Abgesehen von diesem musikalischen Beispiel, auf das wegen seiner paradigmatischen Bedeutung nochmals zurückzukommen sein wird, könnte nicht geleugnet werden,

> dass es ausserdem eine unendliche Menge von quantitativen Bestimmungen des Geistigen gebe. Unsere Vorstellungen sind stärker, schwächer, klarer, dunkler; ihr Kommen und Gehen ist schneller oder langsamer, ihre Menge in jedem Augenblick

grösser oder kleiner, unsere Empfänglichkeit für Empfindungen, unsere Reizbarkeit für Gefühle oder Affecte schwebt unaufhörlich zwischen einem Mehr oder Weniger. (A. O., S. 139)

Man habe diese Größenbestimmungen als Nebenbestimmungen abtun wollen, nach Herbart sind sie indes die Hauptsache; und in der Tat avancierten zeitliche Berechnungen von Reaktionen auf Reize zu einem beliebten Gegenstand der experimentellen Psychologie in der Zeit nach Herbarts Tod. Bedenklich sollte stimmen, daß Herbart betonte, es komme freilich gar nicht darauf an, *was* (inhaltlich) vorgestellt würde, worauf die psychologische Forschung doch sehr wohl angewiesen zu sein scheint, sondern, wie Herbart meinte, lediglich auf Verbindung und Hemmung, Zunahme und Abnahme der Stärke der Vorstellungen (S. 151).

Im Rahmen der „Statik und Dynamik des Geistes" entwickelte Herbart Begriffle wie „Bewußtseinsschwelle", „Verdrängung", „Hemmung", „Spannung", „Verschmelzung", die auf breiter Ebene von Nah- und Fernstehenden – von der physiologischen Psychologie, der Phänomenologie, der Psychoanalyse, der Gestaltpsychologie, um nur die wichtigsten deutschen Schulen zu erwähnen – rezipiert wurden, während die aufwendigen Rechnungen nur in der engeren Schule Anklang fanden, außerhalb der Schule, beispielsweise den Neukantianer F.A. Lange, zu einer vernichtenden Kritik evozierten (vgl. Lange, Gesch., 2. Bd., S. 818 f.; vgl auch Lange, 1865). Mit Recht erwähnte Lange, daß Herbarts mathematische Psychologie schwerlich von seiner Metaphysik (der Auffassung eines gesetzmäßigen Zusammenhanges sowohl des physischen als auch des psychischen Seins) zu trennen sei (S. 820), wodurch sie für Lange schon von vornherein disqualifiziert war; dafür machte Lange aber keinerlei Gebrauch von Herbarts „praktischer" tonpsychologischer Anwendung, die von Herbart als eigentlicher empirischer „Beweis" für die Berechenbarkeit des Psychischen ausgewiesen wurde, worauf weiter unten zurückzukommen sein wird.

Bemerkenswerterweise erhoffte Herbart sich einen Fortschritt für die wissenschaftliche Psychologie *allein* von der Berechnung des Psychischen, dagegen nicht vom Experiment. Dies resultierte einmal aus der Logik des Ansatzes, der sich auf die intrapsychischen dynamischen und statischen Verhältnisse, die intensiven Kräfte und den jeweiligen Totalzustand der Vorstellungen zentrierte, zum anderen scheinen ethische Bedenken mitgesprochen zu haben. Im „Lehrbuch zur Psychologie" warnte Herbart ausdrücklich: „Die Psychologie darf mit den Menschen nicht experimentieren; und künstliche Werkzeuge gibt es für sie nicht". (S. 9)

Offenbar sah Herbart in der Mathematisierung des Psychischen den einzigen Weg, um zu echten *Prinzipien* und *Gesetzmäßigkeiten* zu gelangen, die das seit Jahrhunderten betriebene Registrieren, Einteilen und sprachliche Benennen von inneren Erlebnissen und der Beobachtung anderer endlich zu präzisieren erlaubten. Zwar räumte er ein, daß von den „Tatsachen des Bewußtseins" auszugehen sei, ließ aber kein Argument, das sich ad hoc gegen die Unzuverlässigkeit der Selbst- und Fremdbeobachtung vorbringen läßt, wie Entstellung, Verstümmelung, Auseinanderreißen der Bewußtseinszustände, Hineintragen der eigenen Person, der individuellen Lebenssituation und -geschichte in das zu Erklärende, Vorurteiligkeit, selektive Perspektive bei der Beobachtung anderer, außer acht (vgl. 5. Bd., Einleitung, S. 198 ff.). Darüber hinausgehend machte er einen Einwand von prinzipiell methodologischer Relevanz: Die empirische Psychologie handelt nach Herbart nämlich gar nicht von Bewußtseins*tatsachen*, die postulierten „Seelenvermögen" wie Verstand, Gedächtnis, Gefühl, Wille seien keine Tatsachen, die ja stets etwas Individuelles, aber nicht Gattungen und Arten meinten, sondern sie seien lediglich vage Abstraktionen aus Individuellem, das im Bereich des Psychischen aber *„nicht still genug hielte,* um sich zu einer regelmäßigen Abstraktion herzugeben". (5. Bd., S. 204)

Der Einwand betraf einmal das spezifische Problem der Vieldeutigkeit psychologischer *Begrifflichkeit*, die nicht, wie in der Naturwissenschaft, auf die „Gegenstände" *zugeschnitten*, sondern in der philosophischen Tradition wie in der Alltagssprache bereits *vorgefunden* wird; er tangierte zum anderen das fundamentale Problem des Elementaren für jegliche Wissenschaft, des elementar Konstitutiven, den Anfang und Ausgangspunkt wissenschaftlicher psychologischer Forschung von einem festen Punkt ausgehend, was in der Psychologie mit besonderen Problemen zu konfrontieren scheint. In diesem Kontext ist der Gedanke der Mathematisierung des Psychischen nicht so absurd, wie er auf den ersten Blick erscheinen mag, *wenn* Mathematik als *Bindeglied* zwischen der Metaphysik als das die Erfahrung übergreifende, sie gesetzmäßig zusammenhaltende *Ganze* und der individuell stets lückenhaften, partiell und selektiv wahrgenommenen Erfahrungswirklichkeit verstanden wird.

Wird der Mathematik diese *Verbindungsfunktion* jedoch abgesprochen und der metaphysische Kontext – das die Erscheinungen zusammenhaltende begriffliche Ganze – überhaupt für verzichtbar und obsolet erklärt, weil die Wirklichkeit sich immer nur als „Stückwerk" präsentiere, und alle Zusammenfassung, aller Ausgang vom Ganzen bloß *ästhetischen,* das hieß hier ästhetisch *harmonisiernden* Prinzipien folge und jeder Schritt zum Ganzen eine Tendenz zum Idealen aufweise (so Langes Metaphysikkritik in seiner Gesch., 2. Bd., S. 986), dann resultierte jene Auffassung von Psychologie als *Naturwissenschaft*, die sich des mathematischen Mittels bloß *bedient* und ihr eigentliches Subjekt – die Seele oder das Bewußtsein als einheitliches Ganzes – stückweise dem Naturalismus preisgibt; wird dagegen die Berechnung des Psychischen abgelehnt, dann sind in der Tat alternative kontrollierende Methoden vorzuweisen, die den genuin *wissenschaftlichen* Charakter der Psychologie auszuweisen vermögen.

Herbarts methodischer Anspruch demonstrierte, wie gering er die analytische und „nur" deskriptive Arbeit der angelsächsischen empirischen Schule einschätzte. Trotz der Würdigung J. Lockes, dem Herbart mehr Scharfsinn für die psychologische Analyse attestierte als Kant, gab er Leibniz den Vorzug vor Locke und Kant (vgl. 5. Bd., § 17); für Hume brachte er nur Mißbilligung auf und im Vergleich mit diesem „Skeptiker" wurde Kant wieder aufgewertet (vgl. 6. Bd., S. 142; Lehrb. z. Einl., S. 27).

Allem Anschein nach stand Herbart einerseits unter dem Druck, Kants Urteil zu revidieren, die Psychologie könnte nie Wissenschaft werden, weil Mathematik auf sie nicht anwendbar sei, und ließ sich andererseits durch die große Bedeutung, die Leibniz dem unbewußten Psychischen eingeräumt hatte, dazu inspirieren, diesem, mittels der Infinitesimalrechnung und auf der Basis intensiver Kräfte, einen wissenschaftlichen Aspekt abzugewinnen. In historischer Perspektive erinnert Herbarts Unternehmung freilich an gewisse vortranszendentale Ideen Kants, wenngleich Kant gerade hinsichtlich der Berechnung der inneren Kräfte vorsichtiger war als Herbart.

Herbarts herausragende Leistung ist darin zu sehen, daß erstmals im Kontext der Wissenschaftslage des beginnenden 19. Jahrhunderts *systematisch* über das *Ganze* der Psychologie, insbesondere ihre schwierigen methodologischen Grundprobleme, eminent scharfsinnig und konsequent nachgedacht wurde; daß die Aufgaben der Psychologie unzweideutig, positiv und negativ, gegen Ontologie, Metaphysik, Logik und Physiologie abgegrenzt wurden (vgl. den Schluß des 6. Bds., S. 450 ff.); daß Berührungspunkte mit und Differenzen zu Pathologie und Tierpsychologie herausgearbeitet wurden; daß Herbart klare Aussagen über die Ziele der wissenschaftlichen Psychologie formulierte, nämlich a) darüber aufzuklären, wie wir die Formen der Erfahrungswirklichkeit, welche die Metaphysik voraussetzt, *wahrnehmen*, wie Werden und Ursprung dieser Formen zu erklären sind; b) daß die Psychologie zur Fundierung der Ethik heranzuziehen ist, indem sie der Frage nachgeht, wie sich moralische Maximen überhaupt *entwickeln*, statt sie schlechterdings vorauszusetzen; c) daß die Psychologie in den Dienst einer wissenschaftlich fundierten Erziehungslehre, Didaktik *und* Persönlichkeitsbildung betreffend, zu stellen ist. Empirische und deskriptive Psychologie, die sich nach Herbart nicht bloß als „aufsammelnde" historische „Tatsachenwissenschaft" begriff, sondern Anspruch auf *Gesetzeswissenschaft* machte, hatte es nicht leicht, dem herbartschen Konzept mit gleichwertigen Alternativen zu begegnen – zumal Herbart auch einen konkreten Anknüpfungspunkt für die Anwendung der Mathematik im Bereich des Psychischen glaubte gefunden zu haben.

Dieser Anknüpfungspunkt, von dem schon weiter oben andeutungsweise die Rede war und der im Gesamtwerk eine herausragende Rolle beanspruchte, scheint sich auf einen Sektor zu verirren, der auf den ersten Blick lediglich als marginales Randgebiet im Hinblick auf *allgemeinpsychologische* oder gar erkenntnistheoretisch und metaphysisch relevante Grundprobleme in Frage zu kommen scheint – die Tonpsychologie. Den Zeitgenossen Herbarts, besonders den an Musik Desinteressierten, mußte sich der Verdacht aufdrängen, daß die Prävalenz, die Herbart der akustisch-musikalischen Wahrnehmung und den besonderen Struktureigenschaften der Musik beimaß, mit einer persönlichen Liebhaberei und mit Herbarts außergewöhnlicher musikalischer Begabung in Zusammenhang stand (zum biographischen Kontext vgl. Flügel, 1912). Der Verdacht wird nicht ohne weiteres auszuräumen sein, zumal dann nicht, wenn ein Sujet, das nach Auffassung der meisten Menschen als bloßes „Spiel", Ausdruck künstlerischer „Willkür" und „Unterhaltung" für Mußestunden einzuschätzen ist, gegen den Ernst und die Schwere der kantschen Philosophie in die Waagschale geworfen wurde, noch dazu mit Fokussierung auf ein *bestimmtes* Gebiet der Kunst, dem Kant im Rahmen seiner „Kritik des Geschmacks" gerade den geringsten Wert zugebilligt hatte.

Kant hat nicht wenig über Musik geschrieben (vgl. K.d.U., 8. Bd., besonders § 53; vgl. „Von einem neuerdings erhobenen vornehmen Ton in der Philosophie", 5. Bd., S. 380; Anthropologie, 10. Bd., S. 549, 571 f.), aber nicht aus Interesse, sondern aus einer offenkundigen Antipathie (vielleicht in Zusammenhang mit seiner Abneigung gegen den leibnizschen Harmoniebegriff), die sich besonders in nebensächlichen Kontexten verriet, wie wenn er die Musik mit lästigem Geruch verglich, dem nicht zu entkommen ist (vgl. Bd. 8, S. 434), während das Auge vor ungewollten und unangenehmen Eindrücken verschlossen werden kann; oder wenn er Musikhören auf eine Stufe mit Witzeerzählen stellte, weil für beide der Wechsel von Spannung und Entspannung charakteristisch sei, und bei beiden am Ende nichts gedacht würde (a O., S. 435). Musik steht nach Kant auf der niedersten Stufe der Künste, ist bloß epikureischer Sinnengenuß, ein Vergnügen ohne erkennbaren *Gegenstand, auf den es sich bezieht,* ohne Inhalt, Gestalt, Idee, ohne (insbesonders moralische) Bedeutung, ein reines Zeitphänomen von nur „transitorischen Eindrücken". (S. 433)

Die durch Musik erregte „proportionierte Stimmung" beruhe lediglich „auf dem Verhältnis der Zahl der Luftbewegungen in derselben Zeit", (S. 432) an der die Mathematik, wie Kant betonte, aber nicht den geringsten Anteil habe. Die pythagoreische Vorstellung von der „Harmonie der Sphären" hielt Kant für eine Phantasterei; Pythagoras habe wie Platon, der über die Wunder der geometrischen Gestalten staunte, über Geheimnissen gebrütet, wo keine zu finden seien (vgl. 5. Bd, S. 380 f.).

Wenn durchwegs und allgemein zuträfe, was Kant aus dem bloß *zeitlich* ablaufenden „transitorischen" Phänomen der Musik (des Musikhörens) ableitete, nämlich, daß es „gänzlich verlösche" und von der Einbildungskraft nicht *willkürlich* zurückgerufen werden könnte (vgl. 8. Bd., S. 433), wäre sein Urteil über den bloßen Sinnengenuß der Musik ästhetisch und psychologisch, nicht gar so anfechtbar; denn ein Phänomen, das nicht *vorgestellt* und *erinnert* werden kann, beschränkt sich auf momentane Erregung, belästigt, wenn es sich unwillkürlich aufdrängt und kann auch nicht beurteilt werden. Nun verfügt aber nicht nur der Musikschaffende sondern auch der einigermaßen Musikalische sehr wohl über die Fähigkeit, Musik als zu gestaltende und gestaltete *vorzustellen*, zu erinnern, und wann immer er will, ohne andere durch Lärm zu belästigen, sich mit ihr (oder den Noten auf dem Papier) zu unterhalten, was Kant nur Künsten mit *abbildenden Gegenständen*, die konkrete (bildliche) Vorstellungen hinterlassen, wie Sprachkunst und bildende Künste, zubilligte.

Entweder fehlte Kant die an sich nicht großartige Fähigkeit, Melodien und Tonstücke zu behalten, zu erinnern und wiederzuerkennen, oder er unterschätzte die psychologische und theoretische Bedeutung dieser Fähigkeit für das Musikschaffen, Musikerleben und Musikverstehen. Daß er die Musik als *schöne* Kunst nur da gelten ließ, wo sie „der Poesie zum Vehikel dient", (vgl. 10. Bd., S. 575) ist in diesem Kontext weniger belangvoll (diese Auffassung teilte er mit durchaus Musikalischen) als daß er, der wiederholt von der *Form* sprach, ihr die *Gestalt* ableugnete. (Die Gestalt resultiert nach Kant niemals aus dem *rein* Sinnlichen, sondern immer aus den Verstandessynthesen.) Freilich spielte das alte Vorurteil wieder mit, daß echte Vorstellungen (Begriffe) nur da vorhanden sein können, wo Gegenstände korrelieren, und „Ideen" nur dort von Belang sind, wenn sie sich auf moralische „Gegenstände" beziehen.

Vermutlich hatte Kant bemerkt, daß musikalische Formen ohne Inhalte und Begriffe schlecht in sein transzendentales System passen würden, nämlich den, der Mathematik zugrundeliegenden *reinen* Formen ziemlich näherücken würden, wenngleich einen anderen *Affekt* machten. Oder sollte er gänzlich vergessen haben, daß er in vorkritischer Zeit selbst für die Affekt erregende *Schönheit* und anschauliche Wohlgeratenheit und Wohlgestalt der reinen geometrischen Figuren geworben hatte? (Vgl. hierzu das 4. Kap. dieser Arbeit, § 7)

Kants ästhetische und psychologische Dezisionen sind unter den vorab *wertenden* Abwägungen der Sinnesleistungen von Auge und Ohr zu lesen. Wenn Kant ausdrücklich betonte, daß das Ohr *nicht* die Gestalt gebe (vgl. 10. Bd., S. 448), dann konnte er dies, nach seinen transzendentalen Prämissen, auch nicht für den visuellen *Sinn* in Anspruch nehmen. (Die Gestalt kommt nach Kant ja stets und ausnahmslos vom Ver-standesvermögen.) Die Prävalenz für den Gesichtssinn, als den „edelsten" unter den Sinnen, wird quantitativ damit begründet, daß er die größte Sphäre der Wahrnehmungen im Raume habe und qualitativ, was Kant noch wichtiger war, „auch sein Organ am wenigsten affiziert fühlt (weil es sonst nicht bloßes Sehen sein würde), hiermit also einer *reinen Anschauung* (der unmittelbaren Vorstellung des gegebenen Objekts ohne beigemischte merkliche Empfindung) näher kommt." (10. Bd., S. 449)

Immerhin schreibt Kant hier: „näher kommt", während die „transzendentale Ästhetik" noch von reinen Vorstellungen unendlich gegebener Größen handelte. Psychologisch ist aber auch die korrigierte Auffassung bedenklich; physiologisch sind Auge und Ohr gleichermaßen durch Reize affizierbar; die größere Sensibilität des Gehörs, seine Auffassungsgabe feinster qualitativer Unterschiede in der Sprach- und Musikrezeption, disqualifiziert es doch nicht zum unedlen Sinn; daß sich mit dem musikalischen Hören unmittelbar Gefühle assoziieren (Kant spricht freilich vorwiegend von Empfindungen), kann doch nur von einem rein intellektualistischen Standpunkt her, der Gefühle a priori für minderwertig erklärt, als negatives Faktum gewertet werden. Wer jedoch wie Kant Harmonie, Musik und Gefühl a priori disqualifizierte, weil sie sich nicht in die transzendentalen Prämissen über räumliche Gegenständlichkeit, Objektivität, Kausaldenken einfügten, wird schwerlich ein differenziertes Urteil über Phänomene fällen, bei denen räumliche und kausale Verbindung, wenn überhaupt, dann nur eine geringe Rolle spielten. Herbart darf also zunächst einmal eine gewisse Offenheit für seine, allerdings weitreichende Auffassung der musikalischen Phänomene in Anspruch nehmen.

Herbarts Anliegen, die Ethik in der Ästhetik zu gründen, stand F. Schillers Intentionen nahe, die Bedeutung des freien Spiels, die Entfaltung der freien Persönlichkeit und das auf diese zugeschnittene ästhetische Erleben *im allgemeinen* gegen Kants „rigoristische" Moralphilosophie aufzuwerten (vgl. besonders Schillers „Über Anmut und Würde"), unterschied sich jedoch von

Schiller durch die geforderte Exklusivität und wissenschaftlich-paradigmatische Bedeutung, die Herbart der Musik für die gesamte Ästhetik und noch für die Ethik einräumte, worauf etwas weiter unten näher einzugehen sein wird. „Musik hat selten zu den Lieblingen deutscher Philosophen gehört", schrieb H. Lotze in seiner „Geschichte der Ästhetik in Deutschland", die, entgegen der beklagten Tradition, der Musik und dem musikalischen Erleben bedeutende Kapitel widmete (1868, S. 461).

Herbarts tonpsychologische Untersuchungen lösten im 19. Jahrhundert Reaktionen aus, die nicht nur innerhalb der theoretischen psychologischen Grundlagendebatte Impulse freisetzten, die psychologischen Konstituenten des Verstehens, Fühlens, der Phantasie und des Vorstellens im Kontext ästhetischer, aber auch rein psychologischer Fragen zu vertiefen, sondern sie strahlten auch weit in den kulturellen Raum aus, worauf weiter unten zurück zu kommen sein wird. Warum ist von Herbarts Initialzündung so wenig in die Geschichtsschreibung der Psychologie eingegangen? Die Gründe könnten einerseits in der Verbindung der Tonpsychologie mit der schwer lesbaren „Statik und Dynamik des Geistes" zu suchen sein, zum anderen unterlief Herbart, gerade infolge seiner Präokkupation für die Mathematisierung des Psychischen und seiner Auffassung, Qualitatives ließe sich problemlos in Quantitatives verwandeln, ein fundamentaler Irrtum im Hinblick auf das Musikalische, der unvoreingenommener phänomenologischer Perzeption widersprach und die gesamte Unternehmung zu disqualifizieren drohte. Ein Grund für die Reserve gegen Herbart könnte allerdings auch noch in einem scheinbar rein musiktheoretischen Aspekt gelegen haben; nicht zufällig deklarierten und bevorzugten Herder, Schopenhauer, Nietzsche, Lotze und v. Ehrenfels die *Melodie* als Urphänomen der Musik, weil sie sich unmittelbar an das *Gefühl* wandte, während Herbart (und nach ihm Stumpf) von den komplexen Struktureigenschaften der Intervalle und Dreiklänge ausging und in diesem Kontext mit Nachdruck und mit einer gewissen Abwehrhaltung dem Gefühl gegenüber für ein „musikalisches Denken" votierte.

Die folgende Darstellung beschränkt sich hier auf die *elementarsten Prämissen* der tonpsychologischen Untersuchungen, die nach Herbart der Berechnung des Psychischen einen ersten Halt geben sollten, da Weitschweifigkeit in diesem komplizierten Gebiet die *allgemeinpsychologische* Relevanz, auf die es hier allein ankommt, nur verdecken würde. Bereits vor der Veröffentlichung seiner psychologischen Hauptwerke hatte Herbart sich mit tonpsychologischen Untersuchungen befasst (vgl. 1808 in SW, 3. Bd S. 45 f.; 1811 in 7. Bd., S. 3 ff. wieder zwei Jahre vor seinem Tode 1839 in 7. Bd., S. 189 ff.). Zahlreichen Hinweise auf das Gebiet der Töne und Klänge im „Lehrbuch zur Psychologie" und in der „Psychologie als Wissenschaft" erhellen die Bedeutung, die der akustischen Wahrnehmung, dem musikalischen Hören und den besonderen, ästhetisch paradigmatischen Struktureigenschaften der Musik, beigemessen wurden.

In der Schrift, aus der bereits zitiert wurde („Über die Wichtigkeit der Lehre von den Verhältnissen der Töne", 1839 in 1969) betonte Herbart die Notwendigkeit hinsichtlich der Grundlegung der Psychologie, nicht *irgendwo* bei der *unendlichen* Vielfalt psychischer Erscheinungen und Seelenvermögen, sondern bei „festen Punkten" anzusetzen. Diese ließen sich vornehmlich innerhalb der bleibenden Erzeugnisse des menschlichen Geistes finden, den „ächten und anerkannten ästhetischen Urtheilen": „Was durch seine Schönheit bleibt, hat dagegen zugleich das Zeugniss der nachfolgenden Zeiten für sich, die es gegen den Untergang schützen." (In Kleinere Abh., S.191)

Die musikalischen Verhältnisse böten sich an, weil sich an ihnen *einfachste* Verhältnisse antreffen ließen – ganz anders als in der bildenden Kunst, beispielsweise der sich in drei Dimensonen entfaltenden komplizierten Verhältnisse der Architektur und in der Sprachkunst mit ihren zahllosen Bedeutungen. *Bestimmtheit* und *Einfachheit* sind korrelative Begriffe und was könnte einfacher sein, als eine in der eindimensional verlaufenden Zeit zwischen zwei Punkten eingeschlossene Tonwahrnehmung, die ihr in der Tat einen festen und unzweideutigen ‚Ort' im System, einen Stellenwert, verschafft? Als noch elementarer erschienen Herbart jene „festen Verbindungen" (Relationen) zweier Töne, wodurch die Tonkunst ihre charakteristisch verschiedenen, für den harmonischen Aufbau jedoch grundlegenden Verhältnisse, Intervalle und Akkorde (Oktave, Quinte, Quarte, Terz), gewinnt. Das in der Tat Elementare, Feste und Charakteristische dieser Intervalle könnte man sich daran klarmachen, argumentierte Herbart – das ehrenfelssche Gestaltmoment der Transponierbarkeit von Intervallen und Melodien vorwegnehmend – daß sie, auf jeglichen höheren oder tieferen Grundton übertragen, immer gleich bleiben, während die Veränderung eines *einzelnen* Tons *innerhalb* eines bestimmten Intervalls oder Akkords, nur um eine kleine Sekunde verschoben, den ganzen Akkord umschaffe. Herbart betonte, daß es sich zur Aufklärung dieser besonderer Konstellationen nicht darum handeln könnte, die Schallwellen zu messen, sondern vielmehr darum, die genuin seelischen Wahrnehmungsleistungen der Töne, Intervalle und Akkorde, zu erklären. Man hatte diese Akkorde ja längst entdeckt, bevor man überhaupt etwas von physikalischen Schallwellen wußte, und wer die in Frage kommenden Intervalle und Akkorde mit seinem *inneren* Ohr „hört", der „erkennt" sie, auch wenn die Schallwellen physikalisch nach unter oder oben abweichen. Das urteilende *Wissen* um diese musikalischen „idealen" Verhältnisse sei dem Stellenwert sogenannter „synthetischer Urteilen a priori" durchaus vergleichbar; dieses Wissen oder *Denken* (nicht etwa *Fühlen* der harmonischen Verhältnisse) stammte nach Herbart so wenig von der akkumulierten Erfahrung des leiblichen Hörens ab, wie die idealen geometrischen Größen – Kreis und Dreieck als Grundverhältnisse der Geometrie – von der akkumulierten Wahrnehmung realer Körper abgeleitet wurden.

Herbart berief sich in dieser Schrift auf eine mathematisch ausdrückbare Schwellenformel, mittels derer errechnet werden könnte, *was im Bewußtsein geschieht*, wenn zwei oder drei Vorstellungen aus einem Sinnesgebiet gleichzeitig aufeinandertreffen, deren bestimmte Stärke und Gegensätzlichkeit sich so hemmen, daß zwei verschmelzen und eine von ihnen gänzlich aus dem Bewußtsein verdrängt wird, um auf diese Weise das Phänomen der „Verschmelzung" der Töne in einem konsonierenden Akkord zu erklären. Dieses Beispiel (das hier freilich in sehr verkürzter Sprache wiedergegeben wurde und weiter unten noch etwas paraphrasiert werden soll), diente Herbart dazu, paradigmatisch auf einen „festen Punkt" hinzuweisen, der plausibel machen sollte, daß in der Psychologie, insofern sie es mit Vorstellungen unterschiedlicher Stärken und Hemmungsgraden, Vorstellungsreihen und Vorstellungskomplexen zu tun hat, in der Tat gerechnet werden könnte und zwar auf der Basis idealer Verhältnisse, wie sie sonst nur die Mathematik zu bieten habe.

Man mag diesem modernen „pythagoreischen" Gedanken Zutrauen entgegenbringen oder nicht (worin das berechtigte Mißtrauen wurzelte, wird weiter unten erläutert), aber unzweifelhaft war es Herbart, der als erster Philosoph im 19. Jahrhundert – vor Schopenhauer, Lotze, Nietzsche, Mach, Stumpf und v. Ehrenfels, die Herbart allemal gelesen haben dürften – Musik und musikalisches Verstehen allererst in den Rang einer wissenschaftlich-psychologisch ernstzunehmenden Sache aufrücken ließ und der den Mut hatte, die musikalisch-akustische Wahrnehmung neben (oder sogar noch über) die visuelle Wahrnehmung zu stellen, die von jeher das philosophische und wissenschaftliche Interesse vorrangig beschäftigte und inspirierte – man denke an die Metaphern von Sonne und Licht in den platonischen Dialogen, die Bedeutung des Höhlenbeispiels, das göttliche „videre", die Lichtmetaphorik im Werk Descartes', die Bedeutung des Sehens für Berkeleys Erkenntnispsychologie und Metaphysik, an den Stellenwert der „reinen Anschauung" in der „transzendentalen Ästhetik", den Stellenwert der „intellektualen Anschauung" bei Kants Nachfolgern und noch an das Moment „ideierender Anschaung" im Werk E. Husserls. In allen Fällen wurde eben nur von „An*schauung*" aber nie von „An*hörung*" gehandelt und gar nicht erst in Erwägung gezogen, daß nicht nur mit dem Auge, sondern auch mit dem Ohr *erkannt* wird, daß sich nicht nur dem Auge, sondern auch dem Ohr *Geseztmäßigkeiten* anbieten.

Über die *vorrangige* Bedeutung der Tonpsychologie in Herbarts philosophisch-psychologischer Gesamtkonzeption, die ausdrücklich von Herbarts Schüler R. Zimmermann (vgl. 1873) vertreten wurde, bestand innerhalb der Schule kein Zweifel (vgl. auch Hostinsky, 1879, 1883, 1891; Bagier, 1911; Franke, 1912; vgl. Stumpf, 1890, S. 186), während sich bei Fernerstehenden (beispielsweise bei Lange, Brentano) keinerlei Hinweis auf den musikalischen Untergrund der Lehre Herbarts findet. Zimmermann betonte verschiedentlich, daß er die Tonlehre als die empirische Bestätigung der a priori konstruierten psychologischen Theorie Herbarts betrachtete (vgl. 3. Bd., S. 46, 7. Bd., S. 6 und S. 193; dazu Zimmermann, 1873, S. 35 f.). Im folgenden sollen drei, für die Methodologie der Psychologie relevante Aspekte noch etwas ausführlicher dargestellt werden und zwar

a) im Hinblick auf das methodologische Problem des Elementaren, Isolierbaren in seinen Verbindungen (Relationen) restlos Analysierbaren und damit auch Berechenbaren;

b) im Hinblick auf ursprüngliche, für Ästhetik, Ethik, Psychologie und Pädagogik konstitutive Geschmacksurteile, das heißt Urteile über ideale „sinnliche" Verhältnisse (Relationen) als Paradigmata evidenter *Gefühlsurteile* – vergleichbar der Evidenz *wahrer* Urteile in Logik und Erkenntnislehre;

c) im Hinblick auf Herbarts Vertiefung des Gedankens, der bereits bei dem so wenig geschätzten Vorgänger, D. Hume, Erwähnung gefunden hatte, *nämlich daß sich im Bereich der Töne und Klänge eine der mathematisch-geometrischen Evidenz und Apriorität vergleichbare Systematik ausmachen ließe* (vgl. die Einleitung dieser Arbeit und den § 15 im 4. Kap.). Daß letzterer Gedanke vermutlich das stärkste Motiv war für die dem Tongebiet verliehene Bedeutung, demonstriert eine Bemerkung Herbarts in der „Psychologie als Wissenschaft":

> Als Kant die Geometrie aus der reinen Anschauung des Raumes erklärte, da vergaß er die Musik mit ihren synthetischen Sätzen a priori von Intervallen und Akkorden; die er eben so aus der Tonlinie hätte erklären müssen.[...] Hatte denn von allen seinen zahlreichen Nachfolgern keiner eine hinlängliche Veranlassung, diese Lücke wahrzunehmen?

Offenbar nicht; aber einmal abgesehen davon, daß Herbart vermutlich Kants Musikverständnis überforderte, war er in der Tat der erste, der nach Kant diese „Lücke" wahrnahm und nutzte; vielleicht überlas er, entgegen seiner sonstigen Gründlichkeit, sowohl Humes sporadische, wenngleich exklusive Behandlung der Töne als „ortlose" Gegenstände, in Analogie zu den genuin geistigen Phänomenen, als auch Humes Hinweis auf die Vorstellungen einer *vollkommenen* Oktave oder Quinte im Sinne idealer Maßstäbe, in Analogie zu den idealen Maßstäben der Geometrie (vgl. Traktat, S. 68), denen wir uns durch beständiges Ausprobieren in der Phantasie anzunähern vermögen. Auf den Gedanken an eine Berechnung der Töne oder an unbewußtes Zählen (Leibniz) wäre Hume von seinem Ansatz her freilich nicht verfallen, vielmehr stützte die postulierte Idealität der musikalischen Intervalle die Annahme idealer Maßstäbe, zu denen wir durch die *Erfahrung* und mittels der *Phantasie* hingeführt werden, das heißt Maßstäbe sowohl für Quantität als auch Qualität zu gewinnen, aber nicht Reduzierung letzterer auf erstere. Die historische Frage nach der Originalität mag hier auf sich beruhen bleiben; so wenig Herbart Humes musikästhetische Überlegungen erwähnte, so wenig berief er sich auf Johann Gottlieb Herder, dessen tiefgründige, phänomenologisch und tonpsychologisch bemerkenswerte Reflexionen über Ursprung und anthropologische Bedeutung der Musik in Herders populären „Kritischen Wäldern", insbesondere im

„Vierten Kritischen Wäldchen" (vgl. wieder aufgelegt 1993) Herbart bekannt gewesen sein müßten. Jeder der weiter oben erwähnten drei Punkte beansprucht einen besonderen Stellenwert in Herbarts Gesamtsystem:

a) Töne als *reine* Phänomene (ohne räumlich-kausale Verbindung) – im Unterschied zu Farben, die stets mit Ausdehnung verbunden sind und sich vollständig vermischen, das heißt sich niemals exakt auf ihre Teilinhalte hin analysieren lassen – sind in besonderer Weise paradigmatisch für *psychisch Elementares* (für einfache Empfindungen) und können so den Ausgangspunkt für rechnende Verfahren bilden (vgl. 6. Bd., § 100). Die Eigenart der Tonleiter (ihre prinzipielle Unendlichkeit und Oktavenwiederholung) und der von Herbart als markantester *Gegensatz* interpretierte Oktavenabstand, gaben ihm Aufschluß über das Phänomen der Verschmelzung *vor* der Hemmung, auf das Herbart größten Wert legte, und an dem seine Rechnungen ansetzen konnten (vgl. 5. Bd., § 71 und 72).

Das Postulat einfacher (reiner, unvermischter) Empfindungen ist für die exakte Analyse der Wahrnehmung freilich von Bedeutung. Stumpf, der diesbezüglich durch Herbart angeregt worden sein könnte, verteidigte im ersten Band der „Tonpsychologie" gegen die von Philosophen und Psychologen mehrfach behauptete „Relativität der Empfindung" (die seinerzeit von W. Wundt, H. Spencer, A. Riehl vertreten wurde) das Faktum *einfacher* Empfindungen (Töne) (vgl. 1883, S. 3 ff.) und erhärtete es später auf physikalisch-experimenteller Basis (vgl. 1924, S. 41). Aber schon Herder hatte für den einfachen „unteilbaren" Ton votiert, der, weil weder nach außen versetzt noch wie eine Farbe zergliedert werden könnte (vgl. „Viertes Kritisches Wäldchen", S. 336), in einer besonderen Beziehung zum Innerseelischen stünde, wie nach Herders Auffassung Seelisches sich auch primär auf der Basis des Hörens, nicht auf der des Sehens entwickelte.

Dagegen verwahrte Stumpf sich scharf gegen Herbarts Theorie der Tonverschmelzung und Herbarts tonpsychologische Erklärung der Konsonanz/Dissonanzerlebnisse, die, auf den *Gegensatz* der Oktavtöne insistierend, phänomenologisch einen gröblichen Irrtum implizierte, der bei Herbarts überdurchschnittlicher Begabung fast unbegreiflich sei (vgl. 1890, S. 185 ff.). Oktavtöne unterscheiden sich freilich in der Tonhöhe, stehen innerhalb der Tonleiter „quantitativ" am weitesten von einander ab, weisen jedoch paradoxerweise in der wahrgenommenen „musikalischen Qualität" gerade die größte Ähnlichkeit auf. Das Argument scheint Zeugnis dafür abzulegen, daß Herbart, der stets gegen die falsche Identifizierung von berechenbarer Schallwelle und gehörtem Tonerlebnis ankämpfte, jetzt der Suggestion des berechenbaren Interval*labstandes* erlag, also ganz offensichtlich seinerseits Quantitatives mit Qualitativem *verwechselte*. Das Argument reichte im übrigen hin, um die komplizierte Theorie, die mit der Stärke der Töne und der Stärke des Gegensatzes, Hemmungsgrad und Verdunklung mehrerer Töne zu einem Totaleindruck arbeitet (vgl. 3. Bd., S. 45; 7. Bd., S. 1 und S. 183) zu widerlegen.

Keineswegs handelte es sich um ein randständiges theoretisches Detail innerhalb des Systems, vielmehr erschüttert die erlebnismäßig falsche Deutung der Oktavtöne als *Gegensätze* das Grundgefüge der „Statik und Dynamik des Geistes". Als deren Grundmechanismus hatte Herbart postuliert, daß die Seelen- respektive Vorstellungskräfte ja allererst aus der *Spannung* entgegengesetzter Sinneseindrücke aus *einem* Sinnesgebiet, hier dem akustischen Sinn, entstünden, für welche das Tongebiet mit seiner mathematischen Grundlage, Herbart zufolge, also eine besonders günstige Anknüpfung bot. Der Fall ist exemplarisch für die methodologischen Schwierigkeiten der Wahrnehmungspsychologie und in Abwandlung einer Bemerkung Brentanos, daß *ein* Schritt in der Logik die Wissenschaft um tausend Schritte voranbringt (vgl. Psych. v. emp. Standp. Il. Bd., S. 30), kann *ein* theoretischer Mißgriff – hier die falsche Deutung eines in der Tat nicht leicht zu interpretierenden, gewissermaßen paradoxen und rätselhaften Phänomens (der weiteste Intervall*abstand* erzeugt „qualitativ" die größte *Ähnlichkeit* der Oktavtöne) – das scharfsinnigste metapsychologische Gebäude zum Einsturz bringen.

Herbarts psychologische Theorie der Verschmelzung wollte zwei rätselhaften musikalischen Urphänomenen auf den Grund kommen, die sich aber weder im Kontext der Annahme der Seelenmonaden (des unausgedehnten „punktuellen" Seelenbegriffs) noch mit mathematischen Mitteln aufklären lassen. Das erste Rätsel betraf das fundamentale psychologische (und erkenntnistheoretische) Problem der „Verschmelzung", wie sich die ungeteilte Einheit des Bewußtseins und der apperzipierende Akt des Auffassens (Urteilens) mit *einer Mehrheit gleichzeitig gegebener* Phänomene verträgt – beispielsweise Töne im Dreiklang, die sowohl infolge unterschiedlicher Tonhöhen einzeln wahrgenommen als auch in ihrem spezifischen Gesamteindruck als konsonierender Akkord (beispielsweise als *c-dur*-Akkord, *g-dur*-Dreiklang) wahrgenommen werden – zu dessen Lösung Stumpf den gesamten zweiten Band der „Tonpsychologie" aufwendete, und zwar noch ohne die eigentlich musikalische Frage überhaupt zum Thema zu machen (vgl. 1890, S. VI).

Das zweite Rätsel betraf die unmittelbare *Erlebnisqualität* der konsonanten und dissonanten Intervalle (abgesehen von ihrer musik*theoretischen* Bedeutung). Nichts in der *Natur* erzwingt so unmittelbar und universell psychologisch und ästhetisch Zustimmung des Wohlgefallens/Mißfallens wie die harmonischen/disharmonischen Klänge. Das Wohlgefallen an bestimmten Farbverhältnissen und -kombinationen (Geruchs-, Geschmackskombinationen) hängt stets von zufälliger individueller Bevorzugung ab, aber niemand, der nur ein wenig zu hören vermag, wird ein dissonantes Intervall als harmonisch (als angenehm) und einen harmonischen Klang als dissonant (als unangenehm) bezeichnen. (Von musiktheoretisch bedeutsamen Veränderungen bezüglich der Wertung des Konsonanz-/Dissonanzphänomens ist hier abzusehen.) Und so unbedeutend die Phänomene der Konsonanz und Dissonanz im Lebens*alltag* erscheinen mögen, deuteten sie in der Einschätzung des 19. Jahrhunderts theoretisch auf ein *ursprüngliches* und evidentes Kriterium für musikalischen Geschmack und psychologisch auf eine Theorie der Gefühle und zwar in Abgrenzung zu den *ästhetisch neutralen* Lust-Unlust-Qualitäten der *Empfindung*.

Daß Herbart für seine Theorie der Verschmelzung interessante theoretische Gründe vorzubringen hatte, die seine Schüler wiederum mit interessanten Argumenten zu verteidigen wußten (vgl. dazu Zimmermann, a. O., S. 57), steht außer Frage; aber wenn Theorie, Rechnung und Wahrnehmungsevidenz so weit auseinanderklaffen, erregt die Theorie den Verdacht, sie könnte sich die wahrgenommenen „Tatsachen" theoretisch zurechtgebogen haben, statt sie in ihrer Eigenart zu erfassen und zu würdigen.

Dennoch stand die vernichtende Schärfe, mit der Stumpf Herbarts tonpsychologischen Ansätzen begegnete (vgl. Stumpf 1890, S. 187), auch wieder in keinem Verhältnis zu Herbarts *Pioniertat*, fundamentale Fragen in dem schwierigen Gebiet der akustischen und musikalischen Wahrnehmung überhaupt allererst für die psychologischen Forschung erschlossen zu haben. H. Lotze, zunächst Anhänger, später ein erklärter Gegner Herbarts (und mehr noch Gegner der Ästhetik von Herbarts Schüler Zimmermann) urteilte in diesem Punkt wohl gerechter als Stumpf (vgl. dazu Lotze, 1868, S. 282 ff.).

b) Was die Bedeutung der musikalischen Konsonanz/Dissonanz im Hinblick auf die Fundierung der Ästhetik und Ethik (als praktische, von der Metaphysik unabhängige, weil nicht mit *Begriffsklärung*, sondern mit *Wertfragen* befaßte Disziplinen) anbelangt, darf die mißglückte Erklärung der Konsonanzerlebnisse nicht den alleinigen Ausschlag geben, Herbarts Ästhetik und Ethik zu diskreditieren. Daß er die Ethik auf das moralische *Gefühl* und letzteres wiederum auf ausgezeichnete ästhetische Verhältnisse – als Musterbeispiele richtigen Wählens – gründete, setzte ihn in Widerspruch zur Ethik Kants, die sich entschieden gegen jede Gründung der Ethik auf das Gefühl, ja gegen jeden Versuch, die Ethik überhaupt auf ein empirisch-psychologisches Fundament zu setzen, strikte verwahrte und derartige Versuche als ethisch verwerflichen Sensualismus, Hedonismus, Eudämonismus bekämpft hatte. Wenn Herbart jedoch sagte, „wo kein Gefühl, da ist auch keine Tugend", (6. Bd., S. 370) dann meinte dies keinen Sensualismus oder Hedonismus, denn ausdrücklich wurde unterschieden einmal zwischen Können (Tugend) und Sollen (Pflicht), zum anderen zwischen dem bloß Angenehmen und dem Schönen, zwischen dem ästhetischen Taumel (dem sinnlichen Stimulans, der ästhetischen Berauschung) und dem „vollendeten Vorstellen gegebener Verhältnisse". (A. O., S. 378)

Herbart mahnte wiederholt die Verwechslung des Schönen mit dem Beliebten (bloß Beliebigen), des Guten mit dem bloß Angenehmen an und betonte: „Die Werke des Geschmacks [...] sind vielmehr Werke der Phantasie". (S. 374) Gemeint war eine (gewissermaßen kollektive) Phantasie, die sich aus unzähligen früher gebildeten Reproduktionen nährte, diese mit der jeweiligen kulturellen Reflexionsstufe immer neu in Übereinstimmung brachte, und demnach (im Bereich der Kunst, vornehmlich der Musik) eine kontinuierliche *Entwicklung* hinsichtlich der ästhetischen Vorstellungskraft, der ästhetischen Phantasie und des ästhetischen Geschmacks erkennen ließt, die für ethische Bildung und Entwicklung nutzbar zu machen war. In der Befähigung, ein möglichst *reichhaltiges* Vorstellungsleben als Basis des Seelenlebens zu entwickeln (und nicht primär in der Befähigung zu Sprache und zu abstrakter Begriffsbildung), insbesondere der Befähigung, *ästhetische* Vorstellungen auszubilden, lag nach Herbart auch der wesentlicher Unterschied zwischen Mensch und Tier; durch das vermutete Fehlen ästhetischer Vorstellungen für das Tier „wiederum der ursprüngliche Vorrath an Elementarvorstellungen eine sehr bedeutende Verminderung erleidet". (6. Bd. S. 207) Ohne von „angeborenen" ästhetischen Vorstellungen sprechen zu wollen, scheint Herbart aber doch der Auffassung gewesen zu sein, daß das menschliche Kind, gewissermaßen von Anfang an, neben der bloßen Wahrnehmungs- und Vorstellungskraft, immer auch schon die *Befähigung*, das Schöne mit allen seinen Sinnen wahrzunehmen, mit vorzustellen und im Laufe seines Lebens noch weiterzuentwickeln, mit auf die Welt bringt.

Hervorzuheben und kritisch anzumerken ist, daß Herbart gleichermaßen und mitunter stellvertretend die Bezeichnungen „Gefühl", „Vorstellen", „Urteil", „Phantasie" verwendete, was Zeitgenossen und Spätere mit der Frage konfrontierte, ob in der Tat „Gefühl", oder nicht vielmehr (intellektuelle) „Urteilsakte" und/oder „Phantasieakte" gemeint waren. Freilich kann man von einem System, daß ausdrücklich keinen Wert auf unzweideutige psychologische Deskription und terminologische Analyse legte und statt ihrer rechnen wollte, keine verfeinerten psychologische Bezeichnungen erwarten; im großen und ganzen war es Herbart wohl weniger darum zu tun, Phantasie von Gefühl, als vielmehr aktive Vorstellungstätigkeit von bloßer Empfindung und Reizung durch ein Medium zu unterscheiden.

Nach Herbart bestehen Schönes und Häßliches aus ausgezeichneten *Verhältnissen* und *Musterbeispielen* von Relationen, die mit Entschiedenheit Evidenz fordern, sich jederzeit deutlich hinstellen lassen, nicht erst abstrakt aus formalen Vernunft- oder Verstandesprinzipien hergeleitet werden müssen; als derartige Musterbeispiele betrachtete er die Urphänomene der Konsonanz und Dissonanz; daß diese nicht nur als Grundmuster und Maßstab für *alle* (auch außermusikalischen) ästhetischen Urteile Geltung haben sollten, sondern auch als Musterbeispiele der Ethik herangezogen werden konnten, erinnert zum einen an die alte griechische Vorstellung vom erzieherischen Ethos der Musik, wie Herbarts Ethik in der Tat an die antike Tugendlehre anschloß, zum anderen sympathisierte Herbart mit der englischen Gefühlsmoral, vertreten durch Shaftesbury, Hutchsson und Hume, die das moralische Gefühl (moral sense) ausdrücklich weder von religiösen Geboten noch von Prinzipien der Vernunft ableiten wollten (vgl. dazu Hume, Traktat, 3. B., 1. T., 1. Abschn.). Von größerer Bedeutung ist jedoch, daß Herbart für Ethik und Ästhetik eine empirisch-psychologische Grundlage suchte und in diesem Kontext das Wahrnehmungsproblem mit seiner ästhetischen Komponente bereicherte; allerdings in einer Weise, die, weil nicht geklärt wurde, *welche* psychischen Tätigkeiten oder Fähigkeiten primär heranzuziehen seien, Anlaß und Grundlage einer breiten psychologischen Diskussion wurde. Daß Herbart sich in der Tat nicht unzweideutig ausgedrückt hatte, beweisen die kontroversen Reaktionen, die vornehmlich das Verhältnis von Gefühl und Urteil im Kontext von Ethik und Ästhetik betrafen; allem Anschein nach tendierte Herbart nach der Seite des Gefühls, wenn ethische Fragen anstanden, und verschob den Akzent nach der Seite des Urteils und der Phantasie, wenn ästhetische Fragen zur Diskussion gelangten.

c) Der letzte, vermutlich befremdlichste Punkt, der die musikalischen Intervalle gelegentlich als „synthetische Urteile a priori" apostrophierte, steht im ganzen für das Gewicht, das Herbart der Disqualifizierung der Sinnlichkeit durch Kant und der Überbewertung der formal-mathematischen Aspekte der Wahrnehmung (Raum und Zeit als „reine Formen") entgegen zu setzten suchte. Freilich ist Herbarts Verwendung der Bezeichnung „synthetische Urteile a priori" für die evidenten Geschmacksurteile (die ihre ‚Evidenz' ja erst durch ein langes Abschleifen des Unwesentlichen erreichten) nicht wörtlich zu nehmen, denn er goutierte ja weder Urteile vor aller Erfahrung noch Urteile nach dem Modus spontaner Synthesen. An einer Stelle seiner tonpsychologischen Untersuchungen, in denen er erneut kritisierte, daß Kant die Grenze zwischen Sinnlichkeit und Verstand nicht richtig gezogen hätte (vgl. 1839, Kl. Abhandl., S.191) reflektierte er über den *Ursprung* dieser ausgezeichneten Urteile und ließ ein Licht fallen 1) auf ihre Universalität, 2) auf ihre Idealität und 3) auf ihre Entstehung.

> Als bleibende Erzeugnisse des menschlichen Geistes müssen besonders die ächten und anerkannten ästhetischen Urtheile angesehen werden. *Diese* Produkte haben das Schwankende abgelegt, was sonst die Bewegungen des Denkens und Fühlens charakterisirt; und die anderwärts so schwierige Frage: ob sie einen realen Gegenstand unmittelbar zu erkennen geben? – findet bei ihnen gar nicht statt. Denn Jedermann weiss, dass ein ästhetisches Verhältnis das nämliche bleibt, ob es nun bloss vorgestellt oder äusserlich wahrgenommen werde. Schon die Geschichte, wo sie Völker und Zeiten in deren Eigenthümlickeit auszufassen sucht, findet ein wichtiges Hülfsmittel der Charakeristik in den Werken der schönen Kunst, welche zu Documenten aus der Vorzeit dienen. Sie betrachtet diese als sprechende Repräsentanten der Bildungsstufe und Bildungsweise der Orte und Zeiten; während in den Thaten, ja selbst in den Gesetzen, viel Schwebendes, Abhängiges, Zufälliges liegt; welches selbst, wenn es sich lange bleibend erhielt, doch oft nur bleibt, weil es einmal da war. Was durch seine Schönheit bleibt, hat dagegen zugleich das Zeugniss der nachfolgenden Zeiten für sich, die es gegen den Untergang schützen.

Warum Herbart gerade die Musik unter den Künsten für die begünstigte hielt, uns über die psychologischen Gesetze des Geistes aufzuklären, begründete er im Anschluß damit, daß einerseits allein in der Musik sich feste Regeln bildeten und andererseits nur sie mit Elementarem aufwarten könnte (vgl. a. O, S. 191-192). Dieser bemerkenswerte Passus, der seine Kernaussage gewissermaßen *in der Schwebe* hielt zwischen Idealität und empirischer Realität der ästhetischen Urteile, hat wahrscheinlich neben dem berühmten Aufsatz „Über einige Beziehungen zwischen Psychologie und Staatswissenschaft" (1821), in dem Herbart lakonisch feststellte, „daß unsere ganze geistige Existenz ursprünglich von gesellschaftlicher Art ist", (in Herbart, 1968, S.67) – die deutsche Völkerpsychologie auf den Weg gebracht Wenn Herbart an der angezogenen Stelle bezüglich der ästhetischen Urteile sagte, sie seien in „den stehend und bleibend gewordenen Produkten des menschlichen Vorstellens zu suchen", (a. O., S. 190) so lag hier vermutlich die motivationale Keimzelle für Stumpfs ausgedehnte vergleichende musikhistorischen und ethnologischen Untersuchungen, vielleicht sogar für den Stellenwert und die besondere Behandlung der *Ursprungsfrage* in der Brentanoschule (vgl. Stumpf, 1873, A. Marty, 1879, Brentano, 1889 in 1969 und weiter unten).

Hinsichtlich der Differenz zwischen musikalischem Gefühl und musikalischem Urteil ist die geforderte „Apriorität" der musikalischen Verhältnisse wohl so zu verstehen, daß sie als ideale Gebilde, die im Laufe von jahrtausenden menschlichen ästhetischen Wahrnehmens, Vorstellens, Schaffens und Umschaffens alles Zufällige und Individuelle abgestreift haben, dann freilich dem „subjektiven" individuellen Lusterleben und Wohlgefühl immer schon vorausliegen und eher ein der Musik adäquates *Erkennen* (gewissermaßen Wiedererkennen) oder ein „musikalisches Denken" (ein musikalisches Verstehen) anstelle von bloßem Empfinden und individuellen Genießen erfordern, weil „was in der Musik *einen Sinn* oder *keinen* macht, viel ursprünglicher ist als irgendeine Aufregung von Lust oder Unlust." (7. Bd., S. 3)

An diesen Gedanken wird der zu seiner Zeit berühmte Musikkritiker Eduard Hanslick mit seiner Polemik gegen den bloßen Musikgenuß, aber auch noch H. Lotzes idealistische Theorie überindividueller Gefühle und Werte anknüpfen, während Stumpf einen neuen Versuch unternahm, die *Universalität* der Konsonanz/Dissonanzverhältnisse aufzuhellen (siehe weiter unten).

Auf die hauptsächlich nach Herbarts Tod (1841) einsetzende breitgestreute, die gesamte Psychologie des 19. Jahrhunderts erfassende Wirkung Herbarts können hier nur einige Streiflichter fallen. Allein die Diskussion über das Gefühls-oder Geschmacksurteil zog weite Kreise. Die Debatte tangierte einerseits die erzieherisch-ethische Seite dieser Urteile und Herbarts Intentionen, die Ethik aus der Ästhetik abzuleiten (vgl. Ballauf, 1895; Frischeisen-Köhler, 1917 und 1918; Weiß, 1926/27), andererseits regte sie zu prinzipiellen Erörterungen innerhalb der philosophischen Ästhetik über die Vorrangigkeit der „formalen" Ästhetik einer jeden „Gehaltsästhetik" gegenüber an.

Die Kontroverse wurde stark belebt und vermutlich allererst entfacht durch Hanslicks musikästhetische Schrift „Vom Musikalisch-Schönen" (1854) und die Polemik des Autors gegen ein subjektiv-genießendes, die Nerven stimulierendes, nach Hanslick pathologisches „ästhetisches" Verhalten. Offenbar bekannte sich der Autor zu Herbarts Musikästhetik und -psychologie, während die breite fächerübergreifende Reaktion auf Hanslick auch mit dessen reservierter Haltung gegen die Musik Richard Wagners in Zusammenhang stand. Hanslick profilierte sich als Gegner jeglicher Gefühlsästhetik. Die Musik vermöchte keine Gefühle widerzuspiegeln und könnte (sollte) sie darum auch nicht erregen; als ästhetische Instanz käme allein die Form und die sie auffassende Phantasie in Betracht (vgl. S. 3). Die kleine, aber inhaltsreiche Schrift wird auch heute noch geschätzt (vgl. C. Dahlhaus, 1988, S. 291 ff.), und ihre zahlreichen Wiederauflagen (letztes Reprint 1991) zeigen, daß sie nach wie vor Aktualität beanspruchen kann.

Allerdings ließ Hanslick „Gefühl" und „ästhetisches Urteil" („musikalisches Denken") in einer Schärfe auseinandertreten, die über Herbarts Analyse des Geschmacksurteils, das man auch als „Formgefühl" bezeichnen könnte, wovon Herbart aber keinen Gebrauch machte, hinausging und der Position Zimmermanns näher stand als der Herbarts. Es war Lotze, der in seinen feinsinnigen ästhetischen Schriften bei allem Respekt vor Hanslicks „ausgezeichneter Schrift" (vgl. Lotze, 1868, S. 478 und die Rezension zu Hanslick, 1855) wieder auf die Bedeutung des Gefühls hinlenkte (zur Diskussion vgl. auch Ambros, 1855; Flügel, 1864; Zimmermann, 1864; Hostinsky, 1877; Franke, 1912). Die psychologischen Implikationen in der Diskussion drehten sich um den formal-kognitiven und den gefühlsmäßigen Anteil des ästhetischen, insbesondere musikalischen Erlebens. Sie suchten unter allgemeinpsychologisch relevanten Prämissen den „psychologischen Mechanismus" des Geschmacksurteils schärfer zu fassen und genetisch aufzuhellen (vgl. dazu Lotze, Mikrokosmos, 2. Bd., 1858, S. 175 f.; Ästhetik, 1868, S. 232 ff.; Nahlowsky, 1863 und 1864; Resl, 1866). Einer der fruchtbarsten Berührungspunkte zwischen Ästhetik und Psychologie resultierte aus den gemeinsamen deskriptiven Anstrengungen, den Begriff des Gefühls schärfer gegen die ihm benachbarten Begriffe der Empfindung und des Urteils, sowie die „höheren" geistigen Gefühle von den „niederen", den bloß sinnlichen Gefühlen abzugrenzen. Analyse und Deskription der Gefühle gehören vermutlich zu den genuinen und wichtigsten Aufgaben der Psychologie, während das Urteil mit wesentlichen Aspekten in den Bereich der Logik fällt, und die Empfindung auf den leibgebundenen, physiologischen Kontext verweist.

> Beherrschen jedoch erkenntnistheoretische und ethische Gesichtspunkte psychologisch die Deskription, dann resultiert jener vorverurteilte Begriff der Sinnlichkeit, den Kant bevorzugte. Die vermeintlich „kleinen Verstöße", die gerade Kant hinsichtlich der Unterscheidung von Empfindung und Gefühl unterliefen, waren keinesfalls zufällig und „nebensächlich", wie J. Nalbach meinte, der Kants besonderen Verdienst, Empfindung und Gefühl getrennt zu haben, hervorhob (vgl. 1913, S. 5, 15). Insofern Kant das Gefühl von vornherein der Erkenntnis, dem Erkenntnisbegriff und Erkenntnisgewinn, *subordinierte*, und das Gefühl als „dasjenige Subjektive an einer Vorstellung" definierte, „was gar kein Erkenntnisstück werden kann", (vgl.

K.d.U., 8. Bd., S. 263) andererseits „subjektive" und „objektive" Phänomene sich überkreuzenden Bereichen zuordnete, fand Kant gerade keine Lösung für das „Rätselhafte", das auch ihm im Verhältnis von Erkenntnis und Gefühl im Prinzip der Urteilskraft aufgefallen war (vgl. a. O., die Vorrede, S. 240).

Der wissenschaftlichen Psychologie mußte daran gelegen sein, das Gefühl als ein deskriptiv *Selbständiges* aus der Verflechtung mit der philosophischen Logik, Ästhetik und Ethik zu lösen, respektive auf seine besondere Relevanz zu verweisen (vgl. dazu Pokorny, 1869). Wie schwierig sich aber gerade diese Aufgabe mit zunehmender Sensibilität für die Problematik einer wissenschaftlich fundierten psychologischen Gefühlstheorie gestaltete und wie trotz großer theoretischer Aufwendungen von seiten hervorragender Psychologen wie Lotze, James, Brentano, Külpe, sich stets bestimmte *epistemologische* Positionen einmischten, „Sensualismus", „Idealismus" oder „Logizismus" den Ton angaben, demonstriert die besonders lebhaft um die Jahrhundertwende geführte Diskussion zur Theorie der Gefühle (vgl. Külpe, 1887, 1920, Stumpf, 1899, 1907, 1916; Brentano, 1907/1979).

Inwieweit sich erkenntnistheoretische Fragen in die Debatte über den psychologischen Status der Gefühle einmischten, wird aus folgendem Fall ersichtlich: Brentanos Auffassung der Klasse der intentionalen Gefühle konfrontierte, nachdem Brentano gewisse Revisionen der in der „Psychologie vom empirischen Standpunkt" vertretenen Aussagen vorgenommen hatte, mit immanenten Schwierigkeiten, die angeblich nicht eindeutig interpretierbar sind (so Chisholm in der Einleitung zu Brentano, 1907/1979, S. XXII). Die Mehrdeutigkeit der Gefühlslehre dürfte vornehmlich aus Brentanos epistemologischer Wende (Verabschiedung der „mentalen Inexistenz des Objekts") resultieren, die Erscheinungen („physische Phänomene"), Sachverhalte (des Urteilens, Urteilsinhalte), Werte (des Fühlens/Wollens) als Korrelate der psychischen Akte *nun ablehnte* und „Intentionalität" fortan als eine einstellige psychische Relation begriff (vgl. dazu Kraus' Einleitung in den ersten Band der Psych. v. emp. St., S. XXIV ff.). Nach diesem Schritt in Richtung einer *monistischen* Erkenntnislehre entfiel ein eindeutig auszumachender Unterschied zwischen sinnlichen Empfindungen und geistigen Gefühlen. In diesem Kontext erkenntnistheoretischer und metaphysischer Differenzen zwischen Brentano und Stumpf ist auch Brentanos Reserviertheit gegen die Relevanz der Tonpsychologie Stumpfs und die in sie eingebettete Gefühlslehre anzusiedeln (vgl. Brentanos sehr kritische Anmerkungen zu Stumpf in 1907/1979, S. 217-240).

In der Ethikschrift von 1889 verteidigte Brentano erstmals und überraschend die unmittelbare Evidenz richtiger/unrichtigenrAkte des Liebens/Hassens, die „mit einem Schlage und ohne jede Induktion besonderer Fälle die Güte und Schlechtigkeit der ganzen Klasse offenbar werden" lassen (in 1969, S. 82). Brentano suchte die Gefühlsevidenz hier in Analogie zur Evidenz richtiger Erkenntnisurteile beidesmal aus der cartesianischen Philosophie abzuleiten (vgl. a. O., S. 5, 18, 28). In diesem Zusammenhang fiel auch ein Seitenblick auf Herbart, den Brentano sonst, wie seine kritischen Anmerkungen zu Herbart in der „Psychologie vom empirischen Standpunkt" erkennen lassen, gar nicht geschätzt hatte: „Bei Herbart deutet eine sehr merkwürdige Lehre von einer plötzlichen Erhebung zu allgemeinen ethischen Prinzipien wie mit scheint, darauf hin, daß er etwas von diesem eigentümlichen Vorgange bemerkt hat, ohne sich darüber ganz klar zu werden". (A. O., S. 83) Brentano hatte sicher Recht, wenn er auf Unklarheiten in Herbarts Theorie der Gefühle hinwies (insofern sie eine scharfe Grenzziehung zwischen Gefühl und Urteil vermissen ließ); es ist auch nicht ganz auszuschließen, daß es Übereinstimmungen zwischen Descartes und Herbart geben könnte; aber wenn Brentano den für Herbart relevanten *musikästhetischen* Kontext gänzlich ausblendete, engte er (wie auch im Fall seines Schülers Stumpf) seinerseits die *empirischen* Ressourcen für eine Theorie der Gefühle (und für die Ethik) ein.

Wissenschaften entwickeln sich nicht logisch nach dem Muster logischer oder mathematischer Ableitungen. Es ist eigenartig, daß gerade Herbarts „mechanistische" und mathematische Konzeption der wissenschaftlichen Psychologie, die Gefühle als Derivate gespannter (im Ungleichgewicht befindlicher) und entspannter (im Gleichgewicht befindlicher) Vorstellungsmassen interpretierte, jene lebhafte Debatte über den Stellenwert der Gefühle auslöste. Die exponierte Stellung des Gefühls resultierte auch gewiß nicht aus der „Statik und Dynamik des Geistes", und Gefühle dürften sich wohl am allerwenigsten einer Quantifizierung unterwerfen lassen. Das Interesse an Herbarts Gefühlsauffassung begreift sich wohl eher aus der Relevanz, die der akustischen, insbesondere musikalischen Wahrnehmung eingeräumt wurde, als aus Herbarts mechanistischen Grundprinzipien. Nicht diese, sondern Herbarts bevorzugtes Interesse für die akustische Wahrnehmung verlieh seiner Auffassung der Gefühle und den Reflexionen über das Verhältnis von Gefühl und Urteil, psychologische Tiefe. Seit eh und je wurde nach der besonderen Gefühlswirkung der Musik gefragt und darüber gerätselt, womit diese in Zusammenhang stehe.

Herbarts Auffassung: „Das Gehör ist unter allen Sinnen am reichsten in der Mannigfaltigkeit der Empfindungen", während er dem Auge die größte *Beweglichkeit* attestierte (vgl. 5. Bd., § 72 und 73), könnte folgendermaßen interpretiert werden: Das Auge konzentriert sich in seiner immensen *Akkommodationsfähigkeit* vornehmlich auf die Beschaffenheiten äußerer Dinge (zu denen auch räumliche Distanz und zeitliche Ortsveränderung, das heißt Bewegung, gehört), während das Ohr auf die unendliche, *qualitativ abgestufte* Mannigfaltigkeit von Ausdrucksnuancen in Sprache, Geräuschen und freilich auch Musik ausgerichtet ist; das Gefühl sich nicht primär mit ersteren (mit den visuellen Eindrücken), sondern vornehmlich mit letzteren (den akustischen) verbindet. Das kognitive Element im Gefühl rührte demnach aus Urteilen, die zu den Empfindungen *hinzutreten*, aber weder im Sinne der Logik und Erkenntnistheorie rein intellektualistische, noch ausschließlich als sprachliche Urteile verstanden werden dürfen (vgl. in diesem Kontext Stumpfs differenzierte Analyse der Sinnesurteile im 1. Bd. der „Tonpsychologie", S. 4 ff.).

Stumpf übernahm die von Herbart vorweggenommene Favorisierung der akustischen Wahrnehmung für die psychologische Forschung. Im ersten Band der „Tonpsychologie" rekurrierte er zunächst auf das inzwischen Berühmtheit erlangt habende Werk H. von Helmholtz' „Die Lehre von den Tonempfindungen als physiologische Grundlage für die Theorie der Musik" (1863/1896), würdigte das „classische Werk", mahnte aber zugleich auch an, daß die genuin psychologischen Fragen dort zu kurz gekommen wären. Nun hatte Helmholtz gerade den Weg beschritten, den Herbart von vornherein zur Exploration genuin *musikalischer* Phänomene für illusorisch erklärt und ausgeschlossen hatte, nämlich „zwischen Physik und Psychologie eine physiologische Hypothese einzuschieben". (Vgl. 7. Bd., S. 7 und S. 189) Stumpf hat die große Leistung Helmholtz', soweit die Ton*empfindung* in Frage kam, stets gewürdigt (vgl. insbesondere Stumpf, 1895); sie erfaßte aber nur *eine* (physiologische) Seite der akustischen Wahrnehmung, während die psychologische nicht ausgeschöpft und die erkenntnistheoretisch-metaphysische Seite der Musik von Helmholtz ausdrücklich ausgeklammert wurde. Wie nahe Stumpf seinen phänomenologischen *Intentionen* nach (nicht in der Durchführung) Herbart stand, erhellt einmal daraus, daß er an die weiter oben zitierte erkenntnistheoretische Bemerkung Herbarts (die „Apriorität" der Intervalle und Akkorde betreffend) anknüpfte (vgl. 1883, S. VII), und zum anderen maß Stumpf dem Gebiet der Töne und Klänge eine noch größere Relevanz und breitere Basis für die allgemeine psychologische Forschung bei als Herbart:

> Vielleicht lassen sich überhaupt nirgends sämtliche Hilfsmittel der psychologischen Forschung, Selbstbeobachtung und fremde Angaben, statistische Sammlung von Urteilsreihen, physiologische Thatsachen und Hypothesen, Vergleichung der Völker und Zeiten; Biographisches u.s.w. in gleicher Vereinigung heranziehen.

Namentlich „für die so entwicklungsbedürftige Gefühlstheorie" sollen sich innerhalb der Tonpsychologie wie auf keinem Sinnesgebiet sonst „reizvolle Probleme" finden lassen, die durch eine „in's Einzelnste geführte Analyse" aufzuklären seien (S. V-VI).

Es ist höchst bedauerlich, daß von dieser breiten phänomenologisch-psychologischen Basis nahezu nichts in der derzeitigen Wahrnehmungspsychologie und Musikpsychologie wiederzufinden ist. Zwar wurde die Gefühlstheorie Stumpfs neuerdings wieder rezipiert und sorgfältig nach Anknüpfungspunkten an sie in der modernen kognitiv-evaluativen Emotionsforschenung recherchiert (vgl. Reizenzein und Schönpflug 1992), aber leider unter Ausschluß der tonpsychologischen Basis, während die moderne Musikpsychologie den historischen Kontext mit der Tonpsychologie überhaupt verabschiedet zu haben scheint, sich in Nebenbereiche zu verlieren droht, die bislang keinen gemeinsamen theoretischen oder methodischen Ansatz erkennen lassen.

Das Übergehen von Herbarts und Stumpfs Psychologie hat freilich in der Sache liegende Gründe; man kann weder den musikalischen Hintergrund, den Herbart und Stumpf ‚von Hause aus' mitbrachten, noch den komplizierten philosophischen Horizont, in den die tonpsychologischen Untersuchungen eingebettet sind, schlechterdings voraussetzen. Desinteresse für das Phänomen Musik oder ‚Unmusikalität' im Sinne von Defiziten musikalischer Rezeption dürften den Zugang zu Herbart und Stumpf erschweren, während der Verzicht auf den theoretisch-philosophischen Kontext der Akzeptanz der behaupteten allgemeinpsychologischen Bedeutung im Wege stehen dürfte.

Warum ist der philosophische Kontext hier so wichtig? Weil die akustische Wahrnehmung es in der Tat nicht mit *äußeren Gegenständen* zu tun hat, die angeschaut, in ihren kausalbedingten Veränderungen beobachtet und dem Experiment unterworfen werden könnten. Das in die Subjekt-Objekt-Relation eingeschliffene Denken greift nicht und die angeblich nur „transitorischen" Phänomene erfordern eine ganz andere Perspektive, einmal im Hinblick auf die Struktureigenschaften der wahrgenommenen Gebilde, zum anderen bezüglich der Operationen der Wahrnehmung, die nicht „dinglich" oder besser: gegenständlich ausgerichtet sind.

Was das in diesem Kontext herangezogene Teilgebiet – die Theorie der Gefühle – anbelangt, könnte möglicherweise die Präferenz sensualistischer Ansätze (die ‚höhere' ästhetische, ethische Gefühle gar nicht gelten lassen) oder die Bevorzugung idealistischer Ansätze (welche die kognitiven Anteile im Gefühlserleben überbewerten) in Verbindung stehen mit Affinität oder Disengagement für die Musik. Stumpf hat diese These nicht ausdrücklich vertreten, lediglich W. James betreffend, der sich für eine rein sensualistische Theorie der Gefühle stark gemacht hatte, angedeutet, daß fehlende musikalische Bildung (James hatte sich selbst als ‚unmusikalisch' bezeichnet) den Zugang verschließt zu Erkenntnissen, die *nicht* nur tonpsychologisch relevant, sondern von allgemein psychologischer und sogar erkenntnistheoretischer Bedeutung sind (vgl. Stumpf, 1907, S. 24; 1928, S. 28). Karl Bühler scheute sich allerdings nicht, die extrem sensualistische Gefühlstheorie Sigmund Freuds, die „Lust" allein aus den „niedersten" Sinneserlebnissen ableite, mit Freuds erklärtem Desinteresse an der Musik in Verbindung zu bringen und die Psychoanalyse geradezu als das Werk eines Unmusikalischen zu deklarieren: „Vielleicht war es nicht bedeutungslos für die Psychoanalyse, daß ihr Schöpfer keinen Anteil an der Musik hat". (Vgl. Bühler, 1927/1978, S. 191) Immer scheint es sich um einen Mangel an psychologischer Erklärungskraft in bezug auf das Phänomen der *Form*, Formgebung oder des Form*gefühls* zu handeln. Bühler bezeichnete Freud geradezu als „Stoffdenker", der „an den seelischen Gebilden und Verläufen nur das Stoffliche, nur die eine Seite kurz gesagt, zu sehen vermag". (A. O., S. 165)

Als wichtige Verbindung zwischen den tonpsychologischen Untersuchungen Herbarts und Stumpfs „Tonpsychologie" ist die Ästhetik und Psychologie Lotzes erwähnenswert. Stumpf war sowohl der Schüler Brentanos als auch Schüler Lotzes; Brentano mag als Lehrer die größere philosophische Autorität für den jungen Carl Stumpf gewesen sein, aber mit Lotze verband ihn die Liebe zur Musik. Die der Musik gewidmeten Kapitel in Lotzes „Geschichte der Ästhetik in Deutschland" suchten einmal die bereits vorliegenden Beiträge zu verarbeiten, das für die Musikästhetik Wesentliche vom Unwesentlichen zu scheiden; zum anderen bestand das eigentliche Anliegen Lotzes darin, die „formale" Ästhetik durch eine *inhaltlich* relevante *Wert*lehre zu bereichern, die das Schöne und das Gefühl wieder ins Zentrum der Argumentation rückte. Lotze tadelte es als einen prinzipiellen Irrtum und als eine „Seltsamkeit" der deutschen Ästhetik, die im Zuge ihres Begründers A. Baumgarten „mit ausgesprochener Geringschätzung ihres Gegenstandes begann" (vgl. 1868, S. 12 ff.), insofern die Ästhetik als „nachgeborener Schwester der Logik" ihren Gegenstand aus dem sogenannten „unteren Erkenntnisvermögen" generierte. Dagegen votierte Lotze dafür, „den Grund der Schönheit in Etwas zu suchen, was größer und höher vielleicht als das Denken, jedenfalls aber von ihm verschieden ist". (S. 12)

Lotzes Musikästhetik enthielt eine so feinsinnige wie tiefsinnige, wenngleich eher philosophische als psychologische Begründung des ästhetischen Gefühls oder der ästhetischen „Lust". Der Autor suchte das jeweils aktuelle Gefühl dem subjektiven, auf bloße Befriedigung und individuelle Beförderung ausgerichtete Erleben zu entziehen und schlug eine Deutung vor, die es erlaube „in allgemeiner Form das allgemeine Glück zu empfinden, das aller einzelnen Lust zu Grunde liegt". (A. O., S. 487) Demnach resultiert das ästhetische Gefühl nicht aus der „subjektiven" Befriedigung persönlichen Begehrens, sondern aus der erlebten Anteilnahme an einer allgemeinen, der Welt *inhärenten* Gefühlsqualität. Das Wohl und Wehe des Musikerlebens, so meinte Lotze, transzendiere die subjektive Lust und den individuellen Schmerz in eine höhere, allgemeinere „Bewegtheit", die selbst, ihrem Wesen nach, Harmonie sei. Musikpsychologisch votierte Lotze für eine allgemeine, s.z.s. intersubjektive, aber nicht intellektualistische Grundlage des Gefühls. Das „allgemeine Glück" meinte das kosmische Harmoniegefühl als das Erlebnis,

> daß die einzelnen Erscheinungen der Wirklichkeit nicht beziehungslos auseinanderfallen als bloße Beispiele der allgemeinen Gesetze, daß sie vielmehr zusammen ein Ganzes bilden; daß ferner die Teile des Ganzen nicht bis zur Vertauschbarkeit gleichgültig, jeder vielmehr den anderen in einem besonderen Grad verwandt ist, obgleich in allen diesen Gattungen des Wirklichen der innere Zusammenhang der Glieder durch dieselben allgemeinsten, sich immer wiederholenden Gesetze bestimmt ist. (S. 490-91)

Eine Passage in Stumpfs letztem Werk paraphrasiert diesen großen Gedanken Lotzes, der das Weltganze – durchaus in Erinnerung an den pythagoreischen Gedanken, aber nicht in der mathematischen Interpretation, sondern auf der Basis einer in sich geordneten und strukturierten, auf Ähnlichkeit und Verwandtschafts*graden* fußenden Sinnlichkeit – als *Harmonie* begreift:

> Die Dinge der Außenwelt selbst, die wir als Eigenschaftskomplexe fassen, sind untereinander [...] auch wieder zu höheren Einheiten und Ganzheiten verbunden, und zwar in verschiedenen Graden, angefangen von den Organen der höchsten Organismen, die nach Beschaffenheit und Funktion aufs engste zusammenhängen, bis zu den Teildingen bloßer Aggregate. Auch hierfür haben wir Urbilder in den Sinnesempfindungen, vor allem in den „Verschmelzungsgraden" der Tonempfindungen, angefangen von der Oktave, die dem Eindruck eines einzigen Tones am nächsten steht, über die unvollkommenen Konsonanzen bis zu den Dissonanzen. Ja man könnte sagen, es sei mehr als ein bloßes Gleichnis oder eine pythagoreische Phantasie, wenn wir einen Wesenszusammenhang zwischen Teildingen innerhalb eines größeren Ganzen auch als Harmonie bezeichnen. Es ist die Übertragung eines aus den Sinnesempfindungen abgezogenen Begriffes auf die Außenwelt, wobei er allerdings nur seine allgemeinsten Merkmale behält. Wir wären überhaupt nicht imstande, von Ganzheiten höheren oder geringeren Grades zu sprechen, wenn nicht solche Wahrnehmungen vorausgingen. (1939-40, S. 26-27)

Auf die Basis dieser ‚holistischen' Betrachtung wird im nächsten Kapitel zurückzukommen sein. Es wäre historisch nicht zu vertreten, an dieser Stelle einen Philosophen gänzlich zu verschweigen, Arthur Schopenhauer, der vermutlich viel mehr als die *wissenschaftlichen* Bemühungen der Zuvorgenannten durch seine Philosophie der Musik das kulturelle Klima des 19. Jahrhunderts in Deutschland beeinflußte, man denke nur an die Wirkungen der schopenhauerschen Philosophie auf Friedrich Nietzsche und Richard Wagner. Unzweifelhaft war Schopenhauers Philosophie der Musik auch Lotze und Stumpf (vermutlich auch Herbart) bekannt (Schopenhauers Hauptwerk, das seine Philosophie der Musik enthielt, erschien erstmals 1816); aber wo gewisse inhaltliche Übereinstimmungen, das Engagement für die Schaffung einer Musikästhetik betreffend, nicht von der Hand zu weisen sind, unterscheiden sich Herbarts, Lotzes und Stumpfs *wissenschaftliche* Bemühungen um Metaphysik, Erkenntnistheorie und Seelenlehre eklatant von Schopenhauers diesbezüglichen Grundannahmen. Das „Unzeitgemäße" dieser, sich im Grenzbereich von Metaphysik, Erkenntnistheorie, Parapsychologie und Okkultismus bewegenden Grundannahmen (ein Essay Schopenhauer trägt den keinesweg ironisch gemeinten Titel „Versuch über das Geistersehn und was damit zusammenhängt", im ersten Teilband der „Parerga und Paralipomena") tat im übrigen der Popularität Schopenhauers keinen Abbruch, wurde vielmehr als Gegengewicht gegen Materialismus und Positivismus geschätzt, nachdem dem philosophischen Werk Schopenhauers in der zweiten Hälfte des 19. Jahrhunderts endlich ein Durchbruch gelungen war.

Während Kant mit dem vermeintlich nur *zeitlichen* Wesen der Musik auch ihren geringen ästhetischen Wert assoziierte, weil Musik nur an die flüchtig-formlose Empfindung oder das Gefühl appelliere, jedoch (als reine Instrumentalmusik und ohne Verbindung mit dem Wort) nichts abbilde, infolge mangelnder Ideen und Objektvorstellungen auch nichts zu *denken* gebe, bezog Schopenhauer einen dieser Auffassung entgegengesetzten Standpunkt. Auf der Basis seiner pessimistischen und weltverachtenden moralisch-philosophischen Grundeinstellung ging Schopenhauer (etwas vereinfacht ausgedrückt) davon aus, daß die in Zeit, Raum und Kausalität eingebundene Objektwelt (die „gegenständliche" Welt) in der menschlichen, vorwiegend triebhaft veranlagten und durch einen bewußtlosen Willen (einen Willen ohne bewußte Zielsetzung) gesteuerten Seele vornehmlich den Zustand des Habenund Besitzenwollens (einen Zustand permanenter Lustbefriedigung), das heißt einen andauernden Affekt-, Begierde- oder Wollenszustand auslöst, für den es in dieser, auf Mangel und Verzicht angelegten Welt aber keine Befriedigung geben könnte, und der auf Dauer nur Qualen bereiten würde. Einzig durch Loslösung von dieser Welt und Hingabe an eine andere, unstoffliche, nicht gegenständliche Welt, die Schopenhauer durch Versetzen in einen anderen ästhetischen Zustand, wie die Musik ihn erfahrungsgemäß gewähre, für erreichbar hielt; gerade weil die Musik *nicht* Gegenständliches, Dingliches, *abbilde*, errege sie auch keine starken Begierden und Affekte, sondern beruhige, tröste, versöhne und inspiriere zu einer anderen philosophischen, ethisch vertretbaren Lebenseinstellung.

Wenn der Musik von jeher die besondere Kraft beigelegt wurde, Affekt- und Gefühlszustände zu bewirken, dann sind diese Affekte und Gefühle nach Schopenhauers Interpretation jedoch nicht von der egoistisch-begehrlichen, nur der individuellen persönlichen Lebensbeförderung dienlichen Erlebensweise, wie sie durchgehend das gewöhnliche alltägliche Seelenleben beherrsche und erniedrige, sondern die durch die Musik erregten Gefühle zeugten von einer ganz anderen Art des Fühlens und Gedenkens, nicht Gedanken an diese Welt, sondern an ein der Welt jenseitiges Nirwana. Vor diesem *metaphysischen* Hintergrund billigte Schopenhauer der Musik, im Gegensatz zu Kant, den höchsten Rang unter den Künsten zu: „Denn Musik ist [...] darin von allen andern Künsten verschieden, daß sie nicht Abbild der Erscheinungen [...] sondern zu allem Physischen der Welt das Metaphysischen, zu aller Erscheinung das Ding an sich darstellt." (A. O., S. 330)

An einer anderen Stelle hieß es, den philosophisch-intellektuellen Charakter der Musikrezeption betreffend: „Die Musik ist eine unbewußte Übung in der Metaphysik bei der der Geist nicht weiß, daß er philosophiert". Diese rein intellektualistisch anmutende Auffassung von Musik wird jedoch in Schopenhauers Interpretation durch einen besonderen emotionalen Gehalt ergänzt. Nach Schopenhauer verbinden sich in der Musik, namentlich in den Symphonien Beethovens, größte Ordnung mit heftigsten Affekten, die Affekte jedoch in einer merkwürdig abstrakt-allgemeinen und „formalen" Erlebensweise:

die Freude, die Trauer, die Liebe, der Haß. der Schrecken, die Hoffnung u.s.w. in zahllosen Nuancen, jedoch alle gleichsam nur in *abstracto* und ohne alle Besonderung: es ist ihre bloße Form, ohne den Stoff, wie eine bloße Geisterwelt, ohne Materie. (Vgl. W. a. W. u. V., 2. Bd., 3. Buch, 39 .Kap., S. 529)

In der ersten Ausgabe des Hauptwerkes hieß es, womöglich noch deutlicher bezüglich dessen, was die Musik emotionell ausdrücke und was *nicht*:

> Sie drückt daher nicht diese oder jene einzelne und bestimmte Freude, diese oder jene Betrübniß, oder Schmerz, oder Entsetzen, oder Jubel, oder Lustigkeit, oder Gemüthsruhe aus; sondern *die* Freude, *die* Betrübniß, *den* Schmerz, *das* Entsetzen, *den* Jubel, *die* Lustigkeit, *die* Gemüthsruhe *selbst*, gewissermaßen *in abstracto*, das Wesentliche derselben, ohne alles Beiwerk, also auch ohne die Motive dazu. (Vgl. a. O., 1. Bd. 3.B., § 52, S. 328)

Man kann eine dieser Interpretation der ästhetischen Gefühle – als deutlich von den sinnlichen Empfindungen und den gewöhnlichen egoistischen Gefühlen unterschiedene – durchaus nicht fernstehende, im Ansatz bei Herbart, Lotze und noch bei Stumpf wiederfinden, insofern ihnen *allen* ausnahmslos daran gelegen war, *den ästhetischen Gefühlen einen anderen als den gewöhnlichen sinnlichen Charakter zu verleihen*. Von größerem Interesse ist hier jedoch die erkenntnistheoretische respektive metaphysische Variante, durch die sich Schopenhauer von den Zuvorgenannten *unterschied*: Schopenhauer charakterisierte die Welt der Töne ausdrücklich als eine immaterielle, ausdehnungslose, das Erleben oder die Erkenntnis des Tons (nicht der Schallwellen, nicht der physikalisch-physiologischen Ursachen), also des Tons an sich, habe keinerlei Beziehung auf den Raum oder auf einen, die Schallwellen, aber nicht den Ton verursachenden Körper respektive Stoff. (Der Ton entsteht erst im Kopf.) Über die Art und Weise, wie Musik wahrgenommen wird, heißt es bei Schopenhauer;

> Ich hätte noch manches hinzuzufügen über die Art, wie Musik percipirt wird, nämlich einzig und allein in und durch die Zeit, mit gänzlicher Ausschließung des Raumes, und ohne Einfluß der Erkenntniß der Kausalität, also des Verstandes: denn die Töne machen schon als Wirkung und ohne daß wir auf die Ursache, wie bei der Anschauung, zurückgingen, den ästhetischen Eindruck. (A. O., 1. Bd., 3. B., § 52)

Wenn Schopenhauers Musikästhetik ohne jegliche Einschränkung für den einfachen, ausdehnungslosen, immateriellen Ton und seine spezifische intensive Wirkung auf das menschliche Gemüt votierte, so geschah dies mit weitgehenden Konsequenzen für sein gesamtes philosophisch-metaphysisches Grundgerüst, nämlich mit Hinweis auf eine jenseitige Welt, die nicht, wie die sogenannte reale Welt, in das „principium individuationes", das hieße nach Schopenhauer in die individualisierenden Formen von Raum, Zeit und Kausalität eingeschlossen war und dennoch „wahrgenommen", perzipiert wurde.

Offenbar war es gerade die behauptete Ausdehnungslosigkeit der Töne, die, weil sie den ausdehnungslosen seelischen Erscheinungen so nah verwandt erschienen, im 19. Jahrhundert zu einer Erforschung der psychologischen Weise der Raumwahrnehmung und Raumvorstellung, auch und gerade mit Einschluß der akustischen Wahrnehmung, anreizte und zugleich mit einer vertieften Untersuchung der Zeitwahrnehmung konfrontierte. Nicht zufällig leitete der junge Carl Stumpf 1873 mit einem akribischen Werk über den Ursprung der psychologischen Raumvorstellung sein wissenschaftliches Forschen ein, während sein Lehrer Lotze schon seine bedeutende geistige Kraft zur Lösung dieser Frage aufgeboten hatte, die nach den Prämissen der Transzendentalphilosophie ja als *unlösbar* gelten sollte. Zwei mögliche Einstellungen resultierten aus der angeblichen Unerklärlichkeit der räumlichen Wahrnehmung: Man konnte, wie Schopenhauer, die anscheinende Immaterialität der Töne metaphysisch und als Hinweis auf eine jenseitige Welt deuten, oder aber *mit gänzlich anderen Fragestellungen*, als dies in Kants „transzendentaler Ästhetik" geschehen war, an den psychologischen Ursprung der Raum- und Zeitvorstellung herantreten, an die Kant nicht – und offenbar auch nicht Schopenhauer, der Kants „transzendentale Ästhetik" für einen Meilenstein philosophischer Erkenntnis hielt – gedacht hatte. „Die transscendentale Aesthetik ist ein so überaus verdienstvolles Werk, daß es allein hinreichen könnte, Kants Namen zu verewigen." (Vgl. W.a.W.u.V., 1. Bd., Anhang, S 537)

Stumpf hat die schwierige Frage nach der räumlichen Ausdehnung der Töne (einer immanenten räumlichen oder raumähnlichen oder nur assoziierten Eigenschaft) mehrfach sorgfältig erwogen (vgl. „Tonpsychologie", Bd. 2, S. 56 ff.; 386 f., 535 f.) und stets betont, daß sie, die räumlichen Eigenschaften, die auch den Tönen in einer gewissen, wenngleich von den Farben unterschiedenen, Weise eignet, durch enge und vielfältige Bande mit den *qualitativen* Eigenschaften *verknüpft* sind. Wenn Stumpf *nicht* mit Brentano übereinstimmte, der mit heftiger Kritik gegen Stumpf die durchgehende individualisierende und lokalisierende Eigenschaft der Töne wie der Farben verteidigte (vgl. Brentano 1973, S. 217 ff.), so hatte Stumpf in jahrelanger Forschungsarbeit eine ganz andere Auffassung von dem musikalischen Phänomen und der allgemeinpsychologischen Bedeutung der „Verschmelzung" gewinnen können als Brentano (vgl. den gesamten 2. Band der „Tonpsychologie"). Stumpf war im übrigen nicht an der Betonung einer Ähnlichkeit zwischen den Tönen (als Erscheinungen) und den seelischen Phänomenen gelegen. Seine Intentionen richteten sich vielmehr auf eine grundlegende Ersetzung der „transzendentalen Ästhetik" durch eine umfassendere und vorurteilsfreie phänomenologische Fundierung der Erscheinungswelt. Dabei war es Stumpf *nicht* (wie Brentano) von vornherein um eine *Vereinheitlichung* der Sinne oder eines allen Sinnen *gemeinsamen* Sinnesraumes zu tun. Weder Divergenz noch Kongruenz der Sinne konnte, in welcher Eigenschaft auch immer, *vor* aller Erfahrung, gewissermaßen vom Schreibtisch aus angenommen und durchgesetzt werden. Einer Ästhetik ‚von oben und aus dem Begriff hatte schon Herder widersprochen, der seinerseits größeres Gewicht auf die Divergenz als auf die Einheitlichkeit der Sinne verlegte.

Erst eine, in der Tat *kritische* Auseinandersetzung mit der „transzendentalen Ästhetik" konnte auch eine neue Auffassung von wissenschaftlicher Psychologie herbeiführen. Schon im 18. Jahrhundert waren auf der Basis sprachpsychologischer und musikästhetischer Reflexionen bei Herder Ansätze zu einer empirischen Psychologie und Anthropologie konzipiert worden, die sich, wie schon an früherer Stelle angemerkt, ausdrücklich gegen die formale „transzendentale Ästhetik" Kants wandten. Erwähnenswert sind an dieser Stelle Ausführungen Herders in dessen „Metakritik der Kritik der reinen Vernunft" über den Charakter akustischer Zeitwahrnehmung, die Kants Auffassung von dem bloß „transitorischen" Charakter der Musik widersprachen und den Gedanken der Melodie als „Gestaltqualität" vorwegnahmen:

> [...] das Ohr [...] ist dazu eingerichtet, daß es in einem Moment drei Momente, den verhallenden, gegenwärtigen und zukünftigen Ton gibt, wo dann der mittlere nur als die Grenze zwischen beiden schwebt. Ohne Verknüpfung ist kein Gehör möglich und eben mit ihr ist dem Verstande Melodie, d. i. eine verknüpfte Tonfolge gegeben. Verknüpfen könnte er sie nicht, wenn sie das Ohr nicht bände, mit der Gestaltung dieses ist sie ihm also vor- und zuorganisiert, daß er an ihr als einer Folge dreier gegenwärtiger Augenblicke seine Funktion übe. Wäre unser Sinn nicht also geschaffen, daß in Einem ein Drei uns gegenwärtig machen, d. i. den Ton halten, tragen und übertragen könne, ja müsse, so wäre die Regel der Zeitfolge, in der uns das Jetzt nur die Grenze des Vergangenen und des Zukünftigen ist, dem Verstande unbekannt und unanwendbar. Diese Regel findet er nur in sich, weil sie ihm sein Werkzeug unveränderlich vorzeichnet. (Vgl. „Eine Metakritik zur Kritik der reinen Vernunft", in Herder 1960, S. 192)

In dieser „Metakritik" machte Herder als erster deutlich, daß nicht erst der Verstand die sinnlichen Phänomene *verbindet*, daß nicht der Verstand allererst die *Gestalt* gibt und daß nicht er als das ‚spontane' Werkzeug a priori *aller* Synthesen anzusehen ist, sondern daß der *Sinn*, insbesondere der *akustische Sinn*, selbst das *formende* Werkzeug ist! Mit dieser Auffassung war nicht nur ein erheblicher Mangel der kantschen „transzendentalen Ästhetik" noch *vor* Herbart „entdeckt" worden, sondern auch erstmals die Quintessenz des gestaltpsychologische Ansatz Christian von Ehrenfels', für den die Melodie ja das Paradigma zeitlicher Gestalten war, vorgezeichnet, was dem Schöpfer der Gestaltpsychologie aber allem Anschein nicht bekannt war. Und wenn Schopenhauer, noch über den herderschen Gedanken hinausgehend, die Melodie nicht nur als irgendein Paradigma einer das Zeitliche zugleich darstellenden, wie das Zeitlich-Sukzessive *überwindenden* Ganzheit (als *Gleichzeitigkeit*) interpretierte, sondern die Melodie ihm schlechthin Paradigma für den als „Ganzes zusammenhängenden Lebenslauf" wurde:

Endlich in der *Melodie,* in der hohen singenden, das Ganze leitenden und mit ungebundener Willkür in ununterbrochenem, bedeutungsvollen Zusammenhange *eines* Gedankens von Anfang bis zum Ende fortscheitenden, ein Ganzes darstellenden Hauptstimme, erkenne ich die höchste Stufe der Objektivation [...] das besonnen Leben und Streben des Menschen [...] (vgl. a. O., I. Bd., 3. B., § 52, S. 326),

war dies nur eine, gewissermaßen moralisierende Paraphrasierung des herderschen Gedankens.

Das ganze 19. Jahrhundert hat sich mit dem paradoxen Gedanken beschäftigt, wie ein seiner Natur nach (sukzessiv) Zeitliches zugleich ein Überzeitliches, ideell Dauerndes und in diesem Sinn dem Räumlichen *analoges* Substantielles – der musikalische Gehalt einer Melodie, einer Komposition, die Bedeutung eines Wortes oder Begriffs, der „Sinn" einer sprachlichen Phrase, eines Textes, und schließlich der als Lebenssinn begriffenen Lebenslauf – sein kann und verstanden werden soll. Es ist jedoch etwas anderes, mit Metaphern wie der Melodie als „Abbild" zeitlicher Gestalten oder dem „Strom des Bewußtseins" (James, Brentano, Husserl) als Metapher für das Bewußtsein, die im übrigen nur das Fließen der „subjektiven" Zeit, aber nicht *Simultaneität* und *Gleichzeitigkeit* zum Ausdruck bringt, umzugehen, oder eine wissenschaftliche Erklärung für dasjenige zu finden, was Kant in der „transzendentalen Ästhetik" wohl mehr in rätselnder Verdichtung angedeutet als geklärt hatte: Das Verhältnis von Raum und Zeit im Hinblick auf das sie erfassende menschliche Bewußtsein, unter Nichtbeachtung der Diversität der Sinne (Auge und Ohr) im Hinblick auf zeitliche und räumliche Formen. Zweifellos war es insbesondere Herbart, der den Anspruch wissenschaftlicher Durchleuchtung eben dieser Fragen systematisch vorantrieb, und es mag ein bloßer Zufall gewesen sein, daß zwei weitere Pioniere der deutschen Psychologie, Lotze und Stumpf, mit Herbart das starke Interesse für erkenntnistheoretische Fragen *und* eine überdurchschnittliche musikalische Befähigung teilten, die Verklammerung unserer höheren Sinnes- und Vorstellungstätigkeit mit den Begriffen des Raumes und der Zeit erkannten, und gerade auf deren Erforschung erneut die Grundlegung einer wissenschaftlichen Psychologie vorantrieben. In dieser Perspektive erfordern Lotzes Bemühungen um die Grundlegung einer empirische Psychologie noch einige Ausführungen.

Hermann Lotze interessiert hier vor allem wegen seiner vermittelnden, gerade in dieser Funktion bislang zu wenig gewürdigten Position zwischen Herbarts Initialzündung der wissenschaftlichen Psychologie und der deskriptivphänomenologischen Psychologie der Brentanoschule. Die biographischen Daten interessieren hier weniger; Lotze, der sich sowohl in Medizin als auch in Philosophie habilitiert hatte, war nach Brentano der wichtigste Lehrer für den jungen Stumpf, Lotze befürwortete Brentanos Ruf nach Wien, möglicherweise als philosophisches Gegengewicht zu R. Zimmermann, dessen engagiertes Bekenntnis zur Philosophie, Psychologie, Ästhetik, insbesondere Tonpsychologie Herbarts, Lotze sich zu wissenschaftlicher Gegnerschaft erkoren hatte. Bemerkenswert ist die Intensität der Bemühungen Lotzes, das fundamentale Problem der menschlichen Wahrnehmung in *allen* seinen Teilaspekten – den formal-synechologischen und den intentional-symbolischen, einschließlich der sie begleitenden kognitiven, emotionalen und werthaltigen Akte – zu würdigen, und sich nicht kurzschlüssig an einen physiologischen, pragmatischen oder funktionalistischen Reduktionismus zu verlieren, welcher der vollen Bedeutung menschlicher Wahrnehmung nicht gerecht zu werden vermag. Schon Herbart hatte vor verkürzenden Verfahren hinsichtlich der menschlichen Wahrnehmungsforschung gewarnt; zur menschlichen Wahrnehmung gehören nicht nur die Organtüchtigkeit und Informationsverarbeitung der Sinnesreize, sondern auch die Fähigkeit *ästhetischer* Vorstellung und Wahrnehmung; gerade bezüglich letzterer Befähigung konstatierte Herbart den wesentlichsten Unterschied zwischen Tier und Mensch, tierischer und menschlicher Wahrnehmung (vgl. das psychologische Hauptwerk, 6. Bd., 2. Abschn., 1. Kap., § 120, S. 207).

Was die Erforschung des Gefühls – als häufiges, wenn nicht stetiges Begleitphänomen der Wahrnehmung – anbelangt, suchte Lotze mit Akribie die „subjektive" und die „objektive" Seite, den urteilenden und den gefühlsmäßigen Anteil der herbartschen Geschmacksurteile zu klären (vgl. 1868, S. 232 ff). Mittels seiner intensiven Bemühungen, dem ästhetischen Gefühl die von Hanslick und Zimmermann nur sekundär und begrenzt eingeräumte Bedeutung zurückzugewinnen, gab Lotze der späteren Theorie der Gefühle und der Wertlehre in der Tat entscheidende Denkanstöße, vornehmlich in Hinblick auf eine differenzierte Analyse der sinnlichen („niederen") und der geistigen („höheren") Gefühle – wozu außer den ästhetischen auch die moralischen Gefühle gezählt wurden. Zweifellos durch Herbarts Anregung fand Lotze zu seiner Theorie der Werte (vgl. Kl. Schr., 1846/1886, Bd. 1, S. 81; Mikroosmos., 1856, Bd. 1, S. 260 ff.; 2. Bd., S. 296 ff.).

Daß Lotze sich, was das *Verhältnis* von Empfindung, Gefühl, Urteil und Wert anbelangte, nicht zu einer deskriptiv klaren und unmißverständlichen Position durchrang (vgl. 1856, 1. Bd., S. 260 ff; 1858, 2. Bd., 168 ff.; *dagegen* Ästhetik, 1868, S. 259 f.), folgte aus der idealistisch-epistemologischen Grundhaltung und Lotzes Nähe zur Transzendentalphilosophie Kants respektive aus seinem Festhalten an der für eine unvoreingenommene Gefühlstheorie hinderlichen Subjekt-Objekt-Position. In eigenartiger Weise verschob Lotze die Akzente: Einerseits suchte er der formalen Ethik und Ästhetik Kants „materiale" Wertaspekte abzugewinnen (vgl. Ästhetik, 1868, S. 31 ff.) und den Vorwurf des Formalismus von Kant abzuwenden, andererseits drängte er Herbart in die Ecke des Formalismus, merkte aber zugleich an, daß seine Einwände eigentlich weniger für Herbart als für seinen Schüler Robert Zimmermann Geltung hätten (a. O., S. 245).

Diese Akzentverschiebungen fallen aber weniger ins Gewicht angesichts der eminent feinsinnigen ästhetischen Analysen, insbesondere Lotzes tiefsinniger

Beiträge zur Musikästhetik und vor allem Lotzes katalytischer Wirkung innerhalb der psychologischen Grundlagenforschung; besonders zu würdigen ist sein Versuch genauen Abwägens zwischen Physiologie und Psychologie, kausaler und deskriptiver Analyse. Lotzes „Medizinische Psychologie oder Physiologie der Seele" (1852) bildete nach Herbarts „Psychologie als Wissenschaft" einen zweiten Meilenstein in der Wissenschaftsgeschichte der Psychologie und ist auch heute noch lesenswert, obwohl Lotze ihr, wie Lange spöttisch anmerkte, „hundertundsiebzig Seiten Metaphysik voranschickte." (Vgl. Gesch., 2. Bd., S. 828) Das Werk war durchaus gegen Herbarts mechanistische Psychologie, Metaphysik und Ontologie konzipiert (vgl. Lotze, Kl. Schr., 1. Bd., S. 109 ff.), und bereitete mit Lotzes Eintreten für eine Theorie der Wechselwirkung zwischen Körper und Seele (gegen die Theorie des Psychophysischen Parallelismus, die von Lotzes Freund Fechner inauguriert wurde und sich auf breiter Basis durchsetzte) der Brentanoschule den Boden, die sich den Standpunkt der Wechselwirkung zwischen Seelischem und Körperlichem zu eigen machte.

> Das geistige Leben beruht überall auf einer Wechselwirkung zwischen der Seele und einem organischen Körper. Die körperlichen Functionen begründen jedoch die eigentümliche und specifische Qualität der geistigen Verrichtungen nicht, sondern setzten die Fähigkeit zu ihnen als das ursprünglichste Eigenthum der Seele in dieser selbst voraus,

betonte Lotze in seinem psychologischen Hauptwerk (1852, S. 96). Lotze wollte einerseits der leiblichen Seite der menschlichen Existenz Rechnung tragen, andererseits die höheren geistigen Akte und Funktionen entschieden von den körperlichen Funktionen trennen. Berühmtheit erlangte Lotze im 19. Jahrhundert durch seine Theorie der Raumwahrnehmung, die Theorie der Lokalzeichen, die das allbekannte Problem, wie die unausgedehnte Seele Ausgedehntes wahrzunehmen und vorzustellen vermag, mit einem neuen Lösungsvorschlag anging (vgl. Kl. Schr., III, I, S. 372 ff.), den Lotzes Schüler Stumpf später widerlegen sollte.

Eine ähnliche Fehldeutung Lotzes wie die durch den Positivisten F.A. Lange leistete sich der zu seiner Zeit renommierte amerikanische Psychologe St. Hall in seiner Arbeit über „Die Begründer der modernen Psychologie" (1912 in deutscher Sprache erschienen.). Halls Standpunkt ist charakteristisch für die Perspektive, mit welcher die an der Philosophie des Pragmatismus ausgerichtete amerikanische Psychologie nach der Jahrhundertwende philosophische Ansätze aburteilte, die nicht in ihr pragmatistisches Programm paßten.

Hall, der Lotze fälschlicherweise an erster Stelle seiner Untersuchung behandelte, während er Herbart lediglich in spärlichen Anmerkungen bedachte, aber offenbar gar nicht als einen Pionier der wissenschaftlichen Psychologie erkannte, schilderte Lotze als einen bloß „ästhetisierenden" Psychologen, dessen „verfeinerter und subtiler Hedonismus" sich nicht nur ungerührt über die soziale Not der deutschen Bevölkerung der damaligen Zeit hinweggesetzt, sondern auch die Verachtung seiner naturwissenschaftlichen Kollegen zugezogen hätte (vgl. 1914, S. 47).

Halls Porträt ist so absurd wie in sich widersprüchlich und historisch gefälscht – ein krasses Beispiel, mit welcher Nachlässigkeit und Willkür häufig Wissenschaftsgeschichte der Psychologie geschrieben wurde. Offenkundiges Unverständnis für den methodologischen Stellenwert der psychologischen Wahrnehmungsforschung, Deskription und Phänomenologie verkleidet sich hier in eine an *dieser* Stelle gänzlich unangebrachte moralisierenden Argumentation; wenn soziale Not uns das Philosophieren über die Ursachen und Wirkungen der Wahrnehmung des Schönen verböte, sähe es wahrscheinlich noch trüber aus um die menschliche Seele und die menschliche Gemeinschaft. Lotzes psychologische Raumtheorie war im Gegensatz zu Halls Behauptungen zu seiner Zeit sehr angesehen (vgl. dazu Gosztonyi, 1976, 2. Bd., S. 34 f.), und schwerlich hätte sich naturwissenschaftliche Prominenz wie Hermann von Helmholtz kurz vor Lotzes Tod, wie Hall im übrigen selbst berichtete (S. 3), so „eifrig" für Lotzes Berufung nach Berlin eingesetzt, wenn Lotze „niemals eine wichtige wissenschaftliche Arbeit" geleistet hätte und deshalb „sein Ansehen unter den Wissenschaftlern" verlor (Hall a. O., S. 45). Damit spielte Hall auf Lotzes Versuch an, das Problem räumlicher Wahrnehmung mittels seiner „Lokalzeichentheorie" zu lösen (vgl. Lotze, Kl. Schriften, 2. Bd., S. 60 ff.; 3. Bd., S. 372-396; Mikrokosmos, 1. Bd., S.328-339; Med. Psych., S. 325 ff.). Offenbar war Hall gänzlich uninformiert über die in der 2. Hälfte des 19. Jahrhunderts stattgefundene ausgedehnte Raumdiskussion und den Stellenwert von Lotzes Beitrag. Hall scheint des Glaubens gewesen zu sein, daß dieses schwierige, nur in erweiterter phänomenologischer (die akustische Wahrnehmung mit einbeziehender) Perspektive in Angriff zu nehmende Problem mit Hilfe des physiologischen Experiments ein für allemal entscheidbar gewesen wäre. Das Experiment konnte aber gar keine Entscheidungshilfe leisten, solange kontroverse und in sich widersprüchliche Begriffe und Theorien über den Raum und die Raumwahrnehmung miteinander in Konkurrenz standen respektive der Begriff „Phänomenologie" noch zu keiner durchgreifenden Klärung gefunden hatte (ausführlicher dazu im folgenden Kapitel).

Um die unfreundliche Kritik dem amerikanischen Psychologen gegenüber wieder etwas abzuschwächen – es war auch keineswegs leicht, noch dazu für einen Außenstehenden, innerhalb der komplizierten Wegfindung der deutschen Psychologie Kontinuitäten, die eigentlichen „Begründer der modernen Psychologie" und ihre jeweiligen Motive betreffend, zu entdecken. Während die Linie von Herbart über Lotze zu Stumpf – vornehmlich unter Einbeziehung der tonpsychologischen und musikästhetischen Arbeiten – eine bemerkenswerte Kontinuität erkennen ließ, gilt dies nicht für die Wegfindung der Psychologie, die sich ausdrücklich als „naturwissenschaftliche Psychologie" verstand. Sie berief sich zwar ihrerseits auf den Initiator der wissenschaftlichen Psychologie, J.F. Herbart, aber wenn Th. Ziehen 1900 ausdrücklich machte und nachweisen wollte, „daß Herbart in vielen Punkten ein Vorläufer der physiologisch experimentellen Psychologie gewesen ist", (vgl. 1900, S. 5) dann war die Mathematisierung offenbar der einzige Punkt, an den unzweideutig angeknüpft werden konnte. Selbstverständlich hatte man inzwischen längst Herbarts Metaphysik verabschiedet und verstand auch nicht mehr, warum Herbart sich gegen das Experiment verwahrt hatte (vgl. dazu Ziehen, a. O., S. 15).

Philosophisch hatte sich der Psychophysische Parallelismus Fechners und nicht die Wechselwirkungstheorie Lotzes durchgesetzt und beherrschte ab dem letzten Drittel des 19. Jahrhunderts die Szene; dessen dogmatische Grundthese, daß für *alle* psychischen Erlebnisse ein körperliches Korrelat anzunehmen und nachzuweisen sei, war freilich weit genug gefaßt, um jeglicher Experimentation „theoretisches" Asylrecht zu bieten. Mit dieser Hypothese ausgerüstet avancierte einerseits das Experiment zur vorrangigen psychologischen Methode und hielt andererseits der Eklektizismus seinen Einzug in die wissenschaftliche Psychologie, denn die Parallelismushypothese forderte theoretisch nicht mehr und nicht weniger als eine experimentelle Anordnung und ein Zahlenergebnis vorzuweisen. Das bedeutete nicht, daß Einzeluntersuchungen nicht mit äußerster Akribie durchgeführt wurden, aber ein, die theoretischen Teile einander zuordnendes systematisches *Ganzes* schien sich im Besitz dieser vieldeutigen und dehnbaren Hypothese schlechterdings zu erübrigen. Vor diesem Hintergrund wird begreiflich, daß Carl Stumpf mit seiner Lehre vom Ganzen und den Teilen, die er schon in seiner Monographie über den Ursprung der Raumvorstellung 1873 entwickelte, und die wie Herbarts „Psychologie als Wissenschaft" nochmals auf das *Ganze* der psychologischen Grundlegung reflektierte, gewissermaßen schon zu spät kam.

Stumpfs erste selbständige wissenschaftliche Arbeit „Über den Ursprung der psychologischen Raumvorstellung" steht in einem unmittelbaren Zusammenhang mit der Lehre vom Ganzen und den Teilen, das heißt mit Stumpfs lebenslang durchgehaltener philosophischer, phänomenologischer und psychologischer Grundkonzeption. Es ist wahrlich kein Zufall, daß der junge Carl Stumpf sich nochmals dem seiner Auffassung nach immer noch ungelösten Problem der Verhältnismäßigkeit von Körper und Seele widmete (die bloße Behauptung einer Parallelität enthielt ja keinerlei *Erklärung* und kam einem Glaubenssatz nahe) oder, in der kantschenn erkenntnistheoretischen Version, der Frage nach der Bedingung der Möglichkeit nachging, wie der unausgedehnte unräumliche menschliche Geist, die einfache menschliche Seele, die räumlich ausgedehnte komplexe Körperwelt *wahrzunehmen* vermag.

Im Unterschied zu Kant und keineswegs entmutigt durch Kants strikten Bescheid, daß es hinsichtlich dieser Grundfrage der Ontologie, Metaphysik, Psychologie und Erkenntnislehre niemals einem Menschen möglich sein würde, eine Antwort zu finden, rollte Stumpf, nachdem Herbarts Lösungsversuch gescheitert war, das „uralte" und „berüchtigte" Leib-Seele-Problem noch einmal auf und verschaffte ihm einen neuerlichen Zugang, wiederum, aber nicht *allein* auf der Basis einer exakten Analyse der *akustischen* Wahrnehmung, sondern unter Einbeziehung der *gesamten* Struktur der menschlichen Sinnlichkeit und unter Verwendung moderner methodischer Hilfsmittel, gegen die auch Herbart, wenn sie ihm bekannt geworden wären, wohl keine Einwände gemacht hätte.

Was Carl Stumpf von allen Zuvorgenannten, um die Aufklärung der menschlichen Wahrnehmungsleistung bemühten Denker und Forscher unterschied, war eine eigentümliche Doppelhaltung, vermutlich beruhend auf einer seltenen Doppelbegabung (die an Herbart erinnerte); Stumpf zählte einerseits zu den musikalisch Hochbegabten und hat, wenngleich nur an einer Stelle seine Leidenschaft für die Musik, insbesondere für die Musik Beethovens, verraten (vgl. Stumpf, 1921), andererseits vermittelte Stumpf in seinen zahlreichen wissenschaftlichen Veröffentlichungen einen Hang zu Akribie und ein Bedürfnis nach experimenteller Erhärtung, welche Fechners exzessivem Experimentieren nicht nachstanden; mitunter deutete Stumpf aber auch an, daß neben dem Bedürfnis nach wissenschaftlicher Genauigkeit das metaphysische Bedürfnis des jungen Forschers lebendig geblieben war. Auf die Biographie dieses im übrigen gänzlich uneitlen Forschers, dem nicht an Originalität und noch weniger an der Gründung einer psychologischen Schule gelegen war, kann hier nicht eingegangen werden (vgl. Stumpfs „Selbstdarstellung", 1921); stattdessen ist auf die Grundgedanken Stumpfs zu konzentrieren. Stumpf hat, wie niemand vor und niemand nach ihm, eine Perspektive gezeigt, wie aus dem Grunddilemma der kantschenn Philosophie – das die Psychologie vernichtende Gegenstandsproblem – herauszufinden ist.

5. KAPITEL: GANZES UND TEIL

Die Wahrheit freilich geht über alles, und eine Scheinlösung ist auch nur ein Scheingewinn. (Stumpf, Erkenntnislehre, S. 659)

§ 1 Die wissenschaftliche Persönlichkeit Stumpfs

Der Anspruch, sich nicht mit Scheinlösungen zufrieden zu geben, sollte das Grundmotiv allen wissenschaftlichen Forschens sein; aber wie häufig kollidiert dieser Anspruch mit persönlichen Bedürfnissen, dem Zeitgeist oder dem wissenschaftlichen Betrieb; er harmoniert auch nicht unbedingt mit dem Wunsch, sich weltanschaulich zu profilieren oder eine Schule zu gründen.

Carl Stumpf, der sein forschendes Interesse sowohl mathematischen wie naturwissenschaftlichen und geisteswissenschaftlichen Sujets zuwandte, konzentrierte sich in allen Fällen auf den reinen Gehalt und das Wesen des zu Erforschenden; an Effizienz und Praktikabilität schien ihm weniger gelegen. Das hat zu Lebzeiten nicht seiner außergewöhnlichen universitären Karriere im Wege gestanden, wohl aber der Würdigung seiner Leistungen nach seinem Tode. Trotz bemerkenswerter Offenheit für die kontroversen weltanschaulichen Strömungen seiner Zeit wie Darwinismus, schopenhauerscher Pessimismus, Positivismus und Historismus (vgl. dazu Stumpf, 1910) engagierte Stumpf sich niemals in weltanschaulicher Hinsicht. In einem gewissen Sinne teilte Stumpf das Schicksal des Naturwissenschaftlers, der als Persönlichkeit anonym bleibt, obwohl Stumpf mit seiner interkulturell-vergleichenden ethnologischen Musikforschung auch im geisteswissenschaftlichen und kulturellen Bereich innovativ wurde; daß letzteres heute nicht mit seinem, sondern mit dem Namen eines seiner Schüler, M. v. Hornbostel, verbunden werden konnte (vgl. dazu Müller, 1992), ist ein Anzeichen dafür, in welchem Maße der Name hinter die Sache zurücktrat; ein anderes, Gravierenderes ist das Übersehen von Stumpfs kreativem Anteil an der Gestaltpsychologie, worauf zurückzukommen sein wird.

Stumpf, der zu Lebzeiten als Forscher hoch angesehen war (vgl. dazu Dessoir, 1919; Köhler, 1928; Pauli, 1935; Lewin, 1937 in 1981; Ruckmick, 1937), verstand sich ebenso wie E. Husserl und M. Scheler als Phänomenologe, ist aber heute bei Philosophen und Psychologen so gut wie unbekannt. Das liegt vermutlich daran, daß Stumpf weder auf der Seite der naturwissenschaftlichen experimentellen Psychologie noch in den Reihen der Philosophen und Geisteswissenschaftler problemlos zu platzieren ist; es könnte seinen Grund aber auch darin haben, daß die Bezeichnung „Phänomenologie" von den Phänomenologen vieldeutig verwendet wird und eher die Autorität als die Sache darüber entscheidet, welche Verwendung als die „richtige" (die angemessene) angesehen wird.

Es ist bezeichnend, daß Stumpf in dem umfangreichen Artikel „Phänomenologie" des „Historischen Wörterbuchs der Philosophie", an dem sowohl Wissenschaftler der Husserlforschung als auch der Brentanoforschung mitarbeiteten, nur en passant erwähnt wird (vgl. den 7. Bd., 1989). Das kann nur daran gelegen haben, daß Stumpf zum einen die Phänomenologie 1907 in seinem Aufsatz „Zur Einteilung der Wissenschaften" als eine eigenständige, aber gewissermaßen *Vorwissenschaft* deklarierte, eine Wissenschaft von den sinnlichen Erscheinungen, die weder der Naturwissenschaft noch der Geisteswissenschaft zuzurechnen, wohl aber für beide fundamental sei; daß Stumpf zum anderen unterstellte, daß man die sinnlichen Erscheinungen, insofern man sie überhaupt der Beachtung für wert hielt, „als etwas genügend Bekanntes, wissenschaftlicher Beschreibung im allgemeinen nicht Bedürftiges ansah". (Vgl. Stumpf, 1907b, S. 27)

Demgegenüber war Stumpf freilich ganz anderer Ansicht, den Umfang, die Einteilung, die Charakterisierung, die Gesetzmäßigkeit und damit auch die Notwendigkeit der akribischen Erforschung der sinnlichen Erscheinungen betreffend. Da Stumpf in keiner anderen seiner Arbeiten eine so dichte Darstellung von den Aufgaben der so verstandenen Phänomenologie lieferte, und diese für das Verständnis Stumpfs schlechterdings unverzichtbar ist, wird sie hier im vollen Wortlaut zitiert. Entgegen der Auffassung, die wissenschaftliche Forschung sei hinreichend mit den alltäglichen sinnlichen Erscheinungen vertraut, stellte Stumpf sich auf den Standpunkt:

> Wir wissen jetzt, daß hier ein Reichtum von Problemen liegt. Die Lehre von den fünf Sinnen ist verschwunden, neue Sinne sind aufgedeckt, die scharfe Abgrenzung der „niederen Sinne" gegeneinander ist dagegen zweifelhaft geworden. Die weitgreifend-sten Verschiedenheiten unter den Tieren (aus den Organen und Reaktionen erschließbar), aber auch auffallende typische Abweichungen bei menschlichen Individuen sind festgestellt. Die eigentümlichen qualitativen Reihenbildungen, wie die natürliche Ordnung der Töne in einer Geraden, die der Farben in einer in sich zurücklaufenden Kurve, wurden untersucht. Eine Reihe von Fragen kam hinzu, die sich bei allen Sinnen mehr oder weniger wiederholen: nach den Mischungen gleichzeitiger Eindrücke, nach den, an Sinneserscheinungen zu unterscheidenden Bestimmungsstücken (Qualität, Stärke usf.), nach den Verhältnissen von Ähnlichkeit, Steigerung, Verschmelzung usf., die zwar nicht selbst Erscheinungen, aber mit und in denselben gegeben und zu jeder Beschreibung unentbehrlich sind. Weiter nach der sogenannten qualitativen Richtungsänderung (vermittels G. E. Müller mit Recht den Begriff der „Hauptfarben" definiert); nach den ausgezeichneten Eigenschaften der konsonanten Tonintervalle und etwaigen Parallelerscheinungen auf anderen Gebieten; nach den Unterschieden zwischen Erscheinungen erster und zweiter Ordnung (Empfindungen und bloßen Vorstellungen), soweit nicht funktionelle Unterschiede beteiligt sind; nach der Natur der sinnlichen Annehmlichkeit und Unannehmlichkeit (ob sie als eines der Bestimmungsstücke der Erscheinungen oder als besondere Erscheinungsklasse oder als Funktion anzusehen sind). Ferner galt es, die Eigenschaften des sinnlich-anschaulichen Raumes, des Gesichts- und Tastraumes, aufzuzeigen, die sich mit den postulierten Eigenschaften des geometrisch-physikalischen Raumes keineswegs decken, sowie die Unterschiede der Raumvorstellung verschiedener

Sinne untereinander (wie denn selbst die Töne lokale und quantitative, wenngleich nicht meßbare Bestimmungen aufweisen.) Es entstand noch die schwierigere Aufgabe einer rein deskriptiven Untersuchung der Zeitvorstellung und ihrer Derivate, eine Analyse der Bewegungsvorstellungen, die Frage nach dem Vorkommen wahrer und strenger Stetigkeit im Erscheinungsgebiete [...].Überall liegen hier innerhalb des Erscheinungsgebietes selbst auch *Gesetzlichkeiten*. Nicht etwa Gesetze der Sukzession (Kausalgesetze) [...] sondern immanente Strukturgesetze. Daß sie teilweise sogar die Anwendung mathematischer Begriffe und Operationen gestatten, ist bereits im 18. Jahrhundert von Lambert, im 19. von H. Gassmann bemerkt worden. (1907b, S. 28)

Auf einzelne Aspekte der hier lediglich aufgezählten phänomenologischen Forschungsgegenstände wird im Laufe dieses Kapitels zurückzukommen sein. Man muß wohl beachten, daß die so aufgefaßten sinnlichen Erscheinungen, die nach Kant und im Rahmen transzendentaler Philosophie lediglich den amorphen stofflichen Untergrund der Erkenntnis abgaben, aber selbst keiner „objektiven", keiner „gesetzmäßigen" wissenschaftlichen Behandlung zugänglich sein sollten, von Stumpf ausdrücklich nicht als naturwissenschaftliche, als „Gegenstände" der Physik und Physiologie, interpretiert werden durften, sondern dieser und der Psychologie vorauslagen und selbst erst einer eigenständigen Untersuchung bedurften, bevor über ihre „Subjektivität" oder „Objektivität" entschieden wurde. Stumpf trennte, wie schon Herbart, jedoch im Unterschied zu den meisten Zeitgenossen, scharf zwischen den physikalischen, den physiologischen und den phänomenologischen Grundlagen der sinnlichen Erscheinungen und der Sinneswahrnehmungen. Mit dieser Auffassung dürfte der Großteil der Philosophen, die einen anderen Begriff der Erkenntnis (gerade was das Verhältnis von gesetzmäßiger Erkenntnis und amorpher Sinnlichkeit anbelangte) und einen ganz anderen Begriff der Phänomenologie befürworteten, nicht einverstanden gewesen sein; aber auch die meisten Psychologen waren mit Stumpfs strikter Unterteilung einerseits in physikalisch-physiologische und in phänomenologisch relevante Erscheinungen (Namengebungen wie „Psychophysik" und „physiologische Psychologie" deuteten ja gerade darauf hin, daß man keine strikte Trennung körperlicher und psychischer Phänomene wünschte) und andererseits in Erscheinungen und psychische Funktionen (die eigentlichen „Gegenstände" der Psychologie) nicht zufrieden. Auf Widerstand stieß aber eben auch schon Stumpfs beharrliches Insistieren auf *Unterschiede innerhalb der Sinne*. Entgegen der viel beliebteren Auffassung von der Einheitlichkeit der Sinne plädierte Stumpf (wie vor ihm schon Herder) dafür, auf die Unterschiede zu achten:

Verhielten sich die verschiedenen Sinne erfahrungsmässig durchgehends oder in den meisten Puncten einander analog [...]. So aber zeigen sich Besonderheiten auffallendster Art fast bei jedem Sinne; und namentlich verhalten sich Gesicht und Gehör in vielen wesentlichen Puncten keineswegs parallel. (Vgl. Tonpsychologie, 2. Bd., S. 49 ff.)

Mit der Auffassung der *Diversität* der Sinne bezog Stumpf nicht nur eine gegnerische Position zu Mach (vgl. Stumpf, a. O., S. 55), er erregte auch den energischen Widerspruch Brentanos (vgl. dazu Brentanos „Untersuchungen zur Sinnesphysiologie", S. 217 ff.), und stieß später wieder auf Ablehnung bei seinen Schülern; Stumpfs Schüler Kurt Lewin sprach sich 1930 ausdrücklich „gegen die starre Klassifikation nach Sinnesgebieten (Gesicht, Gehör)" aus (vgl. Lewin, 1930-31, S. 15; vgl. auch v. Hornbostel, „Die Einheit der Sinne", 1924/25). Stumpf sparte an der angezogenen Stelle nicht mit Hinweisen auf Unterschiede innerhalb der Sinne und konnte sich diesbezüglich auf Fechner berufen; der wichtigste bezog sich freilich auf die tatsächliche oder nur vermeintliche Ausdehnungslosigkeit der Töne im Unterschied zu den visuellen Phänomenen und der aus ihr resultierende Charakter der „Verschmelzung" mehrerer Töne zu einem Klang bei Erhaltung der offenbar nicht räumlich zu verstehenden Individualität der Töne, worauf später ausführlicher zurückzukommen sein wird.

Zur Diskussion stand ja nicht allein ein spezifisch musikalisches Phänomen, sondern viel grundsätzlichere erkenntnistheoretische oder sogar metaphysische Schlußfolgerungen; an der Bejahung der Ausdehnungslosigkeit der Töne machten sich gravierende *erkenntnistheoretische* Stellungnahmen, die bis an die Wurzel der Diskussion über „Gegenständlichkeit" reichten, aber auch *weltanschauliche* und metaphysische Annahmen fest, während die *Leugnung* relevanter Diversitäten innerhalb der Sinne als wissenschaftstheoretisches (besser: wissenschaftsökonomisches) Argument für das Modell der Einheitswissenschaft (an dem Brentano wie Mach und Lewin interessiert waren) in Anspruch genommen werden konnte. Nach Stumpf durften derartige, vorab gefaßte weltanschauliche oder wissenschaftsökonomische Entscheidungen nicht ins Gewicht fallen; vielmehr war zunächst die vorurteilslose phänomenologische Analyse der Erscheinungen, die *elementare* Arbeit bezüglich der Erscheinungen und ihrer sinnlichen Wahrnehmung zu leisten, wenn wir jemals zu soliden Grundlagen der Erkenntnis und der Einteilung der Wissenschaften gelangen sollten.

Ein starkes historisches Motiv Stumpfs, zunächst einmal die *unterschiedlichen* elementaren Grundlagen sicherzustellen, ist in der zunehmenden Popularität des durch den von Ernst Mach vertretenen *Phänomenalismus* zu sehen, gegen welchen Stumpf die phänomenologische Lehre abzugrenzen suchte. Mach, der sich sowohl in den Gebieten der Physik und Physiologie als auch im Gebiet der Psychologie profilierte, erlangte seine Popularität nicht zuletzt dadurch, daß er mit Verweis auf das Sparsamkeitsprinzip energisch für einen erkenntnistheoretischen *Monismus* und das Modell einer *Einheitswissenschaft* warb. Mach sah in der Scheidung der Gebiete des Physischen und des Psychischen von vornherein einen Fehlgriff, der dem wissenschaftlichen „Ökonomieprinzip" zuwider handle. Nach Machs monistischer Erkenntnistheorie kamen ebenso wenig relevante Unterschiede innerhalb der Sinne in Frage, wie der Gegensatz zwischen Ich und Welt, Empfindung oder Erscheinung und Ding an sich entfiel. In beiden Fällen sollte es sich nach Mach lediglich um die (engere oder losere) Zusammensetzung gewisser sinnlicher Grundelemente handeln (vgl. Mach, 1885/1995, S. 1 ff.). Hinsichtlich der Natur physikalischer Begriffe vertrat Mach die Auffassung, „daß ein physikalischer *Begriff* nur eine bestimmte Art des Zusammenhanges *sinnlicher Elemente* bedeutet [...] Diese Elemente [...] sind die einfachsten Bausteine der physikalischen und auch der psychologischen Welt". (A. O., S. 34)

Wenn Mach tatsächlich gemeint haben sollte, daß die gewöhnlichen Sinnesempfindungen – das jeweils unmittelbar Gegebene wie die Seh-, Hör- oder Tastempfindung – Gegenstand oder Inhalt der Physik seien, dann hielt Stumpf ihm nicht ohne Schärfe entgegen, daß weder für die *Wissenschaft* Physik noch für die *Wissenschaft* Psychologie die elementaren Sinneserscheinungen die „Gegenstände" und die *Basis* der Gesetzesbildung sein könnten. Nicht bei Empfindungen, sondern bei *Begriffen*, als „Gegenstände" der Forschung, setzen die Naturwissenschaften an. Seit Jahrtausenden würden physikalisch relevante Begriffe wie Raum, Zeit, Bewegung, Kraft, Energie *bearbeitet* und *umgewandelt*, während die Sinneserscheinungen die gleichen blieben. „Von nur abstrakt mathematisch definierbaren Dingen handeln Physik und Chemie, und in diese Wissenschaften strebt Naturforschung sich nach Möglichkeit aufzulösen." Sich in dieser wissenschaftstheoretischen Frage an Mach halten zu wollen, bedeutete nach Stumpf,

> daß diese phänomenalistische Auffasssung in konsequenter Form nicht mehr und nicht weniger besagen würde als: die Physik noch einmal von vorn anzufangen. (Vgl. Stumpf, 1907, S. 11; ausführlicher zum Verhältnis zwischen Stumpf und Mach vgl. Kaiser-El-Safti, 1995 und 1995/96)

Daß es sich bezüglich der „Gegenstände" der psychologischen Wissenschaft noch etwas anders verhielt als bezüglich der naturwissenschaftlichen „Gegenstände", – die naturwissenschaftlichen Begriffe werden gewissermaßen erzeugt, die psychologischen finden wir im Kulturgut bereits vor – wurde bereits *vor* Stumpf von Herbart hinsichtlich der psychologischen Begriffe geltend gemacht. Stumpfs diesbezügliche Unterscheidung ist so subtil wie von entscheidender Konsequenz für die erkenntnis- und wissenschaftstheoretische Grundlegung der Psychologie, die freilich bis heute nicht zur Kenntnis genommen wird. Stattdessen kaprizierte man sich immer noch darauf, daß die *getrennte* Betrachtung und Untersuchung der sinnlichen Erscheinungen und der psychischen Funktionen, für die Stumpf votierte, dem Sparsamkeitsprinzip widerspreche und zu einem Dualismus nötige, der den meisten zeitgenössischen Forschern (auch Stumpfs Schülern) als eine durch den wissenschaftlichen Fortschritt längst überholte, metaphysische Position galt.

In Anbetracht von Stumpfs energischem Eintreten für eine dualistische Position, die für die Geisteswissenschaften eine gesonderte Betrachtung empfahl, war für die meisten Zeitgenossen wiederum (beispielsweise für Husserl und vermutlich auch für den späteren Brentano) nicht unmittelbar nachvollziehbar, daß Stumpf sich ausdrücklich zu Brentanos vierter Habilitationsthese bekannte, die lautete: „Die wahre Methode der Philosophie ist keine andere als die der Naturwissenschaft." (Vgl. Brentano in 1968, S. 137; Stumpf, 1924, S. 4) Das Bekenntnis zur Naturwissenschaft in diesem *methodischen* Kontext war freilich geeignet, Mißverständnisse zu evozieren, wenn nicht ausdrücklich daran erinnert wird, daß Stumpf zwar Unterschiede bezüglich der Forschungs*gegenstände*, aber eben nicht (wie beispielsweise sein Zeitgenosse Dilthey) in der *Methode* machte. Diese Einstellung implizierte indes gerade keinen Naturalismus und kein falsches Methodenverständnis (hinsichtlich philosophischer und geisteswissenschaftlicher Forschung), wie Husserl angenommen zu haben scheint, sondern diente als Ausdruck wissenschaftlicher Neutralität, der Absage an das nicht mehr als zeitgemäß empfundene rein spekulative philosophische Denken und der Abwehr der Vermengung wissenschaftlicher Ziele mit außerwissenschaftlichen Absichten, das heißt der strengen Verpflichtung auf methodisch überprüfbare Vorgehen wie Deduktion, Induktion, Beobachtung, Beschreibung und, wo möglich und nötig, *auch* (aber nicht ausschließlich) die Verwendung experimenteller Verfahren. Stumpf könnte als Leitspruch für sein Leben gewählt haben, was Max Weber über die wissenschaftliche Persönlichkeit schrieb: „,Persönlichkeit' auf wissenschaftlichem Gebiet hat nur der, der *rein der Sache* dient." (In Weber, 1973, S. 314)

Aber offenbar fallen Bekenntnis zur Sachlichkeit und unmittelbare Verständlichkeit keineswegs immer zusammen und stößt ein Forscher unter Umständen auf gravierende Mißverständnisse, nicht weil er vieldeutig und unverständlich ist, sondern weil er mit lange eingebürgerten und liebgewordenen Vorurteilen bricht (wie beispielsweise der Auffassung, in der Philosophie könnte doch nicht experimentiert und in der Psychologie nicht logisch gedacht werden); denn obwohl Stumpf seine phänomenologische Grundorientierung bereits 1873 in seiner Arbeit „Über den psychologischen Ursprung der Raumvorstellung" unzweideutig darlegte, an der er auch lebenslang festhielt, war die Kontinuität seines wissenschaftlichen Forschens, sogar für Fachkollegen, offenbar nicht leicht auszumachen. Stumpf wies 1924 darauf hin, daß selbst Fachgenossen und Schüler sich schwer täten, „den einheitlichen Faden meiner stark verzweigten Schriftstellerei und die Wurzel meiner Lebensarbeit zu finden." (Vgl. 1924, S. 1) Mit dieser Bemerkung scheint Stumpf selbst unvorsichtigerweise dazu verleitet zu haben, ihn als einen unsystematischen Forscher einzuschätzen (vgl. dazu Venturelli, 1988, S. 95). Das war er freilich gerade nicht, aber er stellte Anforderungen, denen mit einem flüchtigen Blick auf die eine oder andere Publikation nicht beizukommen war. Stumpf setzte komplexe philosophische Zusammenhänge schlechterdings voraus, er entwickelte nicht und verzichtete fast gänzlich auf historische Exkurse. Er zog aber auch als Philosoph das Experiment heran, wo er dies für erforderlich hielt. Das geschah nicht etwa zur Unterstützung des objektivistischen Selbstverständnisses der experimentellen Psychologie, sondern durchaus zur Klärung philosophischer, vorwiegend wahrnehmungstheoretischer und erkenntnistheoretischer Fundamentalfragen, was den an *reiner* Philosophie Interessierten jedoch suspekt war.

Anders als Herbart, der die Mathematik für das verbindende Glied zwischen Metaphysik und Psychologie erklärte, betrachtete Stumpf ausdrücklich „überall wesentlich *Psychologie*" als das „Bindeglied" zwischen Philosophie und angewandten Wissenschaften wie beispielsweise Rechtsphilosophie und Pädagogik (vgl. Stumpf, 1924, S. 28), „welcher freilich daraus auch die Verpflichtung erwächst, über der experimentellen Kleinarbeit die höheren, auf diesem Wege nicht erforschbaren Züge des Seelenlebens und die großen allgemeinen Fragen nicht zu vergessen". (Ebd.) Wenn Stumpf der Psychologie auch die „großen allgemeinen Fragen" anvertraute, dann verpflichtete er sie aber zugleich auch auf ein streng methodisches Ethos und betonte auch hier, daß die Grenzziehung zwischen Philosophie und Psychologie nicht an Methoden, sondern an inhaltlichen Fragen festzumachen sei. Die Wahrheitsfrage beispielsweise gehöre nicht in den Sektor ‚psychologische Forschung', wie Stumpf bereits 1891 und zur Vermeidung eines der Fragestellung unangemessenen „Psychologismus" klarstellte (vgl. 1891, S. 468 f.), Jahre bevor Husserl sein breit entfaltetes Veto gegen den Psychologismus formulierte (vgl. Husserl 1900/1928, 1. Bd.).

Stumpf hielt, mehr noch als Brentano und Husserl, der resignierte, lebenslang den unerschütterlichen Glauben an eine „Philosophie als strenge Wissenschaft" hoch und scheute keine Mühe und keinen Aufwand, dieses Ideal mit allen verfügbaren, älteren und neueren wissenschaftlich legitimen Mitteln zu verwirklichen; *methodische* Zäune kamen da gerade nicht in Frage. In der Psychologie plädierte Stumpf gegen den damaligen Zeitgeist und den Modetrend, sich *ausschließlich* mit naturwissenschaftlicher Methode zu bewaffnen. Stumpf erinnerte wiederholt an den Vorrang genauester Selbstbeobachtung, penibler Beschreibung und erklärte das Experiment „überall nur zur Vorbereitung"; keineswegs dürfte die systematisch-experimentelle Methode als „die *alleinseligmachende*" angesehen werden. Daß Stumpf im übrigen das Experiment in einem weiteren als dem üblichen Sinne verstand, erhellt aus folgender Bemerkung:

Experimentell herbeigeführt waren schließlich schon Beobachtungen eines Aristoteles, eines Hume; wenn sie sich bestimmte Gegenstände absichtlich in die Vorstellung riefen, um das Vorgestellte mit dem Wahrgenommenen zu vergleichen. (Vgl. Stumpf, 1918, S. 5).

In allen Arbeiten Stumpfs sind zum Teil äußerst diffizile methodische Fragen von vorrangiger Bedeutung; in der strengen Verpflichtung auf die Methode lag wohl auch eine gewisse selbstauferlegte Askese gegen die eigenen ‚metaphysischen Bedürfnisse', die ihren deutlichsten Ausdruck in der Dissertation des Zwanzigjährigen erfuhr; („Verhältnis des Platonischen Gottes zur Idee des Guten", 1868); ihre fast schon forcierte Disziplinierung erfolgte in der fünf Jahre später publizierten Monographie über den Raum. (Zwischen beiden Arbeiten lag die nicht veröffentlichte Habilitationsschrift über die mathematischen Axiome des Zweiundzwanzigjährigen.)

M. Dessoir beschrieb die charakteristische Einstellung Stumpfs zur Philosophie, etwas verharmlosend, als „die ebenso natürliche wie vorbildliche Beziehung zur Philosophie, daß er zunächst Hand anlegte und nur aus eigener wissenschaftlicher Bearbeitung eines Umkreises von Erfahrungstatsachen zu den philosophischen Fragen gelangte". (Vgl. 1919, S. 169) Daß in der Philosophie „zunächst Hand angelegt" wird, war damals nicht und ist heute noch viel weniger „natürlich" oder gar als „vorbildlich" akzeptiert. H. Spiegelbergs Bemerkung über Stumpf: „The idea of an experimental phenomenology came as a shock to those who are used to be sublime purism of phenomenology in the philosophical sense", (vgl. 1971, S. 61) dürfte wohl eher zum Ausdruck bringen, was Philosophen üblicherweise mit „Hand anlegen" verbinden und wie sie es, aus der hohen Warte *reiner* Reflexion, einschätzen. Gerade weil Stumpf auf genaueste Beobachtung, Beschreibung und, wo möglich und nötig, experimentelle Erhärtung „die allergrößte Sorgfalt" verwandte und darauf vertraute, daß sich das Wahre seiner allgemeinen Ideen „aus eigener Kraft" durchsetzen würde (vgl. Stumpf, 1924, S. 57), evozierte er Ärgernis und Unverständnis nicht nur innerhalb der sublimen Philosophie, sondern auch in der an Husserl orientierten phänomenologischen Psychologie (vgl. beispielsweise die unsachliche und herablassende Stumpfkritik bei Binswanger, 1922, S. 107 und bei Linke, 1929, S. 392 ff.).

Etwas ganz und gar Unkonventionelles kennzeichnete das Wesen der wissenschaftlichen Persönlichkeit, der indes der Anspruch auf Originalität so fernlag, wie ihr jeglicher Anflug extravaganter Züge fehlte. Daß Stumpf sich einerseits als Pluralist zu erkennen gab, was den Methodenkanon wissenschaftlichen Forschens anbelangte, wenn die Methode nur sauber und streng gehandhabt wurde, er andererseits auf genaueste Trennung der Gegenstandsbereiche und exakteste Erforschung des Elementaren in diesen Bereichen insistiere, scheint für seine Zeitgenossen irritierend gewesen zu sein. Ebenso aber scheint auch das geistige Temperament dieses Forschers befremdet zu haben, welches höchste Sachlichkeit mit höchsten Zielsetzungen (wie die Klärung

‚letzter' metaphysischer Fragen) zu verbinden vermochte. Die größte Verständnisschwierigkeit resultierte aber vermutlich aus Stumpfs erkenntnistheoretischer Grundeinstellung respektive den aus ihr gezogenen Konsequenzen.

Wie vor Stumpf die angelsächsischen Philosophen und der ehemalige Lehrer Brentano sich erkenntnistheoretisch auf den empirischen Standpunkt gestellt und gefordert hatten, daß *alle* Begriffe, auch die allgemeinsten Grundbegriffe oder (die sogenannten reinen) Kategorien, auf ihren Ursprung aus der inneren oder äußeren Wahrnehmung zurückzuführen und, wo dies nicht möglich sei (wie beispielsweise nach Humes Auffassung bezüglich des Begriffs des Unendlichen und des Begriffs der Substanz), als Scheingebilde zu verwerfen seien, machte auch Stumpf sich diese Grundeinstellung zu eigen, modifizierte sie aber, den englischen Philosophen *und* Brentano gegenüber. Während Locke und Hume nach Stumpfs Auffassung vor gewissen Schwierigkeiten resigniert hatten, was Leibniz und Kant wiederum dazu veranlaßte, dem Verstand „angestammte" Begriffe oder erfahrungsvorgängige Denkformen zu applizieren (vgl. Stumpf, 1939-40, S. 10), war Stumpf der Auffassung, daß Locke und Hume in ihren Analysen nicht weit genug gegangen seien. Auch für den Begriff der Substanz (den Begriff des Ganzen) und für den des Unendlichen (als Begriff ein- und mehrdimensionalen Kontinua) seien entsprechende Grundlagen in der inneren und äußeren Wahrnehmung zu rekonstruieren. Vornehmlich bezüglich der Erkundung der reichen Quelle der äußeren Wahrnehmung – und zwar unter ausdrücklicher Einbeziehung der *akustischen* Wahrnehmung – ging Stumpf wesentlich weiter als Brentano.

Gerade die Klärung dessen, was unter „Sinneswahrnehmung", „äußerer" und „innerer" Wahrnehmung zu *verstehen* sei, ist sowohl für die methodische und inhaltliche Grundlegung der empirisch-wissenschaftlichen Psychologie wie auch für die Erkenntnistheorie von größter Bedeutung. Stumpf hat sich in allen seinen Schriften um die Klärung dieser Hauptpunkte bemüht, sie in der ihm eigenen Präzision in seinem letzten Werk, der „Erkenntnislehre" von 1993-40 (vgl. S 9 f.; 207 f.; 334 f.) nochmals zusammengefaßt. Hier können nur einige Aspekte Erwähnung finden: hinsichtlich der für die Erkenntnislehre zentralen Grundbegriffe wie beispielsweise „Gleichheit", „Verschiedenheit", „Eindeutigkeit", „Mehrdeutigkeit", „Ding", „Eigenschaft" betonte Stumpf, daß es sich, wie schon Locke und Hume angenommen hatten, um *Verhältnis*begriffe handelte, für die wir allemal den *Anlaß* in der inneren oder äußeren Wahrnehmung fänden. Dasselbe gälte auch für die „Formen" von Raum und Zeit, die Kant, zusammen mit den Kategorien, der Erfahrung und damit freilich auch der psychologischen Forschung entziehen wollte.

Unter „Wahrnehmung" verstand Stumpf „Bemerken von etwas", nicht jedoch, wofür Brentano votiert hatte, bereits ein Urteil; Wahrnehmung *kann*, *muß* aber nicht die Grundlage eines Urteils sein (vgl. 1993-40, S. 211). Von Relevanz, auch für die spätere Gestaltpsychologie als Wahrnehmungstheorie war, daß Stumpf einerseits stets dafür plädierte, daß wir neben absoluten Inhalten auch Verhältnisse *wahrnehmen* – daß die Relationswahrnehmung also nicht schon einen intellektuellen Akt der Vergleichung, ein Urteil oder eine „Synthese" impliziere –, andererseits daß Stumpf für aktuell *unbemerkte* Teile des Empfindungs- oder Wahrnehmungsganzen eintrat (ohne freilich dem Unbewußten im Sinne der Psychoanalyse zu huldigen), die zunächst „übersehen", „überhört" wurden (wie beispielsweise die einzelnen Töne in einem Dreiklang), durch Aufmerksamkeit und Übung jedoch dem Bewußtsein *zugänglich* gemacht werden konnten. Diese Annahme bestätigte unter anderen die Selbständigkeit der Erscheinungen den psychischen Funktionen gegenüber. Die ältere Philosophie hatte diesbezüglich „Perzeption" von „Apperzeption" unterschieden (a. O., S. 210), freilich ohne Rekurs auf die Natur der Erscheinungen. Stumpf zog nicht (wie Brentano) eine strikte Grenze zwischen Wahrnehmung und Vorstellung und befürwortete auch nicht (wie Brentano), nur der „inneren Wahrnehmung" Evidenz zuzubilligen (a. O. S. 218); unter Voraussetzung gewisser begrifflicher Präzisierungen ging Stumpf sogar soweit, der äußeren Wahrnehmung ebenso *Evidenz* einzuräumen (vgl. S. 215). Von der „äußeren Wahrnehmung" unterschied Stumpf die „innere Wahrnehmung":

> Die Sinneswahrnehmung besteht im Bemerken von Sinneserscheinungen, die innere Wahrnehmung im Bemerken psychischer Funktionen. Farben, Töne, Geschmäcker nimmt man sinnlich wahr, Denken, Fühlen Wollen aber nur durch Selbstbesinnung. Denn diese Funktionen haben weder Farbe noch Ton noch Geschmack, noch sonst eine sinnliche Qualität, können also nicht gesehen, gehört, geschmeckt oder sonstwie empfunden werden, und dennoch erleben wir sie und sind uns ihrer bewußt, nicht minder wie der Farben und Töne, von denen wir uns zu Vergleichungen, Urteilen, Gefühlen oder Willensäußerungen angeregt finden. Daher müssen auch die Begriffe von seelischen Zuständen oder Tätigkeiten nicht aus der Sinneswahrnehmung, sondern aus dem sogenannten „inneren Sinn" hergeleitet werden. (A. O., S. 11-12)

Daß dieses Votum für die innere Wahrnehmung von der naturwissenschaftlichen Psychologie, später auch von der behavioristischen und der sozialorientierten Psychologie, so gänzlich in den Wind geschlagen wurde, weil auf dem Wege der Introspektion ja keine „objektiven" Erkenntnisse zu gewinnen wären, hat der Psychologie schon und wird ihr – über kurz oder lang – das letzte Stückchen Eigenterrain vernichten.

Der empirischen philosophischen Tradition entsprechend nahm Stumpf zwei verschiedene Quellen unserer Begriffsbildung an; daß er indes der Sinneswahrnehmung, wie er unmißverständlich kundtat, den Erkenntnis*primat* zuerkannte: „Sinnesempfindungen bilden die unentbehrlichen Anreize und das Betriebsmaterial für die gesamte innere Maschine", (a. O., S. 220) mußte in der nachkantschen Ära zwangsläufig auf Widerstand und Widerspruch stoßen, hatte Kant doch keine intellektuelle Mühe gescheut, mit diesem, seiner

Auffassung nach primitiven sensualistischen Vorurteil aufzuräumen und gegen es den Primat der Verstandeserkenntnis durchzusetzen.

§ 2 Eine Auffassung von Phänomenologie, die in den akustischen „gegenstandslosen" Erscheinungen ihr genuines Paradigma erkennt

Die Verständnisschwierigkeiten mit Stumpf rührten aber vermutlich mehr noch, und sogar an erster Stelle, aus der Bevorzugung *des* Sinnen- und Wahrnehmungsgebiets, auf das Stumpf seine größte Energie konzentrierte, weil hier in der Tat Forschungslücken klafften – die akustische Wahrnehmung im Rahmen der Tonpsychologie. Was diese betrifft, drängte sich eine bedeutende Parallele zu Herbart auf; Stumpf maß dem Reich der Töne und Klänge, der musikalischen Rezeption und der akustischen Wahrnehmung gewiß keine geringere allgemeinpsychologische, aber eben auch keine geringere epistemologische, methodologische und anthropologisch-kulturelle Bedeutung bei als Herbart, ja er ging in der theoretischen Vertiefung und empirischen Erforschung noch weit über Herbart und Lotze hinaus. Als Stumpf sich 1917 nochmals akribisch um die Darstellung der elementaren Grundverhältnisse des Sinnlichen bemühte, hob er ausdrücklich Herbarts diesbezügliche Leistungen hervor und deklarierte ihn an dieser Stelle als einen Vorläufer seiner Auffassung von Phänomenologie: „[...] im übrigen haben wir Grund, das Verständnis dieses großen Psychologen für die Bedürfnisse einer exakten Erscheinungslehre zu bewundern". (Vgl. „Die Attribute der Gesichtsempfindungen", S. 15)

Ein flüchtiger Blick auf die 1924 von Stumpf erstellte Literaturliste läßt sofort die Prädominanz der zum Thema „akustische Wahrnehmung" verfaßten Arbeiten hervortreten, die in verschiedene Gebiete ausstrahlten: Neben der „Tonpsychologie" und zahlreichen Arbeiten über die Elementarbedingungen des Hörens erscheinen dort historisch-hermeneutische Reflexionen über Bedeutung und Entwicklung der Musik in Lebens- und Kulturwelt (vgl. 1911), eine Bestandsaufnahme und kritische Würdigung der englischen Musikpsychologie des 19. Jahrhunderts (vgl. 1886), musiktheoretische Untersuchungen des Konsonanzphänomens bis auf seine griechischen Wurzeln zurückgehend (vgl. 1897) stehen neben Arbeiten zur historisch-vergleichenden Musikforschung im europäischen und außereuropäischen Kulturraum. Stumpf reicherte die hermeneutischen Untersuchungen mit bemerkenswerten Hinweisen über das Verhältnis von Sprache und Musik sowie allgemeinpsychologisch relevanten Überlegungen hinsichtlich der Differenz zwischen tierischen und menschlichen kognitiven Leistungen an. Hier bewegte er sich sozusagen auf doppeltem Boden, um in beiden Fällen nachzuweisen, daß Sprache und Musik zwei nur dem Menschen eigene Kulturschöpfungen sind, die jeweils eine *besondere* Abstraktionsleistung erfordern, nämlich *Verhältnisse* von Sinnesempfindungen, unabhängig von der besonderen Beschaffenheit dieser Empfindungen (Empfindungselementen), wiederzuerkennen (vgl. 1911, S. 23). Die Abstraktion kann hier als ein vorsprachliches Geschehen angesehen werden, das auf artspezifisch unterschiedliche Weisen schon bezüglich der *Wahrnehmung*, und nicht erst die Zeichenfunktion und Begriffsbildung betreffend, deutet. Psychologiehistorisch sind diese Arbeiten als die conditio sine qua non für W. Köhlers bahnbrechende Untersuchungen über die kognitiven Leistungen von Menschenaffen (vgl. Köhler, 1917) zu betrachten. Stumpf führte aber auch physikalische Untersuchungen zur Klangerzeugung und zahllose Untersuchungen und Experimente zum Klanghören durch; von letzteren wird in den beiden Bänden der „Tonpsychologie" (1883 und 1890) ausführlichst Rechenschaft abgelegt.

Hinsichtlich der psychologischen, inhaltlichen und methodischen Relevanz der akustischen Wahrnehmung hieß es:

> Vielleicht lassen sich überhaupt nirgends sämtliche Hilfsmittel der psychologischen Forschung, Selbstbeobachtung und fremde Angaben, statistische Sammlung von Urtheilsreihen, physiologische Thatsachen und Hypothesen, Vergleichung der Völker und Zeiten, Biographisches u.s.w. in gleicher Vereinigung heranziehen. (Vgl. 1. Bd., S. VI)

Von der physikalisch-physiologischen Akustik grenzte Stumpf ausdrücklich seinen phänomenologischen Ansatz ab, insofern er von ersterer zwar „das Material" (die Tonempfindungen) übernahm, aber eben nicht, wie diese, die „Antezedenzien" (die physikalisch-physiologischen Bedingungen), sondern die *Folgen* der Empfindungen, das hieß die Sinnes*urteile* untersuchte. Was die Berührung des „Reichs der Töne" mit den „Schwesterdisziplinen" Ethik, Ästhetik und Erkenntnistheorie anbelangte, erinnerte Stumpf an vergleichbare Intentionen bei Herbart (S. VII).

Vier Bände der „Tonpsychologie" waren von Stumpf geplant und angekündigt worden; der erste Band untersuchte die psychischen Funktionen, die durch Töne angeregt werden und enthielt die deskriptive Basis der Funktionspsychologie Stumpfs (insbesondere seine Stufentheorie der Urteilsakte); der zweite Band war ganz dem Phänomen der Verschmelzung gewidmet; der dritte und vierte Band, welche die eigentlich ästhetischen Phänomene und Prozesse des musikalischen Denkens und des Musikgefühls zum Thema haben sollten, sind nicht geschrieben worden.

Die starke Konzentration auf das Gebiet der Ton-Klang-Phänomene und die akribische Erforschung ihrer Wahrnehmung mochte Stumpf in den Augen der reinen Phänomenologen als einen experimentierenden Außenseiter oder als einen musikbegabten Spezialisten erscheinen lassen, der zufällig der Schüler Brentanos war und eine Zeitlang mit Husserl in Kontakt gestanden hatte (Husserl hörte Ende der achtziger Jahre bei Stumpf), aber weit hinter Husserls Idee und Entwicklung einer reinen und „transzendentalen Phänomenologie" zurückgeblieben war.

Aber gehören Töne und Klänge denn nicht ebenso wie Farben, Gestalten und dingliche Gegenstände in eine Lehre der Erscheinungen, Gesetzmäßigkeiten und Modi der Wahrnehmung? Sind nicht gerade sie als *reine* Phänomene, frei von sprachlicher Bedeutung und Vieldeutigkeit, losgelöst von kompakter Gegenständlichkeit und epistemologischer Zweideutigkeit geradezu prädestiniert für eine *reine* Phänomenologie? Wie kommt es, daß in den großen Arbeiten prominenter Phänomenologen wie Husserl, Scheler, Heidegger, Sartre, Strauss, Linke ein noch so kleines Kapitelchen über Töne und Klänge schlechterdings fehlt, während die Sprachphänomene sehr wohl berücksichtigt werden, auch keiner der Genannten jemals die in der Tonpsychologie entwickelte Funktionspsychologie Stumpfs erwähnt? Verbanden diese Phänomenologen etwas gänzlich anderes mit dem Wort „Phänomenologie" oder waren sie vielleicht ausnahmslos ‚unmusikalisch' respektive an Musik, ja vielleicht an den ästhetischen Phänomenen als solchen, weitgehend desinteressiert? Selbst wenn letzteres zutreffen sollte, würde ein argumentum ad hominem freilich nichts in der Sache entscheiden, vielmehr ist an die vorherrschende und anscheinend unkorrigierbare Tradition zu erinnern, die das Wort „Phänomen" in Anknüpfung an Kant offenbar stets nur als *Erscheinung eines Gegenstandes* begriff, was immer auch unter „Gegenstand" rubriziert wurde. Wenn Bezeichnungen wie „Gegenstandsphänomenologie" (P.F. Linke) und „Gegenstandstheorie" (A. v. Meinong) gerade im Umkreis von Brentano geprägt wurden, dann erhellt dies, daß die alte Denkweise, die auf der einen Seite das Erscheinungen habende Subjekt, auf der anderen den Gegenstand (das Objekt) situiert, beibehalten wurde und sich gegen die frühe Intention Brentanos (die Theorie der „mentalen Inexistenz des Objektes", welche die Entgegensetzung von Subjekt und Objekt vermeiden oder entschärfen wollte) durchsetzte. In Stumpfs Lehre stehen sich nicht Subjekt und Objekt gegenüber, sondern den (akustischen) Erscheinungen begegnet ein sie in *anderer* Weise als die „Sehdinge" (die visuellen Erscheinungen) auffassendes Subjekt. Zweifellos war die Beschäftigung mit der Welt der Töne und die besondere Weise, sie wahrzunehmen, ein starkes Motiv für den veränderten erkenntnistheoretischen Ansatz und Stumpfs Ausgang von der Ganzes-Teil-Relation.

In der Subjekt-Objekt-Perspektive lösen sich die Töne in Nichts auf oder sind zu vernachlässigende „subjektive" Phänomene, weil sie auf keinen Gegenstand verweisen, nicht einmal einen Namen haben. Bei denen es (nach Kant) nichts zu denken gibt und die lediglich als „Affizierung" des Gefühls in Frage kommen sollten. Vielleicht wäre Stumpf in einer anderen Weise rezipiert worden, wenn er die versprochenen Bände seiner Tonpsychologie geschrieben hätte, die über das musikalische Denken und das musikalische Gefühl aufklären sollten; aber an dem eingeschliffenen epistemologischen Vorurteil hätte dies vermutlich auch nichts geändert. Man kann die „Wurzel" und den „einheitlichen Faden" in der „stark verzweigten Schriftstellerei" Stumpfs freilich nicht finden, wenn dieses und andere Vorurteile nicht „eingeklammert" werden.

§ 3 Die Lehre vom Ganzen und den Teilen im Lichte der Psychologie, Wissenschaftstheorie und Ontologie Stumpfs

Eine Bemerkung in Stumpfs „Selbstdarstellung" (S. 8) verweist auf das *Motiv*, das als die „Wurzel" der Lebensarbeit bezeichnet werden darf, und deren Entfaltung zu einem höchst komplexen Gebilde ihn lebenslang beschäftigte. Stumpf erwähnte dort, daß er sich als junger Ordinarius eine „kritische Geschichte des Substanzbegriffs" zu schreiben vornahm, die er jedoch liegenließ, weil sie ihm „fürchterliches Kopfzerbrechen verursachte" und stattdessen das psychologische Thema über den Ursprung der Raumvorstellung in Angriff nahm. Mit dieser Arbeit umriß Stumpf seinen psychologischen Standpunkt in der Grundlagendebatte der theoretischen Wahrnehmungspsychologie und entwarf zugleich seine phänomenologischen Grundprämissen. Der Versuch, eine „Geschichte der Assoziationspsychologie" zu schreiben, erlitt das gleiche Schicksal wie die zuvor geplante Arbeit; die historische Entfaltung eines Themas scheint dem geistigen Naturell Stumpfs, das sich zu struktureller Analyse diszipliniert hatte und an axiomatischer Erkenntnis interessiert war, nicht entsprochen zu haben.

Die beiden Sujets und das tiefere Anliegen, Wesen der *Substanz* und Wesen der *Relation* (als Oberbegriff für Assoziation) darzulegen und für *beide* Begriffe die Grundlagen in der inneren oder äußeren Wahrnehmung aufzuklären, kehrten in der Monographie über den Raum wieder. Offenbar war es das schwierige Problem, für den Substanzbegriff eine wahrnehmungstheoretische Grundlage auszumachen, das Stumpf auf den Begriff des Ganzen und zunächst auf den Begriff der sinnlichen Raum- und Gestaltvorstellung führte. Das Buch wurde ein Jahr vor Brentanos „Psychologie vom empirischen Standpunkt" (1874) veröffentlicht, und wer nichts von der Verbindung zwischen Brentano und Stumpf wußte, hätte sie aus Inhalt und Methode des Buches kaum erschließen können. Viel näher lag die Verbindung zu Hermann Lotze, dessen psychologische Theorie der Raumwahrnehmung (die Theorie der Lokalzeichen) seinerzeit Aufsehen erregte. Stumpfs und Brentanos Arbeiten erhoben den Anspruch einer prinzipiellen Korrektur der damaligen Methodologie der Psychologie. Verglichen mit Brentanos, auf breiter Basis durchgeführten kritischen Auseinandersetzung mit den theoretischen Grundlagen der vornehmlich *physiologisch* orientierten Psychologie und der Psychologie des Unbewußten, behandelte Stumpf scheinbar nur *einen*, wenngleich methodologisch wichtigen Aspekt, nämlich Wesen und Ursprung der Raumvorstellung nach seinen phänomenologischen Prämissen.

Eine Verbindung zu Brentanos „Psychologie", die das Thema des Raumes gar nicht anschnitt, dafür aber viel Scharfsinn darauf verwandte, dem Zugeständnis an die „psychischen Phänomene" (für die F. A. Lange zur Ersetzung des ‚alten' Seelenbegriffs als metaphysische Seelensubstanz geworben hatte) die methodologische Unverzichtbarkeit der „Einheit des Bewußtseins" abzuringen, stellt sich keineswegs unmittelbar her; daß sie aber doch bestand, vielleicht verabredet war, erhellt in der Tat aus dem Schwergewicht, das Brentanos Text der Thematik „Einheit des Bewußtseins" beimaß, während Stumpf die einheitliche Verfaßtheit des seelischen Ganzen – entgegen der transzendentalphilosophischen Spaltung in Stoff und Form, sinnliches und intellektuelles Erkenntnisvermögen, Anschauung und Begriff, apriorische und aposteriorische Verfügungen – durch den Nachweis des sinnlichen Ganzen, die Entschlüsselung der Struktur des menschlichen Sinnesraumes sowie der Modi seiner funktionellen Erfassung zu erhärten suchte. In Stumpfs Version bedeutete dies wiederum nichts anderes als für den in der Philosophie Humes verabschiedeten Substanzbegriff den empirischen Nachweis zu erbringen, der Analyse der sinnlichen Komplexion eine Grundlage zu verschaffen und anstelle von Apriorismus und Empirismus eine Alternative – den „Nativismus" – vorzuschlagen.

Das Ansinnen mag befremdlich anmuten, übersteigt auch die rein psychologische Analyse, respektive verbindet mit ihr erkenntnistheoretische Korrekturen, die den inzwischen erreichten sinnesphysiologischen Erkenntnisstand mit einbezog. *Wie* Stumpf die Behandlung des Substanzbegriffs in eine kritische Auseinandersetzung mit den zu seiner Zeit vertretenen psychologischen Theorien der Raumwahrnehmung integrierte, seine Theorie der Relation gegen die psychologische Assoziationstheorie abwog und die Substanz-Akzidenz-Relation in ein neues Licht rückte, wird im folgenden detaillierter auszuführen sein. Der Anspruch der Untersuchung war zu einer Zeit, als die empirische Psychologie den Substanzbegriff längst für obsolet erklärt hatte, kühn genug, und dürfte auch nur deshalb wenig öffentlichen Widerspruch erfahren haben, weil Stumpf in seiner Monographie über den psychologischen Ursprung der Raumvorstellung eine schwer angreifbare Methode verwandte, die er in allen späteren Arbeiten beibehielt, nämlich „durch eine vollständige Disjunktion der möglichen Ansichten und Widerlegung aller bis auf eine dem direkten Beweise vorzuarbeiten" (vgl. 1924, S. 5).

Das Thema des Ganzen, seiner Teilinhalte und Relationen, das hier erstmals im Hinblick auf das *visuelle* Ganze sowie die Modi seiner Wahrnehmung und Abstraktion behandelt, in der „Tonpsychologie" durch Einbeziehung des Reichs der Töne und Klänge, also des tonalen Ganzen (der Wahrnehmung von Akkorden und polyphoner Musik) ergänzt wurde, erweiterte sich in der mittleren Schaffensperiode zum Ganzen der Wissenschaften. Die beiden 1907 publizierten Akademieartikel „Zur Einteilung der Wissenschaften" und „Erscheinungen und psychische Funktionen" dürfen als das Credo der Phänomenologie Stumpfs betrachtet werden. Die erstgenannte Schrift charakterisierte, wie bereits ausgeführt, die Phänomenologie als eine „besondere Disziplin", „eine Disziplin für sich und neben den Natur- und Geisteswissenschaften", die sowohl hinsichtlich der Naturwissenschaften als auch der Geisteswissenschaften benötigt wurde.

In „Erscheinungen und Funktionen" betonte Stumpf die für seinen Ansatz fundamental wichtige Unterscheidung beider: Die Erscheinungen bestehen aus ihren ihnen innewohnenden Verhältnissen (Relationen), die nicht von uns in sie hineingelegt werden, sondern *in* ihnen oder *an* ihnen bemerkt (wahrgenommen) werden; die Erscheinungen gehören zum *Material* der Funktionen, *sind* keine Funktionen und werden auch nicht (beispielsweise durch produktive Verstandessynthesen) erzeugt (1907, S. 4). Der Wesensunterschied beider wird daran festgemacht, daß beide unabhängig voneinander variieren können und logisch voneinander unabhängig sind. Erscheinungen sind ohne darauf bezügliche Funktionen, Funktionen sind ohne Erscheinungen, wenngleich nicht ohne Inhalt überhaupt, widerspruchsfrei denkbar (S. 11).

Stumpfs Dezision korrigierte 1) die nicht unzweideutige Unterscheidung der psychischen und physischen Phänomene bei Brentano (vgl. dazu Schuwey, 1983, S. 29 f.), sie trennte zwischen Inhalt (der beispielsweise ein nichtsinnlicher Urteilsinhalt oder Wert sein kann) und Erscheinung (die mit Brentanos Bezeichnung „physisches Phänomen" zusammenfällt); sie vermeidet 2) die erkenntnistheoretische Vieldeutigkeit des Gegenstandsbegriffs, und trug 3) dem psychologisch wichtigen Faktor Rechnung, daß sowohl Erscheinungen als auch Funktionen zeitweilig *unbemerkt* sein können (wenngleich nicht unbewußt bleiben im Sinne der Psychoanalyse). Stumpfs strikte, dem Charakter eines Axioms nahekommende Unterscheidung zwischen Erscheinung und Funktion, Erscheinung und Inhalt, Inhalt und Gegenstand, verschaffte der Psychologie, welche die Funktionen untersucht, eine *eigenständige* Basis, was an späterer Stelle zu vertiefen sein wird.

Während letzterer Artikel für die Eigengesetzlichkeit und die logische wie phänomenale Eigenständigkeit der psychischen Funktionen eintrat, suchte der erste den charakteristischen Unterschieden der herausragenden Wissenschaftsgruppen gerecht zu werden. Stumpf sah sich einerseits zu einer Vielfalt der Einteilungen genötigt, um metaphysische Erörterungen zu vermeiden, die sich, ob nun ausdrücklich gemacht oder nicht, um den *Realitäts*begriff der jeweiligen wissenschaftlichen Sujets gruppierten (vgl. S. 46); andererseits begab er sich zwischen die Fronten der Diskussion über das naturwissenschaftliche respektive geisteswissenschaftliche Selbstverständnis der damaligen Psychologie, wie er auch mit der Entscheidung, dem Sinnlichen einen Stellenwert und eine Ordnung sui generis zurückzugewinnen, den epistemologischen Intentionen des Neukantianismus begegnen wollte (vgl. hierzu Stumpf, 1891). Suchte der Neukantianismus, nicht anders als Positivismus und Phänomenalismus, dem Psychischen die Eigenständigkeit zu bestreiten, so herrschte keineswegs Einmütigkeit bezüglich des epistemologischen Charakters der Phänomene; die Tendenz in Richtung eines gemeinsam zu vertretenden methodischen Monismus wurde also nicht durch eine einheitlich akzeptierte Erkenntnistheorie getragen. Stumpf hütete sich sowohl vor der methodisch verfehlten Ökonomie im Hinblick auf die Einheitswissenschaft, wie er auch sah, daß diverse Erkenntnistheorien den Weg zu allgemeinen wissenschaftlichen Grundfragen versperren.

Das methodische Ökonomieprinzip, das, indem es metaphysische Fragen ausklammerte, zugleich auch vor der Frage nach der Realität seiner Gegenstände ausweicht, verdunkelt sowohl das Verhältnis von sinnlicher und begrifflicher Erfahrung wie auch das Verhältnis von erkennendem Subjekt und Welt. Erkenntnistheoretisch votierte Stumpf für eine realistische Position, welche die Existenz der Außenwelt als eine, wenngleich gut beglaubigte Hypothese begriff: „Diese Hypothese ist unentbehrlich zur Aufstellung von Gesetzen, zu Voraussagen und zum rationalen Handeln auf Grund solcher Voraussagen. Jede Bestätigung einer solchen Voraussage ist eine Bestätigung der Grundhypothese." (Vgl. 1939-40, S. 590 ff.; auch schon 1891, S. 507)

Erst die posthum veröffentlichte „Erkenntnislehre" demonstrierte den weiteren Radius, den die Lehre vom Ganzen und den Teilen (vermutlich aber schon von Anfang an) in Stumpfs Denken einnahm. In dieser letzten Arbeit, die weit über Phänomenologie, Erscheinungslehre und Funktionslehre hinausging, wurden die Fundamentalbedingungen der Logik (Erkenntnislehre), der Psychologie und der modernen Physik dargelegt und nach ihrem neuesten Wissensstand aufeinander bezogen. Stumpf entwickelte dort die, die regionalen Wissenschaften übergreifenden Grundbegriffe (Kategorien) wie Substanz (Ding), Kausalität, Notwendigkeit, Gleichheit, Zahl, aus den elementaren Begriffen der inneren und äußeren Wahrnehmung (vgl. 1939-40, S. 91), und erfüllte damit das Programm, das von den angelsächsischen Philosophen auf den Weg gebracht, aber nicht vollendet wurde und nach Kant zu der Annahme von Begriffen a priori zwang. Stumpf bezeichnete sie als allgemeinste Gattungsbegriffe und (im Unterschied zu Kants „Denkformen") als „ontologische Kategorien", die zur Beschreibung der Außenwelt notwendig sind, aber der Erfahrung entnommen werden (vgl. 1939-40, S. 660). Stumpf trennte unmittelbare Vernunfterkenntnisse (apodiktische Axiome) von gegenständlichen (regionalen) Axiomen (S. 155), untersuchte das Verhältnis von Deduktion und Induktion im Kontext der mathematischen Wahrscheinlichkeitstheorie (S. 373 f.). Daß eine auf der Basis von Ganzem und Teil gänzliche Umzentrierung und Neuorientierung transzendentaler Denkweise intendiert war und zwar im Hinblick auf ein moderneres Wissenschaftsverständnis, steht außer Zweifel. Vor diesem Hintergrund erfolgte die ausdrückliche Verwerfung der Antinomienlehre Kants:

Nach Kant liegen im Begriff eines Weltganzen von Dingen an sich ein Nest von Widersprüchen. Man muß es als endlich und zugleich als unendlich im Raume und in der Zeit denken, muß durchgängige Kausalität und zugleich freie ursachlose Anfänge, muß einfachste Bestandteile und zugleich Teilbarkeit ins Unendliche annehmen. Die Lösung soll nur darin liegen, daß wir hier die Grenzen unseres Erkennens überschreiten. Aber Kant selbst gerät damit erst recht in Widersprüche, wie jeder weiß, der seine Lehre vom Ding an sich und die Diskussion darüber näher verfolgt hat. Andererseits hat die Naturwissenschaft, die gegen Widersprüche so empfindlich ist, nicht aufgehört, diesen Fragen auch in bezug auf die reale Welt nachzugehen und sie hat damit recht getan. Kants Antinomien sind nur scheinbar, seine Argumente für die einander widersprechenden Thesen ein wahres Arsenal von Fehlschlüssen. (1939-40, S. 137)

In die Paragraphen „Sinneswahrnehmung", insbesondere „Gestaltwahrnehmung" (vgl. S. 229 ff.) und „innere Wahrnehmung" (vgl. S. 334 ff.) wurden ebenfalls die neueren Erkenntnisse eingetragen, ohne daß Stumpf seine anfänglichen Grundlinien hätte verwerfen müssen. Der letzte, naturphilosophische Teil suchte zwischen den aufsehenerregenden physikalischen Theorien des Raumes und der Zeit im gerade abgelaufenen Jahrhundert (Relativitätstheorie und Quantenphysik) und der psychologischen Theorie der Raum- und Zeitwahrnehmung zu vermitteln, nicht jedoch die einen auf die anderen zu reduzieren (vgl. 608 f.). Das tiefste, aber stets äußerst zurückhaltend behandelte Motiv jener immensen Lebensarbeit Stumpfs dürfte mit dem Grundgedanken Leibniz' (vermutlich auch Lotzes) identisch gewesen sein, nämlich die gesetzmäßige Notwendigkeit der als maschinenmäßig aufgefaßten Welt mit einer anderen „teleologischen", der Schönheit dieser Welt gerecht werdenden Verbindung der Teile zu einem harmonischen Ganzen, das in der Musik zu seinem genuinen Ausdruck gelangt, zu versöhnen.

An Stumpfs Werk fänden Jahrzehnte reichlich Stoff, das für die theoretische Psychologie Relevante zu fokussieren. Die folgenden Paragraphen suchen *einigen* dieser Aspekte nachzufragen, mit denen Stumpf vornehmlich im Hinblick auf das schwierige und weite Feld der Wahrnehmung Weichen stellte. Da die erkenntnistheoretische und psychologische Seite der Wahrnehmung gleichwertig behandelt werden, sind beide auch in der folgenden Darstellung zu berücksichtigen. Das beide verbindende Motiv war, den Hiatus zwischen Anschauung und Begriff, der durch die Transzendentalphilosophie entstanden war, zu beseitigen, den Ansatz der englischen Schule, unsere Begriffe in unseren Wahrnehmungen zu gründen, zu erweitern und zu vertiefen und zwar unbeeindruckt von neukantianistischen Diktaten oder der Verdächtigung des Sensualismus.

§ 4 Der Raum als sinnliches Ordnungsgefüge (Inhalt eines gegebenen Ganzen) in Abgrenzung gegen Kants Definition der Raumform als „subjektive" und „reine Anschauungsform"

Daß Kant und Hume für Stumpf die Philosophen waren, die noch immer und am meisten zur Auseinandersetzung herausforderten, machte er in der „Erkenntnislehre" deutlich. Dort hieß es an zentraler Stelle: „Bei dem heutigen Stande der Philosophie sind es besonders die Erkenntnislehre von Kant und Hume, mit denen wir uns auseinanderzusetzen haben. Beide sind noch vornehmlich lebendig, beide streiten noch immer miteinander." (1939-40, S. 6) Dieselbe Orientierung bestimmte aber schon über die Untersuchung der Raumwahrnehmung. Der philosophische Impetus heftete sich hier an die Differenzen in den Ansätzen der angelsächsischen Philosophie und der kontinentalen Transzendentalphilosophie. Stand in der englischen Philosophie und Psychologie der Sinnesraum zur Diskussion, so in der Transzendentalphilosophie der geometrisch-physikalische; wurde dort die Frage nach der mannigfaltigen Komplexion der sinnlichen Wahrnehmung zum Thema gemacht – an der Raumwahrnehmung sind bekanntlich *mehrere* Sinne beteiligt – so begnügte Kant sich mit der Formel von der „reinen Anschauung".

Stumpf überprüfte die Raumtheorien der prominentesten Vertreter seiner Zeit. Blendeten diese die mathematische und metaphysische Bedeutung des Raumbegriffs weitgehend aus und fragten weder nach der Unendlichkeit noch nach der Meßbarkeit des Raums, so blieben doch die für den psychologischen Erklärungsansatz der Welterfahrung nicht zu eliminierenden philosophischen Fragen im Hintergrund virulent: Wie vermag die unausgedehnte Geistseele sich die ausgedehnten materiellen Dinge erkennend anzueignen? In welchem Verhältnis steht die Bewußtseinseinheit zur Mannigfaltigkeit der Eindrücke und Erlebnisse? Wie und zu welchem Zeitpunkt vermag das Ichbewußtsein sich in der Welt zu „orten"? Ab wann begreift es sich als ein den Wechsel und die Zeit überdauerndes Ich? Die außerordentliche Leistung des jungen Carl Stumpf bestand darin, daß er

1. die Problematik in ein neues Verständnis methodologischer Grundprämissen zu übersetzen suchte; daß er

2. die erkenntnistheoretische Barriere, die Kants „transzendentale Ästhetik" für die Psychologie errichtete, zu beseitigen suchte; daß er

3. die nachkantschen psychologischen Lösungsversuche einer kritischen Prüfung unterwarf.

Stumpfs Kantkritik im Raumbuch, auf die zunächst einzugehen sein wird, wich von den damaligen grundsätzlichen Auseinandersetzungen mit der Lehre Kants ab (vgl. Stumpf, 1873, S. 12 ff.). Sie behandelte scheinbar nur *einen*, wenngleich sehr wichtigen Aspekt – die Raumlehre Kants – hatte aber hintergründig die gesamte vorkantsche Philosophie im Visier. Sie war progressiv, insofern sie Alternativen bot und Fragestellungen auf den Weg brachte, an die zu dieser Zeit noch niemand dachte. Stumpf ließ sich nicht auf die kantsche Schulsprache ein; ihm war vielmehr daran gelegen, zunächst einmal die Schwerverständlichkeit und Dunkelheit der transzendentalen Raumlehre in verständliche Sätze zu formulieren, um sodann „nach ihrem eigentlichen Sinn zu fragen". (A. O., S. 12)

Hinsichtlich der vieldeutigen Raumlehre beschränkte Stumpf sich wiederum auf zwei Schwerpunkte, die aber für das Ganze der Transzendentalphilosophie und deren Verhältnis zur Psychologie von grundlegender Bedeutung waren. Letzteres dürfte der Grund dafür gewesen sein, daß das Raumbuch einerseits die „spektakuläre universitäre Karriere" des jungen Stumpf initiierte (vgl. Spiegelberg 1971, S. 54), andererseits von neukantianistischer Seite gar nicht oder nur in Fußnoten zur Kenntnis genommen (vgl. Lange, 1875, S. 885 f. und Cassirer, 1910, S. 456), im angelsächsischen Raum dagegen sehr wohl wahrgenommen (vgl. Sully, 1878, S. 174 f.) und ausdrücklich gewürdigt wurde (vgl. besonders W. James, 1890, S. 911).

Die Darstellung folgt hier nicht dem Gedankengang Stumpfs, sie versucht vielmehr den Impetus der beiden zentralen Aspekte zu verdeutlichen. Daß Stumpf sich nicht mit den metaphysischen Fragen des Raumes befaßte, war im Titel der Arbeit festgeschrieben, die vom Ursprung der *psychologischen* Raumvorstellung handeln wollte; in der kritischen Perspektive interessierte Stumpf vor allem die *Verquickung* der mathematischen mit der psychologischen Sichtweise und Kants Behandlung des Abstraktionsproblems im Kontext der anstehenden Problemstellung.

Der Aspekt: was ist unter „reiner" Anschauung zu verstehen? tangiert das Abstraktionsproblem und Kants Dezision, den Raum nicht den *Begriffen*, sondern den *Anschauungen* zu subordinieren. An dieser Definition, die für Kant die Fundamentalprämisse der reinen Geometrie bereitstellte, richtete Stumpf seine phänomenologisch-psychologisch orientierte Kritik aus. „Reine Anschauungsform" enthält wörtlich genommen eine contradictio in adiecto, wenn „Form" ohne sinnliche Ausfüllung gemeint ist. Stumpf insistierte darauf, daß

1. derartige leere oder reine Formen als *Anschauungen* psychologisch nicht möglich sind. Jede begrenzende Form ist notwendig mit einem farblichen oder haptischen Inhalt erfüllt. Ausdehnung und Raum ohne eine Qualität sind unmöglich, wie bereits Berkeley und Hume (in ihrer Kritik an Lockes Einteilung in „primäre" und „sekundäre" Qualitäten) nachgewiesen hatten, und Stumpf wunderte sich, „daß Kant nicht beachtete, was vor ihm Berkeley und Hume, wovon er den letzteren doch selbst als seinen Vorgänger in der Entwicklung bezeichnet, bereits so klar hervorgehoben". (A. O., S. 21-22) Ausdehnung und Qualität bilden beide notwendig Teile eines Ganzen und zwar „im Gegensatz zu den Gliedern einer Summe oder einer Assoziation, die ihrer Natur nach auch getrennt von einander denkbar sind". (A. O., S. 9)

2. Der Raum ist nicht Form, sondern ebenso wie die Qualitäten *Inhalt* der Anschauung und Vorstellung; er wird nur in Verbindung mit einer qualitati-

ven Erfüllung (Farbe oder Ton- respektive Akkordqualität) wahrgenommen (vgl. S. 14). Daß die geometrischen Verfahrensweisen von den qualitativen Beschaffenheiten ihrer Figuren abstrahieren, ist selbstverständlich. Es ist aber etwas anderes (und durchaus Mögliches), auf eine Qualität *nicht Rücksicht zu nehmen* als eine Qualität *hinwegzudenken* (vgl. S. 20), das heißt aus dem *Vollzug* der Anschauung und Vorstellung zu verbannen oder zu verdrängen, was nicht möglich ist. Demnach mag die „reine Anschauungsform" im Sinne eines bloß *symbolischen Vorstellens*, dann aber doch nicht *Anschauens*, in den geometrischen Verfahrensweisen einen Stellenwert behaupten, darf aber nicht auf die *gesamte* Erkenntnisbasis und Erkenntnisgewinnung *verallgemeinert* werden.

3. Nicht nur die Raumwahrnehmung impliziert jenes besondere Moment einer systematischen Ordnung und koordinierenden *Reihung* von diskreten Punkten, Abständen und Relationen (was sie freilich im Unterschied zu den qualitativen Empfindungen zur Ausbildung der Geometrie begünstigte), auch die Töne bilden eine Reihe – und zwar anders als Farben und andere Qualitäten – eine gesetzmäßige Skala diskreter absoluter Inhalte, Abstände und Intervalle, die Messungen erlauben, aber niemand würde deshalb die Töne in einer anderen Weise als die Raumpunkte für „subjektiv" halten (vgl. S. 18, 83, 101).

Letzteres Argument greift dem *zweiten*, erkenntnistheoretisch relevanten Aspekt vor. Kant zeichnete die Raumanschauung in einem anderen Sinne für „subjektiv" aus als die subjektiv sinnlichen Qualitäten der Farben, Töne, Geschmäcker (vgl. Stumpf, a. O., S. 13 f.). „Subjektiv" ist die Raumanschauung, weil dem Subjekt stets nur Erscheinungen, nie „Dinge an sich" gegenwärtig sind, der Raum nach Kants Dezision auch nichts an den Dingen selbst sein kann (vgl. 1770, § 15; KrV, § 2, A 22 f.). Kants Argument für die *besondere* Subjektivität des Raumes lautet: Farben, Töne, Gerüche, Geschmäcker sind subjektiv, weil sie uns nichts über die eigentlichen Beschaffenheiten der äußeren Dinge verraten, jedes Subjekt sie in einer anderen, nur ihm eigenen Weise erlebt, und wir zur Exploration der Dinge auf die kausalen, physikalisch-mathematischen Kräfteverhältnisse verwiesen sind. Dagegen bedürfte schon die *Unterscheidung* der Dinge außer uns – noch ganz abgesehen von ihren jeweiligen sinnlichen Eigenschaften – *vorab* und notwendig der Lokalisation, das heißt der Anweisung und Anordnung einer bestimmten Stelle im Raum (vgl. KrV, Anm. A 29).

Erkenntnistheoretisch präjudizierte Kant die Raum*ordnung* aber *vor* der Lokalisation der Dinge. Phänomenal würde das bedeuten, daß wir die Qualitäten hinwegdenken können, den Raum aber nicht, was nach Vorhergesagtem unmöglich ist. Transzendental gedacht implizierte die besondere Subjektivität der Raumanschauung Kants Zurückweisung des „psychologischen Idealismus" (Berkeleys und Humes) (vgl. KrV, Vorrede, Anm. BXL), welcher die Wahrnehmung der Ausdehnung und der Qualitäten auf *eine*, gleichermaßen „subjektive" Stufe stellte.

Stumpf bezog im Raumbuch nicht zu Kants Kritik des „subjektiven Idealismus" Stellung; er begegnete dem „transzendentalen Idealismus" mit einem genetischen Einwand: die Erkenntnis der Dinge außer uns setzt psychologisch nicht die Raumform, sondern die Unterscheidung des eigenen Leibes von der Existenz äußerer Körper voraus, während ein primordialer Bezug auf *Orte* (keineswegs auf Raum an sich), auf einen Raumpunkt, aber bereits vor dem vollentwickelten Ichbewußtsein stattgefunden haben kann und sogar angenommen werden muß (vgl. a. O., S. 180 f. und 301 f.). Als primär anzunehmen sind demnach Orte (Ortpunkte), aber nicht Formen. In der genetischen Perspektive entfällt das kantsche Argument für einen Primat „reiner Anschauung" ein weiteres Mal, denn die Bezugnahme auf Lokalisation (nicht etwa mathematische Punkte) schließt deren qualitative Ausgestaltung ein. Auch muß die Wahrnehmung und Erkenntnis *bestimmter* Orte der Raum*ordnung* vorausgehen, wie *Ordnung* insgesamt, die der Töne so gut wie die Ordnung räumlicher Spezies, sich logisch und psychologisch erst auf den Relationsfundamenten, den spezifischen Ordnungselementen, aufbaut und als jeweils *andere* Systeme diskriminieren läßt (vgl. Stumpf., a. O., S. 15; dagegen Cassirer, 1910, Fußnote S. 456-57).

Der apologetische Kantrezipient wird sich freilich prinzipiell der genetischen Betrachtungsweise verschließen, die aber hier sowohl für die Erkenntnistheorie als auch für die Ichpsychologie von fundamentaler Bedeutung ist (vgl. Stumpf, 1891, S. 507); er wird auch die der kantschenn Erkenntnistheorie widersprechenden phänomenalen Fakten nicht ins Gewicht fallen lassen. Aber dann bleibt in Kraft, was Stumpf gegen die Verweigerung, psychologische Tatsachen zur Kenntnis zu nehmen, anmerkte: „Es kann nicht etwas erkenntnistheoretisch wahr und psychologisch falsch sein." (Vgl. 1891, S. 482)

Zuletzt suchte Stumpf nach einem möglichen Sinn, der sich mit Kants Behauptung, der Raum sei in einem besonderen Sinne als subjektiv zu bezeichnen, verbinden ließe. Meinte Kant, die Raumanschauung sei 1. ein Inhalt oder 2. ein Akt oder 3. die Bedingung des Anschauens? Nur der erste Fall sei denkbar. Nimmt man dagegen an, die Raumanschauung sei eine besondere Verfahrensweise des Geistes, die Tätigkeit einer gewissen *Zusammenordnung*, die wir an den Qualitäten vornehmen – die eine hier, die andere dort hinsetzen – dann lehnt Stumpf ab, weil „Raum" nicht eine stattfindende Ordnung meine, sondern jenen positiven Inhalt, worauf Ordnung schlechterdings gründe. „Raum bedeutet das Fundament der räumlichen Ordnung, nicht sie selbst, geschweige das Aufräumen." (A. O., S. 26)

Mit „Raum" kann aber auch nicht eine bloße Bedingung für das Zustandekommen der Raumvorstellungen gemeint sein. Wäre der Raum nur *Bedingung*, dann würde er ja nicht selbst vorgestellt; auch wenn wir Farben sehen, werden die Ätherschwingungen oder die Nervenprozesse nicht mit vorgestellt. Nicht anders verhielte es sich mit den inneren Bedingungen: „Alles, was unserer Vorstellungstätigkeit vorausgeht, alle Bedingungen, die zur Erzeugung von

Vorstellungen beitragen, werden eo ipso nicht vorgestellt. Das Werden einfacher Vorstellungen ist etwas gänzlich außerhalb der Beobachtung Liegendes." (A. O., S. 26)

Mit „Raum" kann also nur ein *Inhalt* der Anschauung gemeint sein; aber in welcher Weise soll dieser in *einer anderen Weise subjektiv sein als die Qualitäten?* Doch nur dann, wenn der *Reiz*, die Raumanschauung *auszubilden*, ein *innerer* wäre – im Unterschied zu den äußeren Reizen, die (Farb-Ton-) Qualitäten evozieren. Kants Theorie fiele dann unter die Theorie der „psychischen Reize", der Stumpf auch Lotzes Theorie der Lokalzeichen subsumierte (vgl. S. 86). Daß der Begriff des „psychischen Reizes", der genaueren psychologischen Analyse jedoch nicht standhält, wird dort durchgeführt. (S. 93)

Stumpfs Resümee der Raumlehre Kants ist vernichtend: nicht der Sachgehalt der Theorie sondern nur die Rücksicht auf eine historische Persönlichkeit habe zur Analyse aufgefordert, und diese habe vornehmlich den Zweck gehabt,

> einen verständlichen Sinn in jene subjektiven Formen zu bringen, deren Name in ominöser Weise Das bezeichnete, was sie für die Gedanken Vieler geworden ist, nämlich ein Geleise, in dem man unbekümmert weiterfährt, ja noch mehr: eine bloße Redeform, über deren Sinn man sich allzu bald beruhigt. (S. 29-30)

Stumpfs generelles Fazit über Kants Epistemologie, dem herbartschen nicht fernstehend, Kant sträube „sich durchaus, das, was uns sinnlich gegeben ist, irgendwie maßgebend werden zu lassen", (vgl. 1891, S. 79) darf als Ureinwand gegen den Formalismus der Transzendentalphilosophie und als Grundmotiv der Kantkritik Stumpfs betrachtet werden. Sein Begriff der Phänomenologie impliziert aber weder einen „Hylismus" oder gar „Materialismus", noch weniger benötigte er „Dinge an sich" oder machte er Zugeständnisse an den „psychologischen Idealismus". Daß die *Erscheinungen* gerade nicht, weder primär noch sekundär oder gar „bloß" subjektiv sind, sondern daß die *Teile* oder *Relationen*, die wir *in* oder *an* ihnen bemerken, *ein Fundament in ihnen selbst haben*, (nicht von uns in sie hineingetragen werden) zählt ebenfalls zu den Grundsätzen der Phänomenologie Stumpfs. „Denn jede Ähnlichkeit und jede Unterscheidung wird uns ja vom Inhalt selbst aufgedrungen. Wir machen [...] eine distinctio cum fundamento in re." (Vgl. a. O., S. 139 u. Tonpsychologie, 1. Bd., S. 97)

Wenn Stumpf bereits in der Monographie über den Raum auf das tonale Gebiet als einen Phänomenbereich sui generis mit einer *eigenen* Ordnung und Eigengesetzlichkeit verwies, die nicht von uns dort hineingetragen, sondern *von Natur aus gegeben* ist, dann bedeutete dies im Zuge der Kantkritik einen Einwand gegen die einseitig auf das Auge abgestellte, ausschließlich vertretene Relevanz der geometrisch-mathematischen Ordnungsprinzipien und die Einengung der Ordnung des Sinnlichen *allein auf diesen* Bereich.

Zu dieser Zeit scheint es Stumpf vornehmlich darum zu tun gewesen zu sein, Kants apodiktisches Verdikt in der „Kritik der reinen Vernunft" fragwürdig zu machen, nämlich daß es keinem Menschen je möglich sein würde, jemals eine Antwort darauf zu finden, wie das denkende Subjekt die räumlich-materielle Welt wahrzunehmen vermöchte (KrV, A 393). In diesem Zusammenhang konnte Kants Konzentration auf die metaphysisch-mathematische Problematik des Raumes auch als das Eingeständnis der Resignation vor der psychologischen Lösbarkeit der Frage gedeutet werden. Psychologisch sind an der Raumwahrnehmung mehrere Sinne (nicht allein der visuelle Sinn) beteiligt und setzt sich der Begriff „Raum" freilich aus unterschiedlichen, begrifflich unterscheidbaren Bedeutungen wie „Ort", „Abstand", „Gestalt" und „Ausdehnung". zusammen. Stumpf rechnete es der Psychologie Herbarts ausdrücklich als Verdienst an, daß diese in Deutschland nach Kant und Fichte überhaupt den ersten Schritt zu einer verständlichen Behandlung der Sache getan habe (1873, S. 36). Die Monographie beinhaltete freilich noch anderes als Kantkritik.

§ 5 Würdigung und Kritik der im 19. Jahrhundert vertretenen psychologischen Theorien des Raumes

„Gegenstand" der psychologischen Analysen ist das phänomenal Gegebene, nämlich der in sich begrenzte, stets mit Farbe erfüllte (bei geschlossenen Augen kommt das Eigenschwarz oder -grau zum Tragen), dreidimensionale Gesichtsraum als *Ganzes*. Das Flächensehen und das Tiefensehen werden in jeweils zwei große Abschnitte eingeteilt und getrennt untersucht.

Das Ziel der Analysen richtete sich a) auf die Eruierung des jeweiligen Stellenwertes der an der Raumwahrnehmung beteiligten Sinne. Der phänomenale Raum ist ein sinnliches Kompositum, ein zusammengesetzter Inhalt, an dem mehrere Sinne beteiligt sind (vornehmlich visueller Sinn, Tast- und motorischer Sinn, ob auch der akustische Sinn, war innerhalb der Diskussion umstritten); b) auf die Klärung der Frage, was in der Raumwahrnehmung für *ursprünglich* (von Anfang an vorhanden) angenommen, was als Ergebnis späteren Lernens auf der Basis der Assoziation oder anderer Erklärungsansätze begriffen werden mußte

Das Mittel der Analyse ist das „Probieren in der Phantasie", inwieweit sich Vorstellungsanteile trennen lassen oder nicht, wozu das Experiment herangezogen werden kann, aber nicht muß (vgl. S. 5). Darüber hinaus sind physiologische Grundbedingungen in Rechnung zu stellen, vornehmlich der Punkt des *deutlichen* Sehens (S. 59) und die binokulare Parallaxe als Voraussetzungen des *perspektivischen* Sehens (S. 224). Letztere fiel ins Gewicht, insofern sie den Philosophen des 18. Jahrhunderts nicht bekannt waren und infolgedessen auch für ihre Raumtheorien nicht verwendet werden konnten, welches wiederum den Ausschlag dafür gegeben haben könnte, ob die Existenz der

Außenwelt für real oder für bloß fiktiv angenommen wurde (ob Realismus oder Idealismus angesagt war). Hätte Berkeley beispielsweise von diesen biophysiologischen Voraussetzungen für eine dreidimensionale Wahrnehmung gewußt, hätte seine Argumentation zugunsten einer immaterialistischen Theorie anderes ausfallen oder gar entfallen müssen, was als deutlicher Beleg dafür zu werten ist, daß nicht allein auf der Basis reiner Spekulation, allerdings auch nicht allein auf der Basis der Selbstbeobachtung, über Grundprobleme der Erkenntnistheorie entschieden werden kann, unter Umständen das Experiment in der Tat als ein wichtiges Instrument der Entscheidung philosophischer Fragen herangezogen werden kann.

In seiner „Erkenntnislehre" von 1939-40 (S. 584) wies Stumpf nach, wie Berkeley durch bestimmte phänomenologische Beobachtungen zur philosophischen These des Immaterialismus, das heißt zur Leugnung der Existenz der Außenwelt und zu seiner Grundeinstellung des „Esse principi" motiviert wurde. Berkeley hatte in seiner berühmten „Theory of Vision" 1. vertreten, daß wir Ausdehnung nur in untrennbarer Verbindung mit Farbe vorstellen könnten und wer zugäbe, daß Farben als solche nur subjektiv seien, müßte das nämliche auch für die Ausdehung gelten lassen. 2. hatte Berkeley darauf hingewiesen, daß jeder Körper nur in einer gewissen Entfernung lokalisiert würde. Entfernung könnte selbst nicht gesehen werden, da bei der Projektion auf die Netzhaut alle Entfernungsunterschiede verschwänden. Eine Außenwelt ohne Entfernung der Körper voneinander und von uns sei aber keine Außenwelt.

Stumpf bestätigte, daß Berkeleys Beobachtungen der Psychologie starke Anregungen gegeben hätten; die erste These bildete ja auch für Stumpf das Hauptargument gegen die kantsche Raumlehre. Nach Stumpf konnte aber aus *keiner* der Thesen geschlossen werden, daß durch sie der Behauptung einer materiellen Außenwelt der Boden entzogen worden wäre; aus der ersten These folge lediglich, daß der Raum, wie wir ihn aus der Gesichtswahrnehmung kennen und anschaulich vorstellen, nicht objektiv sein könnte, nicht aber, daß es überhaupt keine materielle Außenwelt geben könnte. Auch die im 2. Argument angeführte Tatsache beweise nicht, was sie beweisen sollte:

> Berkeley übersieht, daß durch das Zusammenwirken beider und die „Querdisparation" der beiden Netzhautbilder ein physiologischer Reizzustand zu den von außen kommenden Reizen hinzugefügt wird, als dessen Folge das Reliefsehen im Bewußtsein auftritt. Damit ist wenigstens die Grundlage und Wurzel unserer Entfernungsvorstellung gegeben. (1939-40, S. 584)

Stumpfs frühe Untersuchungen zur Raumwahrnehmung operierten zugleich auf verschiedenen Ebenen mit einer Vielzahl schwieriger Details, wobei der junge Forscher aber stets den *Zusammenhang* dieser Details mit den philosophischen Grundannahmen über Raum und Raumwahrnehmung respektive die aus ihnen gefolgerten philosophischen Erkenntnisse im Auge behielt. Die Grundintention konzentriert sich auf den Nachweis, daß die visuelle Wahrnehmung von Anfang an als ein sowohl quantitativ wie qualitativ bestimmtes Ganzes gegeben ist, also weder der Raum primär erscheint und sich erst sekundär mit der „subjektiven" Farbempfindung erfüllt („affiziert" oder „assoziiert"), noch die qualitative Farbempfindung vorausgeht, zu der sich durch Assoziation oder Synthese mit der Tastempfindung und/oder Muskelempfindung (der Augen- und Körperbewegung) nachträglich die Raumwahrnehmung bildet. Gegen Berkeley wird der primordiale visuelle Sinn *vor* Tast- und Bewegungsempfindung reklamiert, gegen Kant die mit Form oder Gestalt *sogleich* mitgegebene farbliche Erfüllung.

Stumpf behandelte die Raumtheorien der prominentesten Vertreter seiner Zeit wie Herbarts Theorie der Reihenform (S. 30 f.), A. Bains Assoziationstheorie (S. 36 f.), H. Webers Theorie der Empfindungskreise (S. 73 f.), Lotzes Theorie der Lokalzeichen (S. 86 f.) und J.St. Mills Theorie der „psychischen Chemie" (S. 101 f.). Er analysierte sie auf immanente Verträglichkeit und Vereinbarkeit mit den phänomenalen Tatsachen, immer darauf bedacht, die physiologischen Ansätze von den psychologisch-phänomenalen und den erkenntnistheoretisch relevanten zu sondern.

Hatte Kant der auf „Gegenständlichkeit" vorweisenden „subjektiven" Raum-Form einen Primat vor den subjektiven Qualitäten (Farbe, Ton) eingeräumt, so kehrte sich der Blickwinkel in den psychologischen Theorien jetzt um, die durchwegs die zeitliche Priorität der qualitativen farblichen Empfindung behaupteten, zu welcher sich die räumliche Wahrnehmung erst *nachträglich*, entweder im Modus der Assoziation oder der Produktion respektive der „psychischen Chemie" zugesellte. Hatte Kant ausschließlich den visuellen Sinn berücksichtigt, so wurde im Anschluß an Berkeley (vgl. Berkeley, 1733, S. 19 f.; S. 132; Stumpf, a. O., S. 160 f.) dem Tast-, Bewegungs- und Muskelsinn die Hauptrolle übertragen.

Stumpf widmete dieser neuen „Muskelidee", die vornehmlich von Bain detailliert ausgearbeitet wurde, eine ausführliche und scharfsinnige Analyse, „pflegt man ja jetzt alles Heil für die Gesichtswahrnehmung von dieser Seite zu erwarten". (1873, S. 67) Die Kritik galt hauptsächlich der Destruierung der *erkenntnistheoretischen* Relevanz dieser „phänomenalistischen" Theorie. Stumpf hat lebenslang gegen die auch in Deutschland vornehmlich durch E. Mach verbreitete (vgl. Mach, 1875; 1886, S. 91 ff.) Akzeptanz dieser Theorie gekämpft (vgl. 1873, S. 47 f.; 1883, S. 166 f.; 1891, S. 490; 1899, S. 83; 1939-40, S. 45 f.), die noch in Husserls letztem Werk über die Lebenswelt unter der Bezeichnung „Kinästhese" in Anspruch genommen wird (vgl. Husserl, 1954, S. 22 f., dazu Sommer, 1990, S. 61 f.; Kaiser-El-Safti, 2000). Nach Stumpf kann der Muskelsinn nur einen *bescheidenen* psychologischen und *gar keinen* erkenntnistheoretischen Erklärungswert beanspruchen.

Unter vier Punkten wurden die Hauptaspekte innerhalb der Theorien über die Raumwahrnehmung zusammengefaßt: (1) „Raum" bezeichnet keinen bestimmten Wahrnehmungsinhalt, sondern setzt sich lediglich in besonderer

Weise aus den einfachen Sinnesqualitäten zusammen (Herbart). (2) Es gibt eine besondere Raumvorstellung, die Qalität eines *bestimmten* Sinnes ist, als den man seit Berkeley den Muskelsinn (später kinästhetischen Sinn) auserkoren hatte, und diese Qualität verbindet sich assoziativ mit der Farbe, wie sich beispielsweise auch Farb- und Tonerlebnisse miteinander verbinden können (vornehmlich von Bain vertreten). (3) die Raumvorstellung ist *nicht* Qualität eines bestimmten Sinnes; sie stammt überhaupt nicht, wenigstens nicht direkt, aus den Sinnen (von Kant und Lotze vertreten). (4) die Raumvorstellung bildet zusammen mit der Sinnesqualität (Farbe, Ton, Geruch), die jeweils räumlich *vorgestellt* wird, „zusammen einen einzigen, seiner Natur nach untrennbaren Inhalt, von welchem sie beide nur Teile sind", die Stumpf vertrat (vgl. Stumpf, 1873, S. 7).

Die erste These, die von Herbart entwickelt worden war und in Zusammenhang stand mit seiner Auffassung der punktuellen, monadischen Seele, resultierte aus Herbarts Auffassung von dem rein zeitlichen und intensiven Procedere psychischer Reihenbildung (Vorstellungsreihen) und der Annahme, die Raumvorstellung entstünde aus der Aneinanderreihung von bloßen Qualitätsempfindungen – beim Auge durch Farb-, beim Tastsinn durch Berührungsempfindungen – und deren Umkehrung in der Ordnung. Stumpf paraphrasierte diese Auffassung:

> Wenn wir eine Flächenwahrnehmung durch den Gesichts- oder Tastsinn machen, so bewegen wir das Auge oder den Finger. Durch diese Bewegung bekommen wir eine Reihe von aufeinanderfolgenden Vorstellungen, wovon immer diejenige, welche gerade wirklich wahrgenommen wird, am stärksten ist, die übrigen weniger stark und zwar um so weniger, je weiter sie von der wirklich wahrgenommenen zeitlich zurückliegen. [ ] Hier kommt nun alles darauf an, dass [...] indem wir das Auge oder den Finger rückwärts bewegen, diese sämtlichen Vorstellungen, die inzwischen im Gedächtnis aufbewahrt werden, wieder hervortreten und zwar in einer Reihenfolge, welche der Reihe genau entspricht, in der sie ihrer Stärke nach geordnet waren. Diese Aufeinanderfolge von Qualitäten, welche so schnell geschieht, daß sie den Eindruck des Gleichzeitigen machen kann, – das ist der Raum. (Vgl. Stumpf, 1873, S. 31)

Stumpf machte geltend, daß schon Lotze nachgewiesen hätte, daß die herbartschen Prämissen nicht ausreichen, das Entstehen von Raumvorstellungen zu erklären; man könnte mit Tönen leicht das Geforderte leisten, ohne daß sich die Raumvorstellung herstellte (a. O., S. 33). Aber Stumpf versäumte auch nicht, die Verdienste Herbarts herauszustreichen,

> die er sich um die deutsche Philosophie in dieser Sache erworben hat.[...] Sein Verdienst besteht vor Allem im Nachweis des Ungenügenden in der kantschenn Theorie und in der kräftigen Erneuerung der Nachforschung. Es besteht sodann in der scharfen Trennung der metaphysischen Fragen über die Natur dessen, was der Raumvorstellung in Wirklichkeit entspricht, von den psychologischen Fragen nach der Entstehung dieser Vorstellung. (S. 35-36)

Was die zweite, vornehmlich in England von Bain, in Österreich von Mach (beide im Anschluß an Berkeley) vertretene These betraf, nahm sie vorzüglich den Muskelsinn in Anspruch und wollte das Muskelgefühl (Muskelspannung und Bewegungsgefühle der Augen, aber auch kinästhetische Gefühle) hinsichtlich der Ortsbestimmung, der Abmessung von Umfang, Größe und Lage der Wahrnehmungsdinge, sowie der Überwindung von Entfernung in Anspruch nehmen. Insofern Muskelgefühle sich mit den anderen Sinnesempfindungen *assoziierten,* sollte die Raumwahrnehmung in *all* ihren Aspekten (Distanz, Richtung, Lage, Figur) entstehen. Mit dem Abheben auf die Bewegungsempfindung des Auges suchte man das räumlich Ausgedehnte s.z.s. in eine zeitliche Dimension, das Nebeneinander in ein Nacheinander zu ‚übersetzen'. Stumpf ging akribisch jedes der zahlreichen, zum Teil auch widersprüchlichen, schwierigen Detailprobleme durch, schränkte sodann die seiner Meinung nach weit überschätzte Bedeutung des Muskelsinnes ein. Nach seiner Auffassung *überwiegen* hinsichtlich der Raumwahrnehmung die Leistungen des visuellen Sinnes, kann Ausdehnung und selbst die Bewegung eines Dinges, *auch ohne jede Augenbewegung* (wenn beispielsweise ein Gegenstand am ruhenden Auge vorbeigeführt wird) *wahrgenommen* werden. Das hieß, daß das Auge keineswegs den Gegenstand nach allen Richtungen absuchen und abtasten und jedes (*unendlich* kleine) Fleckchen in den Punkt des deutlichsten Sehens rücken muß, sondern daß zwar in jenem Punkt am schärfsten gesehen, aber auch an den Rändern immer noch mehr oder minder deutlich wahrgenommen (gesehen) wird. Stumpf widmete diesem Punkt, der für seine ganzheitliche Auffassung und die spätere Gestalttheorie von Bedeutung war, aber auch wichtige Korrekturen bezüglich dessen beinhaltete, was in der visuellen Wahrnehmung von zeitlichen, was von räumlichen Parametern abhängt, größte Aufmerksamkeit. Offenbar übernahm Bain Herbarts Ansatz weitgehend, die räumliche Wahrnehmung (die Wahrnehmung des Ausgedehnten) in ein zeitliches Procedere (mittels der Augenbewegung) zu übersetzen, suchte jedoch auch der Tatsache gerecht zu werden, daß das Auge (mittels Augendrehung) *gleichzeitige* Eindrücke wahrzunehmen vermag, geriet indes in Widersprüche, die Stumpf zu entflechten suchte.

Insbesondere drei Punkte forderten zur Korrektur heraus: Indem Bain sich mit der wahrnehmungstheoretisch belanglosen Frage auseinandersetzte, wie groß oder klein der Punkt des deutlichsten Sehens sein müßte (sein dürfte), gelangte er zu *unendlich* kleinen (mathematischen) Punkten, deren Problematik für den Wahrnehmungsprozeß bereits Berkeley und Hume in ihrer Lehre vom minimum visibile diskutiert hatten. Vor diesem Hintergrund formulierte Stumpf seine ganzheitlichen Maximen, die hier lediglich aufgezählt, aber deren erkenntnistheoretische und „praktische" Konsequenzen (beispielsweise bezüglich ganzheitlichen Lesens) nicht mehr erläutert werden können:

Ein unendlich Kleines kann für die Vorstellung wie für die Wirklichkeit nie etwas anderes bedeuten, als Etwas, was ohne Grenzen abnimmt, was aber auf jedem Stadium, wo wir es vorstellen (oder in jedem Zeitpunct, wo es existiert) mit einer bestimmten endlichen Größe vorgestellt wird (oder existiert).[...] Nicht zuerst nehmen wir solche Minima wahr und setzen sie dann zusammen, sondern wir nehmen zuerst das ganze Gesichtsfeld wahr und unterscheiden dann daran Theile, an diesen wieder Theile u.s.w. [...] es wird nicht zuerst durch Bewegung des Auges ein Theilchen nach dem anderen und ohne es wahrgenommen, sondern *ohne Bewegung das ganze Gesichtsfeld*.[...] Wie endlich verhält es sich mit der Drehung des Auges, die wegen der ungleichen Deutlichkeit der Bilder auf den verschiedenen Stellen der Netzhaut fortwährend stattfindet? [...] Auch Bain erkennt diese Thatsache ausdrücklich an, und gründet darauf die besondere Wichtigkeit des Auges für die Raumvorstellung, da hier viel mehr Eindrücke zugleich wahrgenommen würden. Aber an dieser Auffassung ist Zweierlei zu corrigieren. Erstlich beachtet er nur die Coexistenz der Eindrücke, d. h. ihre Gleichheit in der Zeit; aber nicht ihre Ungleichheit in einer anderen Beziehung, wodurch wir sie eben von einander unterscheiden, wenn sie auch der ungleichen Deutlichkeit der Bilder auf den verschiedenen Stellen der nach Qualität, Intensität und zeitlicher Bestimmtheit durchaus gleich sind: sie sind räumlich ungleich; d. h. der eine ist hier, der andere dort, oder der eine ist auch grösser als der andere. So drücken wir eben sprachlich die Unterschiede aus, die bei jeder Coexistenz noch bemerklich sind. Dass es sich hier, namentlich beim Ort, um einen wirklichen Unterschied handelt, dass hier und dort verschiedene Inhalte ausdrücken und als solche wahrgenommen werden, wird nicht nur von Bain, sondern auch sonst sehr häufig übersehen. Man drückt sich, wenn es sich um einen Fall wie obigen handelt, auch gern so aus: „Zwei Eindrücke, die räumlich beisammen sind" statt genauer zu sagen, sie seinen zeitlich beisammen (gleich), räumlich aber nicht (ungleich) Der zeitlichen Coexistenz würde räumliche Durchdringung entsprechen, die aber nicht vorkommt. (Vgl. Stumpf 1873, S. 58-60)

Die angeführten Zitate machen exemplarisch deutlich, auf welche komplexe Weise Räumliches und Zeitliches sich in der visuellen Wahrnehmung verbinden und von nicht geringerer Relevanz für das psychologische Verständnis erwies sich, daß es sich hinsichtlich der Art und Weise der Verbindung von Quantität und Qualität, Ausdehnung und Farbe, *nicht* um die in der angelsächsischen Psychologie außerordentlich zu Ansehen gelangte *assoziative* Verbindung handeln konnte, vielmehr eine *engere* Relation als die assoziative zu postulieren war. Nach Stumpf hebt das Wesentliche der Assoziation darauf ab,

daß die beiden Assoziationsglieder sich verbinden, auch wenn nur eines von ihnen in der Wirklichkeit oder der Vorstellung präsent ist, oder daß von den beiden Vorstellungen die eine die andere hervorruft, auch wenn der der letzteren entsprechende Reiz nicht wirklich wirkt [...] daß die zweite Vorstellung sich wieder mit der ersten verbindet, wenn die äußere Ursache wirkt (das Objekt vorhanden ist), versteht sich von selbst; es würde sich in diesem Falle nur darum handeln, warum die beiden äußeren Ursachen der Vorstellungen immer verbunden sind, also nicht um ein eigentümliches psychisches, sondern um ein physisches Faktum. Das genannte Merkmal der Assoziation trifft aber in unserem Fall nicht zu; es wird durch Farbe nicht Ausdehnung reproduziert, sondern in jedem Fall muß eine besondere Ursache für jedes der beiden wirken. (1873, S. 49)

Letzterer Punkt, der ausdrücklich jenen Unterschied zwischen „Assoziation" und einer *engeren* Beziehung betraf, die Stumpf als *unselbständigen Teilinhalt* an einem Ganzen bezeichnete, war von großer Bedeutung für seine gesamte Theorie und wies auf Grundannahmen der Gestalt- und Ganzheitspsychologie – hier in Abgrenzung zur Assoziationspsychologie – voraus.

Wenn Stumpf im Hinblick auf die Lehre Kants noch etwas tiefer insistierte und nachfragte, wie wir uns den von Kant geschilderten Sachverhalt reiner „subjektiver" Anschauungsformen oder einer räumlichen Ordnung a priori psychologisch verständlicher machen sollten (woran Kant selbst freilich gar nicht gelegen war), dann geschah dies wohl im Hinblick auf die Theorie der Lokalzeichen, mit der Stumpfs Lehrer Lotze seinerzeit Berühmtheit erlangte, und die – Kant im Erklärungsansatz nicht fernstehend – von Stumpf abgelehnt wurde. Um dem unverständlichen Ausdruck einer auf besondere Weise gedachten Subjektivität der Raumanschauung einen Sinn zu unterlegen, vermutete Stumpf, daß Kant angenommen haben könnte, daß die Gestaltbildung auf einen, in der menschlichen Gattung verankerten innerpsychischen Drang oder Reiz hin erfolgte, als deren Urheber wohl nur die „blinde" (unbewußte) Einbildungskraft in Frage kam, während die sinnlichen subjektiven Qualitäten von äußeren Reizen verursacht werden, ohne freilich mit den affizierenden Dingen irgendeine Ähnlichkeit zu haben, von den jeweiligen Subjekten wohl auch in unterschiedlicher Weise empfunden werden. Das würde freilich bedeuten, daß Form und Stoff ihrer eigenen Natur nach trennbar sein müßten, was sie ja nach Stumpf (aber auch schon nach Berkeley und Hume) gerade nicht sind.

Lotze scheint ebenfalls die Theorie innerpsychischer Reizung vorgeschwebt zu haben. Den Theorien (1) und (2) entsprechend nahm auch er an, daß wir ursprünglich nur Qualitäten von unterschiedlicher Intensität wahrnehmen, glaubte aber, daß hinsichtlich der Raumwahrnehmung noch etwas mehr postuliert werden müßte, nämlich ein *Motiv* oder ein *Drang*, eine gewisse Summe von Qualitäten gerade in räumlicher Ordnung vorzustellen (vgl. hierzu Stumpf, 1873, S. 73). Wie gelangte Lotze zu dieser etwas merkwürdig klingenden Auskunft? Fragt man, wie es geschieht, daß die Farbqualitäten in einer *bestimmten* Weise lokalisiert sind – daß ein und dasselbe Rot mal an diesem, mal an jenem Ort, daß Farben überhaupt im Gesichtsfeld in einer bestimmten Weise verteilt sind, – dann darf man sich nicht auf das anatomische Auseinander, das heißt die verschiedene Lage der gereizten Fasern berufen, denn diese physiologisch-objektive Ordnung geht beim Übergang in die intensive Einheit des Vorstellens, wie Herbart wiederholt betont hatte, ja völlig zugrunde und muß sich dort wieder neu aufbauen. Stumpf beschrieb die zu erklärende Situation folgendermaßen:

Es ist, wie wenn eine Bibliothek zusammengepackt wird, um anderswo wieder aufgestellt zu werden: man wird dazu imstande sein, wenn an den einzelnen Büchern ihrer Stellung entsprechende Etiketten angebracht sind. Analog müssen wir nun auch, um die räumliche Ordnung der Farbqualitäten zu erklären, annehmen, daß die sie hervorrufenden Nervenprozesse noch von einem besonderen Nervenprozeß begleitet seien, welcher von der Lage der gereizten Nerven abhängig ist, und nach dem sich dann der vorgestellt Ort der Farbenqualitäten richtet. Dieser hinzukommende Nervenprozeß wird aber, indem er auf die Seele wirkt, sich zunächst durch eine besondere qualitative Empfindung geltend machen (da Raum nicht unmittelbar empfunden wird), und nach dieser hinzukommenden Empfindung wird sich dann der Ort der Farbqualität richten. Lotze nennt darum diese hinzukommende Empfindung (oder auch den entsprechenden Nervenprozeß) ein *Lokalzeichen*.(A. O., S.86)

Lotzes luzide Beschreibung der in der Tat komplexen Sachlage ist imposant, aber die Art und Weise, wie der Forscher den von ihm benannten Bedingungen argumentativ nachkam, überzeugte keineswegs. Einerseits sollte sich die Funktionsweise der Lokalzeichen an die Bewegungsempfindungen heften und anstelle der realen Orte wirken (sie im Sehfeld diskriminieren); andererseits ließ Lotze im unklaren darüber, ob diese „Zeichen" als psychologische oder physiologische, bewußte oder unbewußte zu verstehen seien. Als bewußte waren sie phänomenal freilich nicht nachweisbar (wir wissen nichts von Lokalzeichen, wir sehen Farben an diesem oder jenen Ort), während der Ausdruck „unbewußtes Zeichen" eine contradictio in abiecto enthält.

Lotze wie Kant nahmen demnach an einer heiklen Stelle, wie häufig in der Erkenntnispsychologie, zur Erklärung der schwer verständlichen Sachverhalte das Unbewußte in Anspruch. Stumpfs prinzipielle Kritik an der Zeichentheorie seines Lehrers (vgl. a. O., S. 90 f.) ist bemerkenswert nicht nur hinsichtlich der „Ortszeichen", sondern im Hinblick auf den allgemeinen epistemologischen Anspruch semiotischer Erklärungsansätze. An mehreren Stellen (vgl. a. O., S. 91; S. 93; S. 94) streift Stumpf das vieldeutige Wesen des Zeichens und der Bezugnahme durch Zeichen; letztere soll wesentlich auf Assoziation und Reproduktion beruhen – was im Falle der Raumwahrnehmung aber nicht zutreffen kann. Wer Zeichen im Sinne von Etiketten verwendet, setzt voraus, daß sie erst gelesen werden müssen (können), ehe sie zur Aufstellung dienen. Es gibt indes ganz unterschiedliche *Systeme* von Zeichen, und bevor man wissen kann, um *welches* System es sich handelt, muß man wissen, wofür das Zeichen steht (welchem System mit welchen absoluten Inhalten es angehört). Letztere Anmerkung ist keineswegs banal, impliziert vielmehr die kaum noch erkannte Problematik einer Semiologie und/oder Semiotik (als Grundwissenschaften) ohne zuvor geleistete Phänomenologie.

Von heute her ist schwer zu entscheiden, worauf seinerzeit der Ruhm der lotzeschen Theorie der Raumwahrnehmung basierte (vgl. dazu Gosztonyis, 1976, 2. Bd. S. 733); vermutlich darauf, daß Lotze didaktisch geschickter als Herbart vorging, die Komplexität in der Sache deskriptiv zu reduzieren, und daß er gegen den herbartschen Ansatz stärker die Plausibilität der Wechselseitigkeit physischer und psychischer Mechanismen ins Spiel zu bringen wußte. Was der junge Stumpf seinem Lehrer Lotze voraus hatte, war die Erkenntnis der weitreichenden Bedeutung der Frage der Raumwahrnehmung/Raumvorstellung und die Erkenntnis der Notwendigkeit, zu ihrer Beantwortung eine radikal andere (strikt phänomenologische) Position einnehmen zu müssen als sie von den Forschern bislang immer vergeblich – philosophisch insbesondere von seiten des Idealismus – eingenommen worden war.

Wie in allen späteren Arbeiten räumte Stumpf in der Monographie über den psychologischen Ursprung der Raumvorstellung der Berücksichtigung und Aufarbeitung anderer Forscher und des bereits von ihnen Geleisteten viel Platz ein; dagegen erscheint der eigene Beitrag zur Lösung der zahlreichen und komplexen Fragen, wenigstens der Seitenzahl nach, als bescheiden.

§ 6 Die Theorie der psychologischen Teilinhalte im Hinblick auf die Analyse der Sinnlichkeit überhaupt

Die „Theorie der psychologischen Teile" (a. O., S. 106 ff.) – das Herzstück der Monographie und die Basis der Phänomenologie Stumpfs – dürfte nicht weniger beansprucht haben, als eine dreifache Korrektur der kantschenn zwei-Welten-Lehre (der sinnlichen und der intelligiblen Welt) in Aussicht zu stellen, nämlich die Überbrückung des Hiatus zwischen Apriorismus und Empirismus, zwischen Form und Materie, zwischen Anschauung und Begriff. Dies beinhaltete nicht nur eine Um- und Neuordnung der „transzendentalen Ästhetik" sondern auch der „transzendentalen Analytik" – Kants Tafel oberster Urteile oder apriorischer Kategorien wie „Quantität", „Qualität", „Relation" und „Modalität" (vgl. KrV, A 70). Auf der Basis der Lehre von Akt und Inhalt, Funktion und Erscheinung suchte Stumpf den „reinen" Formen den Status von Seinsformen zurückzugewinnen und Kants Oszillieren zwischen Ontologie, Phänomenologie und Logik *durch eine Neubestimmung des Verhältnisses von phänomenal Gegebenem und Abstraktion zu begegnen.*

Demnach ging Stumpf mit der „Theorie der psychologischen Teile" weit über die Frage nach dem Ursprung der Raumvorstellung hinaus und unterwarf das gesamte Sinnesgebiet einer kategorialen Analyse. In diesem Sinne bildet dieses Kernstück der Monographie bereits die Basis der Phänomenologie, die Stumpf später zu einer apriorisch-axiomatischen Lehre der sinnlichen Erscheinungen weiterentwickelte (vgl. 1939-40, S. 155 ff.). Das bereits hier erkennbare Gesamtkonzept soll im folgenden unter vier Gesichtspunkten nachgezeichnet werden, die alle für das spätere Werk von zentraler Bedeutung sind.

Der 1. markanteste Aspekt sonderte das Empfindungsganze nach der *engeren oder loseren Verbindung* seiner Teilinhalte und machte an diesen beiden Hauptrelationsklassen die Termini „selbständige" und „unselbständige" Teilinhalte fest.

Der 2. Aspekt beschäftigte sich mit dem *Wesen* der Relation „Ganzes - unselbständiger Teilinhalt" (wie Farbe - Ausdehnung, Quantität - Qualität), mit dem Stumpf die Grundlage für den Verhältnisbegriff „Substanz - (wesentliche) Eigenschaft" verband. Daß er zu den *wesentlichen* Eigenschaften des (substantiellen) Ganzen auch die *Veränderbarkeit* der unselbständigen Teilinhalte zueinander zählte, implizierte, daß „Veränderbarkeit" als ein „Urphänomen" zu betrachten ist in dem Sinne, daß zeitlich-räumlich Veränderliches ebenso wie Qualität und Quantität als die Eigenschaft eines individuellen Ganzen begriffen werden muß. Anstelle der Bezeichnung „wesentliche Eigenschaft" oder „unselbständiger Teilinhalt" bevorzugte Stumpf später die Bezeichnung „Attribut" (vgl. Stumpf, 1917 und 1939-40, S. 13 ff.).

Der 3. Aspekt behandelte die Art und Weise der *Wahrnehmung* (des Bemerkens) der beiden Relationsklassen. Stumpf deutete hier auf einen psychologisch wichtigen Unterschied im visuellen und akustischen Wahrnehmungsfeld, der auf die „Tonpsychologie" vorauswies: Elementare Teilinhalte (Töne) akustischer Ganzer (Akkorde) werden auf eine andere Weise isoliert und analysiert als solche farblicher Gebilde. Spielte dort die Erfahrung eine Rolle, so mußte hier die Phantasie einspringen; eine Analyse im strengen Sinne ist im visuellen Gebiet gar nicht möglich

Der 4. Aspekt hob hervor, daß die Wahrnehmung der Attribute (im Unterschied zu den absoluten Elementen der Farb- und Tonspezies) *nicht auf Erfahrung* (in oben bezeichnetem Sinne) *basieren* kann und gab damit sowohl dem Problem des Apriorischen wie dem Abstraktionsproblem eine neue Wende. Wenn Qualität (Intensität) und Quantität (Extensität) ihrer Natur nach nicht getrennt wahrgenommen werden können, dann liegt die Bedingung ihrer begrifflichen Sonderung (Abstraktion) nur in der Möglichkeit der gegenseitigen Veränderbarkeit, die selbst eine phänomenale Grundtatsache – ein „Urphänomen" – ist. Das bedeutet, daß die jeweilige Analyse (das Bemerken, Beurteilen) der Teile und Relationen mit der relationalen Eigenart des Ganzen korreliert, und eine spezifisch phänomenale Weise des Ganzen die Grundlage der Begriffsbildung bereitstellt und zwar einmal der Gattungen (der Spezies), zum anderen der auf einer höheren Ebene anzusiedelnden Eigenschaften der sinnlichen Erscheinungen überhaupt (der Attribute). Die vier Aspekte sollen im folgenden verdeutlicht werden.

1. Analyse des Empfindungsganzen nach der engeren oder loseren Verbindung („Verwandtschaft") seiner „unselbständigen" und „selbständigen" Teilinhalte

Stumpf analysierte das Empfindungsganze (das in sich einheitliche sinnliche Erlebnis) nach der Art des engeren oder loseren Zusammenhangs oder der „Verwandtschaft" der Teilinhalte und zwar

a) nach dem Gesichtspunkt des Zusammenauftretens *verschiedener* Sinne wie Farbe, Ton, taktile Empfindung, Geruch, die, nach der Organzugehörigkeit klassifiziert, wir jeweils getrennt vorzustellen vermögen;

b) nach dem Gesichtspunkt des Zusammenerscheinens verschiedener Attribute *eines* Sinnes wie Qualität und Stärke (Intensität), Qualität und Ausdehnung (Extensität), die wir *nicht* getrennt *vorzustellen*, lediglich zu abstrahieren vermögen. Was das Verhältnis von Inhalt und Akt anbelangt, erfassen wir sowohl eine visuelle und klangliche, farbige und duftende Erscheinung, wie auch Höhe und Stärke eines Tones in *einem Akt*. Wären besondere (mehrere) Akte vonnöten, dann könnten wir weder von Gleichheit noch von Verschiedenheit der Teilinhalte reden (vgl. 1873, S. 107). Das Zusammenerscheinen verschiedener Sinnesinhalte und das Zusammenerscheinen unterschiedlicher Attribute *eines* Sinnes (Tonhöhe und Tonstärke) differiert durch die Grade der engeren oder loseren Verknüpfung, an der Stumpf die Termini „selbständige" und „unselbständige Teilinhalte" festmachte. In der Rubrik der „unselbständigen Teilinhalte" werden nochmals

c) diejenigen Qualitäten *eines* Sinnes unterschieden, bei denen eine *positive Verwandtschaft* feststellbar ist: wir können in *einem* Akkord *mehrere* Töne mit *diverser* Tonhöhe unterscheiden, und in diesem Fall gehören die Teilinhalte zu der nämlichen *Gattung* (Tonspezies) (S. 108). Die Verbundenheit (Relation) der Teile eines akustischen Ganzen (Akkord) ist nicht so eng wie die (substantielle) Relation Farbe-Ausdehnung (Qualität-Quantität) und nicht so lose wie die gleichzeitigen Teilinhalte Farbe - Geruch (z.B. des Erscheinungsganzen „Rose"); der aufmerksam Hörende (der Musikalische) vermag die einzelnen Töne aus dem Akkord herauszuhören, der Ungeübte (Unmusikalische) erst nach einiger Übung. Stumpf spricht hier erstmals das in der „Tonpsychologie" zentral behandelte Phänomen der „Verschmelzung" an. (Siehe weiter unten)

2. Ganzes und unselbständiger Teilinhalt als Paradigma der Substanz-Akidenz-Relation

Der strukturellen (phänomenologischen) Analyse des Empfindungsganzen, die über die traditionelle Klassifizierung der sinnlichen Erlebnisse durch die sie verursachenden körperlichen Organe hinausgreift, folgt der Nachweis, daß die Verknüpfung (Relation) der unselbständigen Teile zu einem Ganzen eine wesentliche, in der Natur der Sache liegende und keine akzidentelle, auf der Basis der Assoziation erfolgte, noch überhaupt eine von uns in die Natur der sinnlichen Erscheinungen hineingetragene ist. Damit wird für das Gebiet der sinnlichen Erscheinungen eine über die quantitative (raum-zeitlich koordinierende) hinausgehende (hierarchisch subordinierende) *apriorische Ordnung* und *Systematik* postuliert. Neben dem strukturellen Zusammenhang der Akte ist *eine den Erscheinungen immanente Struktur anzunehmen*. In der von

Stumpf erstellten Systematik wird der Gedanke zu Ende geführt, dem Kant in seiner Inauguraldissertation von 1770 nicht energisch genug nachging, woran ihn vermutlich das eben entdeckte Problem des Zeitlichen – Zeitliches als sukzessives Phänomen und Zeitliches im Sinne des Gleichzeitigen und diesbezüglich in Konkurrenz mit dem Räumlichen – hinderte, das alle Aufmerksamkeit auf sich zog.

Während der 1. Teil der Monographie dem Nachweis gewidmet war, daß alle Theorien der räumlichen Wahrnehmung, die hier nach einem physiologischen oder psychologischen Surrogat für den transzendentalen Erklärungsansatz suchten, aus theorieimmanenten Gründen scheiterten, hob Stumpf auf ein Phänomen ab, daß aller Erkenntnis (der Wahrnehmung, der Unterscheidung, Vergleichung, Begriffsbildung, vermutlich auch der *Wahrnehmung* des Zeitlichen und Räumlichen) als Urtatsache zugrunde liegen muß – die gegenseitige „Bewegung" und „Veränderung" der Erscheinungsganzen und ihrer Teilinhalte. Bewegung und Veränderung meint hier sowohl zeitliche und räumliche *Abstands*änderung wie auch *Intensitäts*steigerung und -minderung qualitativer Reihen, das heißt eindimensionaler und mehrdimensionaler Kontinua. Wir würden überhaupt niemals Quantität oder Qualität *in* oder *an* den Sinneserscheinungen erfassen (separieren, abstrahieren), wenn diese sich nicht relativ gegeneinander veränderten: Die Ausdehnung kann sich ändern (kleiner oder größer werden), während die Farbe gleich bleibt; die Farbe kann sich ändern (heller, dunkler werden), während die Ausdehnung gleich bleibt (vgl. S. 112). Das bedeutete, daß die Farbe (Qualität) zwar in einer gewissen Weise an der Änderung der Ausdehnung partizipiert, sie nimmt (mit jener) ab bis zum Verschwinden, sie wird durch die Änderung der Ausdehnung „affiziert", aber die ihr *wesentliche* Änderungsweise (die Intensität) ist davon unabhängig: „Sie wird dabei nicht weniger grün oder rot; sie selbst hat nicht Grade, sondern nur Arten, kann an sich nicht wachsen oder abnehmen, sondern nur wechseln." (A. O., S. 112)

Daraus folgt für Stumpf, daß die beiden Teilinhalte (Qualität/Quantität) ihrer Natur nach untrennbar sind, *einen* Inhalt bilden und nicht bloße Glieder einer Summe sind. Wären sie nur Glieder einer Summe, so wäre denkbar, daß mit Wegfall der Ausdehnung die Farbe *schlechthin* entfiele, „aber daß die Qualität auf solche Art allmählich abnimmt und verschwindet durch bloßes Abnehmen und Verschwinden der Quantität, ohne sich dabei als Qualität in ihrer Weise zu ändern, wäre unbegreiflich". (A. O., S. 113)

Dem Nachweis der Tatsache, *daß* sie überhaupt zusammen *existieren*, hat die Erklärung zu folgen, *wie* sie zusammen existieren, das hieß hier nach welchem Modus sie notwendig *zusammen vorgestellt* werden müssen, sodann aber auch, wie sie *unterschieden* werden können. Das Experiment könnte hier in Anspruch genommen werden, die Art der Veränderung zu verdeutlichen, aber diese sei auch ohne äußere Hilfsmittel durch Beobachtung oder durch „bloße Anstrengung der Phantasie" zu leisten (a. O., S. 109 und S. 113).

Wenn Stumpf im folgenden die notwendige Relation der unselbständigen Teilinhalte Farbe - Ausdehnung in *Analogie* setzt zu der Prädikation einer Eigenschaft von einer Substanz (S. 111) ist der Sprung von der phänomenologischen auf die logische und metaphysische Ebene einigermaßen überraschend; er wird verständlich aus Stumpfs späteren Bemühungen um die *logische* Bereinigung des Substanzbegriffs und die Beibringung der anschaulichen Basis für den ursprünglich metaphysisch gedeuteten Begriff. Stumpf hat den hier vertretenen logischen Modus der Prädikation in der „Erkenntnislehre" zurückgenommen und dem obersten Satz der kategorischen Axiome, dem „Satz des Einschlusses", den er Descartes zuschrieb, subordiniert: „Was in einem Begriffsganzen als Teil enthalten ist, muß von dem Ganzen ausgesagt werden, das heißt es ist Prädikat eines unmittelbar einleuchtenden Urteils, dessen Subjekt der ganze Komplex ist". (1939-40, S. 175-76) Bezüglich der Korrektur in der Monographie heißt es: „Vom Ganzen werden solche immanente Eigenschaften ausgesagt, nicht aber eine Eigenschaft von der anderen." (A. O., S. 130)

Konsequenterweise setzte Stumpf auch für die Grundlegung der Logik das Ganze, das seiner Natur nach früher ist als der Teil, primär und begriff in diesem Kontext das Wesen analytischer Sätze in einem engeren (logischen) und weiteren (phänomenologischen) Sinne. In der Monographie will Stumpf sagen, daß die Sätze oder Sachverhalte: „Die Farbe ist ausgedehnt", „die Ausdehnung ist farbig" die Farbe der Ausdehnung ebenso als wesentliches Attribut zuschreibe wie *die Veränderung* im Satz (Sachverhalt) „Die Farbe wird kleiner". Das bedeutet, daß Veränderung dem sinnlichen Ganzen ebenso als wesentliche Eigenschaft inhäriert, wie daß es quantitative und qualitative Teile hat. Bezüglich der Relation Substanz-Akzidenz betonte Stumpf, daß niemand mehr daran denke, Eigenschaften als besondere Wesen zu fassen, die nur mit der Substanz oder untereinander verbunden wären, vielmehr begreife man sie als eine Einheit. Die copula „ist" bedeute einfach schon die Identität der beiden Inhalte, ob man diese nun direkt erkenne wie in den rein analytischen Urteilen oder nur mit Grund voraussetze. In der „Erkenntnislehre" korrigierte Stumpf, daß der Satz der Identität lediglich ein bestimmtes Zugehörigkeitsverhältnis bedeute und verwahrt sich an dieser Stelle gegen das Mißverständnis dieses Satzes bei den Logistikern (1939-40, S. 132). In der Monographie war Stumpf daran gelegen, die logische Relation gegen die bloß assoziative Vorstellungsverbindung abzugrenzen: Wir könnten beliebige Vorstellungsverbindungen wie „Goethe und Schiller", „Beethoven und Notenpapier" noch so häufig zusammen vorstellen (assoziieren), ohne daß es uns einfiele, das eine vom anderen zu *prädizieren*. „Es ist das logische Urteil, wie es sich in der Sprache ausdrückt, ein einfacher Beweis für unsere Behauptung". (S. 114) Das logische Urteil wird also in Analogie gesetzt zu einem Zusammenvorstellen, das etwas mehr als bloß zeitliche Koexistenz der Vorstellungen bedeutet. Wir stellen Qualität *in* der Ausdehnung, Ausdehnung *in* der Qualität vor, sie durchdringen sich. Es ist nicht, wie wenn wir einen Ton und ein Tastgefühl oder einen Geruch vorstellen. (1873, 114)

Daß diese Relation psychologisch nicht auf einer „festgewordenen Assoziation" (nach J.St. Mills „untrennbarer Assoziation") beruhen kann, hatte die zuvor durchgeführte Analyse der Theorie Bains erwiesen, die den Begriff der Assoziation und die psychologische Leistungsfähigkeit dieses Terminus einer Analyse unterzog. Wenn Stumpf die ihrer Natur auch *notwendige* Verbindung der unselbständigen Teilinhalte mit dem Ganzen, die in der englischen Schule lediglich als sinnliche Relation auf der Basis der assoziativen Verbindung begriffen wurde, mit dem aristotelischen Vorbild der Substanz-Akzidenz-Relation identifizierte, bedeutete dies freilich einen kühnen Brückenschlag zwischen der aristotelischen und der angelsächsischen Philosophie, auf den weiter unten einzugehen sein wird.

3. Wahrnehmung der Teilinhalte

Wir befinden uns wieder auf psychologisch-phänomenologischem Boden, wenn Stumpf sich in der Monographie dem „Wesen und Begriff der Teilinhalte" mit der Frage nähert, wie wir Teilinhalte, die strukturell und logisch notwendig als Eigenschaften eines Ganzen begriffen werden, dennoch unterscheiden oder in welcher Weise beides *vorgestellt* wird. Diese Frage habe nicht nur für die räumliche Ausdehnung, die auf den Begriff des Teilinhaltes geführt habe, sondern auch für die Attribute „Qualität", „Ort", „Intensität" und „Dauer" einer Empfindung Geltung (vgl. a. O., S. 130 f.). Unterschieden würden zunächst Inhalte, die wir durch *Erfahrung* und für sich kennengelernt hätten, und die infolgedessen gedächtnismäßig wiedererkannt würden, wie einzelne Instrumente eines Orchesters, Ingredienzien einer Speise oder eines Geruchs. In diesen Fällen würden Einzelempfindungen in das Ganze *hineinverlegt* (S. 131). Dagegen gelte dies nicht für andere Sinnesinhalte, bei denen keine gesonderte Perzeption, keine *simultane* Wahrnehmung *verschiedener* Inhalte stattfinde. Hier hätten wir nur eine wirkliche Empfindung A, die von ihr verschiedenen Inhalte a, b, c würden lediglich durch die *Phantasie* in sie *hineingedacht*. Nach Stumpf gilt dies insbesondere für Farbmischungen: wir sind nicht imstande, diese ebenso zu analysieren wie Tonmischungen. Die Fähigkeit zur Erinnerung und damit zur Analyse bestehe zwar auch dort, aber ein Umstand mache sie von vornherein illusorisch: Ein und dieselbe Mischfarbe A könnte sich aus *mehreren* Reihen von Elementarfarben zusammensetzen, darüber hinaus ergäben dieselben Elemente in verschiedenen Intensitätsverhältnissen gemischt verschiedene Mischfarben, Intensitätsverhältnisse aber seien unendlich verschieden. „Darum kann sich nicht an eine Empfindung A die Vorstellung bestimmter Elemente a, b, c, assoziieren. Bei Tönen hingegen gibt jede Kombination auch einen anderen Mischklang und auf die Stärke kommt es gar nicht an." (A. O., S. 132)

Gemeint ist, daß Töne, im Unterschied zu Farben, als *diskrete* Elemente einer Reihe angeordnet sind, und der Zusammenklang (Akkord) von zwei oder mehr Tönen jeweils ein individuell *bestimmter* ist, derselbe Klang (Akkord) sich nicht durch beliebige andere Töne herstellen läßt. Stumpf hat die Konsequenzen aus der hier getroffenen Differenz in der Analyse der Empfindungsganzen erst später ausgearbeitet. Die Unterschiede zwischen farblich-visueller Perzeption und der Klanganalyse – die Anteile der Grundfarben an einem Farbgemisch werden in die einheitliche Farbempfindung „hineingesehen", die Töne eines Akkordes aus ihm realiter „herausgehört" – wurden später beibehalten, aber Stumpf hat in der „Tonpsychologie" nicht mehr vertreten, daß die klanglichen Elemente eines Akkordes nur auf der Basis der *Erfahrung* analysiert werden könnten (vgl. 1890, 2. Bd., S. 3 f.; S. 9 f. u. S. 21). Die perzeptorische Differenz der beiden höheren Sinne, die durch die jeweilige Eigenart der beiden Bereiche selbst vorgegeben ist, wurde bedeutsam für den Begriff der Zeit und die Zeitwahrnehmung.

Daß die Zeit (als Teilinhalt der Bewegung, Veränderung) ebenso wenig wie der Raum als bloße Anschauungsform, sondern als ein den Erscheinungen (*und* Funktionen) inhärierendes Moment anzusehen ist, vertrat Stumpf schon im Raumbuch (S. 288); Raum und Zeit *sind jeweils besondere Veränderungsweisen* eines Inhalts. Bedeutsam wurde diese Frage im 2. Band der „Tonpsychologie", der sich ausschließlich mit der *Simultaneität* der Wahrnehmungsinhalte und Wahrnehmungsakte mehrerer Elemente befaßte. Zum eigentlichen Thema wurde der zentrale Aspekt der Zeit erst in der „Erkenntnislehre" gemacht, unter Einbeziehung auch der modernen physikalischen Zeittheorien (vgl. 1939-40, S. 665 ff.). Handelte es sich in den zuvor genannten Fällen um die Analyse qualitativer *Elemente*, so kann diese Art der Analyse nicht Anwendung finden auf die Wahrnehmung der Teil*inhalte* im Sinne der Attribute „Qualität", „Quantität", „Ort", „Intensität", „Dauer". Diese werden nicht in den einheitlichen Inhalt A *hineingetragen*, weil „nie reine Qualitäten, oder etwas nur quantitativ Bestimmtes wahrgenommen werden kann". (A. O., 135) In letzterem Fall kann auch nicht eigentlich gefragt werden, wie wir sie verbinden, da sie ja niemals getrennt waren, es ihrer Natur nach nicht sein könnten. Man muß vielmehr fragen, wie wir dazu kommen, beide zu *unterscheiden*, und welchen Sinn diese Unterscheidung macht (S. 129).

4. Abstraktion der unselbständigen Teilinhalte

Was nach Stumpf getrennt wahrgenommen, abstrahiert wird, das sind die *verschiedenen Änderungsweisen* des einheitlichen Inhaltes A. Dieser kann sich in *mehrfacher* Weise, nach verschiedenen *Richtungen* oder *Dimensionen* verändern und zwar in der Weise, die wir hernach als Ortsveränderung (räumliche Abstandsänderung), Qualitätsänderung (farbliche, klangliche Abstandsänderung von einer Grundfarbe, einem Grundton), Intensitätsänderung (Steigerung der Farbqualität, der Tonstärke) und Änderung der Dauer (zeitliche Permanenz und Abstandsänderung vom „Jetzt" des sinnlichen Erlebnisses) bezeichnen. Wir unterscheiden nicht nur einzelne Eindrücke, sondern wir fassen sie auch *unter gewisse Reihen zusammen* und diskriminieren demzufolge jene Veränderungsweisen *als solche* (S. 135). Wir denken bei jedem Inhalt „an die *Möglichkeit* der Veränderung in solch' verschiedenen Weisen". (A. O., S. 136; vgl. auch 1917, S. 15)

Die Unterscheidung in verschiedene Reihen wird freilich nicht sofort gemacht, sie ist auch später nicht Inhalt der Empfindungen sondern unsere Zutat, zu der uns der Inhalt selbst *veranlaßt*. Daß wir wiederum die Möglichkeit gewisser Änderungen für besondere Inhalte nehmen, ist nach Stumpf ein Zug des gewöhnlichen Denkens: „Was ein Ding unter Umständen tut oder erleidet, was also nur eine Fähigkeit oder Möglichkeit in bezug auf dasselbe ist, verlegen wir in das Ding als eine ihm wirklich oder beständig inhärierende Eigenschaft hinein".

Und so verhält es sich nicht nur mit den sinnlichen Eigenschaften, sondern auch mit den *Kräften*, die Körper aufeinander ausüben. Auch die allgemeinen Begriffe bieten ein Beispiel derselben Gewohnheit; man behandelt sie wie Entitäten, die den Dingen oder den Einzelvorstellungen irgendwie inhärieren. Sie bezeichnen aber nur die gewissermaßen dynamische Möglichkeit des Verstandes, diese Operationen zu erleiden. Es gilt also das gleiche Verfahren, das wir zur Abstraktion der Eigenschaften und Kräfte verwenden, schon für die Sinneswahrnehmung: Was dem visuellen und akustischen Eindruck unter Umständen begegnen kann, das legen wir gewöhnlich mit Hypostasierung der Eigenschaften als besonderen Inhalt in ihn hinein.

Wenn die gleichzeitig gegebene relationale Mehrheit des visuellen Ganzen auf einem „Hineinsehen" beruht, dann gewinnt die Vielheit in der Einheit im akustischen Bereich sozusagen an Evidenz, insofern das „Heraushören" einzelner Töne in vielfacher Weise durch das Experiment erhärtet werden kann.

Das akustische Unterscheiden eines Einzigen nach mehreren Beziehungen wird im 1. Band der „Tonpsychologie" in die *Grundverhältnisse* der Ähnlichkeit (im Sinne qualitativer und quantitativer Abstandsdifferenzen der Elemente eindimensionaler und mehrdimensionaler Kontinua), der Mehrheit (von Relationsfundamenten und Relationen, wir vermögen eine Mehrheit von Elementen, aber auch eine Mehrheit von Relationen zugleich wahrzunehmen), der Steigerung (Mehrung-Minderung extensiver und intensiver Phänomene), der Verschmelzung (Verhältnis sinnlicher Relationen in bezug auf ein Ganzes) weiterentwickelt (vgl. 1883, S. 96 f.) und in der „Erkenntnislehre" zu einer apriorischen Verhältnislehre ausdifferenziert (vgl. 1939-40, S. 155 f.). Daß mit diesen Ur- und Grundverhältnissen der sinnlichen Erscheinungen ein Gegenmodell zu Kants Transzendentalphilosophie, insbesondere der „transzendentalen Ästhetik" in ihrer Verbindung zur „transzendentalen Analytik", angesagt war, hat Stumpf nirgends ausdrücklich hervorgehoben. Aber wenn er in der „Erkenntnislehre" anläßlich seiner Kritik des husserlschen Begriffs der Phänomenologie bemerkte, Husserls Anspruch sei, „auf nichts weniger als eine neue „Kritik der reinen Vernunft" gerichtet" gewesen (S. 187), so dürfte für ihn, und schon für den jungen Carl Stumpf, der Anspruch gegolten haben, den bereits Goethe formuliert haben soll, nämlich der „Kritik der reinen Vernunft" eine „Kritik der Sinnlichkeit" an die Seite zu stellen oder vorzuordnen. In der „Erkenntnislehre" charakterisierte Stumpf *seine* Auffassung von Phänomenologie (in Abgrenzung zur Sinnesphysiologie) in Sinne einer „wahren Wesensschau" und mit ausdrücklicher Bezugnahme darauf „was Goethe im Auge hatte, als er nach der Kritik der reinen Vernunft auch eine Kritik der Sinne verlangte". (Vgl. 1939-40, S. 326)

Die Kantkritik der Monographie schien sich nur auf die Raumlehre Kants zu beziehen, aber de facto wurde dort nicht weniger beansprucht *als eine phänomenale Grundlegung der Größenlehre* sowie eine erkenntnistheoretisch fundierte Verbindung zwischen qualitativer und quantitativer Forschung. In der „Tonpsychologie" wurde dann ausdrücklich die im Bereich der Töne anzutreffende „Gleichartigkeit der Problemstellung mit den aus der Geometrie bekannten hervorgehoben". (Vgl. 1939-40, S. 184; Tonpsychologie, 1. Bd., S. 135 f. und S. 178 f.)

Die Kritik des Neukantianismus hatte es freilich schwer, was Stumpf anbelangte, gezielt und in der Sache zutreffend anzusetzen. E. Cassirers Polemik gegen den Substanzbegriff (vgl. dazu Cassirer, 1910/1990) dürfte vornehmlich gegen Stumpfs ganzheitlichen Ansatz gerichtet gewesen sein. Wenn Herbart die mannigfaltigen seelischen Erscheinungen im Zuge intensiv-dynamischer Kräfteentfaltungen und zeitlich geordneter Vorstellungsreihen aus der *einen* unausgedehnten, ihrem Wesen nach unveränderlichen Monade (Seelensubstanz) heraus- und zurücktreten ließ, benutzte Stumpf das leibnizsche Prinzip der kontinuierlichen Abfolge und *Reihung* in einer wesentlich abstrakteren Weise: Die den Erscheinungen inhärierende, Quantität wie Qualität anzeigende *Urrelationen*, nach denen sich die Wahrnehmungs- und Vorstellungsreihen verändern, verhalten sich zu den bloß zeitlichen eindimensionalen Vorstellungs- und Wahrnehmungsverläufen wie die Algebra zur Arithmetik. „Reihen" bedeuten in diesem Kontext nicht Akkumulation von Elementen, sondern, in ihrer qualitativen Unterschiedlichkeit, unterschiedliche Formprinzipien oder Ganzheiten. Mit dem herbartschen Verweis auf die Vorstellungsreihen war zwar Kontinuität des seelischen Erlebens gewährleistet, dessen Komplexität Herbart wohl zu ausschließlich an der akustischen Wahrnehmung orientiert, mit Reproduktion der Reihen, Komplexion, Verdichtung und Verschmelzung zum Ausdruck bringen wollte, während die von Stumpf postulierten Urrelationen der Wahrnehmung den zeitlichen Ablauf unter vier kategorial zu fassende und zu unterscheidende Richtungen stellten, die für alle Sinnengebiete und alle Wahrnehmungsprozesse Geltung haben sollten.

Offenbar muß man das Vorurteil, die sinnliche Wahrnehmung sei ihrem Wesen nach primitiv und lediglich kumulativ oder assoziativ – verglichen mit der „höheren" „abstrahierenden" oder „apperzipierenden" kognitiven Tätigkeit der Begriffsbildung und der Urteilsakte – bereits gründlich revidiert haben, um den Standpunkt Stumpfs überhaupt nachvollziehen zu können oder auch nur nachvollziehen zu wollen. Wem da die Vertrautheit mit den Tonskalen, den sie auszeichnenden musikalischen Intervallen und Akkorden keine Verständnisbrücke bilden kann, und wem die in der Tat unübliche Einbeziehung der Musik in die Erkenntnislehre überhaupt eher suspekt als hilfreich erscheint, wird sich schwerlich der Einsicht öffnen können, daß Ordnung, Struktur, Gesetzmäßigkeit nicht erst durch Formen, Begriffe und Urteile *vor aller Erfahrung* in den sinnlichen Stoff *hineingetragen* werden, sondern bereits in den Wahrnehmungserscheinungen angelegt und mitgegeben sind – immer vorausgesetzt, daß mit „Wahrnehmen" der Prozess oder Akt des Bemerkens und nicht eine verschwimmende Grenze zu Phantasie- oder Urteilsakten gemeint ist.

Ob die angedeuteten musikalischen Verständnisbarrieren beispielsweise auch für Husserl zutreffen, der Stumpfs Ansatz vermutlich näherstand als der deskriptiven Psychologie Brentanos, und dessen phänomenologischen Ausgang vom Ganzen und den Teilen in Richtung einer *reinen Bedeutungslehre* und *Ontologie* weiterentwickeln wollte (vgl. Husserls dritte Logische Untersuchung, „Die Lehre von den Ganzen und den Teilen", 1928, S. 225 ff.), mag dahingestellt bleiben. Eine nachweisliche Konvergenz zwischen Husserl und Stumpf in bezug auf dieses wichtige Lehrstück hätte Stumpfs Ansatz vermutlich aufgewertet. Aber Husserl hatte sofort eine „Weiterentwicklung" der Lehre Stumpfs im Sinn, und diese Weiterentwicklung beinhaltete freilich auch Absagen und Abstriche an Stumpfs Lehre, die in den „Logischen Untersuchungen" vorsichtig angedeutet wurden, in der Sache aber bereits das spätere abwertende und schroff distanznehmende Urteil über die tieferstehende „Hyletik" der Phänomenologie Stumpfs vorwegnahmen. Wenn Husserl beispielsweise die „selbständigen" und die „unselbständigen Teilinhalte" unter die Termini „konkret" und „abstrakt" rubrizierte, dann waren alle Differenzierungen einer verfeinerten Erkenntnis- und Sinnes*psychologie* wieder verwischt. Eine scheinbar nebensächliche Einschränkung der Attributenlehre Stumpfs traf sie im Kern, indem sie die Bedeutung von „Quantität" und „Qualität" als sinnliche Fundamente nivellierte und, durchaus wieder im Sinne der Transzendentalphilosophie, auf die Apriorität dieser Attribute als *Begriffe* rekurrierte:

> Wir fänden nur zu erwähnen, daß nicht eigentlich die Qualität affiziert wird, sondern das ihr zugehörige Moment in der Anschauung. Die Qualität wird man wohl schon als Abstraktum zweiter Stufe fassen müssen, ebenso wie Figur und Größe der Ausdehnung. (Vgl. Husserl, a. O., S. 232)

Husserls Version der Lehre vom Ganzen und den Teilen hatte eine Vorgeschichte, in der die Lehre Stumpfs zunächst eine wichtige Rolle spielte, und die aus den vor den „Logischen Untersuchungen" verfaßten Arbeiten und Entwürfen, insbesondere der Habilitationsschrift, Husserls „Philosophie der Arithmetik" (1891/1970), zu rekonstruieren wäre (vgl. Husserl, 1883, 1887, 1893). Das Ignorieren dieser Vorgeschichte, die hier nicht aufgearbeitet werden kann (vgl. dazu Kaiser-El-Safti, 1999a), dürfte ein Grund für das Vorurteil gewesen sein, es handle sich bei Stumpf um eine irgendwie minderwertige Phänomenologie.

Zwei historisch ins Gewicht fallende Ereignisse könnten Husserl nach der Habilitation zu einer Distanznahme zu Stumpf bewogen haben, trotz der Würdigung und der Übernahme der Lehre vom Ganzen und den Teilen in seine „Logischen Untersuchungen", die er Carl Stumpf widmete. Das erste dürfte die vernichtende Kritik der „Philosophie der Arithmetik" durch G. Frege gewesen sein (vgl. Frege, 1894); das zweite die inzwischen erfolgte Kontaktaufnahme zu dem Neukantianer P. Natorp (vgl. Husserls Brief an Natorp von März 1897) In Natorps Schrift „Quantität und Qualität in Begriff, Urteil und gegenständlicher Erkenntnis" (1891) wäre das Motiv für Husserls durchaus ambivalente Würdigung der Lehre Stumpfs zu finden. Vermutlich machten auch Natorps Rezensionen der „Tonpsychologie" Stumpfs Eindruck auf Husserl, die, musiktheoretisch sachkundig und mit der schwierigen Materie vertraut, gerade die *psychologisch* wichtigsten Annahmen Stumpfs verwarfen (vgl. Natorp 1886 und 1891).

§ 7 Der Nativismus der Raumanschauung in Abgrenzung sowohl gegen den Apriorismus als auch den Empirismus in den Raumlehren; die Raumanschauung als „Urphänomen"; das sinnliche Ganze als Grundlage des Substanzbegriffs und der Einheit des Bewußtseins

Man darf den strukturellen Ansatz Stumpfs, der sich auf eine *innere Wesensverwandtschaft* der Phänomene ausrichtete, nicht im Sinne einer genetischen Betrachtungsweise mißdeuten. Die für den Strukturansatz auch von Stumpf verwendete Bezeichnung „Nativismus" suggeriert ein biologisches Apriori, das nicht gemeint, auch nicht mit der Verwendung durch J. Müller und E. Hering identisch war. Daß Stumpf die Bezeichnung „Nativismus" vornehmlich in polemischer Abgrenzung *sowohl zum Empirismus wie auch zum*

Apriorismus gebrauchte, weil beide die Seele ohne Kapital wuchern ließen (vgl. 1873, S. 308), ließ seine eigene Intention vielleicht nicht deutlich genug hervortreten, die das Wort „Ursprung" im Sinne notwendig anzunehmender einfachster Sachverhalte meinte und diese nachweisen wollte (S. 307). Das Wort „Urphänomen", das Stumpf erst 1924 in der „Selbstdarstellung" (S. 31) und wieder in der „Erkenntnislehre", hier mit ausdrücklicher Bezugnahme auf Goethe, verwandte (vgl. 1939-40, S. 11, 28, 29, 76; vgl. dazu Reimer 1911, S. 339), ist durchaus am Platz. Es findet sich in einer der Schriften Goethes „Zur Naturwissenschaft", die gegen den Gebrauch von Begriffen an falscher Stelle opponierte und für die Relevanz von Phänomenen warb, die sich

> der Anschauung offenbaren. Wir nennen sie Urphänomene, weil nichts in den Erscheinungen über ihnen liegt, sie aber dagegen völlig geeignet sind, daß man stufenweise von ihnen herab zu den gemeinsten Fällen der täglichen Erfahrung niedersteigen kann .(O J., S. 444)

Daß Stumpf Goethe nicht allein im Sinne einer literarischen Assoziation verwendete, vielmehr durch *ihn*, nicht durch *Kant*, der „die Flinte ins Korn geworfen, den Knoten durchhauen" habe, das Unternehmen der angelsächsischen Schule fortgesetzt sah, wird in der „Erkenntnislehre" ausdrücklich hervorgehoben (S. 11). Stumpf, der das methodische Prinzip, für jeden Begriff eine anschauliche Basis nachzuweisen, ohne Einschränkung billigte, war in diesem Punkte durchaus ein „moderner Humianer" (vgl. Husserls betont kritisch-abfälliges Urteil über die „modernen Humianer" in 1928,S. 207 f.). Er stimmte aber keineswegs den skeptischen Konsequenzen der empirischen Philosophie zu, vor allem nicht der humeschen „Bündeltheorie", die mit dem Substanzbegriff auch die persönliche Identität, den Ichbegriff und die Einheit des Bewußtseins verwarf. Diese Theorie, die das Vorstellungsleben auf bloße *zeitliche* Perzeption, – den „Strom des Bewußtseins" – reduzierte, folgte aber stringent nicht aus dem methodischen Prinzip, nicht einmal aus Humes eigenen Prämissen, wie Hume selbst andeutete (vgl. Traktat, S. 359 f.). Diese immanenten Widersprüche in Humes Hauptwerk dürften Stumpf dazu veranlaßt haben, das methodische Prinzip zu radikalisieren, und das sinnliche Ganze für die anschauliche Grundlage des Substanzbegriffs in Anspruch zu nehmen. Nach Stumpf

> bietet schon die Sinneswahrnehmung fortwährend Beispiele, aus denen man sich den Begriff eines Ganzen, im Unterschied zum Begriff einer bloßen Summe, eines Bündels nach Humes Ausdruck, gewinnen, und an denen man ihn leicht verdeutlichen kann. (1939-40, S. 23)

Allerdings darf das sinnliche Ganze nicht mit der Bewußtseinseinheit, die es fundiert, auch nicht mit dem Ich und der personellen Identität, gleichgesetzt werden. Nach Stumpf hat es eine „gewisse Ähnlichkeit" mit der Bewußtseinseinheit im Sinne Brentanos, insofern „als es hier wie dort möglich ist, durch die Aufmerksamkeit einen Teil des Ganzen für das Bewußtsein ausschließlich hervortreten zu lassen". (A. O., S. 25)

Dieser Ansatz setzte sich freilich in Gegensatz

1. zu Philosophen und Psychologen, nach deren Auffassung der Substanzbegriff im Rahmen einer wissenschaftlichen Psychologie prinzipiell zu verabschieden war (vgl. Lange, Gesch., 2. Bd., S. 818 ff.), oder die ihn wie Cassirer als den eigentlichen Hemmschuh des wissenschaftlichen Fortschritts betrachteten (vgl. Cassirer, 1910); er vertrug sich

2. auch nicht mit Brentanos Verwendung des Substanzbegriffs (vgl. Brentano, 1985, 153 ff.); er evozierte

3. Widerspruch von seiten Husserl Nahestehender, die eine Phänomenologie des Subjektbegriffs (vgl. Binswanger, 1922, S. 306 ff.) oder gar eine „Phänomenologie des Ich" (vgl. Oesterreich, 1910) für möglich hielten.

Wenn Stumpf Ich und Selbstbewußtsein als Faktoren betrachtete (wie vor ihm schon Herbart), für die es sinnliche Voraussetzungen gab, dann hatte dies freilich Konsequenzen hinsichtlich der Auffassung des Personbegriffs, die M. Scheler innerhalb seines phänomenologischen Ansatzes zog (vgl. Scheler, 1913, 382 f.); aber ein Sensualismus oder Materialismus folgte darum nicht aus der „Versinnlichung" des traditionell metaphysisch verstandenen Substanzbegriffs. Stumpf hat sich insbesondere in der „Erkenntnislehre" klar und unmißverständlich über die logische Valenz und die wissenschaftstheoretische Unverzichtbarkeit dieses Begriffs ausgesprochen (S. 13 f.), der wohl nichts anderes bedeutete als den Begriff der Gestalt, der die „Urphänomene" im Sinne Goethes zugrundeliegen. Ein geheimnisvoller „Träger" hinter den Phänomenen mußte indes nicht postuliert werden.

Die phänomenale Verankerung des Substanzbegriffs erlaubte es Stumpf, auf ihm aufbauend Substanz- und Strukturgesetze zu entwickeln und diese von den Kausalgesetzen zu sondern. Dies bedeutete freilich, daß die Strukturgesetze „von den Beziehungen auf das eigene Ich und die Gegenwart absehen" (1939-40, S. 167; 1907b, S. 61), notwendig absehen müssen, denn der Begriff der Struktur übergreift das Individuelle so gut wie das zeitlich Sukzessive. In diesem Sinne hat Stumpf sich allerdings (wie vor ihm schon Herbart) dagegen verwahrt, „die Psychologie auf das Ichbewußtsein zu gründen". (1907a, S. 9)

Der für den strukturellen Ansatz relevante Artikel „Erscheinungen und psychische Funktionen" erhärtete die phänomenologische und logische Selbständigkeit der sinnlichen Strukturgesetze und vertrat auf dieser Basis – gegen das Diktat des Psychophysischen Parallelismus wie gegen den phänomenalistischen Monismus E. Machs – die Eigenständigkeit des Psychischen und die Eigengesetzlichkeit der psychischen Funktionen.

§ 8 Bevorzugung des akustisch-tonalen Bereichs für die Analyse der psychischen Funktionen; Definition der Abstraktion; das Sinnesurteil als Basis des Experiments

In der strukturell-ganzheitlichen Perspektive muß auch die Arbeit, mit der heute der Name Carl Stumpf erinnert wird, die „Tonpsychologie", wenngleich nur in einigen Aspekten, da eine allgemeine Vertrautheit mit Phänomenologie und Erkenntnistheorie der Töne ja nicht vorausgesetzt werden kann, zur Sprache kommen. Daß mit ihr ein anspruchsvoller Entwurf ins Auge gefaßt worden war, zeigt die im Vorwort gemachte Bemerkung: „Man könnte in der Tat den ganzen ersten Teil der transzendentalen Elementarlehre der Kritik der reinen Vernunft s.z.s. in Musik setzen." (1. Bd., S. VIII)

Vier Bände waren geplant, die beiden ersten sind 1883 und 1890 erschienen, die aber mehr der elementaren phänomenalen Grundlegung und der Bereinigung von den akustisch-physikalischen und akustisch-physiologischen Nebenaspekten dienten als der eigentlichen Intention, nämlich aufbauend auf der *Ton*psychologie eine *Musik*psychologie und Musik*ästhetik*, an der Stumpf, wie das folgende Zitat deutlich macht, viel gelegen war, ins Leben zu rufen:

> Die psychologische Richtung unserer Betrachtungen führt uns nicht direkt in diesen brennenden Dornbusch hinein, wohl aber in eine Stellung, welche die Entstehungsweise der heraustönenden Offenbarung, ihre Grundlagen in der Natur des musikalischen Denkens und Fühlens, erkennen läßt. (A. O., S. VIII)

Die beiden letzten Bände der „Tonpsychologie", an denen vermutlich das Herz des Autors hing, sind nicht mehr geschrieben worden. Darin liegt eine gewisse Tragik, denn das Fehlen der Ergänzungsbände gab auch zu erheblichen Mißverständnissen der ersten Bände Anlaß, wie im übrigen *beinahe alles* im Bereich der akustischen und musikalischen Wahrnehmung unterschiedlich gedeutet und mißverstanden werden kann. Stumpfs musikästhetische Auffassung hinsichtlich des „musikalischen Denkens" ist in kleineren Arbeiten skizziert (vgl. Stumpf, 1909, 1910 und 1911), die den Grundintentionen E. Hanslicks und mehr noch H. Lotzes nahestanden. In der „Selbstdarstellung" unterschied Stumpf drei Hauptfaktoren der musikalischen Wirkung:

> die aber je nach dem Individuum in höchst verschiedenen Verhältnissen verbunden sein können: den rein sinnlichen Wohlklang (einschließlich der sinnlichen Wirkung des Rhythmus), das Wohlgefallen am Aufbau und an der technischen Ausführung, endlich die Freude an dem Gehalt eines Tonstückes. In diesem dritten, am meisten umstrittenen Punkte berühren sich meine Gedanken am nächsten mit denen Lotzes. (1924, S. 53-54)

Stumpfs Auffassung, daß gerade der tonale Bereich und die akustischen Empfindungen/Wahrnehmungen die günstigsten Bedingungen für die Analyse und Deskription der psychischen Funktionen enthielt, hing damit zusammen, daß dieser

1. die günstigsten Bedingungen für das Bemerken und Aufmerken (als basale kognitive Funktionen) überhaupt bereitstellte (vgl. 1. Bd., S. 67 f.);
2. reichlich Gehalt und unendliche Variabilität der Phänomene für die Untersuchung des urteilenden Verhaltens biete (vgl. a. O., S. 96 ff.);
3. spreche die Musik wie kein anderes sinnliches Phänomen das Gefühl an;
4. ließen sich in diesem Bereich zentrale Fragen, den Stellenwert und die Leistungsfähigkeit des Experiments betreffend, erörtern. Bevor die Punkte im einzelnen zu behandeln sind, ist auf eine wichtige Grundvoraussetzung hinzuweisen, die Stumpfs Definition der Abstraktion betrifft, und in der die elementare kognitive Voraussetzung des musikalischen Denkens, aber auch der Urteilsfähigkeit (als intellektueller Akt), die in der „Tonpsychologie" bevorzugt behandelt wird, zu suchen ist.

„Abstraktion" bedeutete nach Stumpf nicht, wie gewöhnlich *negativ* definiert wird, ,von etwas abzusehen', ,von etwas Distanz zu nehmen', sondern „Abstraktion" wird *positiv* als die Fähigkeit definiert, *Verhältnisse von Sinnesempfindungen, unabhängig von der besonderen Beschaffenheit dieser Empfindungen, wiederzuerkennen*, die beispielsweise Voraussetzung ist für die Transponierung von Intervallen und Melodien, aber auch anderen Sinneseindrücken gegenüber geübt wird, wenn beispielsweise ein Ornament oder Bildnis in der Verkleinerung wiedererkannt wird (vgl. 1909 in 1910, S. 234 f.). In dieser Auffassung der Abstraktion liegt gewissermaßen die Keimzelle der Funktionspsychologie, die Stumpf im ersten Band der „Tonpsychologie" entfaltete; sie ist vielleicht als nicht weniger bedeutsam einzuschätzen als Brentanos Versuch, das Wesen des Psychischen entgegen der traditionell negativ verfahrenden Definitionen erstmals *positiv* (im Sinne der Intentionalität des Psychischen) bestimmt zu haben.

Die Fähigkeit zur Abstraktion, die nach Stumpf bei Menschen vorausgesetzt werden muß (nicht weiter analysiert und reduziert werden kann), unterscheidet menschliches und tierisches Auffassungsvermögen prinzipiell (infolge eines Sprungs in der Evolution) und schon im Hinblick auf die Wahrnehmung; sie ist sowohl Voraussetzung für Sprach- und Begriffsbildung als auch für die musikalische (künstlerische) Produktion. Es existiert kein tierisches Äquivalent für diese Fähigkeit, dem „Gesang" der Vögel fehlt die Wiedererzeugung (Generierung) gleicher Intervallfolgen *auf beliebigen Tonhöhen* (S. 229), und Theorien, die die Musik aus dem Tierreich auf der Basis der Nachahmung oder anderer Instinkte ableiten wollten, verkennen dieses *generative* Wesensmoment in der Musik.

Die zuvor als Keimzelle bezeichnete Definition der Abstraktion, die das elementare kognitive Moment des Musikverstehens enthält (auf die Gefühlsseite wird später einzugehen sein), implizierte freilich darüberhinaus eine Vielzahl bedeutsamer (freilich auch bestreitbarer) erkenntnispsychologischer Postulate, die allesamt in der Diskussion über die ehrenfelsschen „Gestaltqualitäten" wiederkehrten und dort eine Rolle spielten, nämlich einmal im Hinblick auf den (ontischen) Charakter der wahrgenommenen *Verhältnisse* (Relationen), zum anderen hinsichtlich des Urteils*aktes*, der Mehreres (Verhältnismäßiges) in *einem* Akt erfaßt; wiederum hinsichtlich der Theorie des Vergleichens, des Phänomens *gleichzeitiger* Bewußtseinsinhalte, die sowohl zusammengefaßt als auch auseinander gehalten werden (was das Verhältnis von Synthese und Analyse tangiert), und nicht zuletzt hinsichtlich der Theorie des Bewußtseins als (infinitesimaler) Zeit*strom*.

Dieses komplexe Theorienbündel läßt sich an folgendem Beispiel demonstrieren: Wenn eine Mehrheit als ähnlich oder unähnlich beurteilt wird, wie drei Töne in einem Akkord (drei Punkte in einer Fläche), dann müssen sie (a) gleichzeitig im Bewußtsein sein, (b) als einzelne (bezüglich ihrer Tonhöhe) auseinandergehalten und (c) in ihrem Verhältnis zueinander erkannt werden. Beim Hören eines *c*-dur-Dreiklanges geht der „Bewußtseinsstrahl" nicht sukzessiv von *c* zu *e* und sodann zu *g*, sondern erfaßt gleichzeitig drei Töne und *ihr Verhältnis zueinander*, was freilich nur möglich wäre, wenn die Töne sich nicht mischen (zu *einem* Ton verschmelzen). Stumpfs verallgemeinernde Darstellung in der „Tonpsychologie" lautete: „Aber nicht blos ist alles in dieser Weise Beurteilte gleichzeitig im Bewusstsein, sondern es ist in dem Acte des Urteilens selbst eingeschlossen." (1. Bd., S. 99)

Von dieser Stelle her ist Stumpfs Erweiterung der Urteilslehre Brentanos, die zu ihrer Zeit Aufsehen erregte, weil sie das Urteil (gegenüber der Vorstellung) als *selbständige* intentionale Klasse faßte (das Urteil unterscheidet sich von einer bloßen assoziativen Verbindung der Vorstellungen durch den hinzukommenden Akt des Behauptens) zu entschlüsseln, allerdings unter der Voraussetzung der den Erscheinungen inhärierenden Verhältnisse (die Brentano im übrigen nicht mittrug). Stumpfs Theorie des Urteils und Urteilsaktes konzentrierte sich auf Definition und Klassifikation der *Sinnes*urteile und führte in diesem Kontext über Brentanos logisch-epistemologische Klassifizierung evidenter und blinder Urteile, Urteile mit Realitätscharakter und Urteile bloßen Glaubens weit hinaus.

Nach Stumpf sind Urteile nicht bloß in und an Sprache fixiert; neben letzteren gibt es sowohl (in der psychischen Entwicklung früher auftretende) vorsprachliche Urteile als auch reflexionslose (gewohnheitsmäßige) Urteile; die aus Überlegung entstandenen werden nochmals klassifiziert (vgl. 1. Bd., S. 6 f.); die zuvor genannten reflexionslosen Urteile müssen in einem gewissen Sinne als „unbemerkte", wenngleich nicht unbewußte (im Sinne der Psychoanalyse) Urteile bezeichnet werden.

Urteile können nach ihrer *Materie* unterschieden werden: Ob über einen absoluten Inhalt (eine Farbe, einen Ton = Urteile *erster* Ordnung) oder ob über Verhältnisse (Mehrheit von Farben respektive Tönen, Ähnlichkeit zwischen Farben respektive Tönen, Steigerung von Farb- oder Tonempfindungen, Verschmelzung von Tönen = Urteile höherer oder *zweiter* Ordnung) geurteilt wird. Die *Verhältnisse* gehören zum *Material* der *Erscheinungen* und werden nicht von uns in sie hineingetragen. Zwar würden wir nicht von Verhältnissen sprechen, wenn kein Urteil vorhanden wäre, aber das Urteil *schafft* sie nicht, sondern *konstatiert* sie. Das Bemerken einer Mehrheit bezeichnete Stumpf als „Analyse", das der übrigen Verhältnisse als „Vergleichen". Wird nicht nur eine Mehrheit bemerkt, sondern auch eine Mehrheit von Verhältnissen (z.B. Ähnlichkeit zwischen Farben einerseits, Gestalten andererseits) dann ist zwischen Urteilen „erster" und „höherer" Ordnung zu differenzieren.

Stumpfs Analyse der Sinnesurteile verwies auf ein Stufenmodell der kognitiven Akte, das Stumpf später auch für die Klasse der anderen psychischen Funktionen, der Gefühls- und Willensfunktionen fruchtbar zu machen suchte. Dem Erkenntnistheoretiker mag diese Vielfalt von Differenzen unerträglich erscheinen, aber der Psychologe, und gerade der Experimentalpsychologe, wird nicht auf sie verzichten können, wenn ihm an psychologisch informativen Ergebnissen gelegen ist, das heißt, wenn er nicht in erkenntnistheoretischen Fragen stecken bleiben will.

Zwar leitete Stumpf den ersten Band der „Tonpsychologie" mit einem ausführlichen kritischen Beitrag (der hauptsächlich W. Wundt galt) zur Lehre von der angeblichen „Relativität der Empfindung" ein (S. 7 ff.), um die Annahme einfacher Empfindungen (für welche Töne paradigmatisch sind) sicherzustellen, aber sein eigentliches Anliegen konzentrierte sich auch hier auf die *Urteile* respektive *Sinnes*urteile. Die methodologisch und erkenntnistheoretisch wichtigen tonpsychologischen Experimente auf der Basis zweier Urteilsklassen setzten die logische Unabhängigkeit der Erscheinungen von den psychischen Funktionen (und vice versa) voraus und erhärteten sie zugleich. Empfindungen lassen sich von den intentionalen Urteilsakten „abtrennen", vergleichen und zahlenmäßig (statistisch) zusammenfassen, wenn die jeweils unterschiedliche Richtung der Urteilsakte in Rechnung gestellt wird (vgl. 1883, S. 22 ff.), nämlich einmal bezüglich ihrer richtigen Deutung auf das äußere Objekt (den berechenbaren Reiz), zum anderen bezüglich der richtigen Auffassung der Empfindung als solcher. Stumpf sprach im ersten Fall von „objektiver Zuverlässigkeit", im zweiten Fall von „subjektiver Zuverlässigkeit". Die erste Klasse untersuchte cum grano salis die Empfindlichkeit (im Sinne der Organtüchtigkeit hinsichtlich der Reizbeschaffenheit), die zweite Klasse berücksichtigte die Urteilstäuschungen, deren Ursachen nicht im Organ, sondern im jeweiligen Bewußtseinszustand des Probanden zu suchen waren. (Wenn z.B. infolge der besonderen Klangfarben eines Instruments der Ton um eine Oktave zu tief eingeschätzt wurde.) Mit dem Hinweis auf die Urteilstäuschungen gab Stumpf den methodischen Wert vor, den die Wahrnehmungstäuschungen später in der gestaltpsychologischen Konzeption seiner Schüler einnahmen. Die psychischen Bedingungen wirken sozusagen „von innen heraus" (zentral), die physisch-physiologischen „von außen herein" (peripher) auf das Sinnesurteil (vgl. 1883, S. 37).

In keiner der beiden Urteilsklassen ist absolute Genauigkeit erreichbar: Von einem absoluten Erfassen der Reizbeschaffenheit trennt uns die organisch-physiologisch bedingte „Empfindungsschwelle"; die exakte Isolierung und richtige Deutung der Empfindung als solcher wird erschwert durch die psychische Komplexität des jeweiligen Bewußtseinszustandes des Probanden (wie individueller und aktueller Grad der Aufmerksamkeit, Gefühl, Gedächtnisumfang, Interesse). Empfindung (als Erscheinung) und Urteil (als Akt) stehen methodologisch weder in einem parallelen Verhältnis, (für beide gelten unterschiedliche „objektive" und „subjektive" Bedingungen) noch eignet einer der beiden Klassen psychologisch Evidenz, vielmehr gilt für beide lediglich approximative Erkenntnis.

Was G.Th. Fechners „psychophysische Maßformel" (die Empfindlichkeit und die Unterschiedsempfindlichkeit betreffend) anbelangt, mißt sie nicht, wie Brentano bereits 1873 anmerkte (vgl. 1973, S. 96 f.), die *Empfindungsunterschiede*, sondern die *Unterscheidungsfähigkeit*. Die Unterscheidungsfähigkeit basiert aber auf einem Urteilsakt (oder *ist* ein Urteilsakt), und in diesem Kontext ist die Berücksichtigung der Akte in der Klasse der Urteile mit subjektiver Zuverlässigkeit an die erste Stelle zu platzieren, weil alle Wahrnehmungstätigkeit primär von der subjektiven Bewußtseinszuständlichkeit abhängt, alle Wahrnehmungstätigkeit im Unterschied zur Empfindung in diesem Lichte betrachtet auch schon ein (eventuell aktuell unbewußtes) Urteil enthält. Die Einbeziehung der urteilenden Selbstbeobachtung kann also nicht als ein bloß *zusätzliches* kontrollierendes Instrument der experimentellen Untersuchung betrachtet werden, *sondern ist selbst die Grundlage aller psychologisch bedeutsamen Experimentation*. Wenn der psychophysische Monist hier einschränkte, daß auch dem Urteilsakt (nicht anders als der Empfindung) eine gehirnphysiologische Ursache eigne – was freilich die Eigenständigkeit der psychischen Funktionen den Erscheinungen/Empfindungen gegenüber wieder aufhob – oblag ihm nach Stumpf die Beweislast, diese (experimentell oder sonst wie) beizubringen, was Stumpf allerdings für aussichtslos hielt (vgl. a. O., S. 100) – wie es bis auf den heutigen Tag und vermutlich bis in alle Ewigkeit aussichtslos ist und sein wird, die Akte oder Funktionen (Tätigkeiten) des Bewußtseins und Selbstbewußtseins gehirnphysiologisch zu erklären.

Stumpfs tonpsychologische Experimente implizierten weitreichende Vorüberlegungen, die in dem geschilderten Fall nur die *Zuverlässigkeit* der Urteile als Distanzurteile berücksichtigten; dies genügte freilich allein schon wegen der Verabschiedung der parallelistischen These, um bei dem prominentesten Vertreter der Experimentalpsychologie, W. Wundt, auf Widerstand zu stoßen; daß Wundt sich in seinen methodologischen Grundpositionen angegriffen fühlte, bewies seine herabsetzende Rezension des ersten Bandes der „Tonpsychologie", die ohne Gespür für die neuen methodologischen Ansätze dem Autor mangelnde Originalität und den experimentellen Ergebnissen – vermutlich irritiert durch die Einbeziehung „subjektiver" Urteile – lediglich „den

Werth von Voruntersuchungen" attestierte (vgl. Wundt, 1884). In einer nachfolgenden Kontroverse mit Wundt gebärdete dieser sich wie ein Papst, der sein Recht auf das letzte Wort, unabhängig von Sachlage und Sachverhalt, verteidigte. (vgl. dazu Stumpf, 1892a; 1892b). Im Ausland wurde bezüglich des Wertes der „Tonpsychologie" dagegen folgendermaßen Stellung bezogen:

> The science must take a much higher place both in academic and in popular estimation if we are to emulate the Germans in work of this kind and keep our old place in the van of the psychological army. (Vgl. die Rezension von J. Sully, 1884, S. 594)

Psychologiegeschichtlich dürften Stumpfs Dezisionen über subjektive und objektive Urteilsklassen den Weg bereitet haben für O. Külpes denkpsychologische Experimente, welche die *Zustandsbeschreibung* der Probanden an die erste Stelle setzten und damit der Introspektion als wichtiges und unverzichtbar methodisches Hilfsmittel neben der rein experimentell verfahrende Psychologie wieder aufwertete.

Stumpfs „Tonpsychologie" stellte an den Leser hohe Anforderungen, die noch dazu in eine Vielzahl von Richtungen und Gebiete (Musikwissenschaft, physiologische Akustik, Psychologie, Philosophie respektive Erkenntnistheorie) wiesen, was der Allgemeinverständlichkeit des Werkes freilich Grenzen setzte. Nicht umsonst entschuldigte sich A. v. Meinong mit seiner sachkundigen Rezension der „Tonpsychologie" in der „Vierteljahrsschrift für Musikwissenschaft" bei seiner Leserschaft für die *Überforderung*, die er hier bezüglich der *psychologischen* Kenntnisse vermutete (vgl. 1885, S. 127). Hätte v. Meinong seine Rezension in einer psychologischen Zeitschrift publiziert, so würde er sich vermutlich für die Überforderung, die musikwissenschaftlichen Details betreffend, entschuldigt haben. In der Tat ist es ein mühsames Unternehmen, das jeweils Relevante aus der großen Zahl der Details zu isolieren und zu fokussieren; daß Stumpf seine allgemeine Funktionspsychologie gerade in der „Tonpsychologie" entfaltete, begrenzte ihre Kenntnisnahme innerhalb des Kollegenkreises, setzte sie bei denjenigen zwangsläufig Mißverständnissen aus, die ton- und musikpsychologisch nicht informiert waren, oder sich auf diesem Gebiet gar nicht erst informieren wollten. Die Tatsache, daß Stumpf selbst nie über Tonpsychologie Vorlesungen hielt, spricht ebenfalls für sich (vgl. Stumpf, 1924, S. 25). Allem Anschein nach läßt sich der Hiatus zwischen der besonderen Begünstigung des tonalen Bereichs für die Analyse und Deskription der psychischen Funktionen *im allgemeinen* und der *Verständlichmachung* der Zusammenhänge zwischen beiden nicht ohne weiteres (das heißt ohne musiktheoretische Vorbedingungen) beseitigen.

Auch Stumpfs Theorie der Gefühle wurzelte in tonpsychologisch relevanten Überlegungen und muß im Kontext der tonpsychologischen Untersuchungen rezipiert werden (was weiter unten durchzuführen sein wird); gleiches gilt für die Theorie der Gestalt, die kein anderer als Stumpf auf den Weg brachte. Bevor dieser Behauptung nachgegangen wird, ist die Intention des zweiten Bandes in ihrem psychologischen Kerngedanken, sowie im Hinblick auf das gesamte Werk anzusprechen.

§ 9 Die Theorie der Verschmelzung; ihre Bedeutung für und Vorwegnahme der Gestaltpsychologie als das genuine Paradigma eines Ganzen, an dem Teile nicht abstrahiert, sondern unmittelbar wahrgenommen und auf das Ganze bezogen werden

Im 2. Band der „Tonpsychologie" kam jenes Phänomen und zwar ausschließlich zur Sprache, welches nicht nur für das musikpsychologische und das musikästhetische Verständnis, sondern für das Gesamtwerk sowie für die Diskussion der „Gestaltqualitäten" von eminenter Bedeutung wurde: das Phänomen der Verschmelzung. In der Vorrede zum 2. Band schreibt Stumpf:

> Dieser Band behandelt ausschließlich die Frage: Wie verhält sich unser Bewußtsein gegenüber mehreren gleichzeitigen Tönen, abgesehen noch von aller eigentlich musikalischen Auffassung? Es war mein Bestreben, die in dieser anscheinend sehr einfachen Frage enthaltene große Menge von Einzelheiten, auch soweit sie sich nicht sogleich entscheidend beantworten lassen, wenigstens aufzuhellen. (III)

Die Bezeichnung „Verschmelzung" war in Anknüpfung an Herbarts Theorie der Verschmelzung, die aber auf ganz anderen Prämissen aufbaute, vielleicht nicht glücklich gewählt; das Wort „Verschmelzung" konnte darüber hinaus eine Verschmelzung im Sinne des *Unkenntlichwerdens* der einzelnen Töne im Akkord suggerieren, was ja gerade nicht gemeint war; aber Stumpf scheint eine Scheu vor der Einführung neuer Termini gehabt zu haben, die mehr an Gehalt versprechen, als die begriffliche Analyse nachzuliefern vermag. Punktuell war die Verschmelzung schon im 1. Band thematisiert worden (vgl. 1883, S. 96 ff. und 101), wie auch hier schon die später durch v. Ehrenfels berühmt gewordenen Gestaltgesetze der Übersummativität und der Transponierbarkeit berücksichtigt wurden (vgl. a. O., S. 113).

Für Stumpf bedeutete die Verschmelzung zunächst das Urphänomen der Konsonanz, repräsentiert in dem rätselhaften Phänomen des Oktavintervalls und der Wiederholung der Tonqualität (im Unterschied zur Tonhöhe) in regelmäßigen Oktavabständen, die, wenn sie zusammen anklingen, psychologisch als Einheit zweier, der Tonhöhe nach verschiedener Töne erlebt werden. Das Phänomen war freilich seit der Antike bekannt; es wurde von Stumpf einmal zur Korrektur der physiologischen Konsonanztheorie H. v. Helmholtz' (vgl. dazu schon Lotze, 1868, S. 277 f.) in Anspruch genommen, zum anderen als das genuine Paradigma eines Ganzen, an dem Teile nicht nur „hineingesehen" und abstrahiert werden, sondern unmittelbar als solche wahrgenommen – „herausgehört" – *und auf das Ganze bezogen* werden können.

Alle Empfindungsqualitäten treten, wenn sie aus aufeinanderfolgenden in gleichzeitige übergehen, außer in dieses Verhältnis der Gleichzeitigkeit, noch in ein anderes Verhältnis, dem zur Folge sie als *Teile eines Empfindungsganzen* erscheinen. Aufeinanderfolgende Empfindungen bilden als Empfindungen eine bloße Summe, gleichzeitige schon als Empfindungen ein Ganzes. Die Qualitäten werden [...] nicht im geringsten verändert, geschweige denn zu einer einzigen neuen Qualität umgewandelt, aber es tritt ein neues Verhältnis zwischen ihnen auf, das eine engere Einheit herstellt, als zwischen den Gliedern einer bloßen Summe stattfindet, deren Einheit häufig nur eben darin besteht, daß sie als Glieder dieser Summe zusammengerechnet werden (man kann ja das Heterogenste und gänzlich Verbindungslose, selbst einen Affekt und einen Apfel, zusammenzählen). Infolge dieses neuen Verhältnisses wird der Eindruck gleichzeitiger Empfindungen dem einer einzigen Empfindung ähnlicher als diejenigen Empfindungen in bloßer Aufeinanderfolge. (2. Bd., S. 64)

Wichtig ist, daß dieses *Verhältnis*, das in *einem* Urteilsakt wahrgenommen wird, dem klanglichen Phänomen selbst inhäriert. Dieses, *in keinem anderen Sinnesgebiet anzutreffende Urphänomen* – jedenfalls war dies Stumpfs, nicht jedoch Brentanos Auffassung, der den Terminus „Verschmelzung" allerdings in einer anderen, von Stumpf abweichenden Weise verwendete (vgl. 1979, S. 218 ff.) – stellt die Grundlage der Tonleiter dar, das heißt einer Reihe diskreter Töne mit abzählbaren Abständen und ausgezeichneten, in der Natur der Töne selbst liegenden konsonanten Intervallphänomenen. Die Oktave bildet das primordiale *relationale Struktur*element einer bis zu höchster Komplexität entwickelbaren Tonalität und Harmonie und steht in diesem Kontext für das Paradigma einer Struktur mit reiner Syntax, ohne Verunklärung durch semantisch-begriffliche oder pragmatische Aspekte des Gebrauchs oder der Nützlichkeit. In dieser rein strukturellen Perspektive entfällt die Frage nach dem Gegenstandsbezug, der Lokalität oder der äußeren Verursachung der Phänomene; sie bieten als reine Qualitäten der Erforschung des interstrukturellen Kontextes reichhaltige Möglichkeiten. Die Verwandtschaft dieser Idee mit der viele Jahre später entwickelten Phonologie und dem Sprachstrukturalismus dürfte kaum auf Zufall beruhen.

Während physikalisch etwas sehr einfaches vorliegt (das einfache Teilungsverhältnis 1:2, die halbierte Saite gibt den Oktavton der ganzen, ein Viertel der Saitenlänge deren Doppeloktavton), ist die Frage nach dem psychologischen Phänomen, der Wahrnehmung der Konsonanz, wie allgemein eingeräumt wird, „eines der größten Rätsel". (Vgl. Kurth, 1931, S. 161) Rätselhaft deswegen, weil bei gleichzeitigem Erklingen der Oktavtöne oder Quinten, Quarten sowohl die *Getrenntheit* zweier sinnlicher Phänomene (Töne) wahrgenommen wird, der kein räumliches Nebeneinander entsprechen kann, wie auch der Zweiklang zu einer *Einheit* verschmilzt, aber ohne, daß die Töne sich mischten. Dieses in keinem anderen Sinnesgebiet anzutreffende Phänomen wiederholt sich bei anderen ausgezeichneten Intervallen wie der Quinte, der Quarte, der Terz, wenngleich mit jeweils geringeren oder loseren Graden der Verschmelzung bis hinab zu den dissonanten Klängen.

Brentano, dem wie v. Ehrenfels vornehmlich an einer *Vereinheitlichung* des gesamten Sinnenraumes gelegen war (vgl. Brentano, 1893, S. 5 f.), wollte Stumpf nicht zustimmen, weil nach seinem Ansatz Sinnesqualitäten sich – sowenig wie der „Stoff" im Weltenraum – zu „durchdringen" (zu verschmelzen) vermögen (vgl. 1896, S. 70), und den Tönen prinzipiell räumliche Individuation und räumliche Ausdehnung ebenso (auf die gleiche Weise) zukomme wie allen anderen Phänomenen.

Stumpf prüfte das Verschmelzungsphänomen an vielen Einzeltatsachen, Musikalischen und Unmusikalischen, mit bemerkenswerten Konsequenzen für die *differentielle* Verarbeitung der beiden höheren Sinne, die unter anderem auf zwei Weisen der Analyse deuten (vgl. 1873, S. 130 f.; 1890, S. 17, S. 77 ff.; 1917, S. 22; 1939-40, S. 179 f.) Es ist im übrigen merkwürdig, wie sehr die Betonung der Unterschiede anstelle der Herausarbeitung der Ähnlichkeiten zwischen den Sinnesleistungen bei den meisten Menschen – im außerwissenschaftlichen, aber auch im wissenschaftlichen Raum – auf Widerstand stößt, dort als Störung gegen die „natürliche" Einstellung empfunden, hier wohl als Infragestellung des Modells der Einheitswissenschaft gedeutet wird.

Die herausragende Bedeutung, die Stumpf dem Phänomen der abgestuften Verschmelzung beimaß, betrifft sowohl die Lehre vom Ganzen und den Teilen als auch die Eigenvalenz einer qualitativen Strukturforschung und nicht zuletzt sein Naturverständnis, das in der Tat Goethe näher gestanden haben dürfte als Kant und dem weltanschaulichen Positivismus respektive Physikalismus seiner Zeit. Die Verschmelzungsgrade wurden in der „Erkenntnislehre" als paradigmatisch für den qualitativ zu deutenden Weltzusammenhang ausgezeichnet. An dieser Stelle ließ Stumpf ein wenig von der metaphysisch-weltanschaulichen Bedeutung der Musik durchblicken, der gegenüber er sich sonst sehr reserviert verhielt, und gab sich als moderner Pythagoreer zu erkennen:

> Die Dinge der Außenwelt selbst, die wir als Eigenschaftskomplexe fassen, sind untereinander [...] auch wieder zu höheren Einheiten oder Ganzheiten verbunden, und zwar in verschiedenen Graden, angefangen von den Organen der höchsten Organismen, die nach Beschaffenheit und Funktion aufs engste zusammenhängen, bis zu den Teildingen bloßer Aggregate. Auch dafür haben wir Urbilder in den Sinnesempfinden, vor allem in den „Verschmelzungsgraden" der Tonempfindungen, angefangen von der Oktave, die dem Eindruck eines einzigen Tones am nächsten steht, über die unvollkommenen Konsonanzen bis zu den Dissonanzen. Ja, man könnte sagen, es sei mehr als ein bloßes Gleichnis oder eine pythagoreische Phantasie, wenn wir einen Wesenszusammenhang von Teildingen innerhalb eines größeren Ganzen auch als Harmonie bezeichnen. Es ist die Übertragung eines aus den Sin-

nesempfindungen abgezogenen Begriffes auf die Außenwelt, wobei er allerdings nur seine allgemeinsten Merkmale beibehält. Wir wären überhaupt nicht imstande, von Ganzheiten höheren oder geringeren Grades zu sprechen, wenn nicht solche Wahrnehmungen vorausgingen. (1939-40, S. 26-27)

Diesem, auf Lotzes Ästhetik reflektierenden Gedanken an eine harmonische Verfaßtheit der Welt, neben oder gleichbedeutend mit ihrer mechanisch-physikalischen Grundverfassung, ist im folgenden die Gefühlsseite der Konsonanz-Dissonanz-Erlebnisse nachzutragen und zwar im Vergleich mit andersgerichteten Erklärungsansätzen, die ihrerseits wiederum unterschiedliche philosophische und wissenschaftstheoretische Grundprämissen favorisierten.

§ 10 Die Theorie der Gefühle im Kontext der Verschmelzungstheorie; Vergleich mit alternativen Gefühlstheorien

Bemerkenswert ist zunächst, daß Stumpf keine *psychologische* Theorie der Konsonanz entwickelte und vertrat. Nach Durchmusterung der vorliegenden psychologischen Theorien befand Stumpf keine für erklärungskräftig; er votierte vielmehr erneut für eine *physiologische* These, wenngleich nicht für die von Helmholtz' vertretene, nachdem schon Lotze auf das Unzureichende dieser Theorie aufmerksam gemacht hatte (vgl. Stumpf, 1890, S. 450 f.). Nach Lotze erklärte Helmholtz' Theorie bestenfalls das unlustvolle Dissonanzerlebnis, wenn dieses von den störenden *Schwebungen* abgeleitet wurde, während das Wohlgefallen an Konsonanzen eine positive Erscheinung sei, die aus der bloßen *Abwesenheit solcher Störungen* nicht erklärt werden könnte (vgl. Lotze, 1868, S. 278 f.). Jede Konsonanz erwecke ihrer eigentümlichen Färbung nach ein Gefühl der Lust und bestehe nicht in einem bloßen Fehlen von Unlust.

Stumpfs Votum für eine physiologische Theorie muß zunächst aus einem Tatbestand erwachsen sein, auf den schon Herbart hingewiesen hatte, der nach Stumpf aber in einer anderen als der von Herbart vorgeschlagenen Weise gedeutet werden mußte. Herbart hatte auf die Differenz zwischen physikalisch-mathematischen Gegebenheiten der Schallwellen und dem erkennenden Hören der konsonanten Intervalle aufmerksam gemacht: Oktave, Quinte, Quarte werden auch dann noch „gehört", das heißt als solche erkannt und als konsonant identifiziert, wenn die entsprechenden Zahlenverhältnisse der Schallwellen das gehörte Intervall über- oder unterschreiten. Herbart deutete diesen phänomenologisch bemerkenswerten Tatbestand im Sinne der Evidenz der ausgezeichneten Intervalle, die sich nicht aus der physikalischen Grundlage der Töne, aber auch nicht aus dem leiblichen, empirischen, also der physiologischen Grundlage des Hören ableiten lasse, sondern auf ihren besonderen Stellen- respektive Systemwert verweisen. In diesem Kontext plädierte Herbart für ein „musikalisches Denken" anstelle eines, auf Lust oder Unlust, Annehmlichkeit oder Unannehmlichkeit basierenden Klanggefühls, weil nämlich „was in der Musik *einen Sinn* oder *keinen* [hat] viel ursprünglicher ist als irgendeine Aufregung von Lust oder Unlust". (Bd. 7, S. 3) Herbarts Präferenz des „musikalischen Denkens" vor dem Empfinden oder Fühlen veranlaßte Lotze dazu, Herbarts Musikästhetik etwas verkürzt als formalistisch und intellektualistisch zu charakterisieren und abzuwerten (vgl. 1868, S. 227 f.). Die ausdrückliche Unterscheidung zwischen musikalischem Denken und bloßem Klanggefühl findet sich aber auch bei Carl Stumpf (vgl. 1885, S. 348; 1899, S. 54 f.; 1911, S. 346).

Über Lotzes Musikästhetik wurde bereits gehandelt (vgl. in dieser Arbeit, S. 228 ff.). Anders als Lotze begnügte Stumpf sich nicht mit einer idealistischen Verankerung des individuellen Erlebens in einem seiner Natur nach harmonalen Weltganzen, sondern postulierte eine allgemeine physiologische Grundlage für das Erlebnis des musikalischen Wohlklangs, die er durch musikhistorische und ethnologische Vergleiche auf breiter Basis abzustützen suchte (vgl. Stumpf, 1911); das hieß, daß die postulierte allgemeine gehirnphysiologische Anlage, das musikalisch wichtige Intervallwiedererkennen, möglicherweise im Erbgut weitergegeben, durch eine ethnologisch-kulturelle *Universalität* erhärtet werden sollte: alle Völker aller Kulturen haben von jeher die konsonanten Intervalle gekannt und verwendet (vgl. 1890, S. 211 f.). In diesem Kontext mit den neuronalen Dispositionen zur Sprachfähigkeit vergleichbar ist das vermutlich nur dem menschlichen Ohr eigene Intervallhören – Tieren fehlt das Intervall*bewußtsein* und demzufolge die Fähigkeit zur Transponierung – die Bedingung der Möglichkeit, auf der das „musikalische Denken", das Musikverstehen und die spezifisch musikalische Einstellung *aufbauen.* Aber sowenig die neuronalen Gegebenheiten allein schon das Sprechen bedingen und die sensomotorischen Begleiterscheinungen des Sprechens den Sinn und die Bedeutung der Worte implizieren, sowenig ist das bloße Hören und Empfinden/Fühlen der Klänge mit dem musikalischen Denken und dem Verstehen der Musik gleich zu setzen. Das bedeutete, daß dem *Fühlen* der *Konsonanz* sehr wohl eine physiologische Grundlage eignen konnte, vielleicht mußte, dagegen das *Verstehen* der *Konkordanz* an ganz andere, funktionelle (die psychischen Funktionen betreffende), nicht organische Prozesse gebunden ist. Während die Unterscheidung von Konsonanz und Konkordanz musiktheoretisch die (umstrittene) zentrale Bedeutung des Dreiklanges tangierte, war für Stumpf die deskriptiv-psychologische Differenz zwischen bloßem Fühlen (einzelner konsonater Intervalle) und dem funktionell-intentionalen (auf das Ganze des musikalischen Erlebens gerichtete) Erfassen von Wichtigkeit. In diesem Kontext rückte das bloße Fühlen dem psychologischen Phänomen näher, das Stumpf im Rahmen seiner Theorie der Gefühle durch den Begriff der „Gefühlsempfindung" näher zu bestimmen suchte.

Im unmittelbaren Erleben bilden musikalisches Fühlen und Denken freilich eine Ganzheit, deren „Teile" jedoch durch die psychologische Analyse abgesondert werden können. Die musikpsychologisch wichtige Unterscheidung zwischen Wohlklang und Wohlgefälligkeit (vgl. 1911, S. 5) – die „Tonpsychologie" sprach von „Klanggefühl" und „Harmoniegefühl" (1890, S. 528) - lag der Sache nach bereits der begrifflichen Unterscheidung zugrunde, die Stumpf 1907 unter dem Terminus „Gefühlsempfindung" und „Gefühl" - und beides im Unterschied zu den reinen „Empfindungen" (den Erscheinungen) - vorschlug.

Daß gerade Stumpf, der 1899 gegen die genetisch-sensualistische Gefühlstheorie Ribots und die sensualistischen Gefühlstheorien von James und Lange energisch für die Intentionalität der auf Urteilen basierenden „höheren Gefühle" eingetreten war (vgl. 1899, S. 48 f.) jetzt jenen Zwischenbereich der „Gefühlsempfindungen" postulierte, die er auf eine Stufe mit den Empfindungen stellte, schien auf eine Annäherung oder doch ein Zugeständnis an den zuvor bekämpften Sensualismus zu deuten. Indes war gerade das Gegenteil der Fall.

Der sensualistische Gefühlstheoretiker trennt nicht zwischen „Empfindungen" und „Gefühlen", indem er entweder alle Gefühle/Affekte genetisch aus körperlichen Erlebnissen ableitete (Ribot), oder die Gefühle/Affekte als die Wirkung der *Wahrnehmung* körperlicher Sensationen erklärte (Lange und James), noch billigte er nach seinen Voraussetzungen „höhere", „geistige" Gefühle, die sich spezifisch (nicht nur graduell) von den „niederen", „bloß" sinnlichen Gefühlen unterschieden. Nach der Logik des Sensualisten waren die Gefühle in irgendeinem Sinne *Eigenschaften* der Empfindungen. Gegen letztere Dezision kämpfte sowohl O. Külpe als auch Stumpf, aber mit jeweils anderen Argumenten. Nach Külpe unterscheidet das allgemeine Lust-Unlust-Erlebnis die Gefühle von den „reinen" (gefühlsunbetonten) Empfindungen, während Stumpf zwischen Empfindung und emotioneller intentionaler Funktion das Zwischenglied der dispositionellen Gefühlsempfindung einschob. Külpe trennte zwar „Empfindung" und „Gefühl", nicht aber „sinnliche" von „geistigen" Gefühlen (vgl. Külpe, 1887/1920 und weiter unten).

Nach Stumpf ließ sich auf der Basis der Unterscheidung der Erscheinungen von den psychischen Funktionen die klassifikatorische Eigentümlichkeit der emotionellen Funktionen nur durch Sonderung der „annexen Empfindungen" von den Gefühlen als deren dispositionelle Grundlage sicherstellen. Die klarste Formulierung für den postulierten Sachverhalt findet sich in der 1916 verfaßten „Apologie der Gefühlsempfindungen":

> Die an Töne und Farben geknüpften angenehmen und üblen Wirkungen sind hiernach weder bloße Eigenschaften dieser Töne und Farben, noch sind sie psychische Zustände, die gar nicht zum Gebiet der Sinnesempfindungen gehören, sondern sie sind selbst Empfindungen, die aber in diesem Falle größtenteils einen zentralen Ursprung haben. Von diesen rein sinnlichen Wirkungen unterscheide ich aber das ästhetische Wohlgefallen und Mißfallen, die Gemütsbewegungen überhaupt, die ich als Zustände eigener Art, als nicht in Sinnesempfindungen auflösbar betrachte. (S.

2)

Die Gefühlsempfindungen – als Schmerz und Wollust, in ihrer konträren Grundtönung Lust und Unlust, Behagen und Unbehagen – gehören, wie die Erscheinungen, zum Material, zum „gegenständlichen", nicht zum „zuständlichen" Bewußtsein der Funktionen (vgl. 1907a, S. 26 f.). Das Material kann bei Änderung der Funktion selbst unverändert bleiben; ein Schmerz und ein sinnliches Behagen können als solche und noch ohne emotionelle *Bewertung* erlebt werden; eine bestimmte Qualität einer Gefühlsempfindung kann als solche bestehen bleiben, während die wertende Funktion sich ändert. So hat sich in den letzten Jahrhunderten die musikalisch-ästhetische Rezeption der Konsonanz-Dissonanz gewandelt, nicht jedoch das Phänomen selbst. Die kindliche Bevorzugung des Süßen wandelt sich im Erwachsenenalter häufig zu anderen geschmacklichen Präferenzen, während die sinnliche Eigentümlichkeit des Süßen sich nicht verändert. Die Gefühlsempfindungen stehen zu den Empfindungen in einem zeitlichen Verhältnis; sie werden zentral-kortikal miterregt und unterstehen keiner peripherischen Modifikation.

Die Gefühlsempfindungen sind zwar die dispositionelle *Grundlage* der emotionellen Funktionen, aber von diesen „abtrennbar"; von den Gefühlsempfindungen gibt es ebenso *Gedächtnisbilder* wie von den Empfindungen; Gefühlsempfindungen bilden mit den emotionalen Funktionen Teile eines Ganzen, aber die Teile eines Ganzen müssen nicht *gleichartig* sein:

> So ist die Geräuschkomponente eines Klanges sehr wahrscheinlich nicht auf Töne zurückführbar. Und so kann in unserem Falle die eine Komponente des im populären Sprachgebrauch als Gemütsbewegung, Furcht usw. bezeichneten Gesamtzustandes in Sinnesempfindungen bestehen, während die andere, die wir als Kern betrachten, die Gemütsbewegung im engeren Sinne, von Sinnesempfindungen gänzlich verschieden ist. (1907, S. 8)

Stumpf plädierte dafür, kortikal und phänomenologisch jedem Sinn eine *spezifische* Qualität von Gefühlsempfindung zu reservieren. So ist das Konsonanz-Dis-sonanzgefühl die spezifische Gefühlsempfindung des akustischen Sinns, und der *Verlust* dieser Gefühlsempfindung bedeutet (im pathologischen Fall) die Einbuße der Freude an der Musik („musikalische Apathie"), während im normalen Fall das *Fehlen* der *Unterscheidungsfähigkeit* konsonanter und dissonanter Klänge die Ursache der Unmusikalität („musikalische Anhedonie") ist (vgl. 1916a, S. 50). Daß die musikalischen Wohl- und Mißgefühle schlechterdings nicht auf die Annehmlichkeit/Unannehmlichkeit von Farbempfindungen übertragbar sind, wenngleich im Alltag ungenau von konsonanten oder dissonanten Farbzusammenstellungen die Rede sein mag, vertrat vor Stumpf schon Lotze (vgl. 1868, S. 290); Külpe dagegen plädierte mit Hinblick auf eine einheitliche Regelung für eine universelle Übertragbarkeit und Vergleichbarkeit (vgl. 1920, S. 246). Die Annahme oder Ablehnung des Konstrukts „Gefühlsempfindung" scheint für keineswegs unerhebliche, ethisch und ästhetisch relevante Konsequenzen zu sorgen: Nur wenn sich Gefühlsempfindungen phänomenologisch als residuale „Abtrennbare" – einerseits von den Empfindungen, andererseits von den psychischen Funktionen – absondern und gedächtnismäßig wieder abrufen lassen, dann, und nur dann, ist ein *positiver* Beweis gegen die sensualistischen Gefühlstheorien zu erbringen.

Allerdings unterscheiden Menschen sich je nach individueller Anlage in der Fähigkeit, derartige Residuale in der Erinnerung zu identifizieren: wer überhaupt *kein Gedächtnis* für Farb- oder Klangvorstellungen entwickelt hat, wird auch die „Gefühlsempfindungen" der entsprechenden Sinnesempfindungen nicht erinnern können. Defizite in dem einen oder anderen Gebiet bei Physiologen und Psychologen werden vermutlich die Gefühlstheorie des jeweiligen Forschers mitbeeinflussen. Stumpf unterstellte dies im übrigen nicht – vermutlich weil dies die allgemeinen Bedenken gegen die psychologische Introspektion noch verschärfen würde – machte aber auf den Tatbestand als solchen aufmerksam (vgl. 1907b, S. 24).

Stumpfs erste Stellungnahme gegen die sensualistischen Gefühlstheorien (die bis heute einen großen Bereich der Emotionsforschung beherrschen), die, *weil sie den Unterschied der Erscheinungen und Funktionen vernachlässigten, auch den Unterschied der Empfindungen und Gefühle negierten,* ließ erkennen, daß er zu ihrer Korrektur weder der gewöhnlichen Selbstbeobachtung und nicht einmal der Beweiskraft logischer Schlüsse das erforderliche Überzeugungsgewicht zutraute. Mit der gewöhnlichen Logik ist dem Sensualisten nicht zu begegnen und die Selbstbeobachtung ist, besonders wenn Werte im Spiel sind, lenkbar. Der Sprachgebrauch, der das Wort ‚Schmerz' ebenso für Magenkrämpfe wie für subtile Zustände der Trauer zu verwenden erlaubt, scheint dem Sensualisten Recht zu geben. Wenn Stumpf die Entscheidung für oder gegen „höhere Gefühle" am „wissenschaftlichen Temperament" der Forscher festmachte, nämlich in allen Phänomenen vorwiegend bis ausschließlich entweder das *Ähnliche* entdecken zu wollen, oder die deskriptiven *Unterschiede* in Rechnung zu stellen und zu analysieren (vgl. 1899, S. 61), dann ist prinzipiell nicht erkenntlich, wie auf der Basis der *empirischen* Psychologie jemals ein durchgreifendes differentielles Kriterium der intentionalen (ästhetischen, ethischen) Gefühle und der rein sinnlichen Gefühle/Empfindungen auszumachen sein sollte, wir vermutlich auch niemals eine empirische Basis der ästhetischen (und moralischen) Gefühle werden nachweisen können – so wichtig dies für eine wissenschaftliche Pädagogik und lebensnähere Ethik wäre. Der Sensualist wird sich psychologisch stets auf den Standpunkt stellen können, er erlebe (empfinde, fühle) keinen spezifischen (höchstens einen graduellen) Unterschied zwischen dem Genuß einer Speise und der Freude über eine Fuge J.S. Bachs, während eine idealistische, apriorische, axiomatische oder objektivistische „materiale" Wertlehre, die an sich bestehende Werte annehme, seinem empirischen Standpunkt per se widerspreche. Eine nicht relativistische Ästhetik und Ethik, die gleichwohl das *Verhältnis* von Wert und

Wertintention oder Wertgefühl im Auge behält, wird sich demnach nicht an die gängige Psychologie adressieren können, sondern sich entweder an apriorischen Werten orientieren *oder sich mit der Unterscheidung der Erscheinungen und Funktionen im Sinne Stumpfs befreunden müssen*. Indem Stumpf, der sich in diesem wichtigen Punkt der Position Herbarts annäherte, auf das *Gebilde* Musik (als kulturellen Bereich, der im Laufe der menschlichen Kulturbildung ein Wertesystem entwickelte und stabilisierte) reflektierte, erhielt die wissenschaftliche Analyse der emotionellen Funktionen eine korrelative Stütze, denn die psychischen Funktionen stehen nach Stumpf in einer engen Wechselwirkung zu den „Gebilden", insbesondere der Sprache und der Musik als basale Ausdrucksmittel (Werkzeuge) des menschlichen Geistes (vgl. 1907, S. 28 f.). Allem Anschein nach tendiert eine Theorie der Gefühle, ohne Rückbezug auf einen in seinem *Wert* sichergestellten Kontext, notwendig zu einem Relativismus; daß ein so feinsinniger wie prominenter Psychologe, nämlich Oswald Külpe, eben diesen relativistischen Schluß zog, will der folgende Absatz erhellen.

§ 11 O. Külpes Theorie der Gefühle im Gegenzug zu Stumpfs Gefühlstheorie im Lichte der parallelistischen Hypothese und des Ökonomieprinzips

Auf ein derartiges strukturelles Kulturgebilde (wie Sprache und/oder Musik) konnte oder wollte Oswald Külpe (wie nach Stumpf wiederum Karl Bühler) nicht reflektieren. Obwohl Külpe im „Grundriß der Psychologie" der Darstellung der Gehörsempfindungen breiten Raum gönnte (1893, S. 105 f.), und im Kapitel über „Verschmelzung der Gehörsempfindungen" Stumpf ausführlich zu Worte kommen ließ (S. 289 f.), maß er der akustischen Wahrnehmung beiweitem nicht jene Bedeutung bei, die Herbart und Stumpf (insbesondere im Hinblick auf Grundlagenfragen der wissenschaftlichen Psychologie) ihr zugebilligt hatten.

Daß indes die Theorie der Gefühle den vielleicht unmittelbarsten Bezug zu Kernfragen der empirischen Psychologie hat, ließ Külpes Dissertation erkennen, deren Titel „Zur Theorie der sinnlichen Gefühle" (1887) Stumpfs diesbezüglichen Fragenkomplex vorwegnahm. Külpe hatte zweifellos sehr wichtige analytische Vorarbeit für Stumpf geleistet, die Stumpf auch würdigte. Külpe sei ihm, schreibt Stumpf 1916 in der „Apologie der Gefühlsempfindungen", „in der Ablehnung der Lehre vom Gefühlston als immanenter Eigenschaft der Empfindungen vorangegangen". (1916a, S. 1O; vgl. auch 1907b, S. 4)

Stumpf glaubte auch später noch, daß er und Külpe „im Grunde einer Meinung" waren (1916, S. 11). Diese Meinung teilte Külpe allerdings nicht. In den 1920 von K. Bühler posthum veröffentlichten „Vorlesungen über Psychologie" zählte Külpe Stumpfs Theorie der Gefühle merkwürdigerweise zu den „sensualistischen" und ordnete sie den „heterogenetischen" oder „pluralistischen" Theorien zu, während er, Külpe, mit Nachdruck für eine „ontogenetische" Theorie eintrat (vgl. 1920, S. 255 und S. 291). Die „Vorlesungen" sind für einen Vergleich aber nur bedingt verwendbar, insofern sie nicht deutlich machen, ob sie den letzten Stand der Auffassungen Külpes wiedergeben. Sollte dies der Fall gewesen sein, dann hätte Külpe im ganzen an den grundlegenden Gedanken seiner Dissertation festgehalten. Diese tangierten vor allem den „ontogenetischen" Charakter der Gefühlstheorie, die für eine *generelle Verwandtschaft* aller Lust-Unlust-Erlebnisse eintrat und eine *spezifische Differenz*, insbesondere zwischen den sinnlichen und den intellektuellen, aber auch den ästhetischen, ethischen und religiösen Gefühlen, energisch verneinte (vgl. 1920, S. 246). Die Dissertation wollte die auch von anderen Autoren wie Th. Lipps und H. Lotze befürwortete Unterscheidung zwischen Empfindungen und Gefühlen einerseits erhärten und methodisch verschärfen, andererseits mit der psychophysischen Hypothese in Einklang bringen, die Lotze freilich nicht teilte. Unter „Empfindung" verstand Külpe den einfachen Bewußtseinsinhalt des Weiß, Warm, Bitter usw., während von „Gefühlen" nur im Sinne von Lust und Unlust die Rede sein sollte (vgl. 1887, S. 3). Die Charakterisierung empfahl sich aufgrund methodischer, nicht metaphysischer oder erkenntnistheoretischer Argumente, wie Külpe ausdrücklich betonte.

Empfindungen haben immer eine nach Qualität und Intensität bestimmte *Größe*, während dies für Gefühle *nicht* zutrifft. Das bedeutete, daß Gefühle den Empfindungen gegenüber in einer bestimmten Weise selbständig, nicht „Eigenschaft" oder bloßer „Gefühlston" der Empfindung sind und eine eigene Klasse bilden. Dies sollte einmal durch die innere Wahrnehmung erwiesen (a. O., S. 91), zum anderen durch physiologische Tatsachen gerechtfertigt und in den psychophysischen Zusammenhang eingebettet werden (a. O., S. 28 f.). Die relative Selbständigkeit der Gefühle meinte also nicht, daß Empfindungen als körperliche, physische oder objektive Phänomene, Gefühle dagegen als psychische, geistige oder subjektive Phänomene zu betrachten sind, sondern beide sind psychisch und beiden korrelieren neuronale Substrate. Külpe machte letzteres gegen Lipps und Lotze geltend, die für höhere Gefühle keine Nervenprozesse voraussetzten, „sondern bloß die seelischen Verhältnisse der Angemessenheit und Unangemessenheit". (1887, S. 34) Külpe vermutete, daß „hier ein metaphysisch-dualistischer oder aprioristischer Standpunkt in bezug auf das Verhältnis physischen und psychischen Geschehens vorzuliegen scheint, der als Kriterium für die Entscheidung einer einzelnen Frage mitwirkte". (Ebd.)

Külpe vergißt an dieser Stelle, daß auch die monistische parallelistische Hypothese (die im übrigen monistisch und dualistisch gedeutet werden kann) – der Psychophysische Parallelismus – eine *metaphysische Vorentscheidung* implizierte, die über die anstehenden Einzelfragen mitbestimmte. Allerdings hatte Lotze sich für die *Wechselwirkungstheorie* des Physischen und Psychischen ausgesprochen (vgl. 1859, S. 65 f.), die auch Brentano und Stumpf vertraten. Das eigentliche Unterscheidungsmerkmal der Empfindungen und Gefühle ist nach Külpe aber nicht durch die organischen Substrate gegeben (den Gefühlen eignet kein bestimmtes Organ), sondern in der inneren Wahrnehmung zu suchen. Die häufig in der Diskussion vorgetragene *teleologische* Erklärung der Gefühle (die uns verläßlich über das dem Organismus Zuträgliche/Abträgliche belehrt), läßt Külpe nur bedingt gelten (weil diese ‚Erklärung' keineswegs immer mit den Tatsachen übereinstimmt). Dagegen bezeuge die innere Wahrnehmung, daß das Merkmal der *Gegensätzlichkeit* von Lust und Unlust sich als *auffälligstes* der Beobachtung aufdränge. Lust und Unlust seien Kontrastphänomene, die sowohl die körperlichen Sensationen aller Organe – die viszeralen wie die peripherisch erregbaren Sinnesorgane – aber eben auch die zentralerregten sublimen Gefühle der Trauer und der Freude in stärkerer oder geringerer Ausprägung begleiteten.

Külpes Dissertation und wiederum die ein Jahr später verfaßte Habilitation (vgl. Külpe, 1888) dokumentierten die große Befähigung des Autors zur psychologischen Analyse sowie das energische Bekenntnis zu einer empirisch fundierten Psychologie. Dagegen deutet der Vergleich der philosophischen Schriften mit den psychologischen Arbeiten Külpes auf Unstimmigkeiten. Während z.B. die „Einleitung in die Philosophie" vorsichtig zwischen den damaligen empiristischen und aprioristischen Werttheorien abwog (vgl. 1903, S. 83 f. und S. 96), plädierten die „Vorlesungen über Psychologie" eindeutig in Richtung einer relativistischen Ethik und Ästhetik (vgl. 1920, S. 230 und 248 f.). Külpe sprach in letzteren von der „Universalität", nämlich der universellen Vergleichbarkeit, Übertragbarkeit und Kompensation der Gefühle (vgl. 1920, S. 246 f.). Er fand keine Schwierigkeit darin, „etwa eine gute Tat mit einer süßen Speise oder ein schönes Bild mit einem richtigen Schluß" zu vergleichen (S. 247). Zwar ließen diese sich nicht als Eindrücke miteinander vergleichen, aber doch hinsichtlich ihrer „Bedeutung" für das Gefühl der Lust und Unlust, das sie erwecken. Die „Bedeutung" resultiere nach Külpe aus dem Maß (der Größe) der Gefühle: „Die Lust an einer guten Tat kann größer sein als die Lust an einem schönen Bild." (A. O., S. 248)

Aus letzterem erhellt, daß es Külpe nicht um die phänomenologische Vergleichbarkeit oder gar Unterscheidbarkeit zu tun war, sondern um eine Klassenbildung mit einheitlichem quasi-quantifizierbaren Merkmal. Von „Gedächtnisbildern" der sinnlichen Gefühle wollte Külpe nichts wissen, weil, wie er meinte, jede Erinnerung an ein Gefühl wiederum ein Fühlen sei; er bestritt auch, daß Stumpf derartige phänomenologische Residuale nachgewiesen hätte (a. O., S. 229). Zu den direkt sensualistischen Theorien darf Külpes Ansatz wohl nicht gezählt werden, denn sein Ausgangspunkt involvierte die prinzipielle Abgrenzung der Lust-Unlust-Gefühle gegen die gefühlsunbetonten Empfindungen; in seinen ästhetischen und ethischen Konsequenzen ist Külpes Theorie dennoch als sensualistisch und relativistisch einzustufen.

Ausgegangen war Külpe von der Notwendigkeit, die sinnlichen Gefühle von den Empfindungen analytisch zu unterscheiden; insbesondere der „Grundriß der Psychologie" machte wertvolle Dezisionen, die sich zum Teil mit Stumpfs Analysen überschneiden und wichtige Übereinstimmungen enthalten (vgl. 1893, S. 230 f.). Was Külpe daran hinderte, den intentionalen höheren Gefühlen Eigentümlichkeit zuzubilligen, ist auf dem Konto des Psychophysischen Parallelismus zu verbuchen. Als Psychologe und in seinen psychologischen Arbeiten blieb er der monistischen parallelistischen Hypothese verhaftet, von welcher der Philosoph und Epistemologe sich vorübergehend verabschiedet hatte, um für den Dualismus zu votieren. Noch 1920 hieß es bezüglich der Wahl zwischen den verschiedenen (heterogenetischen und ontogenetischen) Gefühlstheorien: „Nach unseren heutigen Kenntnissen ist eine ontogenetische Theorie in psychophysischer Form allen anderen vorzuziehen." (S. 290) Als ein starkes Argument zugunsten der „ontogenetischen" Gefühlstheorie insistierte Külpe auf die Ökonomie der wissenschaftlichen Erklärung (S. 255), der Stumpf freilich keinen bedeutenden Wert beimaß (vgl. 1907b, S. 53).

Stumpf war von Anfang an gegen den Psychophysischen Parallelismus in jeglicher Variante – seiner spiritualistischen, materialistischen und ökonomistischen Form – angetreten und hatte immer wieder betont, daß dieser sich schlechterdings nicht mit den Tatsachen des Bewußtseins vertrage. Wenn er 1896 (in 1910, S. 65 ff.) aber auch andeutete, daß die Wechselwirkungstheorie nicht dem Credo der Naturwissenschaft, dem Gesetz der Erhaltung der Energie, per se widerspreche und eine diesbezügliche Hypothese formulierte, die dies erhärten sollte (S. 81), die im übrigen Ähnlichkeit hat mit der von K. R. Popper vertretenen Wechselwirkungstheorie (vgl. Popper/Eccles 1982, S. 56 f. und 78 ff.), so zeugt dies für den unbeugsamen Willen des Forschers, im Grenzgebiet von Epistemologie und Psychologie, sowie zwischen Naturwissenschaft und Geisteswissenschaft keine Ungereimtheiten oder gar Widersprüche aufkommen zu lassen.

Die folgenden Paragraphen widmen sich der Verwicklung der Lehre vom Ganzen und den Teilen in die *gestalttheoretische* Diskussion, die auf bemerkenswerte Weise an Stumpfs innovativen Beiträgen vorbeilenkte. Offenbar forderte Stumpfs stets geübte Askese in weltanschaulichen Fragen zu dieser Zeit ihren Tribut. Ein Forscher, der gegen den Zeitgeist, der dem Psychophysischen Parallelismus, dem Positivismus und Phänomenalismus den Vorzug gab, auf *die Eigenständigkeit des Psychischen* insistierte, während Ökonomie und Einheitswissenschaft angesagt waren, der äußerst schwierige Fragen mit unreduzierter Komplexität behandelte und ungewöhnliche Lösungen vorschlug, statt sich mit pragmatischen Positionen zu begnügen, war einerseits viel zu unbequem, andererseits aber auch leicht zu übersehen und zu übergehen in der vielstimmigen Debatte, die von dem, der gehört werden wollte, starke Akzente verlangte. Der Knoten, der sich inzwischen hinsichtlich des

Verhältnisses von Wahrnehmung, Denken und Gefühl immer mehr verdichtete hatte, explodierte in einer Bezeichnung, die wie kaum eine andere Geschichte machte, ohne doch ein einziges Problem wirklich zu lösen.

§ 12 Exkurs über „Gestaltqualitäten"; die Verwicklung der Lehre vom Ganzen und den Teilen in die Diskussion über die Theorie der Gestalt

In welchem Maße das schöne Wort „Gestalt" ein äußerst komplexer und vieldeutiger Begriff ist, kann bei A. Marty nachgelesen werden, der den Konnotationen des Gestaltbegriffs und der Vervielfältigung seiner Bedeutungen nachgegangen ist, wenn das Wort auch noch mit der Bezeichnung „Qualität" verbunden wird (vgl. Marty, 1908, S. 109 ff.). Martys akribische Wortanalyse erhellte einmal die Diskrepanz zwischen der Bedeutungskomplexität von Begriffen und der suggestiven Wirkung von Wortschöpfungen in der Psychologie; sie machte zum anderen deutlich, daß die Intentionen der Gestaltpsychologie nicht mit Brentanos Lehre (die Urteilslehre und die Gefühlstheorie betreffend) in Verbindung zu bringen sind, wie beispielsweise P.F. Linke mit Verweis auf Brentanos Begriff der Intentionalität behauptete (vgl. Linke, 1929, S. 402). Die folgenden Ausführungen machen nicht den Anspruch, die Vielfalt der ontologischen, erkenntnistheoretischen, wissenschaftstheoretischen und psychologisch-methodischen Aspekte, die sich um Begriff und Theorie der Gestalt zentrieren, aufzuschlüsseln; sie beschränken sich vielmehr darauf, gewisse markante Stationen der psychologischen Theoriebildung aufzuzeigen, die sich mit Stumpfs Lehre vom Ganzen und den Teilen berühren.

Stumpfs Beitrag zur Gestaltpsychologie wird in der Geschichte der Psychologie merkwürdig unterschätzt; daß er aber sehr wohl, theoretisch und historisch, von *philosophischer* Seite gewürdigt wurde (vgl. Mulligan, Simons und Smith in Smith, 1988), während die *psychologische* Forschung Stumpf übersieht – eine Ausnahme machen lediglich die Untersuchungen H. und L. Sprungs zur Geschichte des Berliner psychologischen Instituts 1993, 1994 – demonstriert einmal mehr, daß das Auseinandertreten und Getrenntgehen von Philosophie und Psychologie prekäre Defizite signifikanter Forschung zur Folge haben. Vermutlich hat auch in diesem Fall wie in anderen (beispielsweise die Unterbelichtung der Leistungen J.F. Herbarts, A. Martys und K. Bühlers für die Sprachpsychologie) der Zweite Weltkrieg eine Lücke in die Kontinuität psychologischer Forschung gerissen, die nur schwer oder gar nicht mehr zu schließen sein wird.

Daß Stumpf der Lehrer aller später berühmt gewordenen Gestaltpsychologen war, ist im Gedächtnis der aktuellen Geschichtsschreibung der Psychologie vereinzelt haften geblieben (vgl. M. Wertheimer, 1971, S. 101). An den großen intellektuellen Einfluß Stumpfs in der Konstitutionsphase der wissenschaftlichen Psychologie erinnerte sich auch noch Lewin 1937. Lewin beschrieb seinen ehemaligen Lehrer als einen Wissenschaftler von höchstem Rang, der unter seinen Berufskollegen das größte Ansehen genoß, der seine Zeit entscheidend mitprägte und auf seine Anhänger einen nachhaltigen Einfluß ausübte. Er konkretisierte dies besonders im Hinblick auf die Gestaltpsychologie: „Viele seiner Ansichten weisen einen engen Zusammenhang mit grundlegenden Ideen der Gestaltpsychologie auf". (Vgl. Lewin in 1981, S. 339-345)

Eine nähere Ausführung dieses Zusammenhangs mit den Ideen einer der berühmtesten psychologischen Schulen unterblieb indes auch hier und zwar aus guten Gründen. Einmal abgesehen davon, daß die Theorien der Gestalt- und Ganzheitspsychologie aus heterogenen Ideen und Motiven gebildet und entwickelt wurden, dürfte Lewin nicht anders als seine Freunde gewußt haben, daß sie zwar viel von Stumpf gelernt hatten, ihre theoretischen Ambitionen aber weit mehr dem wissenschaftstheoretischen Gedankengut des einstigen *Gegners* ihres Lehrers, nämlich Ernst Mach, verpflichtet waren.

Der Anteil der machschen Wissenschaftstheorie an der Theorie der Gestaltpsychologie bei ihren Pionieren M. Wertheimer, K. Koffka und W. Köhler wurde 1976 von Th. Herrmann mit Recht hoch veranschlagt (vgl. Herrmann, 1973, S. 537-685), der Einfluß Ch. v. Ehrenfels', der 1890 den Begriff der „Gestaltqualitäten" prägte und damit einen neuen Weg psychologischer Forschung eröffnete, dagegen für weniger bedeutsam. Der berühmte Artikel „Über Gestaltqualitäten" (1890) und sein universeller Anspruch ist aber letztlich so vieldeutig, daß schwer entscheidbar sein dürfte, wem die gestaltpsychologische Bewegung ihre zentralen Anregungen verdankte. Daß v. Ehrenfels sich ausdrücklich auf Mach berief, verschaffte dieser Quelle einerseits besondere Bedeutung, sorgte andererseits in der historischen Aufarbeitung der komplexen Hintergründe der Gestaltpsychologie für Verwirrung.

Ehrenfels wies 1890 darauf hin, daß es sich bei den sogenannten Gestaltqualitäten um einen „in der Philosophie mehrfach beachteten Tatbestand" handle; bezüglich der „Bemerkungen und Hinweise", die er bei Mach zur Festigung seiner Auffassung gefunden habe, merkte er an, daß sie dort „in einem ganz anderen Zusammenhang entstanden" seien (vgl. 1890, S. 249). Letzterer wird aber weder erläutert, noch werden die auch von Ehrenfels angedeuteten Differenzen zwischen Mach und seiner Auffassung herausgestellt. Die mehrere Psychologengenerationen zu geistiger Anregung herausfordernde These lautete:

> Der Beweis für die Existenz von „Gestaltqualitäten" [...] mindestens auf dem Gebiet der Gesichts- und Tonvorstellungen, liefert die [...] Ähnlichkeit von Melodien und Figuren bei durchgängiger Verschiedenheit ihrer tonalen und örtlichen Grundlage. Dieser Umstand läßt sich [...] mit der Auffassung von Ton- und Raumgestalten der bloßen Summe tonaler oder örtlicher Bestimmtheiten nicht vereinigen. (S. 258)

Freilich hatte Stumpf den Unterschied einer bloßen Summe zu einem durch seine Teile und Teilinhalte (Relationen) charakterisierten Ganzen schon in der Monographie über die Raumvorstellung (1873, S. 5 f.) und wieder im ersten Band der „Tonpsychologie", hier das Phänomen der Melodie miteinbeziehend, vertreten (vgl. 1883, S. 113) – allerdings zur Veranschaulichung des Substanzbegriffs, den der machsche Positivismus entschieden ablehnte und verabschiedet hatte. Ehrenfels definierte die „Gestaltqualitäten" als „positive Vorstellungsinhalte, welche an das Vorhandensein von Vorstellungskomplexen im Bewußtsein gebunden sind, die ihrerseits aus von einander trennbaren (d. h. ohne einander vorstellbaren) Elementen bestehen". (A. O., S. 262)

Das Teil-Ganzes-Verhältnis meinte bei Ehrenfels den Unterschied zu Summen und bloßen Aggregaten, bei denen die *Anordnung* der Elemente von Wichtigkeit ist und, verglichen mit den elementaren oder „fundierenden" Vorstellungselementen, etwas Neues bedeutete: Bei Transponierung einer Melodie auf einen anderen Grundton ändern sich alle Töne, während die Beibehaltung ihrer Relationen (Abstände, Intervalle) ihr den ihr eigenen melodiösen Charakter bewahrt. Vergleichbares gilt für räumliche Gestalten bei Lageänderung ihrer elementaren Raumpunkte. Ehrenfels folgerte – sachlich in Gegenposition zu Stumpf – daß die Erhaltung der Gestalt ein Phänomen sei, das weder den materiellen Elementen (den Tönen) noch den sinnlichen Empfindungen eigentümlich sei, auch nicht durch eine speziell auf sie gerichtete Tätigkeit zustände käme (S. 287). Zur empirischen Verifizierung könnte die innere Wahrnehmung nicht unmittelbar als Beweismittel dienen (S. 252), die *Existenz* der Gestaltqualitäten sei aber unbezweifelbar. *Was* die Gestaltqualitäten letztlich *sind*, ließ Ehrenfels offen, während er recht ausführlich behandelte, was sie *nicht* sind; er betonte lediglich, daß sich *an ihnen* der Abstraktionsprozeß vollziehe (S. 265).

Der berühmte Artikel subsumierte eine Vielfalt von Phänomenen unter den neuen Begriff: zeitliche und räumliche Gestalten, Klangfarbe, Harmonie und künstlerischen Stil, zeitliche, räumliche und qualitative Kontinua, Relationen und Begriffe. Die Vielfalt schien auf ein allumfassendes Erklärungsprinzip zu deuten, nämlich

> die Kluft zwischen den verschiedenen Sinnesgebieten, ja den verschiedenen Kategorien des Vorstellbaren überhaupt zu überbrücken und die anscheinend disparatesten Erscheinungen unter ein einheitliches System zusammenzufassen. (S. 289)

Im Dienste der wissenschaftlichen „Einheitsbestrebungen" und zur Befriedigung aller ordnenden Erkenntnistriebe stellte Ehrenfels nicht weniger als die Möglichkeit in Aussicht, „die ganze Welt unter einer einzigen mathematischen Formel zu beschreiben". (S. 292) Daß Ehrenfels sich hinsichtlich ähnlicher Gedanken auf E. Mach als „Vorläufer" berief und Stumpf an keiner Stelle erwähnte, könnte mit Kontroversen innerhalb der Brentanoschule in Zusammenhang gestanden haben; Ehrenfels berief sich in einer Fußnote auf Brentanos, zu dieser Zeit noch nicht publizierte Sinnespsychologie, in der Brentano seine Einwände gegen Stumpfs tonpsychologischen Ansatz, *insbesondere die Unterscheidung des visuellen und akustischen Sinnesraumes* und den Begriff der Verschmelzung bereits formuliert hatte (vgl. 1907/1979, S. 218 ff.).

Die Vielfalt des Phänomens der Gestaltqualitäten implizierte freilich auch seine *Vieldeutigkeit*. Ehrenfels hat später selbst auf die zu weite Fassung des Begriffs, Unklarheiten und Vieldeutigkeiten seiner programmatischen Schrift hingewiesen (vgl. 1891 und in 1974, S. 47 ff. und 61 ff.), welche wahrnehmungspsychologische, logisch-begriffliche, relations- und gegenstandstheoretische Aspekte zu *einem* Begriff verdichtete und zur „Weltformel" stilisierte. In den neunziger Jahren des 19. Jahrhunderts löste sie eine Diskussion aus, die zur Weggabelung der meinongschen „Gegenstandstheorie", der husserlschen Phänomenologie und der Gestaltpsychologie führte. Bemerkenswerterweise beteiligte Stumpf sich nicht an dieser Diskussion. Erst 1907 (in „Erscheinungen und Funktionen", S. 28) nahm er Stellung zu den „Gestaltqualitäten". Im folgenden wird zunächst die Diskussion innerhalb der engeren phänomenologischen Forschung berücksichtigt und sodann zu Ernst Mach und der Entwicklung der psychologischen Theorie der Gestalt zurückzukehren sein.

§ 13 Diskurs über Ch. v. Ehrenfels' „Gestaltqualitäten" im Vorfeld der Phänomenologie

Wesentlich angefacht wurde die Debatte über den Wert der neuen psychologischen Gestaltperspektive durch Stumpfs Assistenten F. Schumann. Er verwies 1898 in seinem folgenreichen Artikel „Zur Psychologie der Zeitwahrnehmung" in Auseinandersetzung mit Meinong und seinen Mitarbeitern Ch. v. Ehrenfels, V. Benussi und St. Witasek auf ein (vielleicht *das*) Grunddilemma der psychologischen Methodologie – das Problem der Zeitwahrnehmung – und stellte *in diesem Kontext* die empirisch-psychologische Verifizierung der Gestaltqualitäten überhaupt in Frage. Der Artikel machte allerdings auch, indem er auf die inneren Berührungspunkte der Position Ehrenfels' und Stumpfs in beider Beziehung auf das Problem der Zeitwahrnehmung fokussierte, Abstriche an zentralen Positionen der in der „Tonpsychologie" entwickelten Funktionspsychologie Stumpfs, die in der Hauptsache die Urteilslehre und Stumpfs Postulat betrafen, daß der Urteilsakt (das Sinnesurteil) das zu Beurteilende (die relationale Struktur der Erscheinungen) *einschließt*:

> Ich vermag aber meinerseits die Gründe, welche für die Existenz eines besonderen Urtheilsvorganges (welcher durch die innere Wahrnehmung jedenfalls nicht constatirt werden kann) angeführt sind, nicht als beweisend zu betrachten. Vor Allem vermag ich keinen Grund zu entdecken, welcher beweisen könnte, daß das Urtheil das zu Beurtheilende einschließt. (A. O., S. 118)

Wenn Schumann das Urteil als „unbekannte Größe" behandeln wollte, dann bedeutete dies im Kontext der Psychologie der Zeitwahrnehmung nichts anderes, als daß er die *simultane* Wahrnehmung mehrerer unterschiedlicher Bewußtseinsinhalte (Relationen) durch innere Wahrnehmung bestritt und damit wesentliche Grundannahmen der Phänomenologie, der Struktur- und Funktionspsychologie Stumpfs wieder auf den Prüfstand stellte

> Weder ist sicher festgestellt, wie wir dazu kommen, an der untrennbaren Einheit einer Tonempfindung die Eigenschaften der Intensität, Qualität und zeitlichen Dauer zu unterscheiden, noch stimmen die Ansichten über das Urtheil überein, noch ist die Zusammensetzung der Empfindungen zu Einheiten auch nur annähernd genügend untersucht, noch haben wir eine ausführlich begründete Theorie der inneren Wahrnehmung. (A. O., S. 112)

Was das *Hauptproblem* – die psychologische Zeitanschauung – anbelangte, vertrat Schumann die Auffassung, daß *alle* Ansichten über die Zeitwahrnehmung rein hypothetischer Natur seien und gab seinerseits der *einfachsten* Hypothese den Vorzug, nämlich daß die Zeit etwas den Sinnesempfindungen *Immanentes* und Mitgegebenes sei. Zur Sicherung dieser Hypothese stützte er sich aber nicht auf Stumpf (der sie schon in der Monographie über den Raum vertreten hatte), sondern auf unveröffentlichte Manuskripte G.F. Müllers (vgl. a. O., S. 106 ff.), die Zeit und Raum als sinnliche „Modifikationen", *analog* den qualitativen „Modifikationen" (der Attribute im Sinne Stumpfs) begriffen und für die Zeitwahrnehmung folgerten,

> daß das Wissen von einem Wechsel und zeitlichen Verlaufe von Vorstellungen und Ereignissen nicht von den Empfindungen und Vorstellungsbildern derselben wesentlich verschiedene höhere geistige Thätigkeit, kein besonderes beziehendes Wissen zur Voraussetzung hat. (S. 111)

Schumanns Lösung lief letztendlich darauf hinaus, das Problem zeitlicher Vergleichung zum Zwecke der psychologischen Analyse im Hinblick auf die Gewinnung elementarer Bausteine überhaupt zu eliminieren. Bei aller psychischen Vergleichung (Urteilstätigkeit) ist die Zeit immer schon mit im Spiel; läßt sie sich nicht auf Elementares, auf Zeitpunkte unendlich (?) kleiner Zeitausdehnung, reduzieren, *wie kann dann jemals Elementares überhaupt gewonnen werden?* Die Vergleichung einzelner Sinnesreize (beispielsweise Töne) und zeitlicher Intervalle sollte durch die Annahme ersetzt werden, daß die Wahrnehmung von Reiz*komplexen*, nicht von Einzelreizen ausginge, ein kurz dauernder Ton habe eine andere Wirkung als ein langdauernder, ein Akkord eine andere Wirkung als ein einzelner Ton, und von den *Komplexen* der Töne ginge eine je andere Wirkung aus (S. 124), die verglichen werden und nach Kategorien zusammengefaßt werden könnten.

Wenn die psychologische Zeitanschauung es mit *Zeitstrecken* oder mit zeitlichen *Komplexen*, aber nie wirklich mit Zeit*punkten* zu tun habe, *dann entfielen alle Spekulationen über raum-zeitlich Elementares*, dürften derartige

Elemente (im Sinne mathematischer Punkte) *auch nicht* unter der Bezeichnung „fingierte Teile" (Meinong) vertreten werden; mathematische Begriffe seien von der psychologischen Beschreibung überhaupt fernzuhalten (S. 132). Meinongs diffizil abwägende Überlegungen in diese Richtung fertigte Schumann mit der Bemerkung ab, daß Meinong dem Vorstellungsbegriff eine „zu einseitig populäre Bedeutung" unterlegt habe (S. 132). Schumann destruierte im ganzen die Auffassung, daß außer der Annahme: Komplexe üben für sich eine *spezifische* Wirkung aus, und bei der Vergleichung assoziieren sich den neu hinzukommenden Komplexen *Gefühle* (S. 135), noch andere Erklärungen in Frage kämen, auf einen so vieldeutigen Terminus wie den der „Gestaltqualitäten" jedenfalls zu verzichten sei.

Seine Lösung, die den Reiz der (allzu) einfachen Erklärung für sich in Anspruch nehmen konnte – wenngleich fraglich sein dürfte, in welchem Sinne denn überhaupt von Zeit*komplexen* gehandelt werden kann – berief sich auf die „innere Wahrnehmung". Aber *kann* die innere Wahrnehmung in *diesem* Fall überhaupt als bestätigende oder verneinende Zeugin in Anspruch genommen werden? Daß Schumann letztendlich auf ein Paradox hinarbeitete, ist aus folgendem ersichtlich: Das in eine Frage gekleidete methodologische Grundproblem, nämlich ob sich raum-zeitliche „Modifikationen" überhaupt – zum einen vom Bewußtseinsganzen, zum anderen von den qualitativen Modifikationen (den Attributen in der Terminologie Stumpfs) – separieren und abtrennen lassen, bejahte Schumann mit einer brisanten Einschränkung; er machte darauf aufmerksam, daß das unterscheidende Urteil dann jeweils ein *anderes* sei, während der Empfindungskomplex *derselbe* sein könnte. Aus dieser prinzipiellen Diversität zwischen analysierender Urteilstätigkeit (die, indem sie urteilt, das zu Beurteilende immer verfehlt) und dem Empfindungskomplex zog Schumann den für Stumpfs Ansatz vernichtenden Schluß, daß auf die „merkwürdige Annahme", „daß Qualität, Intensität und Dauer als Theilinhalte anzusehen sind", durchaus verzichtet werden könnte (S. 144).

Zu dieser Zeit (1898) hatte Stumpf seine Fundamentalprämissen hinsichtlich der Unterscheidung der „Erscheinungen und Funktionen", derjenigen zwischen Erscheinung, Inhalt, Gegenstand und Akt, die freilich allen seinen Arbeiten immer schon zugrunde lag, noch nicht ausdrücklich formuliert; erst 1907, in den beiden Akademieartikeln, erfolgte ihre programmatische Darstellung. Zu diesem Zeitpunkt hatten seine ehemaligen Schüler sich aber bereits mit dem positivistischen Zeitgeist solidarisiert, und die scharfe Kritik, die Stumpf in „Zur Einteilung der Wissenschaften" gegen das monistische „ökonomische" Wissenschaftsverständnis und die seiner Auffassung nach defizitäre Erkenntnispsychologie E. Machs richtete, dürfte sie kaum irritiert, geschweige denn überzeugt haben.

Schumanns Ausführungen über das Problem der Zeitanschauung evozierten Stellungnahmen, die schlagartig und grell die enge Verknüpfung dieses Problems mit den methodischen Problemen der deskriptiven Psychologie, ja der

Methodologie der Psychologie überhaupt, beleuchteten. Meinongs Betroffenheit über Schumanns Artikel äußerte sich in der Bemerkung, durch ihn sähe er, falls der Autor im Recht wäre, seine gesamte bisherige Arbeit in Frage gestellt (vgl. 1899 in 1971, S. 379).

Husserl verwahrte sich in den „Logischen Untersuchungen", trotz Schumanns „rühmlichen Bestrebens nach möglicher Strenge und Voraussetzungslosigkeit", mit Recht gegen den vernichtenden „Skeptizismus". Dieser kulminiere in der Behauptung, daß das Bewußtsein ein absolut Einheitliches sei, von dem wir nicht wissen könnten, ob es Teilinhalte habe, „ob es sich überhaupt in irgendwelche, sei es gleichzeitige, sei es zeitlich aufeinanderfolgende Erlebnisse entfalte. Es ist klar, daß ein solcher Skeptizismus jede Psychologie unmöglich machen würde". (1928, S. 205) Husserl hielt dem entgegen, daß der „Fluß der immanenten Erscheinungen" nicht die Möglichkeit aufhebe, sie, auf der Basis der Anschauung, zunächst in „vage", obschon „völlig klare Begriffe" zu fassen und mittels ihrer „evidente Entscheidungen" zu treffen, „welche für die Ermöglichung einer psychologischen Forschung ganz hinreichend sind." (Ebd.) Freilich lag diesem Bescheid Husserls spezifische Lösung des Abstraktionsproblems, nämlich das Grundpostulat *überzeitlicher* wahrnehmbarer (geschauter) Gebilde (Noemata), das Postulat „ideierender Abstraktion" und der Terminus „kategorialer Anschauung", die er freilich nicht als psychologische Termini verstanden wissen wollte und die der Psychologie auch kaum gegen den schumannschen Skeptizismus weitergeholfen hätten, der Idee nach schon voraus. Das Grundpostulat überzeitlicher (idealer, noematischer) Gebilde wurde aber zuletzt doch wieder durch die ungelöste Zeitproblematik in Husserls Phänomenologie eingeholt (zur Zeitproblematik bei Meinong und Husserl vgl. Bergmann, 1908, S. 73 ff.; auch Benets Einleitung in Husserl, 1985).

Auch E. Cassirer behandelte in seiner Schrift „Substanzbegriff und Funktionsbegriff" (1910), deren letztes Kapitel der Kritik und Abwehr der „neueren Psychologie" gewidmet war (vgl. 1990, S. 433 ff.), Schumanns Artikel an zentraler Stelle. Cassirer fokussierte seine Kritik zunächst nicht auf das Problem psychologischer Zeitwahrnehmung, sondern – indem er zugleich Stumpf und seinen Assistenten zurückwies – auf den Begriff der *Relation* und reklamierte gegen seine psychologische Verwendung den transzendentalen Standpunkt: Relationsbegriffe wie „Gleichheit", „Verschiedenheit", „Einheit" seien als notwendige „Idealrelationen" *vorgegeben* (würden nicht wahrgenommen, hätten nichts mit der äußeren oder inneren Wahrnehmung zu schaffen); Relationsbegriffe fielen in den Sektor der Logik, nicht in den der Psychologie (S. 449, 459). Wenn Schumann das Erfassen von Ganzheiten (Komplexen, Einheiten) an deren *Wirkung* festmache, dann sei ihm ein Zirkel unterlaufen, weil in seiner Argumentation die Kausalrelation (das Ursache-Wirkungsverhältnis) ja bereits *vorausgesetzt* würde (S. 444).

Unter diesen Prämissen ist es nicht verwunderlich, daß Cassirer, was das bei Kant grundlegende *Verhältnis* von Anschauung und Urteil anbelangt, nämlich „daß der Prozeß der Wahrnehmung von dem des *Urteils* nicht zu trennen ist", (S. 453) mit der Auffassung seines Kontrahenten glaubte übereinstimmen zu können, allerdings in der Perspektive, die elementare Urteile (also doch wohl Urteile und Formen *vor aller Erfahrung*) allemal *voraussetze*, „kraft deren der Einzelinhalt als Glied einer bestimmten Ordnung erfaßt und damit erst in sich selbst gefestigt wird", (S. 453) während Schumann den Urteilsakt schlechterdings eliminierte (Cassirer ihn – wie übrigens auch Brentano – mit der *Wahrnehmung* zusammenfallen ließ). Hinsichtlich des Grundproblems, um das sich die gesamte „neuere Psychologie" drehte, nämlich wie das Erfassen *simultaner* Bewusstseinsphänomene (Relationen) in *einem* Akt (psychophysisch) zu erklären sei, machte Cassirer den lapidaren Vorschlag, daß auch für das „Finden" dieser Gleichzeitigkeit „elementare Formen des geistigen Tuns" anzunehmen seien (S. 454).

Die alltagssprachlichen, terminologisch unscharfen Wortverwendungen deuteten darauf hin, daß Cassirer dem gravierendsten Problem der „transzendentalen Ästhetik" schlicht aus dem Wege ging: Die Theorie der Zeit als innerer Sinn, als Vorstellungsform, als Zeitlinie oder als „Strom des Bewußtseins" erklärt die beiden Grundprobleme der Raum-Zeitwahrnehmung nicht, nämlich (a) die Wahrnehmung des *Gleichzeitigen* und (b) wie die *reine* Raumanschauung das Problem der jeweiligen, der *konkreten* Gestalt zu lösen vermag, wonach schon Herbart gefragt hatte und worauf später zurückzukommen sein wird. Zweifellos hatte Schumann in scharfsinniger Weise an das Grundproblem der „transzendentalen Ästhetik" *und* der psychologischen Methodologie gerührt, ohne indes selbst eine Lösung anbieten zu können. Diese war aber gewiß nicht bei E. Mach zu finden, der sowohl für die ehrenfelsschen „Gestaltqualitäten" als auch für die Theorie der Gestalt in der Berliner Gestaltpsychologie Pate gestanden haben soll.

§ 14 E. Machs Theorie der Raum-, Zeit- und Gestaltempfindung im Kontext der Hypothese des Psychophysischen Parallelismus

Ernst Machs „Analyse der Empfindungen und das Verhältnis des Psychischen zum Physischen" (1886) negierte den in der Brentanoschule betonten Unterschied des Psychischen und Physischen schlechterdings und begriff beides als den jeweiligen *Zusammenhang* sinnlicher Elemente (vgl. 1886/1985, S. 34). Mach betonte nach dem Prinzip des Psychophysischen Parallelismus den basalen Charakter der Empfindungen, für die durchwegs eine organisch-physiologische Grundlage gesucht wurde; er berief sich auf und begnügte sich weitestgehend mit der Charakteristik assoziativer Verbindungen, votierte auch für „angeborene Assoziationen", „angeborene Triebe" und „fertige Verbindungen" (S. 196).

Raum und Zeit bedeuteten auf diesem Hintergrund „in physiologischer Beziehung besondere Arten von Empfindungen, in physikalischer Beziehung aber *funktionale Abhängigkeiten* der durch Sinnesempfindungen charakterisierten *Elemente von einander*". (S. 284) Die Raumempfindung hinge vorwiegend von motorischen Prozessen der Augen- und Muskelbewegungen ab (S. 105), die Zeitempfindung mit der an das Bewußtsein geknüpften „organischen Konsumtion", so daß wir die „Arbeit der Aufmerksamkeit" als Zeit empfänden (vgl. S. 200 f.). Die Zeit sei nichts, was sich noch von den Empfindungen unterscheiden ließe, sie mache die Ordnung des psychischen Lebens aus, und die Umkehrung dieser Ordnung entstelle den Vorgang noch viel mehr als die Umkehrung einer Raumgestalt; die physiologische Zeit sei ebenso wie die physikalische Zeit nicht umkehrbar und könnte nur in *einem* Sinne ablaufen (S. 209). Das hieß einmal, daß überzeitliche, von der Empfindung abtrennbare geistige Gebilde (wie Begriffe, aber auch Gestalten als solche) nicht in Frage kamen; Mach bezeichnete das Wiedererkennen derselben Melodie (bei Transponierung auf einen anderen Grundton) als „Empfindung" (S. 232), das hieß zum anderen, daß Mach als der Vorläufer jener Theorien betrachtet werden kann, die ‚Zeit' entweder als ein dem Menschen mitgegebenes biologisches Apriori (vgl. dazu in neuerer Zeit wieder Elias,1982) betrachten, oder das Zeit*erleben* mit dem physikalischen Zeitbegriff identifizieren (vgl. den § 11, 4. Kap. dieser Arbeit).

Das Charakteristische der Gestaltempfindung demonstrierte Mach einmal an der Differenz geometrischer und optischer Raumgestalten, zum anderen an der akustischen Wahrnehmung der Melodie, also sowohl an nichtzeitlichen (räumlichen) wie auch an zeitlichen (akustischen) Gestalten. Gefragt wurde, was *physiologisch* das Wiederkennen einer Gestalt bewirke (S. 87 f.). Mach setzte auf „Orientierungen", die optisch durch die Muskelempfindungen der Augenbewegungen und durch gewisse Invarianzen der beiden Gehirnhälften bedingt seien.

Das räumliche Beispiel sollte den Unterschied zwischen rechnenden Verstandesoperationen und sinnlicher Auffassungsweise (Wahrnehmung) ähnlicher räumlicher Gebilde verdeutlichen, darüber hinaus für die unmittelbare Erfassung der Ähnlichkeit optischer Gestalten eine *physiologische* Erklärung bereitstellen. Das zeitliche Beispiel deutete darauf hin, daß Gestalthaftes (Melodie, Intervall) unmittelbar erfaßt und besser behalten wird als isoliert Elementares, und gab einen Hinweis auf den Sprach- und Abstraktionsvorgang (S. 229, 234). Auch bezüglich der Klangwahrnehmung wird eine physiologische Theorie – als Substitut für die ins Kreuzfeuer der Kritik geratene Konsonanztheorie v. Helmholtz' – angeboten (S. 237). Machs Kapitel über die „Tonempfindungen" (S. 214 ff.), das die zentralen Ausführungen zur Auffassung der Melodie als Gestalt enthält (vgl. besonders S. 232), ist mit einer Fußnote versehen, in der sich Mach sowohl von Stumpfs psychologischer Theorie der Ähnlichkeitserfassung – als Urteilsakt – hinsichtlich klanglicher Gebilde distanzierte (vgl. Stumpf 1883, S. 122), weil sie mit seinem „Forschungsprinzip des Parallelismus" unvereinbar sei, als Mach Stumpf gegenüber Prioritätsansprüche geltend zu machen schien. Wenn Mach dort betonte, daß er seinen Standpunkt bereits 1865 eingenommen habe und Stumpf in der Fußnote für die vielfache Berücksichtigung *seiner* Arbeit *dankte*, dann setzte er den Wert von Stumpfs „Tonpsychologie" auf elegante Weise zu Paralipomena *seiner* Forschungen herab.

Das Problem der Erfassung ähnlicher Komplexe (räumlich-geometrischer Gebilde und Melodien) und deren spezifischer Charakter im Unterschied zu den sie aufbauenden Elementen war drei Jahre vor Machs Veröffentlichung der „Analyse der Empfindungen", und zwar unter Verwendung *derselben* Beispiele, von Stumpf im ersten Band der „Tonpsychologie" gestellt und beantwortet worden. Stumpf hatte ausdrücklich abgelehnt, daß für die Wahrnehmung des Räumlichen und der Gestaltähnlichkeit ein *zusammengesetzter* Akt zu postulieren sei, wie dies vornehmlich in Herbarts Schule (in Form von Reihenbildungen und Reproduktion der Vorstellungsreihen) angenommen wurde, er verneinte freilich auch, diesmal an die Adresse der „monistischen Denker", nämlich Fechner und Mach, daß für diesen Urteilsakt jemals eine „psychophysische Repräsentation" gefunden werden könnte (vgl. 1883, S. 199). Wie sollte denn auch das *Physische* die Zusammenfassung, die Synthese, des Vielen zu *Einem*, in dem das Viele in seiner Eigenart noch erkenntlich ist, leisten, ohne Zuflucht zu *unbewußten* Seelenvermögen zu nehmen, die ja immer dann willkommen sind, wenn das psychologische Bewußtsein nicht mehr weiter weiß.

Ob die von Mach gestellten Prioritätsansprüche den Ausschlag gaben für Ehrenfels' Berufung auf diese Quelle, oder ob Ehrenfels zu dieser Zeit dem machschen Positivismus und Monismus näher stand als dem deskriptiv-psychologischen Ansatz, mag dahingestellt bleiben. Auffallend ist jedenfalls Ehrenfels' völliges Ignorieren der „Tonpsychologie" Stumpfs.

§ 15 Methodologische Motive zur Weggabelung der Theorie der Gestalt

Nicht weniger auffallend ist allerdings auch, daß Stumpf sich nicht an der nach 1890 einsetzenden vielverzweigten Diskussion über den Begriff der Gestaltqualitäten beteiligte. Dies mag zum Teil die Unterrepräsentanz seiner Lehre in historischer Perspektive erklärlich machen. Th. Herr mann erwähnte Stumpf in seinem detaillierten Artikel lediglich in der Funktion des Lehrers, der gründliche Kenntnisse des damaligen Standes der Sinnesphysiologie vermittelte (vgl. 1973, S. 583). Herrmanns Konfrontation der Grazer oder „Österreichischen Schule" mit dem Einfluß Machs vermag keinen Aufschluß über die theoretischen Wurzeln der Gestaltpsychologie zu vermitteln, wenn philosophiehistorische, erkenntnistheoretische und methodologische Prämissen außeracht gelassen werden. In diesem Kontext bedeutet das Übersehen von Stumpfs deskriptiven und experimentellen Beiträgen zur Sinnespsychologie als *Wahrnehmungspsychologie* einerseits ein Versäumnis, welches alte Vorurteile unangetastet läßt, andererseits ist das Übergehen von Stumpf begreiflich; Stumpfs Arbeiten konfrontieren mit besonderen Schwierigkeiten.

Th. Herrmanns Rekonstruktionsversuch sieht vereinfacht dargestellt folgendermaßen aus: Während die sogenannte „Österreichische Schule", der Psychologie Lotzes und Brentanos verpflichtet, in der Gestaltbildung visueller und akustischer Komplexe eine der Empfindung übergeordnete aktive und produktive Tätigkeit vermutete, eine Art „höheren Psychismus", der sich nicht aus der bloßen Summierung der Wahrnehmungselemente verstehen, auch nicht der Urteilsbildung unterordnen ließ, postulierte K. Koffka im Anschluß an M. Wertheimer und W. Köhler einen physiologischen Prozeß sui generis und die *Unableitbarkeit* der Gestalt aus der Wahrnehmung der Empfindung. Den Wahrnehmungsprozessen der Gestalten korrelierten physiologische *Gesamt*prozesse, die ihrerseits nicht aus Teilsachverhältnissen ableitbar seien.

Die Ausführungen Herrmanns sind an dieser Stelle ergänzungsbedürftig: Der bekannten Version, die Gestaltpsychologie habe den psychologischen Elementarismus und mechanischen Assoziationismus besiegt, stand ein wesentlich komplexerer Ansatz und Anspruch gegenüber. Wurde auf der einen Seite die Idee übersummativer Sachverhalte psychologisch aus der Einheit des Bewußtseins und seiner intentionalen Akte abgeleitet, stand ihr auf der anderen Seite unter methodischer Berücksichtigung des Psychophysischen Parallelismus die Unvereinbarkeit derartiger geistiger Leistungen mit der psychophysischen Konstanzannahme und mit lokalisatorisch-physiologischen Abbildungsprozessen auf mechanistischer Basis im Wege. Die Kritik richtete sich also sowohl gegen die psychologische Produktionstheorie als auch gegen das ältere wundtsche Modell psychophysiologischer Erklärung.

Th. Herrmann charakterisiert den Anspruch der „Produktionstheorie" als gerichtet 1. gegen den Elementarismus der klassischen Assoziationspsychologie und 2. gegen „die seinerzeit innerhalb der Psychologie vorherrschende Anschauung, das Psychische bzw. das im Bewußtsein Vorfindliche bestehe in einer bloßen Abbildung (Reproduktion, Widerspiegelung o.dgl.) der „realen" Außenwelt". (Vgl. a. O., S. 574 f.) Gegen diesen Standpunkt seien von seiten der Produktionstheorie psychische Verarbeitungsvorgänge und Synthesen geltend gemacht worden. Herrmanns Darstellung erfordert zwei prinzipielle Korrekturen:

1. Abbildfunktion des Psychischen versus produktive Gestaltbildung

Ein naives Abbildungsmodell ist von *keinem* Forscher des 19. Jahrhunderts mehr vertreten worden. D. Humes klassische Assoziationstheorie enthielt in nuce die später entwickelte Relationspsychologie. Die Assoziation ist eine Verbindung (Relation), nicht selbst etwas Elementares. Daß der eigentliche Streitpunkt im letzten Drittel des 19. Jahrhunderts die Art der Relationen als *Synthesen, Akte* und ihre *physikalisch-physiologischen* Korrelate betraf, ist bereits bei F.A. Lange nachzulesen (vgl. 1974, 2. Bd., S. 859). Also nicht die Verbindung als solche war fraglich, sondern ihre ontische (physischpsychische) Natur, respektive der *Akt* des Überganges von der physischen Vielfalt in die psychische Einheit. Das *Zustandekommen* der Synthesen war und mußte nach Lange jedoch ein Rätsel bleiben, gleich groß und gleicher Art, „ob man nun eine mechanische Vereinigung der Reize zu einem Bilde in einem materiellen Zentrum annimmt oder nicht". (A. O., S. 859) In diesem Kontext verwahrte sich bereits Lange (und später wieder die Berliner Gestaltpsychologen) gegen die deskriptive Aktpsychologie Brentanos und Stumpfs (A. O., S. 885 ff.)

2. Polemik gegen den Elementarismus und unbemerkte Empfindungen im Kontextder Konstanzannahme

Nicht die sogenannten „Produktionstheoretiker" beschworen das „Schreckgespenst" eines psychologischen Atomismus herauf, der „eigentlich nie vertreten worden" war. Nach E. Jaensch haben erst die Gestalttheoretiker nach 1920 „die in allen anderen Kreisen der deutschen Psychologie geleistete Arbeit durch ein völlig verzerrtes Bild diese Arbeit" abgewertet und besagtes „Schreckgespenst" allererst in Umlauf gebracht (vgl. Jaensch, 1927, S. 121 f.). Jaensch mag in seiner Kritik der Gestaltpsychologen zu weit gegangen sein (vgl. dazu auch Linke, 1929, S. 402); Köhlers Kritik richtete sich allerdings sowohl gegen den „Elementarismus" der Produktionstheoretiker als auch gegen den hypothetischen „Atomismus" in der Lehre Stumpfs; ihr Haupteinwand zielte auf die Beibehaltung der sogenannten Konstanzannahme, das hieß in diesem Kontext: die Beibehaltung einer *angenommenen* Entsprechung (oder Korrelation) fundierender (elementarer) und fundierter Vorstellungsinhalte, respektive das Festhalten an „unbemerkten" (elementaren) Empfindungen bei Stumpf.

Die Diskussion um die Konstanzannahme von seiten Köhlers und Koffkas enthielt aber einen Sophismus, der in der Vermischung der ontologischmetaphysischen (der psychophysischen) Seite des Problems und der wissenschaftslogischen (methodologischen) wurzelte. In Frage stand doch zunächst, ob für das „beziehende Denken" (= Relationsdenken, Relationsurteil) oder allgemeiner: für zusammenfassende synthetisierende geistige Akte oder Prozesse (Erfassen von zeitlichen und nichtzeitlichen komplexen Empfindungen) eine „psychophysische Repräsentation" überhaupt eruierbar sei. Stumpf hatte dies ausdrücklich verneint und gerade in diesem Punkt die psychophysische Interpretation der Gestalterfassung Machs herausgefordert. Die Frage hingegen, ob für die Relationsbildung Relate (= Elemente) zu subsumieren sind, ist eine wissenschaftslogische, von Relevanz sowohl für die Psychologie des Vergleichens als für die logisch-begriffliche Analyse, die aber nicht mit der psychophysischen Frage vermischt werden sollte. Das Postulat absoluter Elemente, das Stumpf gegen die „absurde Relativitätslehre der Empfindungen" ins Feld geführt hatte (vgl. 1883, S. 3 ff.), impliziert ein methodologisches Postulat, aber keinen (vulgären) Elementarismus, noch weniger freilich die psychophysische Konstanzannahme. Die *gravierende* Differenz zwischen Köhler/Koffka (diesen Punkt betreffend in voller Übereinstimmung mit Schumannn) und Stumpf lag wohl in der generellen Ablehnung des deskriptiv-psychologischen Ansatzes, insbesondere der *Trennung* von Erscheinung (Inhalt) und Funktion oder Akt (Urteil), während die Diskussion über die Konstanzannahme lediglich als argumentativer Strohmann diente.

Ersichtlich hat das Problem des Elementarismus und Atomismus nicht nur *eine* Seite: Nach methodologischen Erwägungen kann das Element sowohl als Teil eines Kollektivs, wie auch als Teil eines Kontinuums begriffen werden. In diesem Kontext machte O. Kraus geltend:

> Manche Gestalttheoretiker ergehen sich in herabsetzenden Bemerkungen über jede Psychologie, die eine *Zusammenfassung* der psychischen Zustände (= Akte) aus Elementen lehrt: tatsächlich verrät solche Kritik Verkennung des *Elementarsten* in der psychischen Forschung und den naiven Aberglauben, daß jedes Element Teil eines Kollektivs (einer „Summe") sein müsse. (In Brentano, Psych. v. emp. Standp., 3. Bd., S. 154)

Nach Kraus ist es unzulässig, „sich einer Analyse durch Fiktion neuer angeblich unanalysierbarer Qualitäten zu entziehen". (A. O., S. 161) Stumpf hingegen argumentierte in „Erscheinungen und psychische Funktionen" wissenschaftslogisch (nicht metaphysisch) folgendermaßen:

> Man kann die atomistische Hypothese vertreten, man kann auch ihr Gegenteil, die Stetigkeits- und Umwandlungslehre durchzuführen versuchen, womit man vorläufig bei den chemischen Vorgängen harten Stand haben wird; jedenfalls hat sowohl der Psychologe, der Perzipiertes und Apperzipiertes unterscheidet, wie der atomistische Chemiker ein Recht darauf, seine Aufstellung nicht als Produkt kindlich verkehrter Denkgewohnheiten angesehen zu wissen, sondern als mit vollem Bewußtsein der Regeln wissenschaftlicher Forschung aufgestellte *Theorie*, die nach denselben Regeln durchgeprüft werden muß. (Vgl. 1907, S. 20)

Köhler schloß aus Stumpfs Ausführungen, das es sich demnach *nur* um eine Theorie und einen *möglichen* Gesichtspunkt handelte, und es müßte erlaubt sein, „diese Theorie *nicht* zu wählen". (Vgl. Köhler, 1933, S. 54) Nach Koffka ließ sich mit dem stumpfschen Postulat „unbemerkter Empfindungen" *und*

„unbemerkter Urteile" die Konstanzannahme „in vollem Umfange aufrecht erhalten", was unzweckmäßig sei, weil wir „damit eine unwiderlegbare Theorie" hätten (vgl. Koffka, 1914, S. 712). Mit derartigen Unterstellungen verkleinerte Köhler Stumpfs wissenschaftliche Grundhaltung, der an nichts weniger gelegen war als an unwiderlegbaren Theorien! Diese Einstellung hätte man weit eher den Schülern unterstellen können, die durchaus dazu neigten, die „Gestalt" zu einem Dogma erstarren zu lassen.

Der argumentative Hintergrund der Diskussion über die Konstanzannahme war demnach komplex und mehrdeutig: Strategische Argumente zur Durchsetzung eines neuen Wahrnehmungsbegriffs, begriffliche Differenzen über „Wahrnehmung", „Empfindung" und „Vorstellung", psychophysiologische Erörterungen über das Verhältnis von Reiz und Empfindung, Überlegungen zur wissenschaftstechnischen Relevanz der Konstanzannahme vermischten und durchkreuzten sich. Der Ablehnung der Konstanzannahme durch Köhler und Koffka, insbesondere Koffkas Auseinandersetzung mit V. Benussi (vgl. Koffka, 1915), lag freilich die Umzentrierung der ganzen Problemstellung durch M. Wertheimers Arbeit „Experimentelle Studien über das Sehen von Bewegung" von 1912 zugrunde. *Diese Arbeit kann als entscheidender Anstoß zu einem Paradigmawechsel betrachtete werden, welcher die mühsam errungene Bedeutung der akstisch-musikalischen Wahrnehmung für Psychologie, Phänomenologie, Erkenntnistheorie und Ästhetik wieder für lange Zeit in einen Dornröschenschlaf versetzte, aus dem sie erst in jüngster Zeit wieder erwachte* (vgl. dazu die „Schlußbemerkungen).

Untersuchungen mit Tachistoskop, Stroboskop und Kinematograph zentrierten das Forschungsinteresse – vermutlich im Dienste des „Ökonomieprinzips", das hieß der Vereinfachung von sonst anscheinend unlösbaren Problemen, die Positivismus und Pragmatismus sich zu eigen gemacht hatten, – künftig *allein* auf *visuelle* gestalthafte Bewegungserlebnisse, insbesondere „Scheinbewegungen", die, *ohne* entsprechende physikalische Korrelate, „wirklich" wahrgenommen wurden, also in eklatanter Weise der ‚Konstanzannahme' widersprachen: Anstelle zweier, zeitlich getrennter Reize „sieht" die Versuchsperson unter gewissen Bedingungen einen kontinuierlichen Bewegungsvorgang *zwischen* den Reizquellen. Die Experimente widersprachen freilich in offenkundigster Weise der Notwendigkeit konstanter Entsprechungen zwischen physikalischen Reizen und Empfindungen und ließen nach einer *zentral-gehirnphysiologischen* Erklärung suchen. Für Wertheimer stellte die Entdeckung des sogenannten „Phi-Phänomens" sämtliche Erklärungsansätze in Frage, die auf *peripherische* Verhältnisse zwischen Reiz und Empfindung rekurrierten; er nahm physiologische Prozesse an, die „hinter der Netzhaut liegen" (S. 246) und zwar dynamische Wechselwirkungen der Gehirnrinde zwischen irradiierenden energetischen Feldern „mit Kurzschlußeffekt", das hieß „physikalische Querfunktionen" besonderer Art (vgl. Wertheimer, 1912, S. 161-265). Allem Anschein nach wollte Wertheimer sich mit dieser generellen Umzentrierung des Wahrnehmungsproblems einerseits der diversen Betrachtung und der Untersuchung der *Differenzen* bezüglich der Arbeitsweise der Sinne (Auge und Ohr) entziehen (vgl. dazu auch v. Hornbostel, 1924/25 und Lewin, 1930-31), andererseits sich des leidigen Problems der psychologischen Zeitwahrnehmung mitsamt seinen schwierigen „Randerscheinungen" ein für allemal entledigen. Dafür erhielten die Sinnestäuschungen jetzt einen zentralen, methodologisch verallgemeinerten Stellenwert innerhalb der gestaltpsychologischen Forschung.

W. Köhler schien dann mit der Übernahme des 2. Hauptsatzes der Thermodynamik, des sogenannten Entropiegesetzes, den *physikalischen Zeitbegriff* (als vierte Dimension des Raumes) für die Gestalttheorie fruchtbar machen zu wollen. Auf diesem Hintergrund gewann er auch seinen eigenartigen Begriff von „Entwicklung", der in der Reflexion über Systeme und Organismen eine Brücke schlagen wollte zwischen „mechanistischen" und „teleologisch-vitalistischen" Erklärungsmodellen (vgl. Köhle, 1930-31 und Köhler, 1920).

Im Rahmen der in der Geschichte der Gestaltpsychologie so merkwürdigen wie richtungsweisenden *Wende* – die Zentrierung auf die visuelle Bewegungswahrnehmung und die sogenannte Scheinbewegung – erfolgte Köhlers und Koffkas Kritik der Produktionstheorie und Distanznahme von Stumpfs Postulat unbemerkter elementarer Empfindungen und unbemerkter Urteile. Der Schachzug gegen die deskriptive Psychologie war geschickt gewählt und elegant durchgeführt worden: Wenn bereits das Verhältnis zwischen peripherischen Reizen und Empfindungen keinen notwendig zu treffenden Aufschluß über das *Zustandekommen* der Wahrnehmungserlebnisse zu liefern vermochte, wie dann über das Verhältnis zwischen psychischem Akt (Vorstellung, Urteil) und der Empfindung? Die neue Theorie der Gestalt ging davon aus, daß

1. komplexe psychische Leistungen sich nicht aus dem Zusammenwirken elementarer Einheiten und Leistungen verstehen lassen, weil die Erfasung von Ganzheiten und ihre prinzipielle Transponierbarkeit eine neue Qualität aufweisen, die sich in *keiner* Weise auf Elementares zurückleiten läßt; daß

2. zu ihrer Abbildung im Gehirn kausal-mechanische Erklärungsansätze nicht hinreichen, vielmehr durch energetisch-systemische zu ersetzen sind; daß

3. die sogenannten Wahrnehmungstäuschungen (Scheinbewegungen) dem dynamischen Erklärungsmodell einzugliedern und nicht als marginale Urteilstäuschungen und Abweichungen von der psychischen Normalität auszusondern sind; daß

4. die Wahrnehmungstäuschungen (das Phi-Phänomen, die Kipp-Figuren) als selbständige komplexe Wechselwirkungen zwischen den Teilen visueller Figurationen zu interpretieren sind, die wiederum eine komplexere Auffassung des Dynamikbegriffes und ein den Bereichen Psychologie, Physiologie und Physik übergeordnetes Erklärungsmodell erforderlich machen (vgl. Köhler, 1920 und 1971).

Das Programm enthält ein komplexes Bündel erkenntnistheoretischer, methodischer und wissenschaftstheoretischer Postulate, formuliert aus der Zielperspektive eines universellen Erklärungsanspruchs, dessen ‚materiales' Fundament physikalisch-chemische Prozesse der Homöostase, deren ‚formales' Dach die Verschmelzung des denkökonomischen Ansatzes mit logisch-mathematischer Abbildung implizierte. Machs Wissenschaftsverständnis, seine Interpretation der theoretischen Physik nach vorwiegend dynamischen und systemorientierten Gesichtspunkten (vgl. Mach, 1883), aber auch sein angeblich erkenntnis*anleitendes* Prinzip der Denkökonomie (vgl. Mach, 1909; auch Avenarius, 1917; zur Kritik vgl. Planck, 1910, S. 497 ff.), das nach dem Prinzip der Ersparung von Energie zur einfachsten begrifflichen Gestalt strebt und nicht zuletzt das Postulat des Methodenmonismus verschmolzen zu dem komplexen theoretischen Rahmen, in dem die ehemaligen Schüler Stumpfs sowohl die Akt- oder Funktionspsychologie verabschiedeten, als sie auch Abstand nahmen von Stumpfs deskriptiver Grundlegung der Sinnespsychologie als *Phänomenologie*.

Das Diktat des universellen Monismus, erwachsen aus der naturalistischen Vereinheitlichung physikalischer Teilgebiete zu einem theoretischen Ganzen, stand freilich in Kontrast zur Simplizität der pragmatistisch-sensualistischen Erkenntnistheorie und der Theorie des psychologischen Elementarismus, wie *gerade Mach* sie in der „Analyse der Empfindungen" vorgestellt hatte. Geht man ihrem Einfluß auf die psychologische Theoriebildung nach und *sondert* die Leistung des Historikers der Physik und des Experimentalphysiologen von der des Erkenntnistheoretikers und Psychologen, dann wird deutlich, daß Mach in letzterer Perspektive gewiß *nicht* zu den Vorläufern der Gestaltpsychologie gezählt werden darf, vielmehr gerade *die* Position vertrat, welche die Gestaltpsychologen zu ihrem Feindbild stilisiert hatten: den psychologischen Elementarismus und Assoziationismus. Stumpf hat den angedeuteten Sachverhalt in der „Erkenntnislehre" ausdrücklich gegen den Anspruch seiner ehemaligen Schüler formuliert. Zunächst verwahrte er sich gegen die pauschale Vorstellung und Darstellung,

> als habe die ganze frühere Psychologie das psychische Leben bloß „summativ", „atomistisch" aufgefaßt, als habe man die Bewußtseinsinhalte oder gar die psychischen Funktionen, wie sie dem Selbstbewußtsein gegeben sind, bloß als Konglomerate aus allein gegebenen isolierten Sinnesempfindungen verstehen wollen. Hat denn überhaupt jemals ein Psychologe oder auch sonst jemand eine Melodie als Summe aufeinanderfolgender Töne, als bloße „Und-Verbindung" definiert? [...] eine solche Eselei ist mir nirgends unter die Augen gekommen. Und was das psychische Leben im allgemeinen betrifft, so braucht man doch nur die Ausführungen Lotzes und Brentanos über die Einheit des Bewußtseins und die von William James gegen die „Stoff-Theorie des Geistes" und über den „Strom des Denkens" zu vergleichen, um sich zu überzeugen, mit welcher Sorgfalt und Energie gerade auf diesen Punkt eingegangen wurde. Es ist auch nicht so, wie wir heute vielfach lesen, als hätten diese großen Psychologen die Einheit erst nachträglich durch Rekurs auf eine zusam-

menfassende (synthetische) Betätigung zu deuten versucht. Sie ist ihnen vielmehr eine von Anfang an gegebene, dem Bewußtsein überhaupt eigene Gesetzlichkeit.[...] Ernst Mach, den die Gestaltpsychologen wegen gewisser Beobachtungen zu ihren Vorläufern zählen, gehört in Anbetracht seiner ganzen Einstellung auf die Gegenseite, da ihm die Seele überhaupt nichts anders ist als ein Bündel von „Elementen", d. h. Sinneserscheinungen. Was mich selbst betrifft, so habe ich, von Brentano und Lotze herkommend, in meinen Vorlesungen von jeher die einzelnen psychischen Akte, wie sie in der Psychologie kapitelweise abgehandelt werden müssen, als Abstraktionen aus dem an sich einheitlichen jeweiligen Gesamtzustand des Bewußtseins charakterisiert, in meinem Buch über die Raumvorstellung ausdrücklich gegen die summative Auffassung der Gesichtsauffassung gekämpft, 1890 darauf hingewiesen, daß gleichzeitige Tonempfindungen niemals eine bloße Summe, sondern stets ein Ganzes bilden, wenn auch mit graduellen Unterschieden. (Vgl. 1939, S. 243-44)

An dieser Stelle machte Stumpf aber auch deutlich, worin die tatsächlichen Differenzen zwischen seiner Auffassung und der Gestalttheorie seiner Schüler, welche „die Strukturgesetzlichkeit der physischen Welt mit der der Bewußtseinsfunktionen identisch setzt", wurzelten:

In der ganzen Streitfrage kommen tiefliegende Verschiedenheiten der gesamten psychologischen, ja auch metaphysischen Grundanschauungen zum Ausdruck. Die hier vertretene Auffassung setzt voraus: 1. die Möglichkeit von Verhältniswahrnehmungen, 2. die Möglichkeit unmerklicher Bewußtseinsinhalte, 3. die Unterscheidung von Erscheinungen und psychischen Funktionen als heterogene Bewußtseinsdaten, auf welcher auch die Möglichkeit unmerklicher Bewusstseinsinhalte beruht. (A. O., S. 254)

Keines der Postulate: die Möglichkeit von Verhältniswahrnehmung, die Möglichkeit unmerklicher Bewußtseinsinhalte und die vermutlich wichtigste, nämlich die Unterscheidung der psychischen Funktionen von den Erscheinungen, die in Stumpfs Lehre den Charakter von Axiomen haben, fand Eingang in die Gestaltpsychologie, vielmehr wurden alle bekämpft und die Grundlagen von Stumpfs Phänomenologie und Funktionspsychologie, von denen die Schüler freilich immens profitiert hatten, zerstört. Selten dürfte das Werk eines Lehrers in so systematischer Weise in Frage gestellt worden sein wie Stumpfs Arbeit durch seine Schüler, die späteren Gestaltpsychologen, deren beachtlichem Erfolg er zweifellos durch seine herausragenden Fähigkeiten als Forscher und als Lehrer den Weg geebnet hatte. Der österreichische Schriftsteller Robert Musil, ehemals Doktorand bei Carl Stumpf und zeitlebens ein wacher Beobachter der Entwicklung der wissenschaftlichen Psychologie (vgl. dazu Kaiser-El-Safti, 1992) bemerkte Ende der dreißiger Jahre in seinem Tagebuch: „Diese nüchterne und wissenschaftliche Atmosphäre war doch wohl ein Verdienst dieses Lehrers, der wohl nicht umsonst die bedeutendsten Schüler hatte." (Vgl. Musil, 1983, S. 925)

Freilich können, wo die metaphysischen Grundannahmen nicht konvenieren, die psychologischen nicht übereinstimmen, und selbstverständlich waren die als Axiome charakterisierten Postulate keine Sujets der inneren Wahrnehmung, die durch sie bestätigt oder bestritten werden konnten. Mit Stumpfs Lehre verhält es sich nicht anders als mit der Psychologie Descartes, Lockes, Kants oder Herbarts, insofern in allen Fällen auf den metaphysischen Kontext, das Wissenschaftsverständnis und den Wissenschaftsbegriff der Zeit reflektiert wurde.

Psychologische Theorien entstehen nicht im luftleeren Raum; dem jeweiligen Wissenschaftsverständnis liegen (ob nun ausdrücklich gemacht oder nicht) jeweils fundamentale Dezisionen, die Begriffe des Raumes, der Zeit, der Kausalität, des Gegenstandes betreffend, voraus, die den Rahmen von Einzelwissenschaften weit überschreiten; ob die Psychologie als Einzelwissenschaft aufgefaßt oder ob sie in irgend einem Sinne als Metawissenschaft begriffen wird (Sigmund Freud beispielsweise bevorzugte anstelle des verpönten Begriffs „Metaphysik" die Bezeichnung „Metapsychologie"), muß sie nolens volens zu diesen Begriffen Stellung beziehen, kann aber auch (gegen Kants Votum) und muß wohl sogar mit ihren Mitteln zu deren Aufklärung beitragen.

Stumpfs methodisches Prinzip, aktuell gehandelte Theorien auf ihre Verläßlichkeit (innere Widerspruchsfreiheit) zu prüfen, die Begrifflichkeit der Phänomenologie und wissenschaftlichen Psychologie so weit als möglich zu klären und, wo nötig, nach dem neuesten Erkenntnisstand zu schärfen, implizierte keine besonderen methodischen Bedingungen für die Psychologie, vielmehr solche, welche einerseits die ihr wesentlichen Inhalte gegen andere Bereiche abgrenzten, sie andererseits in allgemein-methodologische Wissenschaftsprinzipien integrierten. Im Unterschied zu seinen Schülern war es Stumpf nicht um einen *Alleingang* der Psychologie, aber auch nicht um einen spektakulären „Paradigmawechsel" zu tun, Stumpf war, wohl mehr als seinen Schülern lieb war, ein Forscher der Kontinuität, wenngleich nicht der Restauration oder gar ein Anhänger des Konservatismus, wie seine Schüler aus Stumpfs kritischer Abgrenzung gegen Phänomenalismus, Positivismus, Physikalismus und Einheitswissenschaft als moderne Positionen, mit denen sie sympathisierten, geschlossen haben dürften. Mit einigen wenigen Bemerkungen zum Begriff der Zeit, dem angeblich schwierigsten psychologischen Grundproblem, soll die Arbeit ihrem Ende zugeführt werden, nachdem der Behandlung der Raumproblematik im Hinblick auf Kants Weigerung, die Psychologie als Wissenschaft zuzulassen, soviel Platz gegönnt wurde. Eben diese beiden Begriffe beanspruchten eine fundamentale Bedeutung für die Grundlegung der wissenschaftlichen Psychologie und je nach dem, wie in bezug auf sie Stellung bezogen wurde und wird, resultiert eine *andere* (oder auch keine) Theorie der Psychologie.

§ 16 Der Begriff der Zeit

Der Zeitbegriff scheint mehr als jeder andere über die Grundkonstellation des wissenschaftlichen Selbstverständnisses der Psychologie zu entscheiden. Bedauerlicherweise hat Stumpf keine eigenständige Arbeit zum Problem der Zeitwahrnehmung und zu seinem Stellenwert im Kontext psychologischer Grundlagenfragen verfaßt, auch nicht öffentlich auf den Artikel seines damaligen Assistenten F. Schumann „Zur Psychologie der Zeitwahrnehmung" reagiert. Aber die im letzten, posthum veröffentlichten Werk dichtgedrängten Überlegungen machen die Einschätzung der erkenntnistheoretischen und psychologischen Relevanz des Problems deutlich und erhellen, daß Stumpf sich nicht auf den damals wie heute vertretenen Standpunkt stellte, Zeit sei psychologisch hinreichend erfaßt durch die Metapher vom „Strom des Bewußtseins" (Brentano, James, Husserl), die ja ebenso wie Kant das Phänomen der *Simultaneität* verkennt oder verpasst.

In der „Erkenntnislehre" analysierte und diskutierte Stumpf ausdrücklich die Paradoxien, die sich im 20. Jahrhundert infolge der Revolutionierung der Physik aus Hypothesen über Ungleichmäßigkeit, Richtungswechsel der Zeit, gekrümmten oder diskreten Zeitverlauf ergeben hatten, auch im Hinblick auf die Methodologie der Psychologie (vgl. a. O., S. 691). In Gegenüberstellung zum physikalischen Zeitbegriff wurde der psychologische Zeitbegriff als Zeitverlauf ausgezeichnet durch „das absolute Jetzt [...] der innerlich wahrgenommenen Bewußtseinszustände". (S. 671) Die objektive (Welt-)Zeit besitzt keine derartige „absolute Zeitqualität"; das „Jetzt" liegt nicht a priori in der Natur eines eindimensionalen Kontinuums, sondern muß als eine spezifisch *menschliche* Besonderheit angeführt werden. Das „Jetzt" der Zeit unterscheidet sich aber auch vom „Hier" des Raumes; die „egozentrische Lokalisation" sei beim Raum nicht so ursprünglich wie bei der Zeit, die Zentralisierung bei der Raumvorstellung sei als eine individuell *erworbene* anzusehen (673).

Bemerkenswert sind Stumpfs Ausführungen über den Begriff der Gleichzeitigkeit, einmal im Hinblick auf seine Verwerfung innerhalb der relativistischen Physik (S. 674 f.), während Psychologie und Erkenntnistheorie nicht auf diesen Begriff verzichten können und vielleicht mehr noch bezüglich der psychologischen Zeittheorien, die „Zeit" als „Strom des Bewußtseins" begriffen, für die der Begriff der Gleichzeitigkeit dann aber eben so dunkel bleiben mußte wie einst für Kant (der Zeit als Anschauungsform des inneren Sinns definiert hatte). Nach Stumpf handelt es sich bei der vielverwendeten Bezeichnung „Strom des Bewußtseins" um eine vieldeutige Metapher, die, wie immer man sie interpretiere, den *zweiseitigen* Prozeß der Einbeziehung *in* und der Distanznahme *zum* „Strome der Zeit" gerade nicht erfasse (vgl. S. 276 f.). Distanznahme zum „Strom des Bewußtseins" sei aber unverzichtbar, weil uns sonst keine Kontinuität des Bewußtseins als die den Zeitmoment *überdauern-*

de Struktur und keine zeitüberdauerndernden Konstrukte (Ideen, Spezies, Noemata) entstehen und bewußt sein könnten.

Das Votum für den Begriff der Gleichzeitigkeit, das sowohl Stumpfs Funktionslehre (Theorie der Vergleichung und Urteilstheorie) als auch seine Relationslehre (insbesondere die Theorie der Verschmelzung im Sinne simultaner Wahrnehmung räumlich nicht getrennter Töne und als ausgezeichnetes Paradigma von Verhältniswahrnehmung) tangierte, erlangte in diesem Kontext Bedeutung. Erinnert sei an die Schwierigkeiten, die Kant aus dem Begriff der Gleichzeitigkeit erwuchsen, die einmal das Unterscheidungskriterium zwischen Raum (als das Auseinander der Phänomene) und Zeit (als das Nacheinander der Phänomene) betrafen, zum anderen das Problem des Elementaren, Infinitesimalen und Wirklichen tangierten und Kant in die theologische Problematik des ewigen Weltschöpfers verwickelten. Daß das Problem simultaner Wahrnehmung – vielleicht mehr noch als Stumpfs Auffassung von deskriptiver Psychologie, insbesondere die Urteilslehre betreffend – zur Weggabelung von Phänomenologie und Gestaltpsychologie führte, erhellte aus Schumanns Polemik bezüglich der Zeitwahrnehmung und der Urteilstheorie Stumpfs. Die Konzentration auf die *visuelle* Wahrnehmung, zu der Brentano und James (auch Husserl erwähne in seinen Schriften akustische Phänomene stets nur in nebensächlichen Kontexten) wie die Gestaltpsychologen in ihrer Konstituierungsphase tendierten, schien das Problem zu entschärfen, nivellierte jedoch den Lösungsvorschlag Stumpfs zur Bedeutungslosigkeit. Brentano änderte in seinen späteren Schaffensperioden mehrmals den Zeitbegriff, und James, der sich selbst als einen „musikalischen Barbaren" bezeichnet hatte (vgl. Stumpf, 1928, S. 28), konnte sich schon aus diesem Grunde nicht mit Stumpfs Theorie der Verschmelzung befreunden.

Der philosophisch Unbelastete und der vornehmlich an ‚praktischen' Lösungsstrategien für die „Alltagspsychologie" Interessierte werden kaum die beschwerliche methodologische Last der Zeitproblematik (deren Lösung für die Grundlegung einer wissenschaftlichen Psychologe unumgänglich ist) nachvollziehen können. Wenn man in Rechnung stellt, daß Stumpf nicht nur für einen kleinen Kreis von philsophischen und musikwissenschaftlichen Experten schrieb, sondern mit seiner Psychologie einen größeren Kreis ansprechen wollte, wird nachvollziehbar, warum es ihm möglicherweise an Motivation fehlte, auf die Behandlung des Zeitproblems nochmals die beispiellose Energie zu verwenden, mit der er einst das Raumproblem in Angriff genommen hatte, um Kants Einwände gegen die Möglichkeit einer wissenschaftlichen Psychologie, die prinzipielle Unlösbarkeit des Körper-Seele Problem betreffend, zu entkräften. Sein ehemaliger Assistent F. Schumann hatte aber – ob im Bewußtsein der vollen Tragweite der Konsequenzen seiner Ausführungen mag dahingestellt bleiben – durch seinen negativen Bescheid bezüglich einer vertretbaren Theorie der Zeitwahrnehmug, eine dem kantschenn Skeptizismus in Hinsicht auf die Grundlegung einer wissenschaftlichen Psychologie vergleichbare, in ihren Folgen jedenfalls ebenso destruktive Einstellung an den Tag gelegt, die unter anderen auch Husserl tiefer beeindruckt und zu seiner Psychologismuskritik motiviert haben könnte, als er zunächst zu erkennen gab; und wie Husserl so verlor auch Alexius von Meinong in seiner späteren philosophischen Schaffensperiode das Interesse an der Psychologie.

Wenn Stumpf dafür plädierte, den Zeitbegriff schlicht so zu definieren, daß „kein Nonsens daraus erwächst", beispielsweise die „subjektive Gegenwart" nicht als mathematischen Punkt, sondern als „beliebig kleine Zeitstrecke" zu definieren (S. 682), dann hieß dies einen Zeitbegriff zu erarbeiten, auf den psychologisch aufgebaut werden konnte, statt bei unlösbaren Antinomien stehen zu bleiben (Kant) oder (wie Schumann) die Psychologie theoretisch an den Rand ihrer Existenzmöglichkeit zu manövrieren.

Wer a priori vom Raum her denkt (wie Kant), oder wer a priori überzeitliche Ideen annimmt, um das Ideale gegen das bloß Zeitliche (Vergängliche, Kontingente, Transitorische) abzugrenzen und sicherzustellen (wie Husserl), wird den mannigfaltigen Problemen der Zeit schon vom Ansatz her schwerlich gerecht werden können; das der dinglich-räumlichen und kausalen Verfaßtheit gegenüber irgendwie andersartige *Wirkliche* muß aber nicht, wie Stumpf in seiner „Erkenntnislehre" zu bedenken gab, *a priori* in der *Ideenwelt* gesucht werden:

> Man könnte sich wohl eine Welt von Dingen denken, die untereinander auch in gesetzlicher Wechselwirkung ständen, aber nach ganz anderen Gesetzen als denen unserer räumlichen oder raumähnlichen Welt, ein System von Monaden oder platonischen Ideen, das nicht einmal in der sinnlichen Erscheinung sich als räumliches System darböte, sondern ähnlich wie Akkordtöne bei mannigfacher Modulation der Harmonie wechselnde Beziehungen qualitativer Art vor unseren Sinnen entfalten. Die zeitlichen Verhältnisse, Gleichzeitigkeit und Aufeinanderfolge, müßten aber auch dort realisiert sein. (679)

An dieser Stelle sei ohne Anspruch auf Vertiefung erwähnt, daß Stumpf niemals aus der These, daß das Reich der Töne auf eine Welt ohne räumlich-materielle Ausdehnung verweise (oder das eine nicht-räumlich konzipierte Welt die „bessere" sei) metaphysisch oder psychologisch Kapital geschlagen hat, wie vor ihm beispielsweise Schopenhauer und Lotze. Insbesondere Schopenhauer gründete seine Metaphysik und Philosophie der Kunst weitgehend auf der Annahme, daß es sich bei Tönen um reine Formwesen, Wesen ohne Materie und Ausdehnung handle, die „einzig und allein in und durch die Zeit, mit gänzlicher Ausschließung des Raumes" (vgl. W. a. W. u. V. ,1. Bd., 5. B., § 52, S. 334) existierten.

Während Kant mit der *nur* zeitlichen (transitorischen) Natur der Musik ihren minderen Wert assoziierte, weil Musik nur an die formlose Empfindung appelliere, als reine Instrumentalmusik und ohne Verbindung mit der Sprache nichts abbilde, infolge mangelnder Ideen und Objektvorstellungen auch nichts zu denken gäbe, zog Schopenhauer, freilich auf der Basis seiner pessimistischen und weltverachtenden philosophischen Grundeinstellung, den entgegengesetzten Schluß: Die in Zeit, Raum und Kausalität gebannte, immerwährende und unstillbar Begierde evozierende Objektwelt erzeugte ohnehin nur Qual, der die gemarterte menschliche Existenz einzig durch Hingabe an jene unstoffliche Welt der Musik, wenigstens für einen gewisse Zeit, zu entfliehen vermöchte. Im Gegensatz zu Kant erreicht die Kunst nach Schopenhauers Auffassung in der Musik ihren höchsten Ausdruck: „Denn Musik ist [...] darin von allen andern Künsten verschieden, daß sie nicht Abbild der Erscheinungen [...] sondern zu allem Physischen der Welt das Metaphysischen, zu aller Erscheinung das Ding an sich darstellt". (A. O., S. 330) An einer anderen Stelle heißt es, den intellektuellen Charakter der Musik betreffend: „Die Musik ist eine unbewußte Übung in der Metaphysik bei der der Geist nicht weiß, daß er philosophiert".

Stumpf hat diesen Standpunkt bezüglich der rein geistigen Natur der Töne (mit der vermutlich auch sein Lehrer Lotze sympathisierte) nicht eingenommen, sich vielmehr um eine akribische Klärung auch dieser, für die Psychologie reizvollen Grundannahme, welche die Ausdehnungslosigkeit der Töne als „Beweis" für die Ausdehnungslosigkeit der seelische Phänomene verwandte, bemüht. Stumpf zog also kein weltanschauliches Kapital aus dieser anscheinend „anderen" Welt, stellte das Bemühen um Aufklärung dieser Andersartigkeit vielmehr in den Dienst der wissenschaftlichen Psychologie.

Als Stumpfs letzte Aussage über Raum und Zeit respektive ihren Unterschied betreffend, ist zu lesen und empfiehlt Stumpf – freilich mit Folgen, die seine Lehre von derjenigen seiner ehemaligen Lehrer Brentano und Lotze weit entfernte – die Zeit nicht als Bewußtseinsform, sondern als *Seinsform* zu definieren. Der Raum sei „die Seinsform der körperlichen, die Zeit aber die gemeinsame Seinsform der körperlichen und der geistigen Welt". (A. O., S. 687) Was immer aus dieser letzten Stellungnahme zu den schwierigsten philosophischen Fragen überhaupt zu folgern wäre, gab Stumpf nicht vor, *alle* Probleme, die sich im Laufe der Jahrtausende um den Begriff der Zeit angesiedelt haben, aufgelöst zu haben: „Das Zeitproblem birgt Schwierigkeiten wie kein anderes der Metaphysik und Erkenntnislehre; vielleicht birgt es auch Lösungen von ungeahnter Tragweite." (1939-40, 694)

Die Konsequenzen der Lehre von Raum und Zeit, vom Ganzen und den Teilen sind, sowohl für Metaphysik und Erkenntnislehre als auch für die theoretischen Grundlagen der Psychologie erheblich, je nach dem, ob die Musik und die akustisch-musikalische Wahrnehmung der wissenschaftlichen Beachtung für wert befunden werden oder nicht. Der Musik diese Bedeutung einzuräumen, mag ungewöhnlich klingen und wird vermutlich auf Widerstand stoßen angesichts eines nach Meinung Vieler bloß marginalen Phänomens, das selbst in der Auffassung von Fachleuten aus unserer Zeit wegen seiner *bloß* zeitlichen Natur immer noch um seine „Existenz" zu kämpfen hat (vgl. dazu Moog, 1977, S. 111 f.). Offenbar fällt es uns Menschen im Alltag außerordentlich schwer, der „flüchtigen" Zeit, deren Wirkungen spürbar sind, deren Wesensbeschreibung sich uns jedoch ständig entzieht, die Bedeutung beizumessen, mit der sie, bei einer etwas tieferschürfenden Analyse unserer phänomenalen Welt, regelmäßig konfrontiert. Innerhalb der experimentellen Psychologie waren Zeitmessungen zwar ein bevorzugtes Instrument der Objektivierung oder Operationalisierung, ohne daß sie sich jedoch von der Bedeutung gerade dieses Instruments Rechenschaft abgelegt hätte, weil dies auf den philosophischen Kontext verwiesen hätte, aus dem die Psychologie sich zu lösen wünschte. „Zeit" ist aber nur *ein*, wenngleich besonders wichtiges Phänomen, dessen Erforschung die Psychologie nach wie vor an ihre ehemalige Mutterdisziplin Philosophie fesselt. Die *Verleugnung* dieser Bindung zeichnete der Psychologie eben jene empiristischen *Grenzen* vor, in denen sie sich seit einigen Jahrzehnten bewegt. Es ist keineswegs zu erwarten oder zu fordern, daß die Psychologie wie eine verlorene Tochter reumütig ins Mutterhaus der Philosophie zurückkehre; aber sie sollte stattdessen ‚Schauplätze' ins Auge fassen, an denen eine neue Begegnung zwischen Philosophie und Psychologie möglich, und nicht nur möglich, sondern auch notwendig wäre, denn ihre Grundprobleme – wie das Leib-Seele-Verhältnis – haben sich ja keineswegs von selbst erledigt, beschäftigen vielmehr im modernen Gewande der Neuropsychologie, der Intelligenz- und Emotionsforschung die Wissenschaftler nach wie vor.

Carl Stumpf hatte mit seiner Konzeption von Phänomenologie, die fast einer Lösung der ‚Quadratur des Kreise' gleichkam, nämlich Tatsachenwahrheit, Vernunftwahrheit und Werte oder empirische Erkenntnis, logische Erkenntnis und Werterkenntnis einerseits, Wissenschaft, Kunst und Lebenswelt andererseits in der Konzeption der Lehre vom Ganzen und den Teilen, wenngleich nicht miteinander zu versöhnen, dann aber doch so nahe aneinander zu rükken, daß zukünftig nicht auf rigiden Grenzen beharrt, der ‚Spaltung' *prinzipiell* vor der ‚Harmonie' der Vorzug erteilt werden kann, den Vertretern der einen Richtung von den Vertretern der anderen die Tür gewiesen wird, wenn es darum geht, mehr Solidarität unter den Menschen zu erzeugen oder das Miteinanderdenken, das Mitfühlen und das gemeinsame Handeln der Menschen ein wenig voran zu bringen. Denn zweifellos war es Stumpf *nicht* vorwiegend um die Verfeinerung der experimentellen Technik oder die Etablierung der wissenschaftlichen Psychologie neben oder gar gegen die Philosophie zu tun, vielmehr hatte Stumpf (nicht anders als Kant), wie aus den Vorworten der „Tonpsychologie" ersichtlich ist, die höchsten Ziele seiner Wissenschaft vor Augen.

In eben diesem Sinne hatte zu Beginn des 19. Jahrhunderts Johann Friedrich Herbart eine „Psychologie als Wissenschaft" auf den Weg bringen wollten, um die in der philosophischen Aufklärung neu entdeckte Humanität durch eine wissenschaftlich abgesicherte Pädagogik auf breiter Basis abzustützen. In ihrer Zielsetzung wie in ihren Voraussetzungen dürften Herbart und Stumpf weitgehend übereingestimmt haben. In beiden Persönlichkeiten verbanden sich hohe humanitäre Zielsetzungen mit Liebe zur Philosophie und der Welt der Kunst, aber auch mit einem beachtlichen Maß an intellektuellem Scharfsinn und Leidenschaft für akribische Forschung – eine nicht häufig anzutreffende Mischung von Persönlichkeitsmerkmalen. Die derzeitige Forschung am Menschen oder mit dem Menschen mag in ihren Methoden und Werkzeugen über Herbart und Stumpf hinausgelangt sein, während sie, was die intellektuelle Struktur des Wissens und was die Reflexion über die Zielsetzung der Wissenschaften vom Menschen anbelangt, weit hinter die beiden Forscher zurückgefallen sein könnte. Auf Gründe, die letztern Gedanken noch etwas weiterführen sollen, freilich nicht mehr vertiefen können, verweisen die „Schlußbemerkungen".

SCHLUßBEMERKUNGEN

Die Auseinandersetzung mit dem Problem von Gegenstand und Gegenständlichkeit in transzendentaler Perspektive hätte sich in der wissenschaftstheoretischen Perspektive von Carl Stumpf, wenngleich nicht ganz vermeiden so doch wesentlich eleganter erledigen lassen, wie aus einer der Hauptschriften Stumpfs, dem Akademieartikel von 1907, „Zur Einteilung der Wissenschaften", zu entnehmen war. Dort machte Stumpf, die seiner Auffassung nach wohl weit überschätzte und zu seiner Zeit breit geführte Diskussion über „Inhalt und Gegenstand" (vgl. dazu zusammenfassend Linke, 1929, S. 79 ff.) relativierend, auf den an sich banalen Umstand aufmerksam, daß das Wort ‚Gegenstand' im wissenschaftlichen Diskurs allemal durch den, für den jeweiligen Gegenstand inzwischen erarbeiteten, unserem derzeitigen Wissensstand angemessenen *Begriff* zu ersetzen ist. „Was wir im weitesten Wortsinn einen Gegenstand nennen, über den wir denken und sprechen, ist jedes Mal bereits ein Gebilde, und zwar ein begriffliches Gebilde." (Vgl. 1907b, S. 6)

Wenn das alte (vorwissenschaftliche) Wort ‚Kraft' in der modernen Physik durch das Wort ‚Energie' ersetzt wurde, dann hatte sich nicht dasjenige, was der Sache nach mit ihm intendiert war und zum Ausdruck gebracht werden sollte, geändert, wohl aber unsere Erkenntnis und unser Wissen von ihm war vorangeschritten. Die Wissenschaft arbeitet also nicht eigentlich *an* oder *mit* Gegenständen, sondern an und mit zweckmäßigen, unserem jeweiligen Erkenntnisstand angemessenen *Begriffen*. Diese „pragmatische" Auffassung teilte Stumpf mit Herbart (oder übernahm sie gar von Herbart, der Begriffsklärung allerdings noch als eigentliche Arbeit der Metaphysik verstand), der sie vor ihm vertreten hatte, und sie scheint der Grundposition, welche die moderne angelsächsische sprachanalytische Philosophie einnimmt, nicht unähnlich. Nach Stumpf hieß das nicht, daß wir zunächst begrifflich zu klären hätten, was wir hernach wissenschaftlich untersuchen könnten oder sollten, sondern wissenschaftliche (experimentell verfahrende) Arbeit und sprachlich-begriffliche Klärung stehen in *Wechselwirkung* miteinander, verhalten sich zueinander, wie man heute sagen würde, in einer Beziehung von „Top-down" und „Bottom-up". Vor diesem Hintergrund müßte der Einwand Kants, die Psychologie könnte nicht Wissenschaft werden, weil es ihr an einem *Gegenstand* mangelte, wie ein Kartenhaus zusammenfallen. Was hindert uns denn daran, in Analogie zu Stumpfs Vorschlag, den schwierigen Zeitbegriff so zu fassen, „daß kein Nonsens daraus entsteht", den nicht minder schwierigen Seelenbegriff so zu begreifen, wie wissenschaftliche Forschung ihn derzeit benötigt? Stumpfs Lösung sah dem in der amerikanischen Philosophie seit Jahrzehnten vertretenen Standpunkt im Hinblick auf das Leib-Seele-Problem, nämlich „aus der Leib-Seele-Problematik nicht eine ontologische, sondern eine pragmatische zu machen" (vgl. Rorty, 1979/1997, S. 268), recht ähnlich, nur daß der wissenschaftspragmatische Standpunkt Stumpfs durch seine phänomenologische Untermauerung *eine starke Stütze erhielt*.

Für Stumpf stand das in diesem Jahrhundert im philosophischen Diskurs vorherrschende Dilemma, wie die Kluft zwischen analytischen und synthetischen Erkenntnissen (Sätzen) zu überbrücken sei (vgl. dazu Quine, 1979), das die transzendentale Philosophie Kants der zunehmend an der Erfahrung orientierten modernen Wissenschaft hinterlassen hatte, von Anfang an im Zentrum seines Forschens und es wurde nochmals systematisch in seinem letzten, posthum veröffentlichten Werk „Erkenntnislehre" an zentraler Stelle aufgegriffen. Stumpf begnügte sich aber weder mit der Evidenz der inneren Wahrnehmung, noch wollte er dieses Problem der transzendentalen Logik oder der Logistik überlassen, sondern Stumpf suchte es, ausgehend von seiner Lehre vom Ganzen und den (selbständigen und unselbständigen) Teilinhalten, *phänomenologisch* zu untermauern. Mit „Phänomenologie" meinte er eine auf axiomatischen Verhältnissen aufbauende, für alle empirischen Wissenschaften, Natur- und Geisteswissenschaft gleichermaßen grundlegende Vor-Wissenschaft, die weder von den Sinnes*organen*, noch von den Sinnes*erlebnissen* oder gar nur von ihrem „Stoff" handelte, sondern die die *Struktur*, das hieß die notwendig anzunehmenden basalen *Attribute* und Verhältnisse der Sinneserscheinungen, die „Urphänomene" im Sinne Goethes, durch das moderne wissenschaftliche Procedere absicherte. Keinesfalls sollte unter „Phänomenologie" nach Stumpf eine *reine* (transzendentale) Bedeutungslehre im Sinne Husserls verstanden werden; daß letztere Version sich durchsetzte, ist wahrlich nicht Stumpf anzulasten. Durch die Untermauerung der Begriffsanalyse mittels der phänomenologischen und die Ergänzung der phänomenologischen Grundlegung durch die logische Analyse entging Stumpf einerseits der in ihrer letzten Version dem Idealismus bedenklich naherückenden Position F. Brentanos, andererseits dem Phänomenalismus und Positivismus E. Machs und dem auf Mach folgenden Neopositivismus.

Die Vernachlässigung einer phänomenologischen Grundlage dürfte sich auch heute noch bemerkbar machen in jenen wissenschaftstheoretischen oder wissenschaftsfundierenden Ansätzen, die sich in kritischer Gegenposition zu Kant zu einer modernen Form des Pragmatismus bekennen (vgl. dazu Rorty, 1997) und/oder „Semiotik" zur Grundlage der Wissenschaft erklären möchten (vgl. dazu Goodman und Elgin 1993). Kann eine Wissenschaftsbegründung, die in besonderer Weise Kunst und Lebenswelt in ihre Konzeption miteinbeziehen will (vgl. Rorty, 1999; Goodman, 1984 und 1995), und kann eine Wissenschaft von den Zeichen auf eine *phänomenologische Grundlegung* und umfassende Wahrnehmungslehre verzichten? Es ist merkwürdig, daß Amerika, das sich gewöhnlich gegen alle Strömungen offen zeigt, an den ganz unterschiedlichen Entwicklungen der Phänomenologie in Europa vorbeiging und noch vorbeigeht, obwohl einer seiner philosophischen und psychologischen

Hauptvertreter, William James, in einem langanhaltenden freundschaftlichen und wissenschaftlichen Kontakt mit Stumpf stand (vgl. dazu Stumpf, 1928).

Die besondere Qualität der Phänomenologie Stumpfs resultierte aus der erstmals einbezogenen wissenschaftlich-akribisch durchgeführten Analyse der *auditiven* Wahrnehmung, der Sprachwahrnehmung (vgl. dazu insbesondere Stumpf, 1924 und 1926) und vielmehr noch der musikalische Wahrnehmung, nachdem der visuellen Wahrnehmung von jeher und in einseitiger Begünstigung *eines* Sinnes, des Auges, welche das *Ganze* der menschlichen Wahrnehmungsleistungen vernachlässigte – auch, und sogar vorzüglich im Hinblick auf die Erkenntnis – Aufmerksamkeit geschenkt wurde. Stumpf hatte hundert Jahre bevor die Konsequenzen von „Kants Verkennung des Ohrs" (vgl. dazu Sonnemamm, 1986) ins moderne Bewußtsein zu treten beginnen, auf eben dieses Versäumnis hingewiesen und auf seine Korrektur hingearbeitet.

Wo stehen wir heute, was die Bedeutung des Hörens und der Musik als kulturelles Gebilde anbelangt? Wurde nicht auf breiter Basis darauf aufmerksam gemacht, daß sich die Einschätzung, Erforschung und Bewertung unserer Sinnesleistungen bislang zu einseitig ausrichtete? (Vgl. dazu Berendt, 1993; Jacob, 1994) Wenngleich eine abschließende Einschätzung derzeit noch aussteht, ist unverkennbar, daß die Untersuchung des Hörens in den letzten zehn Jahren in der Tat sprunghaft zugenommen hat, sowohl in genetisch-entwicklungspsychologischer Perspektive (vgl. dazu Papousek, 1998; Decker-Voigt, 1999) als auch im musikwissenschaftlichen und musikpädagogischen Forschungsraum (vgl. de la Motte Haber, 1996; Gembris, 1998; Gruhn, 1999). Daß die Musik in Zusammenhang mit der technischen Entwicklung der Massenmedien fast schon zu einem, die Kultur belastenden oder belästigenden Faktor geworden ist, ist leider auch wahr, bedarf in diesem Kontext jedoch keiner weiteren Ausführungen, weil sie uns nicht über die Gründe ihrer Bedeutung aufklären würden. Erwähnenswert dagegen ist das zunehmende naturwissenschaftliche Interesse an der auditiven akustisch-musikalische Wahrnehmung, ja man geht derzeit sogar wieder so weit, von der Aufklärung der Frage, „wie Musik im Kopf entsteht und wirkt", die Aufklärung „der tiefsten Geheimnisse des Geistes" und des Gemüts zu erwarten (vgl. dazu Jourdain,1998).

Bereits Herbart, und mehr noch Stumpf, hatte in diese Richtung gedacht; wichtiger als diese die Zeiten überdauernde Kontinuität zwischen Phänomenologie und moderner Neurologie dürfte indes das Durchsetzen der Erkenntnis sein, daß nicht etwa Phänomenologie in Zukunft durch Gehirnforschung ersetzt werden, sondern daß Neurologie ohne Phänomenologie und deskriptive Psychologie prinzipiell *niemals* zu aussagekräftigen Ergebnissen wird gelangen können. Der größte Teil der derzeitigen neurologischen Forschung, basale psychische Funktionen wie Empfinden, Wahrnehmen, Erkennen, Urteilen, Gedächtnis, emotionales Erleben, Verstehen betreffend, beruht auf Hypothesen und Spekulationen über die Art und Weise der zeitlich (evolutionärgenetisch) und räumlich (lokalisatorisch, hemisphärisch) vernetzten neuronalen Bereiche und Systeme. Dieser Ansatz, dessen klinisch-medizinische Effizienz nicht in Frage zu stellen ist, ist erkenntnistheoretisch naiv und psychologisch nur sehr begrenzt verwendbar, indem er die Grundvoraussetzungen der Erkenntnis – das Bewußtsein als solches respektive seine räumlichen und zeitlichen Wahrnehmungs- und Erkenntnisstrategien – unreflektiert seinem Modell inkorporiert und in der Verwendung der im Grenzgebiet von Neurologie, Philosophie und Psychologie angesiedelten, also vieldeutigen Begrifflichkeit, erschreckend leichtfertig verfährt, am Phänomen des „Selbstbewußtsein" keine Interesse zeigt, auf der Basis seiner Prämissen auch gar nicht zeigen kann.

Letzteres gilt im großen und ganzen für die neurologisch orientierte Wahrnehmungsforschung und noch mehr für die Theorien, die das Zusammenspiel von Kognition und Emotion neurologisch aufklären wollen, an dem neuerdings auch eine breite Öffentlichkeit Interesse zeigt, wie entsprechende Bestsellerliteratur demonstriert. Was von neurologischer Seite in der jüngsten Vergangenheit diesbezüglich als „neu" angekündigt wurde, nämlich eine Annäherung zwischen Kognitivem und Emotionellem, Rationalität und Emotionalität, also die Vorstellung von einer „Emotionalen Intelligenz" (vgl. Goleman, 1995), ist der Sache nach überhaupt nicht neu. Stumpf hatte bereits vor einem Jahrhundert gegen seinen Freund James (vgl. James, 1884), der im übrigen immer noch als Vater der neuen Erkenntnisse reklamiert wird (vgl. dazu LeDoux, 1996, der sich an zahlreichen Stellen seiner Arbeit auf James beruft), das Zusammenwirken kognitiver und emotionaler Anteile mit Blick auf eine fundierte Theorie der Emotionen vertreten (vgl. Stumpf, 1899, 1907, 1916, 1928). Das schon seinerzeit von Stumpf erreichte Niveau scheint den jahrzehntelang durchdiskutierten, ausdrücklich als kognitiv-evaluativ bezeichneten Emotionstheorien innerhalb der experimentellen Psychologie Stand gehalten zu haben (vgl. dazu Reisenzein, 1992). Das in diesem Kontext einerseits erfreuliche Ergebnis, das für die Trefflichkeit der phänomenologischen Methode zeugt, deutet andererseits darauf hin, daß man in einem wichtigen Bereich psychologischer Forschung schlechterdings nicht von der Stelle gekommen ist, weil man nämlich die Relevanz, ja Unverzichtbarkeit deskriptiver und vielleicht mehr noch phänomenologischer Arbeit unterschätzte. Experiment und Erforschung der neurophysiologischen, -anatomischen und bioendokrinologischen Grundlagen sind in der Psychologie von sekundärer Bedeutung; daran ändert auch das größere Maß an Autorität nichts, das die Gehirnforschung derzeit in der breiten Öffentlichkeit genießt.

Der nächste Schritt, die etwas ins Stocken geratene psychologische Grundlagenforschung und die Realisierung einer wissenschaftlichen Psychologie voranzutreiben, müßte sein, die hier nur als These aufgestellte Behauptung zu erhärten und also nicht erst wieder hundert Jahre das Ergebnis abzuwarten, nämlich daß Gehirnforschung *ohne* Phänomenologie und deskriptive Psychologie *grundsätzlich* zum Scheitern verurteilt ist. Dieser Nachweis kann hier freilich nicht mehr geleistet werden und ist auf spätere Unternehmungen zu verschieben. Den Grundintentionen Stumpfs würde er nicht widersprechen. Stumpf verstand sich ja nie als Gegner naturwissenschaftlicher Forschung, begrüßte ihre Fortschritte vielmehr. Stumpf betonte lediglich die Angewiesenheit der Geisteswissenschaftler *und* Naturforscher auf die „Vorwissenschaft" Phänomenologie. Phänomenologie sollte eben die Position einnehmen, die der Neukantianismus und seine positivistischen Varianten der Erkenntnistheorie vorbehalten wollten.

Wenn neuere philosophische Forscher, sobald sie auf die Psychologie zu sprechen kommen, ihr, wie einst der Neukantianismus (vgl. dazu Stumpf, 1891), ein Mitspracherecht in Angelegenheit der Erkenntnisbegründung schlechterdings *absprechen* wollen, wenn vertreten wird, daß an die Stelle von Erkenntnistheorie Wissenschaftsgeschichte und Wissenssoziologie zu treten hätten, daß für die Psychologie irgendwie ein Mittelweg zwischen Commonsense-Erklärungen für Verhalten und Neurophysiologie zu suchen sei oder Psychologie gar *restlos* durch Gehirnphysiologie zu ersetzen sei (vgl. Rorty, 1997, S. 237 f.), so ist zu wünschen, daß diese Vertreter irgendwann einmal von Stumpf hören oder gar auf Stumpf hören würden.

LITERATUR

Albertazzi, L./Libardi, M. [Hrsg.] (1994): Mereologies. Axiomathes quaderni del centro studi per la filosofia mitteleuropae, 5.

Albertazzi, L./Libardi, M./Poli, R. [Hrsg.] (1993): The School of Brentano, Bozen.

Aristoteles (1979): Über die Seele, Darmstadt.

Arnheim, R. (1979): Entropie und Kunst. Ein Versuch über Unordnung und Ordnung, Köln.

Arnold, A. (1980): Wilhelm Wundt - Sein philosophisches System, Berlin.

Augustinus (1977): Bekenntnisse, Stuttgart.

Avenarius, R. (1894): Bemerkungen zum Begriff des Gegenstandes,Vierteljahrsschrift für wissenschaftliche Philosophie, 18, 137-162.

Avenarius, R. (1917): Philosophie als Denken der Welt gemäß dem Prinzip des kleinsten Kraftmaßes. Prolegomena zu einer Kritik der reinen Erfahrung, Berlin.

Bagier, G. (1911): Herbart und die Musik mit besonderer Berücksichtigung der Beziehungen zur Ästhetik und Psychologie, Langensalza.

Ballauf, F. (1885): Zur Ursprünglichkeit des ästhetischen Urteils, Zeitschrift für Philosophie und Pädagogik, 2, 174-196.

Baumgartner, W./Burkard, F.-P./Wiedmann, F. [Hrsg.] (1993): Teil und Ganzes, Brentano Studien, Internationales Jahrbuch der Franz Brentano Forschung, Bd. 4, Würzburg.

Berger, G. (1939): Husserl et Hume, Revue Internationale de Philosophie, 2, 342-353.

Berendt, J.-E. (1993): Das dritte Ohr. Vom Hören der Welt, Reinbek bei Hamburg.

Bergmann, H. (1908): Untersuchungen zur Evidenz der inneren Wahrnehmung, Halle a. d. Saale.

Bergson, H. (1994): Zeit und Freiheit, Hamburg.

Berkeley, G. (1979): Eine Abhandlung über die Prinzipien der menschlichen Erkenntnis, Hamburg.

Berkeley, G. (1979): Philosophisches Tagebuch, Hamburg.

Berkeley, G. (1978): Versuch über eine neue Theorie des Sehens, Hamburg.

Binswanger, L. (1922): Einführung in die Probleme der allgemeinen Psychologie, Berlin.

Blaukopf, K. (1995): Pioniere empiristischer Musikforschung, Österreich und Böhmen als Wiege der modernen Kunstsoziologie. Wissenschaftliche Weltauffassung und Kunst, Wien.

Blaukopf, K. (1996): Musik im Wandel der Gesellschaft, Darmstadt.

Blaukopf, K. (1996): Die Ästhetik Berard Bolzanos. Begriffskritik, Objektivismus, „echte" Spekulation und Ansätze zum Empirismus, Sankt Augustin.

Blaukopf, K. (1997): „Denken in Musik" - Die historischen Wurzeln der österreichischen Moderne. In, friedrich stadler [Hrsg.]: österreichs beitrag zur moderne, Wien New York , 133-151.

Blaukopf, K. (1998): Unterwegs zur Musiksoziologie. Auf der Suche nach Heimat und Standort, Graz-Wien.

Boring, E.G. (1950): A History of Experimental Psychology, London.

Brecht, F.J. (1948): Bewußtsein und Existenz. Wege und Umwege der Phänomenologie, Bremen.

Brentano, F. (1969): Von der mannigfachen Bedeutung des Seienden nach Aristoteles, Darmstadt.

Brentano, F. (1967): Die Psychologie des Aristoteles, Darmstadt.

Brentano, F. (1968): Die vier Phasen der Philosophie, Hamburg.

Brentano, F. (1968): Über die Zukunft der Philosophie, Hamburg.

Brentano, F. (1973, 1971, 1968): Psychologie vom empirischen Standpunkt, Bd. 1-3, Hamburg.

Brentano, F. (1969): Vom Ursprung sittlicher Erkenntnis, Hamburg.

Brentano, F. (1976): Philosophische Untersuchungen zu Raum, Zeit und Kontinuum, Hamburg.

Brentano, F. (1977): Aristoteles und seine Weltanschauung, Hamburg.

Brentano, F. (1979): Untersuchungen zur Sinnespsychologie, Hamburg.

Brentano, F. (1980): Aristoteles Lehre vom Ursprung des menschlichen Geistes, Hamburg.

Brentano, F. (1982): Deskriptive Psychologie, Hamburg.

Brentano, F. (1985): Kategorienlehre, Hamburg.

Brentano, F. (1986): Über Aristoteles, Hamburg.

Bruhn, H./Oerter, R./Rösing, H.[Hrsg.] (1993) Musikpsychologie Ein Handbuch, Reinbek bei Hamburg.

Bühler, K. (1913): Die Gestaltwahrnehmung, Stuttgart.

Bühler, K. (1926): Die Krise der Psychologie, Kant-Studien, 31, 455-526.

Bühler, K. (1978): Die Krise der Psychologie, Frankfurt/M. Berlin Wien.

Bühler, K. (1965): Sprachtheorie. Die Darstellungsfunktion der Sprache, Stuttgart.

Buggle, F. (1985): Die Entwicklungspsychologie Jean Piagets, Stuttgart Berlin Köln Mainz.

Busch, F.W./Raapke, H.-D. [Hrsg.] (1976): Johann Friedrich Herbart. Leben und Werk in den Widersprüchen seiner Zeit. Neun Analysen, Oldenburg.

Campos, E. (1979): Die Kantkritik Brentanos, Bonn.

Cassirer, E. (1974, 1973): Das Erkenntnisproblem, 4 Bde, Darmstadt.

Cassirer, E. (1958): Philosophie der symbolischen Formen, Bd. 1-3, Darmstadt.

Cassirer, E. (1977): Kants Leben und Lehre, Darmstadt.

Cohn, J. (1913): Grundfragen der Psychologie, Jahrbücher der Philosophie 1, 200-235.

Cohn, J. (1923): Über einige Grundfragen der Psychologie, Logos, 12, 50-87.

Cornelius, H. (1900): Über „Gestaltqualitäten", Zeitschrift für Psychologie und Physiologie der Sinnesorgane, 22, 101-121.

Dahlhaus, C. (1988): Klassische und romantische Musikästhetik, Laaber.

Dahms, H.J./Majer, U. (1878): Artikel „Wissenschaftsgeschichte". In, Braun, E. / Radermacher, H. [Hrsg.]: Wissenschaftstheoretisches Lexikon, Graz Wien Köln.

Decker-Voigt, H.-H. (1999): Mit Musik ins Leben. Wie Klänge wirken: Schwangerschaft und frühe Kindheit, Kreuzlingen.

Deleuze, G. (1972): Hume. In, Chatelet, F. [Hrsg.]: Geschichte der Philosophie, Bd.4, Frankfurt Berlin Wien , 61-72.

Descartes, R. (1965): Die Prinzipien der Philosophie, Hamburg.

Descartes, R. (1972): Meditationen über die Grundlagen der Philosophie mit sämtlichen Einwänden und Erwiderungen, Hamburg.

Descartes, R. (1978): Von der Methode, Hamburg.

Descartes, R. (1979): Regeln zur Ausrichtung der Erkenntniskraft, Hamburg.

Descartes, R. (1984): Die Leidenschaften der Seele, Hamburg.

Dessoir, M. (1919): Carl Stumpf. Zu seinem 70. Geburtstag am 21. April 1918, Kant-Studien, 23, 168-173.

Dessoir, M. (1924): Kant und die Psychologie, Kant-Studien, 29, 98-120.

Dilthey, W. (1921): Ideen zu einer beschreibenden und zergliedernden Psychologie. In, Gesammelte Schriften, Bd. 5, Leipzig und Berlin, 139-240.

Drüe, H. (1963): Husserls System der phänomenologischen Psychologie, Berlin.

Drüe, H. (1976): Psychologie aus dem Begriff, Berlin New York.

Ebbinghaus, H. (1896): Über erklärende und beschreibende Psychologie, Zeitschrift für Psychologie und Physiologie der Sinnesorgane, 9, 161-205.

Eberlein, G./Pieper, R. [Hrsg.] (1976): Psychologie - Wissenschaft ohne Gegenstand? Frankfurt/M. New York.

Erismann, Th. (1962): Allgemeine Psychologie. Experimentelle Psychologie und ihre Grundlagen, 1. und 2. Teil, Berlin.

Ehrenfels, Ch. v. (1890): Über „Gestaltqualitäten", Vierteljahrsschrift für wissenschaftliche Philosophie, 14, 249-292.

Ehrenfels, Ch. v. (1891): Zur Philosophie der Mathematik, Vierteljahrsschrift für wissenschaftliche Philosophie, 15, 285-347.

Ehrenfels, Ch. v. (1898): Die Intensität der Gefühle, Zeitschrift für Psychologie und Physiologie der Sinnesorgane, 16, 49-70.

Eisenmeier, J. (1914): Die Psychologie und ihre zentrale Stellung in der Philosophie, Halle a. d. Saale.

Elias, N. (1928): Über die Zeit, Merkur, 9, 841-1016.

Enoch, W. (1893) Franz Brentanos Reform der Logik., Philosophische Monatshefte, XXX, Heft 7-8, 433-458.

Fechner, G.Th. (1860): Elemente der Psychophysik, Leipzig.

Fechner, G.Th. (1864): Über die physikalische und philosophische Atomenlehre, Leipzig.

Fechner, G.Th (1873): Einige Ideen zur Schöpfungs- und Entwicklungsgeschichte der Organismen, Leipzig.

Fechner, G.Th. (1912): Die Tages-Ansicht gegenüber der Nacht-Ansicht, Leipzig.

Flint, R. (1876): Rezension zu Brentano: Psychologie vom empirischen Standpunkt, Bd. 1, Mind, A Quarterley Review of Psychology and Philosophy, 1, 116-122.

Flügel, O. (1905): Windelband über Herbart, Zeitschrift für Philosophie und Pädagogik, 12, 194-20.

Flügel, O. (1864): Über den formalen Charakter der Ästhetik, Zeitschrift für exakte Philosophie im Sinne des neuen philosophischen Realismus, 4, 349-370.

Freud, S. (1969-1975): Studienausgabe in 11 Bänden, Frankfurt/M.

Frischeisen-Köhler, M. (1917-18): Über das „ästhetische Urteil" bei Herbart, Vierteljahresschrift für philosophische Pädagogik, 197-203.

Fröhlich, W.D. (1987): Wörterbuch der Psychologie, München.

Gelb, A. (1911): Theoretisches über „Gestaltqualitäten", Zeitschrift für Psychologie und Physiologie der Sinnesorgane, 58, 1-58.

Geldsetzer, L. (1974): Die Geisteswissenschaften - Begriff und Entwicklung. In, Rombach, H. [Hrsg.]:Wissenschaftstheorie 1, Freiburg Basel Wien, 141-151.

Gembris, H. (1998): Grundlagen musikalischer Begabung und Entwicklung, Augsburg.

Goethe, J. W. v. (o. J.): Werke in 6 Bänden, Frankfurt/M.

Goleman, D. (1995): Emotionale Intelligenz, München.

Goodman, N. (1984): Weisen der Welterzeugung, Frankfurt/M.

Goodman, N. (1988): Tatsache Fiktion Voraussage, Frankfurt/M.

Goodman, N. (1995): Sprachen der Kunst, Frankfurt/M.

Goodman, N./Elgin, Z. (1993): Revisionen. Philosophie und andere Künste und Wissenschaften, Frankfurt/M.

Gotsztonyi, A. (1976): Der Raum. Geschichte seiner Probleme in Philosophie und Wissenschaften, 2 Bde, Freiburg und München.

Graumann, G.F./Métraux, A. (1977): Die phänomenologische Orientierung in der Psychologie. In, Schneewind, K.A. [Hrsg.]: Wissenschaftstheoretische Grundlagen der Psychologie, München, 27-53.

Gruhn, W. (1998): Der Musikverstand, Hildesheim Zürich New York.

Haber, de la Motte, H. (1996): Handbuch der Musikpsychologie, Laaber.

Hall, St. (1914): Die Begründer der modernen Psychologie, Leipzig.

Hanslick, E. (1991): Vom Musikalisch-Schönen. Ein Beitrag zur Revision der Ästhetik in der Tonkunst, Darmstadt.

Hawking, St. (1993): Eine kurze Geschichte der Zeit. Die Suche nach der Urkraft des Universums, Reinbek bei Hamburg.

Heidegger, M. (1913/1978): Die Lehre von Urteil im Psychologismus. In, Frühe Schriften, Frankfurt/M.

Heidegger, M. (1953): Sein und Zeit, Tübingen.

Heidegger, M. (1969): Zur Sache des Denkens. Tübingen.

Heimsoeth, H. (1987): Die sechs großen Themen der abendländischen Metaphysik und der Ausgang des Mittelalters, Darmstadt.

Heisenberg, W. (1959): Physik und Philosophie, Frankfurt/M. Berlin Wien.

Heller, B. (1970): Grundbegriffe der Physik im Wandel der Zeit, Braunschweig.

Helmholtz, H. v. (1896): Die Lehre von den Tonempfindungen als physiologische Grundlage für die Theorie der Musik, Braunschweig.

Herbart, J.F. (1850-51): Sämtliche Werke in 7 Bänden, [Hrsg. G. Hartenstein] Leipzig.

Herbart, J.F. (1969): Kleinere Abhandlungen, Amsterdam.

Herbart, J.F. (1968): Kleine pädagogische Schriften, Paderborn.

Herbart, J.F. (1912): Lehrbuch zur Einleitung in die Philosophie, Leipzig.

Herder, J.G. (1993) Frühe Schriften (1993) [Hrsg. U. Gaier], Frankfurt/M.

Herder, J.G. (1993): Schriften zur Ästhetik und Literatur, [Hrsg. G.E. Grimm], Frankfurt/M.

Herrmann, Th. (1976): Zur Bestimmung eines Einheitsgegenstandes der Psychologie. In, Eberlein, G./Pieper, R. [Hrsg.]: Psychologie - Wissenschaft ohne Gegenstand? Frankfurt/M. New York, 75-104.

Herrmann, Th. (1976): Ganzheitspsychologie und Gestalttheorie. In, Die Psychologie des 20. Jahrhunderts, Zürich.

Herrmann, Th. (1977): Psychologie und das kritisch-pluralistische Wissenschaftsprogramm. In, Schneewind, K.A. [Hrsg.]: Wissenschaftstheoretische Grundlagen der Psychologie, München Basel, 55-68.

Herzog, M. (1992): Phänomenologische Psychologie. Grundlagen und Entwicklungen, Heidelberg.

Herzog, W. (1984): Modelle und Theorien in der Psychologie, Göttingen Toronto Zürich.

Hönigswald, R. (1931): Selbstdarstellung. In, Schwarz, H. [Hrsg.]: Deutsche systematische Philosophie nach ihren Gestaltern, Berlin, 193-223.

Hönigswald, R. (1965): Die Grundlagen der Denkpsychologie, Stuttgart.

Hönigswald, R. (1976): Geschichte der Erkenntnistheorie, Darmstadt.

Hörmann, H. (1978): Meinen und Verstehen, Frankfurt/M.

Holzkamp, K. (1972): Kritische Psychologie. Vorbereitende Arbeiten, Frankfurt/M.

Holzkamp, K. (1975): Sinnliche Erkenntnis - Historischer Ursprung und gesellschaftliche Funktion der Wahrnehmung, Frankfurt/M.

Horwicz, A. (1874): Das Verhältnis der Psychologie zur Philosophie. Kritik und Antikritik, Philosophische Monatshefte, 10, 261-74.

Hume, D. (1972): Eine Untersuchung über die Prinzipien der Moral, Hamburg.

Hume, D. (1973): Ein Traktat über die menschliche Natur, Hamburg.

Hume, D. (1973): Eine Untersuchung über den menschlichen Verstand, Hamburg.

Husserl, E. (1983): Brief an Carl Stumpf, Husserliana 21, 244-25.

Husserl, E. (1970): Über den Begriff der Zahl. Psychologische Analysen, Husserliana 13, 289-339.

Husserl, E. (1983): Philosophie der Arithmetik, Husserliana 21.

Husserl, E. (1983): Der Ursprung der Raumvorstellung, Husserliana 21, 301-310.

Husserl, E. (1983): Brief an Paul Natorp, Husserliana 21, 390-395; 415-416.

Husserl, E. (1954): Die Krisis der europäischen Wissenschaften und die transzendentale Phänomenologie, Husserliana 6.

Husserl, E. (1928): Logische Untersuchungen, 2 Bde, Halle a. d. Saale.

Husserl, E. (1950): Die Idee der Phänomenologie. Fünf Vorlesungen, Den Haag.

Husserl, E (1969): Cartesianische Meditationen, Hamburg.

Husserl, E. (1980): Ideen zu einer reinen Phänomenologie und phänomenologischen Philosophie, Tübingen.

Husserl, E. (1985): Texte zur Phänomenologie des inneren Zeitbewußtseins (1893-1917), Hamburg.

Husserl, E. (1985): Die phänomenologische Methode. Ausgewählte Texte I, Stuttgart.

Husserl, E. (1986): Phänomenologie der Lebenswelt. Ausgewählte Texte II, Stuttgart

Jaensch, E. (1927): Die Psychologie in Deutschland und die inneren Richtlinien ihrer Forschungsarbeit, Jahrbücher der Philosophie, 3, 93-168.

Jacob, W. [Hrsg.] (1994): Welt auf tönernen Füßen. Die Töne und das Hören, Göttingen.

James, W. (1884) What is an Emotion? In, Mind. A Quarterly Rewiev of Psychology and Philosophy, 9, 188-205.

James, W. (1890): The Principles of Psychology, Bd. 1-2, London.

Jerusalem, J. (1895): Die Urteilsfunktion. Wien und Leipzig.

Jerusalem, J. (1897): Über psychologische und logische Urteilstheorien, Vierteljahrsschrift für wissenschaftliche Philosophie, 21, 157-158, 165.

Jourdain, R. (1998): Das wohltemperierte Gehirn, Darmstadt.

Jüttemann, G. [Hrsg.] (1986): Die Geschichtlichkeit des Seelischen, Weinheim.

Kaiser-El-Safti, M. (1987): Der Nachdenker. Die Metapsychologie Freuds in ihrer Abhängigkeit von Schopenhauer und Nietzsche, Bonn.

Kaiser-El-Safti, M. (1992): Artikel „Psychische Realität". In, Ritter, J./Gründer, K. [Hrsg.]: Historisches Wörterbuch der Philosophie, Bd. 8, Sp. 200-206, Darmstadt.

Kaiser-El-Safti, M. (1992): Psychologie im Wandel der Kultur. Geschichtslosigkeit der Psychologie oder Gesichtslosigkeit einer Wissenschaft ohne Gegenstand? In, Allesch, Ch.G./Billmann-Mahecha, E./Lang, A. [Hrsg.]: Psychologische Aspekte des kulturellen Wandels, Wien, 68-85.

Kaiser-El-Safti, M. (1993): Robert Musil und die Psychologie seiner Zeit. In, Pott, H.-G. [Hrsg.]: Musil-Studien, Bd. 8: Robert Musil. Dichter, Essayist, Wissenschaftler, München, 126-170.

Kaiser-El-Safti, M. (1994): Carl Stumpfs Lehre vom Ganzen und den Teilen. In, Albertazzi, L./Libardi, M. [Hrsg.]: Axiomathes quarderni del centro studi per la filosofia mitteleuropea, 5/1994, 87-122.

Kaiser-El-Safti, M. (1995): Artikel „Spannung, psychisch". In, Ritter, J/ Gründer, K. [Hrsg.]: Historisches Wörterbuch der Philosophie, Bd. 9, Sp. 1293-2000, Darmstadt.

Kaiser-El-Safti, M. (1996): Carl Stumpfs Wirken für die deskriptive Psychologie. In, Baumgartner, W./Burkard, F.-P./Wiedmann, F./Albertazzi, L. [Hrsg.]: Brentano Studien, Internationales Jahrbuch der Franz Brentano Forschung, Bd. 6, 67-102.

Kaiser-El-Safti, M.(1997): Johann Friedrich Herbart und Carl Stumpf – oder die Bedeutung der Musik für die Psychologie (Antrittsvorlesung, unveröffentlicht).

Kaiser-El-Safti, M. (1997): Carl Stumpf und Oswald Külpe - ein Vergleich. In Baumgartner, W. et al [Hrsg.]:Brentano Studien, Bd. 7, 53-80.

Kaiser-El-Safti, M. (1999): Bericht über das Carl-Stumpf-Symposion „Musik und Sprache in Wissenschaft und Kunst" 05. - 08. 12. 1998, Universität zu Köln, Zeitschrift für Semiotik [Hrsg. R. Posner] 21, Heft 2, 242-245.

Kaiser-El-Safti, M. (2000): Carl Stumpfs phänomenologische Konzeption der Raumvorstellung. In, Münch, D. [Hrsg.]: Kodikas/Code Ars Semeiotica An International Journal of Semiotics, Vol. 22, 255-276.

Kaiser-El-Safti, M. (1999a): Transzendentale versus "hyletische" Phänomenologie. Über Berührungspunkte und Abgrenzungen zwischen der Auffassung von Phänomenologie bei Edmund Husserl und Carl Stumpf in ihrer Bedeutung für die phänomenologische Psychologie.Vortrag anlässlich der Husserl-Arbeitstage 29.-30. Oktober 1999, veranstaltet vom Husserl-Archiv der Philosophischen Fakultät der Universität zu Köln (für den Druck vorgesehen).

Kaiser-El-Safti, M. (2001) Artikel „Unbewußtes". In, Ritter, J./Gründer,K. [Hrsg.]:Historisches Wörterbuch der Philosophie, Bd. 11, Darmstadt (im Druck).

Kant, I. (1968): Werke in zehn Bänden, [Hrsg. W. Weischedel, W.], Darmstadt.

Kaulbach, F. (1982): Immanuel Kant, Berlin New York.

Karkosch, K. (1935): Über die Anfänge der Lehre von den „Gestaltqualitäten", Archiv für die gesamte Psychologie, 93, 189-223.

Kastil, A. (1909): Studien zur neueren Erkenntnistheorie. I. Descartes, Halle a. d. Saale.

Kastil, A. (1948): Ein neuer Rettungsversuch der Evidenz der äußeren Wahrnehmung (Kritische Bemerkungen zu Stumpfs Erkenntnislehre), Zeitschrift für Philosophische Forschung, 3, 198-207.

Kastil, A. (1951): Die Philosophie Franz Brentanos. Eine Einführung in seine Lehre, Bern.

Kaulbach, F. (1979): Einführung in die Metaphysik, Darmstadt.

Kaulbach, F. (1982): Immanuel Kant. Berlin, New York.

Kern, I. (1964): Husserl und Kant. Eine Untersuchung zu Husserls Verhältnis zu Kant und Zum Neukantianismus, Den Haag.

Kesselring, Th. (1988): Jean Piaget, München.

Kierkegaard, S. (1980): Die Wiederholung. Drei erbauliche Reden 1843, Gütersloh.

Klaus, G./Buhr, M. (1971): Artikel „Abbildtheorie". In, Philosophisches Wörterbuch, 2 Bde, Leipzig.

Klemm, O. (1911): Geschichte der Psychologie, Leipzig.

Kobusch, Th. (1984): Artikel „Objekt". In, Ritter, J./Gründer, G. [Hrsg.] Historisches Wörterbuch der Philosophie. Bd. 6, Sp. 1026-1051, Darmstadt.

Koch, S. (1973): Psychologie und Geisteswissenschaften. In, Gadamer, H.-G./Vogler, P. [Hrsg.]: Psychologische Anthropologie, Stuttgart, 200-236.

Köhler, W. (1909): Akustische Untersuchungen, Leipzig.

Köhler, W. (1913): Über unbemerkte Empfindungen und Urteilstäuschungen, Zeitschrift für Psychologie und Physiologie der Sinnesorgane, 66, 51-80.

Köhler, W. (1917): Intelligenzprüfungen an Anthropoiden, I. Berlin.

Köhler, W. (1920): Die physischen Gestalten in Ruhe und im stationären Zustand. Eine naturphilosophische Untersuchung, Braunschweig.

Köhler, W. (1928): Carl Stumpf zum 21. April 1928, Kant-Studien, 33, 1-3.

Köhler, W. (1930-31): Zur Boltzmannschen Theorie des zweiten Hauptsatzes, Erkenntnis, 5 und 6, 336-353.

Köhler, W. (1968): Werte und Tatsachen, Berlin Heidelberg New York.

Köhler, W. (1971): Die Aufgaben der Gestaltpsychologie, Berlin New York.

Koffka, K. (1914): Psychologie der Wahrnehmung, Geisteswissenschaften, 26, 711-796.

Koffka, K. (1915): Beiträge zur Psychologie der Gestalt- und Bewegungserlebnisse, Zeitschrift für Psychologie, 11-90.

Koffka, K. (1914): Psychologie der Wahrnehmung, Geisteswissenschaften, 29, 796-800.

Kraft, V. (1952): Franz Brentano, Wiener Zeitschrift für Philosphie/Psychologie/Pädagogik, 4, 1-8.

Kraus, O./Stumpf, C./Husserl, E. (1919): Franz Brentano. Zur Kenntnis seines Lebens und seiner Lehre, München.

Kraus, O. (1927): Geisteswissenschaft und Psychologie. Methodisch-kritische Betrachtungen, Euphorion, 28, 447-519.

Kraus, O. (1930): Zur Phänomenologie des Zeitbewußtseins, Archiv für die gesamte Psychologie,75, 1-22.

Kulenkampff, A. (1987): George Berkeley, München.

Kulenkampff, J. (1989): David Hume, München.

Külpe, O. (1887): Zur Theorie der sinnlichen Gefühle, Leipzig.

Külpe, O. (1888): Die Lehre vom Willen, Leipzig.

Külpe, O. (1893): Grundriß der Psychologie, Leipzig.

Külpe, O. (1902): Die Philosophie der Gegenwart in Deutschland, Leipzig.

Külpe, O. (1903): Einleitung in die Philosophie, Leipzig.

Külpe, O. (1910): Erkenntnistheorie und Naturwissenschaft, Leipzig.

Külpe, O. (1912 und 1820): Die Realisierung. Beitrag zur Grundlegung der Realwissenschaften, Leipzig.

Külpe, O. (1920): Vorlesungen über Psychologie, Leipzig.

Kurth, E. (1931): Musikpsychologie, Berlin.

Lalande, A. (1956): Vocabulaire Technique et Ertitique de la Philosophie, Paris.

Lange, F.A. (1865): Die Grundlagen der mathematischen Psychologie. Ein Versuch zur Nachweisung des fundamentalen Fehlers bei Herbart und Drobisch, Duisburg.

Lange, F.A. (1974): Geschichte des Materialismus, 2 Bde, Frankfurt/M.

Land, J.P.N. (1876): Brentanos Logical Innovations, Mind. A Quarterley Review of Psychology and Philosophy, 1, 289-292.

Langfeld, H.S. (1937): Carl Stumpf: 1848-1936, American Journal of Psychology, 49, 316-320.

LeDoux, J. (1998): Das Netz der Gefühle. Wie Emotionen entstehen, München Wien.

Leibnitz, G.W. (1982): Vernunftprinzipien der Gnade. Monadologie. Hamburg.

Leibnitz, G.W. (1985): Nouveaux Essais sur l'Entendement Humain. Neue Abhandlungen über den menschlichen Versatnd, 2 Bde, Darmstadt.

Lewin, K. (1971): Der Übergang von der aristotelischen zur galileischen Denkweise in Biologie und Psychologie, Darmstadt.

Lewin, K. (1981): Carl Stumpf. In, Metreaux, K. [Hrsg.]: Kurt-Lewin-Werkausgabe, Bd. 1, Wissenschaftstheorie I, Bern Stuttgart, 339-345.

Liebmann, O. (1912): Kant und die Epigonen, Berlin.

Linke, P.F (1901): Humes Lehre vom Willen. Ein Beitrag zur Relationstheorie im Anschluß an Locke und Hume, Leipzig.

Linke, P.F. (1912): Die phänomenale Sphäre und das reale Bewußtsein, Halle a. d. Saale.

Linke, P.F. (1917): Das Recht der Phänomenologie, Kant-Studien, 21, 163-221.

Linke, P.F. (1921): Relativitätstheorie und Relativismus, Annalen der Philosophie, 2, 397-438.

Linke, P.F. (1924): Die Existentialtheorie der Wahrheit und der Psychologismus der Geltung, Kant-Studien, 29, 395-415.

Linke, P.F. (1929): Grundfragen der Wahrnehmungslehre, München.

Linke, P.F. (1930): Gegenstandsphänomenologie, Philosophische Hefte, 2, 65-90.

Linke, P.F. (1936): Verstehen, Erkennen und Geist, Leipzig.

Linke, P.F. (1938): Neopositivismus und Intentionalität. Naturwissenschaft und Metaphysik, Brentano-Festschrift 1938, 143-157.

Linke, P.F. (1952): Eigentliche und uneigentliche Logik, Methodos, 4, 165-188.

Linke, P.F. (1953): Die Philosophie Franz Brentanos, Zeitschrift für philosophische Forschung, 7, 89-99.

Linke, P.F. (1961): Niedergangserscheinungen in der Philosophie der Gegenwart. Wege zu ihrer Überwindung, München-Basel.

Locke, J. (1981): Versuch über den menschlichen Verstand, 2 Bde, Hamburg.

Lorenz, A. (1980): Artikel „Mereologie". In, Ritter, J. Gründer, K. [Hrsg.]: Historisches Wörterbuch der Philosophie. Bd. 5, Darmstadt, Sp. 1145-1148.

Lotze, H. (1852): Medizinische Psychologie oder Physiologie der Seele, Leipzig.

Lotze, H. (1855): Rezension von E. Hanslick: Vom Musikalisch-Schönen, Göttingische gelehrte Anzeigen, 1049-1064; 1065-1068.

Lotze, H. (1856, 1858, 1864): Mikrokosmos. Ideen zur Naturgeschichte und Geschichte der Menschheit. Versuch einer Anthropologie, 3 Bde, Leipzig.

Lotze, H. (1868): Geschichte der Ästhetik in Deutschland, München.

Lotze, H. (1885, 1886, 1891): Kleinere Schriften, 3 Bde, Leipzig.

Lotze, H. (1990): Grundriß der Ästhetik. Diktate aus den Vorlesungen von 1856 und 1865, Berlin.

Mach, E. (1883): Die Mechanik in ihrer Entwicklung, Leipzig.

Mach, E. (1896): Popular-Wissenschaftliche Vorlesungen, Leipzig.

Mach, E. (1909): Die Geschichte und die Wurzel des Satzes von der Erhaltung der Arbeit, Leipzig.

Mach, E. (1985): Die Analyse der Empfindungen und das Verhältnis des Physischen zum Psychischen, Darmstadt.

Mach, E. (1980): Erkenntnis und Irrtum, Darmstadt.

Marty, A. (1875): Über den Ursprung der Sprache, Würzburg.

Marty, A. (1879): Die Frage nach der geschichtlichen Entwicklung des Farbensinnes, Wien.

Marty, A. (1908): Untersuchungen zur Grundlegung der allgemeinen Grammatik und Sprachphilosophie, Halle a. d. Saale.

Marty, A. (1916): Raum und Zeit, Halle.

Marty, A. (1916/1918): Gesammelte Schriften, 2 Bde, Halle.

Meinong, A. v. (1921): Selbstdarstellung. In, Schmidt, R. [Hrsg.]: Die Deutsche Philosophie der Gegenwart in Selbstdarstellungen, Leipzig, 1-15.

Meinong, A. v. (1885): Rezension von C. Stumpf: Tonpsychologie, Bd. 1, Vierteljahrsschrift für Musikwissenschaft, 1, 127-138.

Meinong, A. v. (1969/1971): Gesamtausgabe [hg. von Haller, R.] Bd. 1 und 2, Graz.

Merleau-Ponty, M. (1966): Phänomenologie der Wahrnehmung, Berlin.

Merleau-Ponty, M. (1976): Die Struktur des Verhaltens, Berlin New York.

Meyer, J.B. (1870): Kant's Psychologie, Berlin.

Moog, H. (1977): Zum Gegenstand der Musikpsychologie, Pädagogische Rundschau, 25, 110-125.

Motte-Haber, H. de la (1996): Handbuch der Musikpsychologie, Laaber.

Müller, M. (1992): Erich Moritz von Hornbostel (1877-1935) und die kulturvergleichende Psychologie in der Berlin-Frankfurter Schule der Gestaltpsychologie. In, Sprung, L./ Schönpflugt, W. [Hrsg.]: Zur Geschichte der Psychologie in Berlin, Frankfurt/M. Berlin New York Paris, 185-196.

Nahlowsky, J. (1836): Ästhetisch-kritische Streifzüge, Zeitschrift für exakte Philosophie im Sinne des neuen Realismus, 3, 384-440.

Nath, M. (1892): Die Psychologie Hermann Lotzes in ihrem Verhältnis zu Herbart, Halle a. d. Saale.

Natorp, P. (1887): Über objektive und subjektive Begründung der Erkenntnis, Philosophische Monatshefte, 22, 259-286.

Natorp, P. (1888): Einleitung in die Psychologie nach kritischer Methode, Freiburg i. B.

Natorp, P. (1891): Quantität und Qualität in Begriff, Urteil und gegenständlicher Erkenntnis. Ein Kapitel der transzendentalen Logik, Philosophische Monatshefte, 27, 1-32; 129-160.

Natorp, P. (1892): Zu den Vorfragen der Psychologie, Philosophische Monatshefte, 29, 581-611.

Natorp, P. (1886): Rezension von C. Stumpf: Tonpsychologie. Bd. 1, Göttingische gelehrte Anzeigen, 4, 145-175.

Natorp, P. (1892): Rezension von C. Stumpf: Tonpsychologie. Bd. 2, Göttingische gelehrte Anzeigen, 20, 781-807.

Nietzsche, F. (1980): Sämtliche Werke [Hrsg. Colli, G./Montinari, M.] Kritische Studienausgabe in 15 Bänden, München Berlin New York.

Oeing-Hanhoff, L. (1973): Artikel „Ganzes/Teil". In, Ritter, J./Gründer, K. [Hrsg.]: Historisches Wörterbuch der Philosophie, Bd. 3, Sp. 3-13, Darmstadt.

Ollig, H.-L. (1979): Der Neukantianismus, Stuttgart.

Ollig, H.-L. (1982) [Hrsg.]: Neukantianismus. Texte der Marburger und der Südwestdeutschen Schule, ihre Vorläufer und Kritiker, Stuttgart.

Österreich, T.K. (1910): Die Phänomenologie des Ich in ihren Grundproblemen, Leipzig.

Papousek, M. (1994): Vom ersten Schrei zum ersten Wort. Anfänge der Sprachentwicklung in der vorsprachlichen Kommunikation, Berlin.

Pauli, R. (1935): Psychologie der Neuzeit mit besonderer Berücksichtigung des psychologischen Institutes der Universität München, Archiv für die gesamte Psychologie, 93, 521-570.

Piaget, J. (1985): Weisheit und Illusionen der Philosophie, Frankfurt/M.

Planck, M. (1910): Zur Machschen Theorie der physikalischen Erkenntnis, Vierteljahrsschrift für wissenschaftliche Philosophie und Soziologie, 34, 497-507.

Politzer, G. (1978): Kritik der Grundlagen der Psychologie, Frankfurt/M.

Pongratz, L. (1984): Problemgeschichte der Psychologie, München.

Popper, K.R. (1971): Logik der Forschung, Tübingen.

Popper, K.R./Eccles, J.C. (1982): Das Ich und sein Gehirn, München Zürich.

Prauss, G. (1990): Die Welt und Wir, Bd. 1, Sprache-Subjekt-Zeit, Stuttgart.

Quine, W. v. O. (1979): Von einem logischen Standpunkt. Neun logisch-philoso-phische Essays, Frankfurt Berlin Wien.

Rehmke, J. (1875): Rezension von Brentano: Die Psychologie vom empirischen Standpunkt, Bd. 1, Philosophische Monatshefte, 11, 113-118.

Reimer, W. (1911): Der Intensitätsbegriff in der Psychologie,Vierteljahrsschrift für wissenschaftliche Philosophie, 55, 277-339.

Rcimer, W. (1919): Der phänomenologische Evidenzbegriff, Kant-Studien, 23, 269-301.

Reisenzein, R. (1992): Stumpfs kognitiv-evaluative Theorie der Emotionen. In Sprung, L./ Schönpflug, W. [Hrsg.]: Zur Geschichte der Psychologie in Berlin, Frankfurt/M. Bern New York Paris, 97-137.

Reisenzein, R./Schönpflug, W. (1992): Stumpf's cognitive-evaluative Theory of Emotion, American Psychologist, 47, 34-55.

Resl, G. L. W. (1866): Bedeutung der Reihenproduktionen für die synthetischen Begriffe und ästhetischen Urteile, Zeitschrift für exakte Philosophie im Sinne des neueren Realismus, 6, 146-190.

Revers, J.W. (1985): Psyche und Zeit. Das Problem des Zeiterlebens in der Psychologie, Salzburg München.

Rickert, H. (1923): Die Methode der Philosophie und das Unmittelbare. Eine Problemstellung, Logos, 12.

Roffenstein, G. (1926): Das Problem des psychologischen Verstehens. Ein Versuch über die Grundlagen von Psychologie, Psychoanalyse und Individualpsychologie, Stuttgart.

Romano, D.F. (1976): Der Beitrag Herbarts zur Entwicklung der modernen Psychologie. In, Busch, F. W./Raapke, H. D. [Hrsg.]: Johann Friedrich Herbart. Leben und Werk in den Widersprüchen seiner Zeit. Neun Analysen, Oldenburg.

Rorty, R. (1997): Der Spiegel der Natur. Eine Kritik der Philosophie, Frankfurt/M.

Rorty, R. (1999): Kontingenz, Ironie und Solidarität, Frankfurt/M.

Ruckmick, Ch.A. (1937): Carl Stumpf, The Psychological, 34, 187-190.

Salber, L. (1977): Piagets Psychologie der Intelligenz, Düsseldorf.

Satura, V. (1971): Kants Erkenntnispsychologie, Bonn.

Seifert, S. (1931): Psychologie, Metaphysik der Seele, Handbuch der Philosophie, München und Berlin.

Scheler, M. (1971-76): Gesammelte Werke, 13 Bde, München.

Schiller, F. (1966): Schillers Werke, 4 Bde, Frankfurt/M.

Schneewind, K. A. [Hrsg.] (1977): Wissenschaftstheoretische Grundlagen der Psychologie, München Basel.

Schneider K. (1915): Zur Kritik der Urteilslehre Franz Brentanos, Heidelberg.

Schopenhauer, A. (1977): Werke in zehn Bänden, Zürcher Ausgabe, Zürich.

Schulz, W. (1974): Philosophie in der veränderten Welt, Pfullingen.

Schulz, W. (1979): Philosophie der Subjektivität, Pfullingen.

Schumann, F. (1898): Zur Psychologie der Zeitanschauung, Zeitschrift für Psychologie und Physiologie der Sinnesorgane, 11, 106-148.

Schuwey, B. (1983): Chisholm über Intentionalität. Kritik und Verteidigung von Chisholms Explikationen der sogenannten psychologischen These Brentanos, Bern Frankfurt/M. New York.

Smith, B. (1986): Ontologische Aspekte der Husserlschen Phänomenologie, Husserl Studies, 3, 115-130.

Smith, B. [Hrsg.] (1988): Foundation of Gestalt Theory, München Wien.

Snetlage, Y.E. (1929): Der Behaviorismus, Kant-Studien, 34, 167-175.

Specht, R. (1989): John Locke, München.

Spencer, H. (1978): Principles of Psychology, New York.

Spiegelberg, H. (1971): The phenomenological Movement. A Historical Introduction, 1. Bd., Den Haag.

Sprung, L./Sprung, H./Kernchen, S. (1986): Erinnerungen an einen fast vergessenen Psychologen? Carl Stumpf (1848-1936) zum 50. Todestag, Zeitschrift für Psychologie, 194, 509-516.

Sprung, H./Sprung, L. (1993): Carl Stumpf (1848-1936) und die Anfänge der Gestaltpsychologie an der Berliner Universität. Eröffnungsvortrag des Symposiums: „100 Jahre institutionalisierte Psychologie in Berlin".

Sprung, H./Sprung, L. [Hrsg.] (1997): Carl Stumpf - Schriften zur Psychologie, Berlin Bern New York Frank Paris Wien.

Sommer, M. (1980): Lebenswelt und Zeitbewußtsein, Frankfurt/M.

Sonnemann, U. (1986): Zeit ist Anhörungsform. Über Wesen und Wirken einer kantschenn Verkennung des Ohrs. In, Heinemann, G. [Hrsg.]: Zeitgebgriffe: Ergebnisse des interdisziplinären Symposiums Zeitbegriff der Naturwissenschaft, Zeiterfahrung und Zeitbewußtsein, Freibung München, 51-78.

Stegmüller, W. (1970): Das Problem der Kausalität. In, Aufsätze zur Wissenschaftstheorie, Darmstadt.

Stegmüller, W. (1975): Hauptströmungen der Gegenwartsphilosophie, 2 Bde, Stuttgart.

Stern, W. (1897): Psychische Präsenzzeit, Zeitschrift für Psychologie und Physiologie der Sinnesorgane, 13, 325-349.

Strauss, E. (1978): Vom Sinn der Sinne, Berlin Heidelberg New York.

Stumpf, C. (1869): Verhältnis des Platonischen Gottes zur Idee des Guten, Göttingen.

Stumpf, C. (1873): Über den psychologischen Ursprung der Raumvorstellung, Stuttgart.

Stumpf, C. (1874): Die empirische Psychologie der Gegenwart, Im neuen Reich, 4, 2, 201-226.

Stumpf, C. (1876): Rezension von A. Marty: Über den Ursprung der Sprache, Zeitschrift für Philosophie und philosophische Kritik, 68, 172-191.

Stumpf, C. (1883): Tonpsychologie. Bd. 1, Leipzig.

Stumpf. C. (1885): Musikpsychologie in England. Betrachtungen über die Herleitung der Musik aus der Sprache und aus dem tierischen Entwicklungsprozeß, über Empirismus und Nativismus in der Musiktheorie, Vierteljahrsschrift für Musikwissenschaft, 1, 261-349.

Stumpf. C. (1886): Über die Vorstellung von Melodien, Zeitschrift für Philosophie und philosophische Kritik, Neue Folge, 89, 1, 45-47.

Stumpf, C. (1886): Lieder der Bellakula-Indianer, Vierteljahrsschrift für Musikwissenschaft, 2, 405-426.

Stumpf, C. (1890): Tonpsychologie, Bd. 2, Leipzig.

Stumpf, C. (1890): Über Vergleichung von Tondistanzen, Zeitschrift für Psychologie und Physiologie der Sinnesorgane, 1, 419-462.

Stumpf, C. (1891a): Mein Schlusswort gegen Wundt, Zeitschrift für Psychologie und Physiologie der Sinnesorgane, 2, 438-443.

Stumpf, C. (1891): Psychologie und Erkenntnistheorie. Abhandlung der Königlich Bayerischen Akademie der Wissenschaften, 19, 465-516, München.

Stumpf, C. (1891b): Wundts Antikritik, Zeitschrift für Psychologie und Physiologie der Sinnesorgane, 2, 266-293.

Stumpf, C. (1893): Zum Begriff der Lokalzeichen, Zeitschrift für Psychologie und Physiologie der Sinnesorgane, 4, 70-73.

Stumpf, C. (1895): Hermann von Helmholtz und die neuere Psychologie, Archiv für Philosophie, 1. Abteilung: Archiv für Geschichte der Philosophie, Neue Folge, 8 (3), 303-314.

Stumpf, C. (1896): Die pseudoaristotelischen Probleme über Musik, Abhandlung der Königlich Preussischen Akademie der Wissenschaften, 1-85, Berlin.

Stumpf, C. (1896): Tafeln zur Geschichte der Philosophie, Berlin.

Stumpf, C. (1897): Geschichte des Konsonanzbegriffes, 1. Teil, Abhandlung der Königlich Bayerischen Akademie der Wissenschaften, 21, 1-78, München.

Stumpf, C. (1897): Neueres über Tonverschmelzung, Zeitschrift für Psychologie und Physiologie der Sinnesorgane, 15, 280-303.

Stumpf, C. (1898): Erwiderung, Zeitschrift für Psychologie und Physiologie der Sinnesorgane, 18, 294-302.

Stumpf, C. (1898): Konsonanz und Dissonanz, Beiträge zur Akustik und Musikwissenschaft, Heft 1, 1-108.

Stumpf, C. (1898): Neueres über Tonverschmelzung, Beiträge zur Akustik und Musikwissenschaft, Heft 2, 1-24.

Stumpf, C. (1898): Die Unmusikalischen und die Tonverschmelzung, Zeitschrift für Psychologie und Physiologie der Sinnesorgane, 17, 422-435.

Stumpf, C. (1899): Beobachtungen über subjektive Töne und über Doppelthören, Zeitschrift für Psychologie und Physiologie der Sinnesorgane, 21, 100-121.

Stumpf, C. (1899): Über den Begriff der Gemütsbewegung, Zeitschrift für Psychologie und Physiologie der Sinnesorgane, 21, 47-99.

Stumpf, C. (1900): Berliner Aufführungen klassischer Musikwerke für den Arbeiterstand, Preußische Jahrbücher, 100, 247-265.

Stumpf, C. (1900): Zur Methodik der Kinderpsychologie, Zeitschrift für Pädagogische Psychologie und Pathologie, 2 (1), 1-21.

Stumpf, C. (1901): Eigenart sprachlicher Entwicklung eines Kindes, Zeitschrift für Pädagogische Psychologie und Pathologie, 3 (6), 419-447.

Stumpf, C. (1902): Über das Erkennen von Intervallen und Akkorden bei sehr kurzer Dauer, Zeitschrift für Psychologie und Physiologie der Sinnesorgane, 27, 148-186.

Stumpf, C. (1905): Differenztöne und Konsonanz, Zeitschrift für Psychologie und Physiologie der Sinnesorgane, 39, 269-283.

Stumpf, C. (1907a): Erscheinungen und psychische Funktionen, Abhandlung der Königlich Preussischen Akademie der Wissenschaften, 1-40, Berlin.

Stumpf, C. (1907b): Zur Einteilung der Wissenschaften, 1-94, Abhandlung der Königlich Preussischen Akademie der Wissenschaften, Berlin.

Stumpf, C. (1907): Über Gefühlsempfindungen, Zeitschrift für Psychologie und Physiologie der Sinnesorgane, 44, 1-49.

Stumpf, C. (1910): Philosophische Reden und Vorträge, Leipzig.

Stumpf, C. (1911): Die Anfänge der Musik. Leipzig.

Stumpf, C. (1911): Konsonanz und Konkordanz. Nebst Bemerkungen über Wohlklang und Wohlgefälligkeit musikalischer Zusammenhänge, Zeitschrift für Psychologie und Physiologie der Sinnesorgane, 58, 321-355.

Stumpf, C./Hornbostel, E. v. (1911): Über die Bedeutung ethnologischer Untersuchungen für die Psychologie und Ästhetik der Tonkunst, Beiträge zur Akustik und Musikwissenschaft, 6, 102-115.

Stumpf, C. (1915): Über neuere Untersuchungen zur Tonlehre, Beiträge zur Akustik und Musikwissenschaft, 8, 17-56.

Stumpf, C. (1916): Apologie der Gefühlsempfindungen, Zeitschrift für Psychologie 75, 1-38.

Stumpf, C. (1916): Verlust der Gefühlsempfindungen im Tongebiete (musikalische Anhedonie), Zeitschrift für Psychologie, 75, 39-53.

Stumpf, C. (1917): Die Attribute der Gesichtsempfindungen, Abhandlung der Königlich Preussischen Akademie der Wissenschaften, 1-88, Berlin.

Stumpf, C. (1918): Empfindung und Vorstellung, Abhandlung der Königlich Preussischen Akademie der Wissenschaften, 3-116, Berlin.

Stumpf, C. (1918): Zum Gedächtnis Lotzes, Kantstudien, 22, 1-26.

Stumpf, C. (1918): Die Struktur der Vokale, Sitzungsbericht der königlich Preussischen Akademie der Wissenschaften 1, 333-358, Berlin.

Stumpf, C. (1919): Erinnerung an Franz Brentano. In, Kraus, O., 85-147.

Stumpf, C. (1919): Spinozastudien, Abhandlungen Preussischen Akademie der Wissenschaften, 1-57, Berlin.

Stumpf, C. (1920): Beethovens Ewigkeitswert. Zum 150. Geburtstag des Meisters, Vossische Zeitung 2 (16. Dezember).

Stumpf, C. (1921): Zahl und Maß im Geistigen, Vossische Zeitung, Berlin (27. Mai).

Stumpf, C. (1924): Selbstdarstellung. In, Schmidt, R. [Hrsg.]: Die Philosophie der Gegenwart in Selbstdarstellungen, 1-61, Hamburg.

Stumpf, C. (1924): Singen und Sprechen, Zeitschrift für Psychologie, 94, 1-37.

Stumpf, C. (1924): Verlust der Gefühlsempfindungen im Tongebiete (musikalische Anhedonie). Beiträge zur Akustik und Musikwissenschaft, 9, 38-75.

Stumpf, C. (1926): Die Sprachlaute. Experimentell-phonetische Untersuchungen. Nebst einem Anhang über Instrumentalklänge, Berlin.

Stumpf, C. (1926): Sprachlaute und Instrumentalklänge, Zeitschrift für Physik, 38, 745-758.

Stumpf, C. (1928): Gefühl und Gefühlsempfindung, Leipzig.

Stumpf, C. (1928): William James nach seinen Briefen. Leben. Charakter. Lehre, Berlin.

Stumpf, C. (1939-40): Erkenntnislehre. Bd. 1-2, Leipzig.

Sully, J. (1887): The Question of Visual Perception in Germany, (II.) Mind, A Quarterly Review of Psychology and Philosophy, 3, 107-195.

Sully, J. (1884): Rezension von Stumpf: Tonpsychologie, Bd. 1, Mind, A Quarterly Review of Psychology and Philosophy, 11, 593-602.

Traxl, W. (1976): Der Gegenstand der Psychologie als Produkt und Problem psychologischen Denkens. In, Eberlein, G./Piepet, R. [Hrsg.]: Psychologie - Wissenschaft ohne Gegenstand?, 105-139, Frankfurt/M. New York.

Tugendhat, E. (1976): Vorlesungen zur Einführung in die sprachanalytische Philosophie, Frankfurt/M.

Tugendhat, E. (1993): Vorlesungen über Ethik, Frankfurt/M.

Ulrici, H. (1875): Rezension von Brentano: Psychologie vom empirischen Standpunkt. Bd. 1, Zeitschrift für Philosophie und philosophische Kritik, 61, 290-305.

Venturelli, A. (1988): Robert Musil und das Projekt der Moderne, Frankfurt/M.

Volkelt, J. (1893): Psychologische Streitfragen. In, Zeitschrift für Philosophie und philosophische Kritik, 102, 44-74.

Waitz, Th. (1849): Lehrbuch der Psychologie als Naturwissenschaft, Braunschweig.

Weber, M. (1973): Soziologie Universalgeschichtliche Analysen Politik, Stuttgart.

Weinert, F.E. (1987): Zur Lage der Psychologie, Psychologische Rundschau, 38, 1-13.

Weiß, G. (1926-27): Das „ästhetische Urteil" bei Herbart, Vierteljahrsschrift für philosophische Pädagogik, 7, 103-108.

Werner, A. (1931): Die psychologisch-erkenntnistheoretischen Grundlagen der Metaphysik Brentanos, Hildesheim.

Wertheimer, W. (1912): Experimentelle Studien über das Sehen von Bewegung, Zeitschrift für Psychologie, 61, 161-265.

Wertheimer, M. (1971): Kurze Geschichte der Psychologie. München.

Westmeyer, H. (1977): Psychologie und Wissenschaftstheorie: Einige Überlegungen aus analytischer Sicht. In, Schneewind, K. A. [Hrsg.]: Wissenschaftstheoretische Grundlagen der Psychologie, München Basel.

Wickert, J. (1972): Albert Einstein mit Selbstzeugnissen und Bilddokumenten, Reinbek bei Hamburg.

Wickert, J. (1995): Isaac Newton, Reinbek bei Hamburg.

Willy, R. (1897): Die Krise der Psychologie, Vierteljahrsschrift für wissenschaftliche Philosophie, 21, 79-96; 332-352.

Windischer, H. (1936): Franz Brentano und die Scholastik, Philosophie und Grenzwissenschaften, 6, 1-64.

Witasek, St. (1897): Beiträge zur Psychologie der Komplexionen, Zeitschrift für Psychologie und Physiologie der Sinnesorgane, 14, 401-435.

Wohlgenannt, R. (1974): Was ist Wissenschaft? Braunschweig.

Wright, G.H. v. (1974): Erklären, Verstehen, Frankfurt/M.

Wundt, W. (1862): Beiträge zur Theorie der Sinneswahrnehmung, Heidelberg.

Wundt, W. (1884): Rezension von C. Stumpf: Tonpsychologie, Literarisches Centralblatt für Deutschland, 1. Bd., 16, 547.

Wundt, W. (1904): Völkerpsychologie. Eine Untersuchung der Entwicklungsgesetze von Sprache, Mythos und Sitte, Bd. 1 in zwei Teilen: Die Sprache, Leipzig.

Wundt, W. (1910): Kleine Schriften, Bd. 1, Leipzig.

Wygotski, L. (1985): Ausgewählte Schriften, Köln.

Zellinger, E. (1958): Zur Kritik des psychologischen Irrationalismus. In, Däumling, A. [Hrsg.]: Seelenleben und Menschenbild. Festschrift zum 60. Geburtstag von Ph. Lersch, München, 183-213.

Ziehen, Th. (1900): Das Verhältnis der Herbartschen Psychologie zur physiologisch-experimentellen Psychologie, Berlin.

Zimmermann, R. (1873): Über den Einfluß der Tonlehre auf Herbarts Philosophie, Sitzungsbericht der Akademie der Wissenschaften, Wien, 2/1.